Tradução e apresentação
ANA CAROLINA MESQUITA

Virginia
WOOLF

Diário III
1924–1930

APRESENTAÇÃO

Em 1940, no início da Segunda Guerra Mundial, Virginia Woolf e seu marido Leonard receberam a notícia de que a casa que era então seu endereço em Londres, em Mecklenburgh Square, fora parcialmente atingida durante um ataque aéreo. Pouco depois, veio a notícia de que a casa onde haviam morado e trabalhado durante quinze anos na Tavistock Square, e que ainda alugavam, fora destruída em outro bombardeio. Na época, o casal estava refugiado em Monk's House, sua casa de campo em Rodmell, no interior da Inglaterra. Os dois decidem ir até Londres para recuperar o que fosse possível nas duas casas. Em 20 de outubro de 1940, Virginia Woolf registra em seu diário a visita feita dois dias antes aos escombros da sua vida londrina. A primeira coisa que faz ao chegar às ruínas é procurar seus diários, que ela, com alguns hiatos, escreveu por 44 anos – desde a adolescência, em 1897, até quatro dias antes de sua morte, em 1941.

Assim ela escreve, ao ver Tavistock destroçada:

> Três casas, calculo, destruídas. O porão em escombros. Únicos remanescentes uma velha cadeira de palha (comprada nos tempos da Fitzroy Square) & o letreiro da Penman [& Co.], "Aluga-se". No mais nada além de tijolos & lascas de madeira. Uma porta de vidro da casa ao lado oscilava pendurada. Só vi um pedaço da parede do meu escritório de pé: fora isso, nada além de entulho onde escrevi tantos livros. Céu aberto no lugar onde tantas noites nos sentamos, demos tantas festas.

E depois, ao chegar em Mecklenburgh Square:

> Livros espalhados pelo chão da sala de jantar. Na saleta do meu quarto o armário de Mrs. Hunter estava inteiramente coberto de vidro – &c. Somente a sala de estar com as janelas quase inteiras. Um vento soprava pela casa. Comecei a caçar os diários. O que daria para resgatar naquele carro tão pequeno? Darwin, & o faqueiro de prata, & algumas louças & porcelanas.

Os diários de Charles Darwin – *A viagem do Beagle* –, o faqueiro de prata, louças e porcelanas: essas foram as coisas que Virginia resgatou como prioridade em meio ao entulho, vidro quebrado e poeira, e que levou para a relativa segurança de sua casa em Rodmell. Apenas cinco meses após o bombardeio em Londres, em 28 de março de 1941, encheu os bolsos do casaco com pedras e afogou-se no rio Ouse. Tinha 59 anos; estava em plena Segunda Guerra Mundial; sentia um novo colapso mental se aproximando. Atrás de si, além da obra literária magistral já conhecida pelo público, Woolf deixou outra, de impressionante literariedade: 33 cadernos contendo os diários que escreveu regularmente ao longo de 44 anos – ou seja, quase toda a sua vida adulta. Houvessem sido destruídos, como quase chegou a ser o caso, uma parte monumental de sua obra teria se perdido.

Entre sua despedida no Ouse e os dias de hoje, Virginia Woolf tornou-se uma das autoras mais conhecidas da literatura canônica ocidental, famosa por romances como *Mrs. Dalloway*, *Ao farol* e *As ondas*. Foi admirada pela prosa elegante e sensível; criou uma abordagem particular do fluxo de consciência, em que a ação narrativa oscila não apenas entre o interior e o exterior da personagem, mas entre uma personagem e outra; virou libelo do feminismo, sendo precursora dos estudos de gênero; e foi estudada por pontos de vista tão diversos quanto, por exemplo, estudos do modernismo, psicologia, estudos da diferença e estudos pós-coloniais. Seus romances foram traduzidos entusiasticamente e por nomes de peso como Marguerite Yourcenar e Jorge Luis Borges. Woolf virou tema de peça, filme de Hollywood vencedor do Oscar, estampa de canecas e camisetas, deu origem a inúmeras adaptações.

Entretanto, até o momento da escrita deste texto, do ponto de vista literário, seus diários ainda permaneciam de certa maneira sob o silêncio condescendente que se relega às obras ditas menores de um escritor, esmagados, sobretudo, pelo peso do gênero. Vistos costumeiramente como um registro fiel, exato e verdadeiro da vida e da subjetividade de quem os escreve, os diários encontram-se acorrentados a um regime de suposta sinceridade absoluta. Como diz o romancista argentino Alan Pauls, "para que o diário diga a verdade, é preciso expulsá-lo da literatura". É como se, em troca do propalado privilégio de "dizer a verdade", tivesse de suportar o safanão que o aparta de outras obras, lhe nega dignidade literária e o degrada à categoria de obra subsidiária – útil talvez apenas pelo conteúdo relevante, para iluminar outras.

A primeira publicação dos diários de Virginia ocorreu em 1953, capitaneada por seu marido, Leonard. Com mão editorial pesada para preservar a intimidade das pessoas citadas (boa parte das quais ainda estava viva), Leonard limou tudo o que não se referia à escrita de Virginia, intitulando o volume apropriadamente de *A Writer's Diary* [*Diário de uma escritora*]. A íntegra só seria publicada trinta anos depois, no fim dos anos 1980. Dessa maneira, até pouco tempo atrás, o único registro dos diários de Virginia Woolf disponível para deleite e análise era parcial. Nos dois sentidos: recortado e, como todo recorte, enviesado.

É importante frisar, contudo, que Leonard foi o primeiro leitor das obras de Virginia durante praticamente toda a vida dela, e, portanto, faz sentido que tenha sido ele o primeiro a editar seus diários. Ela mesma menciona em mais de uma passagem o desejo de que ele o fizesse. Em 20 de março de 1926, escreve:

> Mas o que será feito de todos esses diários, perguntei a mim mesma ontem. Se eu morresse, o que Leo faria deles? Dificilmente os queimaria; não conseguiria publicá-los. Bom, devia fazer um livro com eles, eu acho; & depois queimar o corpo. Arrisco dizer que existe um livrinho aí no meio: se os rascunhos & rabiscos forem um pouco organizados. Deus sabe.[1]

Leonard, além disso, era coeditor dos livros de Virginia. Todas as obras dela até o seu falecimento, à exceção de *A viagem* (1915) e *Noite e dia* (1919), vieram a público pela editora dos dois, a Hogarth Press. Isso significa que ela detinha o controle sobre o processo editorial de seus textos – e com mão severa, como demonstram as até oito provas de um mesmo original. Desse modo, foi uma escritora que não sofreu interferências alheias na publicação de seus livros e pôde conservar neles marcas gráficas pouco usuais, como os longos parágrafos característicos do seu estilo. O mesmo não ocorreu com os textos publicados postumamente, em especial os que não foram editados por Leonard.

Mesmo tão recortados, tão logo foram publicados em sua primeira edição, os diários de Virginia Woolf se viram cercados por uma espécie de curiosidade mórbida, comum aos diários de suicidas: encerrariam o segredo do que levou a autora a tirar a própria vida? Foram, igualmente, envolvidos pelo mesmo fascínio despertado por todos os relatos de indivíduos que realizaram coisas extraordinárias, fora do escopo do homem e da mulher comuns: haveria ali as pistas da criação artística, os indícios da genialidade? Os estudiosos, por sua vez, se alvoroçaram na esperança de encontrar sinais que possibilitassem lançar nova luz às obras woolfianas. E o leitor comum, tão celebrado pela autora, esperou encontrar ali não mais a Virginia Woolf enigmática embaçada pela opacidade das suas ficções literárias, e sim a verdadeira Virginia, em toda a sua humanidade.

Quem ler seu diário buscando encontrar uma explicação para o seu gesto final se verá frustrado, porém. Nos períodos que chama de "loucura", ela não faz registros, ou, quando os faz, são, na melhor das hipóteses, lacônicos. O mesmo vale para períodos de intensa dor. Tal maneira enviesada de os narrar, não apenas nos diários, mas em toda a sua literatura, sugere não um descaso com as perdas, e sim que, por vezes, aos grandes momentos só obliquamente conseguimos fazer justiça.

Somente quase trinta anos depois veio a público a versão quase integral do diário adulto de Virginia Woolf.[2] Dividida em cinco volumes publicados entre 1977 e 1984, teve como responsável Anne Olivier Bell (estudiosa de literatura e esposa de Quentin Bell, sobrinho de Virginia, com a ajuda de Andrew McNeillie a partir do terceiro volume). Cobre 26 cadernos manuscritos, muitos dos quais encadernados à mão pela própria Woolf, e engloba os anos de 1915 a 1941. Inicia-se quando a autora tinha 33 anos de idade e estava prestes a lançar seu primeiro romance, *A viagem*, e termina em 24 de março de 1941, quatro dias antes de sua morte e poucos meses depois de ela finalizar seu último livro, *Entre os atos*.[3]

Anne Olivier Bell realizou uma pesquisa hercúlea para iluminar o diário de Virginia Woolf, pois frequentemente só se entende do que ela está falando caso se conheça sua vida e suas obras, ou se conheça o contexto. Seu trabalho primoroso foi a base para a presente edição dos diários de Virginia Woolf em português, que também conservou boa parte das suas notas de rodapé: aquelas que não contêm nenhuma sinalização são todas de Anne Olivier Bell. As ocasionais notas incluídas na edição brasileira foram indicadas como "N. T.", sempre que se julgou pertinente aclarar ou observar algum ponto. No entanto, apesar dos enormes méritos da sua edição cuidadosa, ela suprimiu algumas marcas relevantes de literariedade que estão presentes também em outros textos woolfianos. Por exemplo, foram inseridas quebras de parágrafo em nome da clareza do texto e em detrimento do estilo. Para garantir precisão informativa, dividiram-se as passagens que Woolf escrevia de forma contínua ao longo de vários dias, originando desse modo passagens não existentes nos manuscritos. Virginia com frequência iniciava uma entrada em determinada data, mas só a concluía dias depois, e muitas vezes não existe nenhum indício disso no manuscrito a não ser uma mudança de tinta, um espaço em branco ou, o que é mais raro, alguma espécie de indicação, como marcações entre parênteses ou observações escritas posteriormente nas laterais do texto principal. Para determinar as datas suprimidas, Olivier Bell valeu-se do apoio de documentos – como cartas, o diário de Leonard Woolf, jornais, registros históricos, programas de eventos e exposições, entre outros.

Na presente edição, a primeira integral publicada em português e baseada no cotejo do diário publicado com os manuscritos guardados na Berg Collection, em Nova York, os registros originais de Virginia Woolf foram restaurados e notas de rodapé indicam os pontos onde Olivier Bell quebrou entradas. Isso é um ponto importante porque, de muitas e diferentes maneiras, Virginia escreveu os diários como um texto único e contínuo. Colando uma passagem na outra, anotando à margem as datas (e outras informações) de modo a não influenciar o texto principal, percebe-se como o diário foi fundamental para o seu projeto literário modernista, como era indiferenciado em muitos sentidos da concepção que ela tinha de literatura, alinhando-se com perspectivas que ela expõe, por exemplo, no ensaio "Ficção moderna". Ali ela diz que, em contraste com o modo de representação vitoriano realista (que ela considera falso por privilegiar a ordem e a linearidade, quando a realidade não possui nem uma nem outra), o modo de representação almejado pelos modernos seria mais verdadeiro, pois tenta "registrar os átomos à medida que eles caem na mente". E é exatamente isso o que seus diários fazem. Neles tudo cabe. Às vezes, em um mesmo parágrafo, misturam-se as insignificâncias do cotidiano, como o preço do ovo; reflexões sobre a sociedade, a arte e a literatura; o registro das leituras que ela fazia, de autores tão diversos quanto Shakespeare, Dante, Proust, Byron, Keats, Dostoiévski ou Tolstói; comentários sobre pessoas e acontecimentos, como as duas grandes guerras; inseguranças; e questionamentos sobre a natureza e os caminhos da crítica, do romance e da ficção. Desse modo, vivido como uma escrita sem fim, os diários de Virginia Woolf representam o seu anseio por um sistema capaz de incluir tudo, sem distinções: o rasteiro e o sublime. E Virginia valeu-se deles para construir a si mesma como escritora e mulher. Assim, o que se vê ao longo de suas centenas de páginas não é o retrato consolidado de uma "única" Virginia Woolf, mas o registro de uma constante mudança.

No entanto, tal como com diversos outros assuntos em sua vida, mantinha com os diários uma relação contraditória. Ela alterna momentos em que o considera "sua obra mais importante" ou sua "verdadeira grande obra" com outros em que o considera "superficial", questiona-se sobre a própria razão de escrevê-los e põe em dúvida o valor de diários de modo geral (muito embora fosse uma assídua leitora do gênero). Seja como for, era ali onde ela sentia poder relaxar a pena, ao contrário da sua escrita ficcional e dos ensaios, que a consumiam imensamente.

Os diários também serviram como um campo muito relevante de experimentos, em que Virginia podia fazer reflexões literárias. Entre outras coisas, assemelham-se a um equivalente literário do que se chama *sketchbook*: um caderno em que os artistas fazem croquis e registram esboços de suas ideias e inspirações. A própria Virginia, com o tempo, vai adquirindo ciência desse fato, como revelam as seguintes passagens de 1924:

> Acaba de me ocorrer que neste livro eu *pratico* a escrita; treino minhas escalas; sim, & me dedico a criar certos efeitos. Ouso dizer que aqui pratiquei [*O quarto de*] *Jacob* – & *Mrs. D*[*alloway*], e aqui devo inventar meu próximo livro, pois cá escrevo meramente em espírito, & nisso também existe grande alegria, & assim também a velha V. de 1940 enxergará algo aqui. Ela será uma mulher capaz de enxergar as coisas, a velha V.: tudo... mais do que posso imaginar. (17 de outubro de 1924; grifos dela.)
> Escrever o diário ajudou enormemente o meu estilo, soltou as amarras. (1º de novembro de 1924)

Vemos germes de personagens e cenas inteiras que depois são transpostos para ensaios ou romances e contos – e que curiosamente por vezes reaparecem mais tarde nos diários, revelando uma simbiose muito particular entre eles e o restante de sua obra.

Dessa maneira, os diários podem ser lidos também como uma *forma-cruzamento* entre os diversos textos de Woolf – cuja escrita, repleta de pausas, pontos e vírgulas, de silêncios, de afirmações e negações em seguida, já aponta para uma reconstrução da forma literária masculina inglesa herdada do século XIX e a contestação de uma posição de autoridade narrativa categórica. Algo bastante apropriado, aliás, a uma autora que em seus textos pôs em xeque justamente a noção de identidade narrativa, de solidez do sujeito e os limites da nossa possibilidade de conhecimento da realidade.

Ernst Jünger reescreveu seu diário antes de publicá-lo, assim como Lúcio Cardoso fez com diversas passagens. Katherine Mansfield escreveu distintas versões de uma mesma anotação, às vezes na mesma página. À maneira de um palimpsesto, Woolf ocasionalmente colava passagens completamente reescritas, elaboradas tempos depois, sobre as originais; e, segundo Clive Bell, crítico de arte e marido de Vanessa, irmã de Virginia, Leonard teria dito, acerca de trechos do diário da esposa: "Não há aqui nem um pingo de verdade".

Não é difícil encontrar sinais de elaboração textual com que, em seus diários, os escritores tentam dar uma rasteira no tal "regime da sinceridade" (com todos os valores que vêm a reboque: espontaneidade, transparência, verdade). Talvez os mais interessantes sejam justamente aqueles que se recusam a aceitar o procedimento que vincula o diário à vida e o desvincula da literatura.

Grosso modo, os escritores de diários do século XX podem ser unidos pelo fato de que, em sua experiência, fundem-se catástrofes mundiais (guerra, holocausto, totalitarismos) e pessoais (alcoolismo, depressão, degradação física). Eles travam guerras secretas dentro de si – contra os vícios, a loucura, a autodestruição –, enquanto os conflitos de um mundo em ruínas atravessam e sugam sua subjetividade. Seus diários são terrenos de resistências – falhas e fracassadas, mas quase sempre as únicas possíveis – e, dessa maneira, não podem ser vistos apenas como expressão individual. Por mais íntimo que pareça, seu discurso sempre permite articular as vozes e experiências alheias.

Em Virginia Woolf, essa articulação surge muitas vezes por meio de cenas, que ela, aliás, considera seu "modo natural" de contar. Navega no intersticial; esfumaça fronteiras de gênero; e não consegue narrar nenhum tipo de texto sem se valer de encenações ou personagens. O exemplo mais notório na não ficção é muito possivelmente *A Room of One's Own* (texto que em português foi publicado com diversos títulos, como *Um teto todo seu* e *Um quarto só seu*), o famoso ensaio em que ela lança mão de uma fictícia irmã de Shakespeare para argumentar por que, historicamente subalternas e relegadas ao lar, as mulheres foram impedidas de desenvolver suas vocações.

Defronte às formas híbridas, como é o caso das escritas de si (autobiografia, diários, memórias), automaticamente vem a pergunta: o que é a ficção e o real vivido; o verossímil e o veraz? Então surgem outras, como: em que circunstâncias quem fala importa mais do que o que se fala? Desde o gesto de ruptura duchampiano de exibir, em 1917, num museu, um urinol, não pode haver mais ingenuidade quanto ao fato de que os discursos são tanto um tipo de texto como um modo de leitura e, socialmente, também delimitados pelo seu espaço de circulação. Se a verdade não é única – são muitas a formar um quadro, dependentes do observador –, por outro lado transforma-se em uma quimera longínqua que está quase sempre pressuposta, mas quase nunca é completamente verificável.

No caso do romance, já no fim do século XIX começa a ruir a posição de autoridade do narrador, que não domina mais seu próprio relato e que com isso desestrutura os dogmas absolutos da certeza e da coerência narrativas. E será precisamente o caráter do narrador das escritas de si – com sua cota de dúvidas sobre a realidade e seu discurso sempre no limiar do que ainda é possível narrar – aquilo que pode aproximá-lo da prática ficcional.

Ficção e literatura, entretanto, não são sinônimos. Há que se perguntar, então, de que modo a ficção não se limita à literatura, e como a literatura, por sua vez, não se apoia completamente na ficção – porque o conhecimento objetivo é duvidoso, mas a representação subjetiva pode ser ilusória. É justamente nesse terreno informe de uma busca incessante por definição, sem jamais encontrá-la, que Virginia Woolf parece caminhar. Para ela, a literatura vem da vida (o "halo" de que fala no célebre ensaio "Ficção moderna"), mas ao mesmo tempo não vem da vida ("é preciso sair da vida e ir além", "eu desconfio da realidade", diz ela nos diários). O movimento é, portanto, simultaneamente interno, para dentro da linguagem, e externo, voltado para o fora. "Nada é mais fascinante", escreveu no prefácio para a edição americana de *Mrs. Dalloway*, em 1927, "do que enxergar a verdade que habita atrás dessas imensas fachadas de ficção – se a vida é de fato real, e se a ficção é de fato fictícia. E provavelmente a relação entre ambas é extremamente complicada." Woolf desejava encontrar um "sistema que não excluísse", capaz de incluir tudo, sem distinções: o eu e o outro, a vida e o artifício. Nesse sentido, a ficção aparece em seus diários como um meio de passagem, uma travessia entre a representação e o real: sacolejante às vezes; mas, noutras, sutil como um sopro.

ANA CAROLINA MESQUITA

SOBRE 1924-1930

Neste que é o terceiro volume da compilação dos diários de Virginia Woolf, vemos com força total a Virginia Woolf que se imortalizou como uma das maiores figuras do modernismo e do século XX. Entre esses anos tão prolíficos que formam a fase pela qual ela é mais conhecida, Virginia trabalha como nunca – e publica e escreve a maioria das obras que a consagraram: em 1925, *Mrs. Dalloway* e *O leitor comum*; em 1927, *Ao farol*; em 1928, *Orlando*; em 1929, *Um teto todo seu* – e, em 1930, está escrevendo *As ondas*, que seria lançado em outubro do ano seguinte.

Provavelmente não é fortuito que essa intensa produção tenha coincidido com a volta dos Woolf para Londres após uma década vivendo em Richmond, no subúrbio londrino. A conselho dos médicos de Virginia, ela e Leonard haviam se mudado para lá após a tentativa de suicídio dela em 1913, para que Virginia se distanciasse das agitações. Já a partir de 1923, no entanto, ela vinha insistindo com o marido para se mudarem, uma vez que sentia sua vida se esvaindo no campo – que na época via como fonte de tédio, prisão e silêncio. A tão sonhada mudança se deu em 1924, quando o casal deixou a Hogarth House (que deu o nome à editora deles) para o número 52 da Tavistock Square, em Bloomsbury.

É impossível exagerar a força desse acontecimento. Com o privilégio do distanciamento histórico, nós nos surpreendemos ao abrir o caderno de 1924 e ver escrito, no dia 3 de janeiro: "É quase certo que este ano será o mais repleto de acontecimentos de toda a nossa (já registrada) carreira". Em 9 de janeiro, tendo conseguido Tavistock, ela diz: "(...) a casa já é nossa: & mais o porão, a sala de bilhar, com o jardim de pedras no alto, & a visão da praça em frente & dos edifícios abandonados nos fundos, & da Southampton Row, & de Londres inteira – Londres, tu és a joia das joias, & o jaspe & o júbilo – música, conversas, amizades, vistas da City, livros, edições, algo de central & inexplicável, tudo isso está agora ao meu alcance, como não acontecia desde agosto de 1913 [...]." Em 5 de abril, quando se muda, diz: "Ah, a conveniência deste lugar! & o encanto também.

Voltamos dos teatros a pé, pelo meio das entranhas de Londres. Por que adoro tanto esta cidade?... se ela é impiedosa & seu coração, frio como pedra."

A mudança e o movimento a revigoram. Ela acorre ao seu diário como uma âncora entre uma viagem ficcional e outra, procurando, cada vez mais, dar corpo aos planos de escrita (tanto para o diário quanto para outras obras) que tinha estabelecido para si mesma em 1919 – ou seja, empregar a mesma força incandescente dos esboços em seus outros textos. "Imagine que se possa manter a qualidade de um rascunho numa obra acabada e concluída? É esse o meu esforço", afirma, em 7 de setembro de 1924. Assim, mesclam-se cada vez mais as fronteiras de estilo entre seu diário e outras obras.

Em 1926 ela expande a forma diarística e chega a criar uma série de onze textos que misturam crônica e impressões literárias e filosóficas, aos quais dá títulos como "Rodmell, 1926", "Arte & Pensamento" e "Meu próprio cérebro". O diário parece cada vez mais ser o terreno da escrita visceral, que alimenta a escrita composta. "[...] aqui escreverei as primeiras páginas do melhor livro do mundo. É isso o que seria um livro feito inteira & integralmente dos pensamentos de alguém. Imagine se fosse possível apanhá-los antes que eles se tornassem "obras de arte"? Apanhá-los quentes & repentinos à medida que surgem na cabeça – subindo a colina de Asheham por exemplo." (julho de 1926)

Do ponto de vista pessoal, contudo, é também uma fase de grandes dificuldades emocionais e mortes, dentre elas a do pintor Jacques Raverat, seu amigo e correspondente de longa data, de sua prima Katherine Stephen e da amiga Madge Vaughan, que teria inspirado a personagem Sally em *Mrs. Dalloway* e por quem Virginia Woolf tivera uma paixão adolescente. Sua estratégia, de voltar-se para Montaigne ("Mais & mais repito a minha própria versão de Montaigne – 'É a vida o que importa', 8 de abril de 1925), não impede que ela passe longos meses de cama em 1925, prostrada. O esgotamento físico e mental desse intervalo provavelmente adveio do estímulo e do estresse da nova vida em Londres, repleta de eventos sociais, afazeres com a editora e com seus próprios livros, e do fato de Virginia se ver mergulhando em memórias muito fundas de infância para compor *Ao farol*. É durante esse período de cama que ela escreve o ensaio "Sobre estar doente", publicado na *Criterion* de T. S. Eliot e mais tarde, em 1930, na Hogarth Press dos Woolf, que viria a se tornar um marco nos estudos literários.

O intervalo entre 1924 e 1930 marca, ainda, o florescimento de seu relacionamento amoroso com a escritora Vita Sackville-West, a quem ela dedica *Orlando*. "Gosto dela & de estar com ela, & do esplendor – ela resplandece nas quitandas de Sevenoaks como uma vela acesa, dando longas passadas em pernas como faias, cor-de-rosa cintilante, cheia de cachos de uvas, toda enfeitada de pérolas", "ela navega de velas enfunadas nas altas marés, enquanto eu sigo costeando pelos remansos", diz ela no início do romance das duas. Em 20 de maio de 1926, ela se pergunta: "Estarei apaixonada por ela? Mas o que é o amor? O fato de ela 'estar apaixonada' (isso tem de vir entre aspas) por mim me excita & lisonjeia; & interessa. O que é esse 'amor'?"

Muito importantemente, são nesses anos que ela sente ter por fim encontrado seu caminho literário – e daí a sua intensa atividade. Neles diz alcançar o que considerava "uma voz"– a prosa experimental, sinuosa e lírica que a tornaria célebre. No meio da escrita de *Mrs. Dalloway*, ela anota: "Uma coisa a considerar em meu estado de espírito agora, que me parece indisputável, é que finalmente perfurei o meu próprio poço, & não consigo rabiscar com rapidez o bastante para trazer tudo até a superfície. (...) sinto, finalmente, que sou capaz de cunhar todos os meus pensamentos em palavras. (...) Agora, imagine que eu possa me tornar um dos romancistas interessantes – não digo grandes – mas interessantes? Estranhamente, apesar de toda a minha vaidade, até agora eu não punha muita fé nos meus romances, nem os considerava fruto de expressão própria", diz ela em 1925. Virginia Woolf passa a intensificar, mais e mais, uma maneira de representar o real que não leva em conta apenas os acontecimentos externos, mas em igual medida os processos internos de percepção do real de cada personagem – a tal ponto que chega a se questionar no diário se o que escrevia agora seriam ainda romances. "Tenho a ideia de inventar uma palavra nova para meus livros, em vez de 'romance'. Um novo... de Virginia Woolf. Mas o quê? Uma elegia?"

Assim, quatro anos depois, em 1929 e em meio a *As ondas*, já a vemos angustiada, pois que em mutação: "Talvez seja melhor estar continuamente tentando encontrar novas coisas a se dizer, já que a vida segue adiante. Inventar um estilo narrativo apurado. Acho que as *Mariposas* (se é que irei chamá-lo assim) terá arestas muito afiadas. Não estou satisfeita entretanto com a estrutura. Existe essa fertilidade repentina que pode ser mera fluência. Antes os livros eram várias frases absolutamente arrancadas de um cristal a machadadas: & agora minha imaginação é tão impaciente, tão veloz, de certa maneira tão desesperada." Essa contínua busca pelas maneiras que considera mais adequadas de representação é algo que se intensifica nesse período e que Virginia levaria a extremos, abraçando-a até seu último texto.

NOTA SOBRE A TRADUÇÃO

Em seu ensaio "Da tradução como criação e como crítica", de 1962, Haroldo de Campos afirma que ao tradutor criativo caberia a criação de um projeto de leitura que apresente uma crítica do texto original ao mesmo tempo que se insira no tempo, em sua própria época. Em consonância com essa visão, o poeta, tradutor e ensaísta Henri Meschonic afirma que a teoria, a crítica e a prática são na tradução inseparáveis, uma vez que traduzir não é enfrentar uma língua, mas seu acontecimento enquanto discurso, passível da crítica do sujeito que o interpreta e traduz.

Do ponto de vista pessoal, tais questões literalmente tomaram corpo quando me vi diante dos originais de uma obra que conhecia na forma de um texto impresso e impessoal. Ter a oportunidade de estar frente a frente com a escrita de Virginia Woolf em uma obra que, em princípio, tinha cunho íntimo e não fora destinada à publicação, transformou radicalmente o trabalho que eu vinha realizando até então. Diante das pausas, dos borrões (de choro? de tinta?), da fisicalidade dos volumes encadernados à mão, da letra que falha, desaba pela página ou corre livre com capricho e enlevo, o distanciamento já não era mais possível para mim. Entendi, talvez pela primeira vez de modo concreto, a *apropriação literária* de um texto por um tradutor, necessariamente subjetiva. Isso me levou a assumir (e não mais esconder) a posição de uma intérprete do século XXI, de um país à margem e de uma língua não canônica, para um texto do século XX, escrito por uma autora canônica de um país colonizador. Como não poderia deixar de ser, o texto que ora se apresenta aqui é fruto exatamente desse corpo a corpo.

Isso não me levou a abandonar a minha opção (aparentemente contraditória) de manter a maior proximidade que me fosse possível daquele original. Procurei reproduzir a velocidade, o ritmo, a beleza sonora, a estranheza, a dificuldade e o impacto dos diários de Woolf. Escolhi resgatar a sua forma gráfica original, devolvendo a continuidade que Woolf mantinha entre parágrafos e, muitas vezes, entre um dia e outro. Esse seguimento foi quebrado na edição integral dos diários, que insere novas chamadas de entradas e quebra parágrafos. Trata-se de um procedimento válido na edição da maior parte dos diários, sejam eles de escritores ou não, que vêm a ser publicados. O caso de Virginia Woolf, contudo, é singular, uma vez que ela se valia dos diários para realizar experimentos formais de ininterrupção entre ideias e temporalidades – tão característicos do procedimento de fluxo de consciência, ou discurso indireto livre, que ela começaria a desenvolver com mais método justamente a partir de 1919. De modo que evidenciar essa escrita ininterrupta no próprio aspecto formal e gráfico com que os diários de Virginia Woolf são trazidos a público é uma maneira de chamar a atenção para uma certa indissociação entre o modo como ela escrevia diferentes obras e gêneros, e, ao mesmo tempo, enfatizar o estatuto literário desses diários. É, ainda, uma maneira de apontar o entrecruzamento singular de todas as obras woolfianas.

Cumpre ressaltar que muitos dos procedimentos estilísticos e formais de Woolf talvez só tenham podido vir à tona da maneira como vieram porque ela mesma passou a editar as obras de sua autoria, também a partir de 1919 (de 1917 a 1919, ela só publicara contos isolados pela Hogarth Press). Logicamente não é possível saber com exatidão como ela editaria os próprios diários, caso pudesse tê-lo feito em vida. No entanto, utilizei como norteadores nesta obra os indícios que a própria Virginia Woolf deixou nos processos de edição dos demais textos que escreveu – não o fazendo por preciosismo ou idiossincrasia, mas porque são procedimentos que informam os modos de Woolf pensar o próprio fazer literário e suas ideias sobre escrita e literatura.

Para denotar a rapidez da escrita, mantive o uso de "&" do original, em vez de "e", fazendo assim uma escolha estrangeirizante, posto que no português não faz sentido tal abreviação feita nos textos escritos velozmente na língua inglesa: a grafia de "e" já é pequena o suficiente e não constitui um impedimento para o fluir da caneta. Da mesma maneira, como o texto do diário não foi revisado por Virginia Woolf, e se trata de um texto inacabado, busquei reproduzir no português suas repetições; o uso de numerais grafados como algarismos e não por extenso; o uso ocasional de abreviações ("Ly" em vez de "Lady", "Sqre" em vez de "Square", o uso de iniciais para se referir a pessoas etc., inserindo o termo completo entre colchetes ou notas de rodapé se considerava que isso deixava o texto misterioso demais); a pontuação estranha (com ausência de vírgulas, ou profusão de vírgulas em lugares não convencionais); e os parênteses que por vezes são abertos e esquecidos por fechar.

Gostaria de encerrar com uma breve observação sobre a velocidade com que o diário foi escrito. É assombrosa a quase ausência de rasuras e o acabamento primoroso desse texto, que do meu ponto de vista só se explicam pela história pessoal de Woolf – pelo fato de ela escrever muito, diferentes gêneros, e desde uma tenra idade (no mínimo desde os 8 anos de idade). Mary Hutchinson, amiga da autora, comenta algo que pode iluminar esse aspecto. Ao conhecer Virginia Woolf, em 1918, ela assim escreve para Lytton Strachey: "Para mim, o maior encanto de Virginia é que ela falava frases que em geral só encontramos por escrito. Frases perfeitamente literárias, ditas sem a menor hesitação ou embaralhamento. Sentíamos empolgação em ouvi-la mesmo quando ela só estava pedindo por mais leite. Por mais estranho que pareça, era como estar dentro de um romance".[4]

NOTA SOBRE A TRADUTORA

Ana Carolina Mesquita, tradutora, é doutora em Letras pela Universidade de São Paulo (USP) e autora da tese que envolveu a tradução e análise dos diários de Virginia Woolf. Foi pesquisadora visitante na Columbia University e na Berg Collection, em Nova York, onde estudou modernismo britânico e trabalhou com os manuscritos originais dos diários. É dela também a tradução do ensaio *Um esboço do passado* (2020), bem como de *A morte da mariposa* (2021), *Pensamentos de paz durante um ataque aéreo* (2021) e *Sobre estar doente* (2021, cotradução com Maria Rita Drumond Viana). E, ainda, do conto *Mrs. Dalloway em Bond Street* (2022).

AGRADECIMENTOS

Este trabalho foi, em sua maior parte, fruto de seis anos de pesquisa acadêmica de doutorado realizada na Faculdade de Letras e Ciências Humanas da Universidade de São Paulo (FFLCH-USP), e não teria vindo à luz sem o apoio fundamental das instituições de pesquisa científica CNPq e Capes. Contou ainda com o suporte decisivo da Universidade de Columbia (Nova York, EUA), onde parte da pesquisa foi realizada sob a supervisão da Prof. Dra. Sarah Cole, e da Berg Collection, localizada na Biblioteca Pública de Nova York, que abriga os originais dos diários de Virginia Woolf. Nossos sinceros agradecimentos a todos os pesquisadores que dele participaram direta e indiretamente, bem como às instituições que valorizam as pesquisas no âmbito da ciência, da arte e da cultura, sem as quais trabalhos como este não seriam possíveis.

1924

Hogarth House[1]
Paradise Road
Richmond

**Quinta,
3 de janeiro**

É quase certo que este ano será o mais repleto de acontecimentos de toda a nossa (já registrada) carreira. Amanhã vou a Londres atrás de uma casa; no sábado entrego a sentença capital de Nellie & Lottie; na Páscoa deixamos a Hogarth [House]; em junho Dadie vem morar conosco;[2] & todo o nosso entorno doméstico será completamente controlado por uma mulher, um aspirador de pó & fogões elétricos. Agora, o quanto disso é sonho, & quanto realidade? Eu gostaria, muitíssimo, de ir até a última página deste volume virgem & lá encontrar meus sonhos tornados realidade. Cabe a mim dar-lhes substância entre hoje & esse dia. Não preciso importunar toda a minha frívola página com os porquês & os motivos de como chegamos, tão depressa, a essas decisões. Em parte foi uma questão do carvão em Rodmell. Depois Nelly apresentou um ultimato – pobre criatura, ela voltará atrás, bem sei – em relação à cozinha. "E eu tenho de ter um novo fogão; que tem de ficar no chão, para podermos aquecer nossos pés; & tenho de ter uma janela naquela parede..." Tem? E isso é lá palavra que se use com príncipes?[3] Essa foi a nossa reflexão silenciosa ao recebermos tais ordens, enquanto Lottie ia trazendo suas próprias condições & digressões nada sábias. "A senhora nunca irá arrumar duas garotas que aceitem dormir no mesmo quarto como a gente" &c. "Mrs. Bell disse que não se consegue nem uma gota d'água quente nesta casa..." "Quer dizer que você não vai vir mais para cá, Nelly?" perguntei. "Não, senhora, eu não venho mais", & ao dizer isso, creio eu, ela falava a verdade. Nesse meio tempo, elas estão alegres como tartarugas, diante de um fogo crepitoso em sua própria cozinha limpa, depois de irem às liquidações & desfrutarem de todas as diversões baratas de Richmond, que começam a me entediar. Já me sinto dez anos mais jovem. A vida se acomoda ao redor da pessoa quando se vive aqui por 9 anos, como nós; só de pensar em uma mudança as coisas já se arejam. Ser jovem é seguir adiante. Vejo meus contemporâneos satisfeitos por fora; mas por dentro, conscientes do vazio. Para que tudo isso?, perguntam-se às vezes, quando chega o Ano-Novo, mas são absolutamente incapazes de perturbar seu conforto mesmo que por um instante sequer. Penso na numerosa tribo dos Booth, por exemplo; toda acomodada, aninhada, briguenta, crentes que foram destinados a desfrutar assim da vida por nosso senhor que está no céu. Já o meu estado é infinitamente melhor. Aqui estou eu me lançando ao vazio. Dois jovens dependem de nós.[4] Não há nenhuma casa no horizonte. Tudo é possibilidade & dúvida. Até quando poderemos fazer a editora render? E conseguiremos nos livrar da *Nation*?, & encontrar uma casa melhor que Monk's House? Sim, isso veio à tona, em parte graças ao discurso de Nelly, que foi enviado pelos céus. Passei na Thornton's enquanto aguardava o meu trem,[5] e me contaram de uma casa antiga em Wilmington – alegra-me ver [o quanto] nossos temperamentos ainda são voláteis – pois L. também segue firme, um triunfo que não posso dizer que eu tenha alcançado – aos 42 & 43 anos de idade – pois o 42 logo me alcançará, neste ano momentoso.

Agora são seis [*horas*], meu limite, & preciso ler Montaigne[6] & interromper outras reflexões sobre, acho, ler & escrever, que preencheriam esta página. Também devo descrever minha caminhada ao voltar de Charleston; mas não posso mais trapacear com Montaigne. Ele só fica melhor, portanto não posso dar uma de malandra & tenho de me apressar em escrever, & faturar meus 20 guinéus, espero. Cheguei a registrar aqui uma homenagem de Gosse: que sou insignificante, & um arranhão de Hudson, dizendo que *A viagem* não presta; & um elogio lá da América, de Rebecca West?[7] Ah céus, céus, nada de se gabar em voz alta, em 1924. Em Charleston não me gabei.

Quarta,
9 de janeiro

Neste exato momento, ou quinze minutos atrás, para ser mais precisa, paguei dez anos de aluguel do número 52 da Tavistock Square em Londres WC1 – gosto de escrever Tavistock. Se logicamente o permitirem o aluguel, & a Providência, & os caprichos da velha Mrs. Simons,[8] a casa já é nossa: & mais o porão, a sala de bilhar, com o jardim de pedras no alto, & a visão da praça em frente & dos edifícios abandonados nos fundos, & da Southampton Row, & de Londres inteira – Londres, tu és a joia das joias, & o jaspe & o júbilo[9] – música, conversas, amizades, vistas da City, livros, edições, algo de central & inexplicável, tudo isso está agora ao meu alcance, como não acontecia desde agosto de 1913, quando deixamos Cliffords Inn por uma série de catástrofes que por muito pouco não acabaram com a minha vida & que teriam, sou presunçosa o bastante para supor, arruinado a de Leonard.[10] De modo que devo me sentir grata a Richmond & à Hogarth [House], &, de fato, eu me sinto grata, quer isso se deva ou não ao meu invencível otimismo. Nada poderia ter sido melhor para mim em todos esses anos que passei me arrastando por aí, como um rato depois de uma paulada na cabeça, enquanto os aviões sobrevoavam Londres à noite, & as ruas eram escuras, & não havia pães doces nas vitrines. Ademais, não haveria outro lugar em que pudéssemos ter começado a Hogarth Press, cujo estranhíssimo início se deu nesta mesma sala, sobre este mesmo tapete verde. Aqui essa estranha cria cresceu & floresceu; desalojou-nos da sala de jantar, que agora não passa de um ataúde empoeirado, & alastrou-se

Tive muitas visões curiosas nesta sala, também, deitada na cama, enlouquecida, vendo a luz do sol tremular como água dourada na parede. Aqui ouvi as vozes dos mortos. E, durante tudo isso, me senti feliz como nunca.

pela casa inteira. E pessoas vieram para cá, milhares delas, é a minha impressão. Mais de uma noite fiquei sentada diante dessa lareira conversando, & exceto por uma ocasião macambúzia no verão passado, jamais me queixei de Richmond – até o momento em que eu a deixei cair, como uma pele solta.

Saxon vem jantar hoje, & o convidaremos a se mudar para cá com sua trupe de lunáticos na Páscoa.[11] Nossa mudança se dará a qualquer momento entre o dia 1 de fev. & o dia em que ele vier. Sim, já que não desejo dar detalhes dos leilões, resumo dizendo que meu bom anjo das casas sussurrou no meu ouvido na segunda-feira, quando, ao sair do Mr. Coade, a moça corada me disse: "Mrs. Woolf, a senhora ainda está procurando uma casa?" "Foi para isso que eu vim", respondi, "mas agora acho que talvez seja melhor alugar cômodos." "Ah, entendo; quem sabe o número 52 da Tavistock Sqre. não seja o que a senhora esteja procurando. Tem um grande estúdio." O rapaz perverso então me fez ir até a Gordon Sqre. & me deu o endereço errado; & então topei com Adrian por acaso; & então nós dois fomos bater na porta dos senhores Dollman & Pritchard, atravessamos grandes portas, batentes verdes de baeta, subimos as escadas, entramos em um andar na semipenumbra; & então descemos até um porão, onde rapidamente perdi a conta do número de cômodos, & saímos até o salão de bilhar de um velho cavalheiro, & ali decidimos, este é nosso lugar, se é que já existiu algo assim.[12]

Bem, tivemos um dia longo & movimentado ontem – fomos, eu fui, duas vezes a Londres – que terminou com *The Flame*, peça que inventa emoções que ninguém sentiu nos últimos 100 anos; que ninguém sentiu nem mesmo em 1824. Mas graças a um processo de hipnose, ontem à noite metade de Bayswater fez força para acreditar que as outras pessoas sentiam dessa maneira & que portanto elas também deveriam sentir.

Posso dizer que, coincidente com a aquisição do número 52 da Tavistock Square (ah, como me agrada escrever isso!), foi a compra de uma caneta de nove centavos, uma caneta-tinteiro com uma ponta comum, mas que – às vezes – escreve extraordinariamente bem. Estarei mais animada por comprar Tavistock Sqre. ou a minha nova caneta-tinteiro? – essa reflexão me recorda que preciso despachar o volume 7 de Montaigne, & que Saxon vem jantar aqui. De modo que apesar da cabeça confusa, subo, apanho os livros & começo. Primeiro, porém, um olhar para o fogo – & oh céus, esqueci o meu ultimato às pobres domésticas. Vão-se as duas; as duas muito parceiras, & também carinhosas – uma combinação desafiadora.

Sábado,
12 de janeiro

Acabo de introduzir uma grande melhoria na capa deste livro – um calendário.[13] Mas voltando às demais melhorias... será que sobreviverei ao processo? Há um senão no aluguel: uma cláusula drástica dizendo que Bedford pode recusar-nos a autorização para sublocar.[14] Se efetivada, ela atiraria os escritórios, agora alugados a £250, nas nossas mãos. Mas nos ofereceram o apartamento & o porão em separado. Tudo isso envolve cálculos; &, o que é pior, uma boa dose de depressão da parte de L. Então eu me pergunto, por que faço isso? Vale a pena? Não serão os riscos grandes demais? E respondo de acordo com o meu humor do momento. Meu coração se revirou como uma enguia ferida em meu peito na quinta-feira à noite: ontem estava sereno como um dia de verão; & agora está dolorido & revolto. Mas gosto de mim mesma por saltar os meus obstáculos. Desde que a ousadia não se transforme em estupidez. Se tudo falhar, pelo menos terei tentado fazer dar certo. Depois, Nelly concordou em ficar sozinha encarregada das tarefas gerais; & preciso encontrar um lugar para Lottie na Gordon Square. Vejo à frente uma dificuldade atrás da outra. Nada disso teria muita importância se L. estivesse feliz; mas com ele desesperançado ou carrancudo, o vento abandona as velas do meu barco, & eu me pergunto, para que tudo isso?

    Mas a verdade é que – não, creio que não sei qual é a verdade. Sem dúvida meu principal amparo é a minha escrita, que não me irá falhar, nem aqui nem em Londres. Porém, segundo Montaigne, somos vários. Não posso ditar uma lei para meus próprios sentimentos.

    É estranho como toda essa questão da casa absorve. Por outro lado, trata-se de uma mudança radical. Implica a mudança de 4 vidas. Em relação a Lottie, tenho lá minhas dúvidas, pois o temperamento dela sempre a desfavorecerá, & depois de 7 anos, ou serão 8?, sinto-me um pouco responsável por ela. Se por minha causa ela enfrentar dificuldades, imagino que me culparei. No entanto, para as pessoas da nossa idade, no auge do verão, temer os riscos & a responsabilidade parece pusilânime. Não temos filhos a considerar. Minha saúde anda tão boa quanto é possível nesse mundo, & melhor do que nunca. Os próximos dez anos assistirão à fama ou à falência da editora; ficar fazendo cera por aqui é uma desvantagem. Mas já analisei essas questões mais de uma vez, & gostaria de poder pensar em outra coisa. Tenho tanto trabalho a fazer. É estranho como meu trabalho de súbito parece desimportante, quando um assunto de cunho prático como esse bloqueia o caminho. Eu o enxergo como ele se apresenta para o mundo, visto de fora, & não cheio de cavernas & iluminado, como é visto de dentro. Quem andei vendo? Saxon principalmente, & os Grant. Eles desfrutam de uma boa & sólida dose de conforto na Grosvenor House, Twickenham: cadeiras & mesas & tapetinhos sobre as penteadeiras. Lá estava uma mulher rígida & muda à lareira & Jim Rendel, jogando xadrez com o velho Major de cabelo felpudo[15] – aquele fracassado, aquele velho vivaz & irresponsável, que fica deitado no sofá, um perfeito cavalheiro, um cidadão do mundo, bem-humorado, matreiro, prático, mas absolutamente ineficiente. Entra Ethel, & eu me dou conta de como era linda, & que ainda há algo de encantador no relacionamento deles, hoje desgastado & estagnado; & ela sabe, imagino, que ele está morrendo, mas anda tão concentrada nos afazeres práticos (os dois são muito pobres) que não consegue sentir nada. É o tipo de mulher senhorial, sem imaginação, o que me dá um pouco de pena, acho. (Agora, nada de pensar no problema da casa!) Ver Saxon não quer dizer grande coisa, embora hoje eu o enxergue como um homem distinto. Se o encontrasse num ambiente lotado, diria: quem é aquele?, eu acho. Em parte porque ele se tornou mais autoconfiante. E depois, imagino, ler a obra completa de Platão é algo que transparece. Gosto da ausência de detalhes que ele tem – ao conversar sobre planos, por exemplo; embora quando se trate de questões práticas ele seja um homem meticuloso, incapaz de pedir um táxi sozinho sem fazer deliberações intermináveis.

Também vi Adrian & Karin. Eis aí uma mulher infeliz. Mas o que é a felicidade? Eu a defino como um brilho nos olhos. Os olhos dela são como pavimentos polidos – pavimentos molhados. Não existe nenhuma caverna iluminada pelo fogo em seu interior. Os olhos de Molly são outra coisa bem diferente. Pois fui tomar o chá com ela, numa casa limpíssima na Oakley Street. Lá estava Michael, um rapaz, enrubescido, nervoso, de calças.[16] Ele saíra para o chá, mas não gostou das pessoas; elas conversam sobre cada detalhezinho, disse ele. "De que região de Devonshire você mais gosta?" É divertido ver como esse tipo de pergunta surge na vida real, antes de nos acostumarmos com ela. Molly muito branca, muito sem forma, como uma morsa, decerto; cortou uma franja completamente grisalha; & de certo modo consegue se vestir muito melhor do que eu. Adoro as maneiras ocupadas & distraídas dessas mães – não há nenhuma parcimônia na vida, como ocorre com quem não tem filhos – sempre existe algo a se decidir ou fazer. A velha Mrs. MacCarthy é a chata mais notória & perniciosa do mundo, na minha opinião; parece uma criança, mas que não se pode deixar de lado; insiste que ouçam sua história; é totalmente incapaz de enxergar além do seu prato de pão com manteiga; precisa saber que tipo de geleia é aquele. Sim, considero essas velhas senhoras desocupadas a coisa mais difícil do mundo. Dois dias atrás ela se converteu ao catolicismo. Charlie Sanger chegou; deu tapinhas na mão de Molly. Ele também respeita a calidez maternal. Sente grande respeito pelo valor da natureza humana, o que sempre me impressiona; respeita as qualidades honradas; sabe o quanto a vida é dura – embora não saiba, talvez, o quanto é prazerosa. Dia desses quero escrever uma história sobre a vida tornando todos os rostos de um vagão de metrô verdes, empapados, corajosos, desiludidos. Mas por que não torna nenhum deles satisfeito, feliz, como se tivessem conseguido o que queriam? A vida empresta vivacidade aos jovens & satisfação aos idosos; prazeres bem pouco intensos, eu diria, ao olhá-los.

Domingo,
20 de janeiro

—————— o relógio bate as seis, & lorde Berners, Siegfried Sassoon[17] & William o chofer acabaram de sair.[18] Sim, entramos para o pariato. E eu, gosto do pariato no geral? O problema é que existe algo meio opaco; eles contam boas histórias; mas eu desaprendi a arte de escutar seus argumentos. Esse lorde é, como diz Siegfried, um judeu de Kilburn; redondo, gordo, pálido – não, ligeiramente gordote, um homenzinho determinado, cuja hierarquia social, imagino, lhe dá certa consistência que de outra forma ele não teria. Apesar disso, a hierarquia social, nos dias de hoje, na minha idade, é ligeiramente vulgar, como uma franja na prateleira de uma lareira. Vita jantou aqui com ele; & no caso dela a hierarquia também é uma borda aveludada; há qualquer coisa densa em vez de vibrante. O velho S. S. é um bom camarada, sensível, gentil, querido, de bom coração. Ele retornou, deixou William aguardando, fechou ligeiramente a porta & me pediu que conseguisse umas resenhas para [W. J.] Turner[19] – "não foi ele que pediu isso, que fique claro". (Não me agrada nem um pouco ser afastada da minha zona de conforto quando o assunto é escrever. Essa é a pior parte de entreter a alta sociedade: de certa maneira torna a pessoa, momentaneamente, meretrícia nesse departamento.) Mas voltando. Siegfried está bem. Então o que mais aconteceu? Ainda nenhuma notícia final de Tavistock, mas ao que parece a cozinheira de Saxon alugou a Hogarth; & diz que o jardim será ótimo para sua filhinha, & que se Mrs. Turner trouxer o fogão a gás que foi presente do Dr., elas se mudarão para cá em março. (O negócio com os aristocratas é que eles dissimulam suas pretensões com grande humildade; deixam os outros montarem em suas costas & aí, de repente, se fazem de dignos.) Aqui estamos nós, porém, num período de espera. Assim que minhas garras se cravarem na mudança, ficarei feliz. Por enquanto, minha sensação é, Ai meu Deus outra viagem? Preciso ir [a Londres] de trem? Onde irei me trocar antes do jantar amanhã?, & por aí vai. Lottie hesita. Primeiro diz que vai ganhar £60 & será governanta de Kid Lewis;[20] depois diz que irá para a casa de Saxon – Deus sabe o que há de ser no final; & me arrependerei de perdê-la – Agora, preciso enfrentar minhas citações de Montaigne, conforme exigido pelo cockney no comando do *Supt*.

Quarta, 23 de janeiro

Se na segunda eu tivesse escrito aqui, haveria de ter dito "Perdemos Tavistock Square" – & perdemos graças à atitude sarcástica de Mr. Simon & à indolência despreocupada de Mr. Guy Hemsley.[21] Foi uma surpresa bastante desagradável, & de minha parte acho que não teríamos conseguido nos recuperar facilmente – isto é, encontrar uma casa tão boa, sem contar o aborrecimento infinito da procura. Enfim, depois de assistir inquieta à peça (*Progress*, de Munro)[22] & de maldizê-la consideravelmente, fui até Coade, descobri que me esperavam, ouvi uma história estranhíssima – que Simon permitiria que a casa ficasse com os Woolves[23] se Coade aceitasse receber £30 em vez de £40: coisa que Coade não queria, portanto eu ofereci as £10 da diferença; comuniquei o fato a meus advogados pelo telefone do outro lado da mesa do escritório (ah sim, agora sou adulta), & resolvi a questão em 15 minutos, depois fui tomar o chá com Nessa estourando de orgulho & empolgação – uma grande tolice, diria L. Mas meu talento para encontrar casas estava ultrajado; de que vale você, perguntou-me ele, se deixa esses vigaristas te enganarem? Estou te avisando, o 52 é sua casa.

Então, do ponto de vista prático e não apenas espiritual, agora é; pois apesar de Hemsley & da greve & de a minuta do contrato não ter chegado &c &c, fui até o escritório munida de cheque & assinatura antes da uma da tarde de hoje; & depois gastei um xelim num prato de carne. Muito bem! Agora posso suspirar satisfeita diante da minha lareira, apesar da chuva, & da greve,[24] & de Lady Colefax & Ethel Sands, & de todas as preocupações & tristezas & perplexidades. No momento elas não são muito penosas. O *New Republic* irá publicar meu artigo sobre Jane Austen; a *Dial* me pagou £22 pela "Vida dos obscuros" &c &c.[25] Nessa época no ano passado estávamos em uma situação muitíssimo diferente. Mas mesmo então eu não estava mais do que agitada apenas na superfície. Ah não: eu me lembro de alguns dias bastante negros, estagnados, por volta dessa época. Vi Roger; vi seus quadros, sobre os quais, com a vaidade irreprimível do artista, ele obriga até os cegos como eu a darem opinião, sob a luz elétrica & apressada. Mas basta; de todas as outras maneiras ele é abundante: corte-o onde quer que seja & a seiva se acumula. Pamela[26] está prestes a parir; assim como a gata dele. Lytton comprou uma casa.[27] Por processo judicial, Nessa não foi considerada a dona do seu apartamento no número 50. Não falei nada a respeito desse grande caso – a batalha dos Bell com os Stephen. Clive será despejado & os americanos triunfarão.[28] Isso me faz lembrar que estou decidida a segurar as rédeas com Mary H[utchins]. Fiquei absurdamente exacerbada com um relato às gargalhadas de Roger dizendo que Clive anda espalhando por aí que eu quero me vestir como Lady Diana &c.[29] Mary me atiraria ao fogo com prazer para fazer Clive sorrir; & acho que ficaria feliz de botar vinagre nas minhas feridas. No entanto, não me orgulho do meu próprio comportamento – exceto pelo fato de gostar de ser natural & de falar as tolices que me apetecem. Mas isso não se pode fazer tranquilamente com ela, pois o meu temperamento é tão irritadiço que a uma simples faísca, como essa que recebi de Roger, perco mais, muito mais, do que o prazer que poderia sentir discursando como uma gênia diante da lareira da minha casa com a pobre & querida Mary – de quem eu também gosto. Mas não consigo evitar. E em Londres haverá muitas Marys a encarar, & eu não conseguiria passar de novo pelo tormento aos meus nervos, provocado pelos antigos comportamentos intrigantes.

Agora vou despachar Montaigne, & amanhã retomo *As horas*, para o qual eu olhava desconsolada – ah, as arestas frias & cortantes das páginas que abandonamos! – quando a questão da casa começou esta manhã. Mas agora vou escrever até nos mudarmos – 6 semanas sem parar. Acho que desta vez é a estrutura que está boa – Deus sabe.

Uma carta de Morgan hoje dizendo: "A quem senão a você & a Virginia eu contaria primeiro que escrevi as últimas palavras do meu romance?"[30] Estava comovido, como eu também sempre fico nessas ocasiões.

Domingo, 3 de fevereiro

No entanto não escrevi nada, porque L. pegou uma gripe, justo no dia seguinte, & me deu um dia desagradável; apesar de que existe um estranho prazer nisso também, puramente feminino eu suponho, em "cuidar", ser necessária; em deixar de lado a minha pena para me sentar ao lado de um doente. Mas dali a quatro dias ou menos ele já estava de pé; & aqui estamos nós, de volta aos trilhos, num dia lindo de primavera, que, com a graça divina, passamos sozinhos. Nenhuma criada no momento; nenhuma visita.

Hoje o sol folheava de dourado as árvores & as chaminés. Os salgueiros da margem estavam – qual será a palavra? – suaves amarelos plumosos, como uma nuvem; como um borrifo infinitamente tênue; com um quê de chuvoso; & também de grãos de ouro. Não consigo encontrar a palavra exata; mas reflito que na primavera que vem não estarei caminhando por aqui. O que não me deixa sentimental: Tavistock Square com sua torre branca é mais linda, eu acho, sem contar os adoráveis ônibus.[31]

Graças à gripe, creio que não vi mais que um punhado de gente; fui à Ethel [Sands], Logan me deu os parabéns pelo Montaigne; porém Roger estava empacado no artigo; conversei com Arnold Bennett, um adorável leão-marinho, com olhos de chocolate, pálpebras caídas & presa protuberante.[32] O sotaque dele é estranho; o comportamento esquisito; provinciano; muito à semelhança de uma personagem; "Não entendo as mulheres" – isso foi dito como diria um menino em idade escolar. Todos riem. Depois: "Nenhuma mulher é tão sensível quanto eu – nenhuma mulher poderia ser..." Desconfio que ele dá grande importância às coisas, até às minhas alfinetadas. É lento, gentil, afetuoso, arrasta-se pelo sofá. Mas lá estava Logan, atirando perguntas à minha cabeça; bolas que era preciso devolver. Roger entrou, com o olhar um tanto desvairado & fixo. O príncipe Bibesco & a princesa, que, segundo Roger, nos fazem parecer provincianos. Como ele é cosmopolita – como odeia a Paróquia Britânica, como adora Paris. "Ela morou em Paris", disse ele sobre a princesa: "Portanto, claro que é capaz de falar imediatamente de coisas interessantes".[33] Eu, porém, não fiquei ali para ouvi-las. Ontem, os Turner paroquianos vieram medir as alcovas & me perguntaram se a escrivaninha do pai de Mrs. Turner caberia no escritório – Você deve se lembrar do piano, & do estojo da pianola, disse Edith, um desses preocupantes "corpos" vagos que compõem a classe média; mulheres apreensivas, feitas em série, & no entanto agitadas pelos seus pontos de vista; tornam-se quentes & frias, irritáveis & trêmulas, como as outras pessoas; até mais, na verdade; mas não vejo por que a natureza as provê, exceto para suprir de esposas os cadetes & coronéis de Dartmouth.[34] Nelly foi ao apartamento comigo, & no dia seguinte fez um cronograma para demonstrar que às 3 da tarde ainda teria de lavar a louça do almoço & cuidar das botas de Leonard. Muito bem, eu disse, vá ficar com Lottie então. Mas a conclusão de uma semana de reflexão, aparentemente, é que Lottie irá para os Turner, & Nelly fica conosco. O dinheiro já foi pago, & ao que tudo indica a casa será nossa amanhã. De modo que, depois de quase 10 anos, terei um quarto todo meu em Londres. Agora preciso escrever a Logan, para pedir um livro à editora, & depois ler os elizabetanos para o meu próximo capítulo.[35] Ao menos ler para esse livro abençoado é uma grande fonte de prazer para mim.

Sábado, 9 de fevereiro

Tiramos há pouco as medidas dos aposentos. Agora surge a pergunta: Será barulhento? Desnecessário detalhar minhas ruminações sobre essa questão. Fitzroy Sqre. deixou um nervo exposto que jamais terá paz enquanto houver um ônibus neste bairro. O que sinto é que tomamos a atitude corajosa em relação a essa mudança; estamos enfrentando os fatos, o que, depois de dez anos, será algo bom a se fazer. Sim, essa pequena conquista foi boa, acho. Morgan esteve aqui ontem à noite; *Uma passagem para a Índia*, concluído; & está empolgadíssimo, fervilhante, consultou L. sobre os termos; ofereceram-lhe £750.

Quer dizer que *ele* está bem. E Heinemann esta manhã [disse que] quer publicar meus ensaios. Os Henderson vieram jantar, & Janet [Vaughan]. Eu me gabei de L. (segundo ele). Não se pode brincar com quem não se conhece. Eles nem sequer encaram com naturalidade um jantar no porão. Desmond caiu das escadas da Mary duas noites atrás & quebrou a rótula do joelho. Clive não pôde ficar com ele. Ele sentia grande dor, mas segundo Ethel Sands, foi muito corajoso. Agora está bastante irritadiço. De modo que nossos sentimentos pelos amigos mudam. Cortem-me, seja onde for, & eu sangro profusamente. A vida fez nascer "sentimento" demais de um certo tipo em mim. Depois (estou tão farta de pacotes &c que não consigo me concentrar) Marjorie colocou brincos nas orelhas & largou Joad. Pobre mocinha! aos 24. Eu estava em Fitzroy com a idade dela, & diabolicamente infeliz também. Encontrou uma carta, saiu de casa – está morando num porão. É um melodrama, mas imposto sobre ela por Cyril, imagino. Estou escrevendo *As horas*, & o considero um experimento interessantíssimo; talvez eu tenha encontrado minha mina desta vez. Talvez seja capaz de extrair todo o meu ouro. O principal é jamais se entediar com sua própria escrita. Este é o sinal de uma mudança – não importa qual ela seja, desde que desperte interesse. Mas o meu veio de ouro situa-se tão fundo, em canais tão sinuosos! que para extraí-lo preciso avançar aos poucos & com dificuldade, abaixar-me & tatear. Mas ainda assim é ouro eu acho. Morgan disse que em *O quarto de Jacob* fui mais longe alma adentro do que qualquer outro romancista. Ele estava tendo aulas de piano com Hilda Saxe – girava os dedos sobre a partitura com grande agilidade. (Se escutamos com atenção, é tão barulhento aqui quanto em T.[avistock] S.[quare].

Adquire-se o hábito de não ouvir. Lembre-se desse sábio conselho.) Tom, o incrível Tom, escreve: "Não admito nenhuma previsão de antagonismo" saudando uma nova resenha qualquer. Nem Meredith com sua coroa branca de louros poderia ser mais magistral.[36] Karin andou fazendo confidências. Adrian quer voltar. Ela quer viver. Não gosto muito dela triunfal, mas entendo seu ponto de vista, & respeito sua consciência, pois ela leva A. em consideração. Ele fica lá sozinho em Mecklenburgh Square. "É uma qualidade dos Stephen", disse ela. "É genuína", como um americano falando de uma mesa estilo Sheraton. Faith Henderson disse que flertou com Ralph, que quer luares, homens altos, diamantes, beijos; mas está velha demais; & não é boa o suficiente. Hubert empresta dela os mesmos pontos de vista. Janet tem o mesmo ruído dos Vaughan na garganta; uma dama; grande, desajeitada; irá se casar & procriar.

Sábado, 23 de fevereiro

Sim, tenho mil coisas a fazer. Acabei de dizer a L. Estou tão ocupada que não sei como começar, o que infelizmente é demasiado verdade no meu caso. Minha mente estaca diante de um obstáculo & despeja nuvens de ideias; preciso esporeá-la com força para que salte. Eu deveria estar lendo os primeiros capítulos de Miss Mayor; Miss Bosanquet sobre *Henry James & as Aves*.[37] Depois reflito que com a vida nesse ritmo atual, talvez eu nunca mais consiga escrever uma palavra desse livro na Hogarth House & portanto deveria reservar uns minutos para cavar a sepultura dele, seja lá qual for a expressão. O tempo está muito frio, barbárico. Duas vezes tentamos ir a Rodmell & não conseguimos. L. disse que Wells disse que chega uma fase em que já não se consegue mais encarar um fim de semana desconfortável. O calor é a minha única necessidade.

O rapaz da May, um gigante enorme de perneiras que sacudiu a mão de L. porque somos pessoas reais & temos uma editora, veio hoje, & fará nossa mudança no dia 13 de março por £15. Nessa vai se ocupar do 52 da Tavy na segunda. Vou obrigar L. a fazer a exorbitante extravagância de gastar £25 com painéis pintados por Bell & Grant.[38] Estamos tentando providenciar todos os confortos da civilização – telefone, gás, luz, &, estando a essa distância, naturalmente, isso vem sendo árduo. O homem da luz não dá as caras. Lottie ficará com Karin – acredito que me esqueci desse item. Sinceramente, nem se a providência tivesse ajudado ou eu tivesse tido a perspectiva mais otimista eu teria conseguido organizar melhor as coisas. Primeiro o número 52 & seu estúdio (q. estamos pensando em conseguir por £75)[39] depois Saxon mudando-se para cá; depois Lottie na casa ao lado, mantendo assim Nelly. As coisas não poderiam ter dado mais certo até agora, é o que digo, sem querer com isso de modo algum atormentar a deidade, que sempre pode mostrar suas garras. Isso me faz lembrar do célebre Mr. [Bertrand] Russell na Karin noite dessas. (Ela dá sua festa semanal na sala de estar grande & alegre que, contudo, tem um pouco de eco & é altíssima & muito mas muito fria.) Ele disse: "Justamente quando vislumbrei uma chance de felicidade, os médicos me disseram que tenho câncer. Meu primeiro pensamento foi que era coisa de Deus. Ele é que tinha feito aquilo – justamente quando eu pensava vislumbrar uma chance de felicidade. Quando eu estava quase melhorando – por bem pouco não morri – tive duas vezes 42 graus de febre – o que eu mais gostava era do sol: pensava como era bom poder ainda sentir o sol & a chuva. As pessoas vinham bem depois em importância. Eu desejava demais as pessoas, mas não tanto quanto ao sol. Os antigos poetas tinham razão. Fizeram-nos acreditar que morrer é um lugar onde não se pode ver o sol. Tornei-me um otimista. Agora percebo que gosto da vida – quero viver. Antes dessa doença, eu achava a vida ruim. É estranho – tanto meu otimismo como meu pessimismo são instintivos". (Esqueci qual dos dois ele disse que era o mais profundo.) Então passou para Charlie Sanger, alguém bom até a medula; & em seguida para Moore. "Quando ele entrou em Cambridge, era a criatura mais maravilhosa desse mundo. Seu sorriso era a coisa mais linda que já vi. Acreditávamos em Berkeley"[40] (talvez). "De repente, algo deu errado; algo aconteceu com ele e com seu trabalho. O *Principia Ethica* não era nem de longe tão bom quanto o seu *Essay on Judgment* (?). Ele gostava muitíssimo de Ainsworth.[41] Não sei o que aconteceu – aquilo o arruinou. Depois disso deu para mostrar a língua. Você (ou seja, eu) disse que ele não tinha complexos. Mas ele é cheio. Repare como rodeia a boca com a língua. Certa vez eu lhe disse, Moore, você já contou alguma mentira? 'SIM', disse ele – & essa foi a única mentira que contou na vida. Ele sempre fala a verdade na Aristotelian [Society]. A caminho de lá, um senhor de idade topou comigo & perguntou se eu estava indo. Não; eu disse não sou tão tolo. Joad vai discursar hoje à noite. Certa vez Haldane fez um discurso & o velho Shad Hodgson teve de agradecer publicamente. Ele tivera um ataque epiléptico naquela mesma tarde. Levantou-se & começou a falar coisas sem sentido – absolutamente sem sentido. Aí me convidaram. E *eu* é que fui obrigado a agradecer Haldane, muito embora tivesse me preparado para criticar todos os seus argumentos. Não importa: lancei tudo num artigo, o que feriu bem mais fundo."[42] Pedi a ele, como peço a todo mundo, que escrevesse sua biografia para a editora. Mas minha mente é absolutamente relevante. Não sei matraquear. Eu me atenho aos fatos. "Fatos são o que queremos. Por exemplo, qual a cor do cabelo da sua mãe?" "Ela morreu quando eu tinha dois anos – aí está: fatos relevantes. Eu me lembro da morte do meu avô, de chorar & depois achar que tudo estava acabado. Vi o meu irmão chegando de carro à tarde. Viva!, eu gritei. Disseram-me que eu não deveria dizer viva de maneira alguma naquele dia. Lembro os criados me olhando com grande atenção quando me levaram a Pembroke Lodge depois que meu pai morreu. Mandaram o pai de Whitehead, que era o pároco local, me convencer de que a Terra era redonda. Eu disse que era plana. E me lembro – de algum lugar à beira-mar, hoje destruído – eu me lembro das areias, acho."[43] Ele não tinha ninguém com quem brincar. Não é alguém de quem as pessoas gostam. Contudo é brilhante, óbvio; perfeitamente franco; familiar; fala dos seus intestinos; gosta das pessoas; & contudo & contudo – Ele me desaprova talvez? Não tem muita personalidade. Sua mente luminosa & pujante parece estar presa a um carrinho frágil, como os que a gente amarra a um grande balão resplandecente. Suas aventuras com as mulheres diminuem a importância dele.[44] Queixo não tem, & é um janota. No entanto, bem que eu gostaria de ter a velocidade de seus miolos. Nós nos despedimos na esquina da praça; sem combinar um novo encontro.

Terça,
4 de março

Realmente, estou escrevendo demais aqui. Nesse ritmo os doze meses irão transbordar. Esta é outra despedida provisória, pois talvez eu não tenha tempo – (& graças a Deus L. chegou. Grizzle conhece o modo como ele fecha a porta, portanto salta & sai correndo:)

Quarta,
12 de março

E agora irei escrever as últimas páginas que escreverei na Hogarth House. Primeiro; o tempo. É como se um fino véu tivesse descido & pousasse, transparente, sobre as chaminés; que são amarelo-claro & vermelho-tijolo. O véu nubla o horizonte, & não vejo nem o pagode nem as árvores de Kew.[45] Minha cabeça está carregada & pesada. Ontem à noite jantamos na festa de despedida de Blunden, com 35 pratos, uns 6 ou 7 discursos, eu entre o honesto vermelho-escuro & escorregadio Wright, & o simpático, mas de aparência melodramática, Lynd.[46] Quem forneceu meu draminha, porém, foi Murry – vizinho de Lynd – que me cumprimentou com um aperto de mão caloroso, lá pelo prato do peixe. Então, quando as pessoas estavam de saída, veio se sentar a meu lado. Isso por iniciativa própria: eu lhe pedi que viesse expor seus argumentos na minha frente, em Tavistock. "Somos inimigos." "Inimigos, não. Estamos em campos diferentes. Mas eu nunca disse uma palavra contra você, Virginia." "Nem eu contra você. Mas então qual é o problema entre nós?" "Você começa a...", espalmando as mãos. "Fazemos enfeites com belas palavras?" "Não. Mas você não zarpa com seus instintos. Não os reconhece. Apesar de toda a sua maravilhosa sensibilidade... você se satisfaz em ficar nisso." Nesse ponto começamos uma discussão rápida, confusa, sobre "escrever bem". Eu disse que é preciso atirar cada grama de si mesmo para se expressar; & que os autores instintivos escorregavam nas suas obras. "*Eu* não escorrego nas minhas", disse Murry. "Você diz que só os homens que escrevem bem são capazes de expressar o que querem. Deus do céu, Virginia..." Mas aí L. chegou, & Murry, que estava começando a falar de *O quarto de Jacob*, desviou-se para o artigo de L. sobre Moore.[47] Típico: você não vai até o fundo das coisas. Moore deveria ter recebido umas boas palmadas por falar de Hardy daquele jeito. Aquela frase vergonhosa dizendo que Hardy desejava um lugar ao lado de Ésquilo – como se Hardy quisesse outro lugar que não aquele ao lado de Rhoda Broughton[48] – L. defendeu-se: disse que estávamos de saída. Mas só vou encontrar o Murry de novo daqui a 10 anos & quero concluir meu argumento – "Posso ir até a Adelphi?" "Venha." "Mas não antes que você venha em casa... farei valer meus direitos" – "Se coloca as coisas assim, eu vou", disse ele, ferozmente (mas também de modo bastante oleaginoso, revirando os olhos de um jeito tão lascivo, ou um tanto malicioso, que fiquei pensando em como ele tinha descido espiritualmente nesse mundo, com que espécie de embusteiros anêmicos de décima categoria ele devia conviver). E nos despedimos por dez anos. Ele gostava de mim, disse; sempre tinha gostado de mim, & gostava desses encontros. E saímos. O quão honesto & confiável & nobre era Francis Birrell, em comparação!

Então, para casa, naquela longa, fria & exaustiva jornada, pela última vez. Algumas ideias soltas me ocorreram durante o jantar. Primeiro, como a escrita das pessoas é pungente em comparação com sua carne e osso. Éramos todos uns reles desdentados insignificantes & afáveis – nós, distintos escritores – Eu não haveria de dar a mínima para o elogio ou a afronta de ninguém. Jack Squire, gordo & pomposo; Eddie [Marsh] agora grisalho & paternal; Nevinson da cor de uma beterraba, pouco dado a elogios, exceto, por dedução, a si mesmo;[49] Tomlinson, como o punho redondo & duro de uma bengala esculpido por um garoto de 8 anos; Blunden, desesperado, curvo, mais parecido com um corvo do que com Keats. E será que realmente todos nós acreditávamos no "talento" de Blunden? Tínhamos lido seus poemas? Até que ponto aquilo tudo era sincero? A verdade é que essas reuniões precisam do empurrão de alguma canção convencional que todos possam cantar juntos, tipo "Fulano é um bom companheiro", que foi puxada por Squire. Sim, vieram-me impressões mais sutis, mas não consigo identificá-las neste momento. Tampouco consigo pensar neste momento em qualquer tipo de despedida dessa linda casa adorável, que tantas coisas boas nos deu durante quase nove anos exatos, de modo que eu, deitada na cama ontem à noite, quase a humanizei, & ofereci-lhe meus agradecimentos. Agora a velha Mrs. Turner se deitará no meu quarto,[50] & ali morrerá, segundo dizem, daqui a dois anos, entre suas porcelanas, suas roupas de cama, seus grandiosos papéis de parede floridos, a cômoda do seu pai & diversos armários enormes.[51]

52 Tavistock Square

Sábado, 5 de abril

Bem, vou fazer um breve começo – depois de 3 semanas de silêncio. Que de silêncio não tiveram nada. O barulho dos ônibus e táxis foi uma preocupação, e o ruído da língua humana me perturbou, tanto de forma agradável como de outras, e agora estou quase caindo no sono. Leonard segue trabalhando como sempre. Esta noite, & uma outra, foram as únicas que passei aqui esta semana; & hoje a tarde inteira se foi conversando com Mr. Littell da *New Republic*. Mas serei capaz de reunir algumas das primeiras impressões? De como a Marchmont Street parecia Paris; de como na minha primeira noite no porão vi a lua com nuvens passageiras, & era uma lua aterrorizante, uma lua nova & londrina; pavorosa & empolgante; como se a lua de Richmond tivesse sido velada. Ah, a conveniência deste lugar! & o encanto também. Voltamos dos teatros a pé, pelo meio das entranhas de Londres. Por que adoro tanto esta cidade?... se ela é impiedosa & seu coração, frio como pedra. Os comerciantes não conhecem ninguém – mas esses comentários indelicados sobre os comerciantes da Marchmont Street foram interrompidos & agora é terça-feira, 15 de abril, & L. & eu acabamos de fazer um desses apanhados melancólicos das situações, tão típicos da meia-idade, que acontecem de tempos em tempos mas quase nunca são registrados. Decerto agora, pensando nisso, a maior parte da vida escapa: a textura de um dia comum. Esta era para ter sido uma semana tranquila, & convidei Mortimer para vir depois de Gerhardt[52] ontem à noite, & ele se pôs a falar a torto e a direito sobre seu dinheiro & seus tios; de modo que L. caiu num humor desesperadamente lúgubre. Nem uma palha levantamos no trabalho, diz ele, desde que viemos para Londres. Acho que em grande parte isso é a imaginação antecipando o que os outros diriam, enquanto o verdadeiro peixe se debate na rede. Gerald Brennan voltou; Roger desvairado para nos pintar; Morgan, élfico, zombeteiro, alheio; Nessa & Duncan. E teve ainda o acidente de Angelica que, pelo aspecto psicológico, eu deveria ter descrito. Nessa estava pintando, fui atender o telefone. Uma notícia ruim decerto precisa esmagar o otimismo antes de atingir os ouvidos de alguém. Louie & Angelica foram atropeladas por um carro & estão no hospital de Middlesex. Depois de enfiar aquilo na cabeça, tive de repeti-lo para Nessa: destruir todo aquele agradável conforto cotidiano, com cheiro de tinta na sala & Tom que acabara de subir para vir tomar o chá. Ela afastou-se do telefone instintivamente, saiu correndo, dando voltas & mais voltas, desorientada por um segundo. Então lá se foram eles a toda velocidade, & eu atrás, & dali fomos para o hospital, de mãos dadas no táxi; & depois um completo tormento, porque lá estava Louie, com o pé enfaixado, mas nada de Angelica; somente uma enfermeira lacônica que se esquivou das perguntas e nos levou para trás de um biombo, onde Angelica estava deitada numa cama, inerte, o rosto virado de lado. Por fim ela se mexeu. "Não está morta", Duncan disse. Os dois pensavam que ela tivesse morrido. Então o jovem doutor chegou, & pareceu querer frisar para a mãe, calma & respeitosamente, mas de modo firme, que aquele era um caso sem esperança: gravíssimo, o carro passara por cima do ventre. Sim talvez fosse necessário operar. Já tinham mandado vir o cirurgião, que naquele momento estava no trem. Então Nessa voltou a sentar, & mais uma vez presenciei o olhar extraordinário de angústia, desorientação, resignação, que vi na Grécia, acho, quando ela adoeceu. Assim se expressam os sentimentos das pessoas que não falam. Minha sensação era "uma vidraça me protege. Só tenho permissão para ser espectadora disso tudo", o que em parte me encheu de inveja, em parte de pesar. Então me mandaram chamar Clive, & assim fui preservada, ou excluída, da longa espera ali, naquela sala barulhenta. É estranho chegar tão perto do sofrimento & no fim ser poupada. O que eu sentia era não tristeza ou pena de Angelica, mas que agora Nessa seria uma velha; que aquilo se tornaria uma marca indelével; & que a morte & a tragédia tinham mais uma vez descido a pata sobre nós depois de nos deixar correr alguns passos. As pessoas jamais superam, creio eu, suas primeiras impressões sobre a morte. Eu me sinto sempre perseguida. Mas tudo se resolveu. Não havia nada de errado com Angelica – dessa vez tudo não passou de uma brincadeira.

Leva-se muito tempo para formar um hábito – o hábito de morar no número 52 da Tavistock Square ainda não se formou, mas progride. Uma semana passou sem que eu me incomodasse com o barulho. Para-se de ouvir e de ver. Os interesses dominantes, suponho, sobrepõem-se, ordenam as coisas, triunfam sobre os menos importantes. Percebo muito menos as coisas do que há 10 dias. Logo farei da vida nessa salinha um hábito. Quanto ao trabalho, terminei o capítulo do médico no meu romance:[53] & estou polindo os gregos;[54] as depressões de sempre me assaltam. Meu criticismo me parece bastante caprichoso às vezes. Mas não existe nenhum princípio a não ser seguir de modo implícito esse cérebro caprichoso, desbastar o que não serve, até ter nas mãos a forma exata, & se ela não for boa, a culpa é de Deus, ora essa. Ele que nos fez, & não nós a nós mesmos. Gosto desse texto.[55] Não sinto a mínima saudade de Richmond. Ethel Sands &c acham que eu deveria sentir falta da minha bela sala. Mas agora contemplo algo ainda mais lindo – o Hotel Imperial à luz da tardinha; rosado e amarelo como o quebra-mar de Brighton. Das tardes de sábado sinto um pouco de saudade – Como me desvio e divago! Marjorie Joad tirou férias. Eu cuido das coisas de manhã. Dadie veio nos ver – um jovem sensível & vaidoso, com fibra considerável, arrisco. Às vezes o futuro parece perigoso; ou melhor, problemático; a editora quero dizer, mas sempre frutífero e interessante. Não mencionei nada sobre minha palestra no London Group, que arrancou lágrimas; nem sobre uma série de assuntos. Na quinta vamos a Rodmell, um teste à resistência da pobre Nelly. E agora aos elisabetanos.[56]

As casas da Gosvenor Sqre. são iguaizinhas aos salões das hospedarias vitorianas ou das pensões glorificadas; belos recintos desproporcionados; cadeiras folheadas a ouro, mesas de madeira entalhada; urnas & vasos pintados de tom malva-claro na seda lavada que recobre as paredes. Um fogo pequenino arde numa grande lareira; protegida por um vidro; & lá se empoleiram Nelly e Lord Bob, muito frios & formais, enquanto um mordomo serve bolinhos.

Segunda,
5 de maio

Hoje faz 29 anos que minha mãe morreu. Acho que foi num domingo de manhã bem cedo, olhei pela janela do quarto das crianças & vi o velho Dr. Seton afastando-se com as mãos atrás das costas, como se dissesse Terminou, & então as pombas descendo, para bicar a rua, imagino, num pouso de paz infinita. Eu tinha 13 anos, & seria capaz de preencher uma página inteira ou mais com as minhas impressões daquele dia, muitas delas malrecebidas por mim e escondidas dos adultos, mas justamente por isso bastante memoráveis: por exemplo, como eu ri, por trás da mão levantada para supostamente esconder minhas lágrimas; e espiei por entre os dedos as enfermeiras soluçando. Mas basta de morte – é a vida o que importa. Voltamos de Rodmell 7 dias atrás, depois de uma Páscoa régia à qual Nelly sobreviveu heroicamente. Depois de arrancar as ervas daninhas, tive de entrar em casa para escapar do sol; & como a tranquilidade marulhava ao meu redor! & depois, o quão embotada fiquei, para ser bem sincera: & como a beleza transbordou sobre mim & encharcou meus nervos até eles estremecerem, do mesmo modo como vi uma planta aquática fazer ao ser encoberta pela água. (Não foi exatamente assim, mas um dia preciso expressar essa sensação.) E o meu incômodo com o barulho – tive dor de cabeça ou o quê? Esqueço, agora que voltei de Rodmell pela segunda vez[57] & esgotei minhas inquietações como de costume. Pois tenho a impressão de que se eu não tomar cuidado este diário corre o risco de morrer de Londres. Londres é encantadora. Quando saio, piso em um tapete mágico fulvo, que me transporta até a beleza sem que eu precise levantar um dedo. As noites são assombrosas, com aqueles pórticos brancos e largas avenidas silenciosas. E as pessoas vão & vêm, leves, divertidas como coelhos; & eu olho para a Southampton Row, molhada como o lombo de uma foca ou vermelha & amarela da luz do sol, & para o vaivém dos ônibus, & escuto os velhos realejos enlouquecidos. Um dia desses vou escrever sobre Londres, como ela arranca a vida privada & a leva embora sem o menor esforço. Os rostos que passam animam o meu espírito; impedem que ele se acomode, como lá na modorra de Rodmell.

 Mas minha cabeça está repleta de *As horas*.[58] Digo agora que vou escrevê-lo durante 4 meses, junho, julho, agosto & setembro, & então estará pronto, aí irei deixá-lo de lado por três meses, durante os quais vou terminar os meus ensaios;[59] & aí será – outubro, novembro, dezembro – janeiro, & irei revisá-lo em janeiro fevereiro março abril; & em abril sairão meus ensaios, e em maio meu romance. Essa é minha programação. O livro agora se desenrola na minha cabeça rápida e livremente como nunca, desde a crise de agosto passado, que considero o seu início; caminha depressa, apesar de tantas interrupções. Está se tornando mais analítico e humano, eu acho; menos lírico; mas sinto como se eu tivesse soltado as amarras completamente e pudesse derramar tudo ali dentro. Se assim for – ótimo. Resta lê-lo. Almejo 80.000 palavras desta vez. E me agrada estar em Londres para escrevê-lo, em parte porque, como digo, aqui a vida sustenta; e com a minha mente inquieta, é ótimo ser impedida de andar em círculos. Além disso, ver seres humanos andando desgarrados como borboletas é um ganho infinito para mim. E posso ir & vir & refrescar minha estagnação. Toda a vida social ficou por registrar. Tidmarsh, Cambridge, & agora Rodmell: tivemos uma estranha festinha aqui dia desses – quando o sinistro & pedagógico Tom [T. S. Eliot] fez uma triste & estranha figura. Não consigo me livrar totalmente das desconfianças em relação a ele – na pior das hipóteses elas se resumem a chamá-lo de professorzinho americano: um homem de extrema vaidade. Ele me levou para ver *Lear* (não registrei aqui), que nós dois zombamos & desprezamos; mas agora na *Criterion* ele me vem com críticas solenes e pomposas a todos os que zombam & desprezam a peça. Eu o interpelei a respeito, de leve: ele se empertigou todo e disse que foi sincero no que escreveu: quer dizer então que não é sincero no que diz? Deus sabe. Existe nele algo de esquisito

& dissimulado, de maledicente, suspeito, elaborado, inquietante: boa parte disso tudo se amenizaria com uma dose de puro elogio, coisa que dificilmente ele pode ter esperança de receber. Philip Ritchie estava lá com seu nariz afiladíssimo. Devo tomar um banho?, já que o Dr. Glover[60] virá para discutir o P.S.S. [*não identificado*], & então vestir meu vestido vermelho novo? Leonard pensa menos de mim por eu empoar o nariz & esbanjar dinheiro com vestidos. Não importa. Adoro Leonard.

Sábado, 14 de junho

Recém-chegada do Pentecostes em Rodmell, & prestes a sair para ver Nessa & Angelica na Gordon Square; daí que o meu diário ficará prejudicado; sufocado pelo excesso de vida. O que ficou por registrar entope a minha caneta. A história de Roger no Etoile na outra noite talvez seja a minha novidade mais sensacional. "Algo terrível me aconteceu", disse ele, olhando cheio de firmeza com seus grandes olhos arregalados. Ao que eu, frívola que sou, ri. "Mas foi terrível mesmo", e diante disso o meu coração parou de bater, para crédito seu, imaginando que fosse câncer. Então ele me contou a história da camponesa francesa maluca que por amor a ele atirou-se de um penhasco em Havre, olhando na direção da Inglaterra. "E assim se foi a minha última chance de felicidade", disse Roger. E assim caminhamos pela Tottenham Court Rd. sob a chuva torrencial, eu protestando afeição, & Roger dizendo que estava condenado; estava amaldiçoado; nunca tivera mais do que três semanas de felicidade na vida. "Prazeres eu tenho – gosto dos meus amigos – mas felicidade, não." Entendo o que ele quer dizer. E ele é tão jovem, diz – & tão fascinado pelas mulheres. Ao que Nessa acrescenta, muito pertinentemente, que ele irá se recuperar & fazer tudo de novo. Porque logicamente não podemos evitar ser cínicas e alegres. Se nos ouvissem, patinhos como Ott.[61] (que veio aqui contaminar a casa nesta noite de junho) pensariam que somos sem coração. Mas quanto tempo Roger consegue amar uma mulher sem levá-la à loucura? A criatura pensava que ele estava zombando dela, pois ele tingia coletes de amarelo & lhe enviava, dizendo que os vestisse e se virasse para o leste para curar-se da tuberculose. E lhe mandava fotos de esculturas africanas. Por algum motivo, contra meus hábitos, sinto que eu deveria escrever um conto a respeito.

Sábado, 21 de junho

Estou com tanto sono; na verdade acabei de acordar de um cochilo modorrento. Essa semana é a semana dos Apóstolos, & fomos a uma festa decepcionante na noite passada, depois da qual L. contemplou, seriamente, alguma forma científica de suicídio. Eu também estou com meus humores. Se não sentisse tanto sono, escreveria sobre a alma. Acho que chegou a hora de suspender aquela promessa de não descrever a alma. O que eu ia dizer mesmo? Alguma coisa sobre os humores violentos da minha alma. Como descrevê-los, mesmo com a mente desperta? Acho que estou me tornando cada vez mais poética. Talvez eu tenha refreado a alma, & agora, como uma planta num vaso, ela começa a rachar a cerâmica. Com frequência sinto os diferentes aspectos da vida estilhaçando minha cabeça em pedacinhos. Morgan talvez tenha se contido demais em seu novo livro. Quero dizer, de que servem os fatos, na nossa idade? Para que construir esses casulos minuciosos: por que não dizer diretamente... sim, mas o quê? Encontrei Sydney Waterlow ontem à noite, & fui monolítica de propósito – o que não é bom, mas eu temia borbotões

& profundezas, & quis continuar distante. Ele sem sombra de dúvida é adepto de se falar o que se pensa. Murry se casou de novo;[62] & já não penso mais em Katherine com tanta vividez. Estou ansiosa & um pouco alarmada com a vinda de Dadie [*para a editora*], sobretudo porque eu acho que isso nos compromete de modo mais sério. Mas isso logo vai passar. Parece ser o início de dez anos de trabalho duríssimo, porque, para começo de conversa, eu deveria odiar o fracasso, & para não fracassar devemos continuar em frente, pensando, planejando, imaginando, escrevendo cartas, pedindo para Vita escrever etc. etc., para Siegfried [*Sassoon*] escrever, aceitando Nancy Cunard;[63] não vejo como Marjorie [*Joad*] poderia se encaixar nesse quadro geral, & já antecipo algum novo arranjo. Até agora, nada de fofoca & nada de alma. Contudo encontrei – Bob, Desmond, Lytton, Sebastian, Dorothy Bussy, Mrs. Eliot – essa última me deu ânsia de vômito, de tão perfumada, tão empoada, tão egoísta, tão mórbida, tão fraca; mas já desanimo & começo a falar mal do resto de nossos feitos.

    Estou escrevendo sem parar, & consigo agora ver o caminho até o final, daí que galoparei até lá, de um jeito ou de outro. Mas o torpor me invade, & não consigo escrever o que imaginei que escreveria antes do chá; não consigo sequer lembrar o que era; mas vou descer até o porão onde L. está imprimindo & depois dar uma volta na Gordon Sqre. & voltar para jantar, & então terminar *Romeu e Julieta* junto à janela aberta com essa vista adorável, apesar do barulho, & então dormir, acordar & tudo o mais.

Terça,
3 de julho

Hoje é o segundo dia de Dadie. Olhei pela janela do meu quarto enquanto me vestia, ontem, & o vi de cinza com um chapéu-coco preto caminhando com

Leonard e Grizzle [*a cachorra*] até a caixa de correio. Marjorie está doente, o que vem a calhar: um negócio como este requer agilidade; sentei no porão dois dias atrás e faturei £5. Sem dúvida os negócios andam prosperando – tudo isso é uma diversão divina. Mas deixei que Garsington mofasse como uma guirlanda apodrecida na minha caneta. Isso foi domingo passado. E junto com Garsington a esmaltada Lady Colefax, que esteve aqui nessa mesma sala como um punhado de cerejas artificiais baratas, porém ao mesmo tempo leal, firme, habitando uma travessa lustrosa de fatos: por exemplo Wembley: "um homem que esteve no Canadá me contou", "Por acaso conheço o Editor do *Daily Express*", o tempo inteiro tremendo ligeiramente, de medo;[64] inquisitiva; incapaz de afundar até as profundezas, mas uma esplêndida navegadora da superfície; que é reluzente, suponho, & agitada. Não consigo me forçar a desprezar essa palerma como eu deveria. Mas os aristocratas, mundanos, apesar de seu revestimento polido, são vazios, escorregadios, untam a mente com açúcar & manteiga & a deixam escorregadia também. O sólido lorde Berners, que pode muito bem ter vindo ao mundo por um buraco de carvalho, não conseguia parar de contar histórias, não suportava o silêncio, & muito preferia o riso à reflexão: características adoráveis, diz Clive. Para mim, depois de certo tempo, exaustivas & deprimentes. O bom & pernóstico pudico Peter [*F. L. Lucas*], de olhos brilhantes, está um nível acima disso. Eu o conheci na casa de Clive, e ele, cheio de elegância, dissecou a literatura inglesa com um canivete. (Aqui Dadie chegou & tive de preparar--lhe o chá; depois caminhamos na praça embaixo de chuva; chamamos os Strachey, e o que não ouvi de Lady Strachey sobre o terno azul de lorde Lytton!)

Sábado,
5 de julho

Acabo de chegar, não do 1917 Club,[65] mas de Knole, onde sim, fui convidada para almoçar a sós com Vossa Senhoria.[66] Vossa Senhoria vive no miolo de uma ampla noz. Perambula-se por quilômetros de galerias; salta-se incontáveis tesouros – cadeiras onde Shakespeare talvez tenha se sentado –, tapeçarias, quadros, assoalhos feitos de metades de carvalhos; até que por fim adentra-se até uma mesa redonda reluzente com uma toalha posta para uma pessoa. Uma dúzia de taças formam um círculo, cada qual com uma rosa. Que pode um ser humano fazer para se emperequetar num ambiente desses? Ficamos com a sensação de que éramos um elefante, capaz de deglutir rebanhos inteiros e de ser soterrado em árvores floridas – quando, no fim das contas, apenas um nobre solitário almoça sozinho no centro, com o guardanapo dobrado em formato de flor de lótus. É óbvio que meus valores humanos & estéticos não ficaram intactos. Knole é um conglomerado de construções da metade do tamanho de Cambridge, eu arriscaria dizer; juntando o Trinity Clare & o King's talvez tivéssemos algo aproximado. Mas as extremidades & o meio estão mortos. Cordões isolam metade dos aposentos; as cadeiras & os quadros parecem preservados em conserva; a vida os abandonou. Há cem anos os moradores não se sentam para jantar no grande salão. E tem ainda o altar de Mary Stuart, onde ela rezou antes de ser executada. "Foi um dos nossos antepassados que lhe levou a sentença de morte", disse Vita. Todos aqueles antepassados & séculos, toda aquela prata & ouro, produziram um corpo perfeito. Ela parece um veado, ou um cavalo de corrida; exceto o rosto, que é projetado para a frente; & o cérebro, não muito ágil. Mas, enquanto corpo, o dela é a perfeição. Uma enorme quantidade de objetos raros & curiosos atingem o nosso cérebro como se fossem projéteis, & talvez mais tarde se desdobrem em alguma coisa. Não fiz uma figura muito inteligente ao lado de Geoffrey Scott...[67] Lá estava Lady [Dorothy] Gerald Wellesley, & passeamos de carro por Kent, que Vita tanto adora; tudo muito livre & à vontade, tudo muito flexível, como é típico dos aristocratas; sem inibições, sem falsas reservas; pode-se dizer qualquer coisa; mas, como de praxe, aquela funesta simplicidade ou rigidez mental que faz tudo parecer meio explícito e vazio. Mais inteligência, meu Deus! – (estou tão saturada que nem consigo citar direito).[68] No quesito ambiente & preparativos, sempre sinto que os daquela casa, os de Ottoline ou os de qualquer outro aristocrata que conheço são a perfeição. Porém a pessoa aguarda, e nada acontece. Nada além de Harold [Nicolson], sentado na barra de ferro diante das grandes toras ardentes & dando leves cabeçadas na borla do baldaquino, ou seja lá como aquilo se chama, nada era confiável, honesto e vigoroso. Vestia um paletó de veludo azul. Gostei mais dele do que do encantador & vigoroso Geoffrey. Para falar a verdade desconfio que Geoffrey desconfiou de mim; farejou que sou do seu bando, e não do dos aristocratas, sem querer piscou-me um olho, como se fôssemos dois mendigos, & não gostou que o recordassem dos seus dias de mendicância. Falou amargurado de Florença, dos Berenson & desse grupo terrível. Mas o que eu trouxe comigo como uma impressão foi a estirpe de Vita; levei tanto ela como Knole gravados no meu olho enquanto seguia viagem para o norte junto com as baixas classes médias, atravessando os cortiços – ao passo que Knole, que poderia muito bem abrigar todos os miseráveis desesperados da Judd Street, guarda em seu miolo apenas aquele único conde solitário. Marjorie está com pneumonia; & muito provavelmente teremos de trabalhar até dizer chega. Chovem originais; essa editora começa a tornar-se um negócio sério.

Sábado, 2 de agosto

Aqui estamos em Rodmell, eu com 20 minutos para preencher até o jantar. Uma sensação de depressão me invade, como se fôssemos velhos & estivéssemos próximos do fim de todas as coisas. Deve ser pelo contraste com a vida em Londres & com o trabalho incessante. Enfim; estando eu numa maré baixa em meu livro – a morte de Septimus – começo a me considerar um fracasso. Ora, o objetivo da editora é justamente impedir tais taciturnidades, fornecer qualquer coisa sólida em que eu possa me apoiar para não cair. Não importa; se não consigo escrever, posso fazer os outros escreverem: posso desenvolver um negócio. O interior do país é como um convento. A alma nada até o topo. Julian veio de visita & já se foi, um rapaz alto que, por acreditar inveteradamente que sou tão jovem quanto eu acredito ser, parece um irmão mais novo: enfim, sentamos & batemos papo com a maior naturalidade. É tudo tão parecido – a escola dele é uma continuação da de Thoby. Ele me contou dos garotos & dos professores, como Thoby costumava fazer. E, da mesma maneira, tudo me interessa. Ele é um rapaz sensível, muito alerta & um tanto combativo; cheio de Wells, de descobertas, do futuro do mundo. E, sendo sangue do meu sangue, é fácil de entender – será bastante alto & um advogado, palpito. No entanto, apesar de toda a reclamação do início disto aqui, sinceramente não me sinto velha; a questão é só recuperar o fôlego para escrever novamente. Ah, se eu pudesse entrar no meu veio & minerá-lo até o fim, até suas profundezas, com facilidade, em vez de arrancar com uma picareta essas míseras 200 palavras por dia! Por outro lado, à medida que o original cresce, sinto o velho medo. De lê-lo & achá-lo fraco. De comprovar que Murry tinha razão, que não há como avançar depois de *O quarto de Jacob*.[69] Por outro lado, se tem algo que este livro prova é que só consigo escrever ao longo dessas linhas, & que jamais irei desertá-las, & sim explorá-las mais & mais, & que, os céus sejam louvados, não sentirei tédio nem por um instante. Mas & essa leve depressão – o que será? Acho que eu poderia curá-la se atravessasse o canal & não escrevesse nada por uma semana. Quero ver alguma coisa acontecendo em alvoroço à minha revelia: uma cidadezinha da França, por exemplo. Isso mesmo, tivesse eu a energia, iria até Dieppe; ou me contentaria em explorar Sussex de ônibus. Agosto será quente. Desabam dilúvios. Hoje nos abrigamos embaixo de um monte de feno. Mas, ah, a sutileza e complexidade da alma – pois não comecei a explorá-la & ouvir a sua respiração, afinal? Mudar de casa me faz oscilar por dias. E isso é viver, é sadio. Não vacilar nunca é a sina de Mr. Allison, Mrs. Hawkesford & Jack Squire.[70] Daqui a dois ou três dias, já aclimatada, iniciada nos trabalhos, lendo, escrevendo, nada disso há de existir. Se não vivêssemos de modo aventureiro, agarrando o bode selvagem pela barba & tropeçando pelos precipícios, nunca ficaríamos deprimidos, disso não tenho a menor dúvida; mas então já estaríamos desbotados, fatalistas & velhos.

Sábado, 3 de agosto

Agora ela está indo embora, minha bruma prateada, & quase não reconheço o meu eu de ontem. L. estava me falando da Alemanha, de reparações, de como o dinheiro é pago. Deus, que cérebro fraco eu tenho – como um músculo desabituado. Ele fala;

as informações entram; mas não sei o que fazer com elas. Talvez com exercícios cerebrais bastante dolorosos eu venha a entender um pouco mais do que Nelly sobre a situação mundial. Já L. entende tudo – capta todos os argumentos do jornal absolutamente no mesmo instante & os conecta uns aos outros, pronto para produzir. Às vezes acho que meu cérebro & o dele são de ordens diferentes. Não fosse essa minha imaginação, essa minha inclinação para os livros, & eu seria uma mulher bastante comum. Nenhuma de minhas aptidões é muito forte. Mas é uma questão de trabalho. Já consegui me recompor um bom tanto aferrando-me aos meus livros: primeiro as minhas 250 palavras de ficção, depois um começo sistemático, ouso dizer o 80º, de *O leitor comum*, que poderia ser concluído num piscar de olhos, creio, tivesse eu a chance de piscá-los & acabar logo com isso. Mas essas coisas exigem trabalho demais. Agora é que me dou conta, preciso ler *Pilgrim's Progress*: Mrs. Hutchinson. E será que devo demolir Richardson? que nunca li. Sim, vou correr embaixo da chuva para chegar em casa & ver se Clarissa[71] está lá. Porém esse é apenas um bloco do meu dia, um romance muito, mas muito longo. Depois preciso ler *Medeia*. Preciso ler um pouco de Platão traduzido.

Addison 1672–1719
Defoe 1659–1731
Pepys 1660
Evelyn 1660

Sexta, 15 de agosto

Em meio a todos esses planos, veio a morte de [Joseph] Conrad, seguida por um telegrama do *Lit. Sup.* solicitando encarecidamente que eu tivesse a gentileza de escrever um editorial sobre ele, o que, lisonjeada & leal, mas a contragosto, escrevi; & já saiu;[72] & portanto para mim esse número do *Lit. Sup.* está interditado (pois não consigo, nem jamais conseguirei, ler meus próprios textos. Além disso, agora que o Walkleyzinho está de novo em modo de guerra, eu bem que espero uma ferroada na quarta que vem).⁷³ E contudo nunca, nunca trabalhei tanto. Porque, tendo de concluir uma matéria de primeira página em 5 dias, eu aproveitava o intervalo após o chá – & não via diferença entre o intervalo do chá & o da manhã. Acaso isso não me dava duas horas extras para os textos de crítica (como Logan os chama)? Daí que estou tentando: minha ficção antes do almoço, & os ensaios depois do chá. Pois estou vendo que *Mrs. Dalloway* vai se estender para além de outubro. Nas minhas previsões eu sempre esquecia algumas cenas intermediárias importantíssimas: creio que posso ir direto até a grande festa & aí terminar; deixando de lado a cena de Septimus, que é um negócio bastante intenso & delicado, & pular Peter Walsh jantando, que pode ser um obstáculo também. Mas gosto de ir de uma sala iluminada para outra, assim parece ser o meu cérebro para mim; salas iluminadas; enquanto as caminhadas pelos campos são corredores; & agora, hoje, estou deitada, pensando. Aliás, por que a poesia é um gosto exclusivamente dos velhos? Quando eu tinha 20 anos, apesar de Thoby, que costumava ser tão insistente e rigoroso, nem por decreto eu conseguia ler Shakespeare por prazer; agora, quando estou caminhando, pensar que tenho dois atos do *Rei João* para ler essa noite & que em seguida tenho *Ricardo II* me ilumina. É poesia o que eu quero agora – longos poemas. Sim, estou pensando em ler *The Seasons* [*de Thomson*]. Quero a concentração e o romantismo, os mundos colados uns nos outros, fundidos, resplandecentes: não tenho mais tempo para desperdiçar com prosa. Porém, isso deve ser exatamente o contrário do que as pessoas dizem. Quando eu tinha 20 anos gostava da prosa do século XVIII; de Hakluyt, de Mérimée. Lia enormes quantidades de Carlyle, da biografia de Scott e cartas, Gibbon, toda espécie de biografias em dois volumes, e Shelley. Agora é poesia o que eu quero, assim eu repito como um marinheiro bêbado diante da taberna. Fomos a Charleston, & os Keynes (assim eles se chamam agora) com Robertson[74] a tiracolo vieram para cá. Lydia (eu a chamei de Rezia[75] sem querer) deixa migalhas grudadas no rosto. E Maynard anda bastante gordo e opulento; mas me agrada nele a inocência. Em Charleston estava o garoto gorducho de calças azuis de algodão – quer dizer, Quentin; quase uma placa de rua, agora que voltou, mais gordo do que nunca. Julian um tanto nervoso & bem-talhado em comparação; & o velho Roger magro, bronzeado & truculento, atacando primeiro Shaw, depois Conrad, & levando os artigos de L. ao pé da letra & belicosamente como sempre. Ah esses quacres! Mas não acho que ele seja muito feliz, & aquele caso em Havre o está comendo por dentro, bem no seio da vida familiar, não tenho dúvida. Agora não me interessa mais descrever milharais, grupos de mulheres colheitadeiras em roupas folgadas azuis & vermelhas & menininhas de vestido amarelo que ficam observando. Mas não é culpa dos meus olhos: outra noite, voltando de Charleston, mais uma vez todos os meus nervos se eriçaram, afogueados, eletrificados (qual a palavra?) com a beleza absoluta – a beleza abundante e superabundante, de maneira que ficamos quase ressentidos por não conseguirmos apreender, fixar tudo aquilo no momento.[76] O percurso pela vida se torna imensamente interessante quando tentamos apanhar de passagem todas essas manifestações. Sinto como se eu estivesse tateando com os dedos, hesitante (aqui entra Leonard & pede uma aranha para levar Dadie a Tilton amanhã),[77] os lados de um túnel atulhado de quinquilharias. E já não descrevo mais encontros com bandos de Alderneys[78] – embora alguns anos atrás isso fosse necessário –, como eles latiam & baliam como veados ao redor de Grizzle; & como agitei a bengala & os afastei; & me lembrei de Homero quando eles vieram alvoroçados & redemoinhados na minha direção: um arremedo de batalha. Grizzle foi ficando cada vez mais & mais insolente & excitada, pelejando, latindo. Ájax? Esse grego, apesar de toda a minha ignorância, arranjou uma maneira de imiscuir-se em mim.

Mayor indo para a segunda edição, Stephen vai muito bem, Leys na gráfica. Nancy Cunard sendo orçada, Mrs. Devonshire... rejeitada;[79] os negócios bastante movimentados de um modo geral; eu preparando uma circular para todos os expositores na Royal Academy sobre o livro de Duncan. Nesse meio tempo Marjorie, presumivelmente, convalesce, & a questão do seu futuro conosco resta por se decidir.

Domingo, 7 de setembro

É uma pena que eu não escreva nada, ou se escrevo, que seja de qualquer jeito, usando apenas particípios passados. Eles estão sendo bastante úteis na reta final de *Mrs. D*. É aí que estou agora – finalmente na festa, que deverá começar na cozinha & aos poucos ir subindo as escadas. Será um trecho sólido bastante complicado & vigoroso, que deve arrematar tudo & concluir em três notas, em diferentes alturas da escadaria, cada qual resumindo algo sobre Clarissa. Quem dirá essas coisas? Peter, Richard & Sally Seton talvez: mas não quero amarrar nada ainda. Ora, eu acredito realmente que esse poderá ser o melhor dos meus finais, & funcionar, quem sabe. Porém ainda preciso ler os primeiros capítulos, & confesso que sinto certo pavor da loucura; e da argúcia. Por outro lado, tenho certeza de que agora preciso ir abrindo as emendas, nem que seja apenas para que as minhas metáforas se soltem, como aqui. Imagine que se possa manter a qualidade de um rascunho numa obra acabada e concluída? É esse o meu esforço. Enfim, ninguém pode me ajudar e ninguém pode mais me atrapalhar. Recebi uma chuva de elogios também do *The Times*, Richmond me emocionou bastante ao dizer que se entrega ao meu romance com toda a disposição do mundo. Gostaria que ele lesse minha ficção, mas sempre tenho a impressão de que não lê.

Dadie pernoitou aqui duas vezes; Clive & Mary ontem; passei uma noite em Charleston; L. foi para Yorkshire: um verão um tanto úmido estranho desconjuntado, com pessoas chegando sem aviso, Nelly um tanto carrancuda, mas leal, Asheham nos sendo oferecida certa noite por Mr. Gunn, enquanto ele cutucava suas medas de trigo, olhando a negritude delas. Passadas 24 horas fiquei tentada a comprá-la. Poderíamos consegui-la por £1.500. Se bem que lá é escuro e úmido; & talvez a beleza não compense. Lá o jardim viceja. Adiamos a decisão. Obviamente poderíamos alugá-la, coisa que não seria possível fazer com essa [casa], portanto o medo de comprometer-se é sem dúvida uma tolice. Norman Leys esteve aqui noite dessas; deixou bastante claro que somente certos tipos de pessoas conseguem passar pelo buraco da sua agulha; desnuda as pessoas num instante; é um desses bons homens resolutos inflexíveis, que agradariam M.[argaret] L.[lewelyn] D.[avies], muito capaz, confiável; não se interessa por arte nenhuma, & impõe sua virtude a torto & a direito – mas virtude é virtude, claro. "Eles pertencem ao lado distinto da família..." Desconfia de Oxford. Deseja escrever com o máximo possível de clareza, espera morar no East

End & educar trabalhadores. A esposa gasta £150 no jardim; é uma dor de cabeça, porém o único prazer que ela tem. Não gosta de cobrar honorários, portanto os filhos passam sem botas. Achou que eu fosse filha de Thackeray & só sossegou depois que tirei a mesa do jantar; & falou de religião, de moralidade, de suas brigas com o Ministério das Colônias, de como lhe fizeram um cerco;[80] enfim reclama demais; mas é um homem bastante agradável.

Segunda, 15 de setembro

Aqui estou eu esperando L. voltar de Londres, & nesta hora, por ter sido magoada no ano passado quando ele se atrasou, sempre sinto a dor da velha ferida latejar.[81] Ele foi ver Nancy Cunard, daí que espero fofoca considerável. Vita passou o domingo aqui, deslizou pela cidadezinha em seu novo carrão, um Austin azul que ela domina completamente. Vestia um pulôver amarelo listrado & um chapéu de abas largas, & veio com uma mala cheia de pratarias e vestidos de noite envolvidos em papel de seda. Nelly disse, "Ah se ela não fosse uma *honourable*!"[82] & não conseguiu levar-lhe água quente. Mas me agrada que ela seja uma *honorauble*, coisa que ela é; uma lady sem tirar nem pôr, com toda a audácia e coragem dos aristocratas, & menos da infantilidade destes do que seria de se esperar. Ela nos trouxe um conto que me interessa muitíssimo ["*Seducers in Ecuador*"]. Verdade que enxergo nele o meu próprio rosto. Mas ela abandonou a verborragia de antes & alcançou uma espécie de faísca artística; ou pelo menos é o que eu acho; & de fato, muito me espantam suas habilidades, sua sensibilidade; pois então ela não é mãe, esposa, grande dama & anfitriã, além de escritora? Quão pouco eu faço de todas essas coisas: meu cérebro jamais permitiria que eu o ordenhasse a um ritmo de 20.000

palavras por quinzena, portanto imagino que me falta certo vigor intrínseco. Aqui estou eu, olhando para Vita por sobre minha bendita *Mrs. Dalloway*; & não consigo parar, nem por uma noite sequer, de pensar na cena seguinte, em como irei amarrar as coisas. Vita, voltando ao assunto, parece uma uva que passou do ponto, bigoduda, com beicinho, & deve ficar gorducha; por enquanto caminha sobre belas pernas, numa saia bem cortada, & apesar de constrangedora no café da manhã, tem um bom senso másculo & uma simplicidade que agradam tanto a mim quanto a L. Ah sim, gosto dela; poderia incluí-la na minha vida com toda a certeza; & suponho que, se a vida assim o permitisse, talvez isso pudesse se transformar em algum tipo de amizade. O relógio bate as 7, & não tenho certeza se, por sobre o vento cinzento furioso, escutei Leonard falando com Nelly na cozinha. Grizzle levanta a orelha; torna a deitar no chão. Ele trabalha sem parar. O carteiro acabou de passar, & soltei um leve suspiro de emoção, sentimentalista nata que sou, por ele estar esperando tão sincera e honestamente que Mr. Woolf discurse ao ILP [Independent Labour Party – Partido Trabalhista Independente] de Lewes sobre a Liga das Nações. Essas coisas contam: será que Murry, o professor da alma, conversa com os carteiros sobre a Liga das Nações? Gosto da confiança & da admiração deles; & de passar de Knole & do convite de lorde Sackville (*O quarto de Jacob* é seu romance preferido) para carteiros que organizam as reuniões locais, coisas que de repente me parecem assuntos da mais alta importância. Isso tudo confirma minha noção de que somos cacos e mosaicos; & não, como antes se costumava afirmar, unidades imaculadas, monolíticas, consistentes.[83] Como eu rabisco!; & que serventia tudo isso terá na minha idade avançada, quando eu escrever minhas memórias?[84] Com Vita conversamos sobre o assassinato de Mr. Joshua, Ottoline, literatura. Depois ela nos levou para Charleston, que – como o nosso mundo dá voltas! – parecia cinzenta, desmazelada & amorfa à luz da presença dela. Monk's House por sua vez parecia um celeiro caindo aos pedaços, & a gente fazendo piquenique no monte de entulhos. Então, mais ou menos uma hora depois, recuperei o gosto pela vida. Depois para casa, esperar L.

Segunda,
29 de setembro

Quinze dias depois: escrevo em parte para testar minha nova penkala (que dizem ter qualidades de caneta-tinteiro) & em parte para exorcizar o meu demônio. Nada menos que Karin e Ann: nada menos que um buraco aberto no meu último capítulo. Estava eu imersa no mais elevado éter que já conheci, imaginando que terminaria até quinta; Lottie sugere a Karin que ficaríamos contentes em receber Ann: Karin interpreta minha recusa educada de modo vantajoso para ela & vem para cá no sábado, estilhaçando tudo em pedacinhos. Mais & mais solitária estou; a dor dessas reviravoltas é incalculável; porém não consigo explicar. *Ela* não percebeu nada. "Perturbo o seu fluxo de inspiração?", perguntou esta manhã, depois de ter berrado tanto na porta até eu não ter remédio senão ir apanhar o algodão. E está em ruínas minha casa: minhas asas quebradas; eu caída na terra árida. Estranho, muito estranho, o quanto isso se tornou violento. Tenho pavor até de voltar para Londres. Verdade, estou em crise, & se esse último capítulo se estragar, o livro inteiro se estraga. Mas que se importa Karin! Aí é que está o problema. Ela ri por largar conosco alguns de seus fardos & vai-se embora depressa, toda satisfeita por ter conseguido o que queria. Então eu não registrei anos atrás num desses mesmos volumes [*do diário*] que bastava apenas ela pedir que conseguia tudo o que quer? É um caso de surdez espiritual: ela não escuta o pensamento das pessoas; é por isso que é, como ela mesma diz, infeliz; trata-se de uma doença, não é culpa dela; mas é certamente nossa desgraça.[85] Aqui estou eu com a semana arruinada – pois como foi serena & adorável como uma noite da Lapônia a nossa última semana juntos[86] – sentindo que eu deveria ser uma boa tia – coisa que não sou por natureza: preciso perguntar a Daisy o que ela quer – & por direito preencho esses momentos pensando na festa de Mrs. Dalloway, que vou escrever amanhã. A única solução é ficar aqui sozinha depois de quinta & tentar a sorte. Em parte, uma noite ruim talvez seja a responsável (culpa de K. outra vez). Mas como vivo inteiramente na minha imaginação; como dependo completamente dos jorros de ideias, que me vêm quando eu caminho, quando eu sento; as coisas se agitam na minha cabeça & formam uma peça de teatro constante, o que é a felicidade, para mim. Essa fermentação não acontece com pessoas insípidas. Agora preciso dar um fim a essas lamúrias, em parte porque não consigo ver, & minha mão treme por eu ter carregado minha mala de Lewes, onde estive hoje, no alto do castelo, onde um velho estava limpando as folhas caídas & me contou como se cura lumbago; você amarra uma tira de seda ao redor do corpo; a seda custa 3 pence. Vi canoas bretãs, & o arado mais antigo de Sussex, 1750, encontrado em Rodmell, & uma armadura que dizem ter sido usada em Seringapatam.[87] Sobre tudo isso eu gostaria de escrever, acho. E é claro, as crianças são criaturas maravilhosas & encantadoras. Ann esteve aqui falando sobre a foca branca e querendo que eu lesse para ela. Como Karin consegue ser tão distante eu não consigo imaginar. Existe uma qualidade na mente das crianças que é muito fascinante para mim: estar a sós com elas, & conviver dia a dia, seria uma experiência extraordinária. Elas têm o que nenhum adulto tem – a franqueza – blá, blá, blá, continua Ann, numa espécie de mundo só seu, com suas focas & cães; feliz porque vai tomar chocolate quente à noite & colher amoras amanhã: as paredes de sua mente estão abarrotadas de coisas vívidas & coloridas, & ela não enxerga o que nós enxergamos. Mas estou me esquecendo de Marjorie & só vou continuar rabiscando aqui até o portão se abrir, que espero que seja daqui a 15 minutos, & L. entrar. Perdemos £100 por ano, & ele não precisa mais ir ao escritório – um ganho imenso. Agora, tenho esperanças no livro dele.[88] Também começo a acalentar sonhos de me aposentar & viver numa casa gostosa no interior, & lá escrever – depois que conseguirmos fazer a editora andar sozinha, com a ajuda de Dadie. O que me faz lembrar de Marjorie. Eu a achei superficial & vulgar em 1917, entediada, de início, com toda aquela tagarelice sobre a gentileza ou o mau-caratismo dos rapazes, que termina por ser tão enfadonha. Então ela disse, larguei Cyril. O desfecho do caso é que teremos de contratá-la como sec.[re-*tária*] a £3 por semana. Ela absolutamente depende disso. E depois onde ela irá morar? em Bloomsbury, com uma garota – é tudo tão caótico & precipitado, como um romance moderno; mas suponho que ela acabará se casando com Tom Marshall.

Sexta,
17 de outubro

É uma lástima. Garanto que subi as escadas correndo pensando em arrumar tempo para registrar um fato surpreendente – as últimas palavras da última página de *Mrs. Dalloway* – mas fui interrompida. Enfim, isso foi uma semana atrás. "Porque ali estava ela." e fiquei feliz por estar livre, pois as últimas semanas foram um tormento, embora tenha sido mais revigorante para minha cabeça; havia menos, quero dizer, da sensação costumeira de ter escapado por um triz, de mal ter conseguido manter os pés na corda bamba. Sim, eu me sinto mais aliviada do que de costume – se essa sensação vai durar depois de eu reler o livro é discutível. Mas de certa maneira ele é uma conquista; foi concluído sem interrupções por doença, o q. é uma exceção; & escrito de fato em um ano; & por fim, escrito do fim de março ao dia 8 de outubro sem mais do que uns poucos dias de pausa para escrever artigos. Daí que talvez seja diferente dos outros. Não importa, sinto que exorcizei o feitiço que Murry & os outros disseram que lancei sobre mim depois de *O quarto de Jacob*. A única dificuldade é me conter para não escrever para os outros. Meu beco sem saída,[89] como chamaram, vai até aqui apenas, e demonstra tais panoramas. Já vejo O Velho.[90]

Mas basta, basta – por outro lado sobre o que devo escrever aqui a não ser sobre a minha escrita? É estranho como a moralidade convencional sempre entra pelo meio.[91] Não se deve falar de si mesmo etc.; deve-se evitar a vaidade etc. Mesmo na mais completa privacidade esses fantasmas deslizam entre mim & a página. Mas agora preciso interromper para ir ao correio, descendo aquela maravilhosa rua iluminada, que se torna mais encantadora mais irreal vista das minhas janelas duplas. E eu sentada protegida aqui dentro. Esta casa agora está perfeita. O estúdio é o melhor que já tive.

Katherine Mansfield me vem à cabeça – como sempre de modo bastante repreensível – primeiro desejando que ela pudesse ver Southampton Row, pensando na estupidez de sua morte, enterrada lá em Fontainebleau – um fim onde não havia fim, & depois pensando que, verdade, se ela estivesse viva, teria continuado a escrever, & as pessoas veriam que a mais talentosa era eu – isso só se tornaria mais & mais aparente.[92] É, suponho que sim. Assim penso nela de tempos em tempos – aquele estranho fantasma, os olhos afastados, a boca contraída, arrastando-se pelo seu quarto. E Murry casou-se novamente com uma mulher que se tranca durante uma hora no banheiro & por isso os Anrep[93] os dispensaram. Murry se lamenta publicamente por um apartamento em Adelphi. Aí está uma página sórdida da minha vida, aliás: Murry. Mas finco pé; K. & eu tivemos nossa amizade; & jamais terei outra igual.

Lytton veio jantar aqui na outra noite – uma noite de sucesso. Ah eu tive razão para me apaixonar por ele doze ou quinze anos atrás. É uma sinfonia belíssima a sua natureza, quando todos os violinos tocam juntos como na outra noite; tão profunda, tão fantástica. Tagarelamos com facilidade. Ele está apaixonado de novo por Philip Ritchie. E magoado, um pouco; ainda é capaz de se magoar; mas sabe agora o quanto é ridículo, o que também o magoa, & se ressente. Pois quando perguntei se podíamos ajudar ele se emocionou. Conversamos sobre a escrita dele, parece que agora irá escrever outro livro; sobre a minha; sobre a Escola de Proust, como ele diz; depois sobre Maynard; ele tem um lado detestável; devia ter se casado com Barbara; engordou; sobre o quadro de Nessa, que talvez ele compre (neste momento sinto vontade de ver Nessa, mas ela foi para Norfolk olhar uma casa, que espero que ela não compre, não saia de Londres & de Charleston & more ali até morrer, pintando em Norfolk com os filhos, & eu aqui, & L.

talvez vá para a Índia – estou remoendo isso desde que voltei & ele me contou logo na primeira tarde, durante o chá, sábado, que o ILP tinha lhe pedido para ir & que ele queria muito aceitar & tirar uma semana para ver Hambantota, o que me magoou um pouco.)[94] Mas eu disse a mim mesma este é um lado da vida dele em que não pus as mãos. Preciso encarar isso também. Nenhuma novidade ainda, embora eu sinta um pouco de medo do correio pela manhã, & esconda isso de L. – se ele for, seria depois da eleição, em nov. Sim, depois da eleição, pois graças à derrota do gov. no Caso Campbell, agora estamos condenados a uma dose de mentiras todas as manhãs: a costumeira briguinha de meninos de escola começou. Se eu ainda fosse feminista, tiraria vantagem da briga. Mas segui adiante – K.M. disse isso, ela me via como um navio em alto-mar. Sim, mas K.M. sempre me dizia coisas afetuosas & elogiosas, a coitada, que eu à minha maneira creio que amei. Não se deve usar, acho, termos muito fortes para as afeições humanas, ou melhor, termos muito positivos. Ah o pobre do Jacques me escreveu, & Gwen deseja vir me visitar, depois de onze anos: uma amizade revivida pela arte da escrita, cruzando a França.[95] Tenho verdadeiro pavor dessas retomadas: em parte por vaidade; você está mais gorda, menos bonita; mudada; tão envergonhada que sou; & além de tudo – existe o esforço. Ver gente, coisa que agora faço com tanta facilidade, é um esforço. Enfim... Phil Baker será o candidato dos trabalhistas. Irene [*Noel-Baker*] vai afiar os dentes dele e fazer com que chegue lá – (trecho de um diálogo *real*). Terei eu desistido de meu progresso rumo à Perpétua Imortalidade (para citar um dos desejos de Peggy Webling quando criança – resenha que estou escrevendo, ou deveria estar)? Pedi a Todd £10 por mil palavras:[96] com essa quantia ela encomenda quatro artigos. A Harper quer (acho) que eu escreva um Browns & Bennetts[97] americano; & a *Vogue* (via Dadie) irá contratar Mrs. Woolf, torná-la popular: & – & – & – Portanto muito provavelmente daqui a um ano eu serei uma daquelas pessoas, como dizia meu pai, que pertencem ao minúsculo círculo da sociedade londrina que equivale aos Apóstolos, creio eu, só que numa escala maior. Ou será que isso já não existe mais? Conhecer todo mundo que vale a pena conhecer. Agora entendo o que ele quis dizer com isso; imagine estar numa posição dessas – se é que as mulheres podem. Lytton está: Maynard; l[or]de Balfour; Hardy talvez não. Isso me lembra que devo registrar a visita a Mrs. Hardy na clínica, depois que ela foi operada do tumor; com Miss Charlotte Mew.[98] Nada de muito empolgante, nem mesmo como vaidade não é muito empolgante agora. H. se lembra do teu pai: não gostava de muita gente, mas dele sim; fala sempre dele. Gostaria de conhecer você. Eu porém não consigo me encaixar direito nessa relação; a filha agradecida pelos velhos elogios a seu pai. Por outro lado, eu devia ir vê-lo; escutá-lo – dizer alguma coisa. Mas o quê? Uma ou duas palavras sobre uma flor, uma paisagem, ou uma cadeira de jardim, sabe-se lá.

(Me ocorre agora que neste livro eu *pratico* a escrita; treino minhas escalas; sim, & trabalho certos efeitos. Ouso dizer que aqui pratiquei *Jacob* – & *Mrs. D.*, & aqui devo inventar meu livro seguinte; pois aqui escrevo exclusivamente em espírito – o que é bastante divertido aliás, & a velha V. de 1940 também enxergará algo aqui. Ela será uma mulher capaz de enxergar as coisas, a velha V.: tudo – mais do que consigo imaginar. Mas agora estou cansada.)[99]

Domingo, 1 de novembro

Preciso fazer algumas anotações de trabalho; pois agora tenho de me dedicar. A questão é como conseguir finalizar os dois livros. Deslizarei rapidamente por *Mrs. D.*, mas vai levar tempo. Não: não posso dizer nada com certeza, pois devo é experimentar na semana que vem; quanta revisão será necessária, quanto tempo levará. Estou bastante determinada a publicar meus ensaios antes do romance. Ontem tomei chá nos cômodos de Mary [*Hutchinson*] & vi os rebocadores de luzes vermelhas passando & ouvi o murmúrio do rio: Mary de preto com folhas de lótus em volta do pescoço. Se a amizade entre mulheres fosse possível, que prazer não seria – uma relação tão secreta & íntima, em comparação com os relacionamentos com os homens. Por que não escrever sobre isso? com sinceridade? Para mim, escrever este diário ajudou muitíssimo o meu estilo; soltou as amarras.[100] Tivemos uma festa na outra noite – S.[*iegfried*] Sassoon; R.[*aymond*] Mortimer, Duncan, Vanessa. Nancy Cunard deveria ter comparecido – a cabecinha de vento ansiosa de olhar honesto & espantado, com toda aquela pedraria verde dependurada. Nós nos conhecemos na casa de Raymond; & ela deslizou para uma tagarelice fácil & desesperada, como se não se importasse em dizer tudo – tudo – não tivesse escuridões nem lugares secretos – vivesse como um lagarto ao sol, & contudo por natureza tivesse uma queda para as sombras. E eu deveria estar relendo seu poema para escolher um título. Como sempre, estou, ou penso estar, atolada de trabalho; o que é interrompido por horas de sólido prazer – ir ao cinema hoje à noite; & Suggia[101] na segunda. Pois é música o que eu quero; para estimular & sugerir. Fomos a Hamspray[102] num dia úmido e enevoado; & vimos como deve ser a paisagem ao sol; um campo plano com grupos de árvores parecendo pessoas conversando, que se estendem até as colinas. Subimos ao topo com Carrington; mas os rapazes, P. Ritchie & Senhouse, são meio simplórios – pois Lytton se engraça com esse tipo, & assim se esconde. Carrington parecia ter sido espancada recentemente por Ralph. Será que ela é realmente tapada, pensei comigo? ou apenas não passa de uma flor ao sol? Voltamos para a casa debaixo de chuva, & um homem parou L. para perguntar se seu cachorro era fêmea: um pescador, ele era, & eu quis perguntar se ele tinha apanhado algum peixe. Voltamos com Sydney [*Waterlow*]. Um tanto envergonhada pelo meu humor – pois nunca se deve encerrar as pessoas em teorias –, fui afável, mas discreta. Conversei o tempo todo, mas não sugeri futuros encontros. Creio que nos saímos bem. Desejava eu que John Franklin fosse leniente com *Mrs. Dalloway*? Não seriamente, acho, & não vejo mal em ser fiel a antigas semiamizades. Imagino que o filhinho seja a única coisa que importa para ele; que protestou menos do que de costume. Murry "tremendo" em Keats & Sh[*akespea*]re; [D. H.] Lawrence também "tremendo"; porém megalomaníaco. Eles abriram uma editora, como a nossa; que faliu, ou nunca foi adiante, o que arrasou as esperanças de Kot[*elianski*]; & Lawrence, crente de que Londres em peso iria atrás dele no México, aposentou-se lá sozinho com Brett.[103] Tudo isso Sydney diz com clareza & comicidade, indicando todavia que existem profundezas por baixo. Na minha opinião, porém, o pobre monstro está começando a arrastar-se para fora. Agora, pelo amor de Deus, vou ler um pouco. É a leitura, & não a escrita, o que mais sofre em Londres –

Terça,
18 de novembro

Lady Colefax interrompe. Peço que me chame de Virginia – pronto.

O que eu ia dizer é que para mim escrever deve ser um ato formal. É preciso respeitar a arte. Isso me ocorreu enquanto eu lia algumas de minhas anotações daqui, pois, se deixamos o pensamento correr solto, ele se torna egoísta: pessoal, coisa que eu detesto; como Robert Graves. Por outro lado o fogo irregular precisa estar presente; & talvez para liberá-lo antes de mais nada seja preciso ser caótico, mas sem jamais deixar isso à mostra. Estou navegando pelos capítulos da loucura em *Mrs. D*. Minha dúvida é se o livro passaria melhor sem eles. Mas essa é uma reflexão posterior, vinda depois de eu ter aprendido a lidar com *Mrs. D*. Acho que no final sempre vejo como o todo deveria ter sido escrito.

Lady Colefax me fez tremer. Não consigo escrever. Fomos, ou melhor eu fui, à festa de despedida de Mary ontem à noite, & hoje sofro – primeiro por ter quebrado meu relógio, às 3h15, graças a um chamado policial; depois por ter aquecido água na lareira do porão, porque sentia um frio infinito como se tivesse rolado na areia, tormento que ainda persiste. As classes altas fingiram inteligência. Duff Cooper, Lady Diana & todo o grupinho, como dizem; & minha principal diversão foi justamente vê-los como um grupinho. Esse é o único mérito dessas festas, que os indivíduos se combinem diferentemente de acordo com o que fazem na intimidade. Vemos grupos; apreendemos totalidades; impressões gerais: a partir das várias coisas que são combinadas. Não admira que Proust tenha conseguido expressar o que eu gostaria de dizer – esse grande autor que não consigo ler quando estou revisando, tão persuasivo é. Graças a ele se tem a ilusão de que é fácil escrever bem; o que significa apenas que estamos meramente deslizando em patins emprestados. Henry James também nos dá esse ímpeto irreal; basta ver como escrevo depois de lê-lo, & Miss Bosanquet.[104] Dadie voltou ontem & tivemos uma tarde ótima – ah infinitamente melhor que uma festa em River House! – embora eu tenha mentido para Mary ao telefone, enquanto trabalhava no Freud.[105] Eu com dois casacos, porque está congelante, & o cabelo solto; ele em mangas de camisa. Assim é que conhecemos as pessoas, que sugamos sua medula; & não sentados empertigados na beirada de uma cadeira sobre um piso escorregadio, tentando rir, embalados por vinho & bolinhos açucarados. Clive, claro, se transforma num homem de classe alta que é ao mesmo tempo bastante espalhafatoso, familiar & galante. Lytton fica sentado sob a sua própria sombra esverdeada & só sai de lá quando chegam os jovens cavalheiros. Philip Ritchie se acha grande coisa, como sempre acontece com os alvos da atenção de Lytton. Fiquei impressionada com Nessa, que foi a essa festa, na qual estávamos todos emperequetados & bem-vestidos, com seu velho vestido marrom que acredito ter sido ela mesma a costurar. (Pensando melhor, acho que é o ritmo na escrita o que importa. Se eu conseguir o ritmo certo na minha sessão de amanhã de manhã – a marcha da minha frase no momento certo – conseguirei desatar o restante; – existe muita coisa que eu gostaria de refletir a esse respeito; não se trata exatamente de estilo – as palavras certas – é uma forma de fazer levitar o pensamento[106] – Graças a Deus escuto o barulho da chave de L.: Grizzle se levanta e fica imóvel: agora agita a cauda; depois trota até a porta. Uma noite muito fria úmida enevoada.) Mas como eu ia dizendo admirei a absoluta independência de Nessa em relação ao que as pessoas dizem, o que triunfa sobre todas as *cropheads*[107] tubulares.

Elizabeth

Domingo, 13 de dezembro

Posonby, sem dúvida era o que eu queria acrescentar. Mas tudo não passa de um borrão. E esse diário pode muito bem morrer, não de Londres, mas da Editora. Durante catorze dias estivemos no meio de uma longa revolução editorial – Dadie sai, Marjorie sai, Marjorie fica, Angus Davidson vem.[108] O resultado final é esse, porém só foi alcançado ao custo de 40 milhões de palavras. De minha parte, jamais consegui ver Dadie como um sócio permanente, Dadie com seus ternos cinza-prateados, suas camisas cor-de-rosa, seu rosto empoado cor-de-rosa e branco, sua petulância, seus modos, sua adoração por elogios. Angus, por outro lado, depois de três dias, já me parece permanente e confiável. E como sempre falo de dinheiro aqui, & de elogios & de rejeições, primeiro vou confessar que minha brochura é a que menos vende, & em seguida que a Harper me ofereceu "no mínimo £50" por um artigo principal do *Times*! Era uma vez eu tentando arrancar £15 de Jack Squire! Daí que sugeri três artigos por ano para Richmond; & caso isso vingue, irá nos ajudar a abrir mão da *Nation*, objetivo que está sempre na minha mira, apesar de o cargo ter muitos benefícios. Estou agora galopando sobre *Mrs. Dalloway*, redatilografando tudo desde o início, o que é mais ou menos o mesmo que fiz com *A viagem*, um bom método, acredito, como se eu fosse trabalhando por cima do todo com um pincel úmido & juntasse as partes que foram compostas separadamente & já secaram. Real & sinceramente penso que esse é o mais satisfatório dos meus romances (mas ainda não li tudo com sangue-frio). Os críticos dirão que é desconexo porque as cenas de loucura não estão conectadas com as de Dalloway. E suponho que a linguagem tenha certo brilho superficial. Mas será "irreal"? Mera façanha, fruto de talento? Acho que não. E, como acredito ter dito antes, parece que mergulhei nos estratos mais férteis do meu espírito. Agora consigo escrever & escrever & escrever: a maior felicidade que há no mundo.

O inverno londrino é cheio de recintos iluminados, passagens que vão de ruas escuras a cenas de resplendor; mas consigo me lembrar apenas de um chá com Ethel Sands, um almoço com L[ad]y Colefax, aliás Sybil agora, uma festa ontem à noite na casa de Gumbo [*Marjorie Strachey, irmã de Lytton*], onde ter ido malvestida e à vontade me provocou grande prazer. Ray [*Strachey*] é igualzinha a uma gata muito distinta que, depois de castrada, torna-se enorme & nunca se move. Fica sentada sorrindo com seus olhos verde-azulados de felina. Vai nos enviar, muito para meu temor, seu novo romance. Também estava lá Julia Strachey, que examinei na diagonal; a boa-vida talentosa.[109] Grande demanda tanto por Leys quanto por Vita, Simkins fez um pedido urgente esta manhã, & Angus saiu apressado para atender.[110] Mas não vou deixar que a Editora devore essa página inteira. Estou muito irritada com Marjorie [*Joad*] por ela ter rebatido minhas críticas à sua vida pessoal; & depois tirado três semanas de férias, que nos deixará muito pouco, & sabe-se lá quando. Por outro lado, ela parece num estado de nervos – com pavor de adoecer, pavor de nos deixar, assustadiça, infeliz, ora irritável, ora obsequiosa, trazendo Tom Marshall para cá, & Ralph Wright, & Cyril a se divorciar, o que, no meu entendimento, distrai a cabeça dela do trabalho & diminui as chances de que ela venda meus livros. Mas o que devo almejar é uma

> Essa briga já foi resolvida

relação de trabalho impessoal & amistosa, tenho certeza, agora que temos Angus; menos compreensão e mais empenho. Digam o que disserem, Vita & Clive & Lytton, as pessoas correm aos bandos para a editora, & dela não arredam pé. Bernadette Murphy estava prestes a vir. Angus caiu por aqui como fruta madura da árvore. Vita revelou que o Herdeiro de Radcliffe, seu primo, implora para que ela resista à contaminação de Bloomsbury, personificada pela serpente destruidora, V.W.[111] Eu meio que gosto, meio que me incomodo com isso.

Segunda, 21 de dezembro

Realmente é uma lástima – a quantidade de páginas em branco deste livro. O efeito de Londres sobre os diários é decididamente ruim. Estimo que este é o mais fino de todos, & duvido que eu consiga levá-lo a Rodmell, ou que, se o levasse, conseguiria acrescentar muito mais. De fato foi um ano movimentado, tal como profetizei; & a sonhadora do dia 31 de jan. viu boa parte de seus sonhos tornar-se realidade; aqui estamos nós em Londres, apenas com Nelly,[112] Dadie se foi é verdade, mas Angus assumiu seu lugar. O que vem à tona é que mudar de casa não é tão cataclísmico quanto imaginei; afinal de contas não se muda de corpo nem de cérebro. Continuo absorvida com "minha literatura", dando um arranco para terminar a cópia de *Mrs. D.* para que L. a leia em Rodmell; & depois correndo para desferir os últimos golpes em *O leitor comum*, & depois – depois estarei livre. Livre ao menos para escrever mais um ou dois contos que se acumularam. Tenho cada vez menos certeza de que sejam *contos*, ou do que são. Sinto apenas uma certeza razoável de que estou pastando o mais próximo possível das minhas próprias ideias, & alcançando uma forma tolerável para elas. Acho que o desperdício é cada vez menor. Mas eu tenho os meus altos e baixos. Quanto à fama e dinheiro, o longo artigo de Clive a meu respeito saiu no Dial.[113] £50, aparentemente, da Harper. Está mais do que claro, como L. disse, que estamos a caminho, nós dois, de ganhar o quanto quisermos com nossas penas. Nunca mais, eu me arrisco a dizer, ficaremos ouriçados ao ganhar £15 de Jack Squire.

Grande parte do meu tempo se vai conversando – conversando com quem aparece no porão, especialmente gente como Ethel Sands, Elena Richmond, Vita; aqui em cima, onde escrevo, tendo a meditar; a cantar minhas próprias elegias & fazer um apanhado do trabalho do mês.

Com que agudeza a vida social revela alguém – ou melhor, os outros! Roger na outra noite com Vita por exemplo. Num instante ele transformou-se no estudante de graduação inconformista, o rapaz obstinado (eu o vi bem jovenzinho com seus olhos honestos inflexíveis) que *nunca* dirá nada que não acredita ser verdade. O efeito disso sobre Vita foi desastroso: a honestidade pura é uma qualidade duvidosa: com frequência significa falta de imaginação. Significa imposição de suas próprias vontades, ser melhor do que os outros; característica estranha para Roger trazer à tona depois de tantos anos de convívio ameno. Na maior parte do tempo ele é tão indulgente. Seu sangue quacre protesta contra o rico fluido vinífero de Vita; & ela tem o costume de elogiar & falar indiscriminadamente sobre arte, algo comum no seu meio, mas não no nosso. Foi tudo bastante espinhoso até que chegou o bom camarada Clive, & se dedicou a apaziguar a querida granadeira aristocrata inflamada que é Vita. Então entrou Sprott; um cachorro tedioso, se é que já existiu um. Também vimos Aldington,[114] que nos telefona como um comerciante fazendo pedidos; um belo homem franco, pomposo, poderoso, de olhos um tanto remelentos, que vai conquistar o que quer nesse mundo, coisa que não me agrada muito que as pessoas façam. Todos os rapazes fazem isso. As moças não; ou melhor, nas mulheres isso é criticado; nos homens perdoado. São reflexões assim que desejo entremear no que escrevo; ou pelo menos algumas delas.

Marjorie & e eu nos beijamos – lá sobre o pequeno túmulo nos beijamos novamente entre lágrimas.[115] Minha frieza, ela disse, fez com que para ela trabalhar se tornasse impossível. Explicamos tudo, paradas à porta. Gosto dela; da sua integridade interior, depois que atravessamos sua superfície um tanto vulgar, de balcão de loja de pechinchas. Todas as nossas relações de Bloomsbury florescem, crescem com viço. Se o nosso meio sobreviver por mais vinte anos, tremo só de pensar no quanto estaremos unidos & inseparáveis. No Natal preciso escrever & perguntar a Lytton se posso dedicar *O leitor comum* para ele.[116] E será o último dos meus livros a ter dedicatória, acho. Sobre o que conversamos? Gostaria de ser capaz de anotar conversas.

Com Elena conversamos sobre os vestidos das mulheres: ela sentada ali tão matronal & enfeitada, bem à maneira de S. Kensington, com pérolas & um casaco preto curto de tigre, toda negra, substancial & de meia-idade.

"Adoro guiar. Fiz um longo passeio com minha avó, com cavalos de Kent. Percorremos umas 20 milhas por dia. Eu estava numa festa na outra noite em que todo mundo comentou como Mrs. Carnegie (você se lembra de Mrs. Chamberlain, Virginia?)[117] estava encantadora, com um vestido cor-de-rosa justo e decotado: absolutamente todas as mulheres do salão estavam usando vestidos *chemisette de georgete*." Dadie fez um enorme sucesso. "Uma criatura fascinante", ela disse, imagino que aliviada por encontrar um ser humano ali.

Vita falou sobre crítica. L[ad]y G. Wellesley quer criar um segundo prêmio Hawthornden somente para poetas. Falei que deveria ser para críticos. E o que são os críticos?, disse Vita: & acrescentou, por ser uma aluna dedicada das resenhas de seus próprios livros, meio mergulhada demais na verdade, que dois críticos nunca assumiam a mesma posição. Isso fez Roger desatar a falar sobre crítica estética, sobre crítica construtiva.

Conversamos sobre as mesmas coisas, sem dúvida. No entanto a editora está sempre compondo ruínas. Aparece gente aqui quase todos os dias. Gosto das minhas tardes de impressão, & acho que essa é a maneira mais sadia de viver – porque, se eu passasse todo o tempo escrevendo, ou simplesmente me recuperando de escrever, me tornaria uma espécie de coelho endogâmico – minha prole seria composta de albinos fracos. Um homem chamado Peter Miller que conheci na casa de Gumbo confirmou essa impressão minha noite dessas. Agora conhecemos um monte de homens. Uma criatura parecida com um melro chamada Tomlin[118] insiste em me esculpir. Esta tarde derrubaram a árvore dos fundos: a árvore que eu costumava ver da claraboia do meu porão.

1925

Terça,
6 de janeiro

A desgraçada verdade é que terei de emendar um ano no outro, porque não posso desperdiçar tantas páginas em branco.[1]

Com que floreio comecei 1924! E hoje, pela 165ª vez, Nelly pediu demissão – Não quer receber ordens: deve fazer como as outras garotas fazem. Aí está o fruto de Bloomsbury.[2] No geral, eu me sinto inclinada a levar a sério a palavra dela. A dor de cabeça de organizar a vida de acordo com seus caprichos & a pressão das "outras garotas" são demais, por mais que ela seja boa cozinheira, & uma criada honesta, durona & antiga também, de confiança, quase sempre, afetuosa, bondosa, mas incuravelmente melindrosa, nervosinha, insubstancial. De todo modo, a questão das criadas já não me preocupa tanto.

Noite passada jantamos no número 3 da Albert Road, a nova casa de Mary [*Hutchinson*]. Gosto que o Ano-Novo comece com sentimentos de afeto e amizade – & foi um jantar soberbo. Estavam ali os filhos também, um menino & uma menina ótimos; a menina com encantadores olhos *de mulher*, compreensivos, espantados; & impetuosa como uma garota. (Quero começar a descrever meu próprio sexo.) O que quero dizer com tal expressão? Uma juventude extrema, & apesar disso intuímos que esse sentimento existe desde sempre; muito feminino. Aqui eu concebo minha história – mas estou sempre concebendo histórias agora. Curtas – cenas – por exemplo O Velho (um personagem de L.S.) O Professor de Milton – (uma tentativa de crítica literária)[3] & agora A Interrupção, mulheres falando sozinhas. Mas, de volta à vida. Onde estávamos?

Passei a manhã escrevendo "Notas sobre uma peça elisabetana" – para as quais andei lendo peças o ano inteiro.[4] Então descobri que o ponteiro menor do meu relógio de pulso tinha se soltado (isso enquanto eu conversava com Lytton sobre [*Samuel*] Richardson na noite passada – foi quando eu descobri): portanto fui à sala de impressão para ver as horas – & encontrei Angus & Leonard preparando a nota de Simkin.[5] Fiquei lá & dei risada. L. foi para o escritório, depois de darmos uma volta com a cachorra em torno da praça. Entrei & compus uma página de Nancy.[6] Dali fui para Ingersoll consertar meu relógio. Depois passeei com a cachorra. E voltei. Foi um dia escuro e granuloso de inverno; com trechos inteiros de asfalto pretos como breu onde não havia iluminação. Nunca conseguirei descrever todos os dias nos quais prestei atenção. Não consigo acertar o tom, exatamente, & entretanto se eu ler isso de novo talvez consiga perceber o que quis dizer então.

 Rodmell era puro vendaval & enchente; essas palavras são exatas. O rio transbordou. Dos dez dias que passamos lá, sete foram de chuva. Muitas vezes eu não conseguia me obrigar a sair para caminhar. L. fez as podas, o que exigiu coragem heroica. Já o meu heroísmo foi puramente literário. Revisei *Mrs. D.*: a parte mais tediosa do ofício de escrever; a mais deprimente & minuciosa. O pior é o começo (como sempre), onde o avião domina durante algumas páginas & a coisa perde força. L. leu; acha que é o meu melhor – mas enfim, ele não *deveria* pensar dessa maneira? Seja como for eu concordo. Ele acredita que tem mais continuidade do que o Q.[*uarto de*] J.[*acob*] mas que é difícil devido à falta de conexão, visível, entre os dois temas.

 De todo modo, eu o enviei para os Clark, & as provas chegam na semana que vem. Vão para a Harcourt Brace, que aceitou o livro sem pedir para vê-lo & aumentou meu pagamento em 15 p.c.[7]

Não vi grande coisa em Rodmell, tendo de manter os olhos pregados na máquina de escrever.

Angus passou o Natal conosco, um rapaz bastante quieto, bastante atencioso, compenetrado e altruísta, com um senso de humor encantador – sem graça, diz Lytton: passivo. Mas gosto dele, assim mesmo.[8]

Quarta, 18 de março

Estas últimas páginas pertencem *O leitor comum* & foram escritas na cama com gripe; & agora, por fim, depois de enviar as últimas provas hoje, consegui fazer meu novo diário[9] & encerrarei este aqui, com mil desculpas & presságios agourentos ao me ver diante de tantas páginas em branco.

52 Tavistock Square WC

1925[10]

Sábado,
18 de março

Essa vergonha já foi explicada – eu acho: dois livros para enviar para a gráfica,[11] basicamente entre o chá & o jantar; gripe & um desgosto pela escrita. No momento (tenho 7 ½[12] antes do jantar) só consigo observar que o passado é belo porque nunca compreendemos uma emoção no momento. Ela se expande mais tarde, & portanto não temos emoções completas sobre o presente, apenas sobre o passado.[13] Isso me ocorreu na plataforma de Reading, vendo Nessa e Quentin se beijarem, ele se aproximando timidamente, mas com certa emoção. Disso irei me lembrar; & elaborá-lo melhor, depois de separá-lo da agitação toda de atravessar a plataforma, encontrar nosso ônibus &c. É por isso que habitamos o passado, acho.

Fomos visitar as crianças na escola: os rapazes, eu deveria dizer. Julian estava passando o rolo na quadra de tênis de Mr. Eliot como forma de castigo. (Isso sugere um conto sobre um homem cuja ambição era comprar um campo; isso o mantinha vivo; quando ele o compra, morre.) Mr. Goddard apareceu, & Julian gritou para ele "Fico aqui até às 5", como se os dois fossem alunos de faculdade. Nada muito escola pública, tudo isso; mas ah que horror ser Mr. Goddard & ter de perambular por aí, naquele dia implacável (nevava), para receber os atletas da corrida de obstáculos. Quando eles entravam correndo, no mesmo instante caíam rolando pelo chão & eram cobertos com tapetes & casacos. Na última volta, as pernas deles se levantavam com uma fraqueza imensa. J.[ulian] & Q.[uentin] foram completamente cínicos & disseram que ninguém gostava daquilo, mas achavam que era o certo a fazer. Mas a ponta dessa caneta está arranhando.

Quarta,
8 de abril

Acabamos de voltar de Cassis. Não raro enquanto estava lá eu pensava que iria escrever aqui com frequência, & assim anotar algumas das miríades de impressões que apanho todos os dias. Mas tão logo voltamos, o que acontece? Nós nos despimos e entramos na corrente, & fico obcecada com alguma ideia tola que não tenho tempo de parar para anotar, ou pensando que devia estar fazendo algo sério.[14] Mesmo agora, fico dando voltas febrilmente, pensando na metade do tempo, mas preciso interromper & levar Grizzle [*a cachorra*] para passear; preciso organizar meus livros americanos;[15] a verdade é: preciso dar um jeito de reservar meia hora em algum momento do meu dia & consagrá-lo à escrita do diário. Dar-lhe nome & lugar, & aí então talvez, porque assim é o espírito humano, eu comece a pensar nisso como um dever, & deixe de lado os outros deveres em função deste.[16] Estou sob a impressão do momento, o complexo momento de voltar do sul da França para esta ampla privacidade, indistinta & serena – Londres (ou assim pareceu na noite passada), que foi atravessada pelo acidente que vi esta manhã & uma mulher gritando Oh oh oh com voz muito fraca, presa de encontro às grades de ferro do passeio debaixo de um carro. Passei o dia inteiro ouvindo aquela voz. Não fui ajudá-la; mas enfim, todos os padeiros & floristas foram. Permanece em mim uma enorme sensação da brutalidade & selvageria do mundo – lá vinha uma mulher de marrom andando pela calçada – de repente um carro vermelho capota, aterrissa em cima dela, & o que se ouve é esse oh, oh, oh. Eu estava indo conhecer a nova casa de Nessa & encontrei Duncan na praça, mas como ele não havia presenciado nada, não tinha a menor condição de sentir o que eu sentia, & nem Nessa, aliás, apesar de ela fazer um esforço para relacionar aquilo com o acidente de Angelica da primavera passada.[17] Porém lhe garanti que era apenas uma mulher de marrom; & assim fomos conhecer a casa com compostura o suficiente.

Desde [a última vez] que escrevi, ou seja há alguns meses, Jacques Raverat morreu; depois de muito ansiar por morrer; & me enviou uma carta sobre *Mrs. Dalloway* que me proporcionou um dos dias mais felizes da minha vida.[18] Eu me pergunto: terei dessa vez alcançado alguma coisa? Bem, nada de todo modo em comparação com Proust, em quem estou impregnada agora. O negócio em Proust é essa sua combinação da mais absoluta sensibilidade com a mais absoluta tenacidade. Ele vasculha os tons das borboletas até o último matiz. E suponho que a cada frase minha ele irá a um só tempo me influenciar & me enfurecer. Jacques morreu, como eu ia dizendo; & no mesmo instante o cerco de emoções começou. Recebi a notícia com um grupo de pessoas aqui – Clive, Bee How, Julia Strachey, Dadie.[19] Apesar dos pesares, já não me sinto inclinada a tirar o chapéu para a morte. Gosto de sair de um recinto ainda falando, com uma frase casual inacabada nos lábios. Foi esse o efeito que isso causou em mim – não o de despedidas, nem de submissões –, simplesmente o de alguém adentrando a escuridão. Para ela, porém, o pesadelo foi terrível.[20] A única coisa que posso fazer agora é manter a naturalidade com ela, o que acredito ser uma questão de importância considerável. Mais & mais repito a minha própria versão de Montaigne – "É a vida o que importa".[21] Estou aguardando para ver que forma Cassis acabará por tomar em meu espírito. Tinha as rochas. Saíamos depois do café da manhã & nos sentávamos nelas, sob o sol.

L. ia sem chapéu & escrevia sobre os joelhos. Certa manhã encontrou um ouriço-do-mar – eles são vermelhos, com espinhos que estremecem muito de leve. E de tarde saíamos para caminhar, subíamos o morro, entrávamos na floresta, onde um dia escutamos o ruído de carros & descobrimos a estrada para La Ciotat logo ali embaixo. Era pedregosa, íngreme & muito quente. Uma vez ouvimos um barulho muito alto como o de pássaros, que a mim parecia ser de sapos. Nos campos havia tulipas franjadas vermelhas; os campos eram pequenos terraços angulares escavados no morro, riscados & entremeados de vinhas; & todos vermelhos, & rosados & arroxeados, aqui e ali uma ou outra árvore frutífera em flor. Aqui & ali se via alguma casa angulosa branca, ou amarela ou azul caiada, de venezianas bem fechadas; com trilhas planas ao redor, & uma vez rebanhos; uma incomparável limpeza & organização em toda parte. Em La Ciotat grandes barcos alaranjados erguiam-se das águas azuis da baiazinha. Aquelas baías são todas muito circulares & bordeadas com casas de alvenaria de cores claras, muito altas, fechadas, descascadas & com marcas de reparos, aqui com um vaso com tufos verdes, ali com roupas secando; acolá com alguma velha espiando. No morro, que é pedregoso como um deserto, as redes tinham sido postas para secar; & nas ruas crianças & garotas fofocavam & zanzavam em xales & vestidos de algodão de tons claros vibrantes, enquanto os homens com picaretas pavimentavam o terreno da praça principal. O Hotel Cendrillon é uma casa branca, com piso de lajotas vermelhas, capaz de abrigar umas 8 pessoas. Estavam lá Miss Toogood, os Howard, Miss Betsy Roberts, Mr. Gurney, Mr. Francis, &, por fim, Mr. Hugh Anderson & Mr. Garrow Tomlin.[22] Todos merecem páginas de descrições. Aliás, a atmosfera geral do hotel me forneceu várias ideias: ah como são frias, indiferentes & superficialmente educadas tais relações esquisitas: como se a natureza humana se visse agora reduzida a uma espécie de código, desenvolvido para enfrentar esse tipo de emergência, em que pessoas que não se conhecem encontram-se & clamam seus direitos como membros da mesma tribo. Verdade seja dita, nós nos demos bem; só não invadimos nossas profundezas. Mas L. & eu não cabíamos em nós de tanta felicidade, como se diz; se agora tivesse de morrer &c.[23] Ninguém poderá dizer que não conheci a mais perfeita felicidade, mas poucos seriam capazes de pôr o dedo no instante ou dizer o que a causou. Eu mesma, de vez em quando me refestelando na poça de contentamento, só conseguia dizer, Mas isto é tudo o que eu quero; não conseguia pensar em nada melhor; & sentia apenas pela metade a minha superstição de que os Deuses, depois de criarem a felicidade, a invejam. A não ser, porém, que você a alcance de maneiras inesperadas.

Domingo, 19 de abril

Já jantamos, é nossa primeira noite de verão, & o ânimo de escrever me abandonou, roçou-me muito de leve & me deixou. Não consegui fixar minha meia hora sagrada ainda. Mas pense – daqui a um tempo vou preferir ler algo aqui a refletir que terminei de burilar Mr. Ring Lardner.[24] Devo ganhar £300 neste verão escrevendo & vou mandar construir um banheiro & sistema de encanamento de água quente em Rodmell. Mas calma, calma – meus livros tremem à beira da publicação, & meu futuro é incerto. Quanto a previsões – as cartas *acabam* de revelar que *Mrs. Dalloway* é um sucesso (a Harcourt o considerou "maravilhoso"), & já vendeu 2.000 – por essa eu não esperava: esperava um aumento lento & silencioso da fama, como o que se deu, de modo um tanto milagroso, depois que o *Q. de J.* foi publicado: meu valor de jornalista aumentando com constância, mas quase nenhuma cópia vendida. Não estou muito nervosa – não mesmo; & desejo como sempre cavar fundo em meus novos contos, sem que me coloquem um espelho diante dos olhos – isto é, Todd; isto é, Colefax et cetera.[25]

Lytton veio nos visitar na outra noite. Ele me pareceu outonal; com aquela encantadora retidão de espírito que ninguém mais alcança tão perfeitamente, eu acho. Sua exatidão de raciocínio é considerável. Cristo foi no entanto descartado, para seu desapontamento, pois ele está cada vez mais & mais implicante com seus temas: Cristo, diz ele, não existiu: foi uma fantasia; & conhece-se tanta coisa que, francamente, ele não seria capaz de enfiar tudo num único livro. E Philip Ritchie talvez esteja em derrocada.[26] Conversamos sobre velhos veados & da falta de atração que exercem sobre os jovens. Minha revolução antiveado correu o mundo, tal como eu esperava. Eu me sinto meio comovida com o que parece ser a contrição deles & a sua ansiedade em desculpar seus defeitos. Por outro lado, se eu não puder dizer o que se passa pela minha cabeça & aferroar o Coronel de Clive de vez em quando, qual minha utilidade?[27] A pálida estrela do Viado já esteve nas alturas por tempo demais. Julian concorda enfaticamente. Passamos a Sexta-feira Santa em Rodmell – clima de junho, & uma vez mais a suave onda encapelada sob nós: mas ah, com que rapidez eu afundo; que sombras violeta existem nos intervalos das altas luzes, & uma, quem sabe, mais insensata do que a outra. Isso porém ficaria mais adequado em um conto.[28]

Ontem fomos ver a exposição de Max [Beerbohm] com o querido esmolambado Angus, que a mim parece um irmão mais velho, só que vinte anos mais novo do que eu. Voltamos para o chá (enquanto escrevo por cima de tudo isso cai o desabrochar do passado – que se torna tão triste, bonito, memorável) & comemos uma quantidade enorme de pãezinhos, depois conversamos sobre Murphy.[29] Ai de nós! – que temperamento o dela. É uma mulher sem estirpe & rabugenta, com zero de charme, uma tratante boêmia mais ou menos com a aparência de um ensopado irlandês, & que não se destina a ter vida longa por aqui, eu diria. Já Angus, apesar de lacrimoso, é um cavalheiro; não insiste, enxerga as desvantagens; Leonard vai ter de arrancar esse dente na quinta. Desconfio de certo ressentimento escondido: desconfio que ela guarda rancores.

Marjory & seu Tom vieram ao porão essa tarde, muito felizes, segundo L., & eu acho sinceramente que ela deveria desfrutar dessa situação até o último grama – dinheiro, comida, segurança, um suprimento de jovens rapazes, & seu fiel Tom, & verba para vestidos, & café da manhã tarde, & consideração. No frigir dos ovos ela é uma criatura confiável & boa, & se eu quisesse ver alguém, ouso dizer que seria ela.[30]

Neste momento, a única coisa que queremos é não ver ninguém. Amanhã devo comprar um vestido novo. Observo aqui que estou me tornando inquieta & agitada, & minha consciência insiste que preciso ler Mr. Ring Lardner & faturar meus 50 guinéus.

Segunda, 20 de abril

Felicidade é ter um fiozinho onde as coisas podem se prender. Por exemplo, ir à minha modista na Judd Street, ou melhor, pensar num vestido que gostaria que ela fizesse & imaginá-lo pronto – este é o fio que, mergulhado de leve numa onda de tesouros, ao ser puxado de volta traz pérolas. A coitada da Murphy está macambúzia graças à rispidez ferina de Leonard – epítetos que ele certamente negaria, ambos. Ela não tem fio nenhum para mergulhar na onda verde: para ela as coisas não se conectam umas às outras; não se avolumam nos montinhos fascinantes que constituem a felicidade. Já os meus dias provavelmente estarão repletos deles. Eu gosto dessa vida londrina do início do verão – bater perna nas ruas & bater ponto nas praças, & depois, se meus livros (nem falo da brochura de L.)[31] forem um sucesso; se pudermos começar a reforma em Monk's, & instalar um rádio para Nelly, & fazer os Skeats [*não identificados*] irem morar no chalé dos Shanks – se – se – se – O que vai acontecer são *algumas* intensidades de prazer, & alguns profundos mergulhos na tristeza. Resenhas ruins, ser ignorada; & depois uns deliciosos aplausos elogiosos. Mas sinceramente o que eu mais gostaria seria ter £3 para comprar um par de botas com solado de borracha & fazer caminhadas pelo campo aos domingos. Uma coisa a considerar em meu estado de espírito agora, que me parece indisputável, é que finalmente perfurei meu próprio poço, & não consigo rabiscar com rapidez o bastante para trazer tudo até a superfície. Tenho agora no mínimo seis contos manando dentro de mim & sinto, finalmente, que sou capaz de cunhar todos os meus pensamentos em palavras. Não que não reste um número infinito de problemas; mas nunca senti essa pressa & essa urgência antes. Acredito que sou capaz de escrever muito mais rápido: se é que isso é escrever – essa disparada de uma frase pelo papel, & depois datilografar & redatilografar – datilografar tudo de novo, o processo de escrita em si parecendo agora uma pincelada rápida; preencho [*os vazios*] depois. Agora, imagine que eu possa me tornar um dos romancistas interessantes – não digo grandes – mas interessantes? Estranhamente, apesar de toda a minha vaidade, até agora eu não punha muita fé nos meus romances, nem os considerava fruto de expressão própria.

Segunda, 27 de abril

O leitor comum saiu na quinta: hoje é segunda & até agora não ouvi uma palavra a respeito, seja pública ou privada: é como se uma pedra tivesse sido atirada num lago & as águas se fechassem sobre ela sem nenhuma ondulação. Mas estou perfeitamente satisfeita & me importo menos do que nunca, & só faço esta anotação aqui para da próxima vez me lembrar do progresso sublime dos meus livros. Posei para a *Vogue*, isto é, para os Becks, nos seus estábulos, que Mr. Woolner transformou em seu estúdio, & talvez tenha sido lá que ele pensava em minha mãe, com quem desejava se casar, eu acho.[32] Mas minha atual reflexão é que as pessoas têm um número infinito de

outros eus foi o que eu quis dizer

estados de consciência: & eu gostaria de investigar a teatralidade das festas, a teatralidade do vestido &c. O mundo da moda no estúdio dos Becks – Mrs. Garland estava lá supervisionando uma sessão – é com certeza um deles; onde as pessoas produzem um invólucro que as conecta & as protege dos outros corpos estranhos, como eu, que estou do lado de fora do invólucro. Esses estados são muito difíceis (obviamente tateio em busca de palavras) mas estou sempre voltando a isso. A teatralidade da festa, por exemplo: a teatralidade de Sybil [Lady Colefax]. Não se deve quebrá-la. É algo real. Deve-se mantê-la de pé; conspirar junto com ela. E no entanto não consigo expressar o que quero. Por outro lado, gostaria logo de descrever Graves antes que o esqueça.[33]

Imagine um homem de olhos lampejantes camisa azul cabeleira farta sem chapéu num sobretudo azul, parado à porta olhando para todos os lados às 4h30 na sexta. "Mrs. Woolf?" Eu com medo & suspeitando que fosse algum gênio da *Nation*, algum jovem decidido a desabafar o que lhe ia por dentro, mandei-o depressa para o porão, onde ele disse: "Sou o Graves". "Sou o Graves." Todo mundo ficou olhando. Ele parecia ter acabado de atravessar os ares a 60 milhas por hora & temporariamente pousado ali. Então ele subiu, & eu, ardilosa que sou, sabia que avançar segurando o bule com um pano de prato era exatamente o método, a atitude, a pose correta. O pobre garoto é todo ênfases, protestos & pose. Tem uma grosseira semelhança com Shelley, tirando o nariz em ziguezague & os traços indistintos. Mas ter consciência do próprio gênio é ruim para as pessoas. Ele ficou até as 7h15 (íamos ver *César & Cleópatra* – uma estranha peça retórica & romântica da fase inicial de Shaw) & acabamos tendo de avisá-lo disso, porque ele estava mais entretido no deleite de nos explicar como era a sua vida do que uma abelha agarrada ao mel. Ele cozinha; a mulher limpa; quatro filhos vão para a escola primária; o povo da vila lhes dá legumes; casaram-se na Igreja; sua mulher chama a si mesma de Nancy Nicolson; não quer ir a Garsington & disse-lhe, preciso ter uma casa de graça; ao lado de um rio; numa cidadezinha com um campanário quadrado; perto de uma ferrovia mas não demais – & sendo ela tão decidida, tudo isso ele buscou lhe dar. Chamar a si mesma de Nicolson separou os amigos em joio & trigo. Para nós isso tudo pareceu fruto do embaraço típico dos rapazes jovens, ainda mais depois que ele atirou, gratuitamente, a informação de que descende do reitor da universidade, do Bispo, de

Von Ranker &c &c &c: somente para dizer em seguida que os despreza. Contudo, contudo, é um ótimo rapaz, inocente & tagarela; mas por que a nossa época lançou esse ônus da prova em cima de nós? Com certeza antigamente se podia viver com simplicidade, sem reclamar. Eu tentei, talvez, cair nas suas graças, tal é a minha fraqueza. L. foi inflexível. Então ele nos ofereceu um ingresso para a final da Copa, para a qual Graves vinha a Londres depois de seis anos; não consegue viajar de trem sem enjoar; tem grande orgulho de sua sensibilidade. Não, eu não acho que escreverá grande poesia; mas que se há de fazer? Os sensíveis também são necessários; os simplórios, os gaguejantes balbuciantes, que talvez consigam fazer seu pequeno quinhão de Oxfordshire melhor.

E no domingo fizemos nossa primeira caminhada, até Epping.

Quarta,
29 de abril

Apressadamente (Moore aguarda) preciso registrar a longa visita impactante, emocional, um tanto trêmula & excitada de Tom na noite passada, que nos informou de seu desligamento do Banco ("Mas ainda não enviei minha carta de demissão"); uma indicação caída dos céus lhe forneceu "4/5s do meu salário atual" & a garantia, com um "nível humano" de certeza, de que entrará em vigor em outubro – se foi de Lady Rothermere (que se tornou alguém "muito agradável") ou da 4ly review [*Quarterly Review*], ele não disse.[34] E está de olho numa casa perto da Sloane Sqre., cujo aluguel é de apenas £18, & assim espera recomeçar a vida, & estando sozinho, com tempo nas mãos, andou pensando sobre sua condição nessas últimas semanas. Viu toda a sua vida sob uma nova luz, viu suas relações com o mundo, & com Vivien [Eliot] em particular, tornarem-se mais humildes mais flexíveis mais humanas – sendo o homem bom, sensível & honrado que é, acusa-se de ser o típico marido americano & quis me dizer em particular (quando L. foi apanhar a correspondência) o quanto V. me tem em alta conta; desde junho passado não faz mais nada além de escrever, simplesmente porque eu lhe disse para fazer isso![35] Daí ele defendeu não escrever, que é a tática dela segundo disse, & entrou no assunto de sua psicologia. Então perguntou a L. (depois de afirmar que precisava espaçar seus comentários com muito cuidado para encaixar tudo o que tinha a dizer): Você entende alguma coisa de psicanálise? L. disse que sim, daquele seu jeito responsável; & portanto Tom nos contou uma história esquisita – de como o doutor Martin fez V. relembrar o pavor da solidão que ela sentia na infância, & agora ela não suporta mais que ele, Tom, fique longe de vista. Ele ficou confinado no quarto dela esses três meses, a pobre & pálida criatura, &, quando precisa sair, ao chegar a encontra semidesacordada.

"Amanhã vai ser uma desgraça", disse ele, pois já estava fora das 8h às 11h. Sugerimos outro médico. Mas se são os médicos ou o bom senso ou umas férias ou uma viagem ou algum método drástico desconhecido o que vai curar aquele feixinho de nervos inibido – Deus é que sabe. Ela tem a mente abstrata, ele a histórica, disse ele. No fim ficou a impressão estranha da emoção dele de vir nos contar aquilo tudo – algo que toca não apenas a minha vaidade, como também o meu sentido de valor humano, creio eu; seu apreço por nós, seu afeto, sua confiança em Leonard, & esse estar tão à vontade de maneira subconsciente, disse ele, não numa conversa, mas comigo, o que me fez pousar o braço sobre seu ombro; nenhuma carícia muito apaixonada, mas o melhor que consigo fazer.

E agora estou um tanto desassossegada com *O leitor comum*; nem uma única palavra de ninguém, mas quem sabe uma resenha no *Lit. Sup.* amanhã. Mas isso reconheço que é superficial; por baixo dos meus desassossegos existe uma estabilidade considerável.

Sexta,
1 de maio

Esta é uma nota para futura referência, como se diz. *O leitor comum* saiu oito dias atrás, & até agora nem uma única resenha, & ninguém me escreveu nem falou comigo a respeito nem reconheceu o fato de sua existência; a não ser Maynard, Lydia & Duncan. Clive evidentemente é surdo; Mortimer está gripado & não pode resenhá-lo; Nancy o viu lendo-o, mas não reportou nenhuma opinião: todos sinais que apontam para uma recepção fraca, fria, deprimente, & para um completo fracasso. Acabei de superar o estágio da esperança & do medo, & agora vejo meu desapontamento flutuando como uma garrafa velha à minha passagem, & parto rumo a novas aventuras. Se a mesma coisa acontecer com *Dalloway*, não deverá ser surpresa. Mas preciso escrever para Gwen [*Raverat*].

Segunda,
4 de maio

Esse é o gráfico de temperatura de um livro. Fomos a Cambridge, & Goldie disse que me considerava o melhor crítico em atividade: o homem paralisado, Hayward, perguntou, do seu jeito anguloso espasmódico: "Quem escreveu aquele artigo extraordinariamente bom sobre os elisabetanos que saiu no *Lit. Sup.* 2 ou 3 meses atrás?" Apontei para o meu peito.[36] Agora temos uma resenha sarcástica no *Country Life*, quase inarticulada de tão fraca, tentando explicar o que é um *Leitor comum*, & outra, segundo Angus, no *Star*, zombando da capa de Nessa. Disso tudo prognostico uma boa dose de críticas afirmando que sou obscura & estranha; & certo entusiasmo; vendas lentas & um aumento de reputação. Ah sim – minha reputação aumenta. Mas estou com um pouco de dor de cabeça & não posso ir a um concerto com Angus, & Leonard vai oferecer o jantar de despedida para Randall,[37] & é um alívio ficar sossegada (como é suprema a alegria de desistir de um compromisso) & eu gostaria de poder descrever Pernel, Cambridge, Braithwaite & Hayward, com um *postscriptum* para Thomson. Um lugar adorável, repleto, como todos os lugares agora, dessa onda do passado. Passando diante da casa de Darwin notei os salgueiros; com a afeição maternal crescente que agora me assola, lembrei de mim ali; de Rupert; depois fui para Newnham, & provoquei Mrs. Palmer falando que Pernel se casaria com um Arcebispo.[38]

Não, não consigo [*ilegível*]; Mrs. Asquith está entalada em minha garganta; melhor eu ler Moore até o jantar, & ~~um artigo~~ de novo até Leonard voltar. Não, não quero ouvir Bach, & ao oferecer meus ingressos a Angus eu lhe garanti a companhia de um charmoso rapaz. Nunca vi Pernel tão à vontade. Nós nos sentamos defronte sua lareira, fofocando – sobre a morte de Kate, & como até uma semana antes do fim ela levou o cachorro para passear; completamente reservada; como um esqueleto, como uma morta andando por aí com um sarcoma; sem médicos. Nenhuma menção dela mesma & dos 58 diários de capa marrom queimados, suponho.[39]

Sábado,
9 de maio

De volta da peça grega em Chiswick com Lydia & Berta Ruck; um belo dia de primavera, com todas as árvores folhadas ao longo do parque; esse passeio transitório foi criado numa caminhada com Nessa Clive & Thoby, & Thoby & eu concordamos em chamar Hyde Park de "urbano".[40]

Quanto *O leitor comum*, o *Lit. Sup.* iria publicar duas colunas de elogios sóbrios & sensatos – nem uma coisa nem outra – minha sina no *Times*.[41] E Goldie me escreveu dizendo que o livro "é um exemplo do que há de melhor na crítica em língua inglesa – humorado, sagaz & profundo". – Minha sina é ser tratada com todos os extremos & todas as mediocridades. Mas nunca ganho uma resenha entusiástica do *Lit. Sup*. E será o mesmo com *Dalloway*, que já se aproxima.

Estou tonta & exausta por ter ficado sentada ao lado do cavalo-marinho Sally Onions,[42] que exala luxúria ao ver rapazes jovens dançando. Ontem à noite tivemos uma refeição minguada com os Sanger, cuja mediocridade tanto em conforto como em gosto me enche de tristeza: ah um pouco de beleza nessa vida, como diria Berta Ruck – que mulher obscena, instalada numa casa obscena em South Kensington como uma amazona, vestida de Jacon[43] claro com um cravo, os dentes da frente manchados com uma linha vermelha no lugar onde seus lábios os tocaram. Da pequena Lydia eu gostei: como funciona a sua mente? Como uma cotovia ganhando os céus; uma espécie de instinto glorificado a inspira: desconfio de uma natureza bastante boa, & de orientação da parte de Maynard.

Ontem à noite recebemos aqui Morgan & Brace;[44] Morgan implorou que Leonard fosse vê-lo – ele foi operado de um osso quebrado do pulso, eu deveria ter acrescentado, mas hoje é

<u>quinta, 14 de maio,</u>

o primeiro dia do verão, folhas brotam visivelmente dos botões, & a praça está quase verde. Ah que dia bucólico – & alguns dos meus amigos estão agora lendo *Mrs. D*. no campo.[45] Eu pretendia seguir registrando a temperatura dos meus livros. O *L.C.* não vende; mas recebe elogios. Fiquei muito satisfeita ao abrir o *Manchester Guardian* esta manhã & ler "The Art of V.W.", de Mr. Fausset. Brilhantismo combinado com integridade; profundo e ao mesmo tempo excêntrico. Ah se o *Times* se pronunciasse assim, mas o *Times* só murmura e grunhe como um homem chupando seixos[46] – cheguei a comentar que recebi um pouco menos de duas colunas murmurantes por lá? Mas o mais estranho é o seguinte: para ser honesta não sinto praticamente o menor nervosismo em relação a *Mrs. D.* Por quê? Pois é, sinto-me até meio enfastiada, pela primeira vez, só de pensar no quanto terei de conversar sobre esse livro neste verão. A verdade é que o prazer profundo é escrever, & o superficial é ser lida. Sinto agora a ânsia do desejo de parar com os artigos & começar *Ao farol*. Que deverá ser razoavelmente breve: terá uma caracterização completa de papai; & de mamãe; & de St. Ives; & da infância; & de todas as coisas que sempre procuro incluir – vida, morte &c. Mas o centro é a personagem de papai, sentado num barco, recitando "Perecemos, cada qual em solidão",[47] enquanto esmaga uma cavalinha moribunda – Contudo, preciso me refrear. Devo escrever uns continhos antes disso & deixar *Ao farol* em banho-maria, acrescentando-lhe trechos entre o chá & o jantar, até estar pronto para ser escrito. Ontem foi um dia horrendo de papo furado – Desmond [MacCarthy] depois do Dr. Leyes, Lord Olivier depois de Desmond, James [Strachey] & Dadie para encerrar, enquanto ainda por cima L. teve sei lá quantas entrevistas jornalísticas & comitês. A Liga das Nações está estourando (Innes, quero dizer).[48] Mas eu tencionava descrever meu caro & velho Desmond, que foi uma alegria rever; ele me estendeu ambas as mãos, eu o acomodei em sua poltrona & conversamos até as 7h. Está um tanto desgastado

& envelhecido; creio que em parte por sentir que os 45 aí estão & ele nada conquistou, exceto, lógico, as crianças, que ele idolatra – Micky escreve, Dermod & Rachel trinam & chilreiam na flauta & no piano: todas as relações humanas dele são muito férteis & florescentes, mas ah, disse ele, falando em Houseman, não o deixe desistir da Corn Exchange para investir em literatura! Eu o vi pensando em seus 50 artigos durante 5 anos, sua maçaroca de artigos velhos acumulando poeira nas caixas, & Geoffrey Scott acabou sendo o escolhido para escrever o Donne, coisa que Desmond deveria ter feito em 1912. Eu me lembro dele me contando essa história na Brunswick Square. Então falei que ele podia deixar esse assunto em minhas mãos, o que o emocionou, pois filhos não são o bastante, afinal; queremos algo que venha apenas de nós mesmos – & 5 caixas de artigos poeirentos ficam um tanto estropiadas & apodrecidas depois de 45 anos. E ele elogiou o *L.C.* com entusiasmo; & escreverá a respeito, & assim seguimos papeando; Vernon Lee, com seus anéis baratos de gosto primoroso, seu italiano idiomático & sua maneira rancorosa de ver as coisas, de modo que ela não se atreve a escrever suas memórias; Lily Langtry descendo a escadaria do teatro com a filha a reboque, uma beleza que me "atingiu no peito";[49] & ainda Logan & Ottoline – como Alys caiu doente de câncer mais uma vez – "que vida mais miserável & infeliz, pobre coitada" – & [*como*] L[*ogan*]., tendo a nova Mrs. B. R. a seu lado, morreria de irritação tendo Ott. como vizinha; mas tal qual um tolo Logan não deixou nada disso claro & limitou-se a reclamar que a paz de cidadezinha de Chelsea seria destruída por O., coisa de que ela naturalmente se ressentiu.[50] Em tudo isso, Desmond age como resolvedor & mediador; todos sugam a sua boa índole e seu bom senso. Que mais conversamos? Os E[*lisabe*]tanos? The Phoenix; a língua grande & o corpo pequeno da pobre Ray Litvin;[51] então L. chegou & em seguida era hora do jantar; eu tendo tempo apenas para dar a volta correndo na praça; tanto Dadie quanto James muito sossegados & afáveis; verdade seja dita que por Dadie sinto afeição considerável – tão sensível & terno que ele é; um dia desses vai tomar jeito & ser menos sangue-quente. Realmente, mais tarde ele falou com grande seriedade & empolgação sobre sua dissertação & o uso que os poetas fazem das palavras, como eles se atêm a uma palavra, preenchem-na de significado & a tornam simbólica. Mas o que esses acadêmicos querem mesmo é entender os livros escrevendo livros, e não os lendo.

Devo porém lembrar de escrever sobre as minhas roupas na próxima vez em que sentir o impulso de escrever. Minha adoração por roupas interessa-me profundamente: mas não é adoração; & o que é ainda me resta descobrir.

Sexta, 15 de maio

Duas resenhas desfavoráveis de *Mrs. D.* (*Western Mail* & *Scotsman*): ininteligível, não é arte &c: & uma carta de um jovem rapaz de Earls Court, "Desta vez a senhora conseguiu – agarrou a vida & a colocou num livro..." Favor perdoar essa explosão emocional, mas são desnecessárias citações adicionais; & penso que eu não me daria ao trabalho de escrever essas coisas caso não estivesse alvoroçada; pelo quê? Pelo ardor repentino, creio, & a algazarra da vida. Para mim é ruim ver meu próprio retrato. E fui almoçar com Desmond, & li os artigos da querida & velha Coruja.[52] O problema é que ele não consegue manter o ritmo num artigo. Já eu & Lytton, apesar de talvez não conseguirmos raciocinar ou escrever tão bem, temos um vigor capaz de transformar um artigo num todo. Há todavia coisas ali que valem a pena conservar, mas ele se torna emotivo & irracional ao pensar nisso, & quero vê-lo contente – portanto almoçamos no restaurante do Connaught Rooms,[53] onde outros homens discutiam negócios, tomamos uma garrafa de vinho & remexemos os maços imundos, como ele diz. Em casa descubro que a *Vogue* enviou fotos – mais fotos: o *T.P* quer uma, o *Morning Post* outra. & o *L.C.* vende 2 ou 3 exemplares por dia.

Iremos à peça atravessando essa Londres de cor fulva – mas o jornalismo é o diabo. Não consigo escrever depois que leio artigos. Não há tempo – preciso me trocar, & escrever sobre roupas algum dia desses em breve.

Domingo, 16 de maio[54]

Telegrama de Raymond de Paris – acabou de ler *Mrs. D.*, é belíssimo – & uma resenha ótima, franca & no geral elogiosa do *L. C.* no *Observer* – "nenhum crítico vivo" &c.[55] Mas não se trata aqui apenas de vaidade; estou registrando isso por curiosidade: o destino de um livro. O único julgamento de *Mrs. D.* que aguardo com trepidação (mas a palavra é forte demais) é o de Morgan.[56] Ele dirá algo esclarecedor.

Recém-cheguei (todas as minhas entradas abrem assim) de Sutton.[57] Ah o clima é de alto verão – tão quente que não se pode andar pelo lado ensolarado, & Londres inteira – até mesmo Lavender Hill Lambeth, que se descasca a olhos vistos sob o sol – está transformada como por encanto. Fizemos um passeio ruim, todo ao longo da pista de cinza, sem poder seguir pelas trilhas macias convidativas por causa da palestra de L., realizada num santuário semirreligioso, com direito a hinos & orações & um capítulo da Bíblia. Sutton inteira entoava um hino: suaves & intensas melodias de [*palavra omitida por VW*] humano tremulavam pelos ares, & eu ali sentada; aquilo me emocionou & tocou: o mundo tão bonito, um presente de Deus para nós, disse o Presidente, que dava a impressão, pobre homem, de jamais ter tido um grama de prazer na vida. As coisas tornam-se bastante familiares para mim, daí que às vezes penso que a humanidade é uma vasta onda, ondulante: igual, quero dizer: aqui estão as mesmas emoções que havia em Richmond. Por favor tome um chá – ficaremos ofendidos se você não aceitar a nossa hospitalidade. Sendo assim, aceitamos; & a mesma estranha infusão de fraternidade humana é preparada; & as pessoas parecem iguais; & gracejam da mesma maneira, & chegam a estranhos acordos superficiais, que, se pensarmos como persistem & estão amplamente disseminados – em selvas, tempestades, nascimento & morte –, não são nada superficiais, mas profundos, eu acho. Voltamos para casa no alto de um ônibus, o trajeto inteiro por um xelim, com os vislumbres costumeiros de alamedas, fazendas, regatos, que persistem entre as cidadezinhas & por trás das estradas amarelas ou negras banhadas pelo sol. Uma menininha no ônibus perguntou à mãe quantas polegadas existem em uma milha. A mãe repetiu a pergunta para mim. Falei, vá para a escola que lhe dirão. Mas ela já está na escola, disse a mãe. Ela tem sete anos; & ele (o bebê sobre os joelhos dela) também vai para a escola. Ele tem três anos. Portanto dei-lhes dois pãezinhos que me sobravam, & a garotinha (veja meu egoísmo) com seus olhos brilhantes & excitáveis & sua ânsia de agarrar o universo inteiro me lembrou de mim mesma fazendo perguntas à minha mãe. Vimos Lambeth, & imaginei as travessuras dos clérigos no bosque, que é bastante cerrado; atravessamos a Ponte de Westminster; admiramos as Casas do Parlamento & sua fachada de arabescos rendados; passamos pelo Cenotáfio, ao qual L. fez uma concessão ficando sem chapéu durante todo o trajeto até Whitehall;[58] & então fomos para casa, passando na rua por um cavalheiro crioulo, perfeitamente trajado, de fraque & chapéu-coco & bengala com castão de ouro; mas em que ele pensaria? Na degradação estampada em si sempre que ele ergue a mão & a vê negra como a de um macaco por fora, & tingida de cor de pele por dentro?[59]

Ontem tomamos chá com Margaret [Llewelyn Davies][60] em sua nova casa. Há três álamos, & atrás deles a Catedral de St. Paul. Mas não quero morar novamente no subúrbio. Lá ficamos nós sentadas, & eu a provoquei, & e ela a mim, & ela ressentiu-se um pouco, & ficou vermelha & depois branca, como se o seu centro não fosse muito sólido. Ela é severa com Lilian, que fica com os cômodos menores & não pode plantar flores, ela disse amargamente, pois isso preocupa Margaret, & assim sendo nada é feito do jardim, o que também preocupa Margaret. Para tais preocupações, ela recorre a Ethel M. Dell[61] & Dickens. Por que, perguntou ela, os personagens de D. deveriam ser como as pessoas, quando ele é capaz de criar pessoas? – uma crítica interessante, acho. Tudo correu às maravilhas, graças principalmente à minha licenciosidade & inconsequência, penso eu; & sinto muita afeição por ela, & pena, pois que horrível não deve ser "aposentar-se" aos 60: & ficar sentada olhando os álamos? Além do mais, certa vez ela disse que tinha "feito concessões"; seu pai tornou completamente impossível o seu trabalho; & hoje ela se arrepende das coisas, imagino; viu tão pouco do mundo & nada levou ao extremo. Lilian também fica contrariada, imaginando o que poderia ter tido.

Mas enfim, foi o bastante. Agora a hora está propícia para o jantar. E preciso responder a alguns de meus admiradores. Nunca me senti tão admirada – por isso, amanhã as ofensas irão me ofender e me farão retornar ao meu estado.

Quarta, 18 de maio[62]

Bem, Morgan o admira [*MD*]. Um peso a menos para minha cabeça. Melhor que *Jacob*, disse ele; poupou palavras; beijou minha mão, & na saída falou que estava extremamente satisfeito, bastante feliz (ou algo que o valha) em relação ao livro. Ele acha... mas não entrarei em críticas detalhadas: devo ouvir mais a respeito; & em resumo o fato é que o estilo é mais simples, mais próximo do das outras pessoas, desta vez. Jantei com os Sitwell ontem à noite. Edith é uma velha solteirona. Jamais imaginaria isso. Pensei que ela fosse severa, implacável & tremenda; de conceitos rígidos. Nem de longe. É, eu diria, meio exigente, bastante generosa, de belíssimas maneiras, & me faz lembrar um pouco Emphie Case![63] É idosa também, quase da minha idade, & tímida, elogiosa & de trato fácil & pobre, & senti por ela mais afeto do que admiração ou medo. Porém admiro seu trabalho, & isso é algo que dificilmente digo a respeito de alguém: ela tem ouvidos, não uma vassoura em lugar deles; tem uma veia satírica; & certa beleza interior. Como exageramos as figuras públicas! Como transformamos alguém em uma pessoa imune de nossos próprios prazeres & falhas! Mas Edith é humilde: morou sozinha numa grande propriedade até os 27 anos, portanto nada descrevia a não ser paisagens & sons; então veio para Londres, & está tentando incutir um pouco de emoção em sua poesia – disso eu já desconfiava, & acredito que seja promissor. E depois, como ela estava ansiosa para escrever para a editora, coisa que sempre foi sua ambição, disse. Nada poderia ser mais conciliatório & menos parecido com uma águia do que ela; & de aparência estranha, aliás, com seu sorriso bem-humorado de velha solteirona, seus olhos semicerrados, seu cabelo escorrido, suas mãos delicadas enfeitadas com um grande anel, seus belos pés, & seu vestido de brocado, azul & prateado. Não parecia haver nela nada de contestadora ou panfletária ou pioneira – mais parecia a típica mulher vitoriana encalhada. Daí que preciso lê-la de novo. Estavam lá Francis [Birrell], Raymond [Mortimer], [Arthur] Waley & um sapinho americano chamado Towne, que se encharcou de bebida & tornou-se quase adorável para nós.[64] Os três Sitwell têm uma estirpe considerável; gosto de seus narizes compridos & rostos grotescos. Quanto à casa, Osbert é no fundo um lorde inglês, um colecionador, porém de vidraria de Bristol, de pratos antiquados, de caixas de vidro vitorianas enfeitadas com beija-flores, & não de caudas de raposa & chifres de veado. Mas por que eles são considerados atrevidos & astutos? Por que são o estoque de zombarias dos salões de música & dos jornalistas de quinta categoria?

Pouca conversa; apenas generalidades bem-intencionadas após o jantar, Francis vociferando, Waley carrancudo & recatado, & eu bastante indulgente com meus elogios: & agora o *Supt* [*TLS*] de amanhã & depois (aqui L. entrou & me contou sobre R. Macdonald na reunião do Partido Trabalhista).

Segunda,
1 de junho

Feriado, & nós em Londres. Registrar o destino dos meus livros me entedia de leve; mas agora os dois engrenaram; *Mrs. D.* está indo surpreendentemente bem. 1070 vendidos, já. Registrei a opinião de Morgan: depois Vita foi meio indecisa;[65] daí Desmond, que vejo com frequência por causa do seu livro,[66] jogou por terra todos os meus elogios dizendo que Logan [*Pearsall Smith*] achou o *L.C.* razoável, mas nada mais que isso. Desmond tem o poder anormal de deprimir alguém. Ele tira o brilho da vida de uma maneira extraordinária; eu o amo; mas seu equilíbrio, bondade & humor, todos divinos em si, de alguma maneira reduzem seu esplendor. Acho que sinto isso não só em relação ao meu trabalho, mas à vida também. Por outro lado, agora vem Mrs. Hardy dizer que Thomas está lendo, & ouvindo o *L.C.* sendo lido para ele, com "grande prazer". Sim, excluindo Logan, & ele é um americano de natureza mordaz, recebi grandes elogios. Tauchnitz[67] também pediu os dois. No momento estamos considerando fazer uma substituição, contratar uma viúva chamada cortesmente de Smith, irmã de Jones, o que despachará a pobre da Murphy, mas não podemos ser muito sentimentais em relação a ela, & estruturar-nos com uma profissional plácida & poderosa é exatamente do que precisamos para ter coesão. Já Angus anda um tanto lânguido – não que tenhamos, de maneira nenhuma, vou logo dizendo, do que reclamar dele; mas Murphy é temperamental, desorganizada & desleixada, & fecha a cara ao ter de prestar contas.

Uma semana atrás tivemos uma grande invasão – Ottoline veio de surpresa com Julian, Philip & um dos Gathorne Hardy.[68] Ela estava bastante afetuosa, & talvez pelo fato de o afeto depender tanto do tempo como do hábito, também eu sinto uma afeição verdadeira por ela. Mas como posso analisar meus sentimentos? Gosto de todos, falei uma noite dessas no 46;[69] & Duncan disse que eu gostava de todos & que a cada vez os enxergava sob uma nova luz. Isso tudo foi no jantar para apresentar Miss Warner, a nova poeta da Chatto & Windus, que realmente tem certo mérito – o bastante para me fazer gastar 2/6 com ela, acho. Hoje é um dia de sol intermitente, & estando eu no Hyde Park para ouvir os socialistas, aquele judeu furtivo, [*Sydney*] Loeb, que a cada dez anos me atormenta, tocou nosso ombro & tirou duas fotografias nossas, medindo a distância com uma fita preta entregue por sua mulher. Em geral ele pede às pessoas para segurarem uma das pontas perto do coração: mas isso não passa de uma brincadeira. Ele estava andando pelo Covent Garden para fotografar cantores & almoçara às 2h30. Perguntei se era um profissional, o que feriu seu orgulho: ele confessou que era um grande interessado no assunto & disse que possuía uma grande coleção.

Tom veio de visita ontem, bem mais bambo que da vez passada, não tão corado de emoção, & propenso a detalhar vividamente demais para o meu gosto o estado dos intestinos de Vivien. Nós dois quase caímos na risada; ela tem uma costela estranha, um fígado grande, & por aí vai. Indo mais ao ponto, Tom será o editor de uma nova [*revista*] quadrimestral, que uma antiga editora vai lançar no outono, & toda a sua obra deverá sair por ela – um golpe para nós.[70]

Ele não disse palavra sobre meus livros. Com grande dignidade, não pedi sua opinião. É comum que as pessoas passem semanas & mais semanas sem ler livros. E, seja como for, da minha parte odeio dar opinião.

Superando a depressão intensa causada por Desmond.[71] De onde ela vem? Acabo entretanto de formar uma bela imagem – ele como uma onda que nunca quebra, apenas nos faz balançar de lá para cá, & a vela pende do nosso mastro, batida pelo sol – & tudo isso é resultado de jantar & conversar até as 3 da manhã com El[izabe]th Bibesco, com quem tomei o chá ontem. Ela é uma espécie de dona de casa gorda, excelente administradora, agitada, econômica, com uma completa ausência de audácia, imaginação ou sensibilidade, mas que ótima dona de casa, como cuida bem da contabilidade, & que ótima mulher de negócios, como seria perfeita para um estalajadeiro & como cuidaria dos interesses dele – entreteria seus clientes; lhes contaria piadas sujas toda animada, do outro lado do balcão, com os polegares enfiados nos sovacos, todos os seus diamantes falsos reluzindo, & seus olhinhos de porco, seus quadris & bochechas largos & gordos. Esta é a verdade espiritual sobre Bi besco: na realidade ela está deitada numa cama, vestida em crepe da china verde, com diamantes verdadeiros nos dedos & uma manta de seda, crente de que conversa cheia de brilhantismo com o grupo mais intelectual de Londres – & conversa mesmo, com Desmond, Mortimer & o coitado do Philip Ritchie, & fiquei meio enfurecida por ter sacrificado por ela meu quinteto de Mozart, do qual eu teria extraído litros de puro prazer em vez dessa xicarazinha de deleite um tanto impuro. Porque a coisa teve lá a sua diversão. Ali estava o velho Asquith em [*frase inconcluída*].

 E depois Nelly me irritou, mas me acalmei, gastando £50 como por encanto. E agora lembro – como é fatal, depois de uma briga, lembrarmos daquilo que não dissemos – que eu devo ter dito, Se você pode receber Lottie todos os dias, por que não posso receber meus amigos? Mas não podemos – & ela sente *inveja*, a verdade é essa. E da próxima vez eu vou dizer – & foi a visita de Miss Mayor que nos chateou, "sempre um monte de gente quando temos jantares". Recebemos Vita, Edith Sitwell, Morgan, Dadie, Kitty Leaf – a velha Vita me presenteou com um tremoceiro azul & foi bastante tosca & desajeitada, enquanto Edith mais parecia uma imperatriz romana, de tão decidida &

as mãos nos quadris

magistral, mas ao mesmo tempo com certo humor de peixeira – um pouco arrogante demais em relação à sua própria poesia & mandona – & tremulamente feliz com os elogios de Morgan (ele não elogiou Vita, que ficou ali sentada magoada, modesta, silenciosa, tal qual um garotinho repreendido).[72]

Segunda, 8 de junho

É o mês de junho mais quente já registrado. Não leve isso a sério – está muito quente, só isso. & fomos à casa de Karin ontem. Estavam lá Irene & o Phil dela.[73] Estou com sono demais, por ter acordado 15 para as 6 esta manhã, para descrevê-la. Ela está um pouco mais larga, com queixo duplo, nariz enfático & pés de galinha em torno dos olhos, que são do mesmo antigo tom impressionante verde-azulado do mar. E conserva o jeito antigo – a franqueza, a sinceridade, os ideais; o gosto por aventura, mas nada disso lhe cai tão bem quanto antigamente. Pois ela na verdade se tornou estereotipada, metálica, dura; a voz insolente, as faces grosseiras. Ela desconfiava de mim, & desconfiava de Bloomsbury, & idolatrava Leonard, que considerava tão salutar para Phil, mas nós dois suspeitávamos de um esquema para fazer de Phil secretário de assuntos exteriores no próximo governo dos trabalhistas. Eu gostava mais dela quando falava sobre os camponeses gregos, & quem sabe esse lado ainda conserve um pouco do seu charme. Mas ela fala & fala & fala; atira-se com uma espécie de energia intensa sobre o que estiver pela frente – & gostaria, imagino, de manipular, ser anfitriã, conhecer as pessoas certas, mas em vez disso reclama horrores do sucesso & quer que Phil fique intocado. Também deseja ser amante dos homens, imagino, & se ressente um pouco de que a idade lhe tenha arrancado desse seu posto familiar, como muito obviamente aconteceu. Ela se lançou, como sempre, na direção de Desmond, manifestou seu horror de "magoar Molly – uma criatura tão galante", & quase conseguiu distrair L. perguntando a opinião dele sobre o caráter de cada político.

Não, ela não envelheceu bem; o revestimento se desgastou & por baixo ela se mostra bastante rígida & comum. Desnecessário dizer que senti algumas ondas da antiga emoção, especialmente ao ouvir a sua voz & ver suas mãos – mãos que exprimiam maternidade, talvez; mas que na maior parte do tempo pareciam bastante prosaicas, incapazes de criar qualquer coisa & portanto incômodas. A isso acrescentam-se a sordidez do East End, a mulher sussurrando com o talho na garganta, a terrível caminhada de volta para casa pela estrada abafada. E o táxi não chegou, & fomos obrigados a ter uma segunda noite daquilo, ouvindo o bom Phil de coração puro, com seus princípios & habilidades, & seu lado atlético, lendo para Irene em voz alta até tarde.

Domingo, 14 de junho

Uma vergonhosa confissão – é domingo de manhã, pouco depois das dez, & aqui estou eu escrevendo o diário & não ficção ou resenhas, sem nenhuma outra desculpa a não ser o meu estado mental. Depois de concluir aqueles dois livros, porém, não é possível concentrar-se num novo; & as cartas, a palestra, as resenhas, tudo isso serve para dilatar ainda mais a pupila da minha mente. Não consigo sossegar, retrair-me & fechar-me. Escrevi seis contos, com desordem & desleixo, & planejei, talvez com clareza demais, *Ao farol*. E por enquanto os dois livros são um sucesso. *Dalloway* vendeu mais este mês do que *Jacob* em um ano. Acho possível que vendamos 2000. *O leitor comum* está faturando esta semana. E os cavalheiros de idade agora conversam comigo com vagar & solenidade.

Uma mulher robusta & poderosa de olhos azuis claros, de cinquenta anos, Mrs. Cartwright, quer substituir Murphy; mas Murphy deseja ficar. Como as pessoas querem trabalhar! Como é tremenda a atração que uma quantidadezinha ínfima de dinheiro exerce nesse mundo! Mas qual será a solução, & como a acharemos, não sei. Aqui cumprimento Leonard com adoração irrestrita, infantil até. Vamos encontrar alguma maneira de decidir gentil & firmemente esse assunto, & enquanto isso Angus & eu oscilamos & prevaricamos. Mas tenho uma confiança infantil em Leonard. Quando acordei de manhã, um tanto deprimida porque *Mrs. D.* não tinha vendido ontem, porque recebemos aqui Peter [Lucas], Eileen Power & Noll & Ray [Strachey] noite passada & foi difícil, porque nem um único elogio foi outorgado a mim, porque eu tinha comprado um colar por £1 & estava com dor de garganta & coriza & bastante para baixo, eu diria, me aninhei no centro da minha vida, que é esse absoluto bem-estar com L., & lá encontrei tudo tão satisfatório & tranquilo que me reanimei & recomecei do zero; sentindo-me completamente imune. O imenso sucesso da nossa vida é, creio eu, o fato de nosso tesouro estar escondido; ou melhor, de estar em coisas tão comuns que nada é capaz de atingi-lo. Quero dizer, se gostamos de viajar de trem para Richmond, sentar no gramado para fumar, apanhar cartas na caixa de correspondência, arejar as marmotas,[74] pentear Grizzle, fazer sorvete, abrir a correspondência, sentar juntos depois do jantar, lado a lado, & dizer "Você está na primeira fileira, irmão?" – ora, o que é capaz de perturbar essa felicidade? E todos os dias são necessariamente repletos dessas coisas. Se dependêssemos de dar palestras, ou de dinheiro, ou de convites para festas... isso me faz lembrar da festa horrenda de Ottoline na outra noite. O que deu em mim para ficar conversando o tempo inteiro com Helen Anrep? Em parte, o fato de a pletora de rapazinhos me irritar um pouco. Realmente, não sou uma boa leoa. Apesar de toda a minha vaidade, hoje sou um pouco cínica – que outro motivo então para eu não me deleitar com a admiração dos Turner, Kitchin & Gathorne Hardy?[75] As mulheres são muito mais compreensivas & calorosas. E todos os poderes de anfitriã de Ott. estão puídos. As pessoas ficavam sentadas a grandes distâncias umas das outras, & tínhamos a sensação de que enquanto o relógio ia ticando, Ott. ia dizendo, Que fracasso, que fracasso, sem saber como apanhar os cacos no chão. Agora preciso responder Gerald Brenan & ler o Genji;[76] porque amanhã ganho pela segunda vez minhas £20 da Vogue. Já disse que fui enjeitada por Sybil? Que de Sybil, passou a ser Lady Colefax. Nenhum convite há um mês.

Terça, 16 de junho

Este é o refugo da minha manhã de trabalho no Genji, que escorre da minha caneta com um pouco de facilidade demais & precisa de compressão & compactação. *Dalloway*, receio eu, trombou com alguma barreira intransponível do público, exatamente como *Jacob*, & mal vendeu nesses últimos 3 dias. Todavia meus amigos estão entusiasmados – de verdade, acho; & proclamam que sou bem-sucedida, triunfante & vitoriosa com esse livro: Clive, Mary, Molly, Roger, meus aliados recentes. Vendemos 1240, creio eu; portanto a onda espraiou-se mais do que a de *Jacob*, & resta talvez apenas uma marola. Hoje é a noite da festa de Leonard, o banquete da Irmandade dos Apóstolos, & prevejo que algum deles transborde por aqui. "Por que os seres humanos inventam essas formas de torturarem a si mesmos?" São as palavras dele; pois terá de presidir & palestrar.[77] O velho Lytton, lembro agora, sumiu completamente de nossas vidas. Nem uma palavra sobre os meus livros; nem uma visita desde a Páscoa. Imagino que quando ele tem um novo amor, & agora está com Angus, torna-se intratável, como um animal; sente-se um pouco ridículo, inquieto, & não desfruta mais da companhia de velhos amigos cínicos como nós. E, sinceramente, quando Angus me conta a história da agonia & súplica & desespero dele, sinto apenas uma ligeira náusea. Ele faz os rapazes sentirem pena & rirem dele, & há um quê de senilidade nessa exposição de si mesmo, ao mesmo tempo que do ponto de vista prático seus amores o arrastam a um convívio dos mais tépidos, brandos & insípidos; sem nada que ponha à prova ou estimule a sua mente; o pobre medíocre do Philip, por exemplo, é igualzinho um rapaz de Eton num paletó de Eton: basta lhe dar um sorvete & um soberano [moeda]. "São as palavras dele" me faz lembrar que preciso voltar a *D. Copperfield*. Há momentos em que todas as obras-primas não fazem mais do que dedilhar cordas quebradas. É raríssimo – o humor certo para leitura –, & a seu modo um prazer tão intenso quanto qualquer outro; mas na maior parte das vezes dolorido.

Quinta,
18 de junho

Não, Lytton não gostou de *Mrs. Dalloway*, &, o que é estranho, gosto ainda mais dele por ter me dito, & não me importo muito. O que ele diz é que existe uma discordância entre o ornamento (extremamente belo) & o que acontece (bastante ordinário – ou desimportante). Isso se deve, acredita ele, a certa discrepância na própria Clarissa; ele a acha desagradável & limitada, mas que de forma bastante extraordinária eu alterno entre zombar dela & escondê-la comigo mesma. De modo que creio que no geral o livro não parece sólido; contudo, diz ele, é uma unidade; & diz que às vezes o texto é de extrema beleza. Que outro nome dar a isso que não genialidade?, disse ele! Quando ela virá, não há como saber. Tem aí mais genialidade, segundo ele, do que qualquer coisa que já escrevi. Talvez você ainda não domine o seu método, falou. Você devia escolher um tema mais insano & mais fantástico, uma estrutura formal que admita qualquer coisa, como *Tristram Shandy*. Mas aí eu perderia o contato com as emoções, falei. Sim, ele concordou, você deve partir da realidade. Sei lá como você conseguiria fazer isso. Mas ele acredita que estou no início, & não no fim. E disse que o *L.C.* é divino, um clássico; sendo *Mrs. D.* uma pedra defeituosa, infelizmente. É muito pessoal, disse ele, & antiquado talvez; entretanto acho que nisso existe certa verdade. Pois eu me lembro da noite em Rodmell em que decidi desistir, porque de certa maneira achava Clarissa meio berrante. Então inventei as memórias dela. Mas acho que persistiu certo desgosto por ela em mim. Por outro lado, porém, isso também era verdade em relação aos meus sentimentos por Kitty,[78] & é preciso desgostar das pessoas na arte sem que isso importe muito, embora seja verdade que certos personagens extraem sua importância daquilo que acontece com eles. Nada disso me ofende, nem me deprime. É estranho que, quando Clive & os outros (vários outros) dizem que é uma obra-prima, eu não me sinta lá muito exaltada; mas que quando Lytton enxerga os buracos, eu volte ao meu modo combativo de trabalho, que me é natural. Não me enxergo como um sucesso. Gosto mais da ideia de esforço. As vendas desabaram completamente por três dias; agora começou de novo um pinga-pinga. Ficarei mais do que feliz se vendermos 1500. Agora são 1250.

20 de julho.
Vendeu mais ou menos 1550

Sábado, 27 de junho

Um dia frio dos diabos, depois de uma noite ventosa & gelada, em que se acenderam todas as lanternas chinesas na festa do jardim de Roger. E eu não amo os meus próximos. Eu os detesto. Ignoro-os. Deixo que se desfaçam em mim como gotas de chuva suja. Não consigo mais reunir aquela energia que, quando via uma dessas esponjinhas secas passarem flutuando por perto, ou melhor, presas em alguma pedra, as rodeava, encharcava, inspirava, atiçava & depois finalmente as preenchia & criava. Um dia tive talento para isso, & paixão, o que tornava as festas árduas & excitantes. Daí que hoje, quando acordo cedo, o que mais me regala é ter um dia inteiro só para mim; um dia de poses naturais & fáceis, com um pouco de trabalho na tipografia, deslizando tranquila para dentro das águas profundas dos meus próprios pensamentos que navegam no submundo; & depois à noite reabastecendo minha cisterna com Swift. Vou escrever sobre Stella & Swift para Richmond, em sinal de cortesia, depois de arrancar guinéus no balcão da *Vogue*. O primeiro fruto do *L.C.* (hoje um livro elogiado até demais) é um convite para escrever para a *Atlantic Monthly*. Portanto estou sendo empurrada para a atividade da crítica. É um excelente apoio – esse poder de faturar grandes somas de dinheiro formulando opiniões sobre Stendhal & Swift. Jack[79] jantou aqui ontem à noite; & perguntamos, quantos anos desde a última vez que estivemos sozinhos numa sala? ele, Nessa & eu, aguardando o jantar, meio nervosos. Fico mais nervosa com esses encontros do que ela. Ela tem uma doce cordialidade (termo estranho de se usar) que me impressionou & me lembrou mamãe, enquanto o conduzia até a sala; & ria; tão sincera, tão tranquila, & mais tarde, quando fomos para a festa um tanto melancólica de Roger, feliz &

animada, beijando Chrissie & flertando com Mrs. Anrep, tão despreocupada, casual & grisalha – mas basta. A verdade é que estou à deriva demais para descrever Jack, mas vale a pena descrevê-lo. Ele nos fez rir, é óbvio. Disse coisas tão wallerianas. "Existem dois tipos de biografia, minha cara Ginia" – daquele seu velho jeito opinativo & sentencioso, cheio de ênfase. Ele é vermelho cor de cobre, com uma papada embaixo do queixo apoiada sobre o colarinho, olhos castanhos leais, agora um pouco embaçados, & surdo de um ouvido, segundo disse, & começou a nos contar como todos os anos é curado por um suíço & dá às freiras que cuidam da clínica uma caixa de bombons, o que elas adoram, mal alimentadas que são. Ele olha pela janela & as vê passar a caixa de mão em mão, escolhendo os seus chocolates. Então ele nos contou, na volta da casa de Roger – insisto em pagar este táxi, meu caro Leonard –, que caçou mariposas com armadilhas de açúcar no verão passado & pegou quem sabe umas 150, & que o homem com quem ele estava (num clube de pesca) deixava a lanterna acesa & as mariposas vinham & sentavam na cortina. Ele exagera, ilumina, valoriza todo mundo com grande generosidade. L. acha que às vezes ele "é um tanto tedioso". Então conversamos sobre o fato de ele estar escrevendo uma autobiografia: então ele tornou-se bastante concentrado, quase sentimental. "Mas é possível que se diga a verdade? Sobre os casos com as mulheres? Sobre os pais? Minha mãe por exemplo – era uma mulher muito capaz – todos nós devemos muitíssimo a ela – mas difícil." Uma vez ela disse uma coisa estranha para Nessa – que odiava garotas, principalmente as que não tinham mãe. "É uma coisa profunda – O terror da vida dela – o fato de estar perdendo o encanto. Ela jamais permitia criada nenhuma em casa. Era uma tragédia. Foi uma mulher muito egoísta." (Mas enquanto tento escrever [*aqui*], estou criando *Ao farol* – o mar será ouvido todo o tempo. Tenho a ideia de inventar uma palavra nova para os meus livros, em vez de "romance". Um novo ——de Virginia Woolf. Mas o quê? Elegia?)[80]

Domingo, 19 de julho

Ao trazer este livro aqui para o estúdio, acho que acabei por cerceá-lo, já que passo as manhãs inteiras escrevendo – Swift ou cartas. Assim, uma tribo inteira de pessoas & festas desceu pelo ralo até o esquecimento – as festas & reclamações de Ott.; Gwen Raverat uma resoluta & poeirenta sombria negra, ontem; Tom protegendo-se um pouco em relação ao Banco; Sybil Colefax tomando chá & clamando que quer desistir de dar festas; sua festa em que Olga Lynn enfurecida deixou de lado a partitura & teve de ser acalmada por Balfour;[81] & Ott. perdeu o xale; & o jardim estava iluminado como um palco, & dava para ver Clive & Mary[82] até o mínimo cílio; & então de volta para casa & para a cama; & Mrs. Asquith, Lady Oxford, declarando que eu era a mulher mais bonita do salão, elogio que me foi repetido na noite seguinte (tão frequentes essas festas têm sido) por Jack Hutch. na casa de Dadie, onde havia muitos rostos novamente, & bebida, & de novo de volta para casa & para a cama; & depois o pequeno Eddie Sackville-West & Julian Morrell vieram jantar aqui (& o piano dele será meu) & Philip veio apanhá-la; & então uma festa na casa de Ott. em que [*James*] Ching tocou piano; & a notícia da morte de Hew Anderson transmitida ali para Angus;[83] & Murphy dispensada; & Mrs. Cartwright contratada; & meus livros – ah sim, o *Calendar* falou mal de *Mrs. D.*, o que me magoou um pouco;[84] & em seguida a maré de elogios me inundou mais uma vez, & os dois vendem bem, & meus medos eram infundados; & Maynard nos trouxe uma brochura, que se chama *As consequências econômicas do Sr. Churchill*, & vamos imprimir 10.000 para segunda-feira da outra semana e vendê-los a um xelim. Na sexta fui a uma festa na beira do rio & jantamos em Formosa, & Eddie [Sackville-West] tocou [piano] na sala de estar redonda, & lá estava George Young num barco de fundo chato.[85] Não gastei um único instante de reflexão com nenhuma dessas afirmações; mas eu as incorporo mesmo assim, pois nunca sei qual palha ressequida poderá reavivar todo o buquê de flores. Neste verão, elas cintilaram felizes ao calor incessante. Pela primeira vez em semanas vim me sentar perto do fogo, mas por outro lado estou com um vestido de seda finíssima; & pela primeira vez está úmido & ventoso, embora eu consiga ver o céu azul pela minha claraboia. Um verão alegre, muito movimentado; um tanto comprimido pela necessidade de ver tanta gente. Nunca convido uma alma sequer até aqui, mas elas se aglomeram. Essa noite foi Ottoline; terça Jack Hutch; quarta Edith Sitwell, sexta jantar com Raymond. Estes são meus convites fixos; & toda sorte de convites imprevistos irá ocorrer. Depois do chá saio sempre debandada daqui, como se perseguida. No futuro desejo ajustar isso melhor. Mas não penso no futuro, nem no passado; eu me banqueteio com o momento. Esse é o segredo da felicidade; porém somente agora o alcancei, com a meia-idade.

Segunda, 20 de julho

Aqui a porta se abriu, & Morgan entrou para nos convidar para almoçar com ele no Etoile, o que fizemos, muito embora tivéssemos em casa uma ótima torta de vitela & presunto (isto foi escrito ao estilo clássico dos jornalistas). Vêm de Swift, talvez, as últimas palavras que acabei de escrever, & dessa maneira preenchem meu tempo aqui. Preciso agora pensar na minha relação de trabalhos. Ando pensando em um continho, quem sabe uma resenha, para esta quinzena; estou com o desejo supersticioso de começar *Ao farol* no primeiro dia [da temporada] em Monk's House. Agora acredito que irei terminá-lo ali em dois meses. A palavra "sentimental" ficou entalada na minha goela (vou me livrar dela com um conto – Ann Watkins de Nova York virá na quarta para assuntar os meus contos).[86] Mas talvez este tema seja sentimental; pai, mãe & filho no jardim: a morte; navegar até o farol. Acho, contudo, que quando eu o começar irei enriquecê-lo de toda espécie de coisas; espessá-lo; dar-lhe galhos & raízes que agora não percebo. Talvez contenha todos os personagens reduzidos à sua expressão mais simples; & a infância; & também essa coisa impessoal, que meus amigos me desafiam a fazer, o voo do tempo & a consequente quebra de unidade do meu projeto. Essa passagem (concebo o livro em 3 partes: 1. à janela da sala de estar; 2. sete anos passados; 3. a viagem) me interessa muitíssimo. Um novo problema como esse abre terra nova no espírito de alguém; impossibilita caminhar pelos sulcos abertos de sempre. Noite passada Clive jantou conosco; & Nelly estava um tanto encrespada por causa disso esta manhã; & tentou fugir antes de Ottoline chegar; mas no fim era Adrian; & conversamos sobre câncer, & Clive ficou duro, & Ottoline chegou, num vestido de tafetá cor de chaleira todo cheio de babados & dobras, com barra de renda prateada, & falou sobre Rupert & Jacques, & recontou, com algumas emendas, a história dela, de Ka & Henry Lamb.[87] Ela anda retrabalhando essas histórias com tanta frequência que já não guardam mais semelhança com a realidade – ficaram rançosas, adestradas, pois foram puxadas para cá & para lá, da mesma maneira como costumávamos amassar & puxar um naco de pão até que ele se tornasse uma placa úmida. Então ouvimos o velho carro buzinando & chegaram Philip & Julian [Morrell], & vendo aquilo, Julian eu quero dizer, Clive se animou & passou a ser bastante efervescente & amável, como ele bem sabe ser. Discutimos aristocracia vs. classe média. Gostei muito. Mas quase nunca dizemos nada de muito profundo. Gosto de ver que os outros estão satisfeitos, como suponho que seja o caso dos Morrell, já que eles vêm se acomodar aqui como um bando de corvos uma vez por semana, agora. Isso lisonjeia minha vaidade de anfitriã. De vez em quando me atiram uma migalha amanteigada de elogio – "Lady Desborough admira enormemente os seus livros – quer te conhecer" – & Clive, olhando minhas fotos na *Vogue*, diz daquela do ano passado – "Que encantadora – mas imagino que deve ter sido tirada há um bom tempo" – por aí se percebe o quanto eu oscilo entre o prazer & a mágoa, & houve um tempo em que eu teria terminado a noite presa em negro desespero & ido para a cama como um mergulhador com lábios apertados lançando-se ao esquecimento. Mas chega, chega – cunhei esse chamariz para controlar minha tendência de desabrochar em frase após frase. Algumas já são mais que suficientes.

 O que ler em Rodmell? Tenho tantos livros na cabeça. Quero ler vorazmente & reunir material para o Vidas dos obscuros[88] – que irá narrar toda a história da Inglaterra por meio de uma vida obscura atrás da outra. Proust eu gostaria de terminar. Stendhal; & depois me debater um pouco de um lado para o outro. Essas 8 semanas em Rodmell sempre parecem capazes de conter um infinito. Será que devemos comprar a casa em Southease? Imagino que não.

**Quinta,
30 de julho**

Sinto-me intoleravelmente sonolenta & inválida, por isso escrevo aqui. Quero seriamente pensar no meu próximo livro, mas me sinto inclinada a esperar até que os pensamentos estejam mais claros. O caso é que vacilo entre um personagem único & intenso do pai & um livro bem mais vagaroso – Bob T.[89] diz que meu ritmo é terrível & destrutivo. Creio que minhas andanças com a escrita neste verão me mostraram uma ou duas novas artimanhas para apanhar minhas moscas. Aqui me sentei, como um improvisador que deixa as mãos vagarem pelo piano. O resultado é perfeitamente inconclusivo & quase analfabeto. Quero aprender maior silêncio, & força. Mas, se me lançar a esta tarefa, não corro o risco de cair na monotonia de *N.[oite]* & *D.[ia]*? Terei eu a força necessária para que o silêncio não se transforme em insipidez? Essas perguntas eu deixarei, por enquanto, sem resposta.

Vou tentar resumir aqui o verão, uma vez que agosto encerra uma estação tão espiritual quanto temporal. Bem; os negócios andam animados. Acho que não tenho muitas horas de ócio agora, sendo que as mais ociosas são, por estranho que pareça, as da manhã. Não forcei o meu cérebro aos seus limites; mas farei isso, em Rodmell. Quando o torpor sonolento da tarde cai sobre mim, estou sempre na tipografia, imprimindo despachando endereçando; aí já é a hora do chá, & Deus sabe que tivemos visitas o bastante. Às vezes sento em silêncio & me pergunto quantas pessoas despencarão por aqui sem que eu precise levantar nem um dedo; só esta semana, sem convite, & além disso às vésperas das férias, já vieram Mary, Gwen, Julian & Quentin, Geoffrey Keynes & Roger. Enquanto isso estamos às voltas com Maynard.[90] A segunda-feira inteira eu & Murphy trabalhamos como escravas até as 6, quando então eu estava dura como um carregador de carvão. Atendemos telefonemas & telegramas; & arrisco dizer que venderemos nossos 10.000 exemplares. Na terça às 12h30 Maynard se recolherá no cartório de registros de St. Pancras com Lydia, & Duncan será testemunha (contra a vontade). Esse episódio portanto chega ao final.[91] Mas, pobre de mim, que estou mole demais para escrever, & preciso ler o romance do senhor Dobrée,[92] acho. Tenho, porém, mil coisas a dizer. Creio que talvez eu consiga alcançar algo em *Ao farol*, separar as emoções mais completamente. Creio que estou seguindo nessa direção.

Domingo,
5 de setembro

E por que não consegui perceber nem sentir que durante todo esse tempo eu estava me desgastando um pouco & caminhando sobre um pneu furado? Era esse o caso, no fim das contas; & caí desacordada em Charleston no meio da festa de aniversário de Q.[*uentin*]: aqui fiquei deitada, nessa estranha vida anfíbia da dor de cabeça, durante quinze dias. Isso abriu um imenso buraco nas minhas 8 semanas que deveriam ser tão preenchidas & tão plenas. Tudo bem. Arranje-se com os cacos que surgirem pela frente. Não se deixe desmontar da sela com o refugo desta bruta não confiável, a vida, assustadiça que ela é com o meu sistema nervoso difícil & estranho. Nem aos 43 anos conheço seus mecanismos, pois não vinha dizendo a mim mesma, o verão inteiro, "Agora sou bastante dura. Consigo passar tranquilamente por um tumulto emocional que dois anos atrás teria me deixado em carne viva"?

Apesar disso disparei um ataque rápido & fértil em *Ao farol* – 22 páginas de uma tacada, em menos de quinze dias. Ainda estou me arrastando & fico enfraquecida com facilidade, mas se eu conseguisse retomar o gás novamente, acredito que conseguiria tecê-lo com prazer infinito. Basta pensar no trabalho que foram as primeiras páginas de *Dalloway*! Cada palavra era destilada graças a um aperto implacável no meu cérebro.

Tomei a caneta com a intenção de escrever sobre "Desilusão". Nunca nenhuma ilusão foi tão completamente incinerada dentro de mim quanto aquela em relação aos Richmond[93]. Isso eles conseguiram fazer entre às 4 & às 6 de ontem. Mas Elena não tem beleza, nem charme, sequer alguma simpatia óbvia! Qualquer mulher de pároco do interior se equipara a ela. Seu nariz é vermelho, as bochechas rubicundas, os olhos desprovidos de qualquer personalidade. Até mesmo sua voz & seus gestos, que antes eram adoráveis, sua marca registrada, aquele charme suave – tudo isso sumiu; agora ela é uma mulher gorda, desmazelada, apagada, sem sentimentos nem solidariedades, as proeminências & ângulos completamente esvanecidos. De fato, há dúvidas até de que ela possua todas as faculdades mentais. A conversa foi praticamente imbecil: por exemplo: (E). Creio que eu seria capaz de me afeiçoar muito a uma casa. Mas como tivemos sorte. Temos algumas pessoas encantadoras por perto. Gente que gosta das mesmas coisas que nós. (B). Temos muita sorte. Dois camaradas a sete quilômetros de distância estudaram em Winchester comigo. Um foi para o Ceilão como fazendeiro de chá. Os dois agora são fazendeiros. Vocês deram sorte com o reverendo da sua igreja? No interior tanta coisa depende do reverendo. (E). De verdade, esqueci qualquer outra coisa que saiu da boca de E. Creio que tudo era mais do mesmo: ela adoraria uma casa com piano: os dois querem se aposentar & comprar uma casa com piano. Ela observa flores, cachorros, casas, pessoas, com a mesma indiferença silenciosa, impassível, quase rústica & certamente estúpida. Suas mãos estão grossas. O queixo duplo. Ela usa um casaco comprido de estilo americano meio azulado, com uma echarpe desleixada & sem graça, a blusa branca presa com um broche de diamante em forma de lagarto – ah o desbotamento, o desleixo & a frieza de sua personalidade – ela que antes eu considerava maliciosa, feminina & reconfortante! Está grisalha além disso. Bruce tornou-se completamente circular: cabeça redonda, olhos, nariz, barriga, mente. Não há como evitar que ele saia rolando de coisa em coisa. Ele não para nunca, segue deslizando suavemente. Mencionar escrita, dinheiro ou pessoas o deixaria chocado. Tudo precisa estar dissolvido em jargões & bondade. Agora, o curioso é que essas características infectaram nós dois a um tal grau que caímos numa infelicidade extrema. Já experimentei algumas vezes essa mesma sensação ao caminhar pelos subúrbios. Certa feita Castello Avenue me enraiveceu do mesmo modo.[94] Já L. ficou indignado. Que a natureza humana seja capaz de afundar tanto, disse; & que as pessoas consigam levar uma vida assim tão maléfica & sem sentido – do tipo mais desprezível que ele é capaz de imaginar. Eles retiravam a cor, o estímulo, o caráter de tudo. E pensar que um dia desperdicei meus pensamentos com o que aquele quitandeirozinho mundano & simpático pensava da minha literatura! Mas a grande desilusão é E. Em parte por causa de Thoby, em parte pela minha própria suscetibilidade a certos níveis de charme feminino, eu ainda sentia um certo ardor ao pensar nela. Agora esse ardor foi substituído por uma sólida vela de sebo de carneiro. E depois de ter ido deitar exausta, eu me sinto esta manhã fisicamente exaurida, mentalmente falida, esgotada, caiada, limpa. Desprovida dessa ilusão.

Segunda, 13 de setembro (acho)[95] Um fato vergonhoso – estou escrevendo isso às 10 da manhã na cama do quartinho que dá para o jardim; o sol brilhando sempre, as folhas da videira verde--transparentes & as folhas da macieira tão brilhantes que, enquanto eu tomava o café da manhã, inventei uma historinha sobre um homem que escreveu um poema, acho, comparando-as a diamantes, & as teias de aranha (que cintilam & desaparecem espantosamente) a outra coisa qualquer: o que me fez pensar no que [*Andrew*] Marvell escreveu sobre a vida no campo, & depois em [*Robert*] Herrick, & a refletir que boa parte disso dependia da cidade & da alegria – era uma reação. Esqueci os fatos, porém. Estou escrevendo isso em parte para testar o pobre feixe de nervos da minha nuca – será que irão aguentar ou cederão novamente, como acontece com tanta frequência? – porque ainda estou anfíbia, deito & levanto da cama; em parte para contentar minha comichão ("contentar" & "comichão"!) de escrever. É um enorme consolo, & um tormento. Leonard está em Londres neste perfeito dia solitário; este dia típico de setembro; conversando com Murphy no porão enquanto os furgões passam sacolejando & as saias & calças das pessoas aparecem lá em cima na calçada. Isso nos leva a pensar em vender Monk's & passar os verões, sem editora, sem Nelly, sem a *Nation*, sem frentes frias, no sul da França. A notícia de que Mr. Wilkinson deseja comprar Monk's balança a nossa resolução de vendê--la.[96] Basta um passeio pelos alagadiços, sob o clima perolado & sarapintado, que me afundo de amores novamente. E Leonard acha que sua plantação de batatas vai bem & que os açafrões-do-outono estão despontando. Passamos pelo tormento da crise de sempre com as criadas – diferente desta vez, é verdade: Nelly disse que Lottie quer voltar; oferecemos recebê-la; ela nega – para Karin; para Nelly, ela falta com a verdade. Tive um acesso de raiva de Karin, o que precipitou uma nova dor de cabeça. Mas estamos na mão dos deuses: nossa intenção é não levantar nenhuma palha, em nenhum dos dois lados. Só que é curioso que um desentedimentozinho com os criados seja capaz de arrasar os nervos da nuca com mais eficiência do que qualquer outro. Mas por quê? Porque é subterrâneo, em parte. Tom nos tratou de modo mesquinho, bem à maneira como tratou os Hutchinson. Na segunda recebo uma carta bajuladora & lisonjeira, implorando que eu escreva para sua nova revista trimestral & propondo discutir assuntos editoriais tão logo voltarmos; na quinta-feira lemos no *Lit. Supt.* que sua nova editora vai publicar *Terra desolada* & seus outros poemas – algo que ele não teve coragem de confessar, & que procurou amenizar me bajulando. Ele tratou Jack [Hutchinson] da mesma maneira em relação ao conto de Vivien na *Criterion* [*episódio não explicado*]. O Submundo[97] – os movimentos & desejos do Submundo, suas transformações & conluios, estão na base da questão. A intenção dele é seguir usando os métodos desse mundo; mas eu não sou do Submundo. Entretanto, de certa maneira é divertido ir desvendando os desvios & obliquidades desse homem formidável.[98] Até que ponto deixarão a poesia dele estrábica? Enfim; na minha idade, eu, que já não tenho mais ilusões desse tipo – quero dizer, em relação ao brilhantismo de Tom, ou ao brilhantismo de qualquer um de nós, ou ao poder que temos de nos influenciar uns aos outros intelectualmente – fico à distância, reservada. Diversas outras ilusões restam em mim – emocionais, pessoais; & a principal é o prazer de inventar caminhadas para as quartas-feiras deste inverno. Irei para Greenwich, para Caen Woods,

---

Além disso (23 set) Read foi convidado a escrever para a editora de Tom

Gunnersbury, tudo no clima chuvoso do outono, com direito a chá numa A.B.C.[99] & banho quente na volta. Sim; vou me permitir negligenciar um pouco a alta sociedade: em vez de sentir que estou me esquivando com evasivas ao recusar ver lorde Berners ou Lady Colefax, vou me permitir fazer justamente isso; para por exemplo intensificar um parágrafo de *Ao farol*, ou acrescentar mais uma hora ao papo íntimo esfarrapado, que é o que eu mais adoro. Darei todavia um mergulho aqui & ali; mas sem ansiedade nem preparativos em relação a roupas ou qualquer outra dessas agruras. Isso me traz uma sensação de tranquilidade deliciosa. Que eu mereço, aliás, porque estico ao máximo as minhas £35 destinadas a vestidos, & enfrentei "por princípio" mais de uma festa espartanamente, como diriam as marmotas. O "princípio" que descobri guiar de modo intermitente a minha vida é – saltar os obstáculos. Deus sabe como eu os temia! Agora, com o meu estúdio habitável, & talvez outra criada, posso planejar reuniões ao acaso, boêmias; música (já temos o Algraphone, & esta é uma perspectiva encantadora – ouvir música depois do jantar enquanto bordo – vou para Lewes esta tarde encontrar Nessa & comprar lã),[100] visitas de gente da nossa própria classe; estar à vontade, pantufas, cigarros, pãezinhos, chocolates. Pois sou naturalmente sociável; isso não se pode negar.

Terça,
22 de setembro

Como minha letra desce ladeira abaixo! Mais um sacrifício para a Hogarth Press. E contudo o que eu devo à Hogarth Press mal se paga com a minha letra. Então não acabei de escrever para Herbert Fisher[101] recusando escrever um livro sobre o pós-vitorianismo para a Home University Series? – pois sei que posso escrever um livro, um livro melhor, um livro sem a encomenda de ninguém, para a minha editora, se eu quiser! Só de pensar em ficar amarrada a um desses professores universitários meu sangue praticamente gela. No entanto sou a única mulher da Inglaterra livre para escrever o que eu bem quiser. As outras precisam se preocupar com séries c editores. Ontem recebi a notícia da Harcourt Brace de que *Mrs. D.* e *L.C.* estão vendendo 148 & 73 por semana – Não é uma taxa espantosa para o 4º mês? Que prediz um banheiro & um lavabo aqui ou em Southease? Estou escrevendo sob um pôr do sol azul aquarelado, a penitência de um dia moroso irritadiço, que desbotou; as nuvens, tenho certeza, deviam estar douradas sobre a chapada & deixaram uma suave franja dourada sobre os morros de lá.

Hoje é quinta, 24 de setembro

– triste pensar que resta apenas mais uma semana deste verão parcialmente arruinado; porém não reclamo, vendo agora como novamente mergulhei de cabeça na saúde & como mais uma vez sinto estabilizada minha medula, que é sempre o centro do meu ser. Maynard & Lydia vieram para cá ontem – M. com uma camisa típica russa à Tosltói & gorro de astracã preto – Que bela visão para se ter pela estrada, os dois![102] Uma imensa disposição & vigor o atravessam. Ela segue o rastro dele, a esposa do grande homem. Mas por mais que se possa reclamar, também se pode considerá-los ótima companhia, & meu coração, neste outono da minha vida, aquece-se ligeiramente em relação a M., que conheço há todos esses anos de modo tão belicoso, tão truculento, tão pouco íntimo. Tivemos uma conversa animadíssima sobre a Rússia: que misturada, que selva insana, diz ele, do bom & do ruim, & das coisas mais extremas que ele não consegue abarcar – ainda não consegue entender como funcionam. Em resumo, espiões por toda parte, nenhuma liberdade de expressão, a ambição por dinheiro erradicada, as pessoas dividindo casas, porém algumas, como por exemplo a mãe de L.[*ydia*], têm criados, os camponeses satisfeitos por terem terras, aristocratas servindo de cicerones em suas propriedades, o balé em alta conta, a melhor exposição de Cézanne & Matisse que existe. Procissões incessantes de comunistas de cartola, preços exorbitantes, porém tem-se champanhe & a melhor culinária da Europa; banquetes que começam às 8h30 & vão até as 2h30, & as pessoas ficando ligeiramente bêbadas, digamos, por volta das 11h, vagando em volta da mesa. Kalinin se levanta para perambular & é seguido por um grupinho que o aplaude incessantemente enquanto ele caminha; além disso o imenso luxo dos velhos trens imperiais; comer do prato dos czares; entrevista com Zinoviev[103] que (eu acho) era um judeu cosmopolita gentil, mas tinha dois cães de guarda fanáticos de cara quadrada para protegê-lo, resmungando fanaticamente seus mistérios. Uma das previsões deles, de que em 10 anos o padrão de vida russo será maior do que antes da guerra, enquanto nos outros países será menor, M. achou que poderia muito bem se concretizar. Enfim, os dois estão entupidos & abarrotados de paisagens & conversas: Maynard ganhou uma medalha engastada com diamantes & L. um soberano de ouro que a deixaram apanhar dos sacos da casa da moeda. Mas os Keynes, nem é preciso dizer, reforçaram minha dor de cabeça, & quando Lytton chegou, eu estava desfalecida perto da lareira & não consegui resistir àquela velha serpente. O que conversamos eu acho foi algo na linha de que ele possuía uma lareira em Hamspray que causou bolhas na parede, mas não atingiu seus livros – & que lareira teria a coragem de fazer isso? E ele tinha lido Bunny, "De fato é bastante extraordinário – tão artístico – tão elaborado – de uma competência terrível, mas... bem, parece uma hospedaria perfeitamente restaurada – Ye Olde..."[104] tudo arrumadinho & restaurado". Não existe nem sinal de Bunny ali, como havia em *The Man in the Zoo*; nenhum humor; é uma restauração perfeita.[105]

Mas para ser sincera estou exasperada esta manhã. São 10h25 de um belo dia cinzento & silencioso; Lily está arrumando meu quarto; os estorninhos na macieira; Leonard em Londres, & Nelly suponho decidindo a maior questão de toda a sua vida – o que é o casamento para uma mulher – com Lottie. Lily é uma garota de olhos arregalados como os de um cão pastor que veio de Ilford para "fazer a faxina"; mas que não é capaz de preparar um ovo mexido ou assar uma batata, & portanto está mal preparada para a vida, no meu entender.

Começando às 9h45 escrevi duas páginas de um conto, mais uma vez como um teste; & me saí bem, acho; enfim, minha cisterna está cheia de ideias. Mas indo direto ao ponto: por que estou exasperada? Por causa de Roger. Eu lhe disse que passei o verão inteiro doente. Sua resposta foi – silêncio em relação a isso, mas descrições abundantes dos seus dentes da frente. Egoísmo, egoísmo – este é o ingrediente principal da vida de um homem inteligente, acredito. Protege; aumenta; conserva intactos seus sucos vitais porque os mantém represados. Fora que não me sai da cabeça que ele imagina que sou uma valetudinária, & isso me enfurece: & como L. não está, não pode me arrancar fora esse espinho, portanto preciso escrever para desabafar. Pronto! melhor agora; acho que ouvi os jornais chegando; vou lá buscá-los, & o meu bordado, & um copo de leite.

Isso suponho foi feito;[106] & agora é quarta de manhã; úmida, & por toda parte já existe a sensação de transmigração, de deixar cair um hábito em favor de outro. Minha pelagem de outono cresceu. Começo a simpatizar com a saudade que Nelly sente do bem-estar & da velocidade da civilização. Mas aqui prometo que não vou me permitir pensar que isso é vida – esse frenesi & exagero; senão terminarei mais uma vez destruída, como em agosto.

Hoje estamos seguindo o rastro de Tom, censurando & vilipendiando aquele homem. Ele não larga o livro do Read, está atrás dele há 3 ou 4 meses.[107] Nossa linha é a dignidade; & realmente, por mais que a caça ilícita de autores continue, ele não conseguirá nos prejudicar. Além disso existe o fascínio da infração; quer dizer, depois de passar todo esse tempo com a sensação de que havia qualquer coisa de estranho nele, é mais satisfatório ver as coisas vindo por fim à tona. Não que eu quisesse uma infração: quero é uma revelação. Mas L. acha que agora essa criatura matreira esquisita se afastará.

Realmente esqueci de registrar o final do drama de Lottie – ela se apaixonou pelo vaqueiro de Thorpe[-*le-Soken*]! Isso veio à tona depois de horas de discussão violenta com Nelly, & explica & justifica tudo: estamos, por motivos íntimos, extremamente contentes. O pior é a infeliz da Karin – na cirurgia, cortaram um nervo do seu rosto, que ficou semiparalisado.[108] Ela não consegue falar, deduzi, sem contorcer todo o rosto. Recusa-se a ver as crianças com medo de assustá-las. Essa maldade final da parte do destino me parece ser o nocaute dela; só que de alguma maneira, como acontece com a maioria das pessoas, ela acabará encontrando uma saída. Isso amolece o coração em relação a Karin; faz pensar em sua coragem. Mas com que rapidez a *intensidade* dessa compaixão passa & ela retoma seu lugar em nosso espírito como uma pessoa de quem eternamente, tediosamente, sentimos pena. Não importa, a propinquidade reavivará isso: Tavistock Square, que está tão perto, vai nos deixar ainda mais conscientes do horror que é alguém contorcer o próprio rosto.

27 de novembro[109]

Ah que lacuna! Caí na cama tão logo voltamos – ou melhor, quem me pôs na cama foi Ellie;[110] & continua me mantendo prostrada durante metade do dia. Semana que vem irei ao balé, minha primeira saída à noite. Uma visita por dia. Até dois dias atrás, cama às 5h. Desse modo as visitas se tornaram, como de costume, quadros pendurados nas paredes. No geral, não estive infeliz; mas também não muito feliz; incômodos demais; enjoos (resolvidos comendo algo no mesmo instante); uma boa dose de mordidas de rato na nuca; um ou dois terrores; depois o cansaço do corpo – que me cobre como o casaco de um operário. Às vezes eu me sentia velha & desgastada. Madge morreu. Revirei em meio às minhas emoções & não descobri nada melhor que folhas mortas. Suas cartas tinham devorado a realidade – o brilhantismo, a afeição. Ah tempo detestável, que devora dessa maneira o coração & permite que o corpo siga adiante. Enterraram um feixe de gravetos em Highgate, no que me diz respeito. Fui até o portão & vi Nessa & Leonard, como um par de figuras embalsamadas, entrarem.[111] Minhas caminhadas se ampliaram até a Oxford Street; uma única vez por enquanto; & enfim, o que dizer das conversas? Vita esteve aqui duas vezes. Está condenada a ir para a Pérsia; & por ficar tão perturbada com essa ideia (perdê-la de vista por cinco anos) concluo que estou genuinamente afeiçoada por ela.[112] Há que se levar em conta o glamour do desconhecido; da aristocracia (Mas ela é metade camponesa, diz Raymond –); da lisonja. Apesar disso, depois de análise & consideração, muita coisa permanece, tenho certeza. Devo ficar com ela? Devemos ir a Charleston no Natal? O melhor dessas doenças é que elas revolvem a terra pelas raízes. Produzem mudanças. As pessoas passam a expressar seu afeto. Nessa quer nos receber lá – De fato, tenho passado mais tempo com ela & Duncan do que há muito tempo. Gwen [Raverat] entra: ameaça dissolver seu comportamento cordial, direto & aborrecido em um mar de lágrimas, como se os rebites que a mantêm de pé tivessem cedido – essas tragédias acabaram com ela. Recompõe-se por um instante, mas de repente desaba & me conta algo que não contou a mais ninguém. Ela acha que sou compreensiva. E suponho que esteja apaixonada – ou que Marchand esteja apaixonado – & não quero saber absolutamente nada a respeito.[113] As leituras & a escrita devem continuar. Não a do meu romance, porém. Eu só consigo pensar em todos os meus defeitos como romancista & me perguntar por que escrevo – dúvida que Lytton aumenta & Morgan diminui. Morgan está escrevendo um artigo a meu respeito.[114] Quem sabe não será útil & me dará um empurrão novamente. Depois quero escrever "um livro", & com isso quero dizer um livro de crítica, para a H[ogarth[P[ress]. Mas sobre o quê? Cartas? Psicologia? Lytton já está em outro: *Os amores dos famosos*. R.[ainha] Elizabeth &c. Eu o achei próximo como nunca ontem à noite; todo emplumado, incandescente, suave, luminoso. Algo nele provoca uma leve (intensa) repulsa em Leonard. Seu caráter não é tão bom quanto o de Morgan, ele disse hoje, enquanto dávamos a volta na praça sob a neve. "Tem alguma coisa em todos os Strachey que..." E quando conversamos, L. & eu, criticamos bastante os livros de Lytton, já reparei. Mas isso tudo desaparece dentro de mim quando ele vem, como ontem, para conversar, conversar & conversar. Que Nessa ainda continua muito linda – isso me atinge. Que Ka emagreceu – & preocupada com isso: mas nada, no meu coração sentimental, consegue resistir a velhas lealdades como essa. Não consigo conservar o juízo completo quando estou entretida numa conversa. Começo a reluzir & englobar as pessoas em uma névoa cor de champanhe, que vai então se desbotando aos poucos. Estava conversando sobre isso outro dia com Raymond – cujo nariz rombudo & as roupas chamativas são, acredito, a nossa principal implicação com ele. Que não existe substância nas amizades de uma pessoa, que elas desbotam como – Por exemplo, ele se lamentava por Harold [Nicolson] estar na Pérsia?* – Nada se cunha como uma moeda & permanece para sempre na posse de ninguém. As pessoas morrem; Madge morre, & não conseguimos reprimir uma lágrima solitária. Porém se seis pessoas morressem é bem verdade que minha vida terminaria: com isso quero dizer que ela ficaria tão esgarçada que, ainda que continuasse, conseguiria eu encontrar algum prazer? Imagine Leonard Nessa Duncan Lytton Clive Morgan todos mortos.

* Uma suposição inteligente – ele se lamentava mesmo por Harold estar na Pérsia

Segunda, 7 de dezembro

Quero me deitar como uma criança cansada & chorar essa vida de inquietações – & meu diário me acolherá em seu travesseiro macio de penas.[115] A maioria das crianças não sabe por que chora; & eu tampouco. São 12 horas da manhã de uma segunda-feira, um dia muito frio, mas ensolarado, saudável, alegre. Campainhas tocam lá embaixo; portas batem. Eu deveria estar em meu melhor estado, pois depois de todas essas semanas debilitadas & dormentes[116] estou de novo quase liberta; posso ler, escrever, caminhar um pouco, & entreter visitas com moderação. Bem, em parte é por causa daquela diaba, Vita. Nenhuma carta. Nenhuma visita. Nenhum convite para ir a Long Barn.[117] Ela esteve na cidade semana passada & não veio até aqui. Tantas boas razões para essa negligência me ocorrem que sinto vergonha de considerar isso motivo de choro. É que, se eu não a vir agora, não a verei – nunca mais: pois no verão que vem o instante de intimidade já terá passado. E eu me ressinto disso, em parte porque gosto dela; em parte porque odeio o poder que a vida tem de separar. Ademais, sou vaidosa. Clive saberá *por que* Vita não veio me ver. Bem, depois de enxotar esse rato antigo até sua toca, chega o cartão de Tom a respeito de "Sobre estar doente" – artigo que eu, & também Leonard, consideramos um dos meus melhores: para ele, característico &c: quero dizer, ele não ficou nada entusiasmado; daí que, lendo agora as provas, vi ali verbosidade, debilidade & tudo quanto é defeito.[118] Isso aumenta o meu desgosto pela minha escrita & meu desânimo quanto à ideia de começar um novo romance. Que tema tenho eu? Não seria melhor me conter por motivos pessoais? Ficará parecido demais com minha mãe & meu pai: &, o que é mais estranho, conheço tão pouco de minhas próprias habilidades. Lá se vai outro rato enxotado de volta para a terra. Então vamos agora às novidades.

Vamos passar o Natal em Charleston, o que receio que não irá agradar muito Leonard. Passeamos em Hampstead no sábado. Estava muito frio – gente patinando por toda parte, menos ali; L. tinha levado os patins. Havia uma beleza nevoenta de inverno. Fomos até Ken Wood (mas os cachorros precisam estar em correias) & então chegamos à antiga área dos

> Coitada! Ela bem que tentou vir – foi impedida, a neblina &c.

duelos, onde se veem árvores gigantescas que presumivelmente abrigaram os espadachins do século 18 (como eu começo a amar o passado – deve ter algo a ver com o meu livro) & foi ali que conversamos sobre Lytton, seriamente, como pessoas casadas. Mas meu Deus – como é satisfatório, depois de doze anos, acho, ter um ser humano com quem se possa conversar tão abertamente quanto eu com L.! Bem, o que estava em questão era a mudança de Lytton. Ele tem os defeitos de uma natureza mesquinha, disse L. É sovina. Pede, mas nunca dá. Mas disso eu sempre soube – quantas vezes vi a pálpebra sonolenta cair sobre ele se alguém lhe pedia um pouquinho além: uma espécie de casca de egoísmo que o impede de se importar demais com os outros, ou de se comprometer de modo incômodo. Ele é cauteloso. É um valetudinário. Mas – também há, como sempre, as outras coisas; & como eu digo, sei da pálpebra encouraçada de Lytton desde que eu tinha vinte anos. Nada nessa vida me chocou mais, eu acho. Mas L. disse que quando eles estudavam em Cambridge, Lytton não era assim. Primeiro teve a I[*nternational*] *Review*: & Lytton recusou-se a escrever; depois Ralph; depois nunca mais nenhuma palavra elogiosa a qualquer pessoa.[119] Já Morgan, disse Leonard, enquanto caminhávamos de volta pelos outeiros escorregadios enxergando tão pouco do caminho & conversando (no entanto toda essa área de Hampstead me faz lembrar Katherine – aquele espectro desmaiado, com olhos firmes, lábios zombeteiros, &, no final, a guirlanda no cabelo,) Morgan está melhor. Morgan, eu acho, é naturalmente mais compatível com L. do que Lytton. Ele gosta dos "bobos";[120] gosta da simplicidade dependente de Morgan & eu. Gosta de apaziguar nosso espírito, & do imenso alívio que sentimos com isso. Ai, ai.

Estou lendo *Passagem para a Índia*; mas não vou discorrer a respeito aqui, como terei de fazer em outros lugares. O livro para a H.[ogarth] P[ress].: creio que vou descobrir alguma teoria sobre a ficção. Vou ler seis romances & levantar umas lebres. Uma que tenho em vista é sobre *perspectiva*. Mas não sei. Meu cérebro talvez não sobreviva a mim. Não consigo pensar com clareza suficiente. Mas consigo – se é que o *L.C.* foi um teste – misturar ideias & expressá-las sem grande confusão. (A propósito, Robert Bridges gostou de *Mrs. Dalloway*: disse que ninguém vai lê-lo, mas que está lindamente escrito, & mais algumas outras coisas, que L., que soube disso por Morgan, não conseguiu se lembrar.) Não acho que a questão tenha a ver com "desenvolvimento" e sim com prosa & poesia, nos romances. Por exemplo, Defoe de um lado: E. Brontë do outro. A realidade é algo que eles colocam a distâncias diferentes. Seria preciso mergulhar nas convenções; na vida real; & por aí vai. Talvez me amarre, essa teoria – mas irei apoiá-la com outras coisas. E a morte – como sempre sinto – aproxima-se depressa. 43 anos: quantos livros mais?

Katie[121] veio de visita; ela agora é uma espécie de moldura de beleza descartada pendendo numa silhueta desgastada. Pois a firmeza da carne, o azul do olho & a elegância formidável se foram. Posso vê-la no número 22 de H.[yde] P.[ark] G.[ate] 25 anos atrás: de casaquinho & saia; tão esplêndida; olhos semicerrados; a voz adoravelmente zombeteira; empertigada; tremenda; tímida. Agora ela balbucia.

"Mas nenhum duque pediu minha mão, minha cara Virginia. Eles me chamavam de Rainha de Gelo. E por que me casei com Cromer? Eu odiava o Egito; odiava os inválidos. Tive duas épocas muito felizes na vida – a infância – não quando eu estava crescendo, mas depois, com meus meninos, meu chalé & meu cachorro chow – & agora. Agora tenho tudo o que eu quero. Meu jardim – meu cão." Acho que o filho dela não conta muito. Ela é uma dessas grandiosas inglesas excêntricas, que desfruta enormemente de sua posição & da eminência que esta lhe confere em St. John's Wood, & que agora se vê livre para espiar em todos os buracos e cantos poeirentos, vestida de arrumadeira, as mãos iguais às de uma, as unhas todas sujas. Ela não para de falar. Falta-lhe corpo, ela praticamente se diluiu em névoa. Mas gostei do encontro, apesar de achar que ela tem poucos afetos & nenhum interesse passional. Agora, depois que chorei tudo o que tinha para chorar & de o sol ter aparecido, é escrever uma lista de presentes de Natal. Ethel Sands vem para o chá.[122] Mas nada de Vita.

Segunda,
21 de dezembro

Mas nada de Vita! Mas Vita por 3 dias em Long Barn, de onde eu & L. voltamos ontem.[123] Essas safistas *amam* as mulheres; a amizade nunca vem independente das tintas da amorosidade. Em suma, meus medos & refreios, minha "impertinência", minha costumeira inibição de me relacionar com quem talvez não me deseje &tc – eram apenas, como disse L., uma besteira completa; &, em parte graças a ele (que me fez escrever)[124] terminei em grande estilo este ano contundido & afligido por doenças. Gosto dela & de estar com ela, & do esplendor – ela resplandece nas quitandas de Sevenoaks como uma vela acesa, dando longas passadas em pernas como faias, cor-de-rosa cintilante, cheia de cachos de uvas, toda enfeitada de pérolas. Esse é o segredo de seu fascínio, suponho. Enfim, ela me achou inacreditavelmente desmazelada, que mulher poderia se importar menos com a aparência? – ninguém mistura as coisas ao acaso como eu. Ao mesmo tempo tão linda &c. Qual o efeito disso tudo sobre mim? Bastante confuso. Por um lado tem a maturidade dela, seu peito completamente aberto: ela navega de velas enfunadas nas altas marés, enquanto eu sigo costeando pelos remansos; digo, sua capacidade de falar em público independentemente de qual ele seja, de representar seu país, de frequentar Chatsworth, de administrar a prataria, os criados & os cachorros chow; sua maternidade (apesar de ela ser meio fria & indiferente com os meninos); o fato em suma de ela ser (algo que nunca fui) uma mulher de verdade. Além disso existe nela certa voluptuosidade; as uvas estão maduras; mas ela não é reflexiva. Não. Em raciocínio & visão não é tão extremamente organizada quanto eu. Mas tem consciência disso, & portanto me cobre de

Uma criatura como essa deve ter se destacado flagrantemente entre seus companheiros; os fatos de sua vida forneceram a base para a fé em seu gênio; & quando sua morte precoce santificou & enterneceu sua memória, o pesar amoroso generosamente concedeu-lhe os louros que lhe foram negados. (escrito para Bridges)[125] proteção maternal que, por algum motivo, é o que invariavelmente eu mais desejei das pessoas. É o que L. me dá, & o que Nessa me dá, & o que Vita, à sua maneira superficial mais desajeitada, procura me dar. Pois obviamente em meio a todo o glamour, os cachos de uvas & os colares de pérolas, existe algo que não se encaixa. Quanta saudade, por exemplo, eu de fato vou sentir quando ela estiver passeando de carro pelo deserto? Farei uma observação a esse respeito no ano que vem. Mas seja como for, fico bastante contente por ela vir tomar o chá aqui hoje, & vou perguntar se ela se incomoda que eu me vista tão mal. Tenho a impressão que sim. Li seu poema; é mais compacto, melhor visualizado & sentido do que qualquer outro que ela já escreveu.

Os contos de Mary, receio, são ruins.[126] Ai ai – & Roger caiu de amores por H[elen Anrep]. O artigo de Morgan me alegrou muitíssimo. L. está fazendo anéis vedantes de borracha no momento. Os operários seguem martelando, as máquinas vibram diante do hotel. Vamos para Charleston amanhã, não sem certa inquietação minha, em parte por arrastar atrás de mim as nuvens da glória em Long Barn, algo q. sempre me desorienta & me deixa mais nervosa que o habitual: mas enfim, de certa maneira eu sou tão – estranha. Uma emoção sucede-se à outra.

1926

Terça,
19 de janeiro

Tendo Vita neste instante (20 minutos atrás – agora são 7h) acabado de ir embora, o que sinto? Uma sensação de névoa baça de novembro; de luzes mortiças & úmidas. Caminhei em direção a um realejo na Marchmont Street. Mas isso acabará se dissipando; & então irei desejá-la, clara & distintamente. Depois não mais – & assim por diante. É um sentimento humano normal, acho. Queremos terminar as frases. Queremos esse clima – tão róseo & calmo para mim. Ela não é inteligente; mas é abundante & fértil; verdadeira também. Explora tantas fontes diferentes de vida: de repouso & de variedade, foi a expressão dela, sentada no chão à tardinha sob a luz a gás. Jantamos ontem no Ivy com Clive; depois eles foram à festa dele, da qual eu me abstive. Ah & misturado a isso, a sensação revigorante de recomeçar o meu romance, no estúdio, pela primeira vez esta manhã. Todas essas fontes brincam no meu ser & se mesclam. Sinto a falta de estímulo, dos dias acentuados, agora que Vita se foi; & certo *páthos*, comum a essas despedidas; & ela com 4 dias de viagem pela frente com neve.[1]

52 Tavistock Square

1926

Segunda, 8 de fevereiro

De volta de Rodmell – para usar mais uma vez a abertura batida. E eu talvez devesse explicar por que deixei um mês inteiro passar em branco. Primeiro, acho, pela rubéola; em seguida, Vita; depois, a falta de inclinação para fazer qualquer esforço, de modo que até a semana passada não trabalhei em nenhum livro. Mas sem sombra de dúvida esse diário já está estabelecido, & às vezes olho para ele & tento imaginar que diabo será o seu destino. Ele deverá servir para eu escrever minhas memórias. Aos 60 anos vou me sentar & escrever a minha vida. Como matéria para essa obra-prima – & conhecendo os caprichos do meu cérebro, pois nunca sei o que irá chamar a minha atenção, registro aqui que ao entrar em casa encontrei as seguintes cartas à minha espera. 1. Ottoline, falando daquele ensaio maravilhoso, "Sobre estar doente". Ela está fazendo uma cura. 2. Uma longa carta de elogios histéricos de Miss Keiller [Kieffer], que está traduzindo *O quarto de Jacob*. 3. um cartão, que mostra seu caráter sob uma luz nada favorável, de Miss Ethel Pye, que me conheceu num ônibus & quer fazer uma máscara a partir da minha cabeça; 4. uma carta da Harcourt Brace com um cheque por S[*obre*]. E[*star*]. Doente. 5. uma carta me pedindo para ser membro do comitê da English Association; 6. um recorte do *Dial* sobre as Hogarth Essays; 7. um bilhete de Clive me convidando para jantar para conhecer seu irmão.[2] Acho que isso faz de mim alguém especialmente importante. É a correspondência de 3 dias. Estou um tanto cansada, um pouco cansada, de tanto quebrar a cabeça com *Ao farol*. Nunca nunca escrevi com tanta facilidade, imaginei tão profusamente. Murry disse que daqui a 10 anos ninguém mais lerá meus livros – Bem, hoje recebi uma nova edição de *A V.[iagem]* da Harcourt Brace – que foi publicado 11 anos atrás.[3]

23 de fevereiro[4] Ouvi o toque costumeiro da campainha / & acho que Gwen entrou, & senti-me um tanto entorpecida & imprestável, com a sensação de não ter nada para lhe dar & ela tudo a pedir. Como eu bem previa, ela está enredada em uma rede flamejante: a verdade é essa; o amor enreda; a rede incandescente de – quem era mesmo? aquela que morreu incinerada –: mas a dela é mais dolorosa que a dele, & mais duradoura.[5] No entanto como é raro intuir o que já sabemos! A rede dela cai sobre mim; mas não me queima. E eu lhe faço pequenas gentilezas, que não trazem um grande bem a nenhuma das duas; & se não faço, sinto remorso. O resultado disso tudo é que agora tenho pouco apetite para escrever, por estar exasperada 1. porque Nelly se recusa a fazer geleia de laranja; 2. porque uma certa função está pendente; 3. porque não posso ir, em deferência à vontade de L., à festa de despedida de Mortimer;[6] 4. porque Dadie me convidou para o chá & eu não fui; 5. porque – desse último porquê não lembro mais – alguma insatisfação vaga: primavera & funerais; luzes amarelas & brancos botões de flor; lindos quadrados pontudos pretos & amarelos – & assim por diante. Vita escreve cartas bobas, & sinto saudade dela. Saudade do brilho, dos elogios, da festa. Sinto saudade não de modo muito íntimo, suponho, mas sinto mesmo assim, & vem a vontade de que já fosse 10 de maio; depois não vem mais; pois existe uma tal navalha na minha paleta que ver pessoas com frequência me faz enjoar delas.

Meu romance me inflou como uma bandeira velha. Trata-se de *Ao farol*. Acho que vale dizer, para meu próprio interesse, que enfim, depois daquela batalha com *O quarto de Jacob*, da agonia – da agonia completa com *Mrs. Dalloway*, salvo o final, agora estou escrevendo mais rápido & livremente do que jamais escrevi em toda a minha vida; muito mais – 20 vezes mais – do que qualquer outro romance. Creio que isso prova que eu estava no caminho certo; & que qualquer que seja o fruto existente em minha alma, é nela que ele deve ser colhido.[7] Engraçado como agora invento teorias de que o que importa é a fertilidade & a fluência: eu antes defendia uma espécie de esforço de concisão, de precisão. Enfim, isso continua manhã afora; & tenho de contar com o próprio diabo para não açoitar o meu cérebro a tarde toda também. Vivo completamente dentro dele, venho à superfície de modo um tanto obscuro, & frequentemente não consigo pensar no que dizer quando saímos para dar a volta na praça, o que é ruim, eu sei. Talvez seja um bom sinal para o livro, porém. Claro que é algo bastante conhecido para mim: com todos os meus livros foi assim. A diferença, eu sinto, é que consigo flutuar acima de tudo agora; & por "tudo" quero dizer o atulhamento, o peso & a confusão mentais.

Também vi Lytton: vi Eddy; Mary; esqueço: ultimamente andei reservada na vida social & gostei. Quem sabe eu esteja voltando a me animar, depois da minha letargia. A temporada de publicações está prestes a começar. Nessa diz, Por que você não desiste disso? Respondo, Porque eu gosto. Depois duvido, será que gosto mesmo? Que dizer de Roma & da Sicília? E Manning Sanders não vale o esforço.[8] Serei eu uma fanática por trabalho, como meu pai? Acho que tenho certa tendência, mas não me agrada. Hoje Francis Birrell & Rose Macaulay jantam aqui conosco. Para comemorar a ocasião, comprei um porta-torradas & uma colcha, para cobrir aquela cômoda atroz que vem me incomodando durante esses últimos 2 anos. Agora fiquei tão satisfeita com a cor que saio para dar uma olhada nela.

Quarta,
24 de fevereiro

Continuando, pelo segundo dia consecutivo, o que é uma raridade, eles vieram para cá ontem à noite, Francis & Rose Macaulay[9] – & ouso dizer que um desses dias eu a estarei chamando de Rose. Francis não fez grande caso de conhecê-la: minhas preocupações com pequenezas me deram um pouco de sossego: Gwen telefonou; não fui cordial; ela se retraiu: eu, arrependida, telefono de novo. Daí Rose – tagarela até demais no começo, sai; magra como um ancinho, um fiapo, murcha. Existe nela um quê da inteligência frívola & da mancha da frivolidade literária cafona: mas isso em parte devia ser nervosismo, acho; ela nos achou distantes & observadores com certeza. Seja como for, no meio do jantar faltou luz: só tínhamos umas poucas velas em uns pires, & deixei ela & Francis sozinhos no escuro conversando. Afinal, ela não tem disfarce nenhum; imagino que no quesito convenções deve seguir exatamente a média; recebeu um banho de ouro um tanto barato & superficial com todos esses convites para falar em jantares & dar entrevistas aos jornais & tal & coisa; almoços na Liga das Nações; jantares com Iolo Williams,[10] reuniões com Jack Squire, que deixou crescer o bigode & agora parece um sacristão.

Deixe-me ver, existe certa falta de afinidade entre Chiswick & Bloomsbury, creio, disse ela. Então definimos Bloomsbury. O dever dela é defender o senso comum, disse. Expliquei que ela vinha de Cambridge.[11] Está escrevendo um artigo para um jornal americano sobre Londres depois da guerra. É esse tipo de coisa que causa desconfiança. Por que entrar em campo assim de modo tão desnecessário? Mas imagino que todas as nossas "romancistas de destaque" fazem o que lhes pedem, & eu não sou uma delas. Vi minha própria posição um tanto diminuída & rebaixada; & em parte isso é o preço de ver gente nova – & mais ainda de frequentar a casa dos outros. Acabamos nos sentindo minimizados, se é que acontece alguma coisa: aqui na eterna Bloomsbury podemos, sem perceber, nos expandir. Então Gwen chegou. Gosto de Francis. Gosto de sua risada; de sua energia aleatória. Ele é um vitoriano. De fato, conversamos muito, enquanto L. estava no porão com o eletricista, sobre meu pai, que, segundo Francis, dominava o século 20. "Ele possibilitou que eu tivesse uma vida decente", disse ele. "Demoliu o edifício inteiro, sem ter ideia do que estava fazendo. Em nenhum momento se deu conta de que, se Deus ruísse, a moralidade iria junto. Um homem notável; porque embora não acreditasse em Deus, era mais rígido do que aqueles que acreditavam."

"Ele adorava lamentar-se", disse L, subindo as escadas. R.M. disse que os pais dela sempre o chamavam de "o coitado do Leslie Stephen" porque ele tinha perdido a fé. Diziam também que ele era muito gentil & encantador. Gwen contou que seu pai & seus tios tinham grande respeito por ele,[12] & uma afeição bastante romântica pela minha mãe.

Porque ela era muito linda, falei, orgulhosa de contar isso a R.M.; & me senti um tanto esquisita, ao me dar conta do quanto disso está em *Ao farol* & que todas aquelas pessoas leriam o livro & reconheceriam nele o coitado do Leslie Stephen & a linda Mrs. Stephen. Depois conversamos sobre conhecer pessoas. R.M. disse que sempre soube por que gostava das pessoas. Gwen, estando quem sabe cansada, foi meio mística; ou talvez tenha agora novos pontos de vista que ainda não consegue articular. Enfim. Para Leonard ela parecia "quase uma imbecil". Eles começaram a discutir se as pessoas entendiam mais de quadros ou de livros. R.M. saiu-se bastante bem na discussão & sustentou que um livro é algo subjetivo; ela ataca a autoridade na literatura. Mas as pessoas entendem mais de pintura porque se trata de uma arte mais técnica. Então disse (o que me faz pensar que ela gostaria de ser chamada de Rose) que sonhou que estava conosco em uma casa de campo em Surrey, uma casa do século 15, cheia de velhas vigas & iluminada por velas. Sob algumas luzes ela tem os lindos olhos que todas nós, ilustres escritoras, temos; o refinamento; o perfil bem-talhado; a paciência; & a humildade. São sua voz & suas maneiras que nos deixam de pé atrás.

Sábado, 27 de fevereiro

Creio que vou iniciar uma nova convenção para este livro – começar cada dia em uma página nova – meu hábito ao escrever literatura séria. Certamente tenho espaço para desperdiçar um pouco de papel no livro deste ano. Quanto à alma: por que mesmo eu disse que a deixaria de fora? Esqueço. A verdade é que não se pode escrever de forma direta sobre a alma. Quando a olhamos, ela escapa: mas basta olhar para o teto, para Grizzle, para os animais medíocres no zoológico que ficam expostos aos passantes do Regents Park,[13] que a alma entra de fininho. Entrou esta tarde. Vou escrever isso, eu disse, olhando para o bisão: & respondendo algo distraidamente para L.; mas o que mesmo eu ia escrever?

O livro de Mrs. Webb me fez pensar um pouco no que eu poderia dizer a respeito da minha própria vida. Li parte de 1923 esta manhã, tomando uma deliciosa dose de silêncio, porque mais uma vez estava com dor de cabeça.[14] Mas ela tinha causas na sua vida: a oração; os princípios. Eu, nenhuma. Uma grande empolgação & a busca de alguma coisa. Um grande contentamento – quase sempre me sinto satisfeita com aquilo que faço, mas com oscilações constantes de humor. Acho que nunca me sinto entediada. Às vezes um pouco estagnada; mas tenho o poder de recuperação – que já testei antes, e que agora estou testando pela 50ª vez. Ainda preciso poupar minha cabeça com muito cuidado: mas enfim, como eu disse hoje a Leonard, gosto do modo epicurista de convívio social; tragar & em seguida fechar os olhos para sentir o gosto. Entretanto existe um descobridor inquieto dentro de mim. Por que nunca há uma descoberta na vida? Algo em que se possa pôr as mãos e dizer, "É isso"? Minha depressão é um sentimento atormentado – estou procurando; mas não é isso – não é isso. O que é? Morrerei antes de descobrir? Então (enquanto eu atravessava a Russel Square ontem à noite) vejo as montanhas no céu: as grandes nuvens; & a lua que se ergueu sobre a Pérsia; & tenho a sensação imensa & assombrosa de que existe alguma coisa ali, & que essa coisa é o "isso" – Não é exatamente da beleza que estou falando. É algo que se basta em si mesmo: satisfatório; bem-sucedido. Uma sensação do meu próprio estranhamento de andar pela Terra também está lá: da infinita estranheza da posição humana; caminhando pela Russel Sqre. com a lua no alto & as nuvens sobre a montanha. Quem sou eu, o que sou eu &tc: essas perguntas estão sempre flutuando ao meu redor; & então colido com algum fato concreto – uma carta, uma pessoa – & volto a elas com um imenso frescor. E assim vai. Mas nesse mostrar do que é real, acho, frequentemente topo com o tal do "isso"; & sinto uma grande tranquilidade.

Era o que eu queria dizer? Nem de longe. Eu estava refletindo sobre o meu próprio caráter, não sobre o universo. Ah & sobre a vida social mais uma vez; jantar com lorde Benners na casa de Clive me fez pensar nisso. Em como, em dado momento, enxergo através do que estou dizendo; detesto a mim mesma; & anseio pela outra face da lua; quero dizer, ler em solidão. Por quantas fases passamos entre a sopa & a sobremesa! Em parte eu desejo, como escritora, basear as minhas impressões em algo mais firme. Eu disse a lorde B. A única coisa que se deve fazer ao escrever é deixar fluir o que está dentro da sua cabeça. Clive & Raymond riram & disseram, Ora, mas isso é exatamente o que você faz! E eu não quero que seja apenas isso. Nem é, aliás. Existe uma boa dose de formatação & composição nos meus livros. Porém – a ideia que eles têm é essa; & não me agrada.

Lorde B. estava rígido, resoluto, perspicaz: analisou sua própria instabilidade. Seu pai era capitão naval; & de maneira nenhuma desejava que o filho fosse um artista cabeludo; sua mãe costumava dizer "Meu filhinho toca tão bem – você devia escutá-lo", mas se incomodava com o fato de ele não ir a caçadas nem andar a cavalo. Portanto ele retraiu-se como músico, falou. Seu talento ficou represado (acho que foi isso o que ele disse) como uma trepadeira na borda de um precipício. Um dia ele escreveu duas marchas por diversão. Stravinsky as viu, achou que eram boas & elas acabaram sendo publicadas. Desse modo ele terminou aceito como um músico sério, depois de fazer apenas 4 aulas de contraponto com Tovey. Possuía uma facilidade assombrosa, era capaz de escrever coisas que soavam bem. De repente, no ano passado, todo o seu prazer se foi. Ele conheceu um pintor, pediu que o ensinasse a pintar; comprou pincéis de "cabeças de porco" – (quis dizer "cerdas de porco") – & telas & copiou um quadro italiano brilhantemente, perfeitamente, disse Clive. Tem a mesma facilidade aí: mas não vai dar em nada, disse ele, tal como a outra.[15]

Do que falamos? De Tom & dos Sitwell; de Eddie Marsh[16] & Lady Colefax; & tive a sensação de que era possível ficar conversando sobre essas coisas para todo o sempre & que elas não significam nada. E de fato, ele me convidou para jantar: ah, respondi, estou com dor de cabeça & não posso.

Quarta,
3 de março

E de fato eu estava com um pouco de dor de cabeça – sim; esse tempo está produzindo dores de cabeça. Fixar uma bandeira num mastro sob um vendaval, acabei de comparar isso com escrever um romance em Londres, numa carta para Vita. O arrebatamento da minha visita a Herbert & Freda em Cookham passou: um dia bastante memorável.[17] Das janelas da sua casa vê-se o topo da careca do velho Mr. Watkins remando pelo Tâmisa. Veem-se duas estacas entrelaçadas no rio que tomei por grous; & alguns morros mais além de Marlow. Eles nos levaram de carro até os morros, & tudo era estranhamente silencioso & iluminado & vazio & cheio de botões de flor fechados. Vimos uma casa estilo rainha Anne chamada – esqueci; tão alta & remota, com um gramado que ia até a entrada; & alamedas amplas; janelões, uma mulher. Bem; ninguém se deleita mais com essas paisagens do que eu; porém a onda de prazer deixa para trás certo pesar – toda essa beleza seguindo – fluindo – fluindo; & eu em Tavistock Sqre. sem vê-la. Além disso, espiritualmente foi muito interessante. Acreditei ter encontrado o verdadeiro ser humano – algo tão simples & tão bem inserido em seu entorno que beira o irrefletido, em Freda. Ela está mais próxima da humanidade do que eu: abre caminho até o coração desta, enquanto eu sou incapaz disso. Suas coxas são repletas de mel. Mas essa impressão está se extinguindo, como sempre, embaixo de outras – perdi meu brochinho de madrepérola, comprei um chapéu de 16/ que não gostei & vou tomar o chá na casa de Ethel [Sands] amanhã usando o que então? Minha falta de beleza me deprime hoje. Mas até que ponto a antiga convenção de "beleza" sustenta um exame? Penso nas pessoas que já conheci. Serão bonitas? Este problema deixo por resolver.

Raymond ofereceu uma festa chique na noite de domingo. Eu estava entorpecida por causa de um tônico sonífero; & mal conseguia manter os olhos abertos enquanto as carruagens chegavam ao número 6. Contudo eu as invejei; & pensei, quando Raymond telefonou para conversar sobre o exemplar de Old Kensignton que eu lhe dei & comentou que Nancy [*Cunard*] estava linda, que eu tinha perdido a maior visão da temporada. Por sorte Lucas veio tomar o chá & disse que segundo soube a festa foi terrivelmente chata, que não havia espaço nem para as pessoas se virarem, o que me agradou muitíssimo. Lucas, Peter, eu deveria chamá-lo, veio por amizade; amizade que deve ter sido suavemente estimulada pelos meus elogios ao seu romance.[18] Ele é um padreco austero rosado & esquelético; tão inteiro & são & completamente simples que é impossível não o respeitar, embora quando o assunto seja literatura discordemos. Ele diz que Tom &tc atiraram o intelecto ao vento; desistiram do espírito; diz que Houseman & de la Mare é que são os verdadeiros poetas. Eu digo que a poesia está defunta; & que Tom &tc estão tentando reanimá-la. Os Sitwell, diz ele, fazem publicidade de si. São aristocratas, digo eu, pensando como a crítica desencadeia uma impertinência presunçosa da parte dos lacaios. Pode ser, mas não existe mérito nenhum nas obras deles, ele diz. Mas e aquele bardo de sala de estar, de la Mare, pergunto. O mais encantador dos homens. Não há dúvida. O que não há dúvida, da parte de Peter, é que ele não tem a menor coerência – está sempre correndo atrás de monstros estranhos – de peixinhos dourados nos aquários, eu digo. Bem, mas não podemos ser todos grandes poetas filosóficos, ele diz. Ora, mas Tom não é nenhum cantor de sala de estar, eu digo. Tom deu palestras em Cambridge recentemente & não deve ter causado boa impressão.[19] Conta aos rapazes, confidencialmente, como se cozinha peixe em Paris: acho que é de novo a sua maldita inibição. Mas Peter é, a meu ver, rígido demais em seus julgamentos; & ainda por cima se baseia na cultura livresca & no bonitinho. Não tem nenhuma ascendência intelectual: não é, nem nunca será, um personagem: o que é o principal requisito para se escrever crítica ou qualquer outra coisa, na minha opinião, pois todos nós estamos tão errados quanto se pode estar. O caráter, porém, é o que importa.

Terça, 9 de março

Depois fui a duas festas: o chá de Ethel; o jantar de Mary. O de Ethel foi um evento medonho & efervescente, parecido com uma frigideira. Eu conversando diante das luzes da ribalta.

Bem, disse Ott., como anda você? Parece maravilhosamente bem; como se não tivesse tido nenhuma doença na vida.

(Ora, por que falar uma coisa dessas? Para que sintam pena dela, com toda a certeza.)

Não posso dizer que melhorei.

Mas ela está vestida como uma menina de 18 anos; de peles & georgette vermelho-tomate.

Ethel diz, com uma risadinha dissimulada,

Que chapéu bonito.

Com meu velho chapéu de feltro eu estou completamente despenteada pelo vento, vim caminhando pela neve, com Dadie.

Bem, digo a mim mesma, vou enfrentar essa; sento como se num trono & continuo, primeiro para o boçalzinho do Leigh Ashton: saiu um artigo de destaque de Read no *Times* desta manhã (citando eu & Joyce como exemplos de boa prosa versus a morte da Rainha Vitória).[20]

Eu adoraria saber se você achou que está bem escrito – que homem mais encantador.

Então distrações: Ethel; Ottoline; Percy Lubbock. Os russos são mais passionais que nós?

Não, respondo; tenho em mim todas as paixões. Pediram que eu definisse uma cena dramática; Leonard diz "a minha impressão a seu respeito é a pior possível" quando aceito o convite de Ott. De repente me lembro que o convite foi de Ott. Se Mr. [Percy] Lubbock tivesse uma filha, conseguiria fazer cenas – isso é egoísmo puro & absoluto da parte de Ott.; depois voltamos para casa, segurando Dadie pelo braço; conversando sobre sua bolsa de estudos, que será anunciada no domingo (embora Peter não ache que ele vá consegui-la), falando mal do Chelsea & de Ottoline; & comentando o quanto eu fui antipopular. Quanto à festa de Mary, ali, salvo minha costumeira inibição em relação a pó de arroz & maquiagem, sapatos & meias de seda, eu tive mais sorte, graças à supremacia da literatura. Ela nos mantém sãos & salvos, a mim & a George Moore, quero dizer.

Ele tem um rosto rosado & tolo; olhos azuis como bolas de gude; uma onda de cabelos brancos como a neve; mãozinhas sem músculos; ombros caídos; barriga alta; roupas arrumadas, arroxeadas, bem escovadas; & modos perfeitos, na minha opinião. Isto é, fala sem medo ou preponderância; aceita meus méritos; os méritos de todos. Apesar da idade continua insubmisso, inquebrantável, vivaz, arguto. Já quanto a Hardy & Henry James, que dizer?

"Sou um homem razoavelmente modesto; mas confesso que considero *Esther Waters* um livro melhor do que *Tess* [*de Dubervilles*]."

Mas o que se pode dizer daquele homem? Ele não sabe escrever. Não sabe contar uma história. Toda a arte da ficção consiste em contar uma história. Veja, ele faz uma mulher confessar. E como faz isso? Em terceira pessoa – uma cena que deveria ser emocionante, comovente. Imaginem como Tolstói teria escrito isso!

Mas, disse Jack [Hutchinson], *Guerra & Paz* é o melhor romance do mundo. Eu me lembro da cena em que Natasha coloca um bigode & Rostov a enxerga pela primeira vez como ela realmente é & apaixona-se por ela.

Não, meu caro amigo, não existe nada de tão maravilhoso nisso. Trata-se de uma observação comum. Mas, minha cara amiga (para mim – meio hesitante em me chamar dessa maneira), o que se há de dizer sobre Hardy? Não há nada o que dizer. A ficção é a pior parte da literatura inglesa. Compare-a com a francesa – com os russos. Henry James escreveu umas historinhas bonitas antes de inventar seu jargão, mas eram todas sobre gente rica. Não se pode escrever histórias sobre os ricos; pois, acho que foi ele mesmo que disse, eles não têm instintos. Mas Henry James amava as balaustradas de mármore. Não existe paixão alguma em nenhum de seus personagens. E Anne Brontë foi a melhor das Brontë, & Conrad não sabia escrever, &c & tal. Mas isso está desatualizado.

Sábado,
20 de março

Mas o que será feito de todos esses diários, perguntei a mim mesma ontem. Se eu morresse, o que Leo faria deles? Dificilmente os queimaria; não conseguiria publicá-los. Bem, ele deveria fazer um livro com eles, eu acho; & depois queimar o corpo. Arrisco dizer que existe um livrinho aí no meio: se os rascunhos & rabiscos forem um pouco organizados. Deus sabe. Isso é ditado por uma ligeira melancolia, que agora às vezes me toma, & me faz pensar que estou velha: estou feia. Estou repetindo coisas. Porém, até onde sei, como escritora somente agora estou escrevendo o que me vai por dentro.

Jantar com Clive noite passada para conhecer lorde Ivor Spencer Churchill – um jovem elegante & delgado parecido com um mosquito; muito suave, muito dócil, com o rosto semitransparente de uma flor, & as pernas de uma gazela, & o colete branco & os diamantes de um dândi; & todo um interesse americano de compreender a psicanálise – lembrei da minha própria idade. Cometi uma gafe horrenda no início: disse que gostava de um quadro, de que eu não gostava, & descobri meu engano. Ora, se eu tivesse seguido minha intuição, como se deve fazer, teria acertado. Por algum motivo extraordinário, isso envenenou a noite, ligeiramente. O lorde analisava tudo com grande perspicácia; é um rapaz inteligente. Fiquei extremamente impressionada com a inteligência masculina & a habilidade de todos eles de arremessar bolas de um para o outro com rapidez & decisão: nada de dedos escorregadios; só acertos impecáveis. Adrian Bishop chegou; uma rã-touro corada; & depois fui embora, & Clive, com uma discriminação afetuosa, mas não justa, pediu desculpas, pensando que eu não tinha falado o bastante para me satisfazer, quando a verdade é que eu tinha dito a coisa errada & me deprimira. Salvo isso, a noite foi divertida, & tive vontade, como uma criança, de ficar lá para conversar. Verdade que a discussão estava passando dos meus limites – por exemplo, se Einstein estiver certo, todos seremos capazes de prever nossas próprias vidas.

As videntes agora conseguem ler a mente de modo exato, segundo lorde Ivor, que, por falar nisso, não tinha lido nem Henry James nem V.W., tem uns 23 anos & veio à Editora esta manhã, obedientemente, comprar minha obra completa. Nenhum intelectual faria isso. Estão excessivamente ansiosos em salvar a própria alma – esses aristocratas; veja o caso de lorde Berners na outra noite, que encomendou [Thomas L.] Peacock – por recomendação minha.

Por outro lado, Bea Howe veio jantar conosco; & fomos à casa de Philip [Woolf] num dia quente & abafado com o encanto de sempre, & vimos a casa, os cavalos & as torres em forma de pimenteiro de Waddesdon, & gostei da imensa franqueza & transparência de Babs,[21] mas, diz Eddy [Sackville-West], que veio tomar o chá no domingo, isso é, "eu lhe garanto", tudo coisa da minha imaginação. Você veria só como ela é tediosa se a conhecesse. Ele a conhece até dizer chega. E quem não é tedioso? Só B'y [*Bloomsbury*], segundo Ed.

Teve ainda lady Colefax: prontamente se pôs de joelhos: não, eu não irei lá; ela que venha quem sabe tomar um chazinho barato por aqui, coisa que ela fez, agradecida. Cobriu a América de cabo a rabo com a elegante & desanimada eficiência de sempre; não se sentia capaz de analisar, apenas de reportar. Charlie Chaplin uma mistura de sutileza & trivialidade: mas por quê? Não dá nenhum exemplo, & daí infiro que ela tenha ouvido isso de alguém, talvez de Esme Howard; talvez de Coolidge, ou de Douglas Fairbanks ou do rapaz italiano que dirigia o carro. Boa dona de casa que é, está fazendo Peter começar o dia sem moleza, preparando o seu próprio café da manhã & chegando em Wall Street às 9h. Existe um quê de profissionalismo sério & severo nela, praticamente não corrompido por todos os esplendores de Argyll House.

Quarta,
24 de março

"Vou entregar minha demissão esta manhã", disse L. enquanto preparava o café.
Para quem? perguntei. "Para a *Nation*."
E pronto; agora temos apenas mais seis meses à nossa frente. Eu me sinto 10 anos mais jovem; as cangalhas retiradas novamente dos nossos ombros & o mundo à nossa frente. Não posso fingir grande alvoroço em relação a isso, nem contra nem a favor. Era um emprego provisório & temporário, divertido no início, depois mortificante, & ontem à noite, depois de uma das discussões de sempre sobre artigos literários & espaço & coisas do tipo com Maynard & Hubert, L. tomou a decisão de demitir-se agora. Não houve bate-boca. Por mais estranho que pareça, durante o chá com Nessa ela me fez pensar a mesma coisa. Phil [Noel-] Baker tinha comentado com ela que considerava L. o melhor escritor em atividade, & que era uma pena que desperdiçasse tanto tempo com a *Nation* & a Editora. Daí que eu estava prestes a vir com a mesma história, você não acha que poderíamos muito bem desistir dos dois! – quando L. trouxe sua contribuição ao assunto. Ele ia jantar com Clive, de modo que a questão precisou esperar até hoje de manhã; foi decidida às 10; estava nas mãos do Chefe às 11 – & agora graças a Deus chega de chefes para nós dois enquanto vivermos, eu espero.[22]

Ao que tudo indica, L. deve ganhar £300; eu £200 – & sinceramente não creio que as coisas serão difíceis; & depois, o alívio de não ter amarras, de não ter provas [*a corrigir*], de não precisar correr atrás de artigos & tudo o mais, vale um pouco de esforço em outra área, se a coisa chegar a isso. Acho engraçada a minha própria sensação de liberdade. Virar tudo de ponta-cabeça a cada 3 ou 4 anos é a minha ideia de vida feliz. Estar sempre mudando de rumo para penetrar no olho do furacão. Já uma vida prudente, como L.

observou na praça, é o contrário disso. É necessário quedar-se no mesmo lugar. Mas com £400 garantidos & nenhum filho, por que imitar uma craca & desfrutar da segurança de uma craca? A questão seguinte será, bem sei, a Editora. Devemos abrir mão dela também, & portanto livrar-nos de tudo? Não é uma pergunta fácil, nem tão urgente. Às vezes é o que desejo. Porque, egoisticamente falando, para mim ela já cumpriu seu papel: deu-me a chance de escrever o que eu quero, & agora duvido que a Heinemann ou a Cape me intimidassem muito. Por outro lado, existe a diversão – que é considerável. Nesse ritmo vai chegar a hora em que não teremos mais nada no mundo de que abrir mão: então, para termos a sensação de mudança, teremos de nos assentar. Dizemos que vamos viajar & conhecer o mundo. Seja como for, faço a minha previsão costumeira – estaremos mais ricos daqui a um ano sem a *Nation* do que com ela. Para falar a verdade eu gosto da sensação de que *preciso* ganhar dinheiro. Desgosto intensamente da vida num cargo, em qualquer posto de autoridade. Desgosto de constar na folha de pagamentos alheia. Isso, óbvio, é parte do motivo pelo qual eu gosto de escrever para a Editora. Mas suponho que a liberdade se torna um fetiche como qualquer outro. Tais reflexões desconjuntadas eu rascunho num dia divino, inda que tempestuoso; depois de ter ido jantar, após ler Ana Karênina, numa pequena taverna com Rose Macaulay – um entretenimento não muito animador; mas uma experiência, talvez.

 Lydia entrou no cômodo onde L. estava conversando com Maynard esta manhã para mostrar-lhe seus sapatos de zebra, que custaram £5.8.6 & pareciam couro de lagarto, disse L. Também é curioso como uma mudança dessas destrói a formalidade [? palavra quase ilegível] – dissipa os elementos.

Sábado,
27 de março

Continuando – realmente não sei para que contar a história da *Nation* – não tem grande importância em nossas vidas. Porém Leonard encontrou Phil Baker, que lhe disse que ele poderia facilmente faturar £300 dando aulas na Escola de Economia, se quisesse. Ele veio para cá naquela noite & disse isso & depois saímos em meio à ventania para jantar na "taverna" de Rose M., como eu falei por engano. Lá estavam 10 escritores de segunda categoria metidos em roupas de segunda categoria, Lynds, Goulds, O'Donovan:[23] não, não irei num espasmo de humanidade incluir aí os Wolves.[24] L. falando nisso estava com seu tweed marrom-avermelhado. Então começou o tititi; aqueles frangos de pescoço pelado arranhando o velho quintal. A verdade é que não tínhamos nenhum interesse íntimo; a literatura era nosso denominador comum; & por mais que eu seja capaz de conversar horas & horas sobre literatura com Desmond ou Lytton, catar milho com aquelas galinhas ágeis de carne dura me dá náuseas. O que você acha do prêmio Hawthornden? Por que Masefield não é tão bom quanto Chaucer, ou Gerhardi tão bom quanto Tchekhov: como posso embarcar com Gerald Gould em tais tópicos? Ele lê romances incessantemente; tirou férias 3 anos atrás & se orgulha de não ter lido nada além de Tchekhov; sabe tudo sobre um romance já no primeiro capítulo. As Sylvias & os Geralds & os Roberts & as Roses repicavam & retiniam juntos ao redor da mesa. Uma mulher robusta chamada Gould ia ficando cada vez mais cor de mostarda & de tomate. Perguntei Espírito Santo? quando Mr. O'Donovan falou, todo espanto. Acomodada num sofá baixo no alegre, sadio & animado salão subterrâneo de Rose, conversei com um jovem rapaz refinado, que revelou ser Hinks, Roger, do Museu Britânico, um esteta comedido, uma variante de Leigh Ashton; mas por graça de Deus não um jornalista de segunda categoria. O tempo inteiro eu repetia para mim mesma Graças a Deus estou fora disso; fora da *Nation*; não sou mais um irmão de armas de Rose & Robert & Sylvia. É um grupo com sangue de barata; tão "simpáticos", "gentis", respeitáveis, espertos & por dentro de tudo.

Por outro lado o nosso grupo já esteve em melhor forma do que na casa de Nessa ontem à noite. L. & Adrian silentes & satíricos; o velho Sickert um tanto desdentado & rígido;[25] eu dada a tagarelar, não muito bem; mas como Nessa & Duncan não integram nem ordenam as pessoas de suas festas, voltei para casa num espasmo de vaidade ultrajada, ou nem isso exatamente, porque eu tinha colocado ali um esforço sincero, ainda que fraco, enquanto L. não; & então ele partiu de manhã cedo para Rodmell onde a Philcox[26] está no grosso das obras de reforma & encanamento: portanto não tive tempo de desenrugar a minha pétala de rosa; fui obrigada a tentar trabalhar, a concluir a cena do jantar um tanto longa & arrastada [de *Ao farol*], & tinha acabado de encontrar petróleo quando Angus entra para dizer que Eddy estava ao telefone: quer ver Rimsky Korsakov comigo na terça? Aceitei – & mais, convidei-o para jantar. Depois disso, tudo foi um torvelinho & alvoroço de dúvidas; detestei o compromisso; não conseguia me aquietar; subitamente chacoalhei meu casaco, como um retriever; encarei os fatos; enviei um telegrama para Eddy & uma carta "Não posso ir – detesto compromissos", & ponderei onde irei passar o dia? decidi que em Greenwich, cheguei lá à 1h; almocei; tudo vinha a calhar; fumei um cigarro no calçadão do píer, vi os barcos oscilando, um, dois, três, saindo da névoa; adorei aquilo tudo; sim inclusive o cachorrinho da faxineira do lavatório; vi os prédios cinzentos de

Wren defronte o rio; & depois outro grande navio, cinza & laranja; com uma mulher caminhando pelo convés; & dali fui para o hospital; primeiro para o museu onde vi a caneta & as colheres de Sir John Franklin (uma colher exige uma bela dose de imaginação para ser consagrada) – brinquei com minha mente para observar o que ela faria, – & pasme se quase não desabei no choro ao ver o casaco que Nelson usou em Trafalgar, com as medalhas que ele escondeu na mão quando foi carregado, moribundo, para que os marinheiros não percebessem que era ele. Estavam lá também seu rabicho esfiapado, de cabelo loiro grisalho amarrado em [*um laço*] preto; & suas longas meias brancas, uma delas bastante manchada, & suas calças brancas com fivelas douradas, & seu lenço branco de montaria – suponho que tudo aquilo foi retirado enquanto ele agonizava. Beije-me Hardy &c – Âncora, âncora – li tudo isso ao entrar, & pude jurar que estive lá no Victory – Portanto o feitiço funcionou neste caso.[27] Então começou a chover um pouco, mesmo assim fui até o parque, todo ele proeminência & trilhas irradiantes; depois voltei no topo de um ônibus, & então para o chá. Molly [MacCarthy] veio aqui, uma ursa leal & fiel, de quem gosto muitíssimo, a julgar pelo acúmulo contínuo do meu desejo de vê-la ao longo dessas últimas 3 ou 4 semanas, que culminou nesse meu convite a ela, eu que raramente convido alguém. Saxon veio, com o diário do bisavô; acha que posso gostar & declarar que se parece com ele;[28] depois leitura & cama. Acho que agora a minha pétala de rosa foi desenrugada. Certamente irei me lembrar dos navios chegando – (aqui [*Stephen*] Tomlin telefona, mas não vou vê-lo – a solidão é minha noiva, & foi adulterada por Clive & Mary esta noite) & do casaco de Nelson muito depois de ter esquecido o quanto fui inquieta & tola na casa de Nessa na sexta.

Sexta, 9 de abril

A vida tem sido muito boa com os Leaf. Perfeita, eu diria. Por que então tanto estardalhaço por causa dela? Se ela é capaz de engendrar o velho Walter, esfuziante & rechonchudo; & a velha Lotta, grandiosa & satisfeita; & a pequenina Kitty, tão boa & gentil quanto se pode ser; & o formoso Charles, tão amável & carinhoso.[29] Mergulhando fundo na vida de Walter, tudo é sadio & satisfatório. Seu filho o beija & pede "A bênção, pai". E ele se recosta com um risinho nas almofadas. Escolhe um macaron. Conta uma história. Lotta [ilegível], em seu vestido de veludo preto. Somente eu estou exilada dessa profunda felicidade natural. É o que eu sinto sempre; ou pelo menos o que agora sinto com frequência – que a felicidade natural é o que me falta, em profusão. Tenho a felicidade intensa – mas não isso. Portanto isso é o que eu mais invejo; a afabilidade & o amor da família & o andar nos trilhos da vida humana. Realmente, exagero à parte, é uma forma de existência bastante satisfatória. E que existe o tempo inteiro para milhares de pessoas. Por que nenhum de nós conseguiu tê-la, nessa medida?[30] Jovens & velhos concordando em viver juntos: & sendo normais; & inteligentes o suficiente é claro; porém não limitados ou inibidos nas suas emoções. Boa parte disso talvez seja a visão generalizada & harmoniosa que se tem das pessoas que não se conhece profundamente. Quem sabe eu não achasse nada disso se os visse mais. Escritores não vivem assim talvez. Mas é inútil tentar afastar essa impressão que é tão forte. Fico, além disso, pensando a todo momento "Eles têm pena de mim. Querem saber que graça encontro na vida". Então me afundo um tanto quieta, & tento me animar a conversar com Kitty. Também sei que nada do que eu ou

Leonard fizemos – nem nossos livros nem a Editora nem qualquer outra coisa, nada disso importa para Lotta & Walter & Charles & muito pouco para Kitty. O carro de Charles está à porta. Vão perfeitamente felizes de carro para Berkhamstead, o que deve levar uma hora, ou seja, estão na estrada neste exato momento. Uma noite de primavera &tc. e tal.

*Domingo,
11 de abril*

Não posso ler Mrs. Webb porque a qualquer momento S. Tomlin pode tocar a campainha. Além disso eu gostaria de continuar falando sobre os Leaf. Quase esqueci a impressão que deixaram em mim. Enrodilhei-me novamente na minha própria personalidade. Como isso acontece – essas mudanças de perspectiva repentinas & intensas? Talvez minha vida, escrevendo, imaginando, seja extraordinariamente consciente: muito vívida para mim: & assim tomar o chá com os Leaf destrói minha vida ainda mais do que a das outras pessoas, porque ela diz para si mesma, "Isto é a vida – a única vida". Mas quando entro em um mundo completo em si mesmo, onde Walter conta uma piada, percebo que aquilo tudo existe independentemente da minha própria existência; & portanto acabo sendo nocauteada. Por mais violentas que sejam, essas impressões depressa se vão; deixando um sedimento de ideias que talvez eu discuta com L. quando formos a Iwerne Minster. Sobre a felicidade natural: & como nosso modo de vida a destrói.

A Biografia de Mrs. Webb me leva a comparar a vida dela com a minha. A diferença é que ela busca relacionar todas as suas experiências com a história; é muito racional & coerente. Sempre pensou sobre a própria vida & o significado do mundo: de fato, começou a fazer isso aos 4 anos. Estudou a si mesma como fenômeno, portanto sua autobiografia faz parte da história do século 19. Ela [*Mrs. Webb*] é um produto da ciência & da falta de fé em Deus; foi excretada pelo Espírito do Tempo. Assim ela acredita, & aí consegue se encaixar de modo bastante persuasivo, & no meu entender bastante interessante. Sorve de uma grande corrente de pensamentos. Ao contrário daquele hipócrita inibido,[31] está muito mais interessada em fatos & verdade do que naquilo que irá chocar as pessoas & no que um professor universitário não deve dizer. Pelo visto Tomlin não vem; & L. está em Staines; portanto vou tentar ler um pouco.

Walter Raleigh

Domingo, 18 de abril

~~Isso foi escrito~~
Isso não foi escrito com grande seriedade. – obviamente não – mas para testar uma caneta, acho.[32] E agora é 30 de abril, o último dia de um mês de muita chuva & vento, com exceção da abertura súbita do tempo na Páscoa, & o verão entrando em labaredas, como sempre entra, suponho; apenas um pouco nublado. Eu não disse nada sobre Iwerne Minster. Seria divertido ver o que consigo lembrar agora. Cranbourne Chase: as árvores mirradas da floresta nativa, esparsas & não reunidas em cultivos; anêmonas, campainhas, violetas, todas pálidas, espalhadas aqui & ali, sem cor, lívidas, uma vez que o sol raramente brilha. Depois o vale de Blackmore; um vasto domo de céu & os campos afundados; o sol raiando, ali, ali; um gole de chuva que como um véu escorreu do alto, ali & ali; & as colinas assomando, tão intensamente escarpadas (se é que essa é a palavra) que estavam cheias de níveis & sulcos; depois a inscrição em uma igreja "busquei a paz & a assegurei", & a pergunta, quem escreveu esses sonoros & estilísticos epitáfios? – toda a limpeza da vila de Iwerne, sua felicidade & bem-estar, fazendo-me perguntar, pois tendemos a

rir com desdém. Ainda assim este é o método certo, certamente; & depois chá & creme – & disso eu me lembro: dos banhos quentes; do meu novo casaco de couro; de Shaftesbury, tão mais baixa & menos imponente do que em minha imaginação, & do passeio até Bournemouth, & do cão & da mulher atrás do rochedo, & da vista de Swanage, & da volta para casa.

E então foi um horror: Nelly; enfrentar a ida dela; eu firme porém desolada; na terça ela me interrompeu no patamar da escada & disse "Por favor senhora posso pedir desculpas?", mas desta vez tínhamos sido tão resolutos & acreditado implicitamente nela que eu já havia escrito 6 cartas. Nenhuma cozinheira no entanto se apresentou; & eu que já tinha analisado o bastante a "questão das criadas" me contentei com a estabilidade de ter Nelly de volta. "Gosto demais da senhora para ser feliz com qualquer outra pessoa", ela disse. Em termos de elogio, este é quem sabe o maior que eu poderia receber. Mas meu pensamento perambula. É uma questão de roupas. Isso é o que me humilha – falando em elogios – caminhar pela Regent St, Bond St &c: & estar visivelmente mais malvestida do que os outros.

Ontem terminei a primeira parte de *Ao farol* & hoje comecei a segunda. Não consigo saber ao certo como será – este é o trecho mais difícil & abstrato – preciso conferir a uma casa vazia, sem personagens humanos, a passagem do tempo, sem ter olhos & feições nem nada para me agarrar: ora, sigo depressa, & de uma tacada saem duas páginas. Será loucura, será brilhantismo? Por que estou sendo tão transportada pelas palavras, & pelo visto livre para fazer exatamente o que quero? Quando leio um pouco, o texto parece ter pujança também; precisa de compressão, mas não muito mais que isso. Compare tal fluência arrebatada com as excruciantes batalhas que enfrentei com *Mrs. Dalloway* (salvo o final), espremendo-me a duras penas! Isto aqui não é fantasia: é o fato literal. Sim, & sou bastante famosa. Quanto ao resto, seguimos procrastinando com a *Nation*. Maynard, metido num sobretudo leve, está de volta; vai & vem entre a ideia de candidatar-se ou não a Reitor do King's.[33] Dissemos que Lydia iria gostar. Ele diz que isso significa meia-idade & respeitabilidade. Sinto certa solidariedade por ele, pois está ficando grisalho, comento com Clive. Clive está de volta; Nessa de partida, & eu preocupada com minhas roupas, & com Roger por ter me aborrecido ontem à noite dizendo que Nessa desanca meu temperamento às minhas costas. Depois (no novo estabelecimento duvidoso de Ralph)[34] Inez, muito parecida com Vivien [Eliot], busca meus olhos com os seus, esverdeados de bordas rosadas, & diz, Preciso lhe contar duas coisas: & então diz que me admira. Isso (duvidosamente) engolido, ela diz, Você & Oliver [Strachey] já tiveram um caso? A conexão é a seguinte: ela não gostava de mim, por ciúme. Eu me defendo dizendo que nunca o beijei & que ele nunca olhou para mim. Ela se recusa a acreditar, como há anos vem se recusando a acreditar – Que inqueritozinho mais esquisito, encenado por ela & Oliver*: mas finalmente resolvido. Chamei Leonard em meu socorro, & creio que a convenci.

*Oliver negou qualquer conhecimento; & disse que inventou isso para ter uma desculpa para uma conversa íntima. "Como tem mulher assim", comentou Rose Macaulay sentada, como um gato mumificado, na cadeira (isso foi escrito no dia 12 ago).

Quarta,
5 de maio

Um diário exato da greve[35] seria interessante. Por exemplo, agora são 15 para as 2: lá fora uma névoa castanha; ninguém constrói nada; cai um chuvisco. A primeira coisa que fazemos pela manhã é ir até a janela & olhar o tráfego em Southampton Row. É incessante. Todos de bicicleta; os carros amontoados cheios de pessoas a mais. Nenhum ônibus. Nem cartazes. Nem jornais. Os homens trabalhando na rua; pode-se usar água, gás & eletricidade; mas às 11 desligaram a luz. Fui me sentar na sala de impressão em meio à névoa castanha, enquanto L. escrevia um artigo para o *Herald*. Um rapaz de aparência extremamente revolucionária chegou de bicicleta com a *British Gazette*. L. vai escrever uma réplica a um artigo deles.[36] Tudo austero, militar, meio silencioso. Então Clive apareceu, estando a porta aberta. Ele vai se oferecer ao governo. Maynard empolgado, quer que a H. P. [Hogarth Press] publique um número improvisado da *Nation*.[37] Tudo é tedioso & deprimente, muito semelhante a esperar um trem em frente à estação. Boatos circulam – de que vão cortar o gás à 1 – falsos é claro. Ninguém sabe o que será feito. E a natureza exagerou hoje – neblina, chuva, frio. Uma voz, bastante corriqueira & formal, porém a única que resta, deseja um bom-dia às 10. É a voz da Grã-Bretanha, à qual não se pode responder. Uma voz bastante trivial, & só nos diz que o Príncipe de Gales vai voltar [*de Biarritz*], & que as ruas de Londres mostram um espetáculo sem precedentes.

Quinta,
6 de maio

(um dos efeitos curiosos da greve é que é difícil lembrar o dia da semana). Tudo continua na mesma, mas irracionalmente, seja por causa do clima, seja por força do hábito, estamos mais animados, reparamos menos, & de vez em quando pensamos em outras coisas. Os táxis saíram na rua hoje. Diversos jornais improvisados estão à venda. Não se pode acreditar em nada. Clive vai jantar em Mayfair & todos são pró-trabalhadores; fui ver Harrison [dentista] & ele me interrompe gritando "É o trapo vermelho contra a Union Jack, Mrs. Woolf", & que [Jimmy] Thomas levou 100.000. Frankie sai para jantar & descobre que todos são pró-governo. Bob [Trevelyan] passa por aqui & diz que Churchill é a favor de um acordo, mas que [Stanley] Baldwin não arreda o pé. Clive diz que Churchill é a favor de bombas de gás lacrimogêneo & de lutar até a morte, & que ele é que causou tudo isso. Assim seguimos, revirando-nos em nossa cela. Percebo com que frequência nos interrompemos & falamos "Bom, sei lá". Segundo L. este estado de espírito em aberto se deve à ausência de jornais. Parece uma encruzilhada, dos dois lados; como se fosse possível manter as coisas fixas assim por semanas. Rezamos por Deus: pelo Rei ou por Deus; qualquer pessoa imparcial que diga: agora se beijem & façam as pazes – algo que aparentemente todos nós desejamos.

 Acabo de voltar de um passeio pelo Strand. Claro que notamos os caminhões cheios de homens de idade & mulheres de pé, como os passageiros das antigas carruagens de terceira classe. Enxames de crianças tiram lasquinhas do velho calçamento de madeira. Tudo parece seguir depressa, para longe, [*ilegível*]. As lojas estão todas abertas, mas vazias. Paira uma estranha atmosfera pálida & antinatural – de intensa atividade, mas distante da vida normal. Acho que vamos nos tornar mais dependentes & estoicos com o passar dos dias. E eu entretida em comprar vestidos com Todd [editora da Vogue]; tremo toda diante da magnitude da tarefa que assumi – ir a uma modista recomendada por Todd, & até, ela sugeriu, mas nisso meu sangue gelou, acompanhada por Todd. Talvez isso me anime mais febrilmente do que a greve. É um pouco como as primeiras horas da manhã (esse estado de coisas) depois que se passou a noite em claro. Os negócios melhoraram hoje. Vendemos alguns livros. Bob [Trevelyan] saiu de Leith Hill de bicicleta; acordou às 5 da manhã para evitar a multidão. Furou o pneu uma hora depois, foi até seu mecânico, que o consertou para ele, seguiu viagem de novo, quase foi esmagado pela multidão perto de Londres, & desde então saiu zanzando pela cidade, do Chelsea a Bloomsbury, para reunir fofocas & falar, incoerentemente, sobre os ensaios de Desmond & sua própria poesia. Excretou mais duas dessas obras que "precisam ser publicadas". É ávido, ganancioso & macacal, mas tem uma espécie de encanto carrancudo & arruivado; como um cachorro que alguém provoca. Reclamou que Logan o importunava. Clive passa para conversar sobre os boletins – decerto, mais que qualquer coisa, aqui parece uma casa onde tem alguém perigosamente doente & os amigos passam para saber das coisas & precisam esperar pelas notícias do médico – Quennel, o poeta, veio; um rapaz magricela, nervoso, lamuriento, bastante bonito; à procura de trabalho, foi mendigar para os Wolves – que segundo dizem, suponho, são uma autoridade nesse assunto. Sugerimos procurar Desmond.[38] Depois de uma hora, ele foi embora – então Clive chegou & interrompeu. Tinha ido às compras no West End com Mary. Nada a reportar ali. Ele & L. ligaram o rádio às 7h & não tiveram notícia. O jeito das ruas – como as pessoas "marcham para o trabalho", essa é a frase da vez: que amanhã vai estar frio & com muito vento (está gelado hoje), que vai haver um debate acalorado nos Comuns – Em meio à multidão de passantes em

Kingsway estavam o velho Pritchard, desdentado, um velho fiapo, benevolente; deu um tapinha no ombro de Leonard & disse que estava "treinando para atirar nele"; & a velha Miss Pritchard, igualmente frágil, empoeirada, rosada, maltrapilha. "Quanto tempo isso ainda dura, Mrs. Woolf?" "Quatro semanas" "Oh, céus!" E lá se foram os dois pela ponte, até Kennington eu acho; então perto de Kingsway vem vindo um velho escrivão castigado, que precisa caminhar 5 milhas. Miss Talbot tem uma hora de caminhada pela frente; Mrs. Brown 2 horas. Mas todos eles chegam, & tagarelam como de costume – Pritchard fazendo trabalho de gente pobre por nada, como imagino que é o jeito dele, & chamando a si mesmo de Tory.[39] Então começamos a discutir na Praça sobre a questão de os cachorros usarem guias. Cachorros não podem passear soltos; mas jogar tênis tudo bem, dizem eles. L. vai entrar na briga & alistou os pequineses da Praça. Não recebemos, nem podemos enviar, nenhuma notícia do exterior. Nenhuma encomenda. *Pences* foram acrescentados ao leite, aos legumes etc. E Karin comprou 4 peças de carne com osso.

Agora está fazendo uma noite fria & meio clara; muito quieta; o único som é o de um realejo tocando à distância. Os tijolos estão empilhados no edifício & ali continuam. E Viola,[40] que estava prestes a fazer a nossa fortuna, veio jantar aqui na segunda, a noite da greve.

Sexta,
7 de maio

Nenhuma mudança. "Londres chamando as Ilhas Britânicas. Bom dia a todos." É assim que começa às 10. A única notícia é de que os arcebispos estão em conferência & pedem que oremos para sermos guiados na direção certa. Se isso significa ação, não sabemos. Não sabemos de nada. Mrs. Cartwright veio a pé de

Hampstead. Ela & L. se meteram em uma discussão acalorada, sendo ela antitrabalhista; pois ela não entende por que apoiá-los, & para ela os homens estão na rua vagabundeando em vez de irem trabalhar. Nós dois trabalhamos pouquíssimo hoje. Dia frio e úmido, com momentos de sol. Todos os compromissos inalterados. Uma menina veio a pé de Shoreditch fazer capas para cadeiras, mas gostou. O Times [Book Club] encomendou 25 Violas. Indecisão quanto a publicar ou não um número improvisado da *Nation* em Roneo.[41] Leonard foi ao escritório, eu ao Mus.[eu] Brit. [ânico], onde tudo era tranquila serenidade, dignidade & austeridade. Lá estão registrados os nomes dos grandes homens; & todos nos encolhemos como ratos mordiscando migalhas em nosso mais oficial discreto & impessoal estado de espírito. Gosto desse ambiente poeirento & livresco. A maioria dos leitores parecia ter gasto o nariz de tanto enfiá-lo nos livros, e os olhos de tanto escrever. E contudo levam uma vida que lhes agrada – acreditam na necessidade de produzir livros, imagino: checar, coligir, criar outros livros, eternamente. Deve fazer 15 anos desde a primeira vez que vim ler aqui. Voltei para casa & encontrei L. & Hubert [Henderson] recém-chegados do escritório – Hubert fez o que agora é chamado de "tomar uma xícara de chá", o que significa uma hora & meia de conversa sobre a greve. A previsão é a seguinte: se até segunda isso não estiver resolvido, ou em vias de, durará 5 semanas. Hoje nenhum salário será pago. Leonard disse que aquilo o incomodava mais do que a guerra, & Hubert nos contou que viajou pela Alemanha & que eles foram uns brutos em 1912. Ele acha que vai faltar gás & luz agora; esteve em uma reunião de jornalistas onde todos eram contra os trabalhistas (ou seja contra a greve geral) & acreditavam na vitória do Governo. L. disse que se o Estado ganhar & esmagar o T[rades]. U[nion], ele vai dedicar a vida aos trabalhistas: se o arcebispo vencer, ele se batiza. Agora, jantar no Commercio & encontrar Clive.

9 de maio Nenhuma notícia da greve. O locutor acaba de dizer que hoje todos rezamos. E L. & eu brigamos ontem à noite. Não gosto do fanático vociferante nele; nem ele da cristã irracional em mim. Mais tarde vou escrever tudo a esse respeito – o que penso da greve porém agora escrevo para testar a minha teoria de que existe consolo na expressão. Num impulso, recusei agorinha ir almoçar com os Phil Baker, que vieram apanhar L. de carro. De repente, 10 minutos atrás, comecei a me arrepender profundamente. Como eu iria adorar conversar, & ver a casa, & fazer um cabo de guerra da minha inteligência contra a deles. Agora a coisa mais sensata é me proporcionar algum prazer compensatório, coisa que não teria de fazer, caso eu tivesse ido. Só consigo pensar em escrever aqui & dar uma volta na Praça. Obscuramente, preciso tratar do meu complexo com roupas. Quando me convidam para sair, meu primeiro pensamento é, mas não tenho com o que ir. Todd não me mandou o endereço da loja; & talvez eu a tenha ofendido quando recusei seu convite para almoçar. Mas a Virginia que recusa é uma pessoa muito instintiva, & portanto poderosa. A reflexiva & sociável só vem à superfície depois. Daí o conflito.

Transmissão de [Stanley] Baldwin ontem à noite: ele enrola os rs; tenta emprestar uma força mais que mortal a suas palavras. "Tenham fé em mim. Vocês me elegeram 18 meses atrás. Que fiz eu para desmerecer sua confiança? Acaso não confiam que garantirei a justiça entre um homem e outro?" Por mais impressionante que seja escutar a voz do próprio Primeiro-Ministro, descendente de Pitt & Chatham, ainda não consigo inflamar a minha reverência até o nível certo. Imagino o homem inflexível oprimido, carregando o mundo nos ombros. E de repente toda a sua autoafirmação torna-se meio ridícula. Ele se torna megalomaníaco. Não eu não confio nele: não confio em nenhum ser humano, por mais alto que berre & enrole os rs. Briga com L. resolvida no estúdio. Ah, mas como são incessantes as discussões & interrupções! Enquanto escrevo, L. está telefonando para Hubert. Vamos organizar um abaixo-assinado.[42] Houve um degelo significativo (assim achamos) ontem à noite. O arcebispo & Grey conciliatórios. Portanto fomos dormir felizes. Hoje ostensivamente o mesmo beco sem saída; por baixo da superfície toda sorte de correntes, das quais obtemos as notícias mais contraditórias. O velho Frankie [Birrell] veio com uma história (à lareira da livraria) de uma entrevista entre Asquith & Reading que fez Reading ficar hostil em relação aos grevistas. Mais tarde, por meio de Clive, por meio de Desmond, prova-se que Asquith está em Wharfe, a 60 milhas de lorde Reading.[43] Lady Wimbore ofereceu uma festa – que juntou Thomas & Baldwin. Reunião misteriosamente cancelada hoje. Não fosse por isso a greve teria sido resolvida. Eu à Câmara dos Comuns esta manhã levando o artigo de L. para servir de ajuda para Hugh Dalton à tarde.[44] Toda essa farsa de polícia & estátuas de mármore é vagamente desagradável. Mas o Gov. providenciou-me ônibus que seguem nos dois sentidos, & ninguém atirou pedras. Guardas de prateado & carmesim em Whitehall; o Cenotáfio, & homens que tiram o chapéu seguindo seu caminho. Em casa encontro Tom Marshall conspirando com L.; depois do

Segunda, 10 de maio

almoço vou até a livraria [Birrell & Garnett's], onde as fofocas (secretas demais para o telefone) são partilhadas; dali para a Biblioteca de Londres onde vi Gooch – uma mula pálida, alta, afável & verborrágica, & Molly poeirenta & diligentemente lendo o Dublin Review de 1840;[45] a pé para casa; Clive refuta as fofocas; James [Strachey] indo pedir a assinatura de St Loe; depois Maynard telefona exigindo que publicássemos a *Nation* enquanto a *N. Statesman* vai para impressão; ao que concordei, mas L. não; daí jantar; uma batida de automóvel – & mais telefones tocando neste momento, 9.5.

Terça,
11 de maio
das 12:30 às 3

Melhor continuar escrevendo – já que este livro está acostumado a maus-tratos escandalosos – enquanto espero – aqui começam interrupções que duraram até este momento/ enquanto escrevia no estúdio com dificuldade infinita uma carta para Mr. Galsworthy com Gerald Brenan.[46] Conversar sobre o arcebispo da Cantuária com Jack Squire às 12 agora parece normal, mas nem de longe – com que frequência eu repito – tão empolgante quanto escrever *Ao farol* ou sobre de Q[uincey].[47] Achar que daqui a alguns anos esses detalhes terão interesse é acreditar em falsa psicologia. A guerra afinal de contas não passa de árida areia agora. Mas nunca se sabe: & durante a espera, escrever serve para aliviar a mente da aflição & da ânsia provocadas por esses detalhes inumeráveis. Squire não quer "abaixar a cabeça". Ajoelhar-se é dever da Igreja. A Igreja não tem nenhuma relação com a nação. O que se passa é que os trabalhadores de Roneo se recusam a compor o artigo de L. na *Nation*, em que ele afirma que a greve não é ilegal nem inconstitucional. Presumivelmente o artigo será um pequeno aperto na goela do Governo.[48] Mr. Baldwin foi ao zoo. No meio do almoço chega a admirável Miss Bulley, depois de uma visita malsucedida a Conway.[49] St Loe aderiu, assim como Rose Macaulay & Lytton. Esta noite as assinaturas serão entregues; & depois talvez o silêncio caia sobre nós. Ralph [Partridge] & Gerald [Brenan] são nossos emissários. Por outro lado todos nos telefonam – as pessoas mais improváveis – [Donald] Brace por exemplo, [Richard] Kahan; a mulher chegou com a capa nova do sofá. Ontem Ralph & Frances Marshall sofreram um acidente de trem. Os dentes dela ficaram abalados. Um homem morreu; outro quebrou a perna – tudo isso resultado de dirigir um trem sem sinalização, graças aos esforços de universitários ardentes & otimistas. Billing veio aqui dizer que vai imprimir o que for, pois todos os seus funcionários estão de volta & precisando de trabalho. Assim, uma vez que o coitado do MacDermott morreu em janeiro, talvez a *Nation* acabe sendo produzida por eles.[50] Por falar nisso, quase todos os nossos tipos estão uma bagunça, portanto nossos trabalhos de impressão tornaram-se praticamente inviáveis. Devo telefonar para James? O rapaz da Day's Library foi abordado por valentões, que derrubaram sua bicicleta, mas ele conseguiu conservar os livros & saiu ileso depois de vir aqui buscar 6 Trees. Tree segue pingando aqui e ali. Só de vez em quando temos um pedido. Mrs. C.[artwright] chega na bicicleta de Faith [Henderson, mulher do editor da *N&A*], que está vermelha de ferrugem.

Quarta, 12 de maio

Greve resolvida. (toca a campainha)
A greve foi resolvida por volta de 1:15 – ou pelo menos foi quando anunciaram no rádio. Eu estava em Tottenham Court Rd. à 1 & ouvi o megafone da Bartholomew & Fletcher anunciar que os líderes do

T.U.C. estavam em Downing Street; ao chegar em casa descobri que nem L. nem Nelly estavam sabendo de nada: 5 minutos depois, o rádio disse para ficarmos no aguardo de importantes notícias. Então tocaram uma música de piano. Depois o locutor solene, assumindo uma gravidade & pompa incríveis, leu, pronunciando uma palavra por minuto: Mensagem do número 10 da Downing Street. Os líderes do T.U.C. concordaram em suspender a greve. No mesmo instante L. correu para telefonar para a redação, Nelly para contar à atendente da Pritchard's, & eu para Mrs. C. (Mas N.[elly] falou antes), depois terminamos de almoçar; depois liguei para Clive – que sugeriu tomarmos um drinque esta noite. Vi esta manhã 5 ou 6 carros blindados seguindo lentamente pela Oxford Street; dentro de cada um dois soldados de capacete; um ia em pé com a arma em punho apontada para a frente & pronto para atirar. Mas também notei num deles um policial fumando um cigarro. Tal tipo de coisa ouso dizer que jamais verei novamente; & não tenho a menor vontade de ver. Já (agora são 2 & 10) apareceram homens com canos no hotel. E Grizzle venceu o caso contra a Praça.

Quinta, 13 de maio

Suponho que pularei todas as páginas dedicadas à greve quando eu reler este livro. Ah que capítulo enfadonho, é o que vou dizer. O arrebatamento com as assim chamadas coisas reais é sempre indizivelmente transitório. Porém hoje existe desânimo – L. está desanimado, & eu também, ininteligivelmente – porque a greve continua – nenhum ferroviário voltou: o espírito vingativo tomou conta de nossos governantes. O Governo bambeia. Parece que a T.U.C. concordou com termos que agora os mineiros rejeitam. Seja como for, vai demorar uma semana até que as máquinas da Inglaterra voltem à ativa. Há trens esparsos por toda a Inglaterra. O Trabalhista, parece evidente, acabará sendo trapaceado mais uma vez, & talvez destituído de seu poder de organizar greves no futuro. Os impressores continuam contra a *Nation*. Em suma, com a tensão eliminada, todos nos engalfinhamos & nos desentendemos & nos caluniamos. Assim é a natureza humana – & realmente a natureza humana não me agrada a menos quando adoçada pela arte. Jantamos com um grupo da greve ontem à noite & voltamos para a casa de Clive. Ali discutimos um bom tanto sobre arte. A boa & enfadonha Janet Vaughan,[51] que me lembra Emma, foi também. Fui à minha modista, Miss Brooke, & todos os procedimentos me pareceram muito tranquilos & amistosos, até mesmo agradáveis. Sinto uma luxúria enorme por coisas & formas encantadoras; que não satisfaço desde que Sally Young morreu.[52] Um passo ousado este, mas agora estou livre do pavor das roupas, & vale a pena pagar por isso, pois já não preciso bater perna na Oxford Street.

Quinta, 20 de maio

Esperando L. voltar do xadrez com Roger: 11h25. Creio que não há necessidade de dizer nada sobre a greve. Como tende a acontecer, a cabeça das pessoas se desatrela depois de uma crise; & o que foi, ou será decidido, eu não sei.

Agora precisamos reavivar os registros novamente. Tanto Viola quanto Phil Baker foram atingidos em pleno voo. Viola vem aqui depois do jantar, com muito tato, como amiga, diz ela, para fazer uma consulta. É uma criatura vistosa – tem muito de atriz – bastante criticada pelos Waleys & Marjories; mas bastante afeiçoada a mim. Tem o enorme egoísmo, a magnificação do eu, que qualquer ostentação corporal produz, eu diria. Valoriza as mulheres pelos tornozelos & quadris, como se fossem cavalos. Volta facilmente uma conversa para o tópico de seus próprios encantos: como ela deveria ter se casado com o D. de Rutland. "Lorde ___ (seu tio) me disse que a mulher que John de fato amava era eu. A duquesa me pediu, 'Faça amor com John & o afaste de ___. Em todo caso você é alta & bonita...' E de vez em quando penso que se eu tivesse me casado com ele – embora ele nunca tenha pedido minha mão – Papai não teria morrido. Eu teria evitado aquela cirurgia. Como ele adoraria ter um duque como genro! A vida dele era andar bem-vestido – esse tipo de coisa, sabe." Assim ela segue falando, com a melhor das roupas, simpática & familiar, mas também reservada; com as artimanhas & retraimentos de uma mulher do mundo, metade sórdida metade esplêndida, pouco à vontade conosco, contudo grata por ter uma sala onde possa contar suas histórias, ouvintes para quem ela é uma pessoa nova & desconhecida. Fala pelos cotovelos – porém é bastante atenta para não enfastiar; uma excelente mulher de negócios, que flutua na intensidade considerável de seu charme. Nada disso, porém, está fazendo o livro dela rodar, como se diz.

Eddy veio para o chá. Gosto dele – de suas lisonjas? sua nobreza? Não sei – eu o acho ávido & afável. E Vita vem almoçar amanhã, o que será uma grande diversão & um prazer. Acho graça da minha relação com ela: foi tão ardente em janeiro – & agora o quê? Gosto também da sua presença & beleza. Estarei apaixonada por ela? Mas o que é o amor? O fato de ela "estar apaixonada" (isso tem de vir entre aspas) por mim me excita & lisonjeia; & interessa. O que é esse "amor"? Ah & depois ela satisfaz minha eterna curiosidade: com quem esteve, o que fez – pois não tenho em alta conta a sua poesia. Como poderia? – eu que sinto tanto deleite em mitigar as obras alheias, até mesmo dos meus maiores amigos. Eu devia ler o poema dela[53] esta noite: em vez disso terminei Sharon Turner – um velho enfadonho, simples; a imagem cuspida & escarrada de Saxon. Um fastio sem fim, eu me arrisco a dizer, com a intenção mais intensa de "melhorar a si mesmo", & as afeições mais puras, & 13 filhos, & nenhuma personalidade ou ímpeto – uma adoração por longas caminhadas, por música; modesto & ao mesmo tempo convencido, à maneira de uma formiga. Quero dizer, ele tem o afinco & a persistência de uma formiga para relatar elogios, mas tão pouca personalidade que mal se poderia acusá-lo de vaidade!

Terça,
25 de maio

O calor chegou, trazendo consigo lembranças inexplicavelmente desagradáveis de festas & de George Duckworth; um medo me assombra até hoje, quando passo no topo de um ônibus por Park Lane, & lembro de Lady Arthur Russell & tudo o mais.[54] Eu me desapaixono por tudo; mas me apaixono quando o ônibus chega em Holborn. Transição curiosa esta, da tirania à liberdade. Misturada a ela o costumeiro "Pensei que quando você morreu em maio passado, Charles, eles tivessem morrido com você" – a morte escondida por entre as folhas: & o aniversário de Nessa em meio às pequeninas & duras rosetas cor de rosa de pilriteiro, que costumávamos parar para cheirar na calçada no alto de Hyde Pk. Gate, & perguntei por que, já que era maio, elas não tinham saído no dia 1º; estão saindo só agora, & o aniversário de Nessa, que creio que deve ser seu 47º, será daqui a poucos dias. Ela está na Itália: disseram que Duncan "cometeu uma gafe" pela qual recebeu uma multa de 10 liras.

L. pegou a gripe venenosa de Nelly, trazida por Lottie – Isso foi a voz dele? Grizzle diz que Sim: & se levanta balançando o rabo – Ela tem razão. Vita pegou também; senão eu estaria jantando com – Estivemos sentados na Praça. L. está melhor. Eu mais feliz. Amanhã vamos a Rodmell – ver a banheira & o banheiro & a sala de estar com a parede derrubada. Essa cereja foi tão sacudida & apertada que eu mal acredito que agora iremos sentir seu gosto. E preciso observar que a greve ainda torna necessário que eu encontre trens em Victoria.

Terminei – de modo rascunhado, admito – a 2ª parte de *Ao farol* – & é possível, portanto, que ele esteja completamente escrito até o fim de julho. Um recorde – 7 meses, caso isso se confirme.

Então Vita veio: & registro o choque do encontro após a ausência; quão tímidas ficamos; quão desiludidas pelo corpo real; quão sensíveis a novas tonalidades – algo "feminino" eu detectei, mais maduro; & ela estava mais desleixada, veio direto até aqui com suas roupas de viagem, & não tão bonita, como acontece às vezes, talvez; & assim conversamos sentadas no sofá à janela, ela um tanto silenciosa, eu matraqueando, em parte para desviar sua atenção de mim; & para evitar que ela pensasse "Bem, isso é tudo?", como ela se inclinaria a pensar, depois de haver se declarado tão abertamente por escrito. Daí que cada uma de nós registrou certa desilusão; & talvez também tenhamos adquirido alguns grãos de solidez adicional – Isso pode muito bem ser mais duradouro do que a primeira rapsódia. Mas comparei o estado dela, com justiça, com um bando de pássaros voando a esmo, fugidos, confusos: retornando, após uma longa jornada, mais uma vez para o centro das coisas. Ela estava mais quieta, tímida & envergonhada do que o usual. Não tinha nenhum assunto guardado na manga – ao ser confrontada por Nelly ou Mrs. Cartwright, levanta-se como uma garotinha. Acho bastante provável que faça Harold largar o emprego. Mas enfim, como sempre sinto, com sua "vida grandiosa", suas Dotties &tc, que eu simplesmente não conheço, talvez existam partes dela perfeitamente desiluminadas.[55] Mas não consigo escrever. Na maior parte do tempo consigo escrever. De repente o instinto da palavra me abandona. Esse é o estado permanente da maioria das pessoas, sem dúvida. Maynard encontrou George [Duckworth] & Lady M[argaret]. na casa dos Darwin. Ele é um trapaceiro & ela um demônio, escreve ele. Ela agora caminha de bengala. Que mundo melancólico esse – as bolhas se encontrando a cada 20 anos ou coisa que o valha.

Quarta,
9 de junho

Então peguei a gripe, sábado passado; fiquei sentada tremendo no Lord's sob o sol quente; então não vi ninguém, a não ser os residentes do porão, & cancelei Don Giovanni, Dadie & Hope [Mirrlees] esta noite, & o jantar de Osbert [Sitwell] amanhã. Toda a minha efervescência me abandona de vez. Consigo escrever a custo um pouco da eterna palestra "Como ler", já que a *Yale Review* a comprou,[56] & não consigo conceber do que trata *Ao farol*. Espero estimular meu cérebro na casa de Vita ou em Rodmell este fim de semana.

Sim, Rodmell é um triunfo perfeito, assim considero – mas L. me aconselha a não dizer isso. Em especial a nossa grande sala conjugada de estar & jantar, com suas 5 janelas, as vigas pelo meio, & flores & folhas oscilando em torno de nós. A água da banheira se aquece depressa; os reservatórios de água se avolumam (porém não o bastante). O clima mais uma vez nos deixou na mão, & foi uma estranha viagem para casa, via Newhaven, Peacehaven & Brighton. Os trens são lentos & escassos. A greve, devo dizer, continua. Então fomos a uma festa na casa de Edith Sitwell (eu com meu vestido novo), para "conhecer Miss Stein", uma senhora bastante parecida com Joan Fry, mas mais imponente; de brocado salpicado de azul, bastante formidável.[57] Estavam lá Morgan, Siegried [Sassoon], Todd – a quem propus, num arroubo de loucura, de fantasia, um livro – & ela aceitou! – (& Viola, bastante criticada nas austeras alturas de Ham Spray) & Edith incomodada; & cerejas aos punhados & água de cevada – como L. a descreveu brilhantemente para Sybil no dia seguinte. Ela veio: ninguém mais; sentamos & rimos – que mal existe nessa mulher meio estúpida, gentil & um tanto divertida, eu me perguntei? Depois ela expressou seu desejo de jantar conosco. L. foi almoçar com [H. G.] Wells hoje.

Quarta, 9 de junho[58]

Leonard voltou do encontro com Wells, que tagarelou até 15 para as 4: gosta de caminhar pelas ruas; tem uma casa na França gerenciada por uma brasileira muito inteligente.[59] Disse que sou "inteligente demais – algo ruim": é incapaz de criticar; traz à baila teorias sociais, porque segundo ele numa época em que a sociedade está se dissolvendo, o estado social faz parte do caráter. Eles almoçaram no Boulesteins. Leonard perguntou por ele no Autombile Club; "Um nome bastante famoso", disse o homem. E o calor & alarido da fama de Wells parece me alcançar, nesta noite chuvosa gelada: & percebo que, caso eu tivesse ficado, como ele nos convidou, ele teria me assoberbado. (Estamos com muita fome, aliás; Nelly está preparando um belo frango assado & sorvete para o jantar, de que vou gostar. Depois vamos ouvir o Gramofone.) Estou mais animada depois do meu ataque, fico feliz em dizer, embora um pouco indecisa quanto a ficar com Vita ou ir para Monk's House.

L. vai compilar seus ensaios num livro. Estou pensando em convidar Lady Horner para escrever suas memórias.[60] Hoje discutimos a data das férias de Nelly – & assim vamos nós.[61]

30 de junho[62] Este é o último dia de junho, que me encontra em negro desespero porque Clive caçoou do meu chapéu novo, Vita sentiu pena de mim, & eu afundei até as profundezas da depressão. Isso se deu no Clive ontem à noite depois que eu e Vita fomos aos Sitwell. Ai, Deus, usei o chapéu sem pensar se estava bom ou não; tudo era bastante exuberante & à vontade; vi ali um homem com cabelo trançado, outro com compridas linguetas vermelhas nas casas dos botões; & sentada ao lado de Vita eu ria & me integrava. Eram apenas 10:30 quando saímos – uma noite tranquila, estrelada: eu me recusara a ir a Colefax: ainda estava cedo demais para ela ir embora. Então ela falou, "Vamos à casa de Clive chamá-lo?", & de novo me senti tão leve, seguindo de carro pelo parque, & vendo as pessoas passarem depressa por nós. Vimos também todas as casas de Mayfair; por fim chegamos em Gordon Sqre., & lá vinha Nessa em seu passo apressado pelo escuro, com seu discreto chapéu preto. Conversamos animadas. Ela contou que Duncan fora comer um sanduíche no pub: então ele chegou, trazendo um ovo. Vamos todos para a casa de Clive?, falei; & eles concordaram. Bem, foi depois que eles chegaram & que estávamos numa roda conversando que Clive de repente falou, ou melhor berrou, mas que chapéu mais assombroso esse seu! Então perguntou onde o tinha arranjado. Fingi mistério, tentei mudar de assunto, não me deixaram, & fui encurralada no meio deles como se eu fosse uma lebre; nunca me senti tão humilhada. Clive perguntou, foi Mary que o escolheu? Não. Todd, disse Vita. E esse vestido? Todd, claro; depois disso tive de agir como se nada de terrível tivesse acontecido, mas foi muito forçado & falso & humilhante. Daí que conversei & ri demais. Duncan, mais formal & ácido que nunca, me disse é absolutamente impossível fazer qualquer coisa com um chapéu desses. E eu debochei da festa dos Squire, & Leonard ficou quieto, & fui embora profundamente mortificada, mais infeliz que em dez anos; & remoí o assunto em meus sonhos a noite inteira; & o dia de hoje foi arruinado.

1 de julho[63] Essas reflexões sobre o chapéu parecem um tanto engraçadas, eu acho. Que galo do tempo de sensibilidade eu sou! Como eu gosto – ou como no mínimo me interessam esses turbilhões (pois me senti extremamente infeliz & humilhada), consciente que sou de uma peça central que os controla – Leonard em suma. Saindo do almoço com Maynard hoje topei (com o tal chapéu & o tal vestido) com Clive & Mary, & tive de enfrentar o ataque dos dois: o vestido foi elevado às alturas, o chapéu escapou. Assim sendo, assunto encerrado. De fato a nuvem começou a se dissipar às 7 da noite de ontem.

Mas tudo isso obscureceu Garsington; Bridges; & Wells. Esses grandes homens são tão parecidos com o resto de nós. Wells notável apenas por uma combinação de estupidez com perspicácia: nariz afilado, & maçãs do rosto & papada de açougueiro. Adora, julgo eu, tagarelar & romancear sobre a vida dos outros; romanceou sobre os Webb: disse que os livros deles eram ovos esplêndidos, muito bem postos, porém gorados. Descreveu Beatrice como uma mistura de cigana com judia: uma criatura exuberante, que se tornou quacre do mesmo modo como acontece a todos nós com o tempo. Isso não tem nada a ver com ~~Deus~~ o cristianismo. O senhor é quacre?, perguntei. É claro que sou. Acreditamos que existe uma razão para as coisas (foi o que ele disse, acho). Mas ele não flutuou acima do chão por muito tempo. A hora do almoço é também quente & indigesta. Pelo ar queixoso & lacrimoso de Mrs. Wells (que tem dentes muito espaçados & em repouso parece um tanto preocupada & ao mesmo tempo vazia) percebi que ele é arrogante, lascivo & repressor na sua intimidade.[64] As virtudes que o agradam são a coragem & a vitalidade; comentei, que horror! (Esta é a história das agruras de Dorothy Richardson.) Não: nada é um horror quando existe coragem, disse ele. Seguiu tagarelando sobre a vida dela, divertido. Como ela se casara com Odel, um homem que faz desenhos simbólicos – bolhas saindo de uma boca humana & transformando-se em pernas de mulher &tc: é tão parecido com a vida, Wells disse: essa heterogeneidade – uma coisa levando a outra, & com que traço admirável. Mas não vendem. E agora Duckworth não quer mais publicar nenhum livro dela.[65] Quanto a Bridges, saltou de um arbusto de rododendro, um velho muito magro & alto, de chapéu curvo cinzento & rosto corado & devastado, olhos selvagens nebulosos; muito ativo; um tanto rouco, que conversa incessantemente. Sentamos em sua sala ampla & olhamos mais além de alfazemas azuis para morros que estavam invisíveis, mas quando eles aparecem o resto se apaga, ele disse – sua única frase poética, ou que assim me pareceu. Conversamos sobre caligrafia, sobre crítica; o que Garrod escreveu sobre Keats; & que as pessoas sabem o que é um soneto petrarquista mas não por que o alteram. Porque elas não escrevem sonetos, palpitei, & o incentivei a escrever crítica.[66] Ele é direto & lépido, de movimentos bem rápidos; me arrastava depressa para ver os cravos no jardim, depois até sua biblioteca, onde me mostrou os críticos franceses, depois contou que Michelet era seu historiador preferido; depois pedi para ver os manuscritos de Hopkins;[67] & fiquei olhando para eles com aquele gafanhoto gigantesco do Aldous enrodilhado numa cadeira ao lado. Ottoline ondeava & andejava. Ele pediu que eu voltasse um dia: leria seus poemas para mim – não os primeiros, que exigiam uma bela voz & nem são interessantes, disse: mas os recentes, seus hexâmetros. Saltitou na minha frente & abriu o portão para eu passar. Contei o quanto gostava de seus poemas – o que é verdade quanto aos curtos: mas sobretudo eu estava feliz & agradecida em vê-lo tão solícito, à vontade & interessado. Ottoline me lisonjeou nesse ponto. Mas ela tinha as questões dela também; seu charme minguante as revelou quando estávamos sentadas à beira do lago, conversando sobre Mary, Clive, vida, verdade, literatura. Daí foi a vez de Aldous & Eddie & Philip Nichols, & Miss Spender Clay,[68] que pode faturar £500 por ano se quiser, segundo Julian.

Tavistock Café[69]
1 Nessa
2 Roger
3 Julia
4 Dadie
5 Eddie
6 V.
7. Clive
8 Raymond
9 Lytton

Domingo,
4 de julho

Depois Wells veio mais uma vez; & ficou até as 4, quando saiu para se encontrar com um americano. Ele está chegando à fase da modorra: os 60 anos. Parece bem-disposto mas não tão alerta quanto antes. Falou sobre seu novo livro, as ideias que se tem aos 60. Incluiu tudo – um homem chamado Lubin, por exemplo, que inventou a agricultura intern. (eu acho), um homem que morreu na miséria & foi enxovalhado para seu túmulo em Roma no dia em que Wilson fez sua entrada – "esse catedraticozinho raso, pretensioso, cabeça oca" – Lubin é que foi o verdadeiro pensador da paz.⁷⁰ Que outras ideias ele tinha? quis saber Desmond. Bem, acabar com o domingo. Deveria haver folga a cada 10 dias. Era o regime que ele usava. 10 dias de trabalho, depois 4 ou 5 dias de folga. O sistema atual era improdutivo. A sombra do fim de semana começa na sexta-feira & só termina segunda à tarde. Ele disse que às vezes escrevia o dia inteiro durante dias; noutras nem uma linha. Tive novamente a impressão de ele ser uma mistura estranha de efervescência e solidez – adora uma frase explosiva aqui & ali. Nós o provocamos para que falasse de Hardy – um camponês velho um tanto simplório, sutil, bastante impressionado por gente inteligente que escreve livros, muito humilde, ficou felicíssimo quando Wells levou Rebecca West para visitá-lo, caminhou meia Dorchester com eles – "uma jornalista jovem & atrevida", assim Wells a chamou. Hardy já tinha ouvido falar dela. Hospedou-se com Barry [J. M. Barrie] para ver um ataque aéreo – escreveu seus primeiros livros em capítulos à medida que as editoras os pediam.⁷¹ Então levantou para ir embora: pedimos que ficasse & nos falasse de Henry James. Portanto se sentou. Ah seria um prazer ficar conversando a tarde inteira, disse ele. Henry James era um formalista. Estava sempre preocupado com roupas. Nunca foi íntimo de ninguém – nem mesmo do irmão: nunca se apaixonou. Certa feita seu irmão quis ver [G. K.] Chesterton, subiu uma escada & olhou por cima de um muro. Isso enfureceu Henry; que chamou Wells para pedir sua opinião – como se eu tivesse uma!⁷² Wells não aprendeu nada com Proust – o livro dele parece o Museu Britânico. Todos sabem que existem coisas deliciosas & interessantes por lá, mas ninguém vai. Um dia pode ser que chova – & eu diga meu Deus, o que vou fazer esta tarde? & leia Proust ou vá ao Museu Britânico. Richardson eu não leria – um homem que sabe tudo sobre a psicologia feminina (com certo desdém), ninguém deveria saber uma coisa dessas. Falei: pelo contrário, ele sabia é muito pouco: era convencional. Honra, castidade &tc. Wells disse que mudamos completamente nossos conceitos. Que o conceito de castidade desapareceu. Que as mulheres eram mais sugestionáveis que os homens. Só que não pensam a respeito – um casalzinho casto (ele fala casaizinhos) convive com um casalzinho promíscuo. Disse que somos mais felizes, talvez – que as crianças com certeza se sentem mais à vontade com os pais. Mas acha que elas estão começando a sentir falta das restrições. A se perguntar qual o sentido das coisas. Que andam muito inquietas; discutindo Henry James & Eliot & como eles são formais & excessivos – (descreveu H. J. empurrando por baixo da porta uma carta que estava escrevendo para conversar com Wells "no Reform" [um clube]). Comentei que isso era americano. Que eles são estranhos à nossa civilização. Ele disse que ele também tinha sido. O pai fora jardineiro, a mãe dama de companhia. Achava muito estranho conhecer gente que frequentava festas & usava roupas de gala. Henry James não era capaz de descrever o amor – vem então um ahh, um gesticular. Isso ele, Wells, era capaz de fazer. Sou um jornalista. Sinto orgulho de ser jornalista, ele disse. Bem, eu tenho a certa sensação de que toda escrita deveria ser jornalística – (ter um objetivo) – Ninguém sabe o que a posteridade vai requerer – pode ser um roteiro. Sempre digo ao Arnold [Bennett] que as pessoas o lerão por causa da topografia.

 Em tudo ele se mostrou, como disse Desmond depois, perfeitamente satisfeito de ser ele mesmo, consciente de suas capacidades – consciente de que não precisa se incomodar com nada, já que suas capacidades são grandes o bastante.

Quinta,
22 de julho

A ampulheta do verão está escorrendo de modo rápido & um tanto areento. Muitas noites acordo com um arrepio, pensando em alguma atrocidade minha. Trago para casa alfinetadas que aumentam de tamanho no meio da noite & se transformam em feridas abertas. Apesar disso, faço a caneta avançar por de Quincey pela manhã, tendo deixado *Ao farol* de lado até Rodmell. Lá toda a virtude, o bem, se refugia. Aqui, nada além de pequenezas – ir ao dentista, comprar pentes; receber Maynard & Bob para o chá, depois Ralph & Francis para o jantar, em seguida Eddie & Kitchen [C. H. B. Kitchin]. Mas nós dois estamos exaustos, & não conseguimos ter mais nenhuma impressão clara do caráter humano – porém precisamos ir jantar com Osbert Sitwell & ir ao Hardy amanhã. Isso é a vida humana: este é o material infinitamente precioso que nos entregam agora num pergaminho fino & depois nos arrancam para sempre; & e assim o usamos. Os dias sem sensação definida são os piores de todos. Dias em que nos obrigamos a suportar isso ou aquilo por algum motivo qualquer – mas qual motivo?[73]

Não existe nada de importante para registrar no momento: ou se existe, & nosso estado de espírito é esmagadoramente importante, deixo, também isso, para Rodmell. Lá eu vou enfrentar a última parte desse píton, meu livro; é um esforço & uma luta, & pergunto-me vez ou outra por que caio nessa. Rose Macaulay disse, "Que mais poderíamos fazer com nossos pensamentos?" Não vi mais nem ela nem Gwen, nem escrevi para Violet [Dickinson]: nem aprendi francês, nem terminei Clarissa.[74]

Desmond chegou; conversou sobre Shakespeare. Agora é assentar a mente em Suspiria.

25 de julho[75] De início achei que fosse Hardy, mas era a copeira, uma garota pequena & magra, de touca, trazendo boleiras de prata & coisas do tipo. Mrs. Hardy falou sobre seu cachorro.[76] Quanto tempo devemos ficar? Mr. Hardy consegue caminhar &c? perguntei, puxando conversa, como sabia ser de bom-tom. Ela tem os grandes olhos tristes & sem lustro de uma mulher sem filhos; uma grande docilidade & presteza, como se tivesse aprendido seu papel; nenhum grande entusiasmo, mas resignação, em receber mais visitas; usa vestido de voal florido, sapatos pretos & colar. Agora não podemos ir muito longe, ela disse, porque nosso cachorro não consegue andar muito, mas caminhamos todos os dias. Ele morde, ela contou. Ficou mais natural & animada ao falar do cachorro, que evidentemente é o centro de seus pensamentos – então a criada entrou. E outra vez a porta se abriu, mais refinadamente, & entrou trotando um velhinho bochechudo, atrevido & animado, que nos abordou com um ar bem-disposto & profissional, como o de um médico ou advogado de antigamente, murmurando "Ora ora" – ou coisas do tipo enquanto apertava nossas mãos. Vestia cinza & uma gravata listrada. O nariz tinha uma curva & a ponta virada para baixo. Um rosto redondo & branco, de olhos agora desbotados & um tanto lacrimosos, mas o aspecto geral era animado & vigoroso. Sentou-se numa cadeira de canto (fico muito esgotada com todo esse ir & vir para fazer mais do que reunir fatos) diante de uma mesa redonda, onde estavam as boleiras & coisas do tipo; um rocambole de chocolate; o que se chama de um bom chá; mas ele tomou apenas uma xícara, sentado em sua cadeira de canto. Era extremamente afável e ciente de seus deveres. Não deixava a conversa morrer nem desprezava conversa fiada. Falou de papai – disse que me viu, ou talvez fosse minha irmã, mas ele achava que era eu, no berço. Tinha ido a Hyde Park Place – ah Gate isso mesmo. Uma rua muito tranquila. Por isso o meu pai gostava de lá. Estranho pensar que em todos esses anos ele nunca tivesse ido até Londres novamente. Costumava ir com frequência. Seu pai publicou meu romance – *Far from the Madding Crowd*. Nós dois enfrentamos ombro a ombro o público britânico por causa de certos assuntos abordados ali – Talvez você tenha ouvido falar. Então ele contou que um outro romance seu, que estava para ser publicado, acabou sendo extraviado – o embrulho se perdera vindo da França – não era algo muito provável de acontecer, segundo seu pai – um original imenso; & pediu que eu enviasse meu conto.[77] Acho que ele quebrou todas as regras da Cornhill – por não ver o livro inteiro; eu o mandava em capítulos & nunca atrasei um prazo.[78] Que maravilha a juventude! Eu já tinha o livro na minha cabeça, sem sombra de dúvida, mas nunca pensei duas vezes sobre ele – saía todo mês. Eles ficaram nervosos, por causa de Miss Thackeray eu acho. Ela disse que ficava bloqueada & que tão logo ouvia o barulho das máquinas de impressão era incapaz de escrever uma palavra. Eu suponho que para um romance era ruim ser publicado dessa maneira. A pessoa começa a pensar no que é bom para a revista, não no que é bom para o livro.

A pensar no que faz uma cortina resistente, interveio Mrs. Hardy em tom de brincadeira. Ela estava inclinada sobre a mesa de chá, sem comer, olhando para fora.

Então conversamos sobre manuscritos. Mrs. Smith tinha encontrado o manuscrito de *F. from the M. C.* numa gaveta durante a guerra & o vendera para a Cruz Vermelha. Agora ele tinha recuperado seu original, &

o editor apagou todas as marcas de revisão. Mas ele gostaria que as tivessem deixado, pois elas provam que é genuíno.

Ele abaixa a cabeça como um pombo velho. Tem uma cabeça bastante comprida; olhos zombeteiros & cintilantes, porque quando conversa eles se põem a cintilar. Disse que quando foi ao Strand 6 anos atrás mal sabia onde estava, & que antes conhecia tudo aquilo de cor. Que antes comprava livros de segunda mão – nada valioso – na Wyck Street. Depois se perguntou por que a Great James Street era tão estreita & a Bedford Row tão larga. Isso sempre o intrigou. Naquele ritmo, Londres logo seria irreconhecível. Mas nunca mais devo ir lá novamente. Mrs. Hardy tentou persuadi-lo de que de carro seria tranquilo – apenas 6 horas ou algo assim. Perguntei se ela gostava de lá, & ele contou que Granville Barker lhe dissera que a época em que ela esteve na casa de repouso foi a "mais divertida de sua vida".[79] Ela conhecia todo mundo em Dorchester, mas achava que em Londres tinha mais gente interessante. Eu frequentava muito o apartamento de Siegfried [Sassoon]? Respondi que não. Então ela perguntou dele & de Morgan, & disse que ele era esquivo, como se Morgan costumasse visitá-los. Falei que ouvi de Wells que Mr. Hardy foi a Londres ver um ataque aéreo. "As coisas que dizem por aí!", ele disse. Minha esposa que foi. Certa noite houve um ataque aéreo quando estávamos na casa de Barrie. Ouvimos apenas um estourinho a distância – Os holofotes eram lindos. Pensei, se uma bomba caísse agora nesse apartamento, quantos escritores se perderiam. E sorriu daquele jeito esquisito dele, que é fresco & ao mesmo tempo um pouco sarcástico: seja como for, perspicaz. Realmente, em minha concepção não havia o menor traço de camponês simplório. Ele parecia ser perfeitamente consciente de tudo; sem dúvida ou hesitação; decidido; & havia posto no mundo todas as suas obras; de modo que não tinha dúvidas quanto a essas também. Não lhe interessavam muito seus romances, nem os romances de ninguém; encarava-os de modo descomplicado & natural. "Nunca demorei muito neles", disse. O mais longo era *The Dinnasts*. (pronuncia-se assim). "Mas esse na verdade são três livros", disse Mrs. Hardy. Sim: & me tomaram 6 anos; mas não trabalhando o tempo todo. O senhor consegue escrever poesia regularmente? perguntei (tomada de desejo de ouvi-lo dizer alguma coisa sobre seus livros); porém o cachorro não parava de aparecer. Que ele mordia; que o inspetor veio; que estava doente; & que não podiam fazer nada por ele. Algum problema se eu o deixasse entrar? perguntou-nos Mrs. Hardy, & entrou então Wes[s]ex, um vira-lata marrom & branco bastante desgrenhado, ele precisa guardar a casa, portanto naturalmente morde as pessoas, explicou Mrs. H.; Bom, disso eu já não sei, disse Hardy, em tom perfeitamente natural, & tampouco fazia grande caso dos seus poemas, ao que pareceu. O senhor escreve poemas ao mesmo tempo que escreve romances? perguntei. Não, ele disse. Escrevi uma enorme quantidade de poemas. Costumava enviá-los para toda parte, mas eram sempre recusados, ele deu um risinho. E naqueles tempos eu acreditava nos editores. Muitos se perderam – todas as versões boas se perderam. Mas eu encontrava os rascunhos & os reescrevia a partir daí. Estava sempre encontrando rascunhos. Outro dia encontrei um; mas acho que não devo mais encontrar nenhum.

 Siegfried alugou cômodos perto dali, & disse que ia trabalhar duro, mas logo foi embora.

E. M. Forster demora muito para produzir qualquer coisa – 7 anos, ele riu. Aquilo tudo transmitia uma impressão de grande desenvoltura dele na maneira de fazer as coisas. "Eu palpito que se *F. from the M.C.* tivesse sido escrito de outro modo, teria ficado bem melhor", ele disse. Mas falou como se não tivesse tido escolha, & isso não tivesse importância.

Ele costumava visitar os Lushington em Kensington Sqre. & via minha mãe ali. Ela entrava & saía enquanto eu conversava com seu pai.

Eu queria que ele dissesse uma palavra sobre suas obras antes de irmos embora & só consegui perguntar qual dos seus livros ele escolheria se, como eu, tivesse de escolher um para ler no trem. Eu trouxera *The M[ayor] of C[asterbridge]*. Este vai virar peça de teatro, observou Mrs. H., & então trouxe *L[ove's]. L[ittle] Ironies*.

E segurou seu interesse? ele quis saber.

Gaguejei que não conseguia parar de lê-lo, o que era verdade, mas saiu falso. Seja como for, ele não se deixou desviar, & seguiu falando sobre oferecer um presente de casamento para uma jovem. Nenhum dos meus livros serve como presente de casamento, ele disse. Você deveria dar a Mrs. Woolf um de seus livros, disse Mrs. Hardy, inevitavelmente. Sim, vou dar. Mas receio que apenas naquelas edições finas de papel, disse ele. Protestei que seria o bastante se ele o autografasse (depois fiquei ligeiramente envergonhada).

Teve ainda de la Mare. Seu último livro de contos [*The Connoisseur and Other Stories*] lhes pareceu uma lástima. Hardy tinha gostado muito de alguns dos seus poemas. As pessoas dizem que ele deve ser um homem sinistro para escrever contos como aqueles, mas ele é um homem muito agradável – um homem muito agradável realmente. Disse a um amigo, que implorou para que ele não desistisse da poesia: "Receio que a poesia é que está desistindo de mim". A verdade é que ele é um homem muito gentil, & recebe quem quiser visitá-lo. Chega a receber 16 pessoas por dia às vezes.[80]

O senhor acha que é impossível escrever poesia se recebemos visitas? eu quis saber. "Até seria possível – não vejo por que não. É uma questão de força física", disse Hardy. Mas evidentemente ele mesmo preferia a solidão. Sempre, no entanto, ele dizia algo sensato & sincero; & dessa maneira tornava um tanto incômoda a óbvia obrigação de elogiar. Parecia estar liberto disso tudo; muito ativo mentalmente; gostava de descrever as pessoas, não de falar de modo abstrato: por exemplo o coronel Lawrence, que foi de motocicleta de Lincoln até a casa de Hardy "segurando assim" o braço quebrado, ficou escutando atrás da porta para saber se havia alguém em casa.[81]

Tomara que ele não se suicide, disse Mrs. Hardy pensativa, ainda inclinada sobre as xícaras de chá, com um olhar desalentado. Ele sempre diz muitas coisas como essa, embora talvez nunca tenha dito isso exatamente. Mas está com olheiras. No exército ele chama a si mesmo de Shaw. Ninguém deveria saber onde ele está, mas a coisa foi parar nos jornais.

Ele me prometeu ~~desistir de voar~~ não subir mais pelos ares, disse Hardy.

Meu marido não gosta de nada relacionado aos ares, disse Mrs. Hardy.

Então começamos a olhar para o relógio de piso a um canto. Dissemos, precisamos ir – tentamos confessar que só viéramos passar o dia. Esqueci de dizer que ele ofereceu uísque com água para L., & para mim isso deixou claro que ele era um anfitrião competente, em todos os quesitos.

Portanto nos levantamos & assinamos o livro de visitas de Mrs. Hardy; enquanto Hardy foi apanhar meu exemplar de L. *Little Ironies* & trotou de volta com ele autografado, & Woolf foi grafado como Wolff, o q. deve ter lhe causado certa ansiedade. Então Wes[s]ex entrou mais uma vez. Perguntei se Hardy podia acarinhá-lo. Portanto, como mestre da casa ele se abaixou & afagou o cachorro. Wes[s]ex saiu resfolegando.

Em nenhum momento houve algum traço de deferência aos editores ou de apreço por classe social, uma simplicidade extrema: o que mais me impressionou foi sua liberdade, desenvoltura & vitalidade. Ele me pareceu bastante "Grande Vitoriano", realizando aquilo tudo com um floreio (de mãos comuns, pequenas & encarquilhadas) & sem fazer grande caso da literatura; mas imensamente interessado por fatos; incidentes; & de certa maneira, pode-se imaginar, naturalmente levado a imaginar & criar sem pensar se era algo difícil ou extraordinário; obcecado; & vivendo no imaginário. Mrs. Hardy enfiou o velho chapéu cinza na mão dele & ele seguiu trotando conosco até a rua. Onde é aquilo? perguntei, apontando para um grupo de árvores na colina em frente, pois a casa dele fica fora da cidade, no campo aberto (com colinas imensas, ondulantes, coroadas por arvorezinhas na frente & atrás, & ele disse, com interesse, "Aquilo é Weymouth. Vemos as luzes à noite – não as luzes em si, mas os reflexos delas". E então partimos, & ele tornou a trotar para dentro da casa.

―――――

Também lhe perguntei se eu poderia ver o retrato de Tess descrito por Morgan, um quadro antigo: assim ele me conduziu até uma gravura horrorosa de Tess entrando em uma sala feita a partir de um quadro de Herkomer.[82] "Era assim que eu a imaginava", ele disse. Mas eu disse que segundo me contaram ele usara um antigo quadro. "Isso é ficção" ele disse. "Eu costumava vez ou outra ver gente parecida com ela."

Mrs. Hardy me perguntou ainda, você conhece Aldous Huxley? Eu disse que sim. Eles tinham lido o livro dele, que ela considerou "muito inteligente". Mas Hardy não se lembrava. Contou que agora a mulher precisava ler para ele – seus olhos estavam muito ruins. ~~Foi esse o livro em que~~ "Hoje mudaram tudo, ele disse. Antes achávamos que precisava existir um começo um meio & um fim. Acreditávamos na teoria aristotélica. Agora um dos contos termina com uma mulher saindo da sala."[83] Ele deu um risinho. Mas já não lê mais romances.

Todas essas coisas – a literatura, os romances &c – pareciam divertidas para ele, & distantes também, algo que mal se podia levar a sério. Ele porém sentia piedade & simpatia por quem ainda se dedicava àquilo. Mas quais seriam seus interesses & atividades secretos – para que afazeres ele saiu trotando depois que fomos embora – eu não sei.

Rapazinhos lhe escrevem cartas da Nova Zelândia, que precisam ser respondidas. Um jornal japonês lançou um "especial Hardy", que ele mesmo produziu. Ele também falou sobre Blunden.[84] Creio que Mrs. Hardy o mantém atualizado sobre a produção dos poetas mais jovens.

Rodmell. 1926[85]

Como não vou ordenhar meu cérebro por uma semana, aqui escreverei as primeiras páginas do melhor livro do mundo. É isso o que seria um livro feito inteira & integralmente dos pensamentos de alguém. Imagine se fosse possível apanhá-los antes que eles se tornassem "obras de arte"? Apanhá-los quentes & repentinos à medida que surgem na cabeça – subindo a colina de Asheham por exemplo. Obviamente não se pode fazer isso; pois o processo da linguagem é lento & enganador. Precisamos parar para encontrar uma palavra; depois tem a forma da frase, que nos é exigido preencher.

Arte & Pensamento

O que eu pensei foi o seguinte: se a arte se baseia no pensamento, o que é o processo de transmutação? Eu estava contando a mim mesma a história de nossa visita aos Hardy & passei a compô-la: isto é, a me fixar em Mrs. Hardy apoiada sobre a mesa, olhando pela janela, apática, de um jeito vago; depois logo em seguida harmonizei tudo tendo isso como tema dominante. Mas o verdadeiro acontecimento foi diferente. Em seguida,

Obras de pessoas vivas

Raramente as leio.[86] Mas, por ele ter me dado seus livros, estou agora lendo C[larence] de M[aurice] Baring. Fiquei surpresa por tê-lo achado tão bom. Mas o quanto é de fato bom? Fácil afirmar que não é um livro excelente. Mas quais qualidades lhe faltam? Que não acrescenta nada à visão de vida de ninguém, talvez. Contudo, é difícil encontrar uma falha grave.

Meu espanto é que obras absolutamente de segunda categoria como esta, que suponho serem despejadas em profusão por no mínimo 20 pessoas ao ano, tenham tanto mérito. Como nunca as leio, eu me levo a acreditar que são inexistentes. E são mesmo, rigorosamente falando. Quer dizer, em 2026 não existirão; mas hoje têm certa existência; o que me intriga um pouco. Enfim, *Clarence* me entedia; mas ao mesmo tempo sinto que é importante. E por quê?

Meu próprio cérebro

Aí está um colapso nervoso completo em miniatura. Viemos na terça. Afundei numa cadeira, mal podia levantar-me; tudo era insípido; sem gosto; sem cor. Imenso desejo de descansar. Quarta – só queria ficar sozinha ao ar livre. Um ar delicioso – evitei falar; não conseguia ler. Pensei com veneração em minha própria capacidade de escrever, como se fosse algo incrível que pertencesse a outra pessoa; jamais a ser desfrutado por mim novamente. O espírito um vazio em branco. Dormi na cadeira. Quinta. Absolutamente nenhum prazer na vida; mas me senti talvez um pouco mais afinada com a existência. Identidade & idiossincrasia como Virginia Woolf completamente naufragadas. Humilde & modesta. Dificuldade em pensar no que dizer. Li automaticamente, como uma vaca ruminando um bolo alimentar. Dormi na cadeira. Sexta. Sensação de cansaço físico; porém leve atividade cerebral. Começando a ter percepção. A fazer um ou dois planos. Nenhuma capacidade de formular frases. Dificuldade de escrever para Lady Colefax. Sábado (hoje) muito mais nítida & leve. Achei que seria capaz de escrever, mas resisti, ou descobri ser impossível. Um desejo de ler poesia instalou-se na sexta. Traz de volta uma noção de minha própria individualidade. Li um pouco de Dante & Bridges, sem problemas de compreensão, mas obtendo prazer com eles. Começo agora a sentir vontade de fazer anotações, mas ainda não romances. Hoje porém os sentidos vão se reanimando. Nenhuma capacidade de "invenção" ainda; nenhuma vontade de criar cenas no meu livro. A curiosidade literária retorna: desejo de ler Dante, Havelock Ellis & a autobiografia de Berlioz; & também de fazer um espelho com moldura de tartaruga. Esses processos algumas vezes se estenderam por várias semanas.

Proporções Modificadas

Que à tardinha, ou em dias sem cor, as proporções da paisagem mudem subitamente. Vi pessoas jogando *stoolball* na campina; pareciam afundadas em um tabuleiro plano; & as colinas assomando altas & montanhosas ao redor. Todo detalhe apagado. Era um efeito extremamente belo; as cores dos vestidos das mulheres se destacavam muito vívidas & puras nos arredores quase esmaecidos. Eu sabia, também, que as proporções não estavam normais – como se eu estivesse olhando por entre as minhas pernas.

Arte de Segunda Categoria

i.e., *C.* de Maurice Baring. Dentro de seus limites, não é de segunda categoria, ou pelo menos não existe nada que à primeira vista seja marcadamente assim. Os limites são a prova da sua não existência. Ele consegue fazer apenas uma única coisa: ou seja, ele mesmo; encantador, educado, um cavalheiro inglês modesto, sensível: mas, fora desse raio, já não propaga ou ilumina muito, tudo é... como deve ser; leve, certo, bem-proporcionado, afetado até; narrado com tanta educação que não há exageros, tudo está relacionado, bem-proporcionado. Eu seria capaz de ficar lendo isso para sempre, falei. L. disse que cairíamos mortos de tédio num segundo.

Wandervögeln

da tribo dos pardais. Duas garotas decididas, queimadas de sol, empoeiradas, de malha & saia curta, com mochilas nas costas, escriturárias, ou secretárias da City,[87] andando pela rua sob o sol quente em Ripe. Meu instinto imediatamente faz subir um tabique, que as condena: eu as considero angulosas, estranhas & arrogantes em todos os sentidos. Mas tudo não passa de um grande equívoco. Tais tabiques me encerram do lado de fora. Não tenha tabiques, pois tabiques são feitos de nosso próprio tegumento; & procura alcançar a coisa em si, que não tem absolutamente nada a ver com um tabique. O hábito de criar tabiques, entretanto, é tão universal, que provavelmente preserva a nossa sanidade. Sem tal recurso para bloquear as pessoas de nossas simpatias, quem sabe talvez nos dissolvêssemos inteiramente. A separação seria impossível.[88] Mas o que existe em excesso são tabiques; não simpatias.

O retorno da saúde

Revela-se pela capacidade de fabricar imagens: a capacidade sugestiva de cada visão & palavra aumenta imensamente. Shakespeare deve tê-la possuído em tal extensão que o meu estado normal parece o estado de uma pessoa cega, surda, muda, estúpida como pedra

& de sangue frio como um peixe. E em comparação com a pobre Mrs. Bartholomew[89] eu a possuo quase na mesma extensão da de Sh[akespea]re em comparação com a minha.

Feriado[90]

Mulher muito gorda, garota & homem passam o Feriado – um dia de absoluto sol & satisfação – visitando túmulos de família no cemitério. 23 homens & mulheres jovenzinhos o passam andando por aí levando caixas pretas horrorosas nos braços & ombros, tirando fotos. Homem diz à mulher, "Alguns desses vilarejos tranquilos não parecem nem saber que hoje é feriado" em tom de superioridade & ligeiro desdém.

As Relações Maritais

Arnold Bennett diz que o horror do casamento está em sua "cotidianidade". Ela apaga toda a intensidade do relacionamento. A verdade é mais parecida com isso. A vida – digamos 4 dias em cada 7 – entra no automático; mas no 5º dia surge uma gota de satisfação (entre marido & mulher), que é mais plena & sensível justamente por causa dos dias inconscientes automáticos & costumeiros de ambos os lados. Em outras palavras o ano é marcado por momentos de grande intensidade. Os "momentos de visão" de Hardy.[91] Como poderia um relacionamento perdurar por tanto tempo a não ser em tais condições?

3 de setembro[92] Mulheres num jardim de chá em Bramber – um dia quente, sufocante: treliças de rosas; mesas brancas caiadas; classes médias baixas; ônibus passando constantemente; pedacinhos de pedra cinzenta espalhados por um gramado todo salpicado de papéis são a única coisa que restou do Castelo.[93]

Mulher inclinada sobre a mesa, analisando as gostosuras, acompanhada de duas mulheres mais velhas, de quem cuida, fala para jovem garçonete (uma garota gorducha da cor de *marmelade*, cujo corpo parecia a mais macia das banhas, destinada a casar-se logo, mas ainda com uns 16 anos apenas)

Mulher	"Que temos para o chá?"
Garota	(muito enfastiada, os braços ao longo do corpo) Bolo, pão & manteiga, chá: Geleia?
Mulher	As vespas andam incomodando? Elas entram na geleia – como se desconfiasse que não seria bom pedir a geleia.
Garota	concorda.
Mulher:	Ah, sim, as vespas andam muito proeminentes este ano.
Garota	É verdade.

Sendo assim ela não pede geleia.
Isso me divertiu, suponho.

No mais, Charleston, Tilton, *Ao farol*, Vita, excursões: o verão dominado pela sensação de mergulhar em cálido ar fresco ilimitado – um agosto como este não surge pela minha frente há anos: passeios de bicicleta; nenhum texto concluído, mas, graças ao ar fresco, a chance de ir ao rio, ou subir as colinas. Apesar de o fim do romance estar agora facilmente à vista, este, misteriosamente, não se aproxima. Estou na parte de Lily no gramado: porém se é mesmo a reta final, eu não sei. Tampouco tenho certeza da qualidade: a única certeza parece ser a de que, depois de agitar vagamente minhas antenas no ar durante uma hora todas as manhãs, em geral escrevo com ardor & facilidade até as 12.30: & assim termino minhas duas páginas.

5 de setembro[94] Então estará terminado, isto é escrito, em 3 semanas, segundo minhas previsões, contando a partir de hoje. O que emerge? No momento estou à procura de um final. O problema é juntar Lily & Mr. R[amsay]. & formar uma combinação interessante no final. Estou virando & revirando diversas ideias. O último capítulo, que começo amanhã, é No Barco: minha intenção era concluir com R. subindo o rochedo. Mas então o que seria de Lily & seu quadro? Será que deveria haver uma última página com ela & Carmichael olhando para o quadro & resumindo a personalidade de R.? Neste caso perco a intensidade do momento. Se isso se intrometer entre R. & o farol, haverá interrupção & mudança demais, eu acho. Seria possível fazê-lo num parêntesis? de modo que se tivesse a sensação de estar lendo as duas coisas ao mesmo tempo?

Amanhã devo encontrar alguma maneira de resolver isso, suponho. Depois preciso entrar na questão da qualidade. Acho que talvez o livro corra rápida & livremente demais, & termine por ficar muito fino. Por outro lado, acho que é mais sutil & mais humano do que *J.[acob]'s R.[ooom]* & *Mrs. D.* E me sinto estimulada pela minha própria abundância ao escrever. Está comprovado, acho, que o que eu tenho a dizer deve ser dito desta maneira. Como de costume, contos paralelos brotam em grande variedade agora no arremate: um livro de personagens; o fio inteiro sendo puxado a partir de uma única frase, como a de Clara Pater, "Você não nota que os pinos de telha não têm pontas?"[95] Creio que consigo desfiar as entranhas de todos desta maneira; porém a dramaticidade some completamente. Está tudo em *oratio obliqua*. Não tudo; pois existem algumas orações diretas. As partes líricas de *Ao F.* estão reunidas no intervalo de dez anos, & não interferem tanto quanto de costume no texto. Sinto que desta vez o círculo se fechou de modo bastante inteiro: & não sei bem qual será o repertório da crítica. Sentimental? Vitoriano?

Depois, preciso começar a planejar meu livro sobre literatura para a Editora.[96] Seis capítulos. Por que não agrupar ideias sob um único título – por exemplo: Simbolismo. Deus. Natureza. Enredo. Diálogo? Escolher um romance & ver quais partes o compõem? Separá-las & listar exemplos de todos os livros que melhor as exibem? Provavelmente isso funcionaria do ponto de vista histórico. Seria possível criar uma teoria que desse unidade aos capítulos. Mas sinto que não consigo ler com [palavra ilegível] & exatidão para tanto. Em vez disso, quero organizar todas as ideias que se acumularam dentro de mim.

Depois quero escrever um monte de "Esboços" para ganhar dinheiro (pois de acordo com um novo arranjo, tudo o que eu faturar acima de £200 será dividido):[97] isso devo deixar ao sabor da sorte, de acordo com os livros que aparecerem pelo meu caminho. Ando assustadoramente satisfeita esses últimos dias, falando nisso. Não entendo bem. Talvez a racionalidade tenha alguma coisa a ver. Charleston & Tilton me derrubaram do poleiro por um momento: Nessa & seus filhos: Maynard & seus tapetes. Meus próprios talentos & quinhões me pareceram tão moderados em comparação; & por minha própria culpa – um pouco mais de autocontrole da minha parte & talvez tivéssemos um menino de 12, uma menina de 10:[98] Isso sempre me deixa num estado deplorável de madrugada. Então eu disse, estou destruindo o que eu tenho. E por isso me pus a explorar meus próprios tesouros ao máximo; posso ganhar dinheiro & comprar tapetes; posso aumentar enormemente o prazer da vida se eu a viver com cuidado. Sem dúvida, isso é racionalizar um estado que na verdade não é dessa natureza. Provavelmente tenho muita sorte. Mrs. [Elsie] Allinson disse que gostaria de ter minha aparência. Mary disse que sou a única mulher que ela ama.[99] Nelly cozinha excepcionalmente bem. E eu fico extremamente feliz caminhando pelas colinas. Não tenho vontade de ficar conversando com Eddy em Charleston. Gosto de espaço para espraiar meu espírito. O que quer que eu pense posso exclamar, num rompante, para L. Somos de certa maneira muito distanciados, livres, harmoniosos. Não quero de modo algum apressar as coisas & encerrar a temporada aqui. Quero ir a Seaford & voltar pelo alto das colinas; ver uma casa em East Chiltington; respirar mais luz & ar; ver mais vales cinzentos & milharais dourados & as primeiras terras aradas cintilando brancas, com gaivotas esvoaçando. Não: não quero que ninguém venha aqui interromper. Estou imensamente ocupada. Desse modo chego à minha moral, que é simplesmente desfrutar daquilo que se desfruta, sem se importunar com ah mas Nessa tem filhos, Maynard tapetes. Talvez eu vá ver Ethel [Sands, na Normandia]. Pois meus próprios desejos sempre são definidos o bastante para mostrarem-me o caminho, de uma maneira ou de outra; & a principal alegria na vida é seguir essas luzes; estou agora quase inteiramente rodeada de ovelhas. Deus sabe, bem gostaria que pudéssemos comprar o terraço & ter um jardim ao redor da edícula[100] – mas isso não diminui seriamente a felicidade.

Clive & Mary vieram aqui ontem sob o sol brilhante. Sentamos nas pedras do moinho. (Uma das ovelhas tem uma cauda parecida com uma corda de sino – as das outras são todas meio curtas.) Wells. Hardy. Maynard. Richardson. [*palavra ilegível*]. Christabel [McLaren] – que passará um mês na Grécia com Lesley Jowitt. As metáforas de Maupassant – O Questionário.[101] O harém de Lytton – A imbecilidade deles – Carrington uma cozinheira que não tem folga aos domingos. Se Eddy é arguto ou não. Tonks & Steer & Moore – Tonks apaixonado por Mary, insiste Clive; ela modesta. Assim conversamos. Depois fui com eles de carro até o Laye [uma chácara], subi a colina por trás de Asheham & deixei que todo aquele vento & sol soprassem pelas velas enlouquecidas do meu velho moinho, coisa que ainda me enche tanto de prazer. Esqueci o que pensei então: não pensei nada, suponho; tomada de empolgação por ser amada por Mary & ser um sucesso &tc. Na volta para casa, música, minha nova mesa de 15/, conversa com L.: uma grande sensação de felicidade & bem-estar. Saí para olhar as estrelas, mas não consegui obter a sensação exata de maravilhamento (eu a obtenho tão bem às vezes), porque L. disse

"Agora entre. Está frio demais para ficar aí fora"

Segunda,
13 de setembro

A bendita coisa está chegando ao [fim], digo a mim mesma com um resmungo. É como um prolongado processo da natureza, doloroso & ao mesmo tempo empolgante, que se deseja inexpressivamente que termine. Ah que alívio acordar & pensar, acabou – que alívio, & que desapontamento, imagino. Falo de *Ao farol*. Estou exacerbada por ter passado 4 dias na semana passada martelando o de Quincey, que ficou intocado desde junho; & assim recusei £30 para escrever sobre Willa Cather; agora devo terminar em uma semana, eu espero, essa ficção não rentável, & poderia ter encaixado Willa antes de voltar. Desse modo teria ganhado até outubro £70 das 200 do meu ano: (minha ganância é imensa: quero £50 só minhas no Banco para comprar tapetes persas, panelas, cadeiras &c.) Maldito seja Richmond, Maldito seja o *Times*, Malditas minhas procrastinações e meus nervos. Devo escrever sobre Cobden Sanderson & Mrs. Hermans & ganhar alguma coisa com eles, entretanto. Quanto ao livro [*Ao farol*] – Morgan disse que pensou "Isso é um fracasso" ao terminar *Passagem para a Índia*. Eu me sinto – o quê? Um tanto embotada estas duas últimas semanas por ter escrito continuamente. Mas também um tanto triunfante. Se minha intuição estiver correta, é a maior distensão a que já submeti o meu método, & creio que ele se sustenta. Com isso quero dizer que andei explorando mais tanto sentimentos quanto personagens, suponho. Mas Deus sabe; até eu olhar para a minha pesca.[102] É apenas a minha própria sensação durante o processo. Estranho como sou assombrada por aquela maldita crítica de Janet Case, "não passa de revestimento... de técnica. (*Mrs. Dalloway*). Já o *L.C.* tem substância". Mas enfim, quando estamos nesse estado de tensão qualquer mosca acha liberdade para pousar, & são sempre as mutucas que vêm. [Edwin] Muir me elogiando com inteligência é comparativamente pouco capaz de me encorajar – quando estou escrevendo, quero dizer – quando as ideias estacam. E nessa reta final, no barco, é difícil, porque o material não é tão rico quanto Lily no gramado: sou obrigada a ser mais direta & mais intensa. Estou lançando mão de um pouco de simbolismo, observo; & avanço com medo da "sentimentalidade". Estará o tema no geral sujeito a essa crítica? Por outro lado duvido que qualquer tema seja em si mesmo bom ou ruim. Dá oportunidade de destacar as qualidades peculiares de quem escreve – apenas isso.[103] Depois, estou angustiada, sem saber se fico ou não com Ethel Sands: se compro ou não um vestido. Depois, estou surpreendentemente feliz no campo – um estado de espírito que, se eu não desgostasse dos hifens, hifenizaria, para demonstrar que é um estado em si mesmo. Levamos Angus pelas colinas até Falmer ontem. Depois de todos esses anos, descobrimos algumas das regiões mais adoráveis, remotas & surpreendentes dessas bandas: mais adoráveis presumo que nossa rival, a escarpada Seaford-Tilton, pela qual caminhamos sob o sol escorchante da quinta-feira passada. Como queimava nossas cabeças, fazia a pobre cachorrinha ofegar. Lydia & Maynard vieram para o chá.

Quarta,
15 de setembro

Às vezes usarei o formato de Nota: por exemplo, esta

<u>Um Estado de Espírito</u>

Acordei quem sabe às 3. Ah está começando lá vem – o horror – fisicamente parecido com uma onda que incha no coração – & me atira para o alto. Que infeliz estou que infeliz! Para baixo – meu Deus, antes estar morta. Pausa. Mas por que estou sentindo isso? Quero observar a onda se erguer. Observo. Vanessa. Filhos. Fracasso. Sim; detecto isso. Fracasso fracasso. (A onda se levanta.) Ah eles riram de meu gosto por tinta verde! A onda quebra. Antes estar morta! Tenho só mais alguns anos de vida eu espero. Não consigo mais encarar este horror – (é a onda espraiando-se sobre mim.) Isso continua; diversas vezes, com variações de horror. Então, na crise, em vez de a dor permanecer intensa, torna-se um tanto vaga. Cochilo. Acordo com um sobressalto. A onda de novo! A dor irracional: a sensação de fracasso; geralmente agarrada a algum incidente específico, como por exemplo meu gosto por tinta verde, ou a compra de um vestido novo, ou convidar Dadie para o fim de semana. Por fim eu digo, observando o mais desapaixonadamente possível, Agora se recomponha. Já chega. Racionalizo. Faço um censo das pessoas felizes & infelizes. Preparo-me para afastar atirar para longe destruir. Começo a marchar cegamente para a frente. Sinto os obstáculos, caio. Digo não importa. Nada importa. Torno-me rígida & dura, & volto a dormir, & semidesperta sinto a onda vir & observo a luz branqueando & já não sei como, desta vez, o café da manhã & a luz do dia conseguirão dominá-la; & então escuto L. no corredor & finjo, para mim mesma & para ele, uma grande animação; & em geral eu me sinto animada após o café da manhã. Será que todos passam por tal estado? Por que tenho tão pouco controle? Não é digno de elogios, nem de apreço. É motivo de grande desperdício & dor na minha vida.

28 de setembro Tencionei registrar todos os dias um estado de espírito. Ele sempre desaparecia (algo típico), porém foi recorrente o bastante para adquirir alguma importância. Está chovendo forte esta noite; entramos no período tranquilo da partida de Nelly. Sendo assim tentarei, antes que meus dedos congelem & meu espírito vague até o fogo, escrever aqui o que consigo recordar.

A intensa depressão: devo confessar que isso me dominou diversas vezes desde 6 de setembro (acho que a data foi essa, ou próxima disso). É tão estranho que eu não consiga atinar – da depressão, quero dizer, que não provém de algo definido, mas do nada. "Onde não há nada", a frase voltou, quando sentei à mesa da sala de estar. Claro que me interessei; & descobri que, pela primeira vez em muitos anos, estive ociosa sem ter estado doente. Caminhamos, fizemos excursões, no tempo bom & quente. Eu estava escrevendo as últimas páginas de *Ao farol* (concluído, provisoriamente, em 16 de set). De alguma maneira minhas leituras tinham ficado para trás. Eu não caçava mais lebres. Certa noite caiu em minhas mãos o livro de Geoffrey Scott sobre arquitetura [*The Architecture of Humanism: A Study in the History of Taste*], & uma pequena fagulha de motivação se acendeu em mim. É um aviso então; jamais cessar de utilizar o cérebro. Sendo assim eu usei o meu cérebro. Então, por falta de planejamento, ninguém veio para cá & recebi pouquíssimas cartas; & os dias quentes, puros, intensos foram passando & passando; & o vazio persistiu, & dei para suspeitar que meu livro padecia do mesmo problema; enquanto Nessa cantarolava & ia de vento em popa & desabrochava do outro lado da colina; & certa noite houve uma longa, longa discussão. Vita quem começou, vindo para cá com Plank,[104] & L. (na minha opinião) estragou a visita fechando a cara porque comentei que ele tinha ficado bravo. Ele se fechou em copas & foi cáustico. Isso ele negou, mas admitiu que meu costume de o descrever, e aos outros, muitas vezes provocava esse efeito. Eu vi a mim mesma, meu brilhantismo, meu gênio, encanto, beleza (&c. &c. – o séquito que flutua ao meu redor há tantos anos) diminuírem & desaparecerem. A pessoa se torna então uma velha horrorosa maltrapilha vaidosa implicante, fútil & tagarela. Enxerguei isso nítida & impressivamente. Então ele disse que nos últimos tempos nossa relação não andava tão boa. Ao analisar meu estado de espírito admiti que eu andara irritada, primeiro pela prevalência dos cachorros (Grizzle além disso está no cio). Segundo por ele supor que podemos nos dar ao luxo de contratar um jardineiro em tempo integral, construir ou comprar-lhe uma casa, & comprar o terreno do terraço para fazer um jardim. Nesse caso, eu disse, ficaríamos amarrados ao compromisso de sempre vir para cá; nunca mais viajaríamos; & estaria decidido que Monk's House é o centro do mundo. Coisa que para mim, certamente, não é, falei; tampouco quero gastar tanto dinheiro com jardins, quando não temos nem para comprar tapetes, camas ou poltronas decentes. L. ficou, eu acho, magoado com isso, & eu irritada por tê-lo dito, mas mesmo assim o disse, não com raiva, mas no interesse da liberdade. Mulheres demais cedem nesse ponto & secretamente se ressentem da sua falta de egoísmo em silêncio – um clima ruim. O clima entre nós decididamente melhorou depois disso; Tommie [Tomlin] veio passar o fim de semana, & eu estou mais uma vez cheia de trabalho, sob grande pressão, interessada, & pelo visto um tanto incapaz de esclarecer, até mesmo aos meus próprios olhos, a minha temporada de profundo abatimento.

Se quiser evitar isto no futuro, recomendo, em primeiro lugar, atividade cerebral incessante; leituras & planejamento; em segundo, um sistema metódico para convidar as pessoas a virem para cá (o que será possível, com Nelly obediente & satisfeita); em terceiro, mobilidade crescente. Porque ano que vem talvez eu combine definitivamente de ver Ethel Sands. Com meu carro terei mais mobilidade.

Mas se eu desejo evitar essas tristezas é sempre uma questão. Em parte elas resultam de se ter liberdade, & possuem um interesse psicológico que não existe no estado costumeiro de trabalho & desfrute. Essas 9 semanas obrigam a pessoa a mergulhar em águas profundas; o que é um pouco alarmante, mas de enorme interesse. O resto do ano passamos (eu diria com justiça) restringindo & controlando essa imensurável & estranha alma. Quando ela se expande, apesar de ficarmos amedrontados & entediados & melancólicos, é, como digo a mim mesma, terrivelmente estranho. Nisso há uma vantagem que sinto ter grande importância, de quando em vez. Afundamos até o poço & nada nos protege do assalto da verdade. Lá embaixo eu não consigo escrever ou ler; & contudo existo. Eu sou. Daí me pergunto o que sou eu? & recebo uma resposta menos lisonjeira do que a que receberia na superfície – onde, verdade seja dita, recebo mais elogios do que mereço. Mas os elogios passarão; & ficaremos sozinhos com este ser estranho na velhice. Ainda bem que no fim das contas acho isso muito interessante, apesar de tão agudamente desagradável. Além disso, também posso, com esforço, ter muito mais consideração pelos sentimentos de L.; & assim manter com mais constância nosso nível costumeiro de intimidade & bem-estar: um nível que, creio eu, nenhum outro casal casado há tanto tempo alcança & mantém com tanta regularidade.

30 de setembro Gostaria de ter acrescentado alguns comentários a isto, sobre o lado místico dessa solidão; que no fim o que nos resta não somos nós mesmos, mas algo que pertence ao universo. É isso o que me amedronta & empolga em meio à depressão, tristeza & tédio profundos, ou seja lá o que for: vemos uma barbatana passar ao longe. Que imagem buscar para expressar o que quero? Sinceramente acredito que não exista nenhuma. O mais interessante é que antes, em meio a todo o meu sentir & pensar, eu nunca tivesse topado com essa constatação. A vida é, sóbria & precisamente, o mais estranho dos assuntos; traz em si a essência da realidade. Eu costumava sentir isso quando criança – fui incapaz de saltar uma poça d'água certa vez, eu me lembro, por pensar que estranho – que sou eu? &c.[105] Mas escrevendo eu não alcanço nada. A única coisa que pretendo fazer é anotar um estado de espírito singular. Arrisco dizer que isso seja o impulso por trás de um novo livro. No momento minha mente está totalmente em branco & virgem de livros*. Quero observar para ver como a ideia surge pela primeira vez. Quero rastrear o meu próprio processo.

* Talvez *As ondas* ou *As mariposas* (out. 1929)

Fiquei deprimida hoje mais uma vez porque Vita não veio (& ao mesmo tempo aliviada); tive de segurar a escada para L. no jardim, quando o que eu queria mesmo era escrever; ou experimentar o vestido de Nessa, apesar do ligeiro medo de que não ficasse dos melhores.

Mas engavetarei o problema do vestido sob os seguintes princípios. Terei um dia para comprar roupas baratas; & um bom vestido de Brooke; agora estou menos cheia de dedos com as restrições, uma vez que tudo o que preciso fazer é escrever & me açoitar para ganhar, digamos, umas £50 extras por ano para esbanjar com minhas próprias extravagâncias. Não me permitirei mais ficar arrasada no meio da noite por causa de um casaco de £3, nem sentirei receio de almoçar fora por "não ter o que vestir". Segurar as coisas com firmeza & coragem é o que se deseja. Aqui entro na questão da ordem & tudo o mais, como uma criada adquirindo mantimentos. Em breve, daqui a exatamente uma semana, não terei mais tempo para tristezas e introspecções. A questão será apenas, "Quando posso visitar você?" Betty Potter[106] já começou.

Agora preciso esquematizar um pouco o meu livro de crítica.

Sábado,
30 de outubro

Será apenas quando posso visitar você! – quão verdadeira essa profecia, apesar de ter sido feita na umidade & solidão de Rodmell. Segunda-feira Ozzie Dickinson, quarta, Lady Colefax, quinta Morgan para conhecer Abel Chevalley, jantar no Wells para conhecer Arnold Bennett, de sexta a segunda Long Barn. Assim a semana desliza ou se agarra aos meus dedos; raiva tristeza alegria, uma mistura de tédio & elação: sou o costumeiro campo de batalha de emoções; penso alternadamente em comprar poltronas & roupas; continuo lentamente mas com certo método a revisão de *Ao farol*; discuto com Nelly (que hoje apanharia o trem da tarde porque contei uma mentira sobre um telefonema), & assim vamos em frente. Maurice Baring & os Sitwell me enviam seus livros; Leonard avança resoluto, agora está cuidando do que ele chama de "correspondência"; as dobradiças da máquina de impressão rangem de leve; Mrs. C.[artwright] fugiu com meus óculos: acho os Veados um tédio; tanto quanto o macho ordinário; & deveria agora estar trabalhando em meu livro para a Editora. Todas essas coisas se ombreiam lado a lado na tela do meu cérebro. De quando em quando, eu me ponho a pensar (anoto isso, pois ficarei de olho no advento de um novo livro) em uma mulher solitária [palavra ilegível] um livro de ideias sobre a vida. Isso se intrometeu apenas uma ou duas vezes, & de modo bastante vago: é uma dramatização de meu ânimo em Rodmell. Será uma tentativa de algo místico, espiritual; aquilo que existe quando não estamos ali. Quanto aos assuntos externos, fomos passar o fim de semana em Cambridge; aquecemo-nos no Bull – aí está um bom tema – Hotel. Muitas pessoas de Macclesfield conversando sobre carros. Mães, para mim patéticas, olhando meio timidamente para seus filhos, como se menosprezassem a idade deles. Uma vida inteira abriu-se para mim: pai, mãe, filho, filha. Só o pai toma vinho. Um homem enorme, como um anúncio do Poder: sentado na poltrona. Papai o senhor vai sofrer aí, disse a garota, ela própria bovina. A mãe um mero fiapo; sentada de olhos fechados; passara horas dirigindo descrevendo personalidades de criadas.[107] Será que irei me lembrar de alguma dessas coisas? Depois, Gosse apresentando Vita na Royal _____ qualquer coisa. Nunca vi a hierarquia completa da lit. exposta tão abertamente. Gosse, um ornamento num bule de chá: abaixo dele fileira após fileira de velhas viúvas robustas cujos maridos haviam sido professores, especialistas em besouros sem dúvida nenhuma, professores universitários meritórios; & essa boa gente, que ruminava chá & refletia todas as profundezas dos subúrbios tingidos de literatura, a querida Vita chamou de "O Homem Oco".[108] Leu sua palestra em tons tristes & lúgubres como os de um garotinho; seu rosto pendular de classe próspera, cintilando por baixo de um chapéu preto nos fundos de uma sala enfumaçada & sombria, parecia extremamente ancestral, como um quadro envidraçado numa galeria. Ela foi bajulada pelo quitandeirozinho garboso, Gosse, que a todo instante girava nos calcanhares para lhe lançar elogios & lacerar os bolchevistas; num tom irônico que parecia rechaçar qualquer coisa que dissessem dele & enrolar em torno de todos, com cada vez mais força, as cortinas de veludo vermelho da respeitabilidade. Lá estavam Vita, inocente demais para enxergar isto, [Philip] Guedalla & [John] Drinkwater. Não me arrependo do meu balbucio mais insano & tolo, desde que tenha causado mesmo que o mais leve arranhão em tanta respeitabilidade. Mas, desnecessário dizer, nenhuma palavra minha exerceu o menor efeito.

Gosse sobreviverá a todos nós. Agora, como consegue? A mim entretanto ele pareceu, com sua ironia & inquietação, de certa maneira incomodado. Uma espécie de capacho negro se levantou; ao que parece era Lady Gosse. Daí direto para casa, com Dotty [Dorothy Wellesley] irritadíssima por terem lhe empurrado [George] Plank goela abaixo. No fim das contas, entretanto, ela deu um jeito de chegar até aqui. Noite dessas voltei com Vita depois de uma peça. Ela estava deitada, adormecida em Mount Street, no andar de cima da casa: mal se via a mobília grande & clara em torno – com um cachorro em sua cama. Acordou falante & histérica. Virginia Woolf Virginia Woolf Meu Deus! Virginia Woolf está aqui. Pelo amor de Deus Vita não acenda a luz. Nada de luz sua idiota! Mas não consigo encontrar o alella, murmurou Vita. Acabou encontrando, porém.[109] Sentamos & bebemos. Vultos ensombrados de taças & objetos, um quarto que eu nunca tinha visto; uma mulher que eu mal conhecia; Vita ali entre nós duas, íntima de ambas; elogios, extravagância, completa compostura interior da minha parte, & depois de volta para casa.

23 de novembro Aqui devo antes de mais nada fazer a resolução de encontrar um livro longo & sólido para ler. O quê? *Tristram Shandy*? Memórias de franceses? Isso vem depois de uma conversa durante o chá, sobre Angus. Ele não serve, diz L.: nunca dará um bom administrador. Então o que será, mais uma tentativa ou a Cape, ou a Secker? Essas dificuldades são recorrentes. Não me agradaria muito escrever para a Cape; contudo se a Editora está pesando em nossos ombros, não faz grande sentido esperar mais. Ano que vem L. acredita que poderíamos vendê-la com vantagem. Ela nos dá uma vida repleta: mas por outro lado a vida já anda bastante repleta assim como está. Colefax complica o quadro – Colefax é a morte deste livro [o diário]. Pois acaso não estou sempre lendo seus garranchos ou respondendo-os? Isso culminou na semana passada quando ela e eu jantamos a sós, frango frio. Percebi que conversávamos socialmente, e não intimamente, ela de pérolas (falsas segundo Vita) acendendo um cigarro no outro: como uma mesa telefônica saltando de uma chamada à outra à simples menção de nomes. Geoffrey Scott, Percy Lubbock, não importa. Perfeitamente competente, &, para seus propósitos, eficiente. Ela é, insisto, uma mulher pública: todos os seus sentidos estão sintonizados nesse discurso. O sistema não funciona no modo privado, embora ela fosse muito ansiosa, pobre mulher aspirante, ligeiramente desconfiada & inquieta, para que funcionasse. Ela me contou como até o casamento viveu atrás de velhas senhoras & seus trabalhos de tricô. Então, com o casamento, mas tinha apenas 19 anos, ela se liberou: decidiu viver, como a mãe de Violet, que se inclinou à janela do Palácio de Auckland & disse a um velho que vendia arenque defumado, Isso é vida?[110] Mas agora, aos 50 anos de idade, ela pergunta novamente, Isso é vida? – correndo de um lado a outro, frequentando & oferecendo jantares; sem jamais conseguir concentrar-se num canto, & secretamente, em minha opinião, sem desejá-lo, embora finja que sim, já que ela tem o hábito do fingimento. Isso serve bem para ela, mas para mim não. Portanto não nos amalgamamos de fato; eu tenho as minhas reservas, ela as dela. Então chegou Dadie, de certa maneira para nosso alívio; depois Sir Arthur [Colefax], animado, entusiasmado, competente, dando tapinhas nas costas dela, controlando-a, sendo por ela mimado (ela regride aos seus dias de menina dissimulada, quando podia comer sopa & batatas sem a menor preocupação com a silhueta) na beirada da manta suja puída da minha poltrona da Heals.

 Todas essas coisas passam-se vertiginosamente. A fama cresce. As chances de conhecer tal pessoa, de fazer tal coisa, acumulam-se. A vida, como digo desde os 10 anos, é imensamente interessante – se tem alguma diferença, é mais rápida & aguçada aos 44 que aos 24 –, mais desesperada suponho, à medida que o rio corre para o Niágara – minha nova visão da morte; ativa, positiva, como todo o resto, excitante; & de grande importância – como uma experiência.

 "A única experiência que eu nunca irei descrever", falei para Vita ontem. Ela estava sentada no chão com sua jaqueta de veludo & saia de seda listrada, enquanto eu fazia montinhos de grandes ovos lustrosos com suas pérolas. Viera a Londres para me ver– ou seja, nós duas seguimos firmes – um caso vibrante, louvável, eu acho, inocente (do ponto de vista espiritual), que tem apenas vantagens, eu acho; um tanto tedioso para Leonard, mas não o bastante para deixá-lo preocupado. A verdade é que existe espaço para uma boa dose de relacionamentos. Depois ela volta para a Pérsia, com Leigh Ashton – aquele vira-lata um tanto estropiado de voz baixa & focinho sujo, que está sempre sendo escorraçado com o rabo entre as pernas, mas que oferece, segundo dizem, jantares de ostras.

 Estou refazendo seis páginas de *Ao farol* por dia. Creio que a coisa não segue tão rápido quanto *Mrs. D.*: mas porque eu o considero rascunhado demais, & preciso improvisar na máquina de escrever, o que considero bem mais fácil do que reescrever a mão. Minha atual opinião é que é facilmente o melhor dos meus livros, mais repleto que *J.'s R* & menos espasmódico, ocupado com coisas mais interessantes, do que *Mrs. D.*, sem as complicações de todo aquele desesperado acompanhamento da loucura. É mais livre & sutil, acho. Porém ainda não tenho ideia para nenhum outro na sequência: talvez isso signifique que tornei meu método perfeito, & agora ele ficará como está, servindo a qualquer uso que eu deseje lhe dar. Antes, o desenvolvimento do método trazia à tona novos assuntos, porque eu enxergava a oportunidade de conseguir expressá-los. Contudo agora sou assombrada de quando em vez pela vida semimística & bastante profunda de uma mulher, que deverá ser narrada quando chegar a ocasião; & o tempo será completamente obliterado; o futuro de alguma maneira irá desabrochar do passado. Um incidente – digamos a queda de uma flor – poderá abarcá-lo. Minha teoria é que o fato real praticamente inexiste – tampouco o tempo.[111] Mas não quero forçar isso. Preciso escrever meu livro para a Série [Hogarth Lectures on Literature].

Sábado, 11 de dezembro

Nunca pude pagar 2/ por uma boa peça de *chamois*, porém compro uma dúzia de caixas de fósforo por 1/6.

Já perdi as esperanças de ser bem-vestida.

Violet Dickinson acaba de passar por uma terceira cirurgia complicada & fui a uma velha loja de antiguidades em vez de visitá-la.

Leonard foi almoçar com Maynard, & um embrulho registrado volumoso acaba de chegar com a dissertação de Dadie.

Agora são quase 3h30.

Uma certa superstição me impede de ler a autobiografia de Yeats, como eu gostaria.

Estou bastante feliz neste momento: tendo organizado bem a minha semana como um todo.

Mas ando um tanto inescrupulosa. Desmarquei com os Stephen, em Thorpe: & provavelmente irei para Knole.

Uns pensamentos para preencher o tempo até o jantar.

Um artigo inteiro só sobre Londres:

Como o tinteiro de Vita florescia em sua mesa.

A vaidade de Logan: Escrevo tudo oito vezes...

(Então é assim que se faz, pensei: ele imaginou que essa fosse a única maneira de escrever como eu)

No entanto todos os meus pensamentos perecem no mesmo instante. Eu os crio com tanta vastidão. Como anestesiar a fisgada de um comentário desagradável: repetindo-o & repetindo-o de novo & mais uma vez. Fui a pé até a Violet; levei-lhe um cravo vermelho & outro branco. Meus sentimentos despertaram à medida que eu me aproximava. Visualizei a cirurgia enquanto esperava na soleira.

Também criei uma passagem para *Ao farol*: sobre as pessoas que se vão & o efeito disso nos sentimentos alheios.

Mas ler Yeats leva minhas frases para um lado: ler Sterne, para outro.

1927

Sexta,   Não é o certo, mas como não tenho um caderno novo,
14 de janeiro   devo registrar aqui (foi aqui também que registrei o início de *Ao farol*) devo registrar aqui o seu fim.[1] Neste momento acabo de concluir essa lida. Agora está pronto para que Leonard o leia na segunda. Assim sendo, eu o concluí alguns dias depois do início do ano, & fico agradecida por mais uma vez me ver livre dele. Desde 25 de outubro que venho revisando & redatilografando (alguns trechos 3 vezes) & sem dúvida deveria continuar em frente; mas não consigo. O que sinto é que é um livro rijo, musculoso, & nesta idade isso prova que existe algo dentro de mim. Ele não se esgotou nem se tornou frouxo, ou pelo menos foi essa a minha impressão depois de relê-lo.

Sábado,   Muito que bem, Leonard acabou de ler *Ao farol* &
23 de janeiro   disse que é disparado o meu melhor livro, & "uma obra-prima". Disse isso sem que eu lhe perguntasse nada. Voltei de Knole & sentei ao seu lado sem lhe fazer perguntas. Chamou-o de absolutamente novo, "um poema psicológico", foi assim que o chamou. Um avanço em relação a *Dalloway*: mais interessante. Depois desse imenso alívio, minha cabeça deixa de lado a coisa toda, como de costume, & eu me esqueço do livro; só vou tornar a preocupar-me quando chegarem as provas &, depois, quando ele sair.

    Fomos para a Cornualha (ousarei eu descrever Will,[2] se o ouço falar no quarto ao lado? – hoje é domingo – ele janta conosco). É um homenzinho irritadiço & de sangue aguado, todo vaidoso, rabugento, agitado, uma pilha de nervos. Ka é matronal, mas substanciosa. Algumas imagens eu retive – uma delas do vale à luz da tardinha – mas as outras não passaram de desbotadas impressões da vida suspensa & imobilizada pelo frio, & o Mervyn uma boquinha nervosa:

toda rachada, fria.³ Por esses motivos voltamos para casa um dia antes do previsto, & na manhã seguinte recebi uma carta do *New York H.[erald] & T.[ribune]* convidando-me a ir até lá, com passagens pagas, 120 no meu bolso & talvez despesas pagas, para escrever 4 artigos. Aceitamos, com algumas condições; mas nenhuma notícia ainda. Enquanto isso hesitamos, pois se Leonard for comigo, provavelmente teremos de tirar £150 do nosso bolso. É o que parece. Apesar de a aventura ser tentadora, quase nunca se deve encarar sem necessidade a labuta para ganhar dinheiro. Poderíamos ir para a Grécia, ou a Itália, com menos.

E Nessa viajou, pobre criatura. Fui até lá dois dias atrás & a encontrei lívida ao telefone; Elly do outro lado da linha dizendo que a doença de Duncan provavelmente era tifo.⁴ Creio que um casamento amigado torna esses momentos ainda mais devastadores: fica a sensação de angústia encoberta eu acho; de insegurança. Angus manda as cartas mais cautelosas & alarmantes. Enfim, ela partiu ontem em meio a uma nevasca, & nos beijamos na calçada sob a neve. Somos muito próximas – é um grande alento para mim. Vita viaja sábado.⁵ Amanhã janto com ela nos Colefaxes: uma festa luminosa: sem roupas de gala: meu cabelo solto pelas costas como de costume. E que importância tem isso? Cheguei a essa questão filosófica em Knole na outra noite, com a dadivosa, feminina Mrs. Rubens & Vossa Senhoria, a epítome do nobre inglês decadente, digno, amaciado, impotente; respeitável à sua modesta maneira, creio eu.⁶ Mas nunca gostei de festas. Os bailes do Palácio de Buckingham, esses sim, vale a pena olhar. Ele passa o dia em comitês em Maidstone; entrevista párocos quanto a benefícios eclesiásticos; interessa-se por xadrez & romances policiais. Vita me guiou pelos 4 acres do castelo, que ela ama: muito pouca beleza consciente para o meu gosto: salas miudinhas com vistas para as edificações: nenhuma vista: entretanto uma ou duas coisas permaneceram: Vita a passos largos em seu vestido turco caminhando pela galeria, acompanhada de dois garotinhos, bafejando-os para a frente como um alto veleiro – um bando típico da nobreza inglesa: cachorros desabalados, crianças amontoadas, tudo muito livre & pomposo: & uma carroça trazendo a madeira para ser cortada pela grande serra circular. Como você enxerga tudo isso? perguntei a Vita. Ela respondeu que enxergava aquilo como algo que acontecia da mesma maneira há centenas de anos. Eles mandavam trazer madeira do parque para abastecer suas grandes lareiras há séculos: & há séculos suas ancestrais assim caminhavam pela neve, levando seus grandes cães na coleira. Todos os séculos pareceram ficar iluminados, o passado era expressivo, articulado; & não mudo & esquecido; por detrás dele havia uma multidão de pessoas, nem um pouco mortas; nenhuma delas notável; todas de belos rostos, de membros compridos; afáveis; & dessa maneira chegamos facilmente até os tempos elisabetanos. Depois do chá, enquanto procurava cartas de Dryden para me mostrar, ela encontrou por acaso uma carta de amor de Ld Dorset (século 17) com um cacho de seu cabelo loiro macio, que segurei por um instante. A sensação era de que eles geralmente submersos estavam sendo puxados para a superfície, para a luz. Fora isso nenhuma sensação particular de reverência, nem de grande diferença ou distinção. Eles não são uma raça brilhante. A amplidão & o decoro daquilo tudo me espantaram. Ao voltar para casa encontrei Marjorie Strachey, Tom Eliot, Nessa & Roger. Um pouco restringido nosso grupo: nenhuma conversa sobre o clero ou o campo; mas quão vivaz & ágil se comparado a[7]

**Quinta,
3 de fevereiro**

O destino sempre conspira para que eu inicie o novo ano em fevereiro. Eu me pergunto, para que outro volume? (mas temos uma inovação: este aqui não é um caderno & sim um bloco de anotações – tanta preguiça que sinto nos últimos tempos em encadernar livros para escrever!)[8] Qual o propósito deles? L. ao apanhar um dos volumes no outro dia disse que Deus o guarde se eu morrer primeiro & ele tiver de ler tudo aquilo. Minha letra vai piorando. E eu, será que digo alguma coisa de interessante? Sempre se pode gastar uma hora ociosa lendo-os; & além do mais, ah sim, a partir deles irei escrever minhas memórias, um dia. Isso me faz lembrar dos Webb: aquelas 36 horas extenuantes em Liphook numa pensão enfática, com livros azuis pelos corredores;[9] & aquelas pessoas absolutamente devotadas – com isso quero dizer absolutamente integradas. Seu segredo é que por natureza elas não possuem divisões na alma que lhe torrem o tempo: o impacto delas é sólido & inteiriço. Quando não se tem olhos & ouvidos (mas Mrs. Webb ouve a conversa & prefere Mozart a Hendel, eu arriscaria dizer), é possível dedicar mais peso sobre o pão de cada dia, ou seja lá qual seja a substância que a pessoa tenha diante de si. Numa manhã cortante & chuvosa atravessamos rapidamente uma charneca, conversando. Na eficiência & desembaraço deles é possível identificar um maquinário perfeitamente ajustado; mas conversar com máquinas não encanta, nem sugere nada: apara a grama do espírito rente à raiz. Estou com pressa demais para escrever. E Mrs. W. anda muito menos ornamental que outrora: um fiapo desalinhado sem vida, com uma mancha na saia & uma chave na corrente do relógio de bolso; como se tivesse se preparado para um combate, arregaçado as mangas & aguardasse pelo fim, mas continuasse seguindo em frente.

**Sábado,
12 de fevereiro**

Exatamente o que aconteceu no caso Clive Mary não sei. Então ele mesmo não admitiu encabulado noite dessas na cozinha que ia adiar a coisa até março? mas então numa dessas tarde, como que por acaso, todo casual & garbosamente me conta, aqui, que iria de qualquer jeito. E Mary, não vai se importar? E daí se ela se importar? – foi praticamente essa a resposta dele.[10]

A prosa de Vita é fluente demais. Andei lendo-a, & ela faz a minha pena correr. Sempre que leio um clássico, me sinto refreada & – castrada não: não, o contrário; não consigo pensar na palavra certa neste momento.

Se eu estivesse escrevendo *P[assenger] to T[eheran]*, deixaria escorrer poças inteiras dessa água colorida; & depois (acho) encontraria o meu próprio método de ataque. Acho que é minha distinção como escritora tornar esse método claro & fazer da minha expressão a exata. Se estivesse escrevendo relatos de viagem, esperaria até que emergisse algum ângulo: & aí investiria nele. O método de escrever narrativas agradáveis não pode estar certo; as coisas não acontecem na cabeça dessa maneira. Mas ela é muito talentosa & tem uma voz de ouro. Isso me faz lembrar que preciso ler *Ao F.* amanhã & segunda, tão logo saia do prelo; de uma sentada só pela primeira vez, dando vazão aos meus métodos curiosos. Quero ler frouxa & livremente primeiro: & só depois me aborrecer com os detalhes.

Mas estou me esquecendo, depois de 3 dias, do acontecimento mais importante da minha vida desde o casamento – assim Clive o descreveu: Bobo [Beatrice Mayor] tosou-me. Mr. Cizec [cabeleireiro] frisou meu cabelo. A partir de agora terei cabelos curtos por toda a vida. Uma vez que já não tenho, penso eu, nenhuma pretensão de ser bonita, a simples conveniência já torna isso algo desejável. Toda manhã vou apanhar a escova, enrolar a velha mecha em torno do meu dedo & prendê-la com grampos & então, com um espanto de alegria, não, já não preciso mais. Na frente não houve alteração; atrás mais pareço o traseiro de uma perdiz. Isso leva embora metade dos terrores dos jantares; como prova, vou "jantar fora" (a distinção é clara: Roger & Clive & Bloomsbury não saem para jantar fora) com Ethel [Sands] & os [Hubert] Henderson. No mais – este foi um outono do tipo alegre & tropical, cheio de Vita, Knole & viagens: estamos quem sabe um pouco mais livres do trabalho & da Editora. Porém agora que Nessa não está, Clive não está, Duncan não está, Vita não está, o tempo do afinco se instala: estou lendo & escrevendo num ritmo veloz; pretendo "terminar" Morgan;[11] atacar meu livro sobre ficção; & ganhar todo o dinheiro que desejamos para a Grécia & um carro. Devo registrar que os primeiros sintomas de *Ao farol* são desfavoráveis. Roger, está na cara, não gostou de "O Tempo Passa".[12] A Harpers & a Forum recusaram a compra dos direitos exclusivos de publicação; a Brace escreveu, creio, com muito menos entusiasmo do que em relação a *Mrs. D*. Mas essas opiniões referem-se ao original bruto, não revisado.[13] E seja como for me sinto calejada: a opinião de L. me mantém firme; não sou nem uma coisa nem outra. Ontem Wells pediu para publicarmos um texto seu.[14] Para nós isso significa um gigantesco avanço neste mundo; & chega em cima de uma conversa um tanto seca com Angus. L. disse que ele não "administra". Angus recusa-se a ceder um centímetro que seja. Não consegue entender o que está em questão. Além disso, segundo diz, o que ele há de fazer se for embora? Ele não quer ir. Embora às vezes se sinta "farto", gosta mais daqui do que da maioria dos empregos. Porém estou convencida de que precisamos, a editora precisa, de um fanático no momento; não desse cavalheirismo silencioso & amigável. Estou irritada de tanto cuidar dos cartões & envelopes; & L. trabalha duas vezes mais que eu.

Segunda, 21 de fevereiro

Por que não inventar um novo tipo de peça – como por exemplo.

Mulher pensa: ...

Ele faz.

Órgão toca.

Ela escreve.

Eles dizem:

Ela canta:

A noite fala:

Eles sentem falta

Acho que poderia ser algo nessa linha – embora agora eu não consiga saber o quê. Distante dos fatos: livre; & no entanto concentrado; prosa, & no entanto poesia; romance & peça.

Mas hoje é <u>Segunda, 28 de fevereiro</u>

& entrei em outro fluxo de pensamento, se é que pensamento é a palavra certa.

Deixe-me recolher alguns troncos, que passam flutuando pela minha cabeça, para representar os últimos dias.

Clive, parado à porta.

Ela chora pelo inalcançável.

Isso foi dito sobre Mary. Dito isso, ele partiu para Cassis por 3 meses. Mais uma vez, se Mrs. Woolf não acha que eu valho um centavo furado, eu disse – era Rose Bartholomew à porta da casa dela sexta à noite. As frases subitamente me parecem muito significativas, só que depois eu as esqueço. Meu cérebro está bastante estagnado. Gosto de *Ao farol*? Creio que estou desapontada. Mas Deus sabe. Preciso lê-lo novamente.

Acaba de chegar uma carta de Vita & Dottie. Ela não é uma correspondente explícita. Mas devo estar gostando dela, de verdade, para tomar o susto que tomei ao ver a letra de Dottie, pensando que ela tivesse me escrito para contar que V. estava doente.

No mais acho Cowper um bom poeta. Gostaria de escrever sobre ele. Devemos ir à Grécia, à Itália ou à França? Boa coisa não ter dedicado o meu livro a Roger. Isso eu constatei na presença dele, na outra noite. Ele jantou aqui com Raymond. Intelectualmente falando, Raymond é de casta inferior. Roger um aristocrata puro. Philip [Ritchie] chegou, com os olhinhos verdes embaçados & congestionado pela bebida. Daí seguimos para Rodmell. E agora o vento está fazendo a tela de metal sobre a lareira a gás chacoalhar. Como nos protegemos dos elementos da natureza! Ao voltar para casa ontem à noite pensei, graças à civilização, eu, que agora estou com frio, molhada, & faminta, em 15 minutos posso me aquecer, ficar feliz & satisfeita & ouvir um 4teto de Mozart. E foi o que fiz. Esta campainha pode ser Tom. Não. Tom não sobe as escadas correndo – só as classes baixas fazem isso. E creio que não sairei para andar na chuva, embora vá passar esta semana inteira dando longas caminhadas românticas por Londres. Consegui quebrar o pescoço daquele ganso cinzento histérico – a alta sociedade. Não existe nada a temer em ir jantar com Ethel [Sands] ou Sybil [Colefax] – estou tosada agora. Giramos em falso por um instante, mas em seguida nos endireitamos sobre nossos próprios pés. Enfim, em relação à Alma: a alma naufragou até o fundo. Minha cabeça está vazia esta noite, tanta saudade que sinto de Nessa, & todo esse prelúdio da Primavera – o vago desconforto, a melancolia, a sensação de ancoragem. Porém minha intenção é trabalhar com mais & mais afinco. Se eles – os respeitáveis, os meus amigos, desaconselharem *Ao farol*, escreverei memórias; tenho já o plano de pôr as mãos em manuscritos históricos & escrever as Vidas dos Obscuros:[15] mas por que finjo que seguirei esses conselhos? Depois de umas férias as velhas ideias me procurarão como de costume; parecendo mais frescas, mais importantes do que nunca; & então eu zarparei uma vez mais, sentindo aquela empolgação extraordinária, o ardor & a luxúria da criação – o que não deixa de ser estranho, se o que crio é, como pode muito bem ser, absolutamente ruim. Hoje comprei um relógio de pulso novo. Ontem fui de fininho até a cama de L. fingir uma briga por pagar nossas passagens para Rodmell. Agora é terminar *Passagem para a Índia*.

Sábado,
5 de março

Os dois um tanto fatigados & com dor de cabeça. Esta é a reta final da ascendente do ano, que é sempre a pior. Concluir um livro, ou seja, corrigir as últimas provas, sempre é um tormento. E depois ando escrevendo um tanto incessantemente, uma coisa atrás da outra. Uns dias de folga, sem precisar decidir o jantar, nem atender telefonemas, nem receber pessoas, será um milagre divino. Vamos a Cassis no dia 30; depois para a Sicília; & na volta passamos por Roma. O que poderia ser mais caro ao meu coração? Muitas vezes sento & penso nas coisas que vou ver. A avidez do meu olho é insaciável. A ideia de ver um lugar novo me enche de empolgação. Eu agora imagino paisagens da Sicília. Penso na Campagna cinzenta à tardinha. Ultimamente ando bastante assoberbada com o fundo de Eliot, & por trás da diplomacia das damas – isto é, Chrissie & Sybil:[16] tanta afabilidade, tanta desconfiança mútua, & tão imenso o desejo de elogios. Molly veio aqui tomar o chá; & não conseguia parar de pensar em seus próprios problemas, primeiro rindo deles – Desmond é um bom homem &tc: depois pondo o riso de lado & tornando-se cada vez mais & mais escancaradamente preocupada. Sybil a interrogara sobre suas dívidas. A tais indignidades a pobreza expõe as pessoas. Portanto eu lhe disse a verdade, ou o que, espero, seja a verdade: que os amigos estão reunindo o bastante para que eles possam viajar para o exterior, Ah que maravilha! ela exclamou, depois de passar todos esses anos sem ver a Itália ou a Espanha. "Receio que Desmond teve uma vida um tanto infeliz", ela disse. "Mas enfim, compare com Lytton... Claro que fui extravagante ao reformar a casa... por outro lado agora podemos alugá-la." "Rachel faz longas caminhadas à noite & lê Coleridge – Ah esse Desmond não tem jeito – parece um cachorro que sai correndo quando esquecem a porta aberta." Assim conspiramos por sobre a lareira; sentindo-nos muito irmãs & solidárias. Desconfio entretanto do prazer que obtemos ao ajudar os amigos.

Segunda,
14 de março

Apesar de aborrecida por não ter recebido notícias de Vita nem na correspondência de hoje nem na da semana passada, aborrecida do ponto de vista sentimental & também por vaidade – ainda assim devo registrar a concepção de um novo livro entre as 12h & 1h de ontem. Eu disse que ficaria atenta aos sintomas desse processo extremamente misterioso. Durante algumas semanas depois de concluir *Ao farol*, julguei que eu estivesse virgem, passiva, vazia de ideias. Brincava vagamente com ideias de uma flor cujas pétalas caem; do tempo totalmente visto por um telescópio como um canal lúcido que a minha heroína atravessaria a seu bel-prazer. As pétalas caindo. Mas nada surgiu daí. Eu me desviei do esforço – dali parecia não vir nenhum impulso, supus que meu filão estivesse esgotado. Faith Henderson veio para o chá, & eu, desbravando valentemente as águas da conversação, esbocei as possibilidades que uma mulher pouco atraente, desvalida, sozinha, poderia concretizar. Comecei a imaginar tal posição – que ela pararia um carro na estrada de Dover, & assim chegaria a Dover: atravessaria o canal: &c. Ocorreu-me, vagamente, que eu poderia escrever uma narrativa *à la* Defoe por diversão. Subitamente entre as 12h & 1h concebi toda uma fantasia a ser intitulada "As noivas de Jessamy"[17] – por que motivo?, eu me pergunto. Abri ao redor dela um leque de cenas. Duas mulheres, pobres, solitárias, no andar superior de uma casa. De lá é possível avistar a Tower Bridge, nuvens, aeroplanos. E velhos escutando na sala, do outro lado do corredor. Tudo deverá se misturar aos trambolhões. Será escrito da mesma maneira como escrevo cartas, a toda velocidade: sobre as damas de Llangollen; sobre Mrs. Fladgate;[18] sobre as pessoas que passam. Nenhuma tentativa de caracterização realista dos personagens. Sugestão de safismo. A sátira será a tônica principal – a sátira & o absurdo. As damas terão Constantinopla em vista. Sonhos de domos dourados. Até minha própria veia lírica será satirizada. Tudo vai ser alvo de zombaria. E deve terminar com reticências... pronto. Pois a verdade é que eu preciso de uma aventura depois desses livros sérios, poéticos & experimentalistas cuja forma é sempre tão minuciosamente dissecada. Quero soltar as amarras & partir. Quero incorporar todas essas inúmeras ideiazinhas & historinhas que lampejam na minha imaginação em todas as épocas. Acho que será divertidíssimo de escrever; & um descanso à minha cabeça antes que eu me lance à obra

Orlando conduzindo a *As ondas*.
(8 de julho de 1933)

extremamente séria, mística & poética que desejo escrever em seguida. Até lá, antes de tocar nas "Noivas de Jessamy", devo terminar meu livro sobre ficção, o que só acontecerá em janeiro, suponho. Posso até rabiscar uma ou duas páginas de vez em quando como experimento. E sempre é possível que a ideia se evapore. Enfim, isso é para registrar a forma estranha, apressada & inesperada como essas coisas de súbito se originam – uma coisa por cima da outra em questão de uma hora. Assim idealizei *O quarto de Jacob*, fitando a lareira em Hogarth House; assim idealizei *Ao farol* certa tarde aqui, na praça.

Segunda, 21 de março

Este é o tipo de noite em que se tem a sensação de estar fora do país: a janela aberta; os tons amarelos & cinzentos das casas parecem expostos ao verão; lá fora o rumor & o clamor que tanto lembram os da Itália. Daqui a quase uma semana iniciaremos viagem. Os dias anteriores à partida me desagradam. Fui comprar roupas hoje & minha própria feiura me pegou de surpresa. Tal como Edith Sitwell, jamais consigo ter a mesma aparência que os outros – larga, alta & reta demais, o cabelo escorrido. E o meu pescoço agora está tão feio... Mas nunca penso nisso quando estou em casa.

Como é perturbador o verão! Esta noite nos sentaremos para ler com as janelas abertas, entretanto meu pensamento mal tocará a página & em seguida já flutuará para longe. Algo de incômodo & melancólico vai estar no ar. E parece ser o início do amplo & ardente verão londrino, o que me alarma um pouco; Vita & Harold estarão de volta; meu livro nas ruas. Iremos nos sentar na Praça. Mas não vou deixar que essas coisas me preocupem tanto. (é o que digo – mas estamos apenas em março.) Passaremos uma semana em Cassis – uma estranha ressurreição de todos nós no exterior. Tantos anos se passaram desde que Nessa, Clive & eu viajamos juntos para lá. Não com Leonard, é claro.[19]

Meu cérebro está ferozmente ativo. Quero atacar os meus livros como se tivesse consciência do lapso de tempo, da velhice & da morte. Deus meu, como são bonitas algumas passagens de *Ao farol*! Suaves & maleáveis, & profundas eu acho, nunca mais de uma palavra equivocada por página. É essa minha impressão em relação ao jantar & às crianças no barco; porém não quanto a Lily no gramado. Essa parte já não me agrada tanto. Mas o final, sim.

Hoje em dia recebo cartas demais para responder. Edith Sitwell veio para o chá: transparente como um osso branco que se apanha numa charneca, com águas-marinhas nas mãos longas & frágeis que deslizam, muito mais estreitas do que seria de se imaginar, como um leque fechado para dentro das nossas. Seus olhos são claros como pedras preciosas; & ela traja, num dia de março de muito vento, uma saia vermelha de algodão de três camadas, com bolinhas. Semicerra os olhos; arrulha uma risadinha esquisita, que me faz lembrar os Fisher [primos de vw]. É tudo muito afilado & pontiagudo, o nariz se mexe como o de uma toupeira. Ela disse que sou uma grande escritora, o que me alegrou. Muito sensível a tudo o que existe tanto nas pessoas como nos livros, disse ela. Desatou a falar sobre sua mãe, que praguejava no quarto das crianças, histérica, terrível; mandava Edith matar moscas-varejeiras. "Mas ninguém podia tomar liberdades com ela", disse Edith, que se orgulha de seu sangue angevino. Ela é um produto curioso, para mim agradável: sensível, estiolada, afetuosa, solitária, obrigada a voltar a pé para casa (existe qualquer coisa de fantasmagórico & anguloso nela) em Bayswater para ajudar a preparar o jantar. Ela disse que adoraria incluir grandes balões de psicologia, pessoas jantando, &c, nos seus poemas, mas que não tem o menor conhecimento da natureza humana, apenas desses poemas repentinos, intensos – que aliás ela me enviou.[20] Em outras épocas ela teria sido uma freira enclausurada; ou uma velha solteirona excêntrica & reclusa no interior. Foi a estranheza de nosso tempo que a lançou ao palco dos salões musicais. Ela exalta-se na Ribalta com todo o acanhamento & a presunção da solteirona aristocrata.[21]

Domingo, 1 de maio

Voltamos de Roma na quinta à noite; & da outra vida privada que agora planejo ter sempre, daqui em diante. Na Itália há toda uma existência à parte: isolada desta. Na Itália não se é ninguém: não se tem nome, nem vocação, nem antecedentes. E, de mais a mais, não apenas existe a beleza como também uma relação diferente com ela. No geral creio que nunca desfrutei tanto de um mês como deste. Que tamanha capacidade de desfrute nós temos! Tudo me agradou. Gostaria de não ser tão ignorante sobre a arte italiana, a literatura &c. Contudo não consigo escrever a respeito disso, nem adentrar a grande massa de sentimentos que isso produziu em mim. Encontramos Nelly às 11h30, horário em que retornamos, na cama, com alguma afecção misteriosa no rim. Isso foi um baque, o café foi um baque; tudo foi um baque. E depois lembrei que meu livro logo vai sair. Dirão que sou irreverente – dirão mil coisas. Acho, honestamente, que desta vez eu me importo muito pouco – até mesmo com a opinião dos meus amigos. Não tenho certeza se isso é bom. Eu me desapontei quando o li de fio a pavio pela primeira vez.

Depois gostei. Enfim, é o melhor que consigo fazer. Mas será bom ler minhas coisas depois de impressas, criticamente? O que estimula é que, apesar da obscuridade, da afetação &tc, as vendas aumentam continuamente. Já vendemos 1220 no prelo, & acho que chegaremos a 1500, o que para uma escritora como eu não é nada mau. Porém para mostrar que sou sincera, eu me pego pensando em outras coisas com absorção & esqueço que o livro sai na quinta. Leonard nem pensa no livro dele. Vita volta na sexta. Estou brava com Clive por fofocar a respeito da minha carta para Nessa.[22] O tempo está bom, frio, claro; jantamos ao ar livre, uma truta.

5 de maio[23]   O livro saiu. Vendemos (eu acho) 1690 no prelo – o dobro de *Dalloway*. Escrevo entretanto à sombra da nuvem carregada da resenha do *Times Lit. Sup.*, que é uma cópia exata das resenhas de *QJ* & *Mrs. Dalloway*, cavalheiresca, gentil, tímida, enaltecendo a beleza, questionando os personagens & deixando-me ligeiramente deprimida. Estou ansiosa em relação a "O Tempo Passa". Creio que a coisa toda pode ser considerada branda, rasa, insípida, sentimental. Contudo, sinceramente, pouco me importa; que me deixem em paz para ruminar. Estranho o quanto essa sensação é forte em mim. Agora acho que podemos comprar nosso carro. Daqui a quinze dias nós dois estaremos deprimidos por causa de nossos livros.

Jantamos com os West [Katherine e Douglas] ontem à noite, tudo sólido, cintilante, amplo & espaçoso; como se eles ainda estivessem se instalando; presentes de casamento; mantas & tapetes limpos &c., tudo bonito demais para o meu gosto. Vou retornar à imundície que é meu *milieu*. E afinal de contas por que ela se casou com ele? Ele é como qualquer outro jornalista que finge inteligência, comum, superficial; estava inquieto ontem à noite, com receio de que falássemos sobre Angus. Mas falamos sobre Madge.

 Eu sei por que estou deprimida: é o mau hábito de imaginar a resenha que eu gostaria de ler, antes de ler a resenha que me vem à mão. Sinto-me empolgada com meu artigo sobre Poesia & Ficção.[24] Escrever para o público sempre me atiça. Espero evitar o excesso de piadas. Depois, Vita chega amanhã. Mas não quero pessoas: quero solidão: Roma.

 Nelly não está; Pinker [cadela] não está; Clive volta em breve; ópera a toda; Francis querendo falar de literatura comigo; tempo bom de primavera.

Quarta, 11 de maio

Vita voltou; tudo na mesma, embora eu presuma que a relação das pessoas mude dia a dia. Clive veio com ela. Clive parece péssimo: sua estadia em Cassis foi um fracasso, ele não escreveu nada. Daí que surge a questão: terá ele ido longe demais na comida, na bebida, no fazer amor, para conseguir parar de repente agora? Ele parece estar ao sabor do acaso & incomodado, assim como estava antes de partir, só que agora sem nenhum braço forte em que se apoiar, como imaginava que teria quando foi para Cassis. Falou (sempre se afastando de si mesmo & depois retornando, de modo ambíguo, a esse centro) sobre estar ficando louco: que às vezes tinha a impressão de estar ficando louco; que a vida tinha terminado; que estava desgastado, exaurido; que isso ficava evidente quando olhava para Julian & Quentin. Afinal, é algo ignominioso voltar atrás depois de uma grande recusa. Mary estava na ópera, numa noite quente como esta ela pensa em ouvir Wagner, ele disse. Saxon estava no andar superior, Mary & Sybil embaixo. Tudo isso foi dito com certa inveja, &

entretanto também com incerteza; como se ele não soubesse muito bem qual linha seguir.

Meu livro. Que adianta dizer-se indiferente às resenhas quando os elogios, apesar de misturados à crítica, fornecem um tal estímulo que, em vez de nos sentirmos secos, ficamos muito pelo contrário inundados de ideias? Deduzo por vagas pistas, por Margery Joad, por Clive, que algumas pessoas o consideram o meu melhor livro. Até agora elogios de Vita; entusiasmo de Dotty; a carta de um asno desconhecido. Ninguém o leu ainda até o final, eu arriscaria o palpite; & devo ficar ainda no ar, não ansiosa & sim preocupada, por mais 2 semanas, quando então isso terá terminado.

Segunda, 16 de maio

O livro. Agora se encontra de pé, do ponto de vista da crítica – saiu há 10 dias – quinta-feira da semana passada. Nessa entusiástica – diz que é um espetáculo sublime, quase inquietante. Que é um retrato impressionante de mamãe; que sou uma retratista suprema; que ela viveu dentro da história; achou quase doloroso esse ressuscitar dos mortos. Daí Ottoline, daí Vita, daí Charlie [Sanger], daí lorde Oliver, daí Tommie [Stephen Tomlin], daí Clive: pobre Clive – veio aqui aparentemente para elogiar este "livro maravilhoso – de longe o melhor que você já escreveu", mas topou com Eddie [Sackville-West], que se impôs de modo resoluto, intenso; & assim ficou sentado aqui, mas tão distraído & infeliz. Pouquíssimas vezes eu o vi nesse estado de espírito – parecendo alguém que despertara de um doce sonho. Mas o que será isso? Desilusão? Choque? Ele está saindo com Mary. Terá perdido a fé? Terá a névoa dançante da rapsódia o abandonado – ele que tão solidamente baseava-se na carne & na cerveja, ou melhor dizendo, no champanhe. Imagine acordar

> Isso aconteceu em 13 de julho

um belo dia & descobrir-se uma fraude? Parte da minha loucura era isso – esse horror. Mas enfim, como bem disse Clive, você enlouquece mas se levanta de novo – & por aí se deduz que se ele enlouquecer, será de vez. Vendidos 1802 [exemplares] de *Ao f.*: se chegarmos a 3000, ficarei, como se diz por aí, mais do que contente. Mervyn [Arnold-Foster] morreu – cheguei a registrar?; & por algum tempo assombrou-me a lembrança de seu rosto puritano contraído, com aqueles belos olhos azuis, tão repentinamente, tão desarrazoadamente imobilizado. O olho desempenha um papel importante nesses assuntos.

> *Segunda, 6 de junho*
> (segunda-feira de Pentecostes)

Passei uma semana de cama com uma dor de cabeça repentina & muito intensa, & escrevo isto para experimentar, para testar meu cérebro. É uma manhã horrenda úmida & abafada de feriado – (aqui L. entra & passamos quinze minutos discutindo anúncios publicitários. *Ao farol* vendeu 2.200 & vamos reimprimir). Nessa comenta que tempo horrível quando telefono para oferecer meia garrafa de aguarrás para ela pintar seu armário de cozinha.

Mas eu gostaria de aprender a escrever um estilo narrativo simples & contínuo. Então talvez pudesse colocar em dia o atraso dessas últimas semanas; descrever minha ida a Oxford;[25] meu almoço com Clive & o jantar com Dadie & como fiquei no porão imprimindo Gottstack com uma imensa sensação de sombra & proteção. Gosto mais do anonimato obscuro da Editora do que de Voltaire escrito por Riding.[26] E agora, com a carta morganática, evasiva & elusiva de Morgan desta manhã, *Ao farol* ficou para trás:[27] minha dor de cabeça acabou; & depois de uma semana em Rodmell minha liberdade de investigação, o mergulho profundo em meu espírito, deverá recomeçar.

Que estranha, vem-me agora à cabeça, é Nessa, & a inveja que nós sentimos das roupas uma da outra! Sinto, quando visto a minha elegante capa preta franjada, que ela fica angustiada por um instante: é da Champco?, da mesma maneira que corro os olhos pelo seu vestido parisiense & o comparo ao meu, da Brooke, do ano anterior.[28] Então ela diz que usará brincos: digo de pronto que também vou; & ela se ressente. Contudo no fundo somos sensatas, & logo superamos esse melindre.

Suponho, entretanto, que agora sou praticamente uma figura estabelecida – como escritora. Ninguém me ridiculariza mais. Logo pensarão que me entendem. É possível que eu venha a ser uma escritora famosa. Seja como for, *Ao farol* é muito mais próximo de um sucesso, no sentido comum da palavra, do que qualquer outro de meus livros. Um grupo grande veio para cá de surpresa na semana passada, ou há duas semanas. Tom – todo satisfeito por fofocar comigo cheio de espontaneidade enquanto tomava uma xícara – uma não, 6 xícaras – de chá; em seguida pôs o gramofone para tocar; enquanto Logan, rosado & bem-alinhado, fez com grande eficiência seu truque de afetar cultura, urbanidade & bom senso.[29] Ele evocou em Paris o espírito de Henry James com Desmond. (Por falar nisso, Sybil se arroga todo o crédito por aquele fundo,[30] eu já percebi. Sibyl, segundo Clive & Raymond, vendeu a alma ao diabo e agora ele veio buscá-la – Os dois usaram a mesma expressão, o que dá a medida da conversa inteligente & insincera dos almoços sociais.) Vi Lytton também: parecia um inválido depois de um surto de amor, o mais desesperado desde Duncan. Conversamos sobre O'B. & sua biografia, enquanto a pobre Cynthia Noble, de olhinhos de gude, nos acompanhava com atenção, o máximo de que ela é capaz.³¹ Com Lytton muitas vezes deslizo para a intimidade, quando se trata de livros. Ele é entusiasmado, desnuda sua alma quando conversa sobre esse assunto, porque quando a questão é o amor, ele é bem mais enigmático. Dadie & Douglas [Davidson, irmão de Angus] estavam ambos engomados & empoados como dois cabeças-de-vento no balé; as pernas muito retas; os cabelos com cachos; as camisas granuladas; iriam à festa de Kitchin – para se entediarem, como bem sabiam; mas estavam na estica para a ocasião, coisa que Lytton não consegue fazer muito bem. Jantamos com certa ostentação, pois fazia parte do jogo encomendar comida na Fortnum & Mason; parte do jogo exibicionista, patético, bastante jovial, um tanto atraente & ao mesmo tempo tolo, de ser exatamente igual a todas as outras pessoas.

Sábado, 18 de junho

Este diário está por algum motivo terrivelmente fino: metade do ano se passou & só deixou estas parcas páginas. Talvez eu tenha escrito com intensidade demais pela manhã para ser capaz de escrever aqui também. Três semanas foram apagadas pela dor de cabeça. Passamos uma semana em Rodmell, da qual me lembro de várias imagens, que de pronto se sucediam espontaneamente diante dos meus olhos (por exemplo, a cidadezinha erguendo-se sobre o mar na noite de junho, as casas parecendo barcos, o pântano uma espuma bravia), & o imenso conforto de estar ali deitada envolvida pela serenidade. Eu passava o dia inteiro no jardim novo, com terraço – que já começou a ser construído. Chapins-azuis fizeram um ninho no pescoço oco da minha Vênus.³² Vita veio nos visitar numa tarde muito quente & passeamos até o rio com ela. Pinker agora sai nadando se Leonard lhe atira a bengala. Li – qualquer besteira. Maurice Baring;

memórias de esportistas. Aos poucos as ideias começaram a gotejar; & então de repente desatei a falar com um entusiasmo exagerado (na noite em que L. foi jantar com os apóstolos) & contei a história das *Mariposas*,³³ que imagino irei escrever muito rapidamente, talvez entre um & outro capítulo daquele longo livro iminente sobre ficção. Ora, as mariposas, eu imagino, irão preencher o esqueleto que rascunhei aqui: a ideia do poema dramático: a ideia de uma espécie de fluxo contínuo, não exclusivamente de pensamentos humanos, mas do navio, da noite &c, tudo fluindo junto: entrecortado pela chegada das mariposas luminosas. Um homem & uma mulher estarão sentados à mesa, conversando. Ou seria melhor que ficassem em silêncio? Deverá ser uma história de amor: ela por fim deixará entrar a última grande mariposa. Os contrastes podem ser algo desta natureza: ela talvez fale, ou pense, sobre a idade da Terra: a morte da humanidade: & então as mariposas virão de modo incessante. Talvez o homem pudesse ficar absolutamente obscurecido. França: beira-mar; noite; um jardim sob a janela. Mas isso ainda precisa de amadurecimento. Trabalho um pouco à noite enquanto o gramofone toca sonatas tardias de Beethoven. (As janelas chacoalham nas dobradiças como se estivéssemos no mar.)

> Fomos ao Hyde Park, onde marchavam os meninos da Igreja: os oficiais a cavalo com suas capas pareciam estátuas equestres. Este tipo de cena sempre me causa a impressão de que os seres humanos estão participando de um jogo; em grande parte, suponho eu, só para seu próprio deleite.

Fomos assistir Vita receber o Hawthornden.³⁴ Um espetáculo horroroso, na minha opinião: não somente dos cavalheiros no palco – Squire, Drinkwater

As ondas (margin)

& Binyon – mas de todos nós: de todos nós, escritores fofoqueiros. Valha-me! quão insignificantes parecíamos! Como podemos fingir que somos interessantes, que nossas obras têm importância? Todo o negócio literário tornou-se infinitamente detestável. Não havia ninguém ali que eu desse a mínima para o que pensava ou deixava de pensar sobre "minha literatura". E ninguém dava a mínima para a minha crítica: a docilidade, o convencionalismo geral me chocou. Mas quem sabe haja neles um fluxo de tinta que importe mais do que demonstrava sua aparência – tão bem arrumada, dócil & decorosa. Senti que não havia uma única mente completamente madura em nosso meio. Na realidade, quem estava ali reunida era a classe média das letras; não a aristocracia. Vita chorou à noite.

Quarta,
22 de junho

Os misóginos me deprimem, & tanto Tostói quanto Mrs. Asquith odeiam as mulheres. Suponho que minha depressão seja uma forma de vaidade – mas por outro lado todas as opiniões fortes de ambos os lados também são. Odeio o estilo vazio dogmático & duro de Mrs. A. Mas basta: vou escrever a respeito dela amanhã.[35] Todos os dias escrevo a respeito de alguma coisa, & reservei deliberadamente algumas semanas para ganhar dinheiro, de modo que até setembro possa colocar £50 em cada um dos nossos bolsos. Será o primeiro dinheiro que ganho desde que me casei. Nunca senti a necessidade disso até recentemente. E posso ganhá-lo, se eu quiser, embora evite escrever por dinheiro.

O pai de Clive morreu ontem. Harold Nicolson & Duncan jantaram conosco, & Nessa veio mais tarde, muito silenciosa, inescrutável & quem sabe crítica. Como família, desconfiamos de qualquer um de fora do nosso núcleo, acho. E também, decerto, decidimos que fulano & sicrano não têm as virtudes necessárias.

Eu me arriscaria a dizer que Harold não as tem; por outro lado, muita coisa nele me agrada: ele é vivaz, estouvado, impulsivo; muito inteligente, embora não no nosso sentido; inquieto; de aparência jovial; algo entre um intelectual & um diplomata; não está à altura de Vita; mas é honesto e cordial. L. diz que ele é comum demais. Eu gostei do meu duetinho com ele. Veio de camisa verde, ou azul, & gravata; queimado de sol; gorducho, [*palavra ininteligível*]; vivaz. Disse que era comigo & com L. que ele se sentia completamente à vontade. Contou histórias q. pareceram um tanto vazias nas salas despidas de Bloomsbury.

Quinta, 23 de junho

Este diário deve vicejar com a escassez da minha vida social. Nunca antes passei um verão assim tão calmo em Londres. É extremamente fácil escapar da multidão sem ser notada. Como uma inválida, elevei os meus padrões, & ninguém vem me incomodar. Ninguém me convida para nada. Vaidosamente, a impressão que tenho é que foi por escolha minha, não deles; existe um certo luxo em ficar quieta no coração do caos. Assim que uso a minha astúcia em uma conversa, recebo de volta um dia sem graça, úmido & com dor de cabeça. A quietude me fornece manhãs frescas, claras & vivazes, nas quais liquido uma bela dose de trabalho, & elevo o meu cérebro quando saio para caminhar. Sentirei certo triunfo se neste verão eu conseguir evitar uma dor de cabeça.

Fiquei na Praça com Nessa ontem. Angelica manda Pinker buscar a bola. Nessa & eu, sentadas no banco, fofocamos. Ela irá se encontrar com Mary; irá ao funeral do velho Bell. Está aprendendo a guiar. Vendeu um quadro. A questão no caso de Clive é que Mary se apaixonou por outro. Essa questão foi cuidadosamente escondida antes da Páscoa. A vaidade dele, &

a discrição dela, cuidaram de escondê-la. Portanto a minha versão ficou descompassada. A verdade é bastante estranha, porém. Ele não irá desistir a menos que ela vá para a sua cama. A isso ela se nega; entretanto, com saudades dele, fica preocupada. O caso amoroso se intensifica da parte dela. Dizem que é com alguém em baixa, o que nos inclina a pensar que seja lorde Ivor. Mas isso não passa de mera curiosidade.

O livro de Vita [*The Land*] verbera & reverbera na imprensa. Um poema feito para ganhar prêmios – é esse o meu ataque a ele, pois já que me restam alguns cacos de inveja, ou talvez de espírito crítico, não consigo levar a sério o falatório de poesia, nem sequer o da grande poesia. Mas talvez sejam o tema & a forma, tão suaves, tão brandos, o que me desagrada; ou quem sabe eu esteja corrompida. Eu me pergunto qual seria minha opinião se eu pudesse analisar friamente algumas das coisas que escrevo. Ah sim & Sybil me descartou: mas não me incomodo em cair das suas graças. O que então é a verdade duradoura nesta fantasmagoria?, pergunto a mim mesma, buscando como de costume uma minúscula pepita de ouro puro. Penso, com frequência, que levo a mais feliz das vidas, por ter descoberto a estabilidade. Pois um momento estável é capaz de derrotar o caos. Mas disso tratei em *Ao farol*. Agora já vendemos, imagino, 2.555 exemplares.

Eu me aborreço com minha falta de habilidade para enrolar cigarros. Um homem em Francis Street me deu uma aula – mas não tenho a menor habilidade manual. Angelica já é craque nisso. Nessa diz que é assim com todos os pintores: trata-se de um bônus que vem com o talento.

E no domingo Adrian veio para o chá, quase resplandecente. Enfim creio que ele saiu da casca. Até a sua análise termina este ano. Aos 43 anos de idade ele estará formado & pronto para começar a vida. Eu me lembro de Harry Stephen dizendo que estava engrenando – falava do juizado na Índia, claro – por volta da mesma idade.[36] Ou seja, nós Stephen amadurecemos tarde. E nossas flores são raras & esplêndidas. Basta pensar nos meus livros, nos quadros de Nessa... demoramos uma eternidade para colocar nossos talentos em movimento. Agora preciso escrever para Ethel Sands, & talvez ir ao Balé.

Quinta, 30 de junho

Agora preciso fazer um esboço do Eclipse.[37]

Por volta das 10 da noite de terça diversos trens muito compridos, devidamente lotados (o nosso de funcionários públicos), partiram de King's Cross. No nosso vagão estavam Vita & Harold, Quentin, L. & eu. Isto aqui deve ser Hatfield, falei. Estava fumando um charuto. Daí: Isto é Petersborough, L. disse. Antes de escurecer não parávamos de olhar o céu: suave, lanoso; mas com uma estrela sobre o Alexandra Park. Olhe Vita, é o Alexandra Park, disse Harold. Os Nicolson ficaram com sono: H. deitou a cabeça no joelho de V. Ela parecia a Safo de Leighton, adormecida; e assim mergulhamos nas Midlands; fizemos uma longuíssima parada em York. Então às 3 sacamos nossos sanduíches, & ao voltar do banheiro encontrei Harold todo sujo de creme de leite. Depois ele quebrou a caixa de sanduíche, que era de porcelana, e L. desatou a rir, sem conseguir se conter. Depois tiramos outro cochilo, ou melhor os N. tiraram; depois veio uma passagem de nível onde havia uma longa fila de ônibus & carros, os faróis amarelo-pálidos cintilando. O tempo começou a ficar cinzento – o céu ainda lanoso & sarapintado. Chegamos em Richmond por volta das 3h30: fazia frio, & os N. tiveram uma discussão, segundo Eddie por causa da bagagem de

V. Seguimos de ônibus, vimos um enorme castelo (de quem será? disse Vita, que se interessa por castelos). Aquele tinha acrescentado uma janela na fachada, & acho que havia uma luz acesa. Todos os campos estavam avermelhados com relva & plantas de borlas encarnadas, nenhuma ainda colorida, todas pálidas. Pálidas & cinzentas também eram as fazendinhas inabaláveis de Yorkshire. Ao passarmos por uma delas, o fazendeiro, a mulher & a irmã saíram, empertigados & bem-vestidos, de preto, como se estivessem indo à igreja. Noutra casa de fazenda feia & quadrada, duas mulheres espiavam pelas janelas de cima. As persianas brancas estavam arriadas pela metade. Estávamos em uma fila de 3 ônibus grandes, um parava por vez para dar passagem aos outros dois; tudo muito lento & poderoso; subindo as colinas extremamente acidentadas. A certa altura o motorista desceu & colocou atrás da roda uma pedra pequena – inadequado. Seria natural um acidente. Havia também diversos carros, cuja quantidade aumentou subitamente à medida que íamos nos arrastando até o alto de Bardon Fell. Pessoas acampavam ao lado dos seus carros. Descemos & nos vimos em um local muito alto, uma charneca, alagadiça, com muitas urzes & taludes de alvo para a caça de gansos. Trilhas gramadas se espalhavam aqui & ali, & as pessoas já tinham tomado suas posições. Portanto nos juntamos a elas, caminhando até o que parecia ser o ponto mais elevado de Richmond. Lá embaixo havia uma luz acesa. Os vales & charnecas se estendiam, colina após colina, à nossa volta. Parecia a região de Haworth. Mas sobre Richmond, onde o sol estava nascendo, via-se uma nuvem suave, cinzenta. Graças a uma mancha dourada era possível saber onde estava o sol. Mas ainda era cedo. Tínhamos de esperar, batendo os pés para nos aquecer. Ray [Strachey] se enrolara em um cobertor de casal de listras azuis. Parecia incrivelmente vasta & dormitoriesca. Saxon parecia velhíssimo. Leonard não parava de olhar as horas. Quatro grandes perdigueiros ruivos vieram saltando pela charneca. Ovelhas pastavam às nossas costas. Vita, que tentara comprar um porquinho-da-índia – Quentin aconselhara um selvagem –, observava os animais de tempos em tempos. Na nuvem havia aberturas estreitas & um ou outro buraco completo. A questão era se o sol iria aparecer por entre uma nuvem ou por um daqueles ocos quando chegasse a hora. Começamos a ficar ansiosos. Vimos raios saindo por debaixo das nuvens. Então por um instante vimos o sol, alastrando-se – parecia navegar muito veloz & era visível por uma abertura; sacamos nossos vidros fumê; vimos o sol em quarto crescente, vermelho-fogo; no instante seguinte já tinha tornado a sumir depressa para dentro da nuvem; dela saíam apenas raios vermelhos; depois apenas uma luminosidade dourada, igual a que se costuma ver com frequência. Os momentos iam passando. Nós nos sentimos enganados; olhamos para as ovelhas; elas não demonstravam medo; os perdigueiros corriam em torno; todo mundo se organizara em longas filas, com um ar digno, atento. Parecíamos um povo muito antigo, pensei, no momento da criação do mundo – druidas em Stonehenge (porém essa ideia ficou mais vívida à primeira luz pálida). Às nossas costas viam-se grandes superfícies azuis na nuvem. Continuavam azuis. Mas agora a cor começava a desbotar. As nuvens iam empalidecendo; exibindo uma cor negro-avermelhada. No fundo do vale via-se uma mistura extraordinária de vermelhos & negros; & aquela mesma luz solitária acesa; tudo eram nuvens lá embaixo, & muito bonito, tingido de um tom tão delicado. Não se via nada através da nuvem. Os 24 segundos iam passando. Então ao olhar de novo para o azul lá atrás, rapidamente, muito muito rapidamente, todas as cores desbotaram; o céu tornou-se mais & mais escuro como no início de uma violenta tempestade; a luz diminuiu mais & mais: & repetimos sem parar, esta é a sombra; pensamos, agora acabou – esta é a sombra, quando subitamente toda a luz desapareceu. Despencamos. Extinguira-se. Não havia nenhuma cor. A terra morrera. Este foi o instante de estupefação: & o seguinte também, quando, como se uma bola tivesse quicado, a nuvem tornou a ganhar cores, não mais que um tom cintilante etéreo, & em seguida a luz voltou. Tive a sensação muito forte, quando a luz desapareceu, de uma grande mesura; de algo que ia se ajoelhando, & lá de baixo & de súbito levantava-se com rapidez, quando as cores voltaram. E elas voltaram com leveza & beleza surpreendentes por cima do vale & das colinas – de início com uma luminosidade milagrosa, etérea, depois quase com normalidade, mas trazendo grande alívio. Era como um restabelecimento. Estivéramos muito pior do que havíamos imaginado. Tínhamos visto o mundo morto. Aquele era um poder exclusivo da natureza. A nossa grandeza tinha sido mera aparência, também. Agora voltáramos a ser Ray de cobertor, Saxon de boné &c. Sentimos um frio amargo. Eu diria que o frio aumentou quando a luz desapareceu. Sentimo-nos muito lívidos. E depois – só em 1999. O que restou foi a sensação de conforto com a qual estamos acostumados, de abundância de luz & cor. Por algum tempo ela pareceu bem-vinda, claro. Depois que se estabeleceu pelos campos, porém, a saudade do alívio & respiro que sentimos quando ela voltou depois da escuridão foi imensa. Como expressar a

A cor foi por momentos de uma beleza adorável – inédita, variada – aqui em azuis, ali em castanhos: tons novos, como se alguém as tivesse apagado e pintado por cima.

escuridão? Foi um mergulho súbito quando menos se espera: estar à mercê dos céus: a nossa própria nobreza: os druidas; Stonehenge; & os cães ruivos em disparada; tudo isso estava em nosso espírito. Impressionante, também, era ser apanhado numa sala de estar em Londres & colocado nas charnecas primitivas da Inglaterra. No mais, eu me lembro de tentar ficar acordada nos jardins de York enquanto Eddy falava & adormecer. E de adormecer novamente no trem. O tempo estava quente & nós alegres. O vagão cheio de coisas. Harold muito gentil & atencioso: Eddy rabugento. Rosbife & abacaxi em cubos, disse ele. Chegamos em casa umas 8h30.

4 de julho[38] De volta de Long Barn. Graças aos céus, não tive de trocar de vestido nenhuma vez. Muita opulência & liberdade, flores por toda parte, mordomo, prataria, cães, biscoitos, vinhos, água quente, troncos de lenha, armários italianos, tapetes persas, livros – foi a impressão que tudo isso causou: de haver entrado em um mar animado & inquieto, com ondas de belas cristas: como se a vida ansiosa, desgastada, de repente fosse colocada sobre molas & saísse aos pulos, saltitando até o fim de semana. Entretanto acho que gosto mais deste cômodo em que estou: para mim, nele existe mais esforço & vida, a menos que isso seja o preconceito que se tem naturalmente contra exibir o próprio caráter. Vita muito opulenta, em seu casaco marrom de veludo com bolsos folgados, colar de pérolas & sálvias-peludas. (Sua textura parece a de ervas-viperinas, das quais ela apanhou um grande buquê para mim.) Essa é a melhor, a mais representativa forma de vida humana da sua espécie que eu conheço: quero dizer, certos dons, qualidades & boas fortunas foram aqui milagrosamente combinados – gostei de Harold também. É um homem espontâneo, infantil, desprovido de um grande poder de entediar; sua mente quica quando ele a deixa cair; ele abre os olhos ao mirar alguém; tem um bigodinho imaturo; cabelo cacheado; um ar bem-vindo de imaturidade. Eu diria que é muito generoso & de bom coração; um cavalheiro inglês revestido de cultura; de uma estirpe interiorana queimada de sol; & não exigida em excesso, nem mesmo pela diplomacia. Depois do jantar da noite passada, conversamos sobre o Império. "Prefiro Sydney a Paris. A Austrália é mais importante que a França. Afinal de contas, são os nossos filhos mais novos que estão lá. Sinto orgulho. A questão é que nosso gênio inglês foi feito para governar, Raymond." "Os governados não parecem gostar muito disso" disse Raymond. Tolice, disse Harold. "Desempenhamos nossa função: desinteressadamente; não pensamos em nós mesmos, ao contrário dos franceses, ao contrário dos alemães. Veja por exemplo os campos de petróleo britânicos. Existe um hospital ali aonde qualquer um pode ir, funcionário ou não. Os nativos chegam de todas as partes. Não venha me dizer que isso não é uma boa coisa. E eles confiam em nós." E assim por diante com o sistema de suborno; com o fato de a grande era da Inglaterra ser a era da expansão colonial. "Admito que Shakespeare é uma pedra no sapato." "Mas por que não crescer, mudar?", perguntei. "Além disso", falei, lembrando os aviões que tinham nos sobrevoado, enquanto o rádio portátil tocava música dançante no terraço, "não percebe que as nacionalidades acabaram? Todas as divisões estão agora apagadas, ou prestes a ser." Raymond assentiu veementemente. Raymond é completamente a favor do triunfo da razão. De que importa a ação? As ações são o mais importante de tudo, disse Harold.

Eu estava sentada em um banquinho italiano esculpido, acima dos troncos de lenha, ele & Raymond acomodados no sofá verde macio. A injustiça de Leonard com a aristocracia entrou na pauta. Antes disso, lorde Sackville & Mrs. Rubens tinham vindo de visita, em parte para proteger a própria respeitabilidade, em parte para jogar tênis. (Eles não pernoitam em Knole sozinhos se possível; & se precisam fazê-lo, santificam a operação visitando Vita.) Ele é um homem desgastado & tranquilo, que herdou nariz & queixo nobres; um homem direito, de aparência jovem, salvo o rosto, com a falta de brilho de um homem fraco cuja vida provou-se mais do que ele podia aguentar. Já não faz grande esforço pela felicidade, imagino; aceita com resignação; & vai para Maidstone quase diariamente, como parte da sua rotina de nobre. Joga golfe; joga tênis. Acha que Bernard Darwin deve ser um homem de capacidade mental superior. Nós nos sentamos lado a lado sob um amplo casaco de camurça de Vita para observá-los jogar, & eu achei-o tranquilo & esquipador, como um puro-sangue, porém desbotado, obtuso, com os grandes olhos caídos dos Sackville & o rosto nublado de tons vermelhos & castanhos. Vê-lo trazia à mente um parafuso ou outra ferramenta cujas roscas & bordas ficaram lisas com o uso, de modo que embora brilhem, prateadas, já não se prendem a nada.

Vita, muito livre & à vontade, é para mim sempre um enorme prazer de se observar, & evoca a imagem de um navio singrando os mares, com nobreza, com magnificência, com todas as velas desfraldadas batidas pelo sol dourado. Quanto à sua poesia, ou inteligência, salvo quando canalizadas para os canais tradicionais, já não tenho tanta certeza. Ela nunca abre um terreno novo. Cata aquilo que a maré lhe atira aos pés. Por exemplo, segue, com um instinto simples, a mesma tradição de decoração dos seus antepassados, de modo que embora sua casa seja graciosa, cintilante, imponente, não tem nada de novo ou aventureiro. Ocorre o mesmo com sua poesia, eu diria. Raymond & eu na viagem de volta conversamos a respeito. O caráter dela é dos mais nobres, disse ele; os dois são quase desafiadoramente afortunados, tanto que quando Harold reflete sobre sua própria vida bate na madeira, solta um suspiro pesado & comenta que, se ela fosse escrita às pressas amanhã, ele alcançaria seu auge. Mas não será escrita. Irá crescer livre & completamente ao redor dos dois; seus frutos se tornarão maduros, suas folhas amarelas; & virá a noite azul-índigo, com uma suave lua dourada. A eles falta somente o que nós temos – certo vanguardismo; certa idiossincrasia & certa intensidade inestimáveis, pelos quais eu não trocaria nem todos os filhos & nem todas as luas desse mundo.

10 de julho[39] Esperando o quê, não sei exatamente. O ânimo é de inquietação fortuita – Nelly "pediu as contas" pela 125ª vez esta manhã. Não seria melhor ir a Ashley Gardens [*agência de serviços*] & contratar Mrs. Collins & a filha? Estou farta da mentalidade tímida & rancorosa da criadagem; & talvez Mrs. Collins seja farinha do mesmo saco. Enfim. Uma grande tempestade arrancou um dos lados da minha janela dupla. Mas não cheguei a tocar no assunto dominante – o assunto que vem ocupando nossos pensamentos & excluindo Clive, Mary, literatura, morte & vida: carros. Toda noite damos uma volta com Pinker para uma partida na Gordon Sqre. – falo como se as noites tivessem sido agradáveis –, mas não, ficamos lá sentados espremidos entre as tormentas cor de enxofre; sob o abrigo das árvores, com a chuva tamborilando por entre as folhas. Não falamos de outra coisa a não ser carros. Daí, às vezes, chega a notícia de que Mrs. Bell está à porta com seu carro. Saio correndo & a encontro ali, um tanto nervosa na direção de um Renault espaçoso decrépito, com Fred a seu lado. Três vezes a acompanhei nalgum passeiozinho. E ontem contratamos Fred para encontrar & trazer imediatamente à nossa porta um Singer. Decidimos que será um Singer.[40] E a razão pela qual estou distraída agora é que Fred deverá telefonar para dizer se terei a minha primeira aula esta noite. O sol está brilhando; as árvores gotejando. É possível que sim.

Será uma grande abertura em nossas vidas. Pode-se ir a Bodiam, a Arundel, explorar as colinas de Chichester, expandir essa coisa curiosa que é o mapa do mundo em nossa cabeça. É algo que irá, eu acho, demolir a solidão, & pode obviamente pôr em perigo a completa privacidade. Os Keynes também compraram um – um baratinho. Nessa acha que logo irá quebrar. Ela tem uma visão bastante sinistra dos Keynes. Prevê desgraças de toda sorte para eles, & com certo prazer. Leonard chega – Então conto a ele sobre a tempestade, os telefonemas & Pinker. E Sybil [lady Colefax], que me cortou esses 3 meses, escreve para dizer que esteve "indisposta", & será que eu poderia ir até sua casa para o chá? Não, não poderia. Agora preciso me trocar depressa para a festa de Clive, onde devo encontrar Cory, Nessa, Duncan & Christabel: pois há uma pletora de festas esta semana, & amanhã não poderei ver Lydia & Stravinsky; mas uma espécie de filosofia me protege: devo encontrar uma maneira de tornar a noite animadora; & achar algum prazer curioso em ficar afastada, imaginando. Bem, preciso parar para escrever para Sybil. Com sorte *Ao farol* alcança 3.000 esta semana.

Sábado, 23 de julho

Estamos chegando quase ao fim da temporada londrina. Vou ver Ethel [Sand] em Dieppe na quarta (cruzar mais uma vez o canal me enche um tanto de orgulho), depois volto para Newhaven, onde talvez meu próprio carro esteja à minha espera. Desde a última entrada [do diário] aprendi o suficiente para dirigir pelo campo sozinha. Escrevo no verso dos papéis instruções de como se dá partida em um carro. Temos um belo carro com capota no qual poderemos viajar milhares de milhas. É azul muito escuro, com uma listra mais clara ao redor. O mundo o deu para mim por ter escrito *Ao farol*, reflito, um livro que agora alcançou a marca de (talvez) 3.160 cópias: & irá alcançar 3.500 antes de definhar, superando assim qualquer outro de meus livros. Na noite em que não fui ver Stravinsky, Desmond veio, terno, loquaz & sigiloso. Eu me lembro de me inclinar à janela com ele. Estava cheio de amor por todos. Disse adorar a maneira como Melinda [*não identificada*] coçava a cabeça ou punha as luvas. Disse que agora estava apaixonado pelos filhos. Quando Dermod lhe pede uma nova lente para seu microscópio, ele sente o mesmo de quando se apaixonava por uma mulher. Ressente-se um pouco do próprio dom para ganhar dinheiro, pois estava faturando £2.000 por ano; por outro lado devia "contas atrasadas"; & ainda deve, evidentemente – £200 ao Banco, £200 de imposto de renda & assim por diante. Falamos de amor por causa de Clive. Pois na noite que jantei com Clive & fiquei conversando besteiras com Christa[bel McLaren] (que sempre pensa em mim como Virginia; & não consegue deixar de me ver como a lady perfeita, "Olhe só estas mãos"),[41] Clive me levou para dar uma volta &, parado sob a luz, expressou sua desilusão completa. "Minha cara Virginia, a vida terminou.

Não há como negar. Temos 45 anos. Sinto tédio, tédio, tédio, um tédio inenarrável. Sei de cor minhas próprias reações. Sei o que vou dizer. Nada me interessa. Os quadros me enchem de tédio. Apanho um livro & logo o deixo de lado. Ninguém mais dá a mínima para o que eu penso. Não me sai da cabeça o suicídio. Admiro você por ter tentado se matar." E pensar que tive de ouvir isso de Clive à luz do luar! E com que bom senso ele falava, ainda por cima. Era quase impossível ensaiar qualquer argumento ardoroso em contrário. Parecia tudo verdadeiro, para mim. Não em relação a mim mesma, claro, mas a ele. & eu sem forças pedi que viesse me ver; eu provaria que eu dou a mínima para o que ele pensa. Ele concordou meio apático, acenou & se foi, pensando em suicídio. Então nos encontramos na noite seguinte no Raymond.[42] Mal tinha eu entrado na sala & ele já começou a gabar-se & agir todo dono de si, de modo meio superficial, mas audacioso o suficiente. Tivera uma aventura. A vida mudara; ele conhecera a mais adorável das mulheres, ao que tudo indicava era também a mais gentil, uma aristocrata; ela o tratara bem; & será que Raymond poderia vir jantar na segunda? Tudo isso foi fanfarronado com mais de um tapinha carinhoso em mim (pois ele sempre quer, segundo diz, me machucar – até mesmo por causa de um carro) & a pessoa em questão era Valerie Taylor, uma atriz, que ele havia conhecido num almoço nos Maclagan.[43] De minha parte, volto mais uma vez a considerar Clive "de segunda categoria". É tudo tão frívolo, raso & egoísta. Verdade que existe o charme da sua vitalidade, mas ainda assim é preferível algo mais refinado. Como eu costumava me enfurecer com essa atitude de "segunda categoria" dele, em relação a Nessa! Hoje penso nisso com muito menos frequência, mas suponho que o sentimento não tenha ido embora. Ele passou o verão inteiro vibrando tão persistentemente uma única nota que haja paciência. Amor amor amor – Clive, Clive, Clive – era essa a melodia, dedilhada com persistência um tanto cruel, e um indicador e um polegar pesados. Ora, do amor que posso eu dizer contra; mas é uma paixão frágil, quero dizer, uma paixão bruta & estúpida, de que não fazem parte a imaginação, o intelecto, a poesia. O amor de Clive é três quartos vaidade. Agora que ele pode declarar, ou mentir, Fui para a cama com Valerie, seu amor-próprio foi saciado. Ele continua sendo Clive, o intrépido amante, o Don Juan de Bloomsbury; & se isso é verdade ou não, pouco importa, desde que pensemos que é. Por outro lado admito que ele me amola com seu ciúme, ou seja lá o que for, esforça-se ao máximo para me irritar, & portanto não sou o juiz imparcial que eu deveria ser. A questão que interessa continua – por que ele sempre quer me machucar? Portanto eu & Desmond conversamos a respeito de tudo isso. E também sobre *Ao farol*; & tive a impressão, suscetível que sou, de que ele faz isso em parte para me agradecer por ter sido generosa com ele. Mas hoje sou suficientemente senhora de mim para não permitir que esses sentimentos se espraiem & perturbem meu prazer. Todas essas imagens agora estão tingidas com a de dirigir um carro. Aqui penso em dar a partida no motor, tirando o pé da embreagem. Este tem sido, no geral, um verão fresco & dentro dos conformes. Não me sinto tão ressequida de assuntos quanto de costume. Mergulhei no convívio social com mais tranquilidade. Minha doença em maio foi algo bom, de certa maneira; pois dominei a vida social já de início, & rodeei a minha dor de cabeça, evitando uma trombada de frente com ela. Sendo assim este tem sido um verão livre & tranquilo: gostei do Eclipse; gostei de Long Barn (que visitei duas vezes); gostei de ficar em Kew [*Gardens*] com Vita durante 3 ou 4 horas sob um céu cinzento & de jantar com ela no Petit Riche; ela me renova as forças & me dá consolo; tenho trabalhado bastante metodicamente & terminei minha cota de artigos, de modo que com sorte até setembro terei ganhado £120 <u>a mais</u> que o meu montante. Ou seja, terei ganhado £320 com jornalismo, & suponho que no mínimo £300 com meu romance este ano. Ando pensando demais, embora com objetivo, com os olhos abertos, em ganhar dinheiro; & depois que cada um de nós tiver seu pé-de-meia, gostaria de permitir que isso afundasse até o meu subconsciente & faturar sem esforço o que precisamos. Bruce Richmond vem tomar aqui o chá na segunda para discutir um artigo sobre Morgan; & vou transmitir-lhe o fato de que nem sempre se pode recusar £60 da América em troca das £10 do *Times*. Se eu pudesse ganhar £350 sem esforço por ano, é o que faria: se arranjasse um trabalho mais fixo.

Em Rodmell devo começar, com seriedade, o meu livro sobre ficção. Com sorte talvez o termine em janeiro. Até lá *Mariposas* estará pronto em meu cérebro para ser jorrado. Estou deixando-o descansar por tempo demais, & sinto muito medo de que perca o frescor. Dadie nos envolveu (será esta a palavra certa?) com Peter. Dadie foi jantar com Topsie [esposa de F. L. Lucas] & ela não parava de bater na tecla dos Wolves & do livro de Peter [F. L. Lucas]. Dadie, querendo criticá-lo, jogou a culpa para cima de nós. Leonard disse que não serve; Virginia o achou "acadêmico" demais. O resultado foi uma longa carta furiosa de Peter, metade vaidade, metade indignação justificada; mas explicamos tudo & agora toda a carga volta de novo para Dadie. (& em parte para mim, pois Topsy disse que lhe escrevi uma carta grosseira sobre Jane Austen, porém isso já foi esclarecido.)

A Editora vai seguindo. Os grandes sanguessugas são os romances. O livro de Mary irá nos custar £100; & vamos perder com *The Marionettes* também.[44] Assim sendo, nos últimos dois dias recusei Butts & Daglish & Littell; acredito que não estamos nos saindo tão bem quanto deveríamos com os romances. E fui exposta hoje aos beiços caídos & à vaidade clamorosa de Lucy Clifford: ela escreveu um artigo sobre George Eliot por um valor especial (é aí que vou terminar se não tomar cuidado – ficar falando sempre em "valores") para a *Nineteenth Century*.[45] Gottstalk concluído.

Rodmell

Segunda,
9 de agosto[46]

Era para eu ter escrito aqui um relato brilhante sobre os meus 3 dias em Dieppe.[47] Para que tivesse brotado, de repente, de uma fonte brilhante, na mesa diante da janela em (esqueci o nome), à margem do Sena. O Sena naquele ponto é muito largo, & dobrando a curva chegam vapores constantemente, noruegueses, com petróleo, ingleses, franceses; Nan se punha a ler seus nomes, demonstrando em tudo o que fazia uma espécie de orgulho nervoso & trêmulo da França (ou será isso minha imaginação?), o que indica que ela gosta mais da vida das duas ali, sozinhas em Auppegard, do que Ethel. "Sou gregária", disse Ethel meio irritada, porque ela é instável & ácida, a mascote mimada de Nan, mais honrada & sorumbática. Acho que estávamos olhando por cima do despenhadeiro para o cemitério, as lápides se destacando contra o mar azul. Mas era para eu ter escrito isso, & agora não escreverei mais, imagino. – É uma casa bastante estreita, cheia de janelas, tons azuis & verdes, enfeitada com tapetes Samarcand de cores claras & vivas, com lindas "peças" & grandes vasos de flores cuidadosamente arranjadas por Loomas [*o mordomo*]. Um bull terrier branco nos segue de ambiente em ambiente, com uma das orelhas dobrada ao brigar. Nan, elegantemente vestida, costura guarda-pós à noite, enquanto Ethel anseia por conversar. Nessa & Duncan dizem que a conversa se desvia, rodeia & nunca se acomoda num assunto por muito tempo; na verdade a casa foi construída com a mais fina madeira de abeto: tão macia tão clara que de início não se percebe como ela entra pela sua garganta & deixa sua pele seca & empoeirada.

Andamos de carro a maioria dos dias. Abrimos uma janelinha quando compramos o gramofone; agora outra se abre com o carro – era isso o que eu ia dizer, mas parei no meio.

Quarta,
9 de agosto[48]

Sim, o carro está se tornando a alegria de nossas vidas, uma vida adicional, livre, móvel & arejada para se ter em paralelo à nossa labuta imóvel de sempre. Rodamos até Falmer, passamos pelos Downs, descemos até Rottingdean, depois partimos até Seaford, paramos sob a chuva torrencial em Charleston, fizemos sala com Clive – Nessa está em Bodiam – & voltamos para a hora do chá, isso tudo com a leveza & a facilidade de um falcão cruzando os ares. Em breve olharemos para trás, para a época pré-carros, tal como olhamos para a época das cavernas. Depois de uma semana aqui, Leonard tornou-se perfeitamente eficiente; fui prejudicada por aulas insuficientes, mas até meados de setembro devo me tornar perita. Várias pequenas melhorias na casa me deixam agitada de esperança & desespero. Devo ou não esbanjar £5 minhas numa nova cama reserva? – ai, receio que sim; & então terão terminado as grandes & detestáveis providências de mobiliar a casa, & ano que vem só acrescentarei ornamento & conforto. Talvez se eu ganhar uma quantia a mais possamos construir um quarto e sala para mim no sótão, aumentar o escritório de L., & ter assim uma casa mais espaçosa, iluminada, desejável. Pois se tivéssemos £300 a mais todo ano, é difícil pensar em outra coisa a não ser viajar & dinheiro no bolso para o que quiser. Agora aos 45 anos de idade Nessa & eu deixamos crescer as asas novamente, depois dos anos de vacas magras. Talvez ela fature outros £500; quem sabe até mais,[49] e já comprou um rolo de linóleo & um armário de cozinha. Mas o meu estado é precário. Com *Ao farol* talvez eu tenha alcançado o ápice da minha ascensão; & uma vez mais comece a rolar para baixo; & meus artigos podem enfastiar os americanos: nenhum sogro rico vai me deixar herança; mas Deus sabe que não estou muito ansiosa.

Ainda somos flexíveis & aventureiros eu espero. Um incidente estranho, psicologicamente como dizia o desaparecido Kot, foi a séria preocupação de Morgan com meu artigo a seu respeito. Por acaso eu dei a mínima para o que ele disse sobre mim? Ele foi mais laudatório? No entanto aqui está esse homem seguro de si & desinteressado interpretando cada palavra ao pé da letra, lançado, aparentemente, a um abismo, só porque não lhe dei estatuto superlativo, & escrevendo-me sem parar, fazendo perguntas, ou sugestões, ansioso porque o artigo será publicado na Inglaterra & também porque darei mais ênfase a *Passagem para a Índia*. Se me perguntassem antes, eu diria que de todos os escritores ele era o mais indiferente. E no entanto ele se preocupa uma dúzia de vezes mais do que eu, que tenho a reputação oposta.[50]

Isso me traz de volta aos últimos dias em Londres, quando fui visitar Ottoline & tivemos uma conversa íntima, fácil, medíocre, & então, inadvertidamente, como se eu tivesse apertado um botão, toda a chuva de afeto de Philip retornou. Ele veio no dia seguinte, de modo um tanto inconveniente, & no dia após, quando Sybil estava lá. Mais uma vez senti a empolgação inquietante do "amor", isto é, do desejo físico que alvoroça, alvoroça & emociona demais para permitir que a pessoa converse com simplicidade. Mas L. chegou; Pinker chegou, & o amoroso Philip, que perdeu a maior parte da sua beleza & está áspero como um carneiro velho, teve de ir embora. Mas fui recebida por uma carta em Rodmell, citando Q. de J. – "Volte para mim Querida"–, com a qual pretendo deixar Vita enciumada amanhã. Mas que providência tomar, principalmente agora que ele é nosso vizinho, já não tenho a menor ideia; nem se respondo a carta ou não.

Esta, entretanto, é a primeira noite desde que Nelly voltou, num influxo de bom humor, com Gladys [*não identificada*], & começo a pensar no meu jantar. Não posso dizer que propriamente jantei desde Auppegard: como presunto & ovos; queijo & framboesas; uma vez um pudim assado – assim nos alimentamos pelas mãos da pobre & emaciada Mrs. Bartholomew.

21 de agosto[51]   Pequenas cenas que eu gostaria de anotar.

Nos baixios na direção de Ripe em certo dia escaldante. Paramos numa estrada secundária por volta das 3 da tarde, & ouvimos um hino sendo entoado. Era tudo muito solitário & desolado. Lá estavam pessoas cantando sozinhas, na tarde quente. Olhei & vi uma "lady" da classe média de saia, casaco & chapéu de fita, à porta do chalé. Ela estava fazendo as filhas dos agricultores cantarem; eram mais ou menos 3 da tarde de uma terça-feira, talvez. Depois passamos pela casa da lady, que tinha um grifo pregado à porta – seu brasão, presume-se.

O que eu gosto, ou uma das coisas que gosto, em andar de carro é a sensação de iluminar por acaso, como um viajante que toca outro planeta com a ponta do pé, cenas que teriam seguido, sempre seguiram, & irão seguir sem registro, a não ser por esse vislumbre inesperado. Então parece que recebo autorização para ver o coração do mundo descoberto por um instante. Ocorre-me que o hino entoado nos baixios se passou exatamente no tempo de Cromwell.

Foi nosso único dia quente, acho. Um dia a chuva caiu tão depressa que logo em seguida levantou-se da estrada, num espirro, até nossos rostos.

Domingo, 4 de setembro

Muitas cenas ficaram por escrever, uma vez que hoje é 4 de setembro, um dia cinzento frio & de muito vento, digno de lembrança pela visão de um martim-pescador & pela sensação que tive, ao acordar cedo, de ser mais uma vez tocada pelo "espírito do deleite". "Raras raras vezes vens, espírito do deleite."[52] Esta era eu declamando um ano atrás, & tão pungentemente que nunca me esqueci disso, nem da visão que tive de uma barbatana erguendo-se num mar amplo & vazio. Nenhum biógrafo poderia adivinhar esse fato importante da minha vida no fim do verão de 1926:[53] porém os biógrafos fingem conhecer as pessoas.

Um verão feliz, este? Bem, um verão trabalhoso esforçado extravagante social. Muitos encontros; & uma ou duas alegrias. Eu me divirto observando a minha mente criar cenas. Sentamos num campo coberto de grama recém-cortada em Michelham Priory outro dia. Estava um forno de tão quente. Lá estava Angus com a camisa cor-de-rosa aberta; Duncan passeando com um caderno de rascunhos embaixo do braço; o som de água corrente; Nessa dirigindo seu velho carro azul de capota com Angelica ao seu lado. Pouco se diz em ocasiões como esta; mas a memória subsiste: formada de quê? De camisas coloridas; do teto rosado do portão destacado contra um céu azul-cinzento; & Pinker; & minha irritação com meu livro sobre ficção; & Leonard em silêncio; & uma grande discussão naquela noite quente; & eu vindo até aqui para me sentar sozinha no escuro, & L. vindo atrás de mim; & palavras ásperas, duras; os dois lados certos & errados; as pazes; dormir; contentamento.

Cena em um cemitério.

O filho de Mr. Malthouse, um marinheiro, morreu de tuberculose & foi enterrado no cemitério embaixo da grande árvore. Fui ao cemitério com Angelica naquela bela tarde. Avery cavava a sepultura, atirando para o alto pesadas pás de terra amarela. A Sra. Avery, imensamente gorda & corada, estava esparramada na beira da cova, enquanto os filhos pequenos brincavam por perto. Eles tomavam o chá &, metidos em suas roupas azuis & vermelhas, mais pareciam um quadro, de Millais ou algum outro vitoriano, de vida & morte, juventude & sepultura, do que uma cena real. Era bastante inconsciente; contudo a mais deliberada das cenas; & por conseguinte irreal, sentimental, exagerada.[54]

A Princesa Aviadora, esqueci seu nome, morreu afogada com suas calças de couro púrpura.[55] Pelo menos é o que eu suponho. A gasolina deles acabou por volta da meia-noite de quinta, quando o avião deve ter descido suavemente sobre as longas & lentas ondas do Atlântico. Suponho que sua luz tenha iluminado as águas em raias durante algum tempo. Ali eles se quedaram por um ou dois instantes. Os pilotos, imagino, olharam para a princesa vulgar de olhos desesperados largas maçãs do rosto & calças púrpura & soltaram suponho alguma declaração seca & desesperada – fim de jogo; lamentamos; a fortuna estava contra eles; mas ela apenas fechou a cara; & então uma onda se quebrou sobre a asa; & o aeroplano se inclinou de lado. E ela disse alguma coisa teatral imagino; ninguém estava sendo sincero;

todos interpretavam um papel; ninguém soltou gritos; A sorte está contra nós – ou algo do tipo, disseram eles, & em seguida Até mais, & primeiro um dos homens foi carregado pelas águas & afundou; & o terceiro homem ficou sentado a salvo olhando para as ondas se quebrando, tão pacientes tão implacáveis enquanto a lua observava com ar grave; & então com um resfolego seco também ele foi derrubado & submergiu, & o aeroplano balançou & oscilou – a milhas de distância de lugar nenhum, na costa de Terra Nova, enquanto eu dormia em Rodmell, & Leonard jantava com os Cranium em Londres.[56]

Segunda,
5 de setembro

Depois de solidificar em palavras a minha visão da princesa aviadora, coloquei diante dos meus olhos, por mais estranho que pareça, um fantasma bastante proeminente. Por que isso aconteceu dessa maneira? Alguma espécie de insatisfação parece ter sido aplacada. Portanto, aos poucos, a urgência de rememoração também vai definhando, tal como a vida; & em questão de 48 ou 96 horas todos os traços da morte da princesa de calças púrpura estarão apagados.

Aliás, acabamos de voltar de Brighton, & estou agitada por ter comprado uma malha, de que gostei; & por ter deixado Leonard bater a traseira do carro na coluna do portão. Daí que, para acalmar esses turbilhões, vim escrever aqui. Fomos a Brighton hoje; & portanto acrescentamos alguns quilos de prazer à vida. A monotonia foi evitada. Ah, & pensei – mas esse pensamento já me escapa – na enorme atividade da espécie humana; nessas idas & vindas febris a toda parte; que apesar de Brighton & as estradas não passarem de um enxame agitado de carne humana, não são desprezíveis. E quando volto para cá, a mesma energia vem trazendo os homens de volta da colheita pelos campos; & o velho Mr. Gray, & o pobre cavalo vagaroso. Ora, uma mente de fato totalizante, esplêndida & ilustre examinaria toda essa atividade humana, a canalizaria & fundiria em uma coisa só. Eu enxergo essa possibilidade em rompantes: enxergo os seres humanos como se estivessem no início de uma ampla empreitada, & não simplesmente com a costumeira preocupação dos escritores com a qualidade artística.[57] Este é um ponto de vista que se impõe mais & mais em lugares como Peacehaven. Ali é destruída toda qualidade artística; resta apenas a energia em turbilhão & torvelinho. O intelecto é como um cachorro que dá voltas & voltas antes de se deitar. Que então me entreguem ideias novas & detestáveis; encontrarei uma maneira de fazer um leito com elas.

Terça,
18 de setembro[58]

Mil coisas para escrever tivesse eu o tempo: tivesse eu a vontade. Basta escrever um pouquinho para que se esgotem minhas reservas:

Laughton Place & a morte de Philip Ritchie

Estes fatos seguem como aconteceram, sincronizados. Quando Vita esteve aqui 10 dias atrás fomos até Laughton, & entrei, explorei a casa. Parecia, naquela manhã de sol, tão bonita, tão serena; como se tivesse cômodos infindos. Daí que voltei para casa fervendo de vontade de comprar o lugar; & assim aticei L. para que escrevêssemos ao fazendeiro, Mr. Russell, & aguardamos, com o coração na boca, tensos, por uma resposta. Ele veio em pessoa, depois de alguns dias; & combinamos de ir até lá ver a casa. Tendo isso arranjado, & nossas esperanças elevadas, abri o *Morning Post* & li sobre a morte de Philip Ritchie. "Já não pode comprar casas, o pobre Philip", pensei. E então a costumeira procissão de imagens atravessou a minha mente. Além disso, acho que pela primeira vez, senti que essa morte me transformava em uma lesma idosa; que me deixava a sensação de não ter o direito de seguir em frente; como se minha vida custasse a dele. E eu não fora gentil; não o convidara para jantar &tc. Assim sendo, os dois sentimentos – o de comprar a casa & o da morte dele – se digladiaram: & às vezes era a casa que vencia, às vezes a morte; & fomos ver a casa, que no fim das contas era indescritivelmente horrível; repleta de manchas & estragos; o carvalho granuloso, o papel de parede cinzento; um jardim empapado & uma edícula vermelha berrante nos fundos. Observo a força & a vividez dos sentimentos que de pronto irrompem & arrefecem. Agora esqueço de pensar em Philip Ritchie.[59]

Um desses dias, porém, esboçarei aqui, como se fosse um grande quadro histórico, as características gerais de todos os meus amigos. Estava pensando nisso na cama noite passada, & por algum motivo pensei em começar por Gerald Brenan. Pode ser que haja algo aí. Poderia ser uma maneira de começar a escrever as memórias da época de alguém durante o período de vida das pessoas. Poderia ser um livro bastante divertido. A questão é como fazê-lo. Vita será Orlando, um jovem nobre. Lytton precisa estar lá. & o livro será fiel à verdade; mas ao mesmo tempo fantástico. Roger. Duncan. Clive. Adrian. A vida deles estaria entrelaçada. Mas idealizo muito mais livros do que jamais serei capaz de escrever. Quantas historinhas aparecem na minha cabeça! Por exemplo: Ethel Sands que não lê suas cartas. O que isso implica. Dava para escrever um livro de cenas significativas isoladas. Ela não abria suas cartas.

Fomos e voltamos de Long Barn de carro ontem, na maior parte do tempo atravessando subúrbios. Hampstead inteiro, vermelho, higiênico, sério, contemplativo, está alojado no alto da floresta de Ashdown. De vez em quando topa-se com algo conscientemente preservado, como a casa de Wren em Groombridge. Para-se o carro para olhar. Os outros motoristas fazem o mesmo. Encontramos Vita & Dotty sentadas em um tronco. Dotty irá gastar £200 por ano com poesia: para editar uma série de livros de poesia que não vendem. Estas £200 ela antes doava à Poetry Bookshop, mas desencorajada pela seriedade & bebedeira dele [Harold Edward Monro] agora desistiu: & as dispôs aos nossos pés.[60] Vai haver muito falatório, diz ela a respeito. Vão dizer que ela está comprando sua entrada em Bloomsbury. As crianças estavam lá; Nigel um tanto maltrapilho: Vita o vestiu como um menino russo, "Não. Estou parecendo uma menininha", disse ele. Estava também o tutor de francês que nunca fala uma palavra.[61] Dotty estava byroniana em seu vestido, mas parecia uma versão bastante melhorada da Dotty londrina. Eles ainda não sabem o que será de Harold, que se recusou a ir para Budapeste. E Quentin veio aqui, & os Keynes, & Morgan. Tudo isso eu tencionava, quem sabe, descrever: mas por outro lado, com que esforço minha caneta corre de um artigo a outro – Hemingway, Morgan, Shelley; & agora Biografia.[62]

Quentin não quer que toquemos Wagner: prefere Bach. Os filhos de Nessa são terrivelmente sofisticados: foi o que Morgan disse quando Angelica, adornada com um longo xale negro, imitou Lady Cornflax & Lady Ottoline em Charleston. Eles foram criados sem oposição nenhuma: nada para se rebelar ou tolher. Dessa forma atingiram aos 16 ou 17 anos um estágio que eu só alcancei aos 26 ou 27. Mas o verão, este nunca ardeu; & agora não passa de cinzas. Às cinco e meia da tarde a luz aqui já se torna cinzenta; o vento rodopia; todas as crianças em casa; irei escrever uma carta ou duas & entrar: sentar ao lado da lareira & ler, acho, biografias.

Mas estamos muito felizes – raras vezes estivemos mais felizes, imagino. Talvez as coisas estejam indo muito bem. Há o carro; as £200 de Dotty; – & L. comentou sobre Laughton Place outro dia, "Estranho como nós dois sempre chegamos à mesma conclusão sobre as coisas" – o que me agradou.

*Domingo,
25 de setembro*

Na página ao lado fiz algumas anotações sobre Shelley, acho que por engano, para o meu livro.[63]

Agora me permitam ser a analista de Rodmell.

Trinta e cinco anos atrás, havia 160 famílias morando aqui onde hoje não há mais que 80. É uma cidadezinha em decadência, que perde seus rapazes para as grandes cidades. Nenhum desses garotos, disse o Rev. Mr. Hawkesford, está aprendendo a arar. Gente rica atrás de casas de fim de semana compra as antigas casas dos camponeses, por quantias fabulosas. Monk's House foi oferecida a Mr. H. por £400: demos £700. Ele recusou, dizendo que não queria possuir casas de campo. Agora Mr. Allinson vai pagar £1.200 por duas, & disse que talvez conseguíssemos £2.000 por esta aqui.[64]

Ele é um velho em deterioração, de higiene pessoal precária. Seu cinismo & o prazer que sente em declamar ditos populares simples & desgastados me divertem. Está afundando para uma idade avançada, muito andrajoso, braços e pernas murchos, luvas de lã preta. Sua vida segue recuando como uma maré, devagar; ou pode-se imaginá-lo como uma vela moribunda, cujo pavio logo irá afundar no sebo morno

& apagar-se. Na aparência, é uma ave envelhecida;[65] o rosto pequeno & saliente, com olhos brilhantes & cinzentos de pálpebras pesadas; a compleição ainda é corada; mas a barba mais parece um jardim tomado de ervas daninhas. Pelinhos crescem fracamente por suas bochechas, & ao longo da cabeça careca correm duas listras, como se desenhadas a lápis. Ele desaba numa poltrona & reconta sua cota de histórias do vilarejo, que têm sempre um sabor ligeiramente zombeteiro, como se ele, não sendo pretensioso & nem um pouco bem-sucedido, compensasse rindo com malícia dos caprichos dos mais energéticos. Ataca Allinson pelas construções; conta secamente que o Capitão Stamper[66] não paga o dízimo; que Miss Lucas assina por ele os cheques. Os gastos que esses recém-chegados exuberantes têm com seus campos & fazendas deixa-o sardônico, mas ele não levanta um dedo para mudar nada; gosta de tomar sua xícara de chá indiano, que ele prefere ao chinês, & não dá grande importância ao que os outros pensam. Fuma cigarros intermináveis, & seus dedos não são muito limpos. A respeito de seu poço, disse "Seria outra coisa se alguém quisesse a água para tomar banho"– coisa que há uns 70 anos, pelo visto, ele passa sem. E gosta de uma conversinha pragmática sobre os lampiões Aladdin, por exemplo, & de comentar como o pároco em Iford tem um aparelho com o qual faz o globo do lampião Veritas, que é mais barato, dar conta do recado. Ao que parece, o da Aladdin custa 10d & 2/-, mas de repente fica preto & imprestável. Inclinados nos degraus das cercas, é sobre camisas de incandescência que os dois párocos conversam.[67] Ou então ele vem com conselhos para construir uma garagem: Percy deveria abrir uma vala & depois o velho Fears cobriria as paredes com cimento. Esses são seus conselhos; & imagino que tenha gastado muitas & muitas horas de sua vida socializando com Percys & Fears, às voltas em conversas sobre valas & cimento. De sua personalidade de clérigo pouca coisa se vê. Recusa-se a comprar para Bowen uma escola de equitação, disse ele; a irmã dela fez isso.[68] Ele não acreditou. Ela possui uma escola em Rottingdean, que tem 12 cavalos, cavalariços contratados, & precisa estar lá o dia inteiro, domingos inclusive. Porém depois de expressar essa opinião sobre o conclave familiar, ele deixa o assunto de lado. Mrs. H. apoiaria Bowen; ela conseguirá o que quer. O pároco então segue curvado até seu escritório, onde faz Deus sabe o quê. Perguntei se ele tinha trabalho a fazer: uma pergunta que ele achou ligeiramente engraçada. Trabalho não, disse ele; uma moça para atender. Então tornou a acomodar-se na poltrona; & assim suportou aquela visita de uma hora & meia.

Quarta, 5 de outubro

Escrevo na sórdida atmosfera de estalagem antes da partida. Pinker dorme numa cadeira; Leonard está assinando cheques em uma mesinha sob o olhar carrancudo do lampião. A lareira está coberta de cinzas, pois ficou acesa o dia inteiro & Mrs. B.[*artholomew*] nunca a limpa. Há envelopes sobre a grelha da lareira. Escrevo com uma caneta frágil & rala; & palpito que veremos o pôr do sol nesta tardinha, que está clara, nítida.

Fomos a Amberley ontem & estamos pensando em comprar uma casa por lá. Afinal é um lugar adorável, impressionante, parado no tempo entre colinas & alagadiços. Tão impulsivos nós dois, apesar dos anos!

Porém não somos tão velhos quanto Mrs. Gray, que veio nos agradecer pelas maçãs.[69] Não manda ninguém buscá-las, pois isso parece mendicância, já que nunca aceitamos dinheiro. Seu rosto é sulcado

1832
86
1918

de rugas: elas formam vergões ao longo de seu comprimento. Tem 86 anos, & não consegue se lembrar de outro verão igual a este. Quando moça fazia tanto calor em abril que era muitas vezes insuportável dormir de lençol. A juventude dela deve ter sido mais ou menos na época da do meu pai. Ela é 9 anos mais nova, calculo: nasceu em 1841. E o que terá visto da Inglaterra vitoriana?, eu me pergunto.

Sei criar situações, mas não enredos. Quer dizer: se eu passo por uma garota aleijada, sem perceber sou capaz de criar uma cena instantaneamente: (agora não consigo pensar em nenhuma). Este é o germe do meu dom para a ficção. E por falar nisso recebo uma carta atrás da outra sobre os meus livros, & elas pouco me animam.

Encontramos Mary & Barbara [*Hutchinson*] em Brighton ontem; cinzentas, com roupas de alfaiataria, elegantes, com um toque rosado & meias de seda cor-de-rosa. Contudo notei algumas rugas nos olhos de Mary; & uma ou outra linha funda, provocadas por Clive. Fomos afáveis, como são as pessoas quando se encontram depois de um período de frieza; oferecemos pãezinhos. Fomos afáveis até demais, talvez; a sombra de Clive assomou sobre nós. Indo buscar o chapéu de L. em Charleston topei com uma dessas horas emotivas das tardes de outono em que as pessoas desejam ser íntimas, talvez contar vantagem. E ele me contou uma história romântica absurda – de uma garota, linda, desejável, com metade de sua idade; apaixonara-se por ele, & ele não conseguia acreditar; ela deve me achar um homem idoso & culto, disse; & portanto "eu tento tento me controlar", mas espantosamente, os dois saíram juntos no outro dia; tiveram 4 dias de alegria completa; & agora "começa o drama". Na verdade, começou dois dias atrás, na segunda. Ninguém tem a mínima ideia de quem ela seja. E será algo duradouro, ou genuíno, ou apenas uma vingança contra Mary? & será que sobrevive aos ataques de Mary, & seremos nós arrastados para o meio de tudo, &c &c &c? São estes os pensamentos que nos agitam este outubro, que é o nascimento do ano.

Se minha pena permitisse, eu trataria de traçar um cronograma de trabalho, tendo concluído meu último artigo para o *Tribune*, & estando livre mais uma vez. Mas imediatamente os dispositivos excitantes de sempre invadem minha cabeça: uma biografia, começando no ano de 1500 & seguindo até os dias de hoje, chamada *Orlando: Vita*; mas com uma mudança de sexo. Acho que, por diversão, devo me permitir escrevê-lo por uma semana, enquanto[70]

Sábado,
22 de outubro

Este é um livro, creio já ter dito antes, que escrevo depois do chá. Meu cérebro estava cheio de ideias, mas todas elas foram gastas com Mr. Ashcroft & Miss Findlater, admiradores fervorosos.[71]

"Devo me permitir escrevê-lo por uma semana" – não faço mais nada, absolutamente nada, há quinze dias; & me lancei um tanto furtivamente mas com mais paixão ainda sobre *Orlando: uma biografia*. Será um livro pequeno, que devo terminar até o Natal. Pensei em alterná-lo com *Ficção*,[72] mas quando a cabeça ferve não consegue mais parar: eu caminho formando frases; sento planejando cenas; estou, em resumo, em meio ao maior arrebatamento em que já estive; & do qual venho me poupando desde fevereiro, ou antes até. E falar em planejar um livro, ou esperar por uma ideia! Este aqui veio numa onda; eu disse, para pacificar a mim mesma, estando entediada & estagnada com aquela maçante intolerável

Ficção, "Escreva uma página de um conto para se divertir: pare às 11h30 em ponto & depois continue com os Românticos". Eu tinha pouquíssima ideia a respeito do que seria a história. Mas o alívio de manobrar a imaginação naquela direção era tamanho que me senti feliz como há meses não me sentia, como se tivesse me deitado ao sol, ou recostado em almofadas; & depois de dois dias desisti completamente do meu cronograma & abandonei-me ao puro deleite dessa farsa: que me dá mais prazer do que qualquer outra coisa jamais me deu; & escrevi até começar a sentir dor de cabeça & ser forçada a parar de supetão, como um cavalo cansado, & tomar um soniferozinho ontem de noite: o que tornou nosso café da manhã desafiador. Não consegui terminar o meu ovo. Estou escrevendo *Orlando* mais ou menos num estilo de sátira muito claro & simples, para que as pessoas entendam cada palavra. Mas o equilíbrio entre verdade e fantasia deve ser cauteloso. É baseado em Vita, Violet Trefusis, lorde Lascelles, Knole &c.[73]

Muitos incidentes a registrar. Nestes dias claros de outubro, eles sempre chegam juntos em uma onda, uma vez que todos estão de volta, recém-chegados do isolamento, animados, ocupados, sociáveis. Nessa iniciou encontros informais nas noites de domingo; & lá a Velha Bloomsbury deverá se reunir, após o jantar – Helen Clive Roger &tc.

Ah, uma semana atrás perguntei as horas na Editora.
"Leonard pode te responder", disse Angus bastante melindrado.
"Pergunte a Angus. Não faço ideia", disse Leonard bastante rabugento. E vi Mrs. C. abaixar a cabeça sobre o papel que digitava & rir. Foi o rabicho de uma discussão terrível dos dois sobre as horas. Angus foi despedido; mas disse a Nessa que gostaria de ficar,

caso os temperamentos pudessem se tornar compatíveis. Um ano ruim, este, para a Editora: porém as perspectivas parecem promissoras, desde que as Marys & os Braithwaites não comam todo o lucro. Dottie (que veio para o chá com enorme simplicidade, mas alongou a visita um pouco além da conta) vai investir £200 por ano em Stella Gibbons &c. & me empresta seus próprios poemas, que prontamente atiro privada abaixo.[74] Vita aparece na editora sem avisar, toda de vermelho & preto (assim como Orlando), diz que um fazendeiro, não, um taberneiro atirou em Lizzie [uma cadela?] (ela respeita fazendeiros, não taberneiros): sobe até aqui comigo, & Harold vem se despedir. Sentamos muito à vontade & íntimos para ouvir o *bon-vivant*, junto do fogão a gás: ele acabara de voltar do Ministério das Relações Exteriores, onde "foram ótimos. Sabem como mimar alguém", ele disse, dedicado que é ao Ministério, que agora irá mandá-lo para Berlim por 3 anos. Vita só ficará lá por um curto período de tempo, segundo disse. Ela gosta dele. Ela o afaga: pede que eu lhe prepare uma xícara de chá.

E há ainda Clive. Forrou suas escadas do mais vívido tom de verde, com 5 polegadas de espessura: dispõe de todos os confortos & comodidades. Fui jantar lá & encontro Harold & Tom: Tom, obviamente, de colete branco, com pinta de homem vivido; dá a nota & lá vão eles contando histórias sobre "Jean" (Cocteau), sobre Ada Leverson, Gosse, Valery, &c &c. & L. & eu nos sentimos meio Bloomsbury, talvez; não, creio que esse tipo de conversa mal atinge um nível passável. Harold é o que melhor se sai. Ele estava em Petersburgo quando explodiram Stolypin, ou seus filhos; consegue descrever o bum buuum buuum da bomba caindo: & a Imperatriz cujo branco dos olhos era amarelado;[75] & o Rei George atirando Mr. Britling no chão com violência. & "pode me faltar distinção, mas que eu me dane se for alheio", foi seu comentário sobre uma frase qualquer de Wells.[76]

E isso me faz lembrar que vimos o caixão cinza-claro de Mrs. Wells deslizando pelos portões em Golders Green. Tinha borlas como cordas de sino. Wells, sentado ao lado de [George Bernard] Shaw de sobretudo azul-garrafa, soluçava. Dava para ver seu lenço branco entrando e saindo do bolso. Mr. [Thomas E.] Page, um velho acadêmico desleixado & mal-ajambrado, leu umas páginas datilografadas por Wells sobre "nossa amiga Caroline".[77] "Pobrezinhos, pobrezinhos desses tolos" ela costumava dizer, nos tempos em que os dois tinham má reputação. Esse coloquialismo fundiu-se à liturgia do enterro; & o efeito geral foi de certa maneira um pouco desinteressante. O objetivo era enfatizar a vida; & a generosidade & como a vida generosamente continua; uma coisa me emocionou. "Uns são colocados num promontório & suas vidas servem de farol para a humanidade. Outros vivem afastados & mal são conhecidos, mas suas vidas são as mais preciosas", o que me lembrou algo que meu pai escreveu, referindo-se na época à minha mãe.[78] Então o caixão deslizou para "a fornalha da criação material". Ela se tornou parte das rosas que tanto amou, & do sol sobre a neve. Pobre Jane! Foi desesperador ver que grupo desmazelado maltrapilho & imperfeito éramos; quão debilitados; quão feios em sua maioria. E no entanto nos esforçávamos ao máximo para dizer qualquer coisa sincera sobre a nossa grande aventura (como Wells quase a chamou). Justiça seja feita ele foi aventureiro & mergulhou em seu banho & espalhou as águas para todos os lados. Mais tarde nos levantamos para os cumprimentos;

Lydia soluçava; Shaw disse "Não chore. Jane está bem – Jane é esplêndida" & fomos embora – eu para a Fortnum & Mason comprar sapatos.

Domingo,
20 de novembro

Vou agora roubar um instante daquilo que Morgan chama de "vida" para escrever uma nota apressada. Minhas notas têm sido escassas; a vida uma cascata, um *glissade*, uma enxurrada: tudo junto. Acho que no geral este é *mesmo* o nosso outono mais feliz. Tanto trabalho; & hoje sucesso; & a vida fácil: deus sabe o que mais. Minha manhã vai-se depressa, caótica, das 10 à 1. Escrevo tão rápido que não consigo digitar tudo até a hora do almoço. Esta é suponho a espinha dorsal mais importante do meu outono – *Orlando*. Nunca sinto o mesmo quando escrevo críticas, exceto numa ou noutra manhã. Hoje comecei o terceiro capítulo. Estarei aprendendo alguma coisa? Talvez o livro seja zombeteiro demais para isso; no entanto me agradam essas frases simples; & a externalidade dele, para variar. Está fino demais obviamente; derramado sobre a tela; mas devo cobrir o terreno até 7 de jan. (imagino) & depois reescrevê-lo. Vita veio; Dottie veio; Clive incessante; Tom, Roger; temos nossas noites de Bloomsbury; pela primeira vez estou esbanjando dinheiro, numa cama, num casaco (do casaco, no momento, eu me arrependo) & tive uma deliciosa sensação de abastança outro dia quando em Long Barn dei a Loune [o mordomo] uma gorjeta de 5/- por passar a noite. Mas a psicologia do dinheiro é estranha; & gastar não me dá grande prazer. Duvido que eu deseje qualquer coisa com intensidade suficiente; no entanto tenho medo de gastar erroneamente; & preciso comprar um vestido de noite, coisa que também me dá medo. Recusei Sybil; aceitei Ethel. A fama aumenta; creio. Rapazes jovens escrevem sobre mim ao acaso em seus livros absurdos. A vida doméstica, ou seja Nelly, de vento em popa.

Isso não passa de um resumo; pois tenho cartas demais para escrever, & não consigo alcançar aquela nuvem que estava tão pesada em meu cérebro quando eu me sentei aqui.

Fiz Vita chorar na outra noite; baixinho, despudoradamente. "Odeio me sentir entediada" falei, sobre suas Campbells & Valery Taylors; & ela interpretou isso como se eu estivesse me cansando dela.[79]

30 de novembro[80]

Acabo de voltar do andar de cima & de provar um chapéu (18/11) que comprei recentemente na B&H (assim chamam a loja) [Bourne & Hollingsworth] para usar no almoço de Sybil amanhã. Com esse dinheiro eu poderia ter comprado uma camisola. Então ouvi um homem num ônibus falando sobre qualidade & o que constitui um cavalheiro; & a senhora me chamaria de Sir; & eu, de Madame. Isso a uma mulher da classe trabalhadora, desmazelada descorada aveludada com um bebê. "Tiv' mais d'8" ela disse ao motorista; a quem chamava de meu jovem; enquanto ele a chamava de Ma. Isso é Dickens; ou Shakespeare; ou simplesmente cockney inglês: seja lá o que for eu adoro; aquece o fundo do meu coração. Um outono muito feliz, esse, repito. Aumento de £5 para Nelly, por um motivo ou outro, por animação constante & gentileza. Ofereceu-se ontem à noite para tirar a mesa. Acha que é só o justo, termos lhe dado um aumento. Nenhum incômodo com as visitas. Depois do Natal se instalará o desgosto, com certeza; quando então terei de escrever críticas; a luz rareia; & Nessa Vita Clive vão embora. Mas vou me antecipar a essa depressão. Além do mais, estou ou não estou orgulhosa no momento. Ruth Draper me admira: vou encontrá-la sexta-feira na Elena Richmond. Que concatenação incrível! Assim sendo, esta noite vou ao Pit ver Ruth Draper.[81] Almoço com Sybil; jantar com Ethel; & um vestido novo, feito de outro de 100 anos de idade. Essas são as pequenas ondas que a vida faz; que nos jogam de um lado para o outro & para cima e para baixo.

Uma nota rápida sobre o almoço, sendo que L. foi almoçar no Cranium.[82]

É uma arte da conversa casual; esta sobre as pessoas. Bogey Harris; Maurice Baring. B.H. "conhece" todo mundo: ou seja, ninguém. Freddy Fossle? Ah sim eu o conheço; conhece Ly Fulano de Tal; conhece todo mundo: não consegue admitir que não. Um jantar sisudo, reluzente. Católico romano. No meio M. Baring disse – Mas Lady Beaverbrook morreu esta manhã. Sybil diz Repita isso. Mas BM [*não identificado*] ia almoçar com ela ontem, disse Bogey. Bom saiu nos jornais: ela morreu disse M.B. Sybil fala Mas ela era tão jovem. Lord Ivor pediu para me apresentar o jovem com quem a filha dela vai se casar. Eu sei diz Lord Ivor, ou melhor Bogey. Bem, que estranho, Sybil diz, desistindo da tentativa de enfrentar a morte dos jovens em um almoço social. Então daí para as perucas: Antes de se levantar Lady Charlie costumava cachear os cabelos com um marinheiro no convés diz Bogey. Ah eu a conheço desde sempre. Passeava de iate com eles. Lady... sobrancelhas caíram na sopa. Sir John Cook era tão gordo que tiveram de içá-lo. Certa vez ele se levantou da cama no meio da noite & caiu no chão, onde ficou por 5 horas – sem conseguir se mexer. BM me mandou uma pera pelo garçom com uma longa carta. Conversa sobre casas & períodos. A conversa toda muito tranquila & superficial; depende de conhecer as pessoas: não de dizer qualquer coisa de interessante. As bochechas de Bogey são polidas diariamente.

Quinta,
20 de dezembro

Este é praticamente o dia mais curto & talvez a noite mais fria do ano. Estamos no coração negro de uma nevasca terrível. Noto esse aspecto de átomos negros no ar límpido, que por algum motivo nunca consigo descrever como queria. O asfalto estava branco com grandes flocos poeirentos na outra noite, quando eu voltava a pé com Roger & Helen, do último domingo na Nessa – receio que será o último em muitos meses. Mas como sempre eu "não tenho tempo": vou contar as coisas que deveria estar fazendo nessa noite profunda de inverno em que Leonard está dando sua última palestra, enquanto Pinker dorme na poltrona dele. Eu deveria estar lendo o conto de Bagenal; a peça de Julian; as cartas de Lord Chesterfield; & escrevendo para Hubert [Henderson] (sobre um cheque da *Nation*).[83] Há uma escala de valores irracional em minha cabeça que coloca essas tarefas em um nível mais elevado do que o mero escrevinhar. Angus finalmente deve sair: tivemos outra entrevista meio dolorosa no Estúdio; quando ele interrompeu a demissão de L. com seu próprio pedido de dispensa. O dinheiro é insuficiente. Estamos pensando em ter Francis Birrell como sócio; devemos fazer-lhe o convite amanhã; & tratar da Hogarth Miscellany.[84]

Isso me fez lembrar a festa infantil na Nessa ontem à noite. A peça das criaturinhas deu um nó na minha garganta infinitamente sentimental. Angelica tão madura, tão dona de si; de cinza & prateado; que epítome do feminino; & que botão fechado de razão & sensibilidade; com uma peruca cinzenta & um vestido da cor do mar! E no entanto, por estranho que pareça, raramente desejo ter filhos agora. Esse desejo insaciável de escrever alguma coisa antes de morrer, esse sentido feroz da brevidade & do frenesi da vida, fazem eu me aferrar, como um homem a um rochedo, à minha própria âncora. Não me agrada a fisicalidade de ter filhos meus. Isso me ocorreu em Rodmell; mas não cheguei a anotar. Posso me imaginar como mãe, é verdade. E talvez eu tenha instintivamente matado esse sentimento; do mesmo modo como talvez a natureza o faça.

Ainda estou escrevendo o 3º capítulo de *Orlando*. Logicamente tive de abandonar a ideia de terminá-lo em fevereiro & publicá-lo na primavera. Está se arrastando mais do que eu imaginei. Andei repensando a cena em que O. encontra uma garota (Nell) no Parque & vai com ela para um belo quarto em Gerrard Street. Ali ela irá se revelar. As duas vão conversar. Isso vai levar a uma digressão ou duas sobre o amor entre mulheres. Vai trazer à cena a vida noturna de O.; & seus clientes (a palavra é essa). Então ela irá se encontrar com Dr. Johnson, & talvez escrever (quero citá-lo de alguma maneira) To all you Ladies.[85] Assim devo obter certo efeito dos anos passando; & então vem a descrição das luzes brilhantes do Século 18; & as nuvens do Dezenove erguendo-se. Aí direto ao 19. Mas ainda não pensei sobre isso. Quero escrever tudo isso depressa, para manter a unidade do tom, que nesse livro é muito importante. Tem de ser meio zombeteiro, meio sério: com salpicadas generosas de exagero.

Talvez eu deva reunir coragem para pedir ao *Times* um aumento. Mas se eu puder escrever para o meu *Annual* nunca mais escreverei para outro jornal. Quão extraordinariamente imprevisto para mim, mas potente, foi Orlando, aliás! como se tivesse atirado todo o resto de lado para vir à luz. Contudo percebo ao ler março[86] neste momento que ele quedou quase idêntico em espírito, embora não nos fatos, ao livro que tinha planejado escrever como uma aventura: o espírito deveria ser o da sátira, a estrutura insana. Precisamente.

Sim, repito, um outono muito feliz, singularmente feliz.

Os fatos são: uma senhora de Leicestershire ama Clive: Mary ama (talvez) lorde A. Quer Clive de volta, mas com algumas condições. Ele ignora: sente uma ferroada de vez em quando, mas está livre & solto. Mary os encontrou andando pela Cavendish Square. Raymond vai se casar com Valery. (é o que achamos.)

22 de dezembro[87] Vou abrir isto por um instante apenas, estando eu entediada, para registrar uma reprimenda severa de mim para mim mesma. A sociedade vale por nos humilhar. Sou adulterina, medíocre; uma fraude; estou adquirindo o hábito da conversa exibida. Espalhafatosa foi o que me pareceu a noite passada nos Keynes. Eu estava sem o menor humor & portanto pude enxergar com transparência o que eu mesma dizia. Dadie disse uma verdade também: quando V. permite que seu estilo venha para o primeiro plano, é só no que pensamos; quando ela usa clichês, achamos que entendemos o que ela quer dizer. Mas, segundo ele, eu não tenho nenhuma capacidade lógica, & vivo & escrevo como se estivesse em meio a um sonho de ópio. E o sonho é frequentemente sobre mim mesma.

Agora, com a meia-idade se aproximando, & a velhice logo à frente, é importante ser severa com defeitos assim. Com que facilidade posso me tornar uma mulher egoísta & absurda, medindo elogios, arrogante, estreita, murcha. Os filhos de Nessa (sempre me comparo com ela, & descubro que ela é a maior & mais humana de nós duas, penso nela hoje com uma admiração que nada tem de inveja: com certo resquício da antiga sensação infantil de que estávamos unidas numa cruzada contra o mundo; & que orgulho sinto por ela ter vencido triunfalmente todas as nossas batalhas!: pois ela [abre] caminho tão modesta tão despreocupada, quase anonimamente até seu objetivo, com os filhos ao seu redor; & é somente por uma ligeira & nova ternura (algo tocante nela) que percebo que ela também sente espanto, surpresa, de ter escapado incólume por tantos terrores & sofrimentos –

O sonho é frequentemente sobre mim mesma. Para corrigir isso, & esquecer sua própria personalidadezinha absurda & intensa, sua reputação & todo o resto, é preciso ler; ver pessoas de fora; pensar mais; escrever mais logicamente; acima de tudo encher-se de trabalho; & praticar o anonimato. O silêncio acompanhado; ou a declaração mais silenciosa, não a mais espalhafatosa, também é algo "indicado", como dizem os médicos. Foi uma festa um tanto vazia, a da noite passada. Ótimo aqui, entretanto;[88] & creio que F. B. está inclinado a aceitar.

1928[1]

17 de janeiro[2] Daqui a meia hora mais ou menos Nessa & Duncan passarão por aqui antes de irem se despedir de Roger. Estas são as verdadeiras férias do ano: Bloomsbury se dispersa de hoje até maio, presumo. Clive partiu para a Alemanha esta manhã.

Ontem fomos ao funeral de Hardy. No que pensei? Na carta de Max Beerbohm, que eu tinha acabado de ler; na palestra sobre literatura de mulheres para as Newnhamitas.[3] De quando em vez alguma emoção irrompia. Mas duvido que o animal humano seja capaz de dignidade em uma cerimônia. Vemos o franzir de cenho & o cacoete de um bispo: vemos seu nariz lustroso luzidio; desconfiamos que o olhar enlevado do noviço de óculos para a cruz que ele carrega seja uma fraude; pegamos o olhar extenuado & distraído de Robert Lynd; depois pensamos na mediocridade de Squire;[4] depois lá vem o caixão, excessivo; como um caixão teatral, coberto por um tecido branco de cetim: os carregadores cavalheiros idosos um tanto vermelhos & rígidos, segurando-o pelos cantos: pombos voando lá fora; luz artificial insuficiente; procissão até o Poet's Corner; o dramático "Na esperança certeira & confiante da imortalidade", melodramático talvez. Depois do jantar no Clive, Lytton protestou que os romances daquele grande homem estão entre os piores dos piores & que não consegue lê-los. Lytton senta ou recosta-se inerte, de olhos fechados, ou exasperado, com eles abertos. Lady Strachey vai se apagando lentamente, mas pode ser que o processo demore anos. Tudo isso faz brotar em mim a sensação de inquietude, de mudança & mortalidade, de que as despedidas são mortes; & depois a de minha própria fama – por que essa ideia me vem? – & de sua longinquidade; & depois ainda a pressão de escrever dois artigos sobre Meredith & polir o de

Hardy.[5] E Leonard em casa lendo. E a carta de Max. & a sensação da futilidade de tudo.

Domingo,
11 de fevereiro

Estou com tanto frio que não consigo segurar a caneta. A futilidade de tudo – aí parei; & de fato ando tendo essa sensação de modo um tanto persistente, & talvez devesse ter escrito isso aqui. Hardy & Meredith juntos me mandam para a cama entorpecida de dor de cabeça. Agora conheço essa sensação, quando sou incapaz de cunhar uma frase & fico sentada remoendo-a & balbuciando; & nada ilumina o meu cérebro, que mais parece uma janela vazia. Portanto fecho a porta do meu estúdio, & vou para a cama, enfiando borrachas nos ouvidos; & ali fico deitada por um ou dois dias. E quantas léguas viajo no tempo! Tais "sensações" se espalham pela minha coluna & minha cabeça tão logo lhes dou a chance; que cansaço exagerado; que angústias & desesperos; & alívio & descanso celestiais; & depois de novo o sofrimento. Creio que nunca ninguém foi tão atirado de um lado para o outro pelo próprio corpo como eu sou. Mas acabou: já se esqueceu; & lorde Sackville morreu & repousa em Withyam, & passei por Knole ontem com Vita & tive de afastar os olhos da imensa casa sem senhorio, sem bandeira. Isso é o que a perturba mais. Quando ela deixou a casa, atrás das velhas carroças, foi para sempre, disse, depois de ter sido sua senhora por três dias.[6] Por algum motivo, estou me debatendo sem energias com o último capítulo de *Orlando*, que era para ter sido o melhor. Sempre sempre o último capítulo me escapa das mãos. Fica-se entediado. Chicoteia-se. Ainda tenho esperanças de que sopre um novo vento, & não me importo tanto, apesar de sentir saudades da diversão, que era tão tremendamente exuberante em outubro, novembro

& dezembro. Tenho lá minhas dúvidas se não será vazio; & fantástico demais para ser tão longo.

De resto, hoje Bloomsbury retorna à vida. Clive está de volta: ao que Mary nos convida para almoçar: & assim voltamos a cintilar com uma certa palidez de neve do comecinho da primavera.

Minha pena protesta. Escrever assim não faz sentido, diz ela.[7] E L. foi ver M.[argaret] L.[lewelyn] D.[avies]. Pinker pegou pulga.

Sábado, 18 de fevereiro

Sinto-me feliz de declarar que ainda tenho algumas libras no Banco, & meu próprio talão de cheques. Este grande avanço de dignidade foi conquistado no outono. Com minhas £60, comprei uma cama da Heal; um armário de cozinha, um casaco de pele, & agora um rolo de carpete para o saguão. Esta revisão financeira foi um enorme sucesso. E escolho bem os artigos, de modo a escrever um & ganhar £30 por mês. E sim, eu deveria estar revisando lorde Chesterfield agora, mas não estou. Minha mente sai sonhando acordada com "Mulheres & ficção", que lerei em Newnham em maio. A mente é o mais caprichoso dos insetos – esvoaçante, rodopiante. Eu tinha pensado em escrever as páginas mais ligeiras & brilhantes de *Orlando* ontem – mas nem uma gota veio, certamente por causa dos motivos físicos de costume, que se apresentaram hoje. É a mais estranha das sensações: como se um dedo interrompesse o fluxo de ideias do cérebro: que perde o lacre, & assim o sangue escorre para todos os lados. Novamente, em vez de escrever *O.* me pus a percorrer de cima a baixo todo o território da minha palestra. E amanhã, ai de mim, temos de nos apressar; pois preciso voltar ao livro – que tão satisfatoriamente alegrou esses últimos dias. Não que minhas impressões quando escrevo sejam um guia infalível.

Jantamos com Ka. Ela tirou as cúpulas de todos os abajures de Nessa & por estranho que pareça, de certa maneira emprestou uns ares de lugar-comum à casa.[8] A casa estava, além disso, cheia daqueles maltrapilhos que ela coleciona – os sérios, os feios, os infelizes. Nunca tinha me sentado ao lado de um tal traste como Mrs. Campbell. Garnett tão ruim quanto – um pedante com educação excessiva. Estou tão exausto que nem consigo falar – três comitês esta tarde – deu informações corretas sobre como cozinhar ovos.

Antes disso, houve Todd & Clive – Clive é onipresente. Todd parecia um animal primitivo saindo do pântano, enlameada, hirsuta. É uma mulher comercial – uma exceção no meu mundo. Falava em "recuperar meu dinheiro" como Gerald Duckworth diria, com o mesmo olhar de ganância um tanto hostil & cauteloso, como se o mundo estivesse conspirando só para roubá-la. Essa mania de cavoucar por dinheiro não é atraente, mas acaba suavizada por uma faísca de estilo & quem sabe até de elegância. Ela se apoia nos dois pés ao expressá-la. Vai fundar um jornal – que tédio essas pessoas que fundam jornais em maio! Desmond é outro. Mas Todd não tem nada da efervescência & entusiasmo dele. Acha trabalhar extremamente tedioso. Gosta da vida. [Seis palavras riscadas] flertando com Osbert suponho. Ela parece uma anta, cujo nariz de criatura fareja Bloomsbury persistentemente.

Dadie entrou aqui um instante, um tanto esgotado & lívido, também de tanto "ganhar dinheiro". Estamos meio distantes disso, Leonard & eu: L. nunca ganha um centavo; quero dizer, ele tenta: & eu quase chego a desejar que fôssemos mais extravagantes. Isso surge de vez em quando em meus pensamentos. E o que mais surge? Duvido que irei escrever outro romance depois de *O*. Inventarei outro nome para eles.

Almoço com Mary; almoço com Clive; jantar com Clive; chá com Jane, apoiada na cama, a velha cabeça branca apoiada sobre travesseiros, muito envelhecida & um tanto exaltada, capaz de conversar ou escutar somente por dez minutos ou algo assim.[9] Mary & Jack tinindo de abastança & belezuras domésticas: conjuntos bonitos por toda parte; & quadros, & tapetes; mas quase nada que sustente aquilo. Jack entrou, antes das três, no clima de contar histórias: às 3h30 já tinha contado todas. De volta para casa & para o desleixo.

Domingo,
18 de março

Perdi meu suporte para escrever; uma desculpa para o estado anêmico deste livro [o diário]. Realmente só estou escrevendo agora, entre uma carta & outra, para dizer que *Orlando* foi concluído ontem quando o relógio bateu uma hora. Finalmente a tela está coberta. Três meses de trabalho meticuloso serão necessários, imperiosamente, antes que ele possa seguir para a gráfica; pois rascunhei & pincelei, & a tela aparece em mil lugares. Mas a sensação é de serenidade, de dever cumprido, ao escrever, ainda que provisoriamente, Fim, & partimos no domingo, eu de consciência apaziguada. Escrevi esse livro mais depressa do que qualquer outro: & não passa de uma brincadeira; contudo de leitura leve & ligeira eu acho; as férias de um escritor. Tenho mais & mais certeza de que nunca mais escreverei outro romance. Trechinhos de rimas me assolam. Bem, então partimos de carro para a França no sábado, & devemos estar de volta em 17 de abril para o verão. O tempo voa – ah sim: pensar que já será verão novamente; & que ainda me restam faculdades para me espantar com isso. O mundo dando voltas mais uma vez, trazendo seus tons de verde & azul para perto dos nossos olhos.

Desde fevereiro minha cabeça está ligeiramente nublada por uma dor de cabeça, tive um início de gripe; & por isso, com o farol baixo, & destinando toda a minha energia a levar meu livro adiante, não escrevi aqui. Não gosto desses meses. Será que deveríamos ir a Roma no ano que vem? Ter controle da vida é o que se deveria aprender agora: administrá-la com economia. Sinto que estou cautelosa, como uma pessoa pobre, agora aos 46 anos. Mas até lá posso estar morta, eu acho, & portanto faço aulas de francês agora, em vez de ficar esperando.

Quinta,
22 de março

Aqui estão as últimas páginas de *Orlando*, & são vinte para a uma; & já escrevi tudo que tinha para escrever, & no domingo viajamos para o exterior.

Sim está pronto – *Orlando* – iniciado em 8 de outubro, como uma brincadeira; & agora meio comprido demais para o meu gosto. Talvez não seja nem alho nem bugalho, longo demais para uma brincadeira & frívolo demais para um livro sério. Devo levar em conta que o que escrevo agora vem de uma cabeça ávida apenas por campos verdejantes. Sol; vinho; ficar sentada sem fazer nada. Nas últimas 6 semanas tenho sido mais um balde que uma fonte; parada para receber os tiros de uma pessoa ou de outra. Um coelho que passa por um painel de tiro & os amigos pá-pá. Graças a Deus hoje Sybil desmarcou conosco, portanto resta apenas Dadie, & um dia inteiro de quietude, graças a Deus, amanhã. Mas pretendo tomar pé desse assunto do tiro ao coelho quando eu voltar. E do de ganhar dinheiro. Espero me assentar & escrever todos os meses um belo artigozinho discreto por £25; & assim viver; sem estresse; & portanto ler – o que eu quiser. Aos 46 devemos ser sovinas; ter tempo apenas para o que é essencial.

Mas creio que já fiz considerações morais o bastante, & é melhor descrever as pessoas; apesar de que, quando nosso espírito vê tão insipidamente, por dever & não vontade, torna-se meio preguiçoso em fazer observações. Morgan & Desmond vieram para o chá. Morgan está mais borboleta azul que nunca. Se eu não converso, ele não diz nada. E qualquer sombra o assusta. Desmond chegou redondo como uma bola de bilhar; & pode-se dizer o mesmo de sua mente preguiçosa & borbulhante; que agora tem tanto brilho & lustro por sentir-se à vontade no mundo que estar com ele me põe de bom humor. Ele descreve, analisa, narra; não conversa exatamente. Todas as suas bajulações agora se destinam a angariar artigos para sua *Life & Letters*, que sai em maio. Mal me sinto envaidecida agora por ter sido convidada [a escrever lá]; porém obviamente um pouco fula quando recusei as £120 de Mrs. Van Doren & ela nem fez caso.[10] E um pouco fula, também, por não ter ganhado o Femina Prize – em parte porque me exibiram como concorrente & as pessoas irão pensar que estou fula: coisa que inerentemente não estou.[11]

Roger & Helen, Ka & Will, na outra noite. Roger meio cruel, & vaidoso. "Sou o crítico mais lido da Inglaterra, entretanto não tenho onde escrever." Analisando, isso quer dizer que *The Nation* lhe paga apenas £5, enquanto Konody ganha mais, & que as páginas da Burlington têm mais marcas nos artigos dele do que nos de McColl.[12] Existe uma inocência em toda essa vaidade que é adorável; mas me sinto melindrada com a reputação de Bloomsbury. Pensei ter visto Ka & Will nos comparando & ficando felizes por não sermos impecáveis. Eles nos comparam com o mundo político: nós os comparamos com o nosso próprio. Will se recostou de olhos fechados & senti muita pena dele. Ele sabe o que Roger acha de seus quadros, & o que eu não acho – pois não olho para eles; mesmo assim tem a generosidade de elogiar meus livros. Nós, pessoas de meia-idade, agora raramente cobiçamos a boa opinião uns dos outros com seriedade: ficamos satisfeitos em sermos diferentes.

Tempo chuvoso & de muito vento; & na semana que vem a esta altura estaremos no meio da França.

Terça,
17 de abril

Voltamos para casa, como previsto, ontem à noite, & para assentar a poeira da minha mente, escrevo aqui. Cruzamos a França & voltamos – cada polegada daquela terra fértil foi atravessada pelo admirável Singer. E agora cidades & espiras & cenas começam a se erguer na minha lembrança, enquanto o restante afunda. Vejo Chartres em particular, a espiral de caracol com a cabeça levantada atravessando a planície, a mais distinta das igrejas. A rosácea parece uma joia sobre veludo negro. O exterior é muito intrincado, porém simples; alongado; poupado de certa maneira do fantástico & do ornamental. O tempo cinzento corria sobre tudo isso; & eu me lembro de muitas vezes chegar à noite & ouvir a chuva nos hotéis. Muitas vezes vinha cambaleando por causa de minhas duas taças de *vin du pays*. Foi tudo uma grande correria & profusão – como atesta esta confusão de notas. Uma vez estávamos no alto de uma montanha no meio de uma tempestade de neve; & com bastante medo de um túnel comprido. Com frequência estávamos a 20 milhas de distância da civilização. Certa tarde chuvosa o pneu furou em uma vila das montanhas & eu entrei numa casa & sentei com a família – uma mulher simpática, educada & cheia de escrúpulos, uma garota bonita, tímida, que tinha uma amiga chamada Daisy em Earlsfield. Eles apanhavam trutas

& caçavam javalis selvagens. Então seguimos até Florac, onde encontrei um livro – as memórias de Girardin, na velha estante que foi vendida junto com a casa. Sempre boa comida & garrafas de água quente à noite. E ainda Nessa & Duncan & Clive (que deu um tapa em público – maldito seja esse arrivistazinho inquieto). Ah & o meu prêmio – £40 dos franceses. E Julian. E um ou dois dias quentes & a Pont du Gard ao sol; & Les Beaux (onde Dante teve a ideia do Inferno, segundo Duncan), & crescente & constante o tempo todo era o meu desejo por palavras, até eu passar a imaginar papel, caneta & tinta como coisas milagrosamente desejáveis – era capaz até mesmo de cobiçar rascunhos como se fossem uma espécie de alívio para mim – E teve ainda St. Remy & as ruínas ao sol. Esqueço agora como tudo aconteceu – como uma coisa levava a outra; mas as eminências agora emergem, & percebi como, conversando com Raymond no *The Nation* esta tarde, já tínhamos discorrido sobre os pontos altos. Antes disso, ao atravessar o cemitério sob a amarga chuva com vento, vimos Hope & uma mulher negra culta. Mas elas passaram reto por nós, mal nos lançando um olhar com hesitação. Logo em seguida escuto, Virginia, viro & lá vinha Hope de volta – "Jane morreu ontem" murmurou ela, meio sonolenta, de modo angustiado, "fora de si". Nós nos beijamos à sepultura da filha de Cromwell, onde Shelley costumava caminhar, em honra da morte de Jane. Ela jazia morta longe do cemitério, naquele quartinho onde a vimos apoiada sobre os travesseiros, como uma pessoa extremamente velha que a vida atirou para o alto & abandonou; exaltada, satisfeita, exausta. Hope cor de papel pardo sujo. Dali para o escritório, depois para casa trabalhar; & agora trabalhar & trabalhar, o mais duro que eu puder.

Sábado, 21 de abril

Dia gelado de chuva e vento. Nenhum azul, nenhum vermelho, nenhum verde nesta primavera detestável. Nas lojas há peles. Atravessei o Parque com Leonard; vim para casa; encontrei a faxineira no estúdio; agora preciso escrever aqui em vez de elaborar, como era minha intenção, umas frases cuidadosamente rematadas – pois *Orlando* está, verdade seja dita, horroroso de rudimentar.

A vida ou está muito vazia ou muito cheia. Por sorte, não cesso de transmitir esses curiosos choques que me abalam. Aos 46 não estou calejada; sofro consideravelmente; faço boas resoluções – ainda me sinto tão experimental & à beira de alcançar a verdade como sempre. Ah, & Vita – mudando de assunto & falando sobre o peso dos fatos – teve uma briga tremenda com a mãe – durante a qual foi obrigada a tirar o colar de pérolas do pescoço, parti-lo ao meio com um canivete, dar-lhe as 12 pérolas centrais & colocar os fragmentos, todos soltos, num envelope que o advogado forneceu. Ladra, mentirosa, espero que você seja atropelada por um ônibus – assim "minha honrada lady Sackville"[13] dirigiu-se a ela, tremendo de raiva diante de um secretário, um advogado & um chofer. Dizem que a mulher endoidou. Vita muito galante & rebelde, agitando a cabeça, me levou ao Zoo & disse que ela estava livre & solta & q. agora iria ganhar dinheiro sozinha, com a literatura.

E eu me vejo mais uma vez no velho turbilhão incansável de escrever contra o tempo. Já consegui alguma vez escrever com tempo? Agora porém prometo que não vou demorar mais com *Orlando*, que é um capricho; ele será lançado em setembro, muito embora o artista perfeito fosse recuar & reescrever & polir tudo – indefinidamente. Mas ainda restam horas para preencher com uma leitura ou outra – não sei bem do quê. Que espécie de verão eu desejo? Agora que tenho 16 libras para gastar até 1 de julho (segundo nosso novo sistema) eu me sinto mais livre: posso comprar um vestido ou um chapéu, & portanto passear um pouco, se eu quiser. E contudo a única vida estimulante é a imaginária. Quando as engrenagens começam a girar em minha cabeça, não quero mais saber de dinheiro, nem vestidos, nem sequer um armário de cozinha, uma cama em Rodmell ou um sofá. Jantamos com Lydia & Maynard: dois casais, de idade, sem filhos, distintos. Tanto ele como ela urbanos & admiráveis. O grisalho começa a chegar nas têmporas de Maynard. Ele tem uma aparência mais refinada agora: conosco não é pomposo ou grandioso: é simples, a mente sempre pensando, sobre russos, bolcheviques, glândulas, genealogias; sempre a prova de uma inteligência admirável quando ela transborda assim tão vigorosamente em muitos caminhos. Existem duas estirpes nobres na Inglaterra, diz ele, das quais descende toda a intelectualidade. Vai desenvolver essa ideia como se sua fortuna dependesse disso. Lydia está serena & controlada. Diz coisas bastante sensatas.

Fomos, ainda, ao funeral de Jane, chegando "lá" (algum lugar no fim do mundo onde os ônibus só passam a cada 15 minutos) justamente quando a cerimônia estava no fim; entramos ruidosamente na igreja; que porém mal estava cheia – das pessoas mais encardidas; primos, presumo, do Norte, muito insípidos: o único parente homem atormentado com um queixo cheio de pústulas, barba áspera & olhos saltados. As pessoas distintas atraem as ramificações mais estranhas da família quando morrem. Tinham alugado Daimlers também, que seguiam o caixão ao ritmo do andar. Caminhamos até a sepultura; o sacerdote, um amigo, aguardou que o grupo deplorável se reunisse; depois leu alguns dos trechos mais adoráveis & racionais da Bíblia; & recitou, de cor, *Abide with me*.[14] O coveiro tinha lhe entregado, sub-repticiamente, um punhado de terra, que ele dividiu em três partes & despejou nos momentos certos. Um pássaro cantou muito oportunamente; com alegre indiferença, & se quisermos, esperança de que Jane gostaria. Então as primas incrivelmente encardidas avançaram, cada qual com um buquê gordo de prímulas, & os atiraram lá dentro; & nós também avançamos & olhamos para o caixão no fundo de uma cova de aparência bastante íngreme & vazia – Mas embora L. estivesse a ponto de chorar, eu sentia muito pouco – apenas a beleza do Vinde a mim todos os que estais cansados; mas como sempre o obstáculo de não ter fé me entediou & irritou. Quem é "Deus" & qual é a Graça de Cristo? & o que significaram para Jane?

Raymond veio para o chá – duas horas de conversa animada admiravelmente leve & arejada & madura; sobre fatos basicamente: fantasmas; consciência; romances; & pouco sobre pessoas. Mas ele manda fazer suas camisas com tecidos atoalhados, estampados, reluzentes, duros.

E o que tenho para ler? Pinker voltou. E Leonard foi tomar chá com sua mãe. E talvez a velha senhora já tenha passado suspirando pelo meu estúdio, & eu possa descer & me lançar à máquina de escrever, & escrever para o homenzinho que me dá tapinhas em público & apela para minha compaixão – ou seja, Clive.

Terça, 24 de abril

Esperando por Gumbo [Marjorie Strachey] – como odeio esperar as pessoas! Não consigo me aquietar, ler, pensar – portanto escrevo: uma homenagem estranha aos usos que faço deste diário. Eu deveria estar datilografando *O.* no porão. Agora preciso fazer 10 páginas diárias até 1 de junho. Bem, gosto de ser um burro num moinho à tração.

Voltei triunfante por comprar um casaco & um vestido por volta das 5h10. O que se deve fazer é encarar a moça com seu olhar franco & gentilmente inquisidor: falar com firmeza; pedir um espelho & analisar os efeitos. Então elas cedem, embaixo de todo o pó & o ruge. Dia adorável & inspirador de verão este: o inverno foi enxotado ululando de volta para o seu ártico. Estava lendo *Otelo* ontem à noite, impressionada com a salva, o volume, o tumulto de suas palavras: palavras demais eu diria, se estivesse resenhando para o *Times*. Ele[15] as insere quando a tensão afrouxa. Nas grandes cenas, tudo se encaixa feito uma luva. O espírito tropeça & chapinha entre as palavras quando não é incitado para diante: quero dizer, o espírito de um mestre superior das palavras que escreve com uma mão só. Ele transborda. Os escritores menores moderam. Como sempre, fico impressionada com Shre [Shakespeare]. Mas minha cabeça está bastante despida de palavras – palavras em inglês – no momento: elas me atingem, com força, eu as vejo rebaterem & saltarem. Há 4 semanas só leio em francês. Veio-me a ideia de escrever um artigo sobre a língua francesa; aquilo que sabemos a respeito dela.

Sexta, 4 de maio

Agora tenho o prêmio Femina para registrar antes de sair neste dia brilhante de verão para tomar o chá com Miss Jenkins na Doughty Street. Vou por obrigação, para não esnobar a jovem moça. Mas dominarei a conversa, não duvido. Mas é um dia lindo.

O prêmio foi um evento de horror estúpido & tedioso: uma solenidade; nada alarmante; estupidificante. Hugh Walpole declarou o quanto desgostava dos meus livros; ou melhor, o quanto receava pelos seus próprios.[16] A pequena Miss Robins, como um pintarroxo,[17] saiu de fininho. Eu me lembro da sua mãe – a mais bela madona & ao mesmo tempo a mais completa mulher do mundo. Costumava vir me visitar em meu apartamento (lembro disso como uma visita num dia quente de verão). Jamais fazia confidências. Dizia de repente algo tão inesperado, com aquele seu rosto de madona, que as pessoas achavam <u>perverso</u>. Disso eu gostava: nada mais causava grande impressão. Depois teve o horror de parecer feia com roupas pretas baratas. Não consigo controlar este complexo. Acordo de manhãzinha assustada. Além disso a "fama" está se tornando vulgar & incômoda. Não significa nada; no entanto nos rouba o tempo. Americanos a todo momento. Croly; Gaige; ofertas: Temos visto um número incontável de pessoas – Eddie, Lytton, Miss Rotchie, Francis, Vita – & agora a minúscula Jenkins.[18]

Quinta,
31 de maio

Não, não consigo ler Proust agora –
   Leonard está lendo *Orlando*, que vai para a gráfica amanhã. Tudo muito silencioso no momento. Pentecostes passou. Fomos a Rodmell & assistimos às corridas, onde antes costumava ficar o alagadiço. E nosso campo foi vendido para Allinson – que vai construir nele.[19] E o que vai ser então? Não tenho mais cabeça para pensar nisso. E Leonard está discutindo no porão com Dadie. Sobre o quê? Pinker dorme na poltrona. Angelica volta amanhã. Sinto uma espécie de seca causada pela ausência de Nessa & me pergunto como iremos fazer se ficarmos separadas por 6 meses, & não apenas 4? Mas meu lema é bater na oposição. Tenho encontrado – ouso dizer que uma bela quantidade de pessoas; Rose Macaulay, Rebecca West, Maurois[20] me vêm à lembrança em

meio a um bando de gente da semana passada, & a sala de Todd; para mérito dela, bem profissional; Garland com pérolas no pescoço & sedas; Todd robusta como um texugo. Rebecca uma velha depravada endurecida, eu diria, mas nada tola; & todo o clima absolutamente profissional; nenhum encanto, a não ser o encanto um tanto excessivo de Garland.

O livro de Clive saiu – bastante superficial, segundo L.[21]

O sol saiu novamente; já estou quase me esquecendo de *Orlando*, desde que L. o leu ele praticamente saiu de minhas mãos. Acho que lhe falta a martelagem que teria recebido se eu tivesse me alongado mais com ele: está por demais aberrante & desigual. É bastante brilhante aqui & ali. Quanto ao efeito geral, isso não tenho como julgar. Não é, creio, uma de minhas obras "importantes". L. diz que é uma sátira.

Gosse morreu, & quase me reconciliei com ele ao ler o que estava nos jornais, que ele preferiu arriscar uma cirurgia perigosa a ser um inválido pela vida inteira. Esse tipo de vitalidade sempre me engancha. No entanto... as mentiras, por outro lado, florescem em torno de seu túmulo, & o pobre velho Desmond com 3 filhos para criar tem de mentir tanto quanto qualquer um.[22]

Nós o encontramos ontem em Kingsway, justamente quando eu estava pensando como iria descrevê-lo se escrevesse minhas Memórias, como insiste Molly. Ele apareceu como se meu pensamento o tivesse presentificado & me deu o primeiro número de seu jornal.

Rose Macaulay disse, "Sim eu ganhei o prêmio" – um tanto irritadiça.[23] No mesmo instante achei que estava com inveja, & testei tudo o mais que ela disse com a intenção de descobrir se estava mesmo ou não.

Sobre Colefax: "Sou a única dentre todos os meus amigos que não é convidada a ir lá." Sobre o trabalho: "Tenho de trabalhar amanhã", eu disse, desculpando-me por não ir à festa de Raymond, "Todos nós temos", disse ela de um modo um tanto cortante. & coisas do tipo. Isso aparece em uma dúzia de frasezinhas enquanto conversamos sobre a América, artigos &c: ela tem inveja de mim; fica ansiosa para nos comparar: mas pode ser só imaginação minha: & demonstra a existência da minha própria inveja sem dúvida, como as suspeitas de inveja sempre demonstram. Não seria possível saber que a temos, se não sentíssemos essas suspeitas. E agora vou ver a Angelica com uma caixa de alvos. Estou de novo recomeçando a ler.

L. levou *Orlando* mais a sério do que eu esperava. Acha que é em alguns aspectos melhor que *Ao farol*; que versa sobre coisas mais interessantes, que tem mais conexão com a vida, & é mais amplo. Acho que a verdade é que comecei a escrevê-lo como uma brincadeira & depois segui adiante com seriedade. De modo que lhe falta certa unidade. Ele diz que é bastante original. Seja como for estou feliz por não ter escrito "um romance"; & espero nunca mais ser acusada de escrever romances.[24] Agora desejo escrever críticas bem-argumentadas; o livro sobre ficção; um ensaio de algum tipo (mas não sobre Tolstói para o *Times*). "Dr. Burney's Evening Party", eu acho, para Desmond.[25] E depois? Estou ansiosa para manter a porta do alçapão fechada: & não deixar projetos demais entrarem. Algo abstrato poético em seguida – não sei. Agrada-me um tanto a ideia dessas Biografias de gente viva. Ottoline sugeriu a dela – mas não. E preciso rasgar aquele manuscrito, escrever uma bela quantidade de notas & me aventurar pelo mundo – como farei amanhã, quando furarei as orelhas com Vita.

Clima de junho. Abafado, ensolarado, fresco. Graças ao Farol [carro] não me sinto mais tão enclausurada em Londres quanto antes, & posso agora imaginar passar a noite em alguma charneca, ou na França, sem a inveja que antes costumava ter, de precisar ficar em Londres em uma bela noite. Além disso, a própria Londres perpetuamente atrai, estimula, me entrega uma peça & um conto & um poema, sem esforço algum, exceto o de obrigar minhas pernas a caminharem pelas ruas. Passeei com Pinker em Gray's Inn Gardens esta tarde & vi – a Red Lion Square: a casa dos Morris; pensei neles nas noites de inverno na década de 50; pensei que somos tão interessantes quanto eles; vi a ~~rua~~ Great Ormond Street, onde uma garota foi encontrada morta ontem; vi & ouvi o Exército da Salvação tornando o cristianismo algo alegre para as pessoas, uma bela quantidade de cutucadas & piadas da parte de jovens & moças nada atraentes; queriam tornar a coisa mais animada, suponho; & no entanto, para ser sincera, quando olho para eles não rio nem critico, só penso o quanto é estranho & interessante: fico imaginando o que eles querem dizer com "Vinde ao Senhor". Em parte deve ser exibicionismo: os aplausos dos outros; isso incita os garotos a cantarem hinos; & atiça os balconistas a anunciarem a plenos pulmões que estão salvos. É o mesmo que significa para Rose Macaulay escrever para o *Evening Standard* &, eu estava prestes a dizer, para mim mesma também: mas até agora não fiz isso.

Quarta,
20 de junho

Tão cansada de *Orlando* que não consigo escrever nada. Corrigi as provas em uma semana; & não consigo mais tecer outra frase. Detesto minha própria volubilidade. Por que ficar sempre esguichando palavras? Além disso, quase perdi a capacidade de ler.

Corrigir provas por 5, 6, 7 horas ao dia, & escrever aqui & ali meticulosamente, feriram gravemente minhas habilidades de leitura. Apanho Proust depois do jantar & o deixo de lado. É a pior fase de todas. Deixa-me suicida. Não parece restar nada a fazer. Tudo parece insípido & sem sentido. Agora vou ficar atenta para ver como ressuscito. Acho que vou ler alguma coisa – digamos uma biografia de Goethe. Depois sair para visitar os outros. Misericordiosamente Nessa voltou. Minha terra está regada mais uma vez. Volto às palavras de uma única sílaba: sinto aproximar-se de mim a mudança emplumada: é bem verdade isso: como se meu corpo físico vestisse uma pele suave, confortável. Ela é uma necessidade para mim – assim como eu sou para ela. Corro para ela como o canguru filhote corre para a velha canguru. Ela também é muito alegre, sólida, feliz. As miudezas que irritam as outras pessoas passam batido por ela; como se sua felicidade valesse um ou dois milhões no banco. E com que perícia ela controla sua dúzia de vidas; nunca confusa, nem desesperada, nem preocupada; jamais desperdiçando uma libra ou pensamento sem necessidade; com tudo isso, porém, é sempre livre, despreocupada, imperturbada, indiferente: uma façanha notável. Julian janta hoje conosco para conhecer Miss Sylva Norman, que resgatei da absoluta insignificância ontem à noite ao telefone.[26] Outra maravilha da ciência. Aqui estava ela, 10 minutos depois de dizer que ADORARIA vir. Julian é um rapaz amplo, gordo, poderoso, entusiasmado & de temperamento doce, em cujos braços eu me deixo cair, meio irmã, meio mãe & meio (embora a aritmética negue isso) a amiga contemporânea zombeteira & provocadora. Ainda bem que os instintos de Julian são sadios & normais: ele tem a testa larga & considerável manejo

& competência no trato com a vida. Mas meu dente está doendo. Eles virão jantar conosco; & é para isso que estou madura – para me aventurar no fluxo da vida dos outros – especulando, à deriva[27]

Sexta,
22 de junho

Tão logo comecei a escrever fui interrompida – sempre interrompida; agora vou para o Ruislip com Pinker para ela cruzar, & hoje é Sábado, 7 de julho, & uma manhã de sábado bastante quente & agradável.

A noite inteira sonhei com Katherine Mansfield & me pergunto o que serão os sonhos; tantas vezes eles evocam muito mais emoção do que o pensamento – foi quase como se ela tivesse voltado em pessoa & estivesse aqui, fazendo-nos sentir ativamente; em vez de ser esse ser fictício & essa recordação, como é hoje quando penso nela. E no entanto alguma emoção persiste no dia seguinte ao sonho; apesar de agora eu já ter quase esquecido do que acontecia, a não ser que ela estava deitada em um sofá num quarto de pé-direito alto, & rodeada por uma imensa quantidade de mulheres de rostos tristes. Entretanto eu a senti, & senti como se ela estivesse viva novamente, mais do que sinto de dia.

Long Barn ontem, uma visita boa, bastante alegre. Estou interessada em ir até o fundo dos estratos da amizade; a maneira como passamos inconscientemente a condições diferentes; relevamos mais; quase não nos importamos com roupas & coisas assim; mal sentimos algum clima empolgante, o que também tem seu lado ruim do ponto de vista do "entusiasmo": porém é mais sadio, & talvez mais profundo. Por exemplo, deitada perto dos arbustos de amora-preta, passando um sermão em Vita por causa de suas trapalhadas com os Campbell.[28] Mrs. C. foi espancada pelo marido, tudo porque V. entra triunfalmente, com sua prata & seus diademas & seus lacaios, na vida de uma cozinheira de arenques. Ela cozinha arenques num fogão a gás, eu disse, sempre me lembrando das minhas próprias frases.

Mas depois de assim rabiscar ao acaso nesta página, preciso ir – embora meu desejo fosse ficar & escrever sobre Sterne.[29]

Monk's House

Rodmell

Quarta,
9 de agosto[30]

Eddy acaba de ir embora, deixando-me com a sensação de sempre: por que as interações humanas não são mais definidas, tangíveis: por que depois não resta uma substanciazinha redonda, digamos do tamanho de uma ervilha, na minha mão; qualquer coisa que se pudesse guardar numa caixa & olhar? Sobra tão pouco! E contudo as pessoas que encontramos são tecidos fabricados uma única vez no mundo; esses contatos que temos são únicos; & se E., digamos, morresse esta noite, nada de definitivo aconteceria comigo; apesar disso, a substância dele jamais se repetirá. Nosso encontro sim – mas o fio dessa ideia escapa perpetuamente; constantemente, embora volte à memória, com tristeza, em meu espírito: como importam pouco os nossos relacionamentos; & ao mesmo tempo como são importantes: nele, em mim, algo para ele, para mim, infinitamente senciente, da mais alta nitidez, realidade. Mas se eu morresse esta noite, também ele iria continuar. Algo ilusório entra então em toda essa área da vida. Sou tão importante para mim mesma: no entanto tão pouco importante para os outros: como uma sombra que passa sobre as colinas. Eu me iludo pensando que sou importante para os outros: isso faz parte da extrema nitidez que eu tenho para mim mesma: quando na verdade eu não sou; & assim parte da minha nitidez é irreal; me dá uma sensação ilusória. Eddy acha que pensa a todo instante "Que impressão estou causando?" & se agita: quando na verdade provavelmente ele não está causando impressão nenhuma: sua agitação é por nada: ele está equivocado.

Mas, superficialmente falando – pois eu estava sobretudo pensando mil outros pensamentos; suponho que a presença dele não tenha passado de uma luz na superfície do meu pensamento – verde ou cor de ferro ou cinza – enquanto a água mesma corria sem parar, à sua velha maneira violenta – pensamentos sobre minha literatura; & sobre a velhice; & sobre comprar o campo (nós o compramos esta manhã); & como são barulhentas as crianças; & se eu tivesse comprado Southease. Tudo isso se deu subcutaneamente. Contudo a presença dele de alguma maneira fazia com que se examinasse o fluxo da vida subcutânea. Eu era a todo instante obrigada a pensar, o que vem depois? Como vou penetrar nessa outra vida que está a 6 polegadas de distância da minha, na cadeira de lona no pomar? De modo que meus próprios pensamentos eram incapazes de fluir com profundidade ou rapidez, como fluem agora que Eddy está a caminho de Tunbridge Wells. E o que resta de Eddy é de certo modo mais vívido nesse momento, apesar de mais transparente; ele como um todo se compõe na minha consciência, tudo o que pude apreender dele torna-se um cenário apropriado para isso, compondo uma obra de arte em si.

Escrevendo agora, sempre que faço uma pausa, olho para o nosso campo pela janela da edícula; & para os menininhos com suas malditas vozes agudas que jogam críquete ali; & como de costume fico sentimental & preocupada. Crianças brincando: sim, & me interrompendo; sim, & não tenho filhos, mas Nessa tem; & contudo não os desejo mais, pois minhas ideias me tomam agora dessa maneira; & cada vez mais detesto interrupções, & o peso vagaroso da vida física, & quase começo a desgostar dos corpos das pessoas, eu acho, à medida que vou envelhecendo: & estou sempre querendo cortar logo essa parte & obter o máximo da medula, da essência.

Escrevo portanto em parte para escapar do fardo de escrever narrativas,[31] como por exemplo; chegamos aqui quinze dias atrás. E almoçamos em Charleston

& Vita veio visitar & nos ofereceram o campo & fomos ver a fazenda em Lime Kiln. No entanto, sem dúvida daqui a 10 anos os fatos é que vão me interessar mais; & vou desejar saber, como acontece quando eu leio, os detalhes, os detalhes, de modo que possa erguer os olhos da página & organizá-los numa dessas criações que parecem muito mais verdadeiras quando acontecem assim, a partir de montes de fatos descombinados, do que eu agora, organizando-as quase que no mesmo instante diante de meus próprios olhos, seria capaz de torná-las. Fazia um belo dia, segunda passada, eu acho; & passamos por Ripe de carro, & lá estavam uma garota & seu namorado perto do portão numa estradinha estreita; & tivemos de interrompê-los para manobrar o carro. Pensei em como a nossa interrupção tinha represado as coisas que eles estavam dizendo, como um rio; & eles ficaram ali parados, meio divertidos, meio impacientes, dizendo para virarmos à esquerda, mas a estrada estava à frente. Ficaram felizes quando partimos; porém despertamos uma fagulha de seu interesse. Quem são essas pessoas de carro; aonde estão indo? – em seguida isso afundou para baixo da consciência, & eles nos esqueceram completamente. Seguimos em frente. E então chegamos na fazenda. Os fornos para secar lúpulo tinham raios de guarda-chuva no topo: tudo estava muito arruinado & mortiço. A casa de fazenda estilo Tudor estava quase escura; as janelas eram minúsculas & arqueadas; por ali os velhos Stuart fazendeiros devem ter espiado a terra plana, imundos, desgrenhados, como favelados. Mas dignidade eles tinham: ou pelo menos paredes grossas; lareiras; & solidez, embora hoje a casa seja habitada por apenas um homem velho, mirrado & de cara rosada, que se atirou em sua poltrona. Podem ir aonde quiserem – podem ir a qualquer lugar, ele disse, de juntas soltas & de certa maneira decrépito, como os fornos de lúpulo; & úmido como os carpetes embolorados, & sórdido, como os canteiros com vasos meio enterrados. As paredes eram grudentas; os móveis semivitorianos; pouca luz entrava. Estava tudo moribundo, decrépito; & ele estava lá havia 50 anos, & a casa vai cair aos pedaços, uma vez que não existe nem beleza nem pulso suficiente para que alguém a reforme.

12 de agosto[32] Devo continuar este solilóquio, ou melhor, imaginar uma plateia, o que me obrigará a descrever?[33]

Esta frase se deve ao livro sobre ficção que agora estou escrevendo – de novo, Ah de novo.[34] É um livro da mão para a boca. Rabisco o que quer que me venha à cabeça sobre o Romance, Dickens &c. preciso [*palavra ilegível*] me empanturrar de Jane Austen esta noite & servir alguma coisa amanhã. Todo esse trabalho crítico no entanto pode muito bem acabar sendo jogado de escanteio pela vontade de escrever uma história. *As Mariposas* pairam em algum lugar nas profundezas do meu cérebro. Janie & Julian acabaram de ir embora. Julian um pouco ao estilo de Jem,[35] porém bem mais são: de sobrancelhas largas, cabelos ondulados, amplo, gordo, poderoso, bem-humorado. Ainda ri demais; mas talvez menos do que antes. Talvez esteja fincando seu forcado no chão. Janie é um cãozinho de colo; como esses cachorrinhos pug de olhos proeminentes & focinho enrugado que as mulheres carregam pelas ruas; inteligente, vivaz, abre bem a boca & em seguida a fecha de repente; de um lado a neta de um carpinteiro, do outro uma Strachey. Talvez meio comum demais, quero dizer? Mas Clive ontem em Charleston disse que não existiam distinções de classe. Tomamos chá em xícaras de um azul intenso sob a luz rosada da gigantesca malva-rosa. Estávamos todos meio drogados com o campo: um tanto bucólico, pensei. Bastante adorável – senti inveja daquela paz campestre: as árvores todas firmemente de pé – por que as árvores chamaram a atenção do meu olho? A aparência das coisas exerce um grande poder sobre mim. Agora mesmo preciso assistir aos corvos batendo as asas contra o vento, que está forte. & apesar disso digo a mim mesma instintivamente, "Qual é a frase para isso?" & tento tornar cada vez mais nítida a aspereza da corrente de ar & o tremor das asas dos corvos ~~afundando nela~~ cortando-a – como se o ar estivesse cheio de cumes & ondas & asperezas; eles levantam & caem, para cima & para baixo, como se aquele exercício ~~os agradasse~~ os envolvesse como nadadores em águas turbulentas. Mas quão pouco consigo obter com minha caneta daquilo que é tão vívido aos meus olhos, & não apenas aos meus olhos: mas também a certa fibra nervosa ou membrana semelhante a um leque que existe na minha coluna.

Janie Julian Leonard & eu ficamos sentados no pomar até o vento ficar forte demais, & os levei até o alagadiço & fiquei decepcionada porque o nível do rio estava baixo, pois de outro modo eles o teriam elogiado. E (o que é irrelevante) Miss Ritchie elogiou *Orlando*, & fiquei feliz, até pensar, talvez seja por gratidão pelas nossas £20. Enfim, seja como for não penso muito em *Orlando*. Estranho como eu me sinto seguindo ordens; sempre marchando a cada livro num estágio definido, embora seja eu mesma que o estabeleço. E Duncan em Charleston estava um pouco arredio & presunçoso demais.

Terça,
14 de agosto

Acabo de chegar de Long Barn & da nova casa de Dottie, Penn in the Rocks. Será realmente possível se apaixonar por uma casa? Não existe nisso qualquer coisa de estéril nessas paixões, que torna a consciência fibrosa? Ela está ansiosa demais para que as pessoas elogiem a casa. E eu não desejo posses. Acho que essa é a verdade. Não quero ser Dottie colecionando intermináveis sofás & poltronas ao meu redor. Mas ao mesmo tempo tenho agora a sensação urgente da passagem do tempo; & se vamos chegar logo, para que carregar todas essas coisas? Ou, o que é mais verdadeiro, se vamos começar logo mais, para que preparar todos esses impedimentos? Eu me sinto na borda do mundo, prestes a alçar voo. Dottie por outro lado sente que ganha "no mínimo, apesar de um ou outro rancor da parte do destino, 10 ou 15 mil por ano; & é apenas justo obter do meu dinheiro tudo o que eu puder". Um tanto quanto raivosa ela se lança assim a fazer com que o dinheiro seja seu escravo. Vem comprando desde sempre umas estátuas de pedra; pedras que parecem elefantes ajoelhados; pedras alongadas agonizantes retorcidas, pedras com raízes grotescas que crescem dentro delas, & árvores japonesas por cima. Anda apressada, desafiadora estridente & um pouco desmazelada com suas botas de montaria & cachorros dizendo "Estou tão cansada – tão exausta", gesticulando, exagerada. Gosto da tradição aristocrática de espaço & de poucas & boas coisas. A casa em si está agora dividida em alas. Metade de um teto ~~pende~~ se intercepta com o que foi & será a sala de jantar & o quarto de dormir acima. Isso empresta à casa um ar provisório; não é uma casa que existe há 300 anos, que abrigou Penn & outras famílias; é um nada – o que em uma casa é angustiante.

Depois daquele lugar, porém, como adoro o vazio, a simplicidade, o ar & a cor daqui! De fato. Eu não trocaria esta vista pelas pedras de Dottie. Deve ser um resquício do que meu pai sentia pelos Alpes – esse meu êxtase com a encosta nua de Asheham. Mas enfim, lembro a mim mesma, metade da beleza de um campo ou de uma casa vem de conhecermos sua história. Lembramos de antigos encantos: sabemos que hoje está feia; esperamos para vê-la iluminada; sabemos onde encontrar sua beleza; como ignorar as coisas ruins. Isso ninguém é capaz de fazer ao vê-la pela primeira vez. Mas em Kent se constrói com belos blocos de pedra cinzenta. A casa de fazenda de D. era a casa ideal para mim, sólida, alta, com a rocha aparente nas paredes. Isso tudo está intercalado com as pedras dela. E D. delira com elas, achando que são da mesma natureza que sua genialidade & transformando-as em parte da crença que ela tem em sua própria genialidade.

Monk's House pareceu inesperadamente muito bonita, o grande lírio da janela tem agora quatro flores. Elas abriram durante a noite. Portanto minha frustração por não ter recebido cartas – nem uma única – foi apaziguada pela estética. Eu ia comentar, entretanto, que as pedras de Dottie são de tons pálidos esmaecidos de cinza & verdes intensos; cinzentas como costas de elefantes. Pendem sobre elas, além disso, cachos de frutinhas silvestres escarlates: mas tudo é verdejante, musguento, abafado & fechado demais para o meu gosto. Por outro lado, no trem me ocorreu que, mesmo de um ponto de vista particular, é uma grande vantagem as outras pessoas gostarem de árvores &c; O motivo – não consigo me lembrar no momento.

Sexta,
31 de agosto

Hoje é o último dia de agosto, & como quase todos eles, de extraordinária beleza. Todo dia é belo o bastante & quente o bastante para ficar lá fora; mas também cheio de nuvens passageiras; & do esmaecer & aumentar de luminosidade que tanto me encantam nas colinas: & que sempre comparo com a luz sob uma tigela de alabastro &c. O trigo agora está disposto em fileiras de três quatro ou cinco bolos amarelos de formato sólido – parecem cheios de ovos & especiarias: bons de se comer.[36] Às vezes vejo o gado galopando "como louco", como diria Dostoiévski, nos córregos. As nuvens... se eu conseguisse descrevê-las eu descreveria: uma delas ontem tinha cabelos esvoaçantes como o cabelo branco fininho de um velho. Neste momento elas são brancas em um céu cor de chumbo; mas o sol, por trás da casa, tinge a grama de verde. Caminhei até a pista de corrida hoje e vi uma doninha. Morgan passou aqui o fim de semana; tímido, sensível, infinitamente charmoso. Uma noite nos embebedamos, & falamos de sodomia & de safismo com emoção – tanto que no dia seguinte ele me disse que estava bêbado. A coisa começou com Radclyffe Hall & seu livro meritório mas entediante. Eles escreveram artigos para Hubert [Henderson] o dia inteiro & conseguiram fazer abaixo-assinados; mas depois Morgan foi encontrá-la & ela começou a berrar como uma gaivota, louca de egoísmo & vaidade. Ela não quer saber de que reclamem das leis, a menos que digam que seu livro é bom.[37] Morgan disse que o Dr. Head consegue curar sodomitas.[38] "E você gostaria de ser curado?", quis saber Leonard. "Não", disse Morgan, com bastante certeza. Ele disse que achava o safismo repulsivo: em parte pela convenção, em parte porque não lhe agrada que as mulheres sejam independentes dos homens.[39]

Provavelmente o motivo pelo qual ficarei extremamente entediada este fim de semana com Mrs. Woolf [mãe de Leonard] é que não poderemos dizer nem uma única palavra sincera. É como conversar com uma criança; & uma criança, diga-se de passagem, que tem "sentimentos": uma criança que tem "direitos", & tal propriedade & respeitabilidade que sabe o que deve ser dito & feito. Apesar de todos esses princípios, ela é, aliás todos eles são, insatisfeita por dentro; porque, naturalmente, não extraem nenhum prazer da vida; estão protegidos de qualquer contato direto [com ela] em um casulo de lã grossa; & portanto essa gente – uma classe imensa – está sempre inquieta, a não ser quando estão comendo, recebendo elogios ou executando alguma tarefa natural, como amamentar uma criança. E mais tarde essa criança, se for Leonard, cresce & sente um tédio terrível com eles.

Preciso agora começar [Thomas Love] Peacock, sem tentar descrever a extraordinária aparência primitiva das carroças de fazenda; tão carregadas do feno dos arroios que parecem um gigantesco animal desgrenhado andando sobre patas curtíssimas.

Fomos ver Mr. James para conversar sobre o campo; & em breve, assim espero, assinar o contrato ou um cheque; & mandar subir uma cerca, que será minha primeira providência como proprietária, para manter as crianças dos arredores bem longe daqui. Nessa, sendo mãe, & portanto nada sentimental quando se trata de crianças, disse: "Elas logo vão encontrar outro lugar para brincar".

Segunda, 3 de setembro

A batalha de Dunbar, a Batalha de Worcester & a morte de Cromwell – com que frequência tenho a impressão de ter dito isso a meu pai ("meu" pai, não mais apenas "pai") em St. Ives; toda empertigada na sala de jantar de Talland House. E hoje é um 3 de setembro perfeito.[40] Hoje Leonard me deu a jarra de vidro azul, porque ficou bravo quando pus as ervilhas-de-cheiro embaixo de seu nariz & porque fui gentil com sua mãe; quando fui almoçar vi a jarra sobre a mesa. Sinceramente, quase chorei. Ele foi até Brighton comprá-la para mim. "Tive a ideia quando estava entrando no carro", ele disse. Pode ser que eu tenha interpretado mal as motivações dele.

Raras vezes me senti tão cansada quanto na noite passada. Aquela velha senhora trêmula & decrépita de 76 anos nos exauriu. A conversa dela – escrevi tudo para Nessa, portanto não consigo repetir aqui[41] – não para nunca; nunca segue uma linha de raciocínio; é sempre sobre pessoas; começa do nada; a qualquer momento; interrompe um trio de Schubert: você sabia, Len, que Mr. Harris mora na Gordon Square? E desanda a falar sobre as filhas dele; que conheceu uma delas jogando bridge &c. O que torna tudo mais difícil é que até certo ponto ela adivinha os estados de ânimo das pessoas & diz enfaticamente, por exemplo, "Você deve estar sempre pensando em sua escrita quando não está escrevendo, Virginia", quando por exaustão caio em silêncio. Tive um momento de incômodo agudo & peculiar esta manhã, quando ela se tornou "íntima" & disse o quanto ficou emocionada quando eu me sentei ao seu lado no carro ontem. Por que odiei tanto ouvir aquilo? Senti o horror da vida em família, & a mesma terrível ameaça à liberdade que eu sentia com meu pai, Tia Mary ou George.[42] É uma emoção que nunca se obtém em nenhum outro relacionamento humano. Ela se achou no direito de cobrar aquelas coisas de mim; & irracionalmente sentiu prazer & dor, & de alguma maneira cravou em mim suas garras. Essas sensações são violentíssimas. E teve ainda o discurso sentimental, porém bastante convencido & quase absurdamente egoísta, do amor que ela sente pelos filhos; como eles – esses judeus & judias tediosos simplórios & prestativos – eram todos homens & mulheres esplêndidos; a isso eu senti o meu estômago se revirar. Como é estranho que ela consiga tornar tudo lugar-comum, feio, suburbano, mas também emprestar a tudo um certo charme: qualquer coisa fresca & vital que só as velhas têm, mas creio que os velhos não. Ser filha dela teria sido um destino tão cruel que não consigo pensar em nada pior, & milhares de mulheres devem estar perecendo disso hoje na Inglaterra: dessa tirania das mães, ou dos pais, sobre as filhas; o direito deles a tal privilégio é a coisa mais poderosa que existe no mundo. E depois perguntam por que as mulheres não escrevem poesia! Salvo matar Mrs. Woolf pouco restaria a se fazer. Dia após dia a vida da pessoa se tornaria amassada como uma nota de 10 pence 3 farthings. Nada jamais foi dito sobre isso.[43]

Segunda,
10 de setembro

Estou escrevendo isto, como quase sempre escrevo "isto", para preencher um pedacinho afiado de tempo, uma vez que Kennedy,[44] o patinho gentil, está de bico bem aberto dizendo "Quack" na sala de estar, & Leonard conversando com Mr. James sobre o campo. Desmond, que almoçou aqui com Julian, acabou de ir embora. Passamos a tarde – horas & horas, mais uma vez – sem fazer nada, ou por que não dizer de uma vez, revirando preciosidades (porque eu só deveria estar lendo Moby Dick em vez disso), conversando sobre coisas preciosas – uma conversa muito íntima, como nunca antes: uma continuação da conversa que tivemos em Tavistock Sqre. outro dia: lá ele disse que tinha agora mais 12 anos de vida; nove para ser exato: & aqui falamos do seu trabalho, dinheiro, mulheres, filhos & escrita; até eu o levar à estrada romana & voltarmos para o chá. Achei engraçado que quando Rebecca West diz que "os homens são esnobes" isso instantaneamente faz o sangue de Desmond ferver; portanto rebati com a frase condescendente dele sobre as "limitações" das romancistas em seu *Life & Letters*.[45] Mas sem rancor. Conversamos com abundância; sem deixar a peteca cair em nenhum momento. Então você supõe que agora estamos voltando como os corvos migratórios para o topo de nossas árvores? & que todo esse grasnar seja o início dos preparativos para enfrentar a noite? Pareço notar em vários dos meus amigos certa cordialidade terna & comovente: & um prazer na intimidade; como se o sol estivesse se pondo. Com frequência essa imagem surge junto com a sensação de que meu estado físico está mais frio agora, como se o sol tivesse acabado de se pôr sobre nossas vidas; a sensação de que o velho disco do nosso ser está se resfriando – no entanto, isso é apenas o começo: nós nos tornaremos tão frios & prateados como a lua. Este está sendo um verão muito animado: um verão vivido quase que demasiadamente em público. Com frequência entrei num santuário aqui embaixo; um convento; um retiro religioso; antigamente de grande agonia; & sempre de certo terror: tanto é o medo que se sente da solidão: de enxergar o fundo da embarcação. Essa é uma das experiências que tive aqui em alguns agostos; & cheguei então à consciência do que chamo de "realidade": algo que vejo à minha frente; algo abstrato; mas que reside nas charnecas ou no céu; diante do qual nada importa; no qual irei repousar & continuar existindo. Realidade é o nome que lhe dou. E por vezes imagino que é a coisa mais necessária para mim: que é o que busco. Mas quem sabe – quando se apanha a caneta & escreve? Como é difícil não sair por aí dizendo que a "realidade" é isso & aquilo, quando ela é uma coisa só. Ora, talvez esse seja o meu dom; talvez seja isso o que me distingue das outras pessoas; creio que deve ser raro ter uma consciência tão intensa de algo assim – mas, afinal, quem sabe? Eu gostaria de expressá-lo.

Pinker teve 4 filhotinhos no dia (sexta) em que fomos nos Bagenal & na Dotty. Dotty estava vermelha como um pimentão, desgrenhada, um pouco exagerada; mostrou-nos suas rochas. Leonard "atacou-a", como as enfermeiras dizem, violentamente.[46] Voltamos para casa bem depressa. Eu por outro lado me senti muito à vontade com Barbara – pena não ter saído para passear com ela a sós nas colinas. Eu – talvez aqui Leonard tenha interrompido.

Segunda,
17 de setembro

Tenho exatamente 5 minutos antes do jantar. Quentin engoliu as duas preciosas horas em que eu deveria ter lido Dorothy Osborne: Quentin está agora elegante & tímido, dado a usar expressões em francês; muito sofisticado, demonstrando em cada gesto a sombra dos nossos defeitos como grupo; inquieto, não duvido; rápido, sensível; mas falta-lhe algo da força & da simplicidade de Julian. Assim eles trocam de papéis, crescendo, mudando, passando de gordos para magros. A sala de estar está cheirando à tinta – o gramofone, como Moby Dick, agora é branco.[47] Rachel veio com Angelica. Seus olhos são impetuosos, suas meias-calças remendadas, & ela tem o encanto & a perspicácia típicos da filha de um homem pobre & inteligente; cujo intelecto é constantemente polido, que remenda as próprias meias, que vive as aventuras dela.

Desmond veio aqui outro dia, conversar: de novo íntimo & ao mesmo tempo urbano em demasia, quem sabe; ou será que penso isso por causa da carta que tanto me irritou? – a que falava da "leveza de borboleta" do meu artigo – como fiquei brava, como aquilo me deprimiu![48] Leonard concorda que ele tem um complexo, que portanto o faz menosprezar & depois afagar.

Sábado, 22 de setembro

Escrevo isso às vésperas de minhas férias alarmantes na Borgonha. Fico alarmada de passar 7 dias sozinha com Vita: & interessada; empolgada, mas com medo – ela pode me desmascarar, & eu a ela. Pode ser que eu (aí vem Mabel a Noiva, de vestido branco, perto da bomba. O noivo, um carroceiro sem trabalho, veste meias brancas. Será que os dois são puros? Duvido. Vão passar a lua de mel perto de Pevensey. Ele chegou 15 minutos atrasado & vimos ela entrar de grinalda. E pensei, isso é o coração da Inglaterra – esse casamento no campo: senti a história; Cromwell; Os Osborne; as pastoras de Dorothy cantando: todas essas coisas das quais Mr. & Mrs. Jarrad parecem descender mais do que eu: como se eles representassem a respiração inconsciente da Inglaterra, & L. e eu, encostados ao muro, estivéssemos à parte, separados de tudo.[49] Acho que a culpa disso é o fato de sermos pensadores. Não pertencemos a nenhuma "classe"; nós pensadores: podíamos muito bem ser franceses ou alemães. E no entanto de certa maneira somos ingleses...)[50]

Mas eu ia dizendo que no geral deveria me sentir confiante em relação a essa viagem à França – de que vai dar tudo certo. O que mais tenho medo é das manhãs; & das 3 da tarde; & de desejar algo que Vita não queira. E vou gastar o mesmo valor de uma mesa ou um espelho. O que se compra numa viagem ao exterior é uma série de cenas; que aos poucos se reduzem tão somente a uma ou duas, como as que ainda guardo da Grécia & de Veneza na época em que as vi aos 24 ou 5 anos. E vou adorar a liberdade das horas de trabalho; & passear; & a ideia de retornar; & ficar sentada conversando, & algumas coisas que vou ler; & uma ou duas paisagens, & -- Este foi o melhor, não apenas o melhor, mas o mais adorável verão do mundo. Apesar do vento, que limpo & luminoso está o tempo; & as nuvens opalescentes; os celeiros compridos, cinzentos, em meu horizonte; os montes de feno dourado-claro. Ser dona do campo deu uma orientação diferente aos meus sentimentos sobre Rodmell. Começo a me afundar aqui & fazer parte do lugar. E vou construir outro andar para a casa, caso ganhe dinheiro. Porém as notícias de *Orlando* são negras. Talvez vendamos um terço do que vendemos de *Ao farol* antes do lançamento – Nenhuma livraria quer comprá-lo a não ser em edições de 10 xelins e meio ou 12 xelins e meio. Dizem que é inevitável. Ninguém quer saber de biografias. Mas é um romance!, argumenta Miss Ritchie. Mas está escrito biografia na folha de rosto, dizem eles. Vai ter de ficar na seção de Biografias. Portanto eu duvido que venda mais do que o suficiente para cobrir as despesas – um preço alto a pagar pela brincadeira de chamar esse livro de biografia.[51] E eu que tinha tanta certeza de que seria o meu livro mais popular! E deveria ser 10/6 ou 12/6, não 9/ – Deus do céu! Portanto, se quisermos ter um pé-de-meia no Banco, preciso escrever alguns artigos este inverno. Aqui embaixo eu me atirei de unhas & dentes ao meu livro de ficção, & deveria ter terminado a primeira versão de Dorothy Osborne, na qual estou trabalhando a todo vapor. Será necessário reescrever completamente, mas a estrutura está pronta – eu corro de livro em livro; & agora o que vou ler? Esses romances vêm me consumindo há tanto tempo. É uma bênção ver-se livre deles; & vou ler poesia inglesa, memórias francesas – será que devo fazer leituras agora para um livro chamado *The Lives of the Obscures*? E quando, eu me pergunto, começarei a escrever *As Mariposas*? Só quando os próprios insetos me pressionarem a isso. Tampouco tenho ideia do que será esse livro – acho que a tentativa de algo completamente novo. É o que eu sempre acho.

Um verão muito feliz & ativo. Jantei com os Keynes para conhecer lorde Gage quarta passada – deparei-me com seu rosto achatado & sangue circassiano, mais próximo de um personagem do que eu esperava. Clive com esnobismo às avessas o havia menosprezado. Conversamos sobre o rei, & ele me repreendeu fazendo um comentário curioso – todos vêm falar com ele sobre o rei. Todas as classes, todo tipo de pessoa, quer saber o que o Rei come no jantar. E ali estava eu, a intelectual, a mulher do partido trabalhista, fazendo exatamente a mesma coisa. Estavam lá também os Russell Cooke; dela eu gostei; ele eu odiei.[52] Uma mulher é de certa maneira muito melhor que um homem – mais natural, sumarenta, desinibida. Mas enfim, ele é um salafrário, um alpinista social, inescrupuloso, que posa de esperto, culto, ambicioso & tudo o mais. Tenho de usar esse clichê porque preciso escrever meu artigo sobre Osborne. & está esfriando lá fora.

Sábado,
27 de outubro

Que escândalo, que escândalo, deixar tanto tempo em branco, & eu na Ponte debruçada vendo-o passar! Só que me debruçar não foi bem o que fiz: corri para cima & para baixo, irritada, excitada & inquieta. E o fluxo redemoinhando violentamente. Por que escrevo essas metáforas? Porque há séculos não escrevo nada. *Orlando* saiu. Viajei para a Borgonha com Vita. Não desmascaramos uma à outra. O tempo passou num estalo. Mas fiquei feliz de rever Leonard. Que desconexo está isso! Minha ambição é, neste exato momento, às 8 para as 6 da noite de sábado, alcançar novamente um estado de completa concentração. Depois de escrever aqui, vou abrir os diários de Fanny Burney & trabalhar com afinco naquele artigo sobre o qual a pobre Miss McKay[53] telegrafou.

Vou ler; pensar. Desisti de ler & pensar no dia 24 de setembro quando fui para a França. Voltei, & mergulhamos em Londres & publicações. Estou um pouco farta de *Orlando*. Acho que agora sou um pouco indiferente ao que os outros pensam. A alegria da vida está no fazer – como sempre, assassino uma citação:[54] quero dizer, é escrever & não ser lida o que me empolga. E como não consigo escrever quando estou sendo lida, sinto-me sempre um pouco insincera; animada; mas não tão feliz quanto na solidão. A recepção, como se diz, superou as expectativas. Vendas recorde na primeira semana. Eu estava flutuando preguiçosamente nos elogios quando Squire vociferou no *Observer*, mas mesmo enquanto eu o lia no domingo passado sob a chuva de folhas vermelhas & sua luz, sentia intocada dentro de mim a rocha da autoestima. "Isso não chega de fato a magoar" disse a mim mesma, nem mesmo agora; dito & feito, antes da noitinha [cair] eu me sentia calma, intocada. E agora vem Hugh [Walpole] no *Morning Post* voltando a atirar confetes, & Rebecca West – um tal grito de louvor – esse é o jeito dela – que fiquei até meio envergonhada & boba. Agora espero que isso já tenha chegado ao fim.[55]

Graças a Deus, minha longa labuta na palestra sobre mulheres já terminou a esta altura. Voltei de Girton sob um pé d'água. Jovens famintas, mas valentes – foi essa a minha impressão. Inteligentes, ansiosas, pobres & destinadas a se tornarem um cardume de professoras primárias. Eu lhes disse impassível para tomarem vinho & terem um quarto só seu. Por que todo o esplendor, todo o luxo da vida deveria ser desperdiçado nos Julians & Francises, & nada nas Phares & Thomases?[56] Se bem que Julian não parece estar desfrutando muito disso. Imagino que o mundo mude às vezes. Creio que vejo a razão se espalhando. Mas me agradaria um conhecimento de vida mais próximo & espesso. Tratar das coisas reais, às vezes. Palestras à noite como essa me dão um tal formigamento & vitalidade; nossas angulosidades & obscuridades acabam sendo suavizadas & iluminadas. Quão pouco contamos, eu acho: quão pouco qualquer um de nós conta; quão rápida & furiosa & dominadora é a vida; & como todos esses milhares de pessoas estão nadando para salvar a própria pele. Eu me sinto idosa & madura. E ninguém me respeitou. Eram ansiosos ou egoístas demais, ou quem sabe pouco impressionados com idade ou reputação. Os corredores de Girton são como as câmaras de uma horrenda catedral – seguem infinitamente, frios & brilhantes – com uma luz acesa. Cômodos góticos de teto alto; acres de madeira castanha reluzente; aqui & ali uma fotografia.

E visitamos o Trinity & o King's esta manhã. Agora é me concentrar na literatura inglesa – esquecer Mary & Tom & como tivemos de escutar uma leitura em voz alta, & Lady Cunard, & a volta de Clive, a volta de Nessa, & o Well of Loneliness.[57]

Mas, graças a Deus, poder voltar a escrever novamente!

Quarta,
7 de novembro

E isso será escrito para o meu próprio prazer, –

Mas essa frase me inibe: porque se escrevemos para o nosso próprio prazer, não sei o que acontece. Suponho que a convenção de escrever acabe sendo destruída; & que portanto não se escreva nada. Estou com muita dor de cabeça, & mais ou menos amortecida pelo tônico sonífero. É esse o rescaldo (o que isso quer dizer? – Trench,[58] que abro ao acaso, aparentemente não diz nada) de *Orlando*. Sim, sim, desde a última vez que escrevi aqui ganhei seis centímetros de altura na opinião pública. Creio que agora posso dizer que sou um dos escritores mais reconhecidos. Tomei chá com lady Cunard[59] – mas poderia ter almoçado ou jantado com ela quando quisesse. Encontrei-a com uma capinha, telefonando. Aquela não era a sua esfera ideal – a da conversa solitária. Ela é astuta demais para expandir-se, & precisa da alta sociedade para tornar-se impetuosa & casual, o que é seu objetivo. Uma mulherzinha ridícula com cara de periquito; mas não ridícula demais. Fiquei a todo momento buscando superlativos: mas não consegui fazer a ilusão bater suas asas. Lacaios, sim; porém meio insossos & simpáticos. Pisos de mármore, sim; mas nenhum glamour; nenhuma música ao vivo, ao menos não para mim. E nós duas ali sentadas quase éramos obrigadas a ser convencionais & monótonas – o que me faz lembrar Sir Thomas Browne – o maior livro de nossos tempos –, comentou uma mulher de negócios para mim, eu que não acredito nesse tipo de coisa a menos que dita acompanhada de champanhe & guirlandas. Então chegou lorde Donegall, um rapazinho irlandês desinibido, moreno, descorado, engomado, da Imprensa.[60] Não o tratam como um cachorro? perguntei. "Não, absolutamente", ele respondeu, espantadíssimo com a ideia de que alguma pessoa pudesse tratar um marquês como um cachorro. Então subimos & subimos para ver fotos em escadas, em salões de baile, & por fim fomos ao quarto de dormir de Lady C., todo decorado com motivos florais. A cama tinha um dossel triangular de seda rosa-avermelhada; as janelas, que dão vista para a praça, cortinas de brocado verde. Sua *poudreuse* – tal como a minha, pintada de modo simples & laminada a ouro, estava aberta, com escovas douradas & espelhos, & ali sobre seus chinelos dourados estavam meias compridas douradas dispostas de modo organizado. Toda aquela parafernália para uma velha Polegarzinha cheia de nervos. Colocou as duas grandes vitrolas para tocar, & acaso se deitou na cama para ouvir? Não. Ela não tem nada de tão fantástico assim. O dinheiro é importante. Ela me contou histórias um tanto sórdidas sobre Lady Sackville, que nunca vinha visitar sem lhe aplicar algum golpe – uma hora um busto que valia £5 e era vendido por £100; outra uma aldrava de metal. "E a conversa dela – nada agradável para mim..." De alguma forma enxerguei por trás desse papo sórdido, trivial, & não consegui salpicar facilmente o ar com pozinho dourado. Mas sem dúvida ela tem lá sua agudeza mental, sua visão afiada da vida; mas que adorável, pensei, enquanto voltava na ponta dos pés para casa com meus sapatos apertados, na neblina, no frio, poder abrir uma dessas portas que eu ainda abro tão venturosamente & encontrar uma pessoa real & interessante, uma Nessa, um Duncan, um Roger. Alguém novo, cujo espírito vibre. Como são grosseiras, comuns & tediosas essas Cunards & Colefaxes – apesar de toda a sua extraordinária competência no mercado da vida.

E não consigo pensar no que "escrever em seguida". Quero dizer, o caso é que esse *Orlando* é naturalmente um livro muito ágil & brilhante. Claro, mas não procurei explorar. Mas será preciso sempre explorar? Sim, ainda acho que sim. Porque minha reação não é a usual. E tampouco consigo, mesmo depois de todos esses anos, esquivar-me disso levianamente. *Orlando* ensinou-me a escrever uma frase direta; ensinou-me continuidade & narrativa, & como desviar das realidades. Mas evitei deliberadamente, é claro, qualquer outra dificuldade. Em nenhum momento mergulhei nas minhas profundezas & fiz as imagens precisas, como em *Ao farol*.

Bem, mas *Orlando* foi resultado de um impulso perfeitamente definido; a bem da verdade, dominador. Quero diversão. Quero fantasia. Quero (& isso era sério) emprestar às coisas seu valor caricatural. E esse espírito ainda me ronda. Quero escrever uma história, digamos sobre Newnham ou o movimento feminista, na mesma linha. Essa linha cavou fundo dentro de mim – ou no mínimo segue faiscando, urgente. Mas será que estimulada pelos aplausos? hiperestimulada? Segundo vejo existem misteres que precisam ser executados pelo talento para que o gênio tenha alívio: ou seja, temos o lado da brincadeira; o dom enquanto mero dom, o dom não aplicado; & o dom levado a sério, colocado em prática. E um alivia outro.

Sim, mas e *As mariposas*? Deverá ser um livro abstrato místico desprovido de olhos: um poema dramático. E talvez haja afetação por ser tão místico, tão abstrato; tendo em vista que Nessa & Roger & Duncan & Ethel Sands admiram isso: é o meu lado inflexível; portanto melhor conquistar a aprovação deles...

Mais uma vez, outro resenhista diz que cheguei a uma crise em termos de estilo: que ele é agora tão fluente & fluido que corre pela consciência como água.

Esse mal começou em *Ao farol*. A primeira parte veio fluida – como eu escrevia & escrevia sem parar!

Devo agora conter & consolidar, mais ao estilo de *Dalloway Quarto de Jacob*?

Eu realmente acredito que no fim isso resultará em livros que aliviam outros livros: uma variedade de estilos & assuntos: pois, afinal de contas, esse é o meu temperamento, acho; pouco ser persuadida da verdade de qualquer coisa – do que eu digo, do que os outros dizem –, seguir sempre, cegamente, instintivamente, com a sensação de saltar precipícios – o chamado de – o chamado de – enfim, se eu escrever *As mariposas*, preciso me haver com esses sentimentos místicos.

    Desmond destruiu nossa caminhada de sábado; está agora bolorento &, para mim, deprimente. É perfeitamente sensato & encantador. Nada o surpreende, nada o espanta. Já passou por tudo, é essa a sensação que se tem. Chegou complacente, um tanto entorpecido um tanto amassado & descomposto, como um homem que passou a noite inteira sentado num vagão de terceira classe. Seus dedos estão amarelados pelos cigarros. Falta-lhe um dos dentes de baixo. O cabelo pegajoso. O olho mais que nunca dúbio. Sua meia azul está furada. Ao mesmo tempo ele é resoluto & determinado – isso que eu acho tão deprimente. Parece ter certeza de que a sua visão é que é a certa; a nossa simples caprichos, desvios. E se a visão dele é a certa, Deus sabe que não existe motivo para viver: nem um. E até hoje o egoísmo dos homens me surpreende & espanta. Existe alguma mulher que eu conheço que seria capaz de sentar na minha poltrona das 3h às 6h30 sem a mais remota suspeita de que eu poderia estar ocupada, ou cansada, ou entediada; & sentada assim seguiria falando, resmunguenta & rancorosa, de suas dificuldades, preocupações; daí comeria chocolates, leria um livro, & por fim iria embora, aparentemente autocomplacente & envolta numa espécie de bolha enevoada de satisfação pessoal? Não as garotas de Newnham ou Girton. Elas são alertas demais; disciplinadas demais. Essa autoconfiança toda não é seu quinhão.

    Pagamos nosso jantar no Lion. Miss Thomas & Miss ——? ficaram aliviadas por não precisarem se desfazer de tantas meias-coroas. E nos mostraram os corredores cor de chocolate de Girton, parecidos com celas de convento; ——

E houve ainda a reunião no estúdio de Mr. Williams Ellises – um amplo salão em Ebury Street, com capas de cadeiras ostentosamente esfarrapadas.[61] Nosso esfarrapamento, enquanto profissão, ai de nós, não era nada ostentoso; faz parte de nossa alma; um desalinho que não chega porém a ser esfarrapado; uma respeitabilidade meticulosa que não é como geralmente opero; pois sou, creio, quase pitoresca. Enquanto grupo, temos no rosto apenas encardimento & um quê de egoísmo & plenitude; quanto ao velho Garnett, tive a sensação de que sem dúvida alguém deveria mandar aquela monstruosidade velha rabugenta rota & desgrenhada (suas unhas certamente precisam de um corte & seu casaco está cheio de lama & carrapichos) para a câmara de gás. Idem em relação à sua amante: em cima metade esquimó, embaixo maio em Hampstead – vestido de musselina estampado, sandálias.[62] Vita como sempre uma lamparina ou tocha no meio de toda aquela burguesia patética; um tributo à estirpe dos Sackville, pois mesmo sem fazer grande caso com roupas, no meio deles ela parece (com toda a saúde & a força de um corpo bem-feito) um poste de luz, reta, reluzente. Nenhum de nós tem isso; ou sabe como agir assim. A pobre Rose Macaulay – uma simples moçoila; um fiapo –, & daí para os Henderson[63] em Hampstead, onde meu mau humor & o de Frankie foram maus humores gêmeos: o pobre Frankie contudo não parava de matraquear & tagarelar, hora após hora, sozinho, enquanto eu afundei numa poltrona tolerável & não conseguia dizer coisa alguma; apesar de Mrs. Enfield, que leu tudo de Balzac, ter avançado no Proust.[64] Faith, eu acho, enxergou nisso languidez, falta de educação & prepotência. Ela nos viu menosprezando sua casa & seu marido. Ela mesma os menospreza. E foi se deitar dizendo qualquer coisa azeda para Hubert, & olhou para a sala de estar, sem saber por que as cores não estavam bem. Mas então na manhã seguinte as crianças vão tomar o café da manhã & ela recompõe-se um pouco, mas precisa falar seriamente com Mrs. Maypole, a ajudante (10/- por noite) que deixou cair os pratos, & deixa Mr. Birrell segurando a concha, & o gelo se quebra. Então ela apanha *Orlando* & diz, para Hubert, "Este livro é extremamente supervalorizado – é muito mas muito pior que *Ao farol*..." ao mesmo tempo, "Que vida empolgante essa gente leva! Bloomsbury..."

8 de novembro[65] Apenas para me consolar antes de corrigir Hardy & Gissing,[66] vou observar que fomos à festa de Karin ontem à noite. A verdade é que o estímulo é intenso demais; fica-se agitado; & só se ouvem gritos; & precisamos levantar; & somos interrompidos, como um espinheiro por um galho num rio; & içados do turbilhão. Uma russa verde-esmeralda conversou comigo sobre focas & em seguida me entregou seu cartão; eu daria 4 palestras por semana durante 8 semanas na América – ah sim – & ela providenciaria as mais vantajosas condições. Mas não se deve falar de dinheiro numa sala de estar: & assim mais uma vez voltamos às focas, ou ao coelho de Ann [Stephen] – uma chinchila languidamente deitada estendida no meio de toda a comoção, primorosa, alheia. Ethel Sands assoou minha vaidade até que ela cintilasse: porém na outra noite ela foi categórica dizendo que *Orlando* não chega aos pés de *Ao farol*, falou de almoços onde não se fala de nada a não ser de &c. &c. Janet & Angus para o jantar.[67] O rapaz que quer um emprego não é amável; o pobre Angus se encrespa um pouco & lança-se a explicações preocupadas sobre sua peça.

Agora ele nunca mais vai romper aquela crisálida cavalheiresca essencial da reserva, da cautela & das boas maneiras que o envolve. Creio que vai meditar cada vez mais sobre as glórias de ser um Davidson. Contudo ele tem o seu lado malandro, o pobre coitado, sai para dançar & jantar, o que não deixa de ser um mérito. Janet, em comparação, estava rápida, decidida & reluzente, toda vestida de dourado para a festa de Karin, com o colar de ouro de Madge, & qualquer coisa de muito parecida com Madge de vez em quando, porém temperada com a decisão dos Vaughan. É uma mulher atraente; competente; desinteressada, que faz exames de sangue o dia inteiro para resolver um problema abstrato qualquer.

... creio que

Sábado,
10 de novembro

Esta fluência sem precedentes aqui se deve ao fato de que eu deveria estar lendo Miss [Geraldine] Jewsbury, respondendo cartas (Lady Cunard virá jantar com George Moore) ou corrigindo Hardy & Gissing. Todas essas tarefas são indignas das sagradas horas da manhã. Só então se pode lançar frases no papel; portanto eu as lanço reservadamente aqui, aliviada por não estar ganhando dinheiro, para variar. Devo dizer que Bennett no *Ev[ening] Standard* me feriu menos que Squire no *Observer*?[68] De modo nenhum, eu acho; – estranho, porém, como sou elogiada & criticada: & que pedra eu sou no sapato dos Squire & dos Bennett. O que mais interessa – & Deus sabe como é verdade – estou falando fria & sinceramente – é o julgamento de ontem na Bow Street.[69] Estávamos todos lá reunidos às 10h30: a porta do alto do tribunal se abre; entra o distinto & cortês magistrado; todos nos levantamos; ele faz uma reverência; senta-se sob o leão & o unicórnio, & então começa. Algo parecido com um especialista da Harley St. investigando um caso. Todo de preto & branco, pino de lapela, barba feita, cor de cera, & de talhe, àquela luz, como o mármore. Foi irônico de início: levantou as sobrancelhas & deu de ombros. Mais tarde fiquei impressionada com a racionalidade da lei, sua astúcia, sua formalidade. Aqui levantamos uma cerca bastante notável entre nós & a barbárie; algo de reconhecimento comum; sendo portanto metade charlatanice & cerimônia – quando eles sacaram livros encadernados em couro & leram velhas frases pensei nisso; & as reverências & enrascadas me levaram a pensar nisso; mas corre um rio vigoroso nessas margens. O que é a obscenidade? O que é a literatura? Qual a diferença entre tema & tratamento? Em que casos se permite a evidência? Essa última questão, para meu alívio, já estava decidida contra nós: não podíamos ser considerados especialistas em obscenidade, apenas em arte. A Desmond, que tinha ido para baixo do palanquim, onde parecia indiferente demais, calmo demais, à vontade demais para ser natural, perguntaram apenas suas qualificações & em seguida, como não lhe era permitido responder à pergunta da obscenidade, o dispensaram. No saguão conversei com Lady Troubridge (que antes era escultora & que vi pela última vez num chá, quando éramos crianças, em Montpelier Sqre.) & John – John amarelo como um limão, duro, fibroso, exacerbado.[70] Os custos chegam a 4 dígitos, disse ela. E Leonard acha que isso prenuncia uma subscrição. Depois do almoço assistimos mais uma hora, & então o magistrado, cada vez mais deliberado & cortês, disse que leria o livro novamente & anunciaria sua sentença na próxima sexta-feira às duas em relação àquele livro pálido, tépido & insípido que andava pela sua corte, viscoso e úmido. E perdi meu brochezinho romano, &

aí está o fim desse grande dia, até agora. Uma curiosa cena castanha iluminada do alto; muito pomposa; policiais nas portas; matronas passando em frente. Uma atmosfera bastante decente & formal, de pessoas adultas.

Domingo,
25 de novembro

Aniversário de 48 anos de Leonard. Passamos em Rodmell, onde tudo caiu em nossas mãos, rápida, inesperadamente: no alto do campo temos um chalé, & Percy [*Bartholomew*] é "nosso homem". Mrs. Percy herdou daquela estranha relação dela – desconfio que seja a filha ilegítima de um gerente de circo – eles viajavam – ela nunca fala da família – sua Tia lhe deixou joias e roupas – ela herdou £330 & alguns xelins. Comprou uma grande dentadura branca; & agora está pensando num gramofone ou num rádio.

Levei *Essex & Eth*[71] (de Lytton) para ler, & Deus me perdoe! – achei o livro ruim. Ainda não o terminei; & o estou guardando para ver se meu[72]

Quarta,
28 de novembro

Aniversário do meu pai. Ele faria $\frac{\begin{array}{r}1928\\ 1832\end{array}}{96}$ 96 anos hoje,

sim; e bem poderia fazer 96 anos, como outras pessoas que conhecemos; mas misericordiosamente não fez. O que teria acontecido? Nada de escrita, nem de livros – inconcebível. Antes costumava pensar nele & em minha mãe todos os dias, mas quando escrevi *Ao farol* fiz com que repousassem em minha mente. Agora ele às vezes volta, mas diferente. (Creio que esta é a verdade – eu estava tão obcecada com os dois, de um modo doentio, que escrever sobre eles foi um ato necessário.) Agora ele volta mais como um contemporâneo. Preciso lê-lo qualquer dia. Será que vou sentir de novo, ouvir sua voz, saber de cor?

Ontem tivemos uma das nossas noites – aparentemente um sucesso; Adrian, Hope, Christa, Clive, Raymond, Bunny, Lytton, Vita & Valery[73] quase no final: & Elizabeth Ponsonby.[74] As pessoas gostaram. Eu talvez não; talvez sim. No meio da noite Lytton desapareceu da sala (ele se hospeda no primeiro andar) assustado com os zurros vociferantes de Clive, segundo L. Com Clive tudo fica estridente, iluminado, reverberante. Notei uma estranha mudança de humor em mim quando Lytton saiu. Em outras ocasiões eu sentia a desaprovação do seu silêncio; moderava minhas tolices por causa disso, tentava impedir que ele saísse. Mas agora o homem escreve *Elizabeth and Essex*; & não paro de pensar: ora, se ele é capaz de nos entregar isso depois de anos de esforço – esse livrinho animado, superficial, vulgar –, pois que vá embora se quiser. Não sinto a menor ferroada em sua desaprovação. E apesar de um de meus vis defeitos ser a inveja, da fama de outros escritores, & apesar de estar (creio que todos nós estamos) secretamente feliz por ter achado o livro de Lytton ruim, isso também me deprime. Se eu fosse analisar, a verdade é que considero este um prazer ruim, porque não é profundo nem satisfatório; sentiríamos, lá no fundo, um prazer verdadeiro, apesar da dor superficial, se *E & E* fosse uma obra-prima. Ah, sim, eu sentiria – pois minha mente se alimenta da literatura de modo perfeitamente desapegado & alheio às minhas vaidades & invejas, & reconheceria uma obra-prima. Misturada à minha sensação da noite passada havia uma estranha insatisfação pessoal: de que Lytton, que amei & que amo, escreva assim. Eis aí uma reflexão sobre o meu gosto pessoal. O livro é tão fraco, tão raso; & no entanto Lytton não é nem um nem outro. Então acusa-se o público; & em seguida as Carrington[75] & os rapazes. Depois inventa-se um Lytton inválido, solitário, enclausurado, que chicoteia os flancos da linguagem e a obriga a galopar, quando o pobre animal é só úlceras e esparavões. E Dadie [*Rylands*], Pernel [*Strachey*], Janie Bussy & Dorothy [*Bussy*] ainda declararam emocionados que aquele era o seu melhor livro!

Assim os dias passam, & eu me pergunto às vezes se não estamos hipnotizados, como uma criança por um globo prateado, pela vida; se isso é viver. É muito rápido, intenso, excitante. Mas superficial, talvez. Gostaria de segurar esse globo nas mãos & senti-lo em silêncio, redondo, macio, pesado, segurá-lo dia após dia. Vou ler Proust, acho. Ir para a frente e para trás.

Quanto ao meu próximo livro, vou me refrear de escrevê-lo até que esteja iminente em mim: pesado na minha cabeça como uma pera madura; pendente, grávido, pedindo o corte antes que caia. *As mariposas*[76] ainda me perseguem, vêm, como sempre vêm, sem serem chamadas, entre o chá & o jantar, enquanto L. toca o gramofone. Delineio uma ou duas páginas; depois me obrigo a parar. Sim, estou enfrentando algumas dificuldades. A fama, para começar. *Orlando* vai muito bem. Eu bem que poderia continuar a escrever assim – os lambe-botas estão no meu pé para isso. As pessoas dizem que é tão espontâneo, tão natural. E eu gostaria de conservar essas qualidades se pudesse, sem perder as outras. Elas vêm de escrever exteriormente; mas se eu escavar, será que não as perco? E afinal qual é a minha própria posição em relação ao interior & o exterior? Penso que um pouco de desenvoltura & agilidade seja algo bom – sim: acho que até mesmo a externalidade seja algo bom; alguma combinação dessas coisas poderia ser possível. Veio-me a ideia de que o que desejo fazer agora é saturar cada átomo. Isto é, eliminar tudo o que é desperdício, morto, supérfluo: entregar o momento inteiro; inclua o que incluir. Digamos que o momento seja uma combinação de pensamento; sensação; a voz do mar. O desperdício, a morte, vêm de incluir coisas que não pertencem ao momento; aquele negócio terrível do realista: passar do almoço ao jantar: isso é falso, irreal, mera convenção. Por que admitir qualquer coisa na literatura que não seja poesia – ou seja, saturação? Não é esse o meu rancor com os romancistas? o fato de não selecionarem nada? Os poetas têm êxito porque simplificam: praticamente tudo fica de fora. Eu quero incluir praticamente tudo; & no entanto saturar. Eis aí o que desejo fazer em *As mariposas*. Deve incluir disparate, fato, sordidez: mas transparentes. Acho que devo ler Ibsen & Shakespeare & Racine. E escrever sobre eles; pois é esse meu melhor estímulo, sendo minha mente o que é; então leio com fúria & exatidão; de outro modo salto & deslizo: sou uma leitora preguiçosa. Por outro lado não: fico surpresa & um pouco inquieta com a rigidez implacável da minha mente: que ela jamais pare de ler & escrever; que me faça escrever sobre Geraldine Jewsbury,[77] sobre Hardy, sobre as mulheres – é profissional demais, quase nada lhe sobra da sonhadora diletante.

Sábado, 8 de dezembro   Aqui vai uma anotação escrita praticamente às pressas (10 pra uma– acabo de terminar, um tanto improvisadamente, "Fases da ficção") sobre Christabel McLaren; & sua festa "do pintinho", como a apelidei, na outra noite. Quero dizer, ela ficou me pressionando para falar – sobre Lesbianismo, & Dotty – (ela <u>não é</u> uma). Minha observação era sobre a atitude dela em relação aos homens; a atitude feminina de adoração, de lisonja, que tão raramente enxergo com tamanha clareza. Como uma chama que salta. Clive "o mais honrado dos homens" – sim mas dito com tal devoção, tal radiância, que me fez rir. Será esta a atitude "natural" entre os sexos? Qual é a que Clive tem, por sua vez, em relação às mulheres? Tão cordial, tão apreciativo; pude ouvir aquilo se atiçando na voz dela quando disse "Os homens estão tomando banho ou escrevendo cartas ou conversando" – isso foi em Shefield.[78] Os homens, criaturas boas & encantadoras, estavam muito entretidos enquanto aquela miserável & furtiva criatura, D., me perseguia. E posso ver homem após homem, Desmond, Clive &c, Wells, Shaw, aquecendo suas mãos nesse calor natural, & expandindo-se. Isso me divertiu. Outro pensamento que me ocorreu foi sobre os limites do luxo: até que ponto o espírito humano pode se expandir em tapetes & cômodos; até que ponto eles sufocam sua força. Tenho visto várias pessoas ricas este outono; & achei que elas, talvez, tenham se embotado, abrutalhado com isso: Lady Cunard; dois dias atrás Mrs. Bowen & Mrs. Grenfell na Lydia.[79]

Domingo,
9 de dezembro

Essas reflexões estão sendo escritas numa noite gelada só para eu sentir o gosto de uma frase na boca novamente. Angelica veio esta manhã, & sempre que eu levantava a caneta ela – criaturinha divina que é, recatada, perspicaz, fantástica, com todo o cuidado virava a xícara; como uma tola eu seguia tentando escrever, & só desisti quando fiquei num estado total de exasperação, não com ela, mas com meu livro: estava começando um novo início para Ficção. Agora já passa da hora do chá; Angus virá aqui ver Leonard sobre um personagem; & a concentração se foi & não consigo recuperá-la; vou ler *Troilo & Cressida* (Chaucer) até o jantar. Mais uma vez vi gente demais, sem grande intensidade. O chá besta de Lydia; & o almoço dos Bagenal, & Christa; & depois Long Barn, & carona na volta com Dotty; "não posso dizer que entendo Harold – realmente é algo que não posso dizer" – Então Vita, sacrificando sua noite tranquila, veio de carro até Londres & ouviu a transmissão de Dotty & voltou com ela, para me poupar da viagem solitária. Isso me preocupou, um tanto: por quem eu abriria mão desta noite? & depois Dotty, com seu jeito implicante meticuloso, "Por favor querida abra a janela – feche a janela" faz Vita parecer pateticamente gentil & amável. Mas nada disso importa muito, concordo, & se Deus ajudar irei trabalhar a semana inteira – exceto à noite. Está tão frio que minhas costas estão frias agora, enquanto o fogo tosta meus pés; há um incêndio & muitos carros de bombeiro desceram a toda a Southampton Row. O Rei segue a duras penas, & os vendedores nas lojas têm medo de perder o bônus de Natal.[80] O Natal é iminente. E devemos passá-lo sozinhos aqui, eu acho, & depois ir para Rodmell & planejar um novo cômodo com Kennedy. E daí para Berlim, é o que dizemos. Enquanto isso Nessa & eu oferecemos nossas noites de quinta-feira, & pessoas demais nos pressionam para vir. Mas para que, eu pergunto, "ver" pessoas? Qual o sentido? Dessas ocasiões isoladas que ocorrem com tanta frequência. Posso visitar você? E o que elas lucram, ou eu, a não ser a sensação de uma projeção passando numa tela, eu não saberia dizer.

1929

Sexta,
4 de janeiro

Como é estranho pensar que dei ao mundo algo que agrada ao mundo – estou me referindo ao *Manchester Guardian* – *Orlando* foi reconhecido como a obra-prima que é. O *Times* nem menciona os quadros de Nessa.¹ Pois é, ela disse ontem à noite, quanto tempo dediquei a um deles. Daí que penso comigo mesma, Então eu tenho alguma coisa, em lugar de filhos, & paro de comparar nossas vidas. Observo minha própria desistência desses desejos; minha absorção no que chamo, imprecisamente, de ideias: essa visão.

Visitamos Koteliansky no dia de Natal. Está bem mais seco & amarelado nas faces; como uma laranja que ficou velha. Estava de mangas de camisa. Estivera bebendo para ajudar a digestão da sua ceia de Natal, que "Não, não estava nada boa... Entrem Entrem". Esse era o quarto de Katherine [*Mansfield*]² disse ele. É marcado pela pobreza, arrumado, limpo – uma cama, uma mesa. Dá vista para os jardins dos fundos & as árvores do Regent's Park. Partimos direto para as velhas críticas a Murry; voltamos dez anos no tempo, para Richmond; & aquelas longas visitas; aquelas maneiras empáticas difíceis. Ele continua, por assim dizer, o mesmo. Paupérrimo, tão categórico quanto sempre. Ainda falando de Lawrence; um escritor muito muito bom porém seu último livro é REPUGNANTE. Vocês precisam ler Contraponto.³ Por quê? Porque ele é um homem sério, um homem culto. E este é um livro típico da época. Um livro doloroso um livro horrendo mas é isso mesmo. Ainda a mesma seriedade & concentração sobre digamos 5 objetos que ele observou continuamente ao longo desses 40 anos. No entanto ele não larga o osso de Katherine & Murry. E todo o tempo estava dominado por alguma emoção. Ficou feliz de termos ido até lá. O que poderia nos oferecer? Ele me deu uma caixa de madeira vermelha, um brinquedo russo, & encheu com seus cigarros russos. A voz falhava de quando em quando. Ele me olhava cheio de emoção. Todo o linóleo brilhava, nos pontos onde ele o havia limpado, & ele tinha pintado o madeirame com dois tons de azul de Reckitt:[4] de modo que cintilava. Tinha passado várias demãos. Lá vive ele; como, só Deus sabe. As pessoas não compram mais suas traduções. Seu cachorro (um puro cachorro judeu) morreu.

Enfim, será a vida muito sólida ou muito inconstante? Sou perseguida pelas duas contradições. Isso vem durando para sempre: durará para sempre; mergulha até o fundo do mundo – este momento em que estou. Ao mesmo tempo é transitório, fugidio, diáfano. Eu passarei como uma nuvem sobre as ondas. Talvez seja que apesar das mudanças; uma voando sobre a outra, tão rápido tão rápido, sejamos de certa maneira sucessivos & contínuos – nós seres humanos; & refletimos a luz. Mas o que é a luz? Eu me impressiono a tal ponto com a transitoriedade da vida humana que amiúde estou murmurando uma despedida – depois de jantar com Roger, por exemplo; ou estimar quantas vezes mais ainda verei Nessa.[5]

Terça,
28 de março

Uma desgraça realmente; nenhum diário jamais foi iniciado tão tarde num ano. A verdade é que fomos a Berlim no dia 16 de janeiro, & depois disso fiquei de cama por três semanas, & não consegui escrever nada; por outras três semanas quem sabe; & desde então gastei as energias num dos meus acessos entusiasmados de composição – escrevendo na cama o que ia criando, uma versão final de "Mulheres & ficção".[6] E como sempre, estou entediada com narrativas. Quero apenas dizer que encontrei Nessa em Tottenham Court Road esta tarde, ambas afundadas braças de profundidade naquele alagadiço de reflexão onde nós duas nadamos. Ela parte na quarta para uma viagem de 4 meses. É estranho como em vez de nos afastar, a vida nos une. Mas eu estava pensando mil coisas enquanto carregava meu bule, meus discos de gramofone & minhas meias embaixo do braço. É um desses dias que quando morávamos em Richmond eu chamava de "potente".

Talvez seja melhor não ficar repetindo o que sempre digo sobre a primavera. Talvez seja melhor estar continuamente tentando encontrar novas coisas a se dizer, já que a vida segue adiante. Inventar um estilo narrativo apurado. Certamente muitas ideias novas estão se formando continuamente em minha cabeça. Uma é que nos próximos meses vou entrar num convento; & deixar-me afundar no meu espírito; já chega de Bloomsbury. Irei encarar certas coisas. Será um tempo de aventura & ataque, um tanto solitário & dolorido, imagino. Mas a solidão fará bem para o livro novo. Claro, farei novas amizades. Por fora serei externa. Comprarei boas roupas & visitarei novas casas. E o tempo inteiro atacarei essa forma angulosa em minha cabeça. Acho que *As mariposas* (se é que irei chamá-lo assim) terá arestas muito afiadas. Não estou satisfeita entretanto com a estrutura. Existe essa fertilidade repentina que pode ser mera fluência. Antes os livros eram várias frases absolutamente arrancadas de um cristal a machadadas: mas agora minha imaginação é tão impaciente, tão veloz, de certa maneira tão desesperada.

A idade está nos ressequindo; Clive, Sybil, Francis – todos enrugados & poeirentos; saltando obstáculos com esforço, ainda na pista. Só dentro de mim, acredito, é que borbulha sempre essa torrente impetuosa. De modo que, mesmo vendo a feiura no espelho, eu penso, muito que bem, por dentro abrigo mais formas & cores do que nunca. Creio que estou mais ousada como escritora. Fico alarmada com minha própria crueldade em relação aos meus amigos. Clive, para mim, é intoleravelmente enfadonho. Francis um caminhão de leite desembestado. Sinto-me à beira de uma aventura extenuante: sim; como se este dia de primavera fosse a incubação; o portal; a abertura pela qual embarcarei nessa experiência. Portanto, quando acordo cedo, eu me protejo dos meus terrores dizendo que vou precisar de grande coragem: afinal, digo, faturei £1.000 simplesmente por assim tê-lo desejado certa manhã bem cedo. Chega de pobreza, disse eu; & a pobreza acabou. Semana que vem vou chamar Philcox para planejar um cômodo novo – tenho dinheiro para construí-lo, dinheiro para mobiliá-lo. E temos o carro novo, & podemos viajar para Edimburgo em junho se quisermos, & ir a Cassis.

O ano novo viu-se ameaçado por uma máquina de bombear concreto, o que fez deste estúdio uma provação; pois ela bombeava a cada 25 minutos. Agora há quinze dias não bombeia nada. Estarei salva? Agora está tão quieto que escuto apenas os pardais; & uma voz cantando no hotel. Um quarto perfeito para mim. Nessa arrumou um apartamento-estúdio & vai alugar o número 37, encerrando assim, para sempre eu suponho, a sua vida na Gordon Square.[7] Como admiro esse seu modo de lidar com a vida, como se fosse algo de que fosse possível simplesmente se dispor; esse modo de lidar com as circunstâncias. Angelica vai para a escola. Tenho agora várias cartas de admiradores para responder. Simpkins disse hoje que muitas grandes editoras se orgulhariam de ter o nosso catálogo. Enfim, sem nenhuma dificuldade para escrever bem, como é de praxe, mais uma vez inicio este diário.

13 de abril[8] Os hábitos aos poucos vão mudando o semblante da nossa vida, assim como o tempo muda nosso rosto; & não percebemos. Aqui estou eu neste estúdio, vindo escrever meu diário; quase sempre depois do chá eu me retiro aqui. Por outro lado, agora não componho mais tipos nem endereço envelopes.[9] Assim, pode ser que o hábito um dia acabe aniquilando este diário.

Estou debatendo sordidamente comigo mesma a questão de Nelly; a eterna questão. É um absurdo, a quantidade de tempo que L. & eu gastamos conversando sobre os criados. E não se chega nunca a nenhum resultado porque a culpa é do sistema. Como pode uma mulher sem instrução imiscuir-se, sozinha, em nossas vidas? – o que acontece é que ela se torna um vira-lata; não tem quaisquer raízes em parte alguma. Eu poderia colocar minha teoria em prática arrumando uma diarista de espécie civilizada, que tivesse seu filho em Kentish Town; & me tratasse como empregadora, não como amiga. Aí está uma bela pilha de lixo que nossos pais deixaram para varrermos.

Está muito silencioso & muito frio. Passei com Pinka pelas ruas de sábado esta tarde & dei-me conta num susto que era abril ao ver uma prímula no asfalto. Ia pensando que era uma das minhas caminhadas de janeiro, em que as luzes dos quartos são acesas às 3h30. Rodmell seria impraticável por causa do frio; até eu ter meu quarto, não posso ir para lá com intenção de trabalhar.

Sempre temos intenção de trabalhar.

Acabo de concordar em produzir outros 4 artigos[10] para Mrs. Van Doren, porque ela aumentou o preço para £50 por artigo – de modo que, seja lá o que me custe, poderei ter meu novo quarto. E todo esse dinheiro está mudando meus hábitos. Não sei se não é este o fato mais memorável desta primavera – pela primeira vez desde 1912 – ou seja em 16 anos – posso olhar digamos umas xícaras de porcelana azuis numa loja & decidir, ora, por que não as comprar? Mas elas custam £6... Porém estou ganhando mais de £1.000 por ano. Posso ganhar o quanto eu quiser. Esse soliloquiozinho acontece antes que eu possa destravar meus antigos músculos da penúria. Mas acho que é sempre melhor comprar do que não comprar.

Hugh Walpole esteve aqui no outro dia, das 4h30 às 7h15, sozinho, junto à lareira. A mesma conversa pouco à vontade de costume; acelerada & animada, contra a guerra; & ao mesmo tempo aquele mórbido egoísmo & desejo de coçar sem parar a mesma ferida– seus próprios defeitos como escritor & como remediá-los, de onde eles brotam; tudo isso misturado à sua percepção usual de ser próspero & admirado – algo que, como ele admite quando lhe pergunto, lhe dá um imenso prazer. Ele chega até a protestar dizendo que ele também fornece prazer, faz o bem, mas não consegue demonstrar isso na minha presença; & é por isso que ele busca a minha presença – uma pedra para se coçar & ajudá-lo a se livrar da lama do mundo. Ele protesta demais. Por outro lado, gosto dessas personalidades efervescentes enérgicas: gosto de conversar sobre a Rússia, & a guerra & os grandes feitos & as pessoas famosas – se não as vejo, gosto de romantizá-las.

Leonard está lá em cima terminando de fechar as contas da Hogarth Press. Ontem ele deu aos ajudantes do estábulo um bônus: Mrs. C. £25; Belcher £20; Kennedy £20.[11] Eles nos mandaram um buquê de rosas no fim do dia. Pela primeira vez lucramos mais de £400. E 7 pessoas agora dependem de nós; & penso com orgulho que 7 pessoas dependem, largamente, da minha mão escrevendo numa folha de papel. Isso é obviamente um grande consolo & um grande orgulho para mim. Não são rabiscos; estão alimentando & abrigando 7 pessoas: um grande homem como Percy; uma mulher com cara de cenoura como Cartwright; todos eles vivem das minhas palavras. Estarão se alimentando graças a "Mulheres & ficção" no ano que vem pois para este prevejo venda razoável. Tem convicção considerável. Acredito que a forma, meio diálogo meio solilóquio, permite que eu ponha mais coisas na página do que qualquer outra. Ela criou-se sozinha & forçou caminho sobre mim (essa forma – o conceito estava pronto & a escrita já tinha sido refeita insatisfatória & rigidamente 4 vezes) quando fiquei de cama depois de Berlim. Eu a criava com tal velocidade que quando punha as mãos em caneta & papel era como uma garrafa emborcada. Escrevia tão depressa quanto permitia a minha mão; depressa até demais, pois agora peno para revisar; mas esse modo dá liberdade & permite que os pensamentos saltem carniça uns sobre os outros.

Por sorte, para a saúde da minha alma, agora sou muito pouco notada, & assim posso esquecer meu ser ficcional, pois é isso em parte o que a fama cria: posso ver meu ser famoso diminuindo no mundo. Sinto-me mais à vontade quando encerrada, contida em mim mesma, como agora.

O grande prazer do dinheiro é gastar uma libra – digamos em um jantar em Richmond – sem contabilizá-la – jantei lá com Vita. Estava frio. Demos a volta pelo Parque de carro. Vi um homem passeando com um gato grande numa corrente. Vi diversos grupos estranhos no hotel. Como eles podem estar aqui esta noite, falei? Ali estava uma velha empanzinada como um abutre. A mulher com o pé inclinado sob a mesa neste V ângulo, durante todo o jantar: o rapaz aprumado de cinza com o cravo cor-de-rosa; as duas filhas de veludo e olhos saltados; & toda espécie de emoção, de ridículo & interesse atravessavam o amplo salão continuamente de uma mesa para a outra. Os garçons, pensei, só estão aqui para esta única noite; tudo é irreal & desaparecerá. Mas exatamente a mesma coisa está acontecendo neste momento. Teve um dia cansativo Miss ——? Pergunta Mrs. —— debruçando-se para falar com ela. Oh horrivelmente cansativo responde Miss —— sentando-se à mesa com a garrafa de água com gás reservada para ela. E em completa desolação aguarda que sejam servidos os pratos.

Segunda,
29 de abril

E cai um aguaceiro. Ah esta primavera gelada! Seca como um osso até hoje, mas nunca tendo um céu azul. Assim sendo, o meu casaco vermelho, da cor da baga de um pilriteiro no inverno, combina com ela. Ouvi o rouxinol na casa de Vita uma ou duas semanas atrás – a única noite quente. E passamos frio em Rodmell na semana passada, quando fomos até lá ver Philcox, que construirá dois quartos por £320, & só levará dois meses. Passei frio; mas que silêncio, que alívio das conversas & vozes! Como me ressenti na nossa volta; mas rapidamente vesti a esfera social da minha alma; & saí para almoçar com Sybil; & tive ali, para minha dor, exatos seis minutos de conversa tolerável com Max Beerbohm. Mas, Deus meu, quão pouco me perturba hoje conversar com os grandes homens. Não estamos todos congelando, & olhando os rostos velhos uns dos outros como se para as crateras da lua? (Estas eu vi, branco-prateadas & parecidas com as marcas que a água faz ao pingar no estuque, pelo telescópio de Vita outro dia.) Começo a pensar que a única coisa tolerável para se olhar é a juventude; & vou levar Judy ao Coliseum na quarta.[12]

Esqueci de dizer que a máquina de bombear começou de novo & está a todo vapor neste momento. Mas digo a mim mesma, vou me acostumar com isso – certamente que vou.

Esta manhã comecei a revisar "Fases da ficção", & terminado isso, consigo ver claramente o caminho para um livro completamente imaginativo. Até lá, rodopio mais & mais depressa para o interior da correnteza de Londres: amanhã Christabel; depois a palestra de [Charles] Mauron & Mary & os Keynes & os Eliot.

Pobre Tom – é um verdadeiro poeta, eu acho; o que chamarão daqui a cem anos de gênio: & esta é a vida dele. Passo meia hora escutando-o contar que Vivian não consegue andar. Suas pernas não respondem. Mas o que aconteceu? Ninguém sabe. Portanto ela fica na cama – não consegue nem calçar um sapato. E eles passam dificuldades, humilhações, com os criados. E depois de inúmeros rodeios quanto a fazerem uma visita – ele não pode nas próximas 8 semanas, pois está mudando de casa & 15 primos de primeiro grau virão visitá-lo na Inglaterra –, ele parece de repente vencido, emocionado, trágico, infeliz, alquebrado, porque me ofereço para ir à sua casa tomar o chá na quinta. Ah mas nem ousamos mais convidar os amigos, ele diz. Fomos desertados. Ninguém vem nos ver há semanas. Você realmente viria – de tão longe? para nos ver? Sim eu disse. Porém que quadro de miséria, imaginado, & ao mesmo tempo real. Vivien com o pé num banquinho, de cama o dia inteiro; Tom correndo de volta para casa para não ser criticado por ela: este é o nosso gênio. – Foi isso que consegui assimilar ontem de manhã ao telefone.

Domingo, 12 de maio

Aqui, tendo acabado de terminar o que chamo de revisão final de "Mulheres & ficção" para que L. possa lê-lo depois do chá, eu paro: abarrotada. E a máquina de bombear, que fui tão otimista pensando que pudesse ter cessado, começa de novo. Quanto a "M. & f.": não sei ao certo – um ensaio brilhante? – arrisco dizer; muito bem-trabalhado, com várias opiniões aferventadas até se transformarem numa espécie de geleia, que deixei avermelhar o máximo que pude. Mas estou ansiosa por me ver livre, escrever sem qualquer limite escorregando diante dos olhos: aqui meu público esteve perto demais: fatos; torná-los maleáveis, facilmente mesclados uns nos outros.

Um dia chuvoso, de outro modo teríamos ido a Hampton Court com Roger & Mauron.[13] E fiquei feliz com a chuva, pois tenho falado demais. Temos visto pessoas demais – talvez a mais notável seja Sidney Waterlow, como uma ressurreição. Um homem idoso pomposo triste respeitável de ar desesperado; cosmopolita; mas como sempre estremecendo em sua casca. Qualquer alfinetada o atinge na pele desprotegida. Gostei dele. Nós nos encontramos no corredor escuro, felizes pela escuridão. Conversamos com facilidade quase excessiva, sobre Lucy Clifford que foi enterrada com uma missa; & em seguida sobre os lanceiros & a propriedade dele em Bangcoc – para seu agrado. Sua própria importância lhe é muito clara. Em Oare ele não é ninguém. E portanto gostaria de voltar a Bangcoc & ser importante no Oriente para sempre.[14] Já não consegue mais buscar a verdade – em realidade desmascarou a busca da verdade, que nele era a busca pelo poder. Não acredita em mais nada, ele disse, & está convencido agora de que nada jamais irá mudá-lo – De modo que, enquanto falava de algum outro assunto por um instante, subitamente irrompeu numa terrível peroração sobre [Oswald] Spengler; que mudou o mundo para ele – fez infinitamente mais diferença do que qualquer outra pessoa – tão fixo & estável & independente.

Além disso, demos uma festa: Roger um pouco velho – para mim, ele precisa de Nessa para fertilizá-lo & adoçá-lo. Um certo rancor esquisito amiúde parece exacerbá-lo. Quando se cura do estômago, as pernas começam a doer. E Plomer veio – um tanto rígido, receio; & cavalheiresco em demasia; & o pequeno Blunden, a própria imagem de um pardal londrino, que bica & pia & é esfomeado & sujo.[15] E Julian, para mim no momento um rapaz bastante satisfatório; cheio de ardor, mas ao mesmo tempo claro, preciso; & genial também – apesar de todo seu fervor apostólico & do gosto pela abstração, um bom rapaz, simpático, muito mais inclinado a ver o bom do que o ruim. Por exemplo, ele achou a pobre ratinha Jenkins muito simpática & muito inteligente & sentou-se no chão aos pés dela. Passara a tarde inteira consolando Topsy. Pois Topsy & Peter se separaram. Sim eles se separaram para sempre, graças aos flertes dela.

Segunda, 13 de maio

Como isso é estranho – aqui estou eu sentada às 3h10 sem muito o que fazer – nada que precise fazer. Preciso voltar a compor em tipos. Mas fomos ver os Singer de carro – a embreagem está com problemas; & quando demos partida, lá veio Saxon, de folga – Estava indo ao Ring, claro, pois tinha um dia de folga. Há quantos anos ele faz isso – que personagem estranho & metódico ele é. Não nos vemos há meses, & toca no assunto novamente. Sacou o talão de cheques & disse que acreditava que o padrão havia mudado, com o mesmo interesse em minúcias que tinha 30 anos atrás. O mesmo guarda-chuva pendurado na dobra do braço; o mesmo relógio com corrente dourada; os rodopios; os modos de pássaro animado. O que então a vida deu a você, perguntei (para mim mesma) olhando para a Igreja no alto da Portland Street. Ora, ele é livre para ir à Ópera, ler Platão, jogar xadrez. E vai seguir fazendo essas coisas, como se fossem escolhas próprias, até morrer. Existe certa dignidade nesse fazer contínuo de coisas que parecem escolhas próprias. E contudo – assim sempre se conclui quando se comparam vidas – nem pelo mundo inteiro eu viveria a sua.

E às 4 preciso me trocar & me lavar & ir para a palestra de Mauron em Argyll House; & depois para a Molly & depois jantar com Sybil – o que vai, espero, ser o fim dessa volta da minha corrida. Já disse que ainda penso na vida como uma série de voltas – & ainda salto meus obstáculos obedientemente & depois desfruto do nada? De modo que se janto com Sybil não janto com Christabel. Jamais acolhi um modo de pensar que considere esses obstáculos insignificantes. Depois iremos para Rodmell por 6 dias; & depois para casa; & depois para Cassis; & depois para casa. & depois Rodmell; & depois o outono; & depois o inverno – Ah essa máquina! Gostaria de poder dizer que ela me passa despercebida. Além disso, ocorreu-me a ideia de que eu agora deveria reler meus próprios livros, para nossa "Edição Completa". L. & Kennedy estão trabalhando em uma sobrecapa neste momento. Será que abandono meu dever & a máquina de bombear & vou até lá ver?[16]

A eleição se aproxima, & também o Derby.[17] Vou subir & ler Proust eu acho, já que estou escrevendo alguns comentários sobre ele para aquele livro maldito – aquela pedra que me puxa mais & mais fundo para dentro das águas. O motivo de eu desgostar de jantar com Sybil é que ela o exige: sou obrigada a lhe fazer uma demonstração de intimidade, coisa que ela não é capaz de conseguir, pobre coitada, por si mesma.

Quarta, 15 de maio

Anoto aqui que um desses dias vou ler a obra completa de Mathew Arnold.

Escrevo isso, como costumava escrever muitas outras páginas no passado, para testar uma caneta nova; pois estou hesitante – não consigo me decidir se continuo com a caneta velha ou não. Por outro lado, toda caneta de ouro tem sua desvantagem. Nunca encontrei uma que não tivesse. Por outro lado, antes de escrever uma longa arenga nunca há como saber. E então sentimos vergonha de voltar atrás – & então voltamos – & então tudo recomeça, como o rio, ou mar, de Mathew Arnold (que traz tudo de volta &c &c).[18]

Fui ao jantar de Sybil; mas minha nossa, quão pouco sentido têm esses encontros – exceto, claro, que a comida é boa; & há vinho, & um certo clima de luxo & hospitalidade. Isso, por outro lado, tende a viciar; a pessoa recebe algo, pelo qual precisa pagar. E não gosto dessa sensação. Lá estava o bebê velho de cabelo branco [George Moore] sentado no cadeirão; o cabelo agora parece linho branco, parece seda; as faces do tom rosado de uma criança; os olhos com sua dureza de bola de gude; as mãos ineficientes & sem ossos. Por algum motivo, ele me fez elogios; chegou mesmo a referir-se a mim como uma autoridade em língua inglesa; & inclusive ofereceu, o que arrisco ter sido com boas intenções, apesar de nada ter saído daí, mandar-me um de seus livros.

Sobre o que conversamos? Basicamente sobre ele mesmo & seus livros, acho; & como ele havia conhecido várias antigas personalidades obscuras, num passado distante. Eu lhes contei sobre a ameaça de lorde Alfred, & isso fez com que ele desembestasse a contar histórias sobre Robbie Ross & os processos judiciais que ele mesmo enfrentou.[19] Mas ele é um velho astuto & desapegado; não tem lá grandes ilusões, & nem depende muito de ninguém, devo dizer. Queria voltar a pé para a Ebury Street, mas estava chovendo & o obrigaram a pegar um táxi. Falou sobre Henry James & uma página de prova tipográfica que ninguém conseguia ler; & disse que uma frase deveria se formar como uma nuvem na ponta da caneta – não acha?, perguntou para mim. Esses pequenos elogios deviam-se ao meu "Geraldine & Jane" que, segundo ele, era um conto admirável & deveria ser publicado como tal;[20] não tinha nada a ver com fatos. E realmente acho que ele vai morrer em breve – disse que precisa fazer mais uma operação; mas do seu jeito desapegado.[21] Acho que os processos corporais aborrecem ligeiramente esses artistas. O meu corpo que morra, posso imaginá-lo dizendo, desde que eu possa continuar formando frases na ponta da minha caneta[22] – & por que não? Embora ele é claro diga apreciar os prazeres do corpo.

Mas disso eu duvido muito.

E duvido também que Clive aprecie. Clive, segundo vejo, caiu das boas graças de todos no momento, graças a seu comportamento tolo & egoísta – escreve-me para se gabar de um "mistério", que claro que eu deveria divulgar; mas não vou. Ele é como Lottie *au fond*; & por falar nisso Lottie foi dispensada; ao que parece deve £8 a Karin, que não tem como pagar, & armam-se grandes cenas, pobre Adrian, que deve estar se lastimando & lamuriando constrangido, sozinho; enquanto Karin espasmodicamente selvagem & violenta & competente, sai para pagar as contas & colocar a casa em ordem em dez minutos, coisa que negligenciou em todos esses anos: infame & ignóbil a situação toda; & pouco me dão prazer, sinceramente, esses sofrimentos dos meus amigos.

& referências,

Estou deprimida. Brace conseguiu. Aquele homem amarelo de rosto oval. Querem guardar *M. & F.*, que eu gosto, até a primavera, & publicar *F. da F.* neste outono – um livro que odeio; & que, segundo vejo, fui pressionada a levar adiante.[23] E depois Roger quer vir a Rodmell, & não me agrada, depois de meus protestos, dizer que não; porém terei de falar & falar – & Philcox não consegue terminar meus cômodos, por causa da longa espera da Durrant.[24] Ou seja, minha roda está girando devagar. & afinal de contas eu gosto ou não gosto desta caneta? Estas são minhas penas Mr. Wesley, como disse o homem quando o servo exagerou no carvão.

Clive diz que tem um mistério; algo que não pode contar; & isso também me irrita; querer causar sensação, como Dotty; desejar que falem de si. Ah, eu digo, se pelo menos eu conseguisse mergulhar a cabeça nos deleites da pura imaginação & assim me retirasse um pouco desse mundo horrendo da realidade!

Mas preciso de alguma maneira terminar esse relato de borrões & subir para jantar & tentar pensar em alguma coisa prazerosa com Leonard. Algo animado. Ah mas daí preciso quebrar a cabeça com Proust, imagino; & depois copiar uns trechos. Não importa, vou testar minha caneta nova & ver se isso me anima. Porque obviamente esses mistérios são mistérios minúsculos & triviais, & no fundo sou a mulher mais feliz em todo W.C.1.[25] A esposa mais feliz, a escritora mais feliz, a moradora mais apreciada, é o que eu digo, da Tavistock Square. Se eu contar minhas bênçãos, com certeza elas ultrapassam as minhas penas; mesmo quando só consigo ver esses borrões na minha frente.

Bem, qual será meu jantar? E vou testar apressada minha caneta nova nessa última página, fazendo com que ela descreva rapidamente a minha completa reforma da vida doméstica – estranho eu não ter feito isso antes: já não peço mais o jantar; escrevo o que vai ser em um caderno & assim coloco um vidro entre Nelly & eu.

Ah & George [Duckworth] ligou de manhã. Um casal francês que me admira: poderíamos sair para almoçar? mas meus dentes, diz ele, caem, enquanto eu falo, enquanto eu como; & eles preferiram Brighton a Penshurst.

28 de maio[26] Um verão estranho, este, talvez sem precedentes em nossa história. Vamos para Cassis na terça, passar uma semana. É uma revolução. Nunca estivemos fora do país com o ano tão adiantado eu acho. A Eleição já terá acabado. Seremos governados por um Tory ou pelo partido Trabalhista – um Tory, eu diria. Para benefício da posteridade devo dizer que ninguém finge que sabe, à exceção dos candidatos. Estão todos – até mesmo Hubert[27] – confiantes. E sinto, o que é bastante estranho, que esta é uma eleição importante. Estava caminhando pela King's Road com Sidney Waterlow na outra noite – depois de jantar no clube dele em uma mesa de mogno rodeada de retratos de políticos – tomei um coquetel, mas não vinho – & era um dia de trovoadas – Leonard estava com dor de cabeça – & sentamos na sala de recepção feminina – uma sala azul-acinzentada da cor do ovo de um pato, com globos de luz lançando luz para o alto, em vez de para baixo – muito fria, suave, sólida, algo parecido com sentar-se dentro da forma de um manjar branco – & então Sidney disse, sentindo que alguma coisa devia ser feita, que tal visitarmos os Sanger? Deveríamos fazer isso. Eles ficariam tão satisfeitos. E comprou para mim 3 ramos de violetas na casa de uma mulher que contou que aquele era o dia de seu 40º aniversário de casamento: uma homenagem a eu ter sido um dia pedida em casamento por Sidney, será? – eu as segurei na mão a noite inteira, & descobrimos que os Sanger não estavam em casa; apenas um criado apareceu vindo do porão. Sendo assim dissemos vamos visitar os MacCarthy. E foi dessa maneira que caminhamos pela King's Road, conversando sobre a Eleição. Sidney disse que a natureza humana melhorou. Estamos nos tornando mais gentis & sábios. Até os cachorros estão. Não se vê mais brigas de cachorros, disse ele, & dito & feito, um grande vira-lata atravessou a rua trotando muito tranquilamente & foi farejar a porta de um bar. A história para aí. Pois não creio que tenha acontecido grande coisa nos MacCarthy. Conversar era imperativo. Acho que não observei nada. As coisas memoráveis acontecem quando existe um amplo espaço de silêncio ao seu redor, talvez. Não sei.

Agora, sobre esse livro, *As mariposas*. Como começá-lo? E o que ele será? Não sinto nenhum grande impulso; nenhum fervor; apenas uma grande pressão de dificuldade. Por que escrevê-lo então? Por que escrever qualquer coisa? Toda manhã escrevo um pequeno rascunho, para me entreter.[28]

Não estou falando, devo dizer, que esses rascunhos têm qualquer relevância. Não estou tentando contar uma história. No entanto talvez ela acabe sendo contada dessa maneira. Uma consciência pensando. Podem ser ilhas de luz – ilhas no fluxo que estou tentando expressar: a vida mesma em seu curso. A corrente das mariposas voando energicamente nessa direção. Uma lâmpada & um vaso de flor no centro. A flor pode estar em contínua mudança. Mas deve existir mais unidade entre as cenas do que consigo encontrar no momento. Talvez possa ser chamado de autobiografia. Como vou construir uma seção, ou ato, entre a vinda das mariposas, mais intensa que a outra; se houver apenas cenas? É preciso transmitir a ideia de que aqui é o início: aqui é o meio; aquele o clímax – quando ela abre a janela & a mariposa entra. Terei duas correntes diferentes – as mariposas voando; a flor ereta no centro; um perpétuo esfacelamento & renovação da planta. Em suas folhas ela pode ver as coisas acontecendo. Mas quem é ela? Estou muito apreensiva se seria melhor ela não ter nome. Não quero uma Lavínia ou Penélope: quero "Ela". Mas isso se torna pernóstico, intrépido, bucólico, fantástico de alguma maneira: simbólico em roupas frouxas. Claro que consigo fazê-la pensar para trás & para a frente; consigo contar histórias. Mas a questão não é essa. E vou dispensar lugar & tempo exatos. Qualquer coisa poderá aparecer pela janela – um navio – um deserto – Londres.

Sexta,
31 de maio

O oculista me disse esta tarde "Talvez a senhora não seja mais tão jovem quanto antes". É a primeira vez que alguém me diz isso; & me pareceu uma declaração surpreendente. Significa que para um estranho parecemos agora não uma mulher, & sim uma mulher idosa. Ainda assim, muito embora durante uma hora eu tenha me sentido enrugada & envelhecida, & afetado uma pose de grande sabedoria & tolerância, comprando um casaco, ainda assim esqueci do assunto depressa; & agora novamente sou "uma mulher". Outra luz sobre meu caráter ou aparência – caminhando pela Southampton Row, um homem me segura & diz espere; & me faz dar 6 pence por uma folhinha úmida que eu não queria para nada; nem tampouco queria ficar conversando sobre política com um trapaceirozinho com cara de furão, depois de ter almoçado tão mal. Mas meu rosto marcou-me como uma vítima.

"Estamos ganhando" disse Nelly na hora do chá. Fiquei chocada ao pensar que nós duas desejamos que os trabalhistas ganhem – por quê? em parte porque não quero ser governada por Nelly. Acho que ser governada por Nelly & Lottie seria um desastre. Disso escapei. Ontem à noite em Charleston ouvimos os resultados da eleição com muita clareza na sala de estar. No caminho de volta para casa, passando por Lewes, não vimos uma única luz nos andares de baixo. Ninguém estava ouvindo as notícias. As ruas estavam perfeitamente vazias. Um homem mijava na parede do posto. Eu tinha imaginado uma multidão, exaltações, gritos, panos brancos – só havia três gatos pretos entretidos em seus assuntos com os ratos. Então seremos governados pelos trabalhistas.

Fomos a Worthing visitar a mãe de Leonard, deitada como uma velha rosa – um tanto bela desta vez – num quarto estreito; com vista para o mar. Observei os golfinhos, & alguns reflexos das pessoas caminhando pela praia. E ela chorou; & ficou muito deprimida; & então começou a matraquear sobre Caterham 50 anos atrás; & os Stannard, & como Herbert tinha rolado a escada inteira, & tomava tanto leite que as pessoas ficavam espantadas. Nada da vida, do nosso ponto de vista, resta nela – apenas essa curiosa página iluminada do passado, que ela vira & revira deitada na cama; & não consegue ler ou dormir, porém exige saber ansiosamente, Leonard acha que ela irá melhorar? A caminho de lá conversávamos: antes tomar veneno. Ela tem todos os motivos para isso; & no entanto exige mais vida, mais vida, aos 78. Briga; não consegue andar; está sozinha; é cuidada por enfermeiras; mora num hotel, mas exige mais vida, mais vida. Uma coisa estranha que ela disse foi que quando criança dormia com uma governanta que lhe transmitiu uma doença terrível, & foi expulsa da Holanda por isso. Imagino que ela nunca tenha contado essa história a ninguém; foi sua oferta de intimidade para nós; um agradecimento quem sabe por termos ido até lá. Ela emocionou-me; eu mal conseguia falar. Suponho que a natureza humana, tão emocional, tão irracional, tão instintiva, como é nela, mas não em mim, tenha essa beleza; essa qualidade que chamam de "elementar". Talvez nós a tenhamos também, aos 76. Podemos soluçar na cama & gritar, o médico acha que irei melhorar? Talvez não sentemos à mesa para escrever aquele texto simples & profundo sobre suicídio que eu me vejo deixando para meus amigos. Que dia aquele – o mar indo & vindo da baía, completamente, como o Adriático ou o Pacífico; & a areia amarela; & os barcos vapejando; & por detrás as colinas como longas ondas estendendo-se gentilmente, para depois quebrar muito depressa; suaves & inclinadas como as ondas. Até as casas cintilavam & faziam parte dessa beleza; feita de vapor, não zinco. Votamos em Rodmell. Vi uma senhora de luvas brancas ajudando um velho casal de fazendeiros a sair de seu Daimler. Compramos um cortador de grama. Gostei de Francis [Birrell] ontem à noite. Ele é tão abundante & fértil, tão generoso & de bom coração. Um homem quase divino – um homem que adoro – essas frases são recorrentes. E depois ele me divertiu com sua imitação de Esther falando como Macaulay [*referência inexplicada*]. Quando divulgaram os resultados ele estava sempre falando tão alto: & tinha de se interromper. Passamos em Long Barn & deixamos Pinker, & aqui estamos novamente depois de uma dessas viagenzinhas que parecem durar 600 anos. Tudo parece meio estranho & simbólico quando se volta. Meu humor era esquisito, achava-me muito velha: mas agora sou novamente uma mulher – como sempre sou quando escrevo. É dispersivo & alentador, sair de carro por aí.

Sábado,
15 de junho

Voltamos ontem à noite de Cassis; ou melhor de Arles. As férias mais abafadas que já tive. E de certa maneira diferente das outras; em parte por estar tão quente; depois por estarmos apenas com Nessa & Duncan; & depois porque me tornei, quase, uma proprietária de terras. Uma proprietária de janela, ao menos. Sim, quase comprei La Boudard (não tenho certeza de como se escreve) & tenho um contrato, para irmos para lá a £2.10 por mês.[29] E isso significa um número infinito de coisas – talvez uma mudança completa; como comprar uma casa sempre provoca. Esta manhã já sinto um apego – digamos uma ilhota que flutua para longe, mas é minha. E essa ilha significa calor, silêncio, completo alheamento de Londres; o mar; comer bolo no novo hotel em La Ciotat; ir de carro até Aix; jantar no porto; ver os barcos de sardinha chegando; conversar com gente que nunca ouviu falar de mim & que me acha mais velha & feia que Nessa, & inferior a ela de todas as maneiras; aquela relação com ela & Duncan estranhamente íntima mas ao mesmo tempo provocativa, feliz, livre & ao mesmo tempo de certo modo contida. Também significa comprar livros franceses em Toulon & guardá-los em meu maravilhoso quarto frio no mato; Leonard em mangas de camisa; uma vida privada oriental para nós dois; um veranico que entra & sai da luz do dia comum; uma boa dose de vinho barato & charutos; novas alianças, com os Curry, os Cruther & outras anomalias esquisitas – tudo isso meu compromisso de fazer três janelas em Boudard significa para mim. Esqueço quais foram os fatos de nossa estadia. Passamos uma semana por lá, chegando um dia antes do esperado, estranhamente como no ano anterior. Lá estavam Duncan com sua camisa azul; Angelica & Judith fazendo lições no terraço. Nessa levava Miss Campbell de carro até a cidade & trazia a comida toda manhã. Escrevi um pequeno artigo sobre Cowper, mas erguendo as palavras com grande dificuldade no calor, rodeada de borboletas pretas & brancas.[30] E L. & eu fomos bastante extravagantes, pela primeira vez na vida, comprando mesas, escrivaninhas, aparadores & louças para Rodmell. Isso me dava prazer; & incomodava a supremacia quase total de Nessa. Meu filho mais velho chega amanhã; sim, & ele é o rapaz mais promissor do King's; & fez um discurso no jantar dos Apóstolos. A única coisa que tenho para contrapor a isso é, E eu ganhei £2.000 com *Orlando* & posso trazer Leonard para cá & comprar uma casa se eu quiser. Ao que ela responde (da mesma maneira inaudível) sou um fracasso como pintora em comparação com você, mal consigo pagar meus modelos. E assim nós duas prosseguimos; sobre as profundezas da nossa infância. Você se lembra de ir até a cidade apanhar – lembranças antigas que Duncan não tem como compartilhar. Ele foi divinamente encantador; & elogiou Nessa também. Coloquei pedaço por pedaço de sentimento, de modo que se possa compor a salada, & agora vou correr para apanhar meus livros com Riley se puder.[31]

1929[32]

Sábado, 15 de junho

Contra todas as regras, vou transformar isto no primeiro volume de um diário, embora por azar não seja nem o primeiro dia do mês. Mas isso é culpa da vida prática. Não consigo mais escrever em livros cujas folhas perecem. Não sei como guardá-los. Aqui, num volume encadernado, o ano tem a chance de sobreviver. Pode ficar de pé numa estante.

Pinker acabou de voltar para casa, bastante gorda. E uma sensação de vazio espalha-se pela casa; o que eu chamo de sensação de "Onde não há nada". Isso se deve ao fato de termos voltado da França ontem à noite & ainda não estarmos no meio da roda-viva. O tempo se agita no mastro – uma frase minha, acho. Há coisas que preciso fazer. Preciso corrigir *Um quarto só seu*: preciso ler & corrigir *O leitor comum*. Preciso escrever várias cartas tolas & tediosas; a cavalheiros em Maidstone & Kingston que me contam fatos sobre dálias; a Sir Philip Sassoon que muito inesperadamente me envia, por carro, seu livro de viagens. Mas não posso – nem por cinco minutos ou coisa do tipo. O tempo se agita no mastro. E depois vejo através de tudo. Talvez a imagem tenha de transmitir a ideia de um rio se afinando: de enxergar o fundo. Lytton disse certa vez – eu conecto isso a uma visita a Kew Gardens – que só podemos viver se enxergarmos através das ilusões. & isso me lembra (é estranho, aliás, como é pequeno um pensamento que não se consegue expressar pictoricamente, tal como nos acostumamos a pensá-lo: essa frase de Lytton sempre vem pictoricamente, com calor, flores, grama, verão, & eu andando por Kew) isso me lembra que o dia antes de partirmos, Lytton veio de visita, & conversamos sobre Elizabeth & Essex. Pela primeira vez. E foi doloroso, porque ele estava magoado pelo que não havíamos dito; & precisávamos, até certo ponto, dizê-lo; mas foi também um alívio, de ambos os lados, porque ficamos felizes em dizê-lo, & dar fim a tanta reserva; & felizes, ouso dizer, que Lytton estivesse magoado; diria mesmo que havia um elemento depreciativo, ao menos na minha felicidade; mas não muito. Diria mesmo que entre meus lados desagradáveis está este, de sentir inveja suficiente de outros escritores para me sentir feliz quando fracassam por sua culpa; mas foi trivial. Muito mais importante foi o alívio de poder dizer abertamente que não gostou de *E & E* por tais & tais razões; & nos pusemos a analisar cada uma. Sua supressão da ironia; amarrar-se à história; a dificuldade de usar a realidade de modo imaginativo; um assunto inadequado para ele; que só podia ser abordado com exatidão. Ele disse que ele mesmo sentira muitas dúvidas; & foi isso o que me agradou – que embora os que o rodeiam – Carrington Dadie & o resto – tenham todos o elogiado, ele sentia que não poderia dar-se por satisfeito, a menos que nós, Bloomsbury, também o elogiássemos. O que nós dizemos importa. E eu diria mesmo que, graças ao sucesso, ele se importa muito mais com essas reservas do que eu; pois não me saía da cabeça todas as críticas que já recebi. Ficamos satisfeitos quando "após longos anos" tais sentimentos têm influência.[33] E senti, em meio aos sentimentos depreciativos, que já não tinha motivos para invejá-lo; & que escrevendo *Orlando* a toda velocidade tinha me saído melhor do que ele; & que pela primeira vez, eu acho, ele me enxergava, como escritora, com certa inveja. Porém fez graça quando protestou que escrever dessa maneira seria escrever como Virginia – uma fatalidade, pelo visto. Agora o tempo não precisa mais agitar-se no mastro. Agora preciso de alguma maneira preparar outra decocção de ilusão. Bem, se o interesse humano se agita – se é isso o que me preocupa, o melhor é não ficar aqui sentada pensando nisso. Preciso criar outra ilusão humana – convidar alguém para visitar depois do jantar; & partir naquela extraordinária aventura com as almas dos outros mais uma vez – sobre a qual conheço tão pouco. Será o afeto que instiga?

Domingo, 16 de junho

Quando terminei de escrever essas palavras, Leonard entrou para dizer que Desmond chegaria dali a dois minutos – & dito & feito; de modo que as velas se enfunaram mais uma vez & o navio seguiu caminho. (Estou escrevendo isto porque não consigo continuar corrigindo *Um quarto só seu*. Eu o li até minhas próprias frases retinirem em meus ouvidos – & eu começar a formar outras mais.) Desmond de cinza, folgado & andrajoso. Borbulhava & fervilhava, estava indo jantar com Crompton Davies no Kettner's;[34] & determinado a ser pontual. Há nele um foco de determinação; é o mais bem-passado & saturado de todos nós. Nem um só átomo seu continua cru; todos foram suculentamente assados no fogo baixo – um homem adorável, um homem divino, como diria Francis, apesar de seu poder de me arrancar fora a medula. Por sorte não tocamos aí – na escrita, eu quero dizer. Julian bambeou ao discursar para os Apóstolos; foi vestido como para um baile; embaralhou-se com suas anotações & sentou-se; mas graças à sua admirável solidez de Stephen, não fez grande caso. E Desmond perdeu £5 para lorde Rothermere, & outro homem perdeu £2.000 ao longo da Eleição. Em que círculos você anda, perguntou Leonard; & ele disse que isso aconteceu somente por causa da *Empire Review*. Maynard, segundo ele, parecia consciente da discórdia no jantar dos Apóstolos.[35] Conversamos sobre os livros de Lytton. Mas uma conversa levou a outra; sem nenhum encadeamento; ele não podia se atrasar com Compton. Ele (C.) mora em Gledhow Terrace, tem duas cadeiras de couro na sala de jantar; atrás dela fica seu quarto; guarda o Virgílio & o Milton que Desmond lhe deu. Meu Milton, disse Leonard; & eu ofereci uma nova caixa de expedição para Desmond. E lá se foi ele, conversando o tempo inteiro. Pinker voltou & –

Domingo, 23 de junho

Estava muito quente aquele dia, em que fomos de carro até Worthing ver a mãe de Leonard; minha garganta doía. Na manhã seguinte tive uma dor de cabeça. Portanto ficamos em Rodmell até hoje. Em Rodmell li *O leitor comum*; & isso é muito importante – preciso aprender a escrever de modo mais sucinto. Especialmente na ideia geral, em ensaios como o último, "Como impressionar um contemporâneo", fico horrorizada com minha frouxidão. Em parte é porque não penso nas coisas antes; & em parte porque expando meu estilo para abarcar migalhas de significados. Só que o resultado é uma vacilação & uma dispersidade[36] & uma falta de fôlego que detesto. É preciso corrigir *Um quarto só seu* com muita atenção antes de mandá-lo para a gráfica.[37] E foi assim que me atirei no meu grande lago de melancolia. Deus como é fundo! Que melancólica nata eu sou! A única maneira de não afundar é trabalhando. Uma anotação para o verão. Preciso levar mais trabalho do que eu seria capaz de dar conta. ~~Eu sou~~ – não, não sei de onde isso vem. Tão logo paro de trabalhar, sinto-me afundando, afundando. E, como sempre, sinto que se eu afundasse um pouco mais, tocaria a verdade. Essa é a única mitigação; uma espécie de nobreza. De solenidade. Devo obrigar-me a enfrentar o fato de que não existe nada – nada para nenhum de nós.

31 de agosto
Esta promessa eu cumpri.

Trabalhar, ler, escrever não passam de disfarces; & as relações com as pessoas. Sim, até mesmo ter tido filhos seria inútil.

Fomos ao bosque de faias perto da Pista de Corrida. Gosto desse bosque; & das águas da mata nos envolvendo; tão rasas, iluminadas pelo sol; & ao mesmo tempo de sombras tão profundas. E gosto das copas das faias, todas entrelaçadas, de modo tão intrincado; como uma multidão de braços; & dos troncos, como colunas de pedra numa igreja. Mas se eu fosse Mrs. Bartholomew, eu certamente faria algo violento. Essa ideia me ocorria volta & meia. O que porém se pode fazer, sob todo aquele [*palavra ilegível*]; com aquele íncubo de injustiça em cima de si? Annie Thompsett & seu bebê vivem com 15/ por semana. Eu desperdiço 13/ com cigarros, chocolates & passagens de ônibus. Ela estava comendo pudim de arroz ao lado do berço do bebê quando eu entrei.[38] Entretanto, agora começo a enxergar *As mariposas* com clareza demais, ou pelo menos arduamente demais, para meu sossego. Acho que vai começar assim: aurora; conchas numa praia; não sei – os cantos de um galo & de um rouxinol; & depois todas as crianças em uma mesa comprida – lições. O início. Bem, deverá ter todo tipo de personagens. Então a pessoa que está à mesa pode chamar qualquer uma delas a qualquer momento; & a partir dessa pessoa se poderá construir o clima, contar a história; por exemplo sobre cachorros ou enfermeiras; ou alguma aventura de criança; tudo muito *As mil e uma noites*; & assim por diante: isso será a Infância; mas não pode ser a <u>minha</u> infância; & botes num lago; a sensação de crianças; de irrealidade; de coisas com proporções estranhas. Então outra pessoa ou vulto será selecionado. O mundo irreal deverá rodear tudo isso – as ondas espectrais. A Mariposa deve entrar: a linda & solitária Mariposa. Uma flor estará crescendo.

Será possível não ouvir as ondas todo o tempo? Ou os barulhos da fazenda? Alguns sons esquisitos, irrelevantes. Ela pode ter um livro – um livro para ler – outro para escrever – velhas cartas.

Luz da manhãzinha – mas sem insistir muito nisso; porque deve haver bastante independência da "realidade". Porém tudo deve ser relevante.

Bem, isso tudo, claro, é a vida "real"; & o nada só chega em sua ausência. Provei isso com toda a certeza nessa última meia hora. Tudo se torna verde & vívido em mim quando começo a pensar nas *Mariposas*. Além disso, acho, existe muito mais capacidade de entrar no outro –

Domingo, 30 de junho

Parei a frase no meio; alguém deve ter me interrompido. Minha melancolia foi rompida, como um lago por remos, desde que escrevi [*da última vez*]. Estive tão ativa. Temos visto tantas pessoas. Ontem à noite jantamos com Roger, hoje com Clive; Lytton veio; Vitta veio; fizemos uma festa. Comprei um vestido na Shaftesbury Avenue. Estava muito quente, acho; & agora está muito frio, a bem da verdade pela primeira vez em semanas está, ou esteve, chovendo. Estou escrevendo à toa, depois de duas horas de intensa correção – aquele livro tão exaustivamente corrigido, "Mulheres & ficção". Vai para a gráfica amanhã, eu juro. E depois poderei banhar-me totalmente com a luz de um pouco de ficção. Mas graças à escrita superei aquele humor, & acho difícil que volte a ele. Em meio ano ganhei mais de £1.800; um ritmo de quase £4.000 por ano; quase o salário de um ministro; & houve um tempo, dois anos atrás, em que eu batalhava para ganhar £200. Agora que ganho até demais, penso em meus artiguinhos – E ainda acho que o maior prazer da prosperidade é entrar numa loja & poder comprar um canivete. Bem, depois de amanhã vou encerrar a produção de artigos & abrir espaço para a ficção durante seis ou sete meses – até março que vem, quem sabe. E aqui registro minha intenção de cuidar com muito mais atenção da escrita desse novo livro; eliminar as redundâncias. Agora que, penso eu, conquistei o livre uso da minha caneta, preciso começar a refreá-la. Até então minha liberdade teve de ser batalhada.

Helen Anrep estava distraída & preocupada ontem à noite, como uma rosa molhada e açoitada pelo vento. Baba saiu de fininho da sua cama, subiu até o telhado & adormeceu ali. Miss Cox propôs rebaixá-la de turma por um ano. E Roger ficou sabendo que a casa dela em Hampstead estava caindo aos pedaços; precisaria de £500 de reforma. Como ela poderia viver com sua renda de £3.000 se a vendesse para o Hamsptead Hospital?[39] Outro dia em Paris ela pensou que fosse ter um filho de Roger. "Eu, que fracassei completamente com os que já tenho – E sinto muitíssimo." Assim ela se lamuriou em sussurros suaves, sentada ao lado de Roger, com a mão apoiada no braço da cadeira dele. Às vezes ele pousava a mão na dela. Os dois eram carinhosos & reservados; esta é a vida privada de Roger. Que o mantém feliz, enquanto na superfície ele roda de médico em médico; dá pulos & piruetas, & olha lugares no mapa com atenção – incapaz de não verificar & rastrear qualquer afirmação, por mais inútil que ela seja. Ele contou que em uma grande caverna francesa existe uma área de vegetação onde quer que se lance a lanterna. E Mauron correu a mão pela borda & pensou que fosse musgo. Mas era cocô de morcego. Os morcegos saíram voando pelos ares.

Desmond foi mais que brilhante em relação às cartas de Byron & aos documentos de Boswell. Imagine! Agora existem 18 volumes de diários de Boswell a serem publicados. Com sorte irei viver o bastante para lê-los. Sinto como se tivessem me dito que um morto na verdade continua vivo – um estranho efeito, essa exumação de outro monte de textos de Boswell, quando se achava que tudo já era conhecido, que tudo estava resolvido. E meu pai não veio a saber disso; & Sir Edmund Gosse está morto. Esses documentos estavam guardados num armário na Irlanda.[40] E agora está quase na hora do almoço; & depois do almoço vou ler novamente meu livro; com vistas a, se possível, enxugar & condensar as últimas páginas.

Segunda, 5 de agosto

Sim é essa mesmo a data, sendo que a última foi 30 de junho – um tributo ao verão caótico aleatório & estridente que passei. De longe as lembranças mais agradáveis, que se destacam como mato verde num lago cor de civeta, foram os fins de semana passados aqui: os divinos & frescos fins de semana, com o corte de feno & as luzes bruxuleantes; o novo quarto de Leonard, Hedgehog Hall,[41] em vias de construção, & meu chalé sendo transformado no palácio do conforto que é agora. Pois bem, estou aqui sentada, oprimida pelo clima de feriado bancário que se impregna nos campos, nos pântanos solitários, & faz a cidadezinha parecer sobranceira & suburbana. As garotas & os rapazes estão jogando *stoolball*; Leonard & Percy construindo um cano para levar água até o Lago marrom-chocolate & habitado por peixinhos. Sim, foi um verão disperso; parecia que um telefone estava preso no meu braço & qualquer pessoa poderia me puxar para onde quisesse. A sensação de interrupção me incomodou. E essas pessoas que "vemos" – como a imagem se torna borrada! Que mata-borrão era a minha cabeça quando deixei a casa de Ottoline na tarde de quinta-feira, determinada a não conversar com mais nenhum vivente. Existe uma certa irreverência em tratar dessa maneira a venerável alma do homem: nós a amaldiçoamos, a roemos & ficamos amargurados com ela. Obtém-se mais prazer numa noite conversando com a cabeça-oca da Ka do que com todo esse rebuliço & deslumbrância. Em Londres eu simplesmente teria debochado dela. Aqui, esparramada de seu jeito lento & arrastado, a impressão que se tem dela é descontraída, meio crítica, meio apreciativa – & o que salta aos olhos é o aspecto risível das suas declarações. Quando o caso não lhe era favorável enquanto centro da vida social, era para ele como palestrante, político, jardineiro, artista, marido, pensador – tudo. Ora, eu a cortei esta manhã enquanto exaltava a inteligência dele, dizendo que todos nós vivemos em ilusão; a inteligência de Will inclusive. Assim interrompida ela se quedou paralisada por um instante & em seguida recobrou-se, & viu que fazia sentido; não muito, talvez; mas à sua maneira devagar, lambuzada com todos esses fingimentos & afetações & política & aparências, ela também é honesta. E conversamos sobre Rupert. Mas minha reflexão – toda visita nos traz uma reflexão – foi essa, sobre conversar com veemência, para impressionar, & sua futilidade, sua universalidade: a diferença é que ela é mais aberta & insistente, por algum motivo, do que nós – ou assim espero. Retirando-se essa motivação da fala de alguém, quanto restaria? Com que frequência não me sinto vagamente abençoando minhas frases com a minha própria vaidade, que exige que eu lhe pague esse tributo.

E depois estou brava com Vita: ela não me contou que iria passar uma semana no exterior – não teve coragem; senão no último momento, quando disse que tinha sido um plano de última hora.[42] Deus meu! Isso meio que me faz rir; por outro lado, por que dou tanta importância? a que dou tanta importância? quanta importância eu dou? Vou atacá-la & acusá-la para ver até o fundo de seu engodo. O fato é que essas Hildas são um caso crônico; & como esta aí não vai sumir & não é comprometida, pode muito bem tornar-se permanente. E, sendo a maldita esnobe intelectual que eu sou, odeio me ver relacionada, mesmo que por um único braço sequer, a Hilda. Sua cara de madeira competente ambiciosa & séria aparece à minha frente, buscando conselho para a grave questão de quem entrevistar. Uma característica estranha de Vita, essa – sua paixão pelas intelectuais sérias de classe média, por mais sem graça & insossas que sejam. E por que estou escrevendo isso? Não contei nem mesmo a Leonard; & a quem falo quando falo a uma página em branco? A verdade é que chego mais perto dos sentimentos escrevendo do que caminhando[43] – eu acho: mastigo o osso; desfruto das expressões; arranco-as de mim; torno-as um pouquinho mais críveis para mim mesma; diria mesmo que suprimo qualquer coisa, de modo que no fim das contas acabo fazendo algo parecido com uma confidência. Por que outro motivo Pepys escrevia um diário?

Eu deveria estar me debatendo com Mary Wollstonecraft [o ensaio]. Estou no meio dos meus quatro artigos para a *Herald* [*New York Herald Tribune*], & portanto interrompi minhas *Mariposas* (mas eu tinha provas de *Um quarto* para corrigir) & torço para me ver livre disso tudo até 14 de agosto & então descer degrau por degrau até aquela estranha região. Preciso me esforçar ao máximo por ele – por esse livro difícil – & depois? Sempre uma aventura: com essa sensação a me guiar, não me estagnarei agora.

Escolha entre nós, digo, parando de escrever; & obtenho certa satisfação em criar frases cáusticas. Muito embora eu não seja muito cáustica, só de vez em quando.

Quinta, 8 de agosto

Outra cena, 30 de agosto: mas estas reflexões foram de grande ajuda – & eu ri. Mas que chatice mais confusa, essa

Escrevo isso para fazer passar um daqueles momentos estupendos – um daqueles momentos dolorosos, ridículos, agitados que nos deixam meio nauseados & ao mesmo tempo não sei – também estou empolgada; & me sinto livre & em seguida sórdida; & inquieta; & assim por diante – mandei Nelly embora; depois de uma série de cenas que nem vou me dar ao trabalho de descrever. E no meio da raiva costumeira, olhei no fundo de seus olhinhos ambiciosos & matreiros & não vi nada ali além de maldade & ódio, & senti que agora aquela havia se tornado a realidade: ela não dá a mínima para mim, ou para coisa alguma: foi consumida pelos seus pobres & tímidos medos & receios & respeitabilidades de criada. E assim na hora do almoço L. & eu encerramos a questão; & eu disse duas palavras, que ela praticamente arrancou da minha boca na sua ânsia de mostrar-se satisfeita & ávida & dura & inabalada – uma cena sórdida, dolorosa, depois de 15 anos; mas enfim, quantas não vivi, & como são degradantes. & se não nos separarmos agora, iremos nos arrastar à deriva para sempre – ah mas essas velhas discussões que conheço de cor. O que é novo & estranho é dar fim a isso, pois apesar de só termos conversado sobre o afastamento dela até outubro, acho que não iremos mais retomar coisa nenhuma. É uma ocasião para as pequenas virtudes da vida – alegria, & decisão, & a determinação de um recomeço novo & melhor. A bem da verdade, jamais teríamos continuado juntas, eu diria, se não fosse pela guerra; não sei: estou firme na decisão de nunca mais ter empregadas morando em casa. Esse é o mal que corrompe a relação. Mas agora preciso ver Annie Thomsett de novo.

Sábado,
9 de agosto[44]

Bem, que o céu seja louvado – está tudo resolvido & calmo & acabado. Nelly – parece que foi há tanto tempo! – vai ficar – Sim, descobrimos q n podemos ficar com Mrs. Thomsett; & tive dois minutos de coragem enérgica; & portanto, com Nelly ficando, ela pensou que – mas estou entediada demais. E deliciosamente aliviada demais por ter visto Vita agora há pouco & descobrir que a história dela era a mais exata verdade – ela trouxe documentos para provar – & ficou muito chateada – & como uma mula telefonou para Hilda – que também ficou muito chateada, & no geral foi muito simples & sincera & entendeu que minha postura era razoável – ah sim, ela não conseguiu contestá-la nem um só instante – mas por que, eu me pergunto, entedia-me agora de modo tão insuportável escrever o que naquele momento foi extremamente empolgante? Minha própria falta de poder narrativo. A verdade é que eu estava mais preocupada & irritada & magoada & cáustica sobre esse caso do que deixei transparecer, até mesmo para a página em branco; porém ao mesmo tempo tinha medo do exagero. Claro, tem-se razão quanto a Nelly – de que ela é, quando de mau humor, quase insuportavelmente má, egoísta & odiosa; mas – & essa é uma observação psicológica interessante, ela se encontra em estado natural; não treinado; não educado; para mim quase inacreditavelmente desprovido de qualquer capacidade de análise ou lógica; de modo que o que se vê é uma mente humana contorcendo-se a nu – o que é interessante; & então, em meio ao horror que se sente diante de tão repulsivo espetáculo, nós nos surpreendemos com a bondade da natureza humana, nua; ainda mais impressionante porque nua. Por exemplo, apesar de pensar que eu tivesse lhe dado o aviso prévio definitivamente, em vez de ceder à raiva ou ao ódio ela – que não tinha para onde ir –, foi de bicicleta até Lewes para trazer creme para o jantar: com uma motivação genuína eu acho; não pode nos deixar sofrer; como ela poderia nos deixar sem cozinheira? É essa mistura que é difícil de entender; & que sempre faz a pessoa afundar tanto quando lida com ela. Ela disse também que acharia muito difícil arrumar outro lugar; já que está na moda agora só contratar cozinheiras que morem fora (& essa frase é outro exemplo da minha incapacidade narrativa). E vai acontecer de novo, seu acesso de ódio & maldade; mas por ora não nos separaremos, eu acho. E em parte fico feliz ao descobrir como é mais difícil do que eu pensava separar-se depois de 15 anos. E feliz – ah muito feliz – por causa de Vita.

Quinta, 15 agosto

Depois desses tumultos resolvidos, tive uma dor de cabeça. E duas ideias me vêm – quebrar minha regra & escrever sobre a alma, para variar; & escrever diálogos precisos: acabo de anotar isso, pois é hora do jantar.

Segunda, 19 de agosto

Voltamos de Brighton, onde comprei um armário de cozinha de canto. E tivesse eu tempo, dissecaria aqui uma curiosa frutinha passada: essa melancolia. Ela chega com uma dor de cabeça, claro. E eu cheguei a um beco sem saída. Escrever aquele artigo compacto, em que cada palavra é como um degrau esculpido em pedra – trabalho árduo, como sempre foi; & feito em grande medida por dinheiro; mas o que é o dinheiro, comparado aos filhos de Nessa; & depois o –

Imagino que o jantar tenha me interrompido. E abri este livro com outra intenção – para registrar o bendito fato de que para o bem ou para o mal acabei de compor a última correção de "Mulheres & ficção", ou *Um quarto só seu*. Imagino que nunca mais irei lê-lo. Bom ou ruim? Possui um espírito inquieto, eu acho: sente-se a criatura arquear as costas & disparar a galope, embora como de costume boa parte seja fluida & frágil & argumentada em um tom exagerado demais. William Plomer veio passar o fim de semana & se foi. Um rapaz compacto & inarticulado, com uma couraça de comportamento universal adequado para todo tipo de clima & pessoa: conta uma bela história seca & pudica; mas tem o mesmo olhar intenso que percebi um dia em Tom, & que interpreto como o verdadeiro índice do que se passa dentro dele. Uma vez ou outra quase deixou cair a casca – quando estava sentado sobre as pedras esta manhã, por exemplo.

Acho que você não sabe como eu me sinto apartada de todos os meus contemporâneos. Receio que eu tenha agido de maneira muito inadequada ontem à noite (em Charleston). Pedi desculpas pela família. Não, foi encantador; tirando que Clive Bell parecia em desarmonia. O que você acha de Wyndham Lewis, de Joyce?[45] (V.) Não gosto de reprimendas. Isso estraga a voz. Gosto de velhos de 80 anos como Moore & Yeats que conseguiram manter a cabeça funcionando. "Exato. Essa é exatamente a questão" (palavras de William). E os pais são difíceis. O meu não se interessa por nada. Mas não moro em Pinner por escolha própria. Não gosto da prosa de Roy Campbell.[46] Ele costumava empinar pipa com uma vara de pescar. William (segundo ele, o Mr. era esquisito) claramente está tentando ser como as outras pessoas: quer justificar sua vida entre os nativos &

coronéis, & foi o que lhe conferiu sua compostura. Ao seu lado, Julian parecia uma simples criança, & Duncan um contemporâneo. Ele poderia trazer Butts para nos conhecer?[47] É um rapaz bastante contido & independente, decidido a não se deixar apressar por nada, & mesmo não tendo dinheiro nenhum, deu 5/ de gorjeta para Nelly. Acho que ele se destaca bem contra os Raymonds & os Frankies – de certa maneira é sólido; em comparação ao brilho de ouropel deles. De tanto escrever agora perdi a vontade de escrever; & não consigo atacar a melancolia, exceto apenas para observar que ela diminuiu muitíssimo quando Nessa disse que se sentia melancólica com frequência & que com frequência me invejava – afirmação para mim inacreditável. Eu me dividi entre coisas demais, disse ela (estávamos sentadas em seu quarto, antes do jantar). A melancolia alheia com certeza nos anima. E agora, tendo terminado de escrever meus quatro artiguinhos breves & difíceis, preciso pensar naquele livro novamente, & descer degrau por degrau até o poço. Esses são os grandes acontecimentos & revoluções da vida de alguém – mas as pessoas falam de guerra & política. Vou me esforçar ao máximo; todos os meus freios serão rígidos; minhas molas enferrujadas. Mas conquistei agora o direito a alguns meses de ficção. & minha melancolia será varrida para longe, assim que eu conseguir pôr minha mente para criar, & parar de girar em falso.

Quarta,
21 de agosto

Geoffrey Scott morreu na semana passada de pneumonia em Nova York. Deixe-me ver o que consigo lembrar dele. Eu o conheci em 1909 em Florença, na casa de Mrs. Berenson. Fomos almoçar, & ele estava lá; & eles discutiram Francis Thompson. Então fomos a uma festa na Mrs. Ross: Mary trouxe um irmão, os dois disfarçados de Barnes, mas tiveram de revelar que eram Strachey para que Mrs. Ross demonstrasse algum interesse. Depois ela enfatizou que era amante de Meredith, enquanto nos conduzia por um gramado; – um terraço eu acho, com vista para Fiesole. Eu estava infeliz naquele verão, & meus julgamentos eram amargos; & não consigo me lembrar de coisa alguma sobre Geoffrey Scott, salvo que ele fazia parte daquela artificial sociedade florentina; & portanto, para mim, era um tanto desprezível – longo & familiar & estético & à vontade, enquanto eu era rústica, provinciana & malvestida. Essa impressão então aguarda sem um segundo de pausa até a noite de verão em 1925, acho, em Long Barn.[48] Fui até lá com Dotty & Vita pela primeira vez & estava sentada, tímida, no carro, observando os gestos de carinho entre as duas com bastante estranhamento, & como elas pararam o Rolls-Royce para comprar grandes cestos de morangos; & novamente eu me senti, não provinciana, mas malvestida, mal-equipada; & assim pisei no terraço de Long Barn; & então veio Geoffrey, sorrindo de modo meio presunçoso, como antigamente; & apertou minha mão. Harold [Nicolson] vinha atrás dele, um tanto convencido & robusto demais para o meu gosto. Naquela noite ficamos na sala comprida, & depois que Harold ficou com sono, sentado nos assentos em frente à grade de proteção do fogo, cabeceando contra a beirada do batente italiano da lareira, Geoffrey veio sentar-se conosco, & Dotty o convenceu a contar histórias, para meu divertimento. Ele fazia isso muito bem; eu lembro, embora não lembre sobre o que eram as histórias. Era um homem muito inteligente, eu achava; & tentei entender o que se passava dentro dele, & concluí que ele tinha algum ressentimento contra mim por ser membro de um círculo que de alguma maneira ele respeitava mas do qual não fazia parte; chegou a me dizer, eu lembro, que não conseguia diferenciar um artigo meu na *Nation* de outro de Morgan ou de Lytton – todos nós escrevíamos com o mesmo estilo irônico – & isso eu senti que ele disse para me mostrar – nós, que éramos os dois malandros daquela festa específica – que sabia muito bem de nossos truquezinhos & não tinha o menor respeito por eles. No dia seguinte fomos até Knole, onde mais uma vez, como em Florença, ele ficou bastante à vontade; conhecia cada móvel ou prataria & chamava lorde Sackville de Lionel, como se conhecesse tanto ele quanto Vita intimamente há anos, do mesmo modo como conhecera os Rosse & os Berenson. E era alto & moreno & tinha o rosto característico de um fracassado; lembrava-me um pouco Bernard Holland[49] & outros rapazes "brilhantes", que continuam sendo "brilhantes" & jovens até bem depois dos 40 & nunca fazem nada para provar seu brilhantismo. Harold caminhou de volta até o Parque para pensar em alguma palestra sobre Byron, de modo simples & direto, para graça minha & acho que de Geoffrey também. Os outros – Dotty Vita & Geoffrey – levaram-me até a estação; & eu me despedi dele ali, & nunca mais conversei com ele. Eu tinha a sensação de que ele, Dotty, Vita & Harold eram um grupinho; muito íntimo & próximo, & cheguei a dizer isso, quando eles me desafiaram, como sempre, falando de Bloomsbury & seus muros fechados. "Mas vocês são iguais – dão a impressão de serem todos muito chegados" eu disse, & eles mais ou menos o negaram; mas só mais ou menos. Pois, como vim a saber depois, eu entrei em cena no auge do caso dele com Vita. Que estava bastante ardente naquele mês específico, ou semana; foi quando ela retribuiu a paixão dele, por um momento; quando ele jurava que ela deveria abandonar Harold & ir morar com ele. Depois disso, minhas relações com ele foram apenas por meio de rumores – via recados – Karin disse que sua mãe desejava que ela arranjasse um encontro entre Geoffrey & eu – & depois por meio das explicações de Vita, mais tarde, quando ela me contou que ele estava à sua espera, que tinha largado Villa Medici & Lady Sybill por causa dela;[50] & que agora estava bufando de raiva em um estábulo convertido perto de Regent's Park, esperando-a, enquanto ela estava em Tavistock Square conversando comigo. Certa noite, ela disse, ele quase a estrangulou – segurou-a pela garganta; & ela ficou preta & ele se apavorou. E também como ele ficou furioso nas colinas de Rodmell naquele verão, tarde da noite, quando os dois vinham voltando de carro para casa, vindo de Lady Sackville imagino. Vita avistou luzes no vale & disse que eu estava lá embaixo dormindo. Ao que ele se atirou em cima dela num novo acesso de raiva – estavam chamando os cachorros que tinham saído numa caçada, & o vento soprou para longe o seu chapéu. Ele me chamou de "aquela mulher". E eu o vi, em traje completo de noite, no balé com Sybil [Colefax]. E depois nunca mais.

> Me ofereceram £2.000 para escrevê-la

Ele está morto em Nova York, & todos esses documentos de Boswell – o que será deles?; & a biografia que o teria tornado imortal jamais será escrita; ele será o eterno rapaz brilhante.[51]

E eu deixei duas páginas em branco sem querer. Quem sabe eu consiga pensar em alguma outra pessoa sobre quem escrever nelas, antes de entrar em casa: está uma noite linda; quero ficar aqui fora escrevendo & experimentando minha caneta nova.

Ninguém de grande interesse, até onde sei, morreu. E se a questão for registrar diálogos, a verdade é que, salvo nos romances, as pessoas não conversam.

Bem, Bernard Holland, como já mencionei. Mas não consigo lembrar de um primeiro encontro ou sequer de um segundo. Acho que ouvi falar dele pela primeira vez quando eu tinha uns dez anos; ele acabara de ficar noivo de Helen Duckworth. Stella disse à mamãe, "Mas existe como saber o que ele pensa então?"– ou algo nessa linha, que me fez desconfiar de que havia qualquer coisa de sombrio & estranho naquele rapaz; algo que para Stella parecia incongruente com a rusticidade & o convencionalismo de sua tia & seu tio Duckworth. Então aquela luzinha, por mais reveladora que fosse, morre; & há apenas rumores sobre Bernard, até que, em 1902 ou talvez 1903, Dorothea [*Stephen, prima de VW*] me levou sem ser convidada para a casa de Canon Holland em Canterbury; & lá estava Bernard; soturno, com aquelas grandes sobrancelhas quase se tocando; & suas faces encovadas; & sua taciturnidade; & sua altura; & ao seu redor pairava, agora de forma mais autêntica, a mesma fama de brilhantismo & estranheza de anos atrás, em Cambridge. Pobre Bernard – é um gênio, ouvi Harry Stephen dizer certa feita. Ele me interessava porque eu lhe atribuía "imaginação"– a qualidade que eu mais admirava & mais sentia falta em meu pai & seus amigos agnósticos. Bernard havia editado as cartas de sua mãe,[52] & elas me agradavam de maneira sentimental, pois via nelas algo imaginativo também; algo colorido, reflexivo, íntimo, diferente de qualquer coisa que a família Stephen produzia. De modo que eu olhava para Bernard da sala baixa na Catedral com interesse; chegando a esperar que ele me achasse inteligente ou imaginativa ou algo assim. Mas duvido que ele tenha me destacado da sombra de Dorothea. Era ocupado & misterioso, tinha contato com política & ministros; era alguém tido pelos Lyttelton em alta consideração, que o consideravam vagamente muito mais competente & capaz do que eles; mas era muito genial, muito esquisito & individualista, assim diziam as pessoas, para fazer qualquer coisa por si mesmo. E Helen fazia jus a essa versão de Bernard de maneira bastante feminina; rodeando-o com olhar vago, faces vermelhas, extasiada, religiosa; como alguma mulher, assim eu achava, saída de um romance de Charlotte Yonge.[53] Fomos levadas para conhecer a irmã de Mary Sibylla, & ela disse, segurando sua xícara de chá, que quando ouvia trovoadas imaginava que alguém havia sido morto por elas. Todo esse tipo de imaginação pairava no ar. Bernard movia-se silenciosamente por ela, alheio, intelectual, silencioso; apreciativo talvez, porém nunca o confessava. Helen tocou pequenos trechos melancólicos de Beethoven; que me emocionaram; mas Bernard vociferou, "O que é isso? Gilbert & Sullivan?" para zombar do sentimentalismo dela, imagino. E então, quando estávamos conversando sobre voltar de trem juntos, ele nos interrompeu. Disse que precisava ficar sozinho & trabalhar. Portanto suponho que não causei nenhuma impressão; & recebi uma que não foi de todo favorável. A dele era uma espécie de falsa melancolia, foi o que pensei; a menos que de fato ele fosse tremendamente imaginativo. Li um livro que ele escreveu anonimamente sobre tornar-se católico romano, & tive um sopro fraco & sedutor de um mundo onde as pessoas eram muito brilhantes & pensavam sobre suas almas; um mundo semimundano, parece; bastante fluente; claro, plausível & reflexivo demais, mas ainda assim atraente & desconhecido. E depois o encontrei novamente na

Ottoline; eu já estava mais velha, & ele mais pronunciado. Quero dizer, continuava sardônico; cavernoso; mas não mais tão esguio, nem tão silencioso. Flertava, até mesmo eu pude perceber, com Ottoline; & havia se tornado um desses rapazes distintos que são muito brilhantes nos jantares – como Herbert Paul quem sabe;[54] aparecem sem as esposas, que ou são surdas ou loucas; influenciam políticos, escrevem artigos sem assinar; & flertam com as damas da nobreza. Ottoline me contou que Bernard lhe compusera um soneto, depois de outro jantar. E depois ele se tornou católico romano. Escreveu uma longa biografia do duque de Devonshire; escreveu uma longa biografia da família Holland; mas isso foi tudo o que saiu de sua taciturnidade, de sua imaginação & de seu gênio, & quando ele morreu, um ou dois anos atrás, nem mesmo seus amigos escreveram para o *Times* a seu respeito.

22 de agosto[55] E assim talvez eu preencha essa meia hora antes do jantar escrevendo. Pensei, na minha caminhada, em começar do começo: acordo às oito & meia & atravesso o jardim. Hoje estava nublado & sonhei com Edith Sitwell. Eu me lavo & tomo o café da manhã, que fica disposto sobre a toalha xadrez. Com sorte talvez receba alguma carta interessante; hoje não havia nenhuma. Depois tomo banho & me visto; & saio para cá & escrevo ou corrijo durante três horas, interrompidas às 11h quando Leonard me traz leite, & às vezes os jornais. À uma eu almoço – hoje rissoles & creme de chocolate. Leio um pouco & fumo depois do almoço; & por volta das duas ponho sapatos pesados, pego a correia de Pinker & saio – esta tarde subi o morro Asheham, onde fiquei sentada por um ou dois minutos, depois voltei para casa, caminhando ao longo do rio. Chá às quatro, mais ou menos; & depois saio para cá & escrevo várias cartas, interrompidas pelos correios, que trazem mais um convite para uma palestra; então leio um dos livros do Prelúdio. E em breve o sino irá tocar, & jantaremos & depois ouviremos música, & vou fumar um charuto, & então vamos ler – La Fontaine, eu acho, esta noite, & os jornais – & depois cama. Aqui copiarei alguns versos que quero recordar,

> *The matter that detains us now may seem*
> *To many, neither dignified enough*
> *Nor arduous, yet will not be scorned by them,*
> *Who, looking inward, have observed the ties*
> *That bind the perishable hours of life*
> *Each to the other, & the curious props*
> *By which the world of memory & thought*
> *Exists & is sustained.*

São do 7º livro do Prelúdio.[56] Uma citação excelente na minha opinião. Mas meu dia típico precisa ser revivido com toda espécie de cores diferentes. Hoje o tempo estava cinzento & ventava muito durante a caminhada; ontem generoso & aberto; um sol dourado sobre o milho; & calor no vale. Os dois dias diferem imensamente; mas ambos estão entre os mais felizes da minha vida – quero dizer entre os mais felizes & indistintos; maduros, doces & sadios; o pão de todo dia; pois nada de estranho ou de exaltado aconteceu; simplesmente o dia seguiu seu curso de modo certo & harmonioso; típico do melhor da vida no interior, como aqui; & me faz desejar mais – meses deles. Agora que minha cabeça está livre do meu exigente & angustiante livrinho & dos artigos, meu cérebro parece se encher & expandir & tornar-se fisicamente leve & tranquilo. Começo a sentir que ele se enche silenciosamente depois de ter sido tão espremido & torcido desde que chegamos aqui. E assim sua parte inconsciente agora se expande; & nas caminhadas noto o milho vermelho, & o azul da planície & um infinito número de coisas que não nomeio; porque não estou pensando em nada em especial. De quando em quando sinto minha consciência tomar forma, como uma nuvem iluminada pelo sol, à medida que alguma ideia, plano ou imagem irrompe, mas eles seguem adiante, por cima do horizonte, como nuvens, enquanto eu espero pacientemente que outro, ou nada, se forme – não importa qual.

Uma imagem eu vi – Phil Burne Jones sentado na praça de São Marco, com traje de noite, sozinho numa noite de agosto de 1912 – pois estávamos em nossa lua de mel. Parecia libertino & solitário, como um pierrô que se tornou velho & um tanto rabugento. Usava um sobretudo leve & estava sentado, o rosto branco nervoso & tolo com ar envelhecido, infeliz, ansioso & desiludido, sozinho a uma mesinha de mármore, enquanto todo mundo passeava ou conversava & a banda tocava – ele não tinha companhia – nenhuma de suas damas elegantes – ninguém com quem conversar, com aquela voz afetada exagerada; a quem fazer elogios assombrosos, usando prezadas & queridas, & disparando aquele riso relinchado que antes era moda & que, acredito, deve ter sido criada pelo próprio Burne Jones – & Phil era uma espécie de degenerado libertino, que gastava todos os milhares pagos por aquelas mulheres pálidas em escadarias, em casos amorosos, em luxos, em bancar o solteiro glamoroso & o silfo padrinho das Trees & Taylors & de outras moças glamorosas[57] – um homem bastante tímido & convencional no fundo, com um gosto horroroso para quadros, presume-se, mas com jeito para crianças. Lowell[58] percebeu isso em St. Ives. E ainda me sinto grata pelos desenhos que ele fez para nós. Ele pertence à galeria dos rapazes brilhantes de 50 anos, pois morreu um ou dois anos atrás.

A melhor parte da minha caminhada nesta tarde foi com certeza o alto da colina que leva a Juggs Corner.[59]

Sim, sim, sim, mas isso foi dias antes. Vi uma mulher de branco sentada com as costas apoiadas em suaves bancos de neve de céu azul & branco; & uma criança de azul: vi todas as colinas cintilando & iluminando-se.

Mas hoje é Segunda 2 de setembro

& estou escrevendo isso porque Lyn (sim, ela se chama Lyn)[60] está lendo no jardim, & minhas palavras secaram, & não consigo começar *As mariposas* como deveria, nem emendar aqueles artigos velhos. Um longo dia, o de ontem – um tanto exaustivo – é árduo conversar no pomar com alguém que mal se conhece. Uma ótima moça, dona daquela nudez essencial – não consigo pensar em outra palavra – que as moças tão frequentemente têm – sem ilusões a respeito de si mesma; uma honestidade vinda da pobreza. Toca a vida com £200 por ano em Londres, ganhas por ela. Paga as despesas semana a semana com artigos; & seu pai ganha £600 como pastor presbiteriano em Aberdeen; ganhará £400 quando se aposentar, & tem 5 filhos. De modo que ela jamais terá um centavo só para si. Tudo isso dá origem a uma espécie de veracidade & visão límpida & austeridade que eu prefiro, quem sabe, ao matagal luxuriante que rodeia Dotty. Um jardineiro a mais ou a menos, um vaso persa a mais ou a menos, que diferença isso faz – a vida dela é atulhada & supérflua; ao passo que Lyn conhece cada objeto de seu quarto, comprou-os com suas economias, de modo que cada um deles é exato & polido. Bem, mas & quanto a ela? Ah estou tão farta de falar, & analisar: Esse livro se formaria dentro de mim se apenas eu deixasse minha mente adormecer, calma como um mar sem ondas; porém o tempo inteiro estou quebrando minha consciência; destruindo o desenvolvimento que há por baixo. Não importa, depois de amanhã, quando for até Vita, a solidão começa.* Ruminarei por um mês. Lyn tem austeridade. É direta & sensata; vai ao W.C. [banheiro] abertamente; mas não é sexualmente avançada eu diria; não se deixa levar por rapazes ou vinho; há nela algo de sensatez & cabeça no lugar, vindo de seu pai teológico, de seu berço escocês fazendeiro, sem dúvida. Ela estudou literatura inglesa & é, coisa que as moças raramente são, ou eram, uma crítica de formação. Dá sua opinião de modo preciso & metódico, muito à maneira como Janet Vaughan daria. (Janet esteve aqui na semana passada, aliás.) Essa mente treinada é nova & um tanto estranha. Parece eliminar o entusiasmo, talvez drasticamente. É estranho ver tudo pesado & analisado. & palavras sóbrias & profundas sendo ditas por aquele inocente rosto redondo & rosado; aqueles cândidos olhos azuis. Ia gastar dinheiro com pó facial – saiu para comprar uma marca específica & comprou um cacto em vez disso. Ah & contou uma história sobre um homem morto na praia. Ela & Enid Welsford estavam passeando de carro. Certa noite chegaram a uma baía & Enid quis caminhar até um longo trecho de praia. Portanto lá foram elas; & então Lyn viu um casaco & um par de botas na areia; & descobriu que era um homem morto. Parou & deu meia-volta, evitando falar com Enid, sem pensar que crianças poderiam encontrá-lo; absolutamente horrorizada; a primeira vez que via um morto. Consegui visualizar tudo isso de modo

* Foi um palpite otimista – não se cumpriu

muito vívido. Enid voltou. Você viu alguma coisa? Sim eu vi. Portanto as duas contaram às pessoas da cidadezinha. O homem estava num casamento infeliz & parecia deprimido & por isso se matou, para ser encontrado naquela triste noite cinzenta – as botas apontando para fora da areia, o rosto eu imagino muito pálido. Acabei de ler uma ou duas páginas dos cadernos de Samuel Butler para tirar o gosto da biografia de Alice Meynell da minha boca.[61] Sente-se vontade de um pouco de brilhantismo & descortesia. Contudo fiquei interessada; um pouco instigada com o estilo rígido & abafado de Meynell; & depois, fico pensando no que eles tinham que não temos – certa suavidade & graça, com certeza. Eles acreditavam nas coisas & nós não; & ela teve 7 filhos & escrevia cerca de 5 parágrafos por dia para colunas sociais &c – o tempo inteiro parecendo uma santa crucificada; mas também era bastante alegre & espirituosa talvez – seja como for, mergulhada em diversos tipos de aventura & vida – ia para a América para palestrar & ganhava £15 por palestra, que ela enviava para ajudar Wilfrid. Mas não é exatamente isso o que eu quero dizer. Quando lemos sobre a vida de alguém frequentemente a comparamos com a nossa própria. E ao fazer isso percebi que havia uma certa doçura & dignidade naquelas vidas em comparação com as nossas – até mesmo com as nossas nesse momento. E no entanto suas vidas seriam intoleráveis – tão insinceras, tão elaboradas; é o que eu acho – toda aquela contenção de palavras & doçura & caridade. Viola não consegue deixar de acrescentar colherada atrás de colherada de açúcar – apenas duas coisas duras & por conseguinte memoráveis restaram – sua mãe fracassou como amiga. Ela jamais dava o suficiente. O velho Coventry Patmore,[62] que para ela estava em pé de igualdade com Shre [Shakespeare], reclamou que perdera a primazia entre seus amigos & afastou-se; ao que ela foi sozinha até a sala de estar, pois odiava expressar seus sentimentos, assim como odiava longos relatos de doenças & morte nas biografias; ela virou o rosto para o seu filho na última doença que teve & só o deixou beijar sua mão. Além disso, tinha a estranha admiração que ela sentia por Chesterton. Se eu fosse homem & grandalhão, poderia ter sido Chesterton. Ou seja, suas visões são todas peculiares & angulosas, expressas de modo pedante. Ela seguia uma linha própria. Mas teria sido um alívio & tanto se Viola desistisse de ser direta & precisa & nos contasse algo casual & familiar – porém ela não consegue: sua mente está presa. Katherine Mansfield descreveu uma visita à casa em Sussex – todos os Meynell em celeiros & chalés; & as filhas cantando longas baladas monótonas, & então, para efeito de contraste & surpreender um malandro, eu diria, com sua vivacidade, começaram a cantar canções de *vaudeville* que seus cunhados lhe ensinaram. Katherine descreveu-as como um punhado de sereias B.[urne] J.[ones] com longos cabelos luxuriantes, tocando instrumentos medievais de corda & entoando aqueles versos. Mrs. M. estava sentada ali perto. E eu a vi em 1910 na casa de Mrs. Ross, & a ouvi falar aquele ditado sobre o clima & depois lá estava ela, extasiada no ônibus. – Registrei o arrependimento que senti quando se vê poetisas em carne & osso.[63] Sim, pois ela também foi poetisa – acaba de me ocorrer que um ou dois de seus poeminhas sobreviverão mais do que tudo o que meu pai escreveu na vida. Mas é estranho – essa comparação que fazemos ao ler uma biografia – eu não parava de pensar como poucas coisas boas poderiam ser ditas a meu respeito.

Quarta, acho que 4 de setembro

Acabo de voltar de Long Barn, quer dizer da floresta Ashdown, onde L. foi me buscar; & de comer uma pera quente do sol com o sumo escorrendo, & pensei nesse recurso: inserir

A Consciência Solitária

separadamente em *As mariposas*, como se fosse uma pessoa. Não sei – parece possível. E essas anotações mostram que estou muito feliz.

Eu diria que hoje é o dia mais quente do ano – o dia mais quente de setembro nos últimos vinte anos. É o que os jornais talvez digam amanhã. Sério, estava demasiado quente no jardim em Long Barn. As crianças irritadiças – Nigel dando voltas de bicicleta entre os canteiros de flores enquanto Ben, esticado na cadeira, dizia com voz triste & sensata, Nigel você não está bem – você não parece bem. Boski diz que não. Mami ele precisa lavar os pés. Vita (da janela) mas ele já lavou os pés. Ben. Ah mas eles estão sujos de novo. Boski entra com a tabela de horários. Os horários dos ônibus não batem. Eles não conseguiriam voltar de Fairlawn antes das 8. Vita. Então ela telefona para Mrs. Cazalet & avisa que não poderão ir. Preciso dizer a eles para adiar os planos. Ela foi até o quarto de Harold onde eles estavam estudando com Mr. O'Connor & contou-lhes. Nigel começou a discutir. Ela foi firme, & saiu a passos largos. Tudo isso aconteceu sob um calor escorchante.[64] O carro estava muito quente. George trouxe uma garrafa de água com gás. Almoçamos entre os pinheiros na floresta Ashdown, & nos deitamos depois, eu com meu chapéu de palha sobre o rosto. Então L. veio nos encontrar, pontualmente às 4h, em Duddimans (não – não é esse o nome) & sentamos sobre umas folhas piniquentas de azevinho no urzal & conversamos com

Vita sobre a carta de Harold. Segundo ele os poemas dela não servem para publicação. Ela foi muito tranquila & modesta, & pareceu não se incomodar muito – poeta menos melindrada nunca existiu. Mas pode um verdadeiro poeta ser um poeta não melindrado?[65] Ela se comportava como sempre; caminhava a passos largos; de camisa & saia; opulenta; de trato fácil; distraída; falando generosa & serenamente com o tutor de Eton, um rapaz admirável, de nariz reto & dentes brancos que ia se deitar, ou pelo menos se recolhia, cedo, deixando-nos a sós. Eu comentei que os meninos o chamavam de Senhor & faziam reverências com salamaleques sobre a mão dele & em seguida beijavam Vita – quão inglês – quão típico do verão & da alta classe – que agradável – que ausência de sotaque. Isso acontece da mesma maneira há mil anos, foi a impressão que tive; ao menos consigo me lembrar de verões como esse – camisas de flanela branca & jogos de tênis, mães, tutores, casas inglesas & jantares com mariposas sobre as velas & conversas sobre torneios de tênis & senhoras convidando para o chá – que agradável, que ausência de sotaque. E o tutor era o eterno tutor dos rapazinhos – brincalhão, afetuoso, severo: observando Nigel com uma espécie de ar divertido & ternura "Agora sim falou o verdadeiro Nigel" quando N. disse que já tinha conseguido derramar o molho de carne nas calças: – como um rio fluindo, profundo, correto & inabalado, entre margens estreitas. Esse tipo de coisa fazemos hoje com perfeição. Não é interessante, mas graças à sua completude & repetição admiráveis, enternece.

Nelly saiu esta tarde & apanhou, eu acho, 3 kg de amoras para fazer geleia. Por favor lembre-se disso como sua maneira de me agradecer por ter contratado Lottie – ela, afinal, não tem outra. Pois tendemos a nos esquecer.

Segunda,
16 de setembro

Leonard foi a um piquenique em Charleston & eu estou aqui – "cansada". Mas por que estou cansada? Bem eu nunca estou sozinha. Esse é o início da minha reclamação. Estou mais cansada psicologicamente que fisicamente. Eu me espremi & me retorci com os artigos & as correções de prova; enquanto por baixo formava-se meu livro das Mariposas. Sim, mas forma--se muito devagar; & o que eu desejo não é escrevê-lo, mas pensar sobre ele durante digamos duas ou três semanas – entrar na mesma corrente de pensamento & deixar que ela submerja tudo, escrevendo quem sabe umas poucas frases aqui, junto à minha janela, pela manhã. (E eles iam a algum lugar maravilhoso – Hurstmonceux talvez, nesse estranho fim de tarde nebuloso, – porém na hora de ir, a única coisa que eu desejava fazer era caminhar até os morros sozinha. Agora estou me sentindo um pouco solitária & abandonada & lesada, é inevitável.) E sempre que entro em minha corrente de pensamento sou puxada para fora dela. Tivemos os Keynes: depois Vita veio; depois Angelica & Eve; depois fomos a Worthing, depois minha cabeça começou a latejar – de modo que aqui estou eu, não escrevendo – isso não importa; mas não pensar, não sentir ou ver – & ansiando por uma tarde sozinha como se fosse um tesouro – Leonard apareceu agora mesmo à porta de vidro; eles não foram a H[urstmonceu]x nem a parte alguma; & [Walter] Sprott estava lá & também um minerador, de modo que não perdi nada – o primeiro prazer egoísta que se sente.

De fato essas premonições dos livros – os estados da alma na criação – são muito estranhas & pouco compreendidas.

Outra reflexão – nada é tão cansativo quanto uma mudança de ambiente. Eu me sinto mais despedaçada & dissolvida depois de uma hora com a mãe de Leonard do que depois de 6 horas – não, 6 dias, com Vita. (Nessa não conta.) O tremendo esforço necessário para trocar as marchas deixa as nossas engrenagens em frangalhos. E venho fazendo isso constantemente – & mais do que fazendo, venho pressentindo fazer isso – contei os dias & senti Worthing pairar ameaçador sobre mim. & depois, novamente do ponto de vista psicológico, ter Nelly no carro é uma tensão para mim – impõe outro clima forçado. Nada disso importaria grande coisa se nossas engrenagens estivessem funcionando a toda velocidade – como eu descartava toda interrupção quando estava escrevendo *Orlando!* – mas é como se elas tivessem se metido no meio dos raios das rodas – entupido-as – sempre me impedindo de fazer o motor girar. E depois estou com 47 anos: sim: & minhas debilidades é claro irão aumentar. Começando pela minha vista. Ano passado, acho, eu conseguia ler sem usar óculos; apanhava o jornal & lia-o no metrô; aos poucos descobri que precisava de óculos para ler na cama; & agora não consigo ler nem uma linha (a menos que segure o texto num ângulo estranhíssimo) sem eles. Meus óculos novos são muito mais fortes que os antigos, & quando eu os tiro, fico cega por um instante. Que outras debilidades? Consigo ouvir, acho, perfeitamente: acho que consigo caminhar tão bem quanto sempre. Mas então não vai haver a mudança de vida?[66] E não é possível que essa época seja difícil & até mesmo perigosa? Obviamente pode-se superá-la enfrentando-a com bom senso – é um processo natural; é possível deitar-se aqui & ler; nossas faculdades continuarão as mesmas depois; não há nada com que se preocupar em certo sentido – escrevi alguns livros interessantes, consigo ganhar dinheiro, posso pagar por umas férias – Ah não; não há motivo de preocupação; & esses curiosos intervalos na vida – já tive tantos – artisticamente são os mais frutíferos – tornamo-nos fertilizados – basta pensar na minha loucura[67] em Hogarth – & todas as doençazinhas – de antes de eu escrever *Ao farol* por exemplo. Seis semanas de cama tornariam *As mariposas* uma obra-prima. Mas não será esse o título. As mariposas, acabei de lembrar, não voam de dia. E não poderia haver uma vela acesa. No geral, a forma do livro requer considerações – & com tempo eu conseguiria fazê-las. Aqui eu interrompi.

Sábado, 21 de setembro

Primeiro dia de Angelica na escola, eu acho;[68] imagino que Nessa esteja chorando sozinha – uma das emoções que jamais virei a conhecer – uma filha, sua caçula – vai para a escola, encerrando os 21 anos da infância dos filhos de Nessa – um longo intervalo de vida; muito mais pleno do que eu consigo conceber – imagine todas as cenas íntimas, as brigas, a felicidade, os momentos de empolgação & mudança, à medida que eles iam crescendo. E agora, de modo um tanto sublime, ela encerra os anos da infância sozinha num estúdio, voltando, talvez bastante tristemente, à vida que ela mais gostaria de ter tido, de pintora dedicada apenas ao trabalho. Assim construímos nossas vidas, ela & eu, impulsionadas por alguma estranha força; no meu caso, sempre penso naqueles longos & curiosos passeios de outono que encerravam as férias de verão, conversando sobre o que iríamos fazer – nossos "planos de outono", como os chamávamos. Eles sempre diziam respeito à pintura & à escrita & como organizar melhor a vida social & a doméstica. Sempre pensávamos em fazer mudanças em algum dos quartos, para ter um lugar onde receber nossos próprios amigos. Estavam sempre relacionados ao outono, às folhas que caem, ao campo que se tornava mais branco & invernal, nossos ânimos empolgados ante a perspectiva das luzes & das ruas & do início de uma nova temporada de atividades – outubro, o crepúsculo do ano. Mas aqui estou divagando como uma velha sobre o passado, sendo que quando sentei, esperando o chá, disse a mim mesma: tenho tantas coisas para escrever em meu diário.

Outra dessas dádivas curiosas, que aparecem inesperadamente no meio do nosso caminho, acabou de acontecer. Annie a moça triste de olhos grandes veio aqui para pedir que lhe comprássemos uma casinha, & em troca ela trabalharia para sempre aqui, sendo nossa criada. Ela & seu bebê, de dois anos, foram despejados com um aviso prévio de quinze dias para ceder o lugar a duas solteironas criadoras de cachorro. A humanidade nos diz para comprar-lhe a casinha, & não cobrar aluguel – deixar que ela o pague com seu trabalho. Seriam outros £350, mais a reforma – mais artigos. Ela daria uma criada ideal, acredito; daria uma ótima substituta; poderíamos ficar aqui o tempo que quiséssemos – & a pobre Nelly poderia ficar em Londres – pois ela pediu demissão de novo esta manhã, desta vez para Leonard, por causa do balde de carvão. Parecemos cada vez mais estar nos assentando & fincando raízes, quase que diariamente. Eu teria de demitir o coitado do varapau do Bartholomew. O caso precisa de reflexão – enquanto isso Annie se vê pressionada contra a terrível muralha negra da prisão da pobreza – precisa dar conta de sustentar a si & uma criança com 15/ por semana.

Essas reflexões, que se ramificam em tantos caminhos, fazem com que eu protele dois outros registros – o de Peter & o do meu futuro –, que pensei que iria escrever; mas já está na hora do chá, & depois quero subir nas colinas ou caminhar ao longo do rio, colocando minhas ideias no lugar.

Por favor Deus que não apareça ninguém para o chá. Porém Lytton, Antony Blunt & Peter estão em Charleston.[69] Por favor Deus faça com que essas pessoas tão divinas & agradáveis não apareçam por aqui & que eu me concentre novamente de corpo & alma. Quero nadar nas profundezas verde-escuras. Por falar nisso ontem à noite no Evening Standard James Laver disse que sou uma excelente escritora, "ninguém precisa dar-se ao trabalho de qualificar a grandeza de Miss Virginia Woolf" – ha! Tomara que Arnold Bennett veja isso[70]

Domingo, 22 de setembro

E são dez & dez da manhã, & não vou escrever nenhuma palavra. Decidi fechar as portas da ficção por enquanto. Minha cabeça começa a doer com muita facilidade no momento; sinto que *As mariposas* são um peso prodigioso que ainda não sou capaz de erguer. E no entanto, que coisa estranha é a mente, nunca fico à vontade, assim tão cedo, meramente escrevendo cartas ou lendo. Essas ocupações parecem leves & difusas demais. Sendo assim, embora eu precise & tenha de escrever cartas – para Dotty, para Gerald Brenan, para o rabugento do Eddy, vou andar a meio galope por um instante. É uma bela manhã de setembro; as gralhas grasnam, as sombras muito compridas & rasas no terraço. O ar perdeu o corpo. Está se afinando para o inverno. Tornando-se pálido & puro como os olhos de um velho. Que verão mais exigente & um tanto exaustivo foi esse. Ora, entre ir a Londres, ir a Worthing & receber gente aqui, não sosseguei nenhuma vez; minha sensação é que gostaria de continuar aqui & evitar Londres por algum tempo.

O carro nos dá quase que mobilidade em demasia. Por outro lado, este foi eleito o melhor verão que já tivemos. Nunca o jardim esteve tão lindo – todo resplandecente, mesmo agora; maravilhando os olhos com vermelhos & rosa & roxos & lilases: os cravos em grandes ramadas, as rosas iluminadas como lâmpadas. Com frequência saímos depois do jantar para admirar essa vista. E finalmente me agrada olhar para a sala de estar. Gosto do meu tapete; do meu carpete; das minhas vigas pintadas. E por alguma estranha razão este ano achei trilhas mais bonitas do que nunca – pelo alto das colinas atrás de Telscombe. Em parte é por causa do clima, talvez; tivemos dias & dias de sol quente & céu limpo, azul por dias & dias; o sol se põe claro, límpido, no oeste. E aqui deitada vi o sol nascer, & a lua brilhar certa noite como um caco espelhado, com todas as estrelas ondulando, brilhantes; & outra noite tive aquela curiosa sensação de ser muito jovem, estar viajando pelo exterior, & ver folhas pela janela de um trem, na Itália – não consigo trazer a sensação agora. Tudo era aventura & empolgação.

Quanto a Peter, como ele é correto encantador & bom! – mas, diabo, que cabeça mais desinteressante, intelectualmente. Não consigo identificar o que é, apenas que nada resta no nosso espírito depois de vê-lo, nada de interessante, nenhuma sugestão. Símiles incessantes, citações perpétuas; ele enxerga a vida com grande ardor através dos livros. E depois agora anda todo ansioso para copular, o que faz suas histórias inevitavelmente se centrarem em torno desse fascinante assunto – cópulas & o King's College em Cambridge. Ele foi para a guerra; passou 4 anos de batalhas & sangue & ferimentos, & no entanto sua mente conserva a simplicidade virginal da de uma moça; ele tem a mesma rigidez, aos 36 anos, de um universitário de antigamente. Suponho que nele a mistura não seja muito fértil – o pai professor de escola, a mãe dona de casa, a vida nos subúrbios, bolsas escolares &c: essa foi sua formação; & depois ao quebrar a casca ele deliberadamente jurou ser pagão, ser um indivíduo, desfrutar a vida, explorar suas próprias sensações quando não havia muito material para isso. Daí a repetição, o egoísmo, a ausência de profundidade e personalidade; mas sinto muito mais tudo isso quando ele escreve do que quando fala. Numa conversa seu charme & gentileza, sua integridade, sua inteligência, fazem dele um ser humano bastante agradável, querido, simpático, memorável (sim, mas não interessante). Ele irá se casar; & tornar-se Prof. de Lit. Ingl. em Camb.

25 de setembro[71] Mas o que me interessa obviamente é meu fogão a óleo.[72] Chegamos de Worthing & o encontramos aqui ontem à noite. Neste exato momento ele está cozinhando meu jantar em travessas de vidro com perfeição eu espero, sem cheiro, desperdício ou confusão: basta girar botões; & há um termômetro. Portanto me vejo muito mais livre, independente – & a vida inteira é uma luta por liberdade –, podendo vir para cá com uma costeleta numa sacola & arranjar-me sozinha. Repasso os pratos que irei cozinhar – os ensopados, os molhos. Estranhos pratos ousados que levam vinho. Claro que Leonard corta as minhas asas, & devo tomar muito cuidado, como uma criança, para não fazer barulho demais brincando. Nelly vai embora na sexta & assim terei uma semana inteira para fazer experimentos – ser livre para isso.

Ontem de manhã arrisquei outro começo em *As mariposas*, mas o título não vai ser esse. & vários problemas clamam ao mesmo tempo por uma solução.

Quem está pensando ali? Serei eu o pensador externo? O que se deseja é um recurso que não seja um truque. A construção da estufa começou ontem. Estamos regando o chão com dinheiro. Semana que vem meu quarto começa a ser levantado. Ocorre-me agora que é absurdo esperar bom humor ou magnanimidade dos empregados, considerando-se os quartinhos atulhadas em que vivem & todo o trabalho que têm a fazer.

Bem, a velha Mrs. Woolf – (quero dizer, estou fazendo algumas anotações, sabe lá Deus por quê, mas sempre pensamos que existe um motivo). Ela passou a exibir certo charme & dignidade para mim, antes desconhecidos, agora que a sua idade avançada começa a desmantelar toda a conversa mole alegre & sentimental – ela se tornou curiosamente mais humana & sábia, como as velhas são; tão maleáveis, tão entranhadas na vida que parecem tornar-se mais filosóficas & mais senhoras da arte de viver do que pessoas bem mais inteligentes. Tantas mas tantas coisas já aconteceram diante de seus olhos; doenças, nascimentos, disputas, problemas – que nada mais a surpreende, ou a incomoda. Verdade que é rabugenta & entediada como uma criança; mas alcançou certa atitude despreocupada em relação ao exibicionismo, à pompa, à respeitabilidade, como se tivesse lavado as mãos da maioria das coisas & estivesse brincando numa praia; uma velhice bastante invejável em certo sentido, mas por outro lado intolerável. Aproveite sempre as oportunidades, eu a ouvi murmurando para Pinka, que comeu toda a nossa sopa. E depois as longas histórias sobre suas cozinheiras, & como ela as ensinou a cozinhar quando era rica. "Agora a senhora é pobre & simples" uma delas escreveu "para minha grande tristeza" aqui ela suspira, & talvez chorasse, mas distrai-se facilmente & enfia uma lata de caramelos entre minhas mãos. Preciso ir até a cozinha ver meu fogão cozinhando o presunto agora

Quarta,
2 de outubro

Acabamos de ir à casinha de Annie – ou suponho que seja. & portanto somos donos de outra casa de bom tamanho; mas o arranjo feito com ela parece outra dessas dádivas que desde essa época, ou agosto, do ano passado, caíram em nossas mãos aqui. Ela irá cozinhar; meu fogão a óleo faz com que seja viável ter refeições quentes a todo momento; mas fiquei aturdida na conferência em Brighton; ouvindo a fala de Henderson & vê-lo aos poucos ficar vermelho como uma lagosta; fomos na segunda também (como meus dias de reflexão minguaram! é preciso desistir disso tudo agora) & ouvimos um debate bom, interessante.[73] O público soltava uns balidos extraordinários; não era ruído de conversas, nem de passos – & eu pensei que a política deixou de ser um assunto de grandes nobres & mistério & diplomacia para tornar-se algo de senso comum, vindo de homens & mulheres de negócios comuns – não muito exaltados, mas diretos, como fariam em qualquer outro negócio.

A luz está morrendo: ouço os meninos da cidade chutando bolas de futebol; & todas as reflexões, os comentários, que me ocorreram enquanto eu caminhava, definharam – a atmosfera, o inverno, a mudança, a iminência de Londres, dispersam, ao fim & ao cabo, meus pobres esforços de sólida concentração. No entanto reavivei, nesses últimos dias, o meu livro eu acho – eu o pus em movimento: mas num ritmo parecido como o da época de *O quarto de Jacob* & *Mrs. Dalloway* – uma página no máximo, & grandes períodos de espera chupando a caneta. E todos os americanos me escrevem & mandam telegramas querendo artigos. E vou entrar & ler *Fedra*, depois de ter apanhado algumas maçãs. Leonard está lavando o carro no meio do vento na estrada gelada.

Sexta,
11 de outubro

E me agarro à ideia de escrever aqui para não escrever *As ondas* ou *As mariposas* ou seja lá como irá se chamar. Pensa-se que já se aprendeu a escrever depressa; mas não. E o que é estranho; não estou escrevendo com gosto ou prazer: culpa da concentração. Não estou desfiando a coisa; estou prendendo-a. Além disso, nunca, na minha vida, enfrentei uma forma tão vaga & ao mesmo tempo tão elaborada; sempre que escrevo uma coisa tenho de pensar em sua relação com outras dúzias dela. E embora fosse possível seguir adiante com razoável facilidade, paro a todo momento para analisar o efeito geral. Especificamente, se existe algum defeito radical na estrutura que criei. Não estou totalmente satisfeita com esse método de apanhar coisas num lugar & elas me lembrarem de outras. Mas por enquanto não consigo conceber nada que se mantenha tão próximo do projeto original & ao mesmo tempo admita movimento. Portanto talvez esses dias de outubro sejam um pouco tensos & rodeados de silêncio para mim. O que quero dizer com isso eu não tenho ideia, pois não parei de "ver" as pessoas – Nessa & Roger, os Jeffer, Charles Buxton, & deveria ter visto lorde David, & vou ver os Eliot – ah, teve Vita também. Não; não é um silêncio físico; é alguma espécie de solidão interior – interessante de analisar caso isso fosse possível. Um exemplo – ia eu caminhando por Bedford Place, é isso? – aquela rua reta com todas as casas de pensão hoje à tarde, & disse a mim mesma espontaneamente algo da seguinte natureza. Como eu sofro, & ninguém sabe como sofro, caminhando por essa rua, enfrentando minha angústia, como fazia logo depois que Thoby morreu – sozinha; lutando sozinha contra algo. Mas naquela época eu lutava contra um demônio, & agora nada. E quando entro, é tudo tão silencioso – não trago na cabeça uma grande aceleração de rodas & engrenagens – No entanto continuo escrevendo – ah & somos muito bem-sucedidos – & existe – aquilo que mais amo – mudança à frente. Sim, na última noite em Rodmell quando Leonard veio de Londres me apanhar contrariado, os Keynes vieram nos visitar.[74] E Maynard vai sair da *Nation*, assim como Hubert, & portanto nós também, sem dúvida. E é outono; & as luzes começam a se acender; & Nessa está em Fitzroy Street – num grande cômodo enfumaçado, com gás de botijão & pratos descombinados & frascos de vidro pelo chão – & a Editora vai de vento em popa – & esse negócio de celebridade é bastante crônico – & sou mais rica do que nunca – & hoje comprei um par de brincos – & apesar de tudo, há vacuidade & silêncio em alguma parte das engrenagens. No geral, não me incomodo muito; porque o que gosto é de ir & vir de um lado a outro, açulada pelo que eu chamo de realidade. Se eu nunca sentisse essas tensões pungentes extraordinárias – de inquietude, ou calma, ou felicidade, ou desconforto – eu desceria até o fundo da aquiescência. Aqui existe algo com que lutar: & quando acordo cedo digo a mim mesma, Lute, lute. Se eu pudesse agarrar essa sensação, eu o faria: o cantar do verdadeiro mundo, à medida que somos conduzidos pela solidão & pelo silêncio para longe do mundo habitável; a sensação de estar presa a uma aventura; de ser estranhamente livre agora, graças ao dinheiro & tudo o mais, para fazer qualquer coisa. Vou comprar ingressos para o teatro (*A matriarca*) & vejo uma lista de excursões baratas afixadas ali, & no mesmo instante penso em ir à feira de Stratford-upon-Avon amanhã – por que não? – ou à Irlanda, ou a Edimburgo para passar o fim de semana. Ouso dizer que não deveria. Mas qualquer coisa é possível. E esse estranho corcel, a vida; é genuíno – Alguma coisa disso tudo transmite o que quero dizer? – Mas não coloquei as mãos de fato na vacuidade, afinal. É esquisito, agora que penso no assunto – sinto falta de Clive. Acaba de me ocorrer que Arthur Studd foi outro rapaz brilhante.[75] Mas nele havia qualquer coisa de inocente, em comparação com Bernard & Geoffrey: ele falava anasalado, tinha uma voz macia & gutural, & a testa careca, & olhos castanhos bastante bonitos, como os de um cachorro: ele era canino, em certo sentido; viajado, distinto, rico; com uma mãe robusta de quem desgostava, & portanto conquistou a simpatia da minha mãe. Tinha grossas mãos vermelhas, mas pintava à maneira de Whistler – gesticulando sobre a tela & então produzindo alguma naturezazinha-morta agradável & melodiosa, com a qual, de modo um tanto místico, ficava bastante satisfeito. "Ser artista" era o que o agradava. Tinha belos cômodos em Cheyne Walk; & sobre eles pairavam as garotas brancas & as nuvens rosadas & os rios & os fogos de artifício de Whistler. Foi a Samoa, para pintar Whistlers talvez, & voltou depois que Stella morreu & deve ter chorado por ela. Ele a amou, à sua maneira ineficiente & desajeitada. Depois escreveu uns poeminhas sobre Eton, que ele adorava, & onde esperava ser enterrado – Mas por que haveria ele de pensar em ser enterrado, com todas as vantagens que tinha? Havia qualquer coisa de ineficiente nele – não era capaz de fazer nada; mas, para nós crianças, ele tinha um ar romântico; de alguém capaz de realizar coisas extravagantes, impossíveis – como contratar um táxi & nos levar de repente para jogar críquete no Lords – disso eu me lembro. Ele deve ter sido a flor de Eton & dos anos 90, revestida do verniz da arte, de Paris & da vida em estúdios, & do Chelsea. Certa vez ele me enviou um cartão-postal de St. Ives & um poema sobre Eton – & então – para azar veio a guerra; & sendo ele infinitamente gentil & generoso & ineficiente, sem dúvida fez grandes coisas pelos refugiados, & morreu, sem alarde, que eu saiba – um solteiro rico; com não mais que 50 anos imagino. Outro "rapaz" – não exatamente brilhante, mas congenial em minha lembrança, modesto, fresco, inesperado, & sempre tão anasalado.

Domingo,
13 outubro

Ocorre-me perguntar, até onde eu poderia viver neste momento dentro do ser de Nessa, com Angelica na escola? Pode alguém suplementar a vida de outro alguém? Acho que um pouco. Julian a trouxe de carro de Cambridge, nesta manhã quieta suave & cinzenta. Está ensolarado & nebuloso no campo. Ela entrou no carro em King's Parade, onde ficam os jornaleiros & os rapazes caminham apressados para tomar o café da manhã eu suponho. Então eles seguem de carro, com um mapa sobre os joelhos; Julian bastante tenso, olhando através de seus óculos. Sinto a sugestão de coisas bastante íntimas – das quais n. sei nada – ou melhor ele resmunga & diz coisas pela metade, que ela entende. Ela muito animada, & ao mesmo tempo prática. Julian também está animado. Os dois muito ansiosos para ver Angelica. Qual será a primeira imagem dela? Virá descendo as escadas correndo até a sala particular, à esquerda; com a lareira Adams. E depois? Vai "voar para os braços de Nessa". Nessa a abraçará com força para sentir o corpo da filha novamente. Julian a chamará de "querida". Eles irão até o parque. Angelica vai querer demonstrar seu conhecimento sobre as regras & modos & os melhores lugares onde sentar; as outras garotas irão sorrir, & ela dirá "Esta é a Claudia" ou a Annie. Esta é Miss Colly – Esta é Miss Curtis. E o tempo todo eles sentirão o bem-estar & a empolgação & a animação de estarem juntos – porque o tempo que passarão juntos terá apenas começado. Nessa vai abordar como sempre muitos assuntos: perguntas sobre felicidade, ensino, gostos, solidão – mudança. Eles ficarão muito orgulhosos uns dos outros & distantes. E Julian vai espiar em torno, por trás dos óculos, gostando de Nessa & Angelica mais do que de qualquer um eu diria; o rapaz simples, rústico – que agora provavelmente jamais vou conhecer. Pois – como direi a Nessa na quarta-feira – você é uma mulher ciumenta, não quer que eu conheça seus filhos; não quer tirar, mas sempre dar; tem medo dos doadores. O que ela vai dizer? Mas Leonard ainda está movendo as maçãs, & portanto não posso escrever nada a não ser meu – o que me dá prazer de chamar de – meu diário. Gostaria de conseguir escrever de forma mais sucinta, falando nisso, usando menos o particípio passado. Meu descuido me impressiona. A natureza se vinga, & agora me faz escrever uma palavra por hora.

Quarta,
23 de outubro

*Ele escreveu ontem 3 dez. & disse que gostou muito do livro.

Como é mesmo verdade – escrevo apenas por uma hora – depois me afundo na cadeira, com a sensação de que não consigo mais manter meu cérebro naquela rotação – depois datilografo, & termino às 12h – vou resumir aqui minhas impressões antes de publicar *Um quarto só seu*.[76] É meio agourento que Morgan não o queira resenhar.* Isso me leva a suspeitar de que haja no livro um tom feminino estridente que não deverá agradar meus amigos íntimos. Prevejo, então, que não receberei nenhuma crítica, exceto as do tipo jocoso & evasivo, de Lytton, Roger & Morgan; que a imprensa será gentil & falará de seu charme & vivacidade; que além disso serei alvo de ataques por ser feminista & de insinuações de ser safista; que Sybil vai me convidar para almoçar; & que devo receber uma bela quantidade de cartas de moças. Receio que ele não será levado a sério. Mrs. Woolf é tão talentosa como escritora que tudo o que escreve é de fácil leitura... essa lógica bastante feminina... um livro para ser lido por garotas. Duvido que eu me importe muito. *As mariposas*, mas acho que será *As ondas*, segue arrastando-se; & eu o tenho para me apoiar, caso receba um balde de água fria pelo outro. Não passa de uma trivialidade, direi eu; & é verdade, mas eu o escrevi com ardor & convicção.

Jantamos ontem à noite com os Webb, & recebemos Eddy & Dottie para o chá. Quanto a esses jantares maduros, houve uma conversa amigável & fácil com um homem – Hugh Macmillan – sobre os Buchan & sua própria carreira; – os Webb são simpáticos, mas não se deixam influenciar a respeito do Quênia:[77] sentamos em duas salas de uma vivenda (a sala de jantar tem uma cabeceira de cama atrás de um biombo), comemos enormes nacos de carne vermelha, & nos ofereceram uísque. É a mesma atmosfera ilustrada, impessoal, de perfeito autodomínio de sempre. "Meu filho vai ganhar seu brinquedo" – mas a coisa não segue adiante "– é o que minha mulher diz sobre eu participar do gabinete". Não, eles não têm ilusão nenhuma. E eu os comparei com L. & eu, & senti (eu diria que por esse mesmo motivo) o *páthos*, o simbolismo do casal sem filhos; que se posiciona por uma causa, unidos.

Quanto a "ver" Eddy & Dotty, não há muito o que dizer; uma ou outra frase a se lembrar – Eddy está apaixonado por duas pessoas: o relato racional de Dotty sobre um chato a quem ela ajuda: Eddy queria que eu lesse seu diário, mas um amigo, sem nome, faz objeções; porém ele concordou, sem demora: é uma gratificação para ele. E assim 1 ½ se passaram. Dotty deplorou a fama repentina de Vita. No entanto suponho que a ame; é dedicada; coisas estranhas se alojam na alma das pessoas; estou muito cuidadosa & cautelosamente tornando-me de novo uma leitora & pensadora. Desde que voltei li Virginia Water (uma uva branca doce): God; – tudo fundamentado, organizado & tecido em cima de uma experiência psicológica bastante simples & comum; mas o homem não é nenhum poeta & não consegue abrir os olhos de ninguém; todas as suas frases são como linhas de aço numa gravura;[78] estou lendo Racine, comprei La Fontaine, & assim tenciono fazer minha abordagem oblíqua à literatura francesa, dando voltas & matutando –

São necessários exatamente dez dias para que alguma coisa aconteça com um livro – hoje é sábado 2 nov.: & *Um q. só seu* vendeu, acho, cem cópias esta manhã; & nenhuma, ou quase nenhuma, até então; & isso grande parte graças à fala exuberante de Vita no rádio. E não consigo me lembrar de todas as coisas que eu tencionava dizer, – tipo Renard – o homem que escrevia um diário sobre as coisas que acontecem com uma pessoa.[79] Sonhei ontem à noite que eu tinha uma doença do coração que me mataria em 6 meses. Leonard, depois de certa persuasão, me contava tudo. Os instintos que tive foram exatamente iguais aos que eu teria [quando acordada], ordenados, & alguns bastante fortes: um tanto inesperados, quero dizer, voluntários, como costumam ser nos sonhos, & portanto de tal autenticidade que provocam uma imensa, & dominante, impressão. Primeiro, alívio – bem, minha vida já acabou, mesmo (eu estava deitada na cama) depois horror; depois vontade de viver; depois medo da insanidade, depois (não este veio antes) arrependimento em relação ao que escrevo, & de deixar este livro inconcluso; depois uma reflexão suntuosa sobre o sofrimento dos meus amigos; depois a sensação de morte & de minha vida já estar terminada nesta idade; depois de contar a Leonard que ele deveria se casar novamente; enxergar a nossa vida juntos; & enfrentar a certeza de partir, enquanto as outras pessoas seguem vivendo. Então acordei, subi à tona com tudo isso pairando ao meu redor; & descobri que havia vendido várias cópias do meu livro; & fui convidada para almoçar por Madame Kallas[80] – a estranha sensação desses dois estados, morte & vida, misturando-se enquanto eu tomava o meu café da manhã, sonolenta & pesada.

Ah,[81] tenho me saído muito bem com *Q. só S.* até o momento: & ele segue vendendo, acho; & recebo cartas inesperadas. Mas estou mais preocupada com minhas *Ondas*. Acabo de datilografar dois dias de trabalho; mas não estou muito segura. Existe *alguma coisa* ali (do mesmo modo como senti com *Mrs. Dalloway*), mas não consigo tocá-la, diretamente; não é nem de longe parecido com a velocidade & a certeza de *Ao farol*: *Orlando* mera brincadeira de criança. Existirá alguma falsidade, ou método, nalgum lugar? Algo dissimulado? – de modo que as coisas interessantes não estejam estabelecidas com firmeza? Estou num estado estranho; sinto uma fragmentação; aqui está minha coisa interessante; mas não existe nenhuma mesa sólida onde eu possa colocá-la. Pode vir de repente, numa releitura – algum tipo de solvente. Estou convencida de que o caminho certo é buscar uma estação onde eu possa colocar minhas pessoas recortadas contra o tempo & o mar – mas Deus, que dificuldade para escavar ali, com convicção. Ontem eu tinha convicção; hoje ela se foi. Apesar disso escrevi 66 páginas

O negócio desagradável era que ela tinha perdido seu pé de meia – estima-se que £50.000, na América. Agora só oferece chás da tarde

no mês passado. Ontem Sybil veio aqui; & eu lhe disse que ela era como uma ave segurando nas garras um camundongo fedorento – & que o camundongo era a vida. Ela concordou. Disse que precisava resolver um negócio desagradável; que iria a Paris esta manhã; & me contaria tudo depois. Então soltou sua cota de queixas, cheia de reservas; como tinha amadurecido tarde demais, & só agora começava a enxergar o que de fato desejava. Entendo que é intimidade, simplicidade & amizade o que ela deseja; mas é um pouco tarde na vida para exigi-los; & como ela poderia obtê-los agora, quando além disso precisa de £20.000 por ano? De modo que Arthur não tem como se aposentar; eles precisam ficar aqui durante todo o inverno; ela não pode, no momento, dominar sua vida; & não se trata de nenhum camundongo morto, no fim das contas; & sim de esquivas. Ela tinha círculos em torno dos olhos, os lábios contraídos – eu a vi, de repente, muito velha. Seus olhos eram muito trágicos.

E hoje Stephen Tennant vem para o chá. & Arthur Waley. No domingo fomos a Rodmell; & as paredes do meu quarto agora já têm um metro de altura, & esquadrias nas janelas; uma coisa horrorosa, porque tapa o teto da garagem & as colinas – duas visões mais agradáveis do que eu havia imaginado. Abriram um pequeno buraco no quartinho, para servir de passagem; de forma que a esta altura, sem dúvida, isso está em andamento. & as coisas caem & sobem & desaparecem & reaparecem. E agora a maior parte da minha alegria transformou-se em raiva porque deixei passar batido a liquidação de móveis da Southease, & poderia ter decorado perfeitamente meu quarto com £20, eu diria. Assim é a vida de uma pessoa – sim, tal: (uma frase conveniente); E sou convidada diariamente para palestrar; & a liberdade de L. está cada vez mais próxima.

Wright herdará [*a revista*], & está tomando suas providências.[82] Digo a todo momento, "Vamos poder fazer tal & tal quando você deixar a *Nation*". Contudo, veja bem, com fogões a óleo & Annie, batalho pela minha liberdade. 1 de jan. é o dia. Tivemos a *Nation* por quase sete anos, porém sem transformá-la em nossa carne & osso, como um dia achei que seria possível. Um jornal tépido; que não é nem isso nem aquilo; com o entrave eterno de Hubert & Harold, Hubert gentil & incompetente, Harold competente, mas para mim pura madeira, maçã vermelha, serragem, plausibilidade, respeitabilidade, hesitação & concessões.

Domingo,
17 de novembro

Uma data horrível. Sim, estou me sentindo um pouco mal, um pouco trêmula; não consigo me concentrar em nada, estou falando coisas desconexas; tento ler Mauron – escrever – & meus lábios começam a formar palavras; começo a murmurar longas conversas entre eu & Vita a respeito de Dotty ao telefone; a respeito de Miss Matheson: enceno trechos: pego-me falando em voz alta; repito coisas sem parar como esta: "Quero saber se depois do que aconteceu outro dia de manhã você quer pedir demissão?... Bem, então, já que você não responde, receio que eu é que tenha de lhe dar a demissão... Mas quero explicar exatamente por quê. Depois que você me disse para sair do seu quarto conversei com Mr. Woolf & disse que eu não poderia mais continuar tendo você como criada. Mas não foi uma decisão apressada. Estou pensando sobre o assunto desde junho. Tentei evitar pedir o jantar para que não tivéssemos mais cenas. Mas as cenas em Rodmell foram piores que nunca. E agora esta é a derradeira. Receio que não seja mais possível continuar assim. Hoje é 17 de nov. Espero sua partida em 17 dez." Sim, é isso o que eu preciso dizer a Nelly às 9h30 amanhã,

& depois ir até Mrs. Hunt [*agência de empregadas domésticas*]. E quase tremo de expectativa & nervosismo enquanto escrevo. Mas é o que deve ser feito.

Segunda, 18 de novembro

Bem, resolvido, & muito melhor do que eu esperava – pelo menos por enquanto. À minha pergunta "Você quer pedir demissão?" ela respondeu "Já pedi demissão à senhora — ..." Houve uma tentativa de discussão que eu cortei. "Então você quer ir embora no fim do seu mês – 12 dez." "Como recusamos [contratar] uma diarista para ajudá-la quando ela estava doente, sim." Porém isso não foi dito com convicção. Encerrei a questão olhando o calendário (que eu não conseguia enxergar, cega que estou) & depois saí, da maneira mais calma & categórica possível – isso significa, receio, que ela não tem mais intenção de ir embora em 12 dez. do que eu de tomar um navio para a Sibéria. Que seja. Minha cabeça parece uma gengiva depois que se arranca um dente. Estou tirando uma folga – lendo o velho Birrell, & espero que a poeira se assente agora por uma ou duas semanas. Estão colocando os azulejos de Horsham no meu teto, Percy escreveu para contar esta manhã; ou seja, meus quartos devem estar quase prontos. E agora tenho um quarto extra lá – o de Nelly – sim; & nenhuma criada naquela casa – graças a Deus – dois amigos de visita, um cedo, o outro tarde; nada mais de fofoca de Bloomsbury – nem de Lottie entrando & saindo; nem de, receio, chamar pessoas para o almoço & o chá & o jantar; nem de dores nas costas, tornozelos inchados, & rompantes emocionais & efusivos. E portanto, com o fogão a óleo, Annie, a saída da *Nation*, novos quartos novos criados, o ano novo promete ser bastante interessante – um grande avanço rumo à liberdade, que é o estado ideal da alma. Porém que não se pense que sofri ao extremo de servidão. Se tenho algo a agradecer a mim mesma é que, tão logo sinto uma corrente, eu a atiro longe: pensei em deixar Fitzroy; deixar Hogarth – deixar Hyde Park, eu estava prestes a dizer para concluir a frase & realmente acho que lutei para viver ao meu modo – não tão valentemente, eu diria, quanto Nessa, mas com tenacidade também & ousadia.

Segunda,
25 de novembro

Eu me limito a acrescentar preguiçosamente (não deveria estar corrigindo *Ao farol*?)[83] que a dificuldade com Nelly é evitar um pedido de desculpas. Ela fraquejou, & agora está em cima de nós atrás de um momento de fraqueza. Desejou a L. muitos anos de vida esta manhã. Procurou-me na sexta & perguntou por que eu não estava falando com ela. Tive certa dificuldade em ser rígida, fechar a cara & dizer que depois do seu comportamento & de suas acusações isso era impossível. Mrs. Hunt promete uma abundância de faxineiras permanentes, & portanto creio que os dados estão lançados. Não tenho dúvidas de que as dificuldades vão começar, de novo; mas não as velhas dificuldades intoleráveis, não, não, nunca mais. Falei no rádio; & despejei minha raiva quente como lava sobre Vita. Ela se fingiu de inocente – quer dizer, de não ter dito a H.[ilda] M.[attheson] que eu podia picotar meu Brummell.[84] Depois conversei sobre suas amigas, as amigas de Vita, & disse que ali, na mediocridade delas, estava o início da minha alienação. Não suporto quando dizem "As grandes amigas de Vita – Dottie, Hilda & Virginia". Detesto esse clima colegial de segunda categoria. Ela ficou em silêncio a maior parte do tempo, & disse simplesmente que eu estava certa. Harold tinha dito o mesmo. A única coisa a fazer é refrear a coisa. Ela não pode interromper o que já começou. Então, depressa para Rodmell, onde o telhado foi instalado & o assoalho de madeira instalado no piso. O quarto será o quarto maravilhoso & adorável que eu sempre desejei.

Sábado, 30 de novembro

Preencho esta página, de modo execrável, ao final de uma manhã de trabalho. Comecei a segunda parte das *As ondas* – não sei, não sei. Tenho a sensação de estar simplesmente acumulando anotações para um livro – se um dia enfrentarei a tarefa de escrevê-lo, Deus sabe. De uma posição superior, talvez eu seja capaz de amarrar tudo – em Rodmell, no meu novo quarto. Ler *Ao farol* não torna mais fácil escrever; tampouco essas últimas entrevistas iminentes com Nelly & as novas criadas. Tivemos uma festa – jantamos no Red Lion – ontem à noite; Julian & Rachel; Lyn, Hope, Plomr, Brian Howard, Nessa mais tarde. Gente demais, segundo Leonard. Não sei. B. Howard não me agrada; não me agrada sua decadência, seus olhos saltados, seu colete desabotoado & sua gravata atirada para o alto.[85] Quer subir degraus, disse Leonard. Plomer, por outro lado, estava bastante rechonchudo & vigoroso, ainda com o assassinato de Bayswater fresco na cabeça; cujos detalhes – como ele tinha limpado pedacinhos de miolos do carpete, ao que parece – não poderia contar.[86] A jovem judia foi atacada na cama às 4 da manhã de domingo passado pelo marido enlouquecido com uma navalha. Primeiro ele trancou a porta, de modo que ela a chutou & bateu em vão, recebendo golpes da navalha o tempo inteiro: por fim ela conseguiu escapar, com a cabeça pendurada por um naco de pele, & morreu no patamar da escada. Se William não estivesse fora naquele fim de semana, o chinês teria ido atrás dele; &, ele acha, o matado também. Mas ele não vai seguir essa linha, diz, como romancista; & as médiuns que apinham a casa, como o tipo mais vulgar de inseto & besouro, o enojam com seus parasitas. Elas invertem a situação, & ouvem a voz de Mrs. Frip – (não era esse seu nome) falando do outro lado; uma delas, muito gorda & de cabelo cacheado, disse, "E tudo isso aconteceu um milhão de anos atrás". É repulsivo, disse William. Os olhos dele – sua parte mais representativa – brilhavam & empanturravam-se. Dizem que Hope tornou-se católica romana às escondidas. Com certeza engordou demais – demais para uma mulher na meia-idade que tem cérebro, portanto desconfio que o boato seja verdade. Ela se colocou à sombra. É estranho ver a beleza – ela tinha algo de elegante & único – apagar-se, como a chama de uma vela. Julian, por exemplo, não era capaz de ver, acredito, que Hope um dia foi uma mulher jovem & atraente. Mas ela conservava o mesmo vigor metal. Já Lyn tem menos do que eu gostaria. Quando escreve suas resenhas, não há muito ali. E a "bondade" dela – cuida da casa & da irmã doente – tira-lhes qualquer agudeza. Se ela ganhasse £100, se resguardaria da doença, disse; porque estar doente significa não poder trabalhar; esta semana, nem ela nem a irmã ganharam um centavo. Com essas bases fica difícil construir um caráter muito robusto; ela é aflita & ansiosa.

Com certeza é verdade que se escrevemos alguma coisa, encerramos seu assunto.

Sábado, 30 de novembro

Ainda é sábado 30 de novembro, & fomos a Greenwich, depois de deixar Nessa & Duncan pintando as mesas de Dottie no barracão de Mr. James. Mr. James é um dos artesãos da Morris;[87] & tem uma oficina de azulejos perto do rio. Usa calças listradas & polainas

& fica acordado a noite inteira, regalando-se com xícaras de chá, enquanto queima os azulejos. De vez em quando tira um azulejo para testá-lo. Ele tem três fornos, o mais caro custa £300: & o túnel de Rotherhithe fica ali ao lado.[88] Leonard & eu caminhamos por baixo do rio (eu pensando na pressão das águas cinzentas ao redor do túnel; & na sublimidade absurda dos meninos de recados & babás caminhando em terra firme por baixo do rio) & chegamos em Greenwich; & andamos no calçadão onde há um ou dois anos caminhei irritadíssima. Um homem de malha estava sentado sob uma cobertura de vidro. Que estranho – ficar ali sentado, sem fazer nada! E vimos o hospital, amarelo & rosado; depois choveu, & voltamos, conversamos com Mr. James sobre seus azulejos & depois voltamos de carro pelo East End até a garagem. Comprei duas brevidades por um centavo; & voltamos para casa. Duncan começou a me contar a história dos artistas de Londres; & como Roger é tão odiado pelos críticos que estes não querem nem saber dos artistas de Londres. Isso foi dito para explicar por que Keith Baynes não vende. Portanto Nessa vai oferecer um chá amanhã para discutir a questão com Porter & Keith Baynes. E por isso, comprou alguns bolos. E Angus irá até lá para o jantar. Ou seja, eu não vou, graças a Deus.[89]

Domingo,
8 de dezembro

Deus meu; segunda passada, como L. aconselhou, perguntei a Nelly se ela gostaria de ir: ao que (como eu previa) ela disse sensatamente que não; & propôs soluções; chegamos, não emocionalmente, & sim um tanto exauridos & da minha parte desiludidos, com um acordo: tentar Mansfield por um mês – (aqui entra L. para perguntar sobre mudanças – isto é uma 2ª privada & uma nova pia, que foi instalada – mas que ventania) ~~nós então~~ se a experiência for insatisfatória, vamos nos separar sem mais discussões para sempre.[90]

Acabamos de voltar de Rodmell. O telhado está instalado; os pisos prontos; as janelas colocadas; oferecendo, ao que parece, vastas vistas panorâmicas dos campos inundados; mas só havia uma piscadela de luz mesmo ao meio-dia; fomos engolfados pela chuva em turbilhão; que aumentou até uma tal tempestade na sexta-feira como eu nunca, acho, vi igual. Rodopiava & rodopiava; & os trovões estouravam na ventania; & havia grandes raios em ziguezague; & granizo tamborilando o teto de ferro em frente ao meu quarto; & tal barulho enfurecido que era impossível dormir. Então à uma fui até o quarto de L. & olhei pelas janelas iluminadas para a cidade; & pensei, com um pouco de medo na verdade, em como seria estar lá fora sozinha naquele momento. E se a árvore caísse, ou as telhas fossem arrancadas? Não estávamos abrigados com grande segurança, ali sob nosso teto de ardósia; mas era melhor do que estar no mar. Os sonhos foram soprados para todos os lados, alongados, distorcidos, naquela noite. Uma árvore caiu no cemitério da igreja. Árvores caídas ao longo de todo o caminho hoje. Uma sensação estranha de comunidade foi trazida pela tempestade. Um homem morreu em Chaley dormindo em um barracão; uma mulher em Eastbourne; um garoto em Worthing. Apesar disso, a cabeça estava muito quieta & feliz. Li, li & li, & terminei, ouso dizer, uma pilha de um metro de espessura de manuscritos, lidos com atenção; boa parte limítrofe, precisando portanto de considerações. Agora, com essa carga despachada, estou livre para ler os elisabetanos – os escritores pouco conhecidos, de quem, ignorante que sou, nunca ouvi falar, [George] Puttenham, [William] Webb[e], [Gabriel] Harvey.[91] Essa ideia me enche de alegria – sem exageros. Começar a ler com uma caneta na mão, descobrindo, tomando posse, pensando em teorias, quando o terreno é novo, continua sendo uma das minhas grandes emoções. Ah mas L. vai escolher as maçãs, & esse barulhinho me incomoda; não consigo lembrar do que eu ia dizer.

Então parei de escrever, mas isso não causou grande mal; & fiz uma lista de poetas elisabetanos.

E, com grande felicidade, recusei escrever sobre Rhoda Broughton & Ouida para de la Mare. Essa linha, tão popular, basta ver Jane & Geraldine, logo se esgota em mim. Quero escrever crítica. Sim, & talvez se possa discernir uma ou outra figura obscura. Foi pelos prosistas elisabetanos que me apaixonei primeiro & mais intensamente, instigada por Hakluyt, que papai trouxe para mim – penso nisso com certo sentimento – papai indo até a Biblioteca com sua filhinha em HPG [Hyde Park Gate] na cabeça. Ele devia ter 65 anos; eu 15 ou 16 na época; & o motivo eu não sei, mas fiquei enlevada, apesar de não exatamente interessada; a visão das grandes páginas amarelas me enfeitiçou. Eu costumava ler o livro & sonhar com aqueles aventureiros obscuros, & sem dúvida praticava seu estilo em meus cadernos de anotações. Estava então escrevendo um longo ensaio pitoresco sobre a religião cristã, acho; chamado Religio Laici, acredito, provando que o homem precisa de um Deus; mas descrevia o Deus como em processo de mudança; & também escrevi uma história das Mulheres; & a história da minha própria família – tudo de estilo muito prolixo & elisabetano.[92]

Terça,
10 de dezembro

Um péssimo dia ontem, porque Vita veio almoçar aqui, o que odeio, & perdi uma das minhas luvas verdes de couro. Tomamos chá com a mãe de Leonard, que, num quarto novo, deixou-nos boquiabertos com seu acidente. O hotel foi atingido por um raio na sexta-feira; uma chaminé caiu; o quarto dela se encheu de fuligem & faíscas – & ali estava ela, dramatizando tudo, tremendo, chocada, porém animada & no fundo satisfeita de ser novamente o centro de uma catástrofe. Como sempre ela se comportou com a mais perfeita calma – "mas depois eu sinto tanto essas coisas", & quis dar quilos de tabaco para os operários encarregados de consertar o teto. "Que direito, pensei comigo mesma, nós temos de ficar aqui sentados assistindo aqueles coitados carregando tijolos? Ah a vida que eles levam – carregar tijolos até o teto no meio desse vendaval – enquanto eu fico aqui sentada (num quarto cor-de-rosa de hotel)." Essa é a sua imaginação fluida – quilos de tabaco, como disse Harold, não vão ajudar mto a dar jeito no sistema social.[93]

É, eu acho, prova da pressão da nossa vida o fato de eu não ter falado nada sobre nosso processo – ou falei? contra o hotel, contra a banda de jazz. Nós, Rachel & William Plomer vamos ao tribunal na sexta. Por que os fatos são tão insuportavelmente tediosos? Não sinto vontade de escrevê-los. Gostei muito do escritório da Scadding & Bodkin;[94] & de jurar por Deus todo-poderoso; mas Rachel & Wm. gostaram ainda mais do que eu. É muito inesperado. Rachel irá contar a seus amigos a respeito – como eu mesma devia ter feito. Mas ter dias inteiros riscados da minha semana é algo que me entedia. Sinto que meu grande triunfo é conquistar uma noite em silêncio – para ler os elisabetanos. E Charlie Sanger está muito doente – eu o imagino deitado, exaurido; exaurido & sem mostrar grande felicidade por isso; como uma velha abotoadura de ouro – tão bom, tão genuíno; afetuoso; honrado; mas um homem frustrado & exaurido eu acho: sem nenhuma felicidade natural: uma consciência; & então Dora.

Quinta,
12 de dezembro

Bem, acabamos de voltar de Rodmell, & de uma conversa um tanto forçada com Mr. Philcox (minha mulher & eu fomos para a América – não gosto da América – você tem de pagar o café da manhã à parte – quarto duplo, 24 dólares). Vou anotar rapidamente minhas provas para amanhã à noite embora Pritchard diga que agora será adiado – porque o hotel não conseguiu nenhuma testemunha. O que vou dizer – (tem a máquina de bombear, claro) é o seguinte sobre o outono.

Voltamos no começo de outubro & a música estava muito alta. Meu marido escreveu para o secretário que escreveu de volta garantindo que todas as providências seriam tomadas. Na noite seguinte a música estava tão alta que meu marido telefonou para o hotel; mas eles disseram que não havia nada que pudessem fazer. A música melhorou ligeiramente, & esperamos até o final de nov., quando ficou tão alta que não conseguíamos ficar na sala. A festa foi no dia 29: no 30 estava intolerável.

Com que facilidade me escapam os fatos!

Sábado,
14 de dezembro

Não, estou cansada demais para escrever; estive sob pressão, com toda a história do processo &c; tive uma dor de dente: & assim aqui fico passiva, esperando que algumas gotas se formem em meu pensamento. Falando nisso, as vendas de *Um quarto* são sem precedentes – bateram as de *Orlando*; parecem uma linha correndo depressa entre os dedos; pedidos de 100 exemplares são recebidos com a mesma tranquilidade com que antes recebíamos os de 12. Vendemos, acho, 5.500; & nossa renda para os próximos anos está garantida.

Tivesse eu me casado com Lytton, nunca teria escrito nada. Foi o que pensei na outra noite durante o jantar. Ele controla & inibe de maneira muito estranha. L. pode ser severo; mas estimula. Qualquer coisa é possível com ele. Lytton estava ameno & úmido, como uma folha de outono molhada. Solitário; & envelhecido, portanto aparentemente troca opiniões com Clive. Nosso caso foi adiado para a próxima quinta-feira, & provavelmente será decidido no meio-tempo – algum acerto deve ser feito. Ontem chumbaram algumas janelas – a lei teve esse efeito instantâneo. A lei tinha cores tristes, imponentes. Vimos Mr. Preston às 10h; ele estava vestindo uma beca preta com franjas brancas sujas; um homem confiante de cabelo louro-escuro, educado. Que camarada belicoso o senhor é! Ouvi outro K.C.[95] lhe dizer na corte. Uma atmosfera máscula admirável – menininhos que adquiriram responsabilidade, pareciam todos; tão aquilinos & definidos embaixo de suas perucas grisalhas encrespadas. Então entrou o Juiz (Farewell). Levantamos. Ele fez uma reverência. Parecia sobrenaturalmente sábio, digno, triste; a peruca mais uma vez cortava sua testa & acentuava os olhos profundos & reflexivos – um rosto encovado, inexpressivo, exausto; tão intenso que era monossilábico – não podia se dar ao luxo de abrir a boca desnecessariamente; apenas assentia. Tudo terminou em 10 minutos eu calculo. Senti a tensão no ar; aquele homem sentado ali, intenso, sob seu dossel no pequeno tribunal apinhado, sem dizer palavra, até as 4 da tarde.[96]

Domingo, 15 de dezembro

Dente melhor, mas minha cabeça não está o que chamo de vigorosa; & sim ociosa, desconcentrada – muita coisa acontecendo em Tavistock Square nos últimos dias. Ontem à noite fomos assistir *The Calendar* (de Edgar Wallace) com Ann; ouvimos vivas, & vimos uma grandiosa Rainha dourada fazendo uma mesura num pequenino camarote com janela saliente. E, quando as luzes se acenderam, o Rei, vermelho, rabugento, sem saber o que fazer com as mãos; bem-arrumado, fingido; de aparência corpulenta, com uma flor branca na lapela, ressentido da necessidade, talvez, de se deixar olhar por todos entre um dos atos – seu dever; mas ao mesmo tempo nada feliz com os comentariozinhos lançados a ele, para minimizar seu trabalho, pela Rainha. Certa vez a Duquesa de York foi sentar-se com a Rainha; uma moça simples, falante, doce, de rosto pequeno & redondo[97] vestida de cor-de-rosa: mas seu pulso cintilava com o brilho de diamantes, seu vestido estava preso ao ombro com diamantes. A Rainha também parecia uma rua acesa cheia de diamantes. Uma sensação estranha me veio, de uma vitrine de loja decorada para o público: esses são nossos objetos em exposição, nossas peças. Não eram lá muito impressionantes – nada de romance nem de mistério –, os nossos melhores bens. E no entanto ele desce, eu diria, de Hengist; vem diretamente, aquele homem de aparência rabugenta corpulenta fingida, de Elizabeth & dos outros;[98] seu rosto ficará para sempre marcado na nossa história. Ele tirou óculos de um estojo vermelho-vivo. Pensei (como é meu costume) em diversos comentários para anotar. Um deles permanece. Se eu estivesse lendo este diário, se este fosse um livro que caísse em minhas mãos, acho que eu me lançaria cheia de voracidade sobre o retrato de Nelly, & escreveria um conto – faria talvez um conto inteiro girar em torno disso – seria divertido. Sua personalidade – nossos esforços de nos livrarmos dela – nossas reconciliações.

Rodmell.
Dia seguinte ao Natal

E eu estou sentada em meu novo quarto – no quarto de dormir, não na saleta; com cortinas lareira mesa; & duas vistas grandiosas; às vezes sol sobre os riachos & tempestade sobre a igreja. Um Natal violento; um 26 de dezembro brilhante, sereno; & ambos muito felizes – completamente, não fosse pelo maldito Byng-Stamper & seu poder de vender a colina para ser explorada por um consórcio. Que a intenção dele é essa, foi Percy quem disse; estou agitada para protestar; de fato, preciso escrever para Ottoline & perguntar o nome do homenzinho que protege as colinas. Este lugar está sempre sendo colocado em risco & salvo; portanto talvez isso aconteça de novo. Cortar árvores & destruir colinas são minhas duas injustiças – o que os armênios eram para Mrs. Cole.[99] Considero isso quase inacreditavelmente tranquilizador – quinze dias a sós – algo quase impossível de se permitir a alguém. Temos esmagado as visitas de modo implacável – Morgan, Roger, Adrian. Desta única vez ficaremos sozinhos, dizemos; & realmente, parece possível. Depois Annie me parece bastante simpática; meu pão assa bem. Tudo é muito arrebatador, simples, rápido, eficiente – salvo a minha falta de jeito com *As ondas*. Escrevo duas páginas de flagrantes absurdos, depois de muitos esforços; escrevo variações de cada frase; meios-termos; tiros ruins; possibilidades; até que meu caderno de rascunho mais pareça o sonho de um lunático. Então apelo para uma inspiração na releitura; & com o lápis dou algum sentido a tudo. Ainda assim não estou satisfeita. Acho que falta alguma coisa. Nada sacrifico pelo bom gosto. Pressiono meu centro. Pouco me importa se acabar tudo riscado. E existe algo ali. Estou inclinada agora a tentar lances violentos – em Londres – nos diálogos – abrindo caminho inclemente – & então, se nada vier daí – não importa, terei examiado as possibilidades. Mas gostaria de sentir mais prazer. Minha cabeça não fica o dia inteiro pensando nele como com *Ao farol* ou *Orlando*.

Antes de eu sair Clive apareceu para o chá; ficou aqui sozinho por uma ou duas horas. Perguntou se eu sabia que ele havia resenhado *Um quarto*. Respondi que não. Ele foi meio áspero; disse que as piadas eram de palestrante. "Garotas se acerquem" – esse tipo de coisa em excesso – ideiazinhas – nada em comparação com *Orlando*. E então, inconsistentemente, elogiou *O.* acima de *F.*[*arol*], indo contra tudo o que ele disse na época. Mas sua crítica está fundamentada na teoria de que eu sou incapaz de sentir o sexo: a luz púrpura está apagada em mim; & *portanto* precisei escrever *Orlandos*, não *Faróis*. Eu diria que existe certa verdade nisso – principalmente quando ele diz que meus solilóquios, minhas linhas de pensamento, são melhores que meus perfis. Mas, como de costume, seu machado precisa de afiação: que o Amor é o bastante – ou que, se o amor fracassa, afundamos para sempre. Pois falamos de Mary, claro; & mais uma vez ele protestou que ninguém poderia ter agido diferente dele – & depois vagamente ameaçou uma aliança, na França, com sua amada – ou com a mulher que ama. Mas ama mesmo? Irá levá-lo ao Egito? Tudo estremece agora sobre certo ar de irrealidade. Tudo foi deslocado por Mary; não restou nenhum fundamento. E sempre sinto, quanta alegria, quanta procura, conversa & farra existe em você! Há quanto tempo nos conhecemos – mas o vulto de Thoby assoma por detrás – esse estranho fantasma. Penso na morte às vezes como o fim de uma excursão em que embarquei quando ele morreu. Como se eu fosse entrar & dizer, aí está você. E, no entanto, ele não me é familiar agora, talvez. Aquelas cartas que Clive leu fizeram com que ele parecesse estranho & exterior.[100]

Mas um cão está latindo, & minha lamparina falha – mesmo no meu quarto perfeito. Então agora é ir até Leonard, ler os elisabetanos & colocar nossa travessa de vidro no fogo.

28 de dezembro Bernard Shaw disse na outra noite nos Keynes – & aliás os Keynes acabaram de arruinar minha quinzena de perfeito silêncio, chegando aqui no seu Rolls-Royce – & L. os fez ficarem, & está meio que inclinado a achar que sou absurda por não querer isso – mas enfim no momento a pedra no sapato dele é Clive – Bernard Shaw me disse, nunca escrevi nada a não ser poesia. Um homem escreveu um livro mostrando como ao se alterar uma ou duas palavras um ato inteiro de D[octors] Dillemma fica rítmico. A verdade é que meu ritmo é tão marcante que quando tive de copiar uma página de Wells outro dia, no meio da minha própria escrita, minha caneta não conseguia fazê-lo. Eu queria escrever em meu próprio ritmo – mas não sabia até aquele momento que eu era dono de um ritmo tão marcante. *Heartbreak House* é minha melhor peça. Eu a escrevi depois de passar alguns dias com a senhora nos Webb em Sussex – talvez a senhora a tenha inspirado. E Lydia está transformando a Lady na Rainha Vitória. Não nunca vi Stevenson – Mrs. Stevenson achou que eu estivesse resfriado.[101]

O senhor escreve em irlandês Mr. Shaw. Como Mr. Moore. Moore é um homem estranho – um talento minúsculo cultivado com a máxima paciência. Costumávamos rir dele nos velhos tempos. Ele era nossa piada. Estava sempre nos contando coisas sobre si mesmo & uma dama – uma grande dama – que vivia atirando coisas na sua cabeça & errando por pouco – & ele dizia "Espere, espere, aí vem uma boa passagem". Ninguém tinha um temperamento melhor. Mas ele era nosso pateta. Então um belo dia Zola me disse Descobri quem é o seu grande romancista inglês! E quem é, eu perguntei. Ele se chama George Moore. E eu caí na gargalhada, não o nosso Georgezinho Moore, com suas histórias sobre si? Mas era ele mesmo. Uma lição, a senhora veja, para não ser rápido demais ao julgar seus amigos.

Mas todas as histórias dele são autobiográficas, eu disse.

Sim, são todas sobre George Moore & a dama que vivia atirando coisas na sua cabeça. ——está escrevendo a biografia de Moore & me pediu para contar a história da sua juventude. Estou reunindo meus escritos. Descobri que escrevi um milhão de palavras sobre teatro. Sei lá o que fazer com isso. Minha mulher quer que eu deixe tudo de fora. Mas eu acho que oferece um curioso retrato de época. Sinto vergonha quando penso como podia escrever tão mal. A coletânea se limitará a 21 volumes, que serão vendidos em diferentes tipos de edição na América – algumas de couro bastante caras – outras bastante baratas – distribuídas por todo o país por ambulantes. Não sou um homem modesto, mas até mesmo eu corei ante as coisas que tive de escrever para meus editores. Essencial para qualquer lar & blá blá blá. Eu diria que de doze pessoas sempre haverá 3 mulheres tão inteligentes quanto os homens. O que eu sempre lhes digo é para irem atrás dos órgãos de governo – não liguem para voto. Insistam na representação. Agora as mulheres são muito mais entusiasmadas com negócios do que os homens. Elas fazem o que tem de ser feito. Os homens ficam fofocando pelos clubes. Ah mas o senhor fez por nós muito mais que qualquer outro, Mr. Shaw. Minha geração, & a de Francis Birrell (que estava sentado ali atrás) pode ser ótima, mas somos diferentes graças ao senhor.

Mais felizes, disse Francis.

Então Lydia chegou & interrompeu, com Mrs. Shaw.

1930

Sábado, 4 de janeiro

É o ano novo, mas vou continuar escrevendo neste livro – por economia. Estou de folga; o tempo está bom; & sou tão presa da rotina que descubro ser mais fácil do que nunca sair para caminhar depois do almoço. Longe de não fazer nada, minha intenção é escrever algumas cartas, & estive analisando os primeiros escritos de Miss Easedale.[1]

Ocorreu-me a ideia de que poderíamos viver aqui de abril em diante. E simplesmente por causa dessa ideia, a paisagem da minha janela já parece diferente. Torna-se [palavra ininteligível], algo de um longo tempo sem ênfase; até então eu sempre a vira como um interlúdio; um espaço de respiro. Noto, para aquele Retrato de Nelly que eu deveria escrever, se estivesse editando essas páginas, que sua carta para mim começou com Cara Madame – o que suponho, como dizia Carlyle, ser "bastante significativo".

Mas isso são meras anotações; que por algum motivo sinto tédio de ampliar. Vita veio aqui ontem com um tanque de vidro verde com flores japonesas que se expandem na água. Aqui a minha mente se expandiria assim – a chegada dos Keynes a fez se retrair.[2] E desperdiçamos nosso belo dia, que devíamos ter passado em Rye, conversando no quarto horroroso deles. Mas não estou dizendo que *eles* são horrorosos: isso seria uma blasfêmia. Essa perpétua difamação da natureza humana & adoração da solidão é suspeita. Apenas que aqui estou presa a uma placa, como um inseto, por mais três meses; & passo meu único dia bonito ressentida com a vida social. Hoje jantamos em Charleston & amanhã volto para casa, para a máquina de bombear, para a música de baile; para Braithewaite, Goldie, Ottoline, Sprott &c – para "ver" & "ser vista". Um pouco de música no entanto eu vou gostar – a ópera – disso eu vou gostar. E agora preciso responder cartas & começar Londres de alguma maneira livre delas.

9 de janeiro[3] Anoto simplesmente que tentarei passar a semana que vem absolutamente sem "ver pessoas", suspendendo o jantar nos Bogy Harris para encontrar o Primeiro-Ministro, & ir à festa de Angelica. Verei se consigo manter 7 dias longe das garras das visitas. Tomei providências para liquidar todas elas esta semana, & arrastei-me fiel & diligentemente: Braithewait & Miss Matthews, Dottie, Ottoline, Goldie, Sprot, Quentin, Miss Matheson & Plomer ontem à noite & Eddy no chá hoje, Vita amanhã, Quentin no sábado; & ninguém eu juro no domingo.

12 de janeiro[4] Domingo chegou. E acabei de exclamar, Agora não consigo pensar em mais nada. Graças à minha pertinácia & diligência, mal consigo agora parar de escrever *As ondas*. Essa constatação me veio intensamente mais ou menos uma semana atrás quando eu começava a escrever a festa: agora sinto que vou poder seguir a passos largos, depois de 6 meses abrindo caminho a facão, & terminar: mas sem a menor certeza de como alcançar alguma espécie de forma. Boa parte terá de ser descartada: o essencial é escrever rápido & não quebrar o clima – sem folgas, sem intervalos se possível, até que esteja pronto. Depois descansar. E então reescrever.

Quanto a ter uma semana livre – agora vou visitar a mãe de L.: depois ir aos Fry após o jantar. Marjorie Strachey para o chá amanhã: Duncan, acho, na terça; Vita na sexta; Angelica no sábado; Bogey Harris quarta: resta um dia inteiro – quinta-feira – & é o final da minha semana.

16 de janeiro[5] Uma página da vida real. Ontem à noite nos Bogey Harris. Entrei voando pela sala com meu casaco vermelho. Uma mulher muito pintada, desgastada, alta, cor-de-rosa (Mrs. Graham Murray [não identificada]); & os demais, num salão oval, com teto pintado & livros – "Horne me deu com o autógrafo de Ben Johnson – a primeira edição de Dante – Lady Londonderry irá se atrasar; mas não iremos esperar".[6] Eu me esqueci do primeiro-ministro – um homem desinteressante; olhos desapontadores; um tanto corpulento; classe média; nada de filho do povo; encovado; rabugento; presunçoso; de colete preto; certa mediocridade de caráter. Chegou Lady L. bastante atrasada; num vestido de veludo cor de rubi, com decote até o meio das costas, baixinha, agitada, rápida, atual, energizada. Todos seguiram para o jantar, & como eu estava cega demais para ler Sir Robert Vansittart no cartão, tive de sair atabalhoadamente à procura do meu vizinho. Não importa. Eles chamavam-se uns aos outros de Van, Bogey, Ramsay, Eddie, à mesa; todos ocupados em governar a Inglaterra: uma antiga tigela de madeira, selecionada por Roger, atraiu Ramsay por dois minutos, um tanto intensamente à vista de todos; apanhou-a; olhou-a, pousando seu estojo de óculos pardo puído sobre a mesa; disse que nunca havia assinado nenhuma autorização para a venda daquela tigela para a América;[7] depois se lançou num *tête-à-tête* com as damas – murmurando, silenciosamente. Então ao primeiro andar, com L[ad]y L. seguindo à frente, abrindo portas, conduzindo-nos a saletas para olharmos Majólicas, altares. Depois, ao redor da lareira, ela começou a falar, fluente, agradável, precisa, como um cavaleiro ou um capitão, sem um grama de carne a mais, contando histórias – de velhos que sofreram cirurgias & depois perderam o juízo – deixaram seu dinheiro uma bagunça – o próprio pai dela ficou maluco por dois anos – Farquhar confundiu os assentamentos de Fife com os fundos do Partido Liberal[8] – todos eles indiscretos, abertos, aparentemente; a fala de uma mulher perfeitamente equipada, lógica, bem alimentada & atlética, que salta cada obstáculo com seu cavalo. Conversamos sobre Controle de Natalidade. "Caro Eddie, você não me deixará convencê-lo. Mas quando vir seus mineiros, com todos aqueles terríveis filhos ilegítimos..."

Oito num quarto. Uma cama. O que se pode esperar? Vêm falar diretamente comigo, os antiquados. Não há mais nada que possam fazer. O que você faria? O que deveríamos fazer, se vivêssemos assim? Mas não somos animais. Podemos nos controlar. Detesto a Lei Seca por este motivo.

Virou-se, energeticamente, confiante, para os Webb (a mulher pulou ao meu lado como uma cobra), "Nossa classe & a sua nunca poderão se entender. Que diferença faz? Mas essas pessoas inteligentes! Yeats & Lady Gregory num comitê são inúteis – mas ambos pessoas muito inteligentes. Não podem fazer nada".[9]

L[ad]y L. pode fazer o que ela quiser. Parecia um quadro do primeiro período vitoriano – um Lawrence, achei; um rosto pequeninho bem-talhado magro & pálido; saudável; sem maquiagem; muito rosada, com pérolas enroladas nos pulsos. As outras mulheres espalhafatosas, como amendoeiras arruinadas. As saletas arrumadas com estojos, baús, quadros, objetos. "Jamais dou mais de £10: vou à caça em brechós."

Bogy tem o olhar empanzinado & vidrado de um solteiro bem-alimentado. É evidentemente um desses homens idosos em situação confortável de bom gosto & tempo livre que faz da alta sociedade sua profissão; um esnobe perfeitamente instintivo. Conhece todo mundo; almoça com lorde Lascelles; tirou a medida exata de tudo; não tem nada a dizer; proficiente; intratável; hábil; um tipo desinteressante, com toda a sua conversa de lordes & ladies, sua crença em mansões antigas; uma aparência meio empanturrada, que os *connoisseurs* têm; como se sempre tivesse acabado de abocanhar uma barganha. Há algo de sufocante & organizado demais naquela casa; uma pletora de altares. Ele caminha devagar por aí, empanturrado, sem nada a buscar, a não ser em brechós; na crista (suponho) de seu mundo. Suponho que para a cabeça de alguém esse centro – um altar – não seja bom; demasiado imóvel & passível de aquisição. Ele jamais deseja algo inalcançável, eu diria; assim ajeitou seu ninho. Para Roger ele tem "estilo"; Roger que parece um catador acabado & convive com latas de sardinha & linóleo; sim, mas a casa de Roger parece viva, existe uma mão viva ali, manipulada, esticada. Por que as pessoas interessantes jamais se instalam entre (belos) objetos & (desejáveis) Duquesas? Tentei, sentando num sofá de valor inestimável, comprado em Whitechapel por £10 (nunca dou mais), analisar minhas sensações. Ramsay era atirado entre eles como um peixe entre cormorões. Tive a impressão de que não consideravam aquela aquisição grande coisa, mas a encararam como outra tarefa do dia. Ly L. ficou com ele a sós em uma sala escurecida por uma hora. Quando isso falhou, entregou suas requisições por escrito para ele.

Angelica disse durante a pantomima, enquanto assistíamos à mulher coberta de lantejoulas dançar, "nunca vou conseguir dançar assim mas talvez eu consiga pintar como ela dança".[10]

Domingo,
26 de janeiro

Fiz 48 anos: estávamos em Rodmell – de novo um dia chuvoso, com vento; mas no meu aniversário andamos entre as colinas, como as asas dobradas de pássaros cinzentos; & vimos primeiro uma raposa, muito comprida com a cauda peluda esticada; depois uma segunda, que estivera latindo, porque o sol estava quente sobre nós; ela saltou ligeira sobre uma cerca & entrou no tojo – uma visão bastante rara. Quantas raposas existem na Inglaterra? À noite li a biografia de lorde Chaplin. Ainda não consigo escrever naturalmente no meu novo quarto, porque a mesa não tem a altura certa, & preciso me inclinar para aquecer as mãos. Tudo precisa ser absolutamente idêntico ao que estou acostumada.

Esqueci de dizer que quando fizemos a contabilidade de nosso semestre, descobrimos que ganhei £3.020 no ano passado – o salário de um funcionário público: uma surpresa para mim, que por tantos anos me satisfiz com £200. Mas isso vai cair drasticamente eu acho. *As ondas* não devem vender mais que 2.000 exemplares. Estou presa naquele livro – quer dizer, colada a ele, como uma mosca num papel gomado. Às vezes me desconecto; mas sigo em frente; depois de novo sinto que finalmente, graças a medidas violentas – parecidas com invadir o tojo – pus as mãos em algo essencial. Talvez agora eu consiga dizer algo de forma direta; & extensa; & não precise estar constantemente moldando uma frase para dar ao meu livro a forma exata. Mas como juntar tudo, como adubá-lo – pressioná-lo numa coisa só – eu não sei; tampouco consigo adivinhar o final – talvez seja um gigantesco diálogo. Os interlúdios são dificílimos, mas creio que essenciais; para que sirvam de ponte & também de pano de fundo – o sol; a natureza insensível – não sei. Mas eu acho, quando sinto essa clareza

Vendeu cerca de 6.500 até hoje, 31 out 1931 – depois de 3 semanas. Mas agora deve parar imagino repentina, que é a direção certa: enfim, nenhuma outra forma de ficção sugere a si mesma a não ser como repetição no instante. Lorde Buckmaster sentou-se ao meu lado. Eu estava conversando com Desmond sobre Irene. De repente Ethel disse, debruçando-se:

Mas o senhor chegou a conhecer lorde Tennyson? & minha noite se arruinou. Típico dessas festas.[11]

Segunda,
10 de fevereiro

Charlie Sanger morreu ontem, aquele dia lindo & frio em que voltamos para cá.[12] Minha tristeza vem em rajadas. Eu me arrependo de não termos jantado lá. Vou sentir saudades de algo peculiar – leal, desgastado, romântico; inundado de afeição. Ele nos conhecia na época em que Thoby morreu; sempre apertava minha mão com simpatia, estimulante, cintilante, élfico; muito compreensivo, muito sério, da maneira certa. Tinha uma visão severa, eu acho; achava a vida difícil; & previa a mesma dificuldade para os outros. Sim; tenho um sentimento peculiar por ele – é possível dizer algo mais? E é esta a tristeza que sinto por ele – saber que nunca mais terei isso. (Não consigo analisar – estou com uma ligeira febre, & dividida entre matutar se é uma gripe & se devo contar a Leonard, que acabou de ter uma – adiar Ethel Smyth, & Nessa – ir para a cama – o que será o mais sensato a fazer?[13]

Domingo,
16 de fevereiro

Deitada no sofá por uma semana. Hoje consegui sentar, no estado costumeiro de animação desigual. Abaixo do normal, com o desejo espasmódico de escrever & depois cochilar. É um dia bonito & frio & se minha energia & senso de dever persistirem, irei até Hampstead. Mas duvido que consiga escrever algo que sirva a alguma coisa. Uma nuvem nada em minha cabeça. Fica-se consciente demais do corpo & longe da rotina da vida para conseguir retornar à ficção. Uma ou duas vezes senti o zumbido de asas na cabeça, que tantas vezes chega quando estou doente – nesta época no ano passado por exemplo, eu estava de cama planejando *Um quarto só seu* (que dois dias atrás vendeu 10.000). Se eu pudesse ficar de cama por mais quinze dias (mas não existe a menor chance disso) creio que conseguiria enxergar o todo de *As ondas*. Ou, claro, partiria para algo completamente diferente. Por ora estou meio inclinada a insistir numa visita rápida a Cassis; mas talvez isso precise de mais determinação do que possuo; & acabaremos definhando por aqui mesmo. Pinker está andando pelo quarto procurando um trecho iluminado – um sinal da primavera. Acredito que no meu caso essas doenças – como explicar? – são em parte místicas. Algo acontece na minha consciência. Ela se recusa a continuar registrando impressões. Fecha-se em si mesma. Torna-se uma crisálida. Fico prostrada um tanto entorpecida, frequentemente com dores físicas intensas – como no ano passado; neste só desconforto. Então subitamente alguma coisa emerge. Duas noites atrás, Vita esteve aqui; & depois que ela se foi, comecei a sentir a qualidade da noite – que a primavera estava próxima: uma luz prateada; misturada à das primeiras lâmpadas acesas; os táxis disparando pelas ruas; tive uma tremenda sensação de que a vida começava, misturada com a emoção que é a essência do meu sentimento, mas escapa às descrições – (não paro de criar a cena de Hampton Court em *As ondas* – Deus, como estou em dúvida se deixo este livro de lado! Por enquanto é um entulho de fragmentos). Bem, como eu ia dizendo, no meio dessas longas pausas (pois minha cabeça está zonza, & escrevo mais para me estabilizar do que para fazer alguma afirmação correta), senti a primavera começando, & a vida de Vita tão fértil & farta, & todas as portas se abrindo; & isso eu acredito é a mariposa batendo as asas sobre mim. Então começo a criar minha história, seja lá qual for; as ideias me inundam; com frequência antes que eu possa controlar minha mente ou a caneta. Não adianta tentar escrever nesse estágio. E duvido que consiga preencher esse monstro branco. Gostaria de deitar & dormir, mas sinto vergonha. Leonard se recuperou da gripe em um dia & foi cuidar da vida apesar de sentir-se doente. E aqui estou eu vagabundeando, ainda sem me vestir, sendo que Elly vem amanhã. Mas como eu ia dizendo, minha consciência trabalha na ociosidade. Não fazer nada é muitas vezes o caminho mais vantajoso para mim. Estou lendo Byron: Maurois: o que me remete a Childe Harold; me faz especular.[14] Que mistura estranha: o mais fraco & sentimental de Mrs. Hemans combinado com um vigor cru & incisivo. Como se combinaram? E às vezes as descrições em C.H. são "lindas"; como as de um grande poeta.

Aqui estão os três elementos de Byron:

1 A romântica dama Morena cantando & tocando canções ao violão.
"Tambourgi! Tambourgi! thy 'larum afar
Giver hope to the valiant, & promise of war;
Oh! who is more brave than a dark Suliote,
In his snowy camese & his shaggy Capote"
– algo fabricado: uma pose; tolice.

2 Então vem essa retórica vigorosa, como sua prosa, & tão bom quanto prosa.
Hereditary Bondsmen! Know ye not
Who would be free *themselves* must strike the blow?
By their right arms the conquest must be wrought?
Will Gaul or Muscovite redress ye? No!...

3 Então o que me soa como mais verdadeiro, & é quase poesia.

(tudo do Canto II de CH.)
> Dear Nature is the kindest mother still!
> Though always changing, in her aspect mild;
> From her bare bosom let me take my fill,
> Her never-weaned, though not her favoured child.

...

> To me by day or night she never smiled,
> Though I have marked her when none other hath,
> And sought her more & more, & loved her best
>   in wrath.

4 E então há também é claro a pura sátira, como na descrição de um domingo

5 em Londres, & por fim (mas aí seriam mais de três) o tom inevitavelmente meio trágico meio genuíno, que vem na forma de refrão, sobre a morte & a perda dos amigos.

> All though could have of mine, Stern Death! thou
>   hast;
> The parent, Friend, & now the more than Friend:
> Ne'er yet for one thine arrows flew so fast,
> And grief with grief continuing still to blend,
> Hath snatched the little joy that life had yet to lend.

Esses trechos eu acredito que o condensam; & condensam boa parte do que é espúrio, vápido & ao mesmo tempo tão mutável, & que é por outro lado intenso & com maior amplitude do que outros poetas, tivesse ele conseguido ordenar o todo. Um romancista, ele poderia ter sido. É estranho contudo ler em suas cartas sua prosa um sentimento aparentemente genuíno em relação a Atenas: & compará-lo com a convenção que ele adotou no verso. (Existe certo desprezo em relação à Acrópole.) Mas esse desprezo pode ter sido mera pose também. Talvez a verdade seja que quando se está carregado de uma voltagem tão alta, não se consiga inserir nenhum sentimento humano ordinário; deve-se posar; fazer rapsódias; não incluir a si mesmo. Ele escreveu em *Inn Album* que tinha 100 anos de idade. E é verdade, se medirmos a vida pelo sentimento.

17 de fevereiro E essa febre aumentou; mas agora abaixou; & agora é 20 de fevereiro,[15] preciso fazer minha racionalidade andar a meio galope se eu puder. Talvez alguns esboços de personagem.[16]

Snow:
Ela veio num casaco de pele escuro; que ao ser retirado revelou que ela estava usando malha cinza comum com listras azul-claras. Seus olhos são do mesmo tom, mas ela tem uma aparência angustiada, faminta, como um gato que subiu numa chaminé & de lá olha para um cachorro. O rosto é pálido, & muito pequeno; ela preserva uma curiosa inocência que torna difícil acreditar que tenha 50 anos. Porém seu pescoço tem a pele bastante solta, & papadas que delatam a meia-idade. O olhar preservado parece indicar inexperiência; como se a vida a houvesse colocado num refrigerador. E conversamos – ela me trouxe um embrulho; era um livro de Ethel Smyth, com uma carta, que para encobrir o constrangimento que, supus, ela estaria sentindo, li em voz alta. Seu comentário foi, "A quantas milhas de distância isso tudo é de Cheltenham!" Então conversamos – mas o que ficou foi seu olhar faminto & angustiado & sua

atitude mental. Ela parecia dizer por dentro, "Tudo me escapou. Aí estão Vanessa & Virginia, com as vidas repletas de livros & maridos & exposições. Tenho cinquenta anos, & tudo me escapou pelos dedos". Isso eu deduzi pela pertinácia brincalhona com que ela a todo instante se referia a si mesma. Disse que o clima de Cheltenham é tão sonolento que muitas vezes não consegue pintar; & que depois do almoço elas tocam o gramofone; & na maioria dos dias ela vai até a casa da mãe em Bockhampton, onde gosta de se encontrar com o povo do vilarejo. As mulheres dos fazendeiros se cumprimentam com apertos de mão. Depois que a mãe morrer – mas ela só tem 80 anos & é firme como uma pedra – ela & Lily, que é politizada, mas claro, não compreende sua época de forma exata, vão morar em Harrogate, onde o clima não é tão sonolento & elas conhecem mais gente. Nada a distraía por muito tempo da sua preocupação essencial – não tive vida, & agora a vida está no fim. Até suas roupas sugeriam o mesmo velho tema. Uma modista lhe disse que se desfruta mais da vida quando se está bem-vestido. De modo que ela estava testando esse conselho específico, na ordem de £8.8, na Pomeroy da Old Burlington Street. Porém isso também a preocupava & afligia. A bem da verdade poucas vezes tive uma percepção tão deprimente de sofrimento – ignóbil & insignificante demais para sequer ser chamada de sofrimento; melhor chamar de frustração, de não entidade; ser levantado de uma estante & ver as coisas passarem, "mas, enfim, sou preguiçosa demais – essa é a questão – caio no conforto". Eu diria que cai no desespero. "O que podem três mulheres fazer sozinhas no interior?" Minha nossa, graças a Deus fui teimosa o suficiente para impor cada minuto da minha vida desde que nasci! Esse desperdício com ninharias, esse estar à deriva & não se impressionar com nada – essa eterna restrição, esse tatear & talhar tudo em piadinhas & gracejos – isso é que é tão aniquilador. Mas com pouco dinheiro, pouca beleza, nenhum talento especial, somente o suficiente para que ela seja devastadoramente consciente de que os outros são mais talentosos, de modo que ela compare suas naturezas-mortas com as naturezas-mortas superiores de Margaret Gere & da escola de Costwold[17] – o que se pode fazer? De que maneira se pode lutar? Como se pode saltar no lombo da vida & agarrar seu cangote? O que resta é apenas fazer troça, com amargura; & tornar-se egoísta & ansioso para dar explicações & justificativas; para lamuriar-se. O que achei mais patético foi que por volta das 5h30 ela se pôs a remexer suas luvas (ela nunca faz nada com ousadia & determinação) & disse que precisava ir. Mas para onde? perguntei. Para a Politécnica ouvir uma palestra sobre literatura francesa. Mas por quê? "Ah, em Cheltenham nunca se ouve ninguém falar francês." Minha querida minha querida, mas eu poderia lhe contar tudo sobre a literatura francesa, falei. Ela no entanto ficou naquele vai não vai; & se desejava mesmo ir ou ficar, não sei. E quando lhe perguntei o que iria fazer naquela noite, Bem, isso depende de quanto durar a palestra, ela disse, com uma risada fraca. Não vai a uma peça? Não, acho que vou fazer o que se chama de um lanchinho no hotel Temperance; – Deus do céu, repito mais uma vez. E não é que ela seja inconsciente & alheia: não, ela sabe que o cachorro está ali, & arqueia as costas & mostra a pata, mas com fraqueza & melindre demais.

Sexta, 21 de fevereiro

Não existem duas mulheres de contraste mais extravagante do que Marjorie Snowden & Ethel Smyth. Eu estava aqui deitada às quatro ontem quando ouvi a campainha tocar, depois passos pesados subindo as escadas; & pronto, vi uma velha militar de rosto largo (mais velha do que eu imaginava), que saltou para dentro da sala, de olhar meio vidrado, desalinhada & abrupta; com um chapéu de três pontas & um terno de alfaiataria.

"Deixe-me dar uma olhada em você."

Isso terminado: Bem, trouxe caderno & lápis. Quero perguntar.

Então a campainha tocou. Fui olhar. Depois sentamos para o chá. Primeiro quero entender a genealogia da família da sua mãe. O Velho Pattle – você tem uma foto? Não. Muito bem então – o nome das filhas dele. Isso durou todo o chá. Depois, no sofá, Ethel com as pernas esticadas no cesto de Pinker, conversamos incessantemente até as 7h – quando L. chegou. Conversamos – ela conversou consideravelmente mais do que eu. (Nas escadas, subindo para tomar o chá, pedi que ela me chamasse de Virginia; uns dez minutos depois do chá ela pediu que a chamasse de Ethel: estava tudo acertado; as bases de uma imperecível amizade travada em 15 minutos: – quanta praticidade; quanta rapidez;) & ela seguiu falando; ah sobre música – "Dizem que sou egoísta. Sou uma combatente. Eu sinto pelos desfavorecidos. Telefonei para Hugh Allen & sugeri um almoço.[18] Meu caro Sir Hugh – minha cara Ethel – aqui estão fatos que o senhor desconhece sobre seu próprio sexo. Acredite em mim ao vir a Londres preciso importunar, assediar – no fim, me prometeram 14 mulheres na orquestra. Quando cheguei vi apenas 2. Então comecei a dar meus telefonemas." Ela tem uma veia, parecida com uma grande minhoca, na têmpora, que incha. Suas bochechas coram. Seus olhos desbotados cintilam. Sua testa é larga, redonda. Ela opta por cobri-la. Preciso ir a Bath ouvir as pecinhas do querido Maurice Baring; & depois vamos a (aqui Elly interrompeu) Rottingdean.[19] E preciso levar um terno para a noite. Isso é o que me preocupa. Só me sinto bem neste aqui – tenho outro que uso para orquestrar. E ainda preciso fazer as malas (aqui chega um abacaxi da mãe de Leonard que espera lá fora). "Minha criada? Mas ela é apenas um general – uma irlandesa. 'Dra. (ela me chama de Dra.) Mrs. Woolf não quer vê-la. Aqui está outra carta dela – adiando o encontro.' Mas eu vim assim mesmo. E acaso isso não mostra que meu apetite pela vida ainda é grande? Não penso em nada há 10 dias senão em ver você. E agora essa amizade veio até mim." Tão sincera & abrupta ela é, & todavia discriminativa – é perspicaz ao criticar Vita & suas amigas de segunda categoria –, que talvez daí saia alguma coisa atrevida em vez das banalidades expansivas. Gosto de ouvi-la falar sobre música. Ela escreveu uma peça – sobre o Prisoner de Brewster;[20] & terá a alegria maravilhosa de orquestrá-la no verão. Diz que compor música é como escrever romances. Pensa-se no mar – naturalmente cria-se uma frase para isso. Orquestrar é colorir. E é preciso ter muito cuidado com a própria "técnica". Faz rapsódias sobre *Um quarto*; sobre Miss Williamson;[21] sobre o final de um livro de Maurice Baring. Estou nas ruas. Pertenço às multidões. Existe algo de refinado & testado & experiente nela, para além do discurso inflamado & da rebeldia & do egoísmo – não tenho certeza se ela é a egoísta que as pessoas pintam. Ela disse que nunca quis a admiração dos outros & portanto poderá escrever música de qualidade até o fim. Tem de morar no interior por causa de sua paixão pelos esportes. Joga golfe, anda

Enid Bagnold

de bicicleta; deu para caçar dois anos atrás. Então caiu em cima do braço & ficou em desespero, porque para ela a vida estaria terminada se não pudesse praticar esportes. "Sou muito forte", coisa que ela provou conversando até as 7h30 & depois comendo um pãozinho, tomando um cálice de vermute & indo embora para jantar macarrão quando chegasse em Worthing às 9h.

"Vou lhe contar tudo a respeito" ela disse sorrindo para a criada, que lhe perguntou se sou uma mulher agradável. Uma ótima velha criatura, certamente, Ethel. Pronuncia "méringues" com excelente sotaque francês.

22 de fevereiro

Minha intenção era fazer um esboço de George – Sir George Duck-worth,[22] como ele anunciou-se para Nelly – & de Lytton, que vieram inesperadamente de visita ontem – pois não vou até o estúdio antes de segunda; & portanto preciso fazer minha caneta andar amadoramente a meio-galope por aqui; mas dez minutos atrás me veio a ideia de um possível jornal; ideia que eu gostaria de adumbrar, antes de discuti-la com L. Penso em uma única página, com digamos 2.000 ou, se impressa frente & verso, 4.000 palavras. Arte, política, lit., música: um ensaio de um único escritor, a ser publicado em intervalos irregulares; enviado a assinantes; ao custo de 6d. De vez em quando apenas uma reprodução. Deverá ser uma declaração sobre a vida: algo que se queira dizer; & não um comentário qualquer. Pouquíssimo custo estaria envolvido. Teria uma elasticidade & uma urgência que faltam aos jornais comuns. Às vezes apenas uma imagem. Ficará sob mão de ferro minha & de L., para que tenha personalidade & uniformidade. Pode não sair um mês ou outro se necessário. Nenhum pesadelo de aparência regular. Uma circular

E em junho, Mr. Bott & Mr. Turner do Book Club ofereceram-me o cargo de editora de um periódico 3mestral: L. o está recusando neste exato momento (30 junho)

assinada por mim & L. seria enviada. Jovens escritores convocados. Artigos assinados. Tudo o mais humilde possível, o menos ostensivo. *The Hogarth News. O Jornal.* – nome a se decidir. Veja bem, eu gostaria de escrever sobre Scott esta semana, mas não posso, pq Richmond já enviou o livro para alguém. L. escreveria sobre política. Roger arte. Os jovens teriam sua chance. Se mantivéssemos os custos baixos, possivelmente eles poderiam ganhar £5 ou algo assim, & assinar os textos. Mas não podem ser ensaios – sempre –, deve ser de alguma maneira temático. Isso sendo suficiente para conversar depois do almoço – & hoje está um dia bonito & calmo & talvez vamos a Richmond experimentar minhas pernas numa caminhada –, vou obedientemente, como uma aluna de belas artes, fazer um esboço de Sir George. Primeiro sua papada: feita da mais fina carne semitransparente, de modo que temos vontade de fatiá-la quando se apoia, infinitamente tenra, sobre seu colarinho. À parte isso, ele é tão rígido quanto um tambor. Tem-se medo de que suas calças rasguem quando ele se senta, o que ele faz devagar, & levanta-se com dificuldade. Apesar disso algum sentimento enevoado começa a formar-se entre nós. Ele fala de "Mamãe". Eu diria que isso ecoa em mim alguma parecença sombria – bem – & depois ele não está mais em posição de me causar mal.[23] As convenções dele me divertem. Imagino que essas afeições familiares sejam de certa maneira uma autoproteção. Ele preserva uma ou duas partículas do que há em mim – meu passado desconhecido; meu ser; de modo que se George morresse, eu teria a sensação de que parte de mim mesma estaria sendo enterrada. Suas histórias, quando começam, desenrolam-se à vontade – ele se sente imensamente à vontade – & caem dentro do

> Ver o texto "Porcos" de Sir George Duckworth no *Times* de hoje. Os porcos são os mais inteligentes dos animais. Possuo uma pequena vara de porcos de raça brancos.

bolso de sua sólida autoestima. Pergunto, E os porcos (os porcos de Chesterfield), & ele responde que a mulher do vaqueiro teve um parto muito longo. Margaret ficou bastante preocupada, Dalingridge ficou acesa a noite inteira. Tiveram de usar o telefone – mandar chamar o dr. A mãe da mulher dormiu na casa – & a história continua, cantando calidamente & com satisfação as qualidades de bons patrões – que, não tenho dúvida, eles são. E atira elogiozinhos a si mesmo – pediram que seja xerife. E quer saber se estou ganhando um dinheiro fabuloso – & dá risinhos com covinhas & me respeita por ter sido convidada a uma festa pelo prefeito. E ridiculariza Eddy Marsh por gostar da companhia dos importantes. E deplora a nudez nos quadros de Nessa – & então tagarela & gargalha & me dá sopa de tartaruga & conselhos sobre o preparo & então vai embora, para encontrar Henry & retornar a Dalingridge & o vaqueiro & os porcos – uma raça bastante incestuosa – & sua cozinheira Janet & seu Bronnie, que está em casa de licença da Marinha – bem, de fato parece que a vida humana é perfeitamente tolerável; a voltagem dele está absolutamente normal. O mundo foi feito para ele.[24] Lytton veio depois do jantar, bastante maroto, lustroso, à vontade & sempre simpático. Leonard fez cigarros. Deitei nas almofadas do sofá ao crepúsculo. Lytton havia recebido um livro sobre Colombo [*Lives of Columbus*, de A. Hevesy e J. Wasserman] & nos contou a história, transformando-a em uma fantástica & divertida narrativa à la Lytton – Colombo era um fanático religioso maluco que navegou sempre para o oeste porque lera isso em uma profecia de Isaías; sua tripulação, condenados que tinham sido liberados da prisão; eles chegaram a Cuba & ele os fez assinar uma declaração de que ali era a Índia, pois aquilo era grande demais para ser uma ilha; & eles apanharam ouro & pedras preciosas & retornaram à Espanha; o Rei & a Rainha levantaram-se quando ele entrou. Aí estão todos os alimentos de um preparado de Lytton, narrado com gosto; ironia; certo senso do incongruente & do dramático. Então trinamos melodiosamente sobre Dadie & Cambridge; & Charlie; & assim por diante. Ele tem um novo gramofone agora. Está editando Greville.[25] Está todo satisfeito também – não pelos mesmos motivos que George; & muito bem-preparado; & compra livros; & gosta de nós; & vai a Cambridge neste fim de semana. Estranho como nos lembramos tão pouco do que é dito de fato. Estou pensando no novo jornal.

1 de março

E então saí para uma caminhada & trouxe comigo uma dor de cabeça, & portanto novamente fiquei de cama até hoje, sábado – um belo dia – quando nos propusemos a ir – ah mil vezes Graças a Deus – para Rodmell, & lá descansar. Esse pequeno assunto levou 3 semanas, que para mim chegarão a 4, de inexpressividade não escrita. Porém não estou certa de que isso não seja exatamente o melhor para *As ondas*. Estava exigindo muito da minha cabeça – Se há um livro que me drenou, foi este. Se tivesse juízo, eu ficaria em Rodmell por uma quinzena, sem escrever. Uma manhã dessas vou olhá-lo em meu quarto ensolarado.

Para Hampstead Garden [em 22 de fevereiro]

Tive a estranha experiência, certa noite aqui, de perfeito descanso & satisfação. Todas as baionetas que me espetavam caíram por terra. Ali fiquei deitada (eu diria que por uma hora) feliz. E havia uma qualidade estranha. Nem uma ansiedade, nem uma agitação, em parte alguma. Ninguém viria. Nada para fazer. Toda a tensão cessou. Um navegar supremo com [*palavra ilegível*] através do domínio (é uma citação – acho que de Shelley – mas não faz sentido).

Foi o mais raro dos meus humores. Não consigo me lembrar de outro. Talvez em Rodmell às vezes. Tudo se desliga. Depende se estive por algum tempo na agitação de Londres. Nenhuma necessidade de levantar & ver Sybil nem Ethel nem ninguém – que alívio supremo! E agora tenho a chance de matutar uma ideiazinha silenciosa. Ontem Doran Heinemann me ofereceu £2.000 para escrever a biografia de Boswell. L. está escrevendo minha recusa educada neste momento. Comprei a minha liberdade. A estranha ideia de que na verdade paguei para poder ir a Rodmell & pensar apenas n'*As ondas*, ao recusar essa proposta. Se a aceitasse compraria casas, mesas & iria à Itália; não vale a pena. Ontem fomos ao n. 57 da Russell Sqre q. talvez compremos. Mas eu tenho bastante receio do barulho & do tamanho – não sei. Uma linda vista.

3 de março

Rodmell novamente. Meu quarto novo novamente. Crianças brincando na escola. Um dia espesso azul-cinzento cor de pérola; gotículas de água na janela. Se a saúde pudesse ser exibida num termômetro, a minha teria aumentado 10 graus desde ontem, que passei deitada, roendo os ossos de Dodo: se ele tivesse ossos;[26] agora estou sentada na cama, mas não consigo me obrigar a ir até lá embaixo trazer um manuscrito para ler. Apesar disso a curiosidade começa a se atiçar. Tal é o efeito de 24 horas por aqui, & uma caminhada de 30 minutos nos baixios. O sol irrompe, num impulso, de trás das nuvens. Tremendos bandos de pássaros estão voando – & os trens como sempre com a fumaça inclinada para trás como as orelhas caídas de um coelho encontrando-se sob o monte Caburn.[27]

Molly Hamilton escreveu um romance horroroso de m–a.[28] Teve a pachorra de construir um método de contar uma história; & depois o atulhar com os mais medonhos, os mais confusos molambos. Quando paro de ler uma página com atenção fico chocada com os trapos de seu inglês. É como ouvir uma conversa de cozinheiros & assistentes de cozinha; ela mal articula as coisas, escreve tudo rapidamente, imagino, em blocos de papel, apoiados nos joelhos; na Câmara dos Comuns quem sabe, ou no Metrô. E a qualidade da emoção é muito espessa & imatura; emoções de pintoras de segunda categoria, de rapazes com espinhas cheios de marcas: não sei como ela consegue transmitir tal imagem da ralé sem ter talento: & tem ainda a nota pedal suave; a nota pedal nobre; & nenhuma sagacidade; nem precisão; nenhuma palavra que se sustente sozinha; mas, em vez disso, uma se pendura no ombro da outra – meu Deus que estilo! Que mente. Tem energia & certa habilidade – demonstrada principalmente pelo método; mas ele se quebra; & também é laboriosamente posto de pé. Agora, estando ainda com o ritmo mental frouxo, preciso ler *Sea Air* – um bom original.[29]

só[30] porque preciso comprar um vestido para mim esta tarde & não consigo pensar em qual quero, não consigo escrever. Escrevi, razoavelmente bem – mas que livro difícil – *As ondas*; mas não consigo continuar depois das 12; & agora devo escrever aqui, por 20 minutos. Minhas impressões de Margaret [Llewelyn Davies] & Lilian [Harris] em Monk's House foram grandes bolos de casacos cinzentos; mechas de cabelo desmazeladas; chapéus moles & caseiros; meias de lã grossas; sapatos pretos, muitos xales, bolsas molambentas, & disformidade, insipidez & descoloração indescritíveis. Uma tragédia anunciada. Enfim, Margaret merecia mais da vida do que esse final desalinhado & indistinto. As duas estão numa pensão – como sempre, que tem, como sempre, uma maravilhosa cientista cristã como proprietária; foram, de certa maneira, rejeitadas pela vida ativa; ficam sentadas, talvez tricotando & fumando cigarros, na sala onde fazem as refeições, onde sempre existe um prato de laranjas & bananas. Duvido que tenham o suficiente para comer. Elas me pareceram flácidas & sem sangue, dispersas em nacos de carne um tanto sem cor; tendo abandonado qualquer relacionamento com os espelhos. Assim, mostramos-lhes o jardim, servimos-lhes chá (acho que há seis semanas um bolo com cobertura não aparecia na frente de Lilian) & depois – ah a impressão desoladora das pessoas encalhadas, que esperam ser energizadas; à deriva – lanosas & peludas. (É estranho como a impressão visual domina.) Surge uma centelha azul-clara intensa nos olhos de Margaret, vez ou outra. Mas ela não saía da pensão há 5 semanas por causa do vento leste. Seu intelecto amoleceu & enrugou-se, de tanto ficar sentada dentro de casa com laranjas & cigarros. Lilian está praticamente surda como uma pedra, sua fala se embola & esfarela, & só emerge com clareza uma única vez, para discutir política. Algo cegou o fio de Margaret, enferrujou-o, desgastou-o, muito antes do tempo. Será que a velhice precisa ser tão disforme? A única escapatória é exercitar a mente. Vou escrever uma história da literatura inglesa, acho, nessa época. E vou caminhar. E comprar roupas, & arrumar o cabelo, & obrigar-me a jantar fora. Mas talvez a vida se torne repetitiva, & deixemos de nos dar ao trabalho; fiquemos satisfeitos de ser empurrados para dentro dos carros. M. tem seu passado trágico. Para mim está agora patética – conciliatória & nervosa, quando antes era mordaz & severa. Janet [Case], diz ela, faz anotações sem parar; as irmãs ficam ao seu lado eternamente para que convalesça; & Emphie outro dia salvou o cachorrinho branco das duas de um bando enlouquecido de galgos de corrida, & o apanhou, morto a mordidas, nos braços. Esse é o tipo de aventura que só acontece com mulheres idosas solteiras, nas quais isso causa uma impressão tremenda & dolorosíssima – tão indefesas elas são, tão incapazes de atirar para longe a manta úmida que as rodeia. O que sinto falta é da cor, da energia, de alguma reflexão clara sobre o momento. Vejo essas meias grossas & essas mechas de cabelo grisalho por toda parte.

17 de março   O teste de um livro (para um escritor) é [ver] se ele abre um espaço no qual, com grande naturalidade, seja possível dizer o que se deseja dizer. Pois bem, esta manhã pude dizer o que Rhoda disse. Isso prova que o livro está vivo: pois não esmagou aquilo que eu desejava dizer, mas permitiu que eu o inserisse nele, sem nenhuma compressão nem alteração.

28 de março   Sim, mas esse livro é um negócio muito esquisito. Tive um dia de euforia quando disse Filhos não são nada comparado com isso: quando parei para imaginar o livro completo, & briguei com L. (sobre Ethel Smyth) & saí para caminhar & espairecer, & senti a pressão da forma – o esplendor & a grandeza – como talvez nunca os senti antes. Mas não vou me apressar com ele graças à euforia. Continuo labutando; & acho que é o mais complexo, o mais difícil de todos os meus livros. Como terminá-lo, senão com uma tremenda discussão, em que cada vida tenha a sua voz – um mosaico – um ———. Não sei. A dificuldade é que está tudo em alta pressão. Ainda não dominei a voz que fala. Porém existe alguma coisa ali; & minha proposta é continuar labutando no livro, arduamente, & depois reescrevê-lo, lendo boa parte em voz alta, como se fosse poesia. Ele suportará expansão. Está compactado, acho. É – não importa no que eu o transforme – um tema grande & cheio de potencialidades – que *Orlando* não foi, talvez. Seja como for, saltei meu obstáculo.[31]

Cheguei agora de um chá com Nessa & Angelica. Um belo dia de primavera. Caminhei pela Oxford St. Os ônibus estão presos com uma corrente. Pessoas brigam & se enfrentam. Derrubam umas às outras da calçada. Velhos sem chapéu; um acidente de carro; &c. Andar sozinha em Londres é o melhor descanso.

1 de abril

E agora temos de ir jantar com Raymond, nesta noite bastante potente, surpreendentemente empolgante & quente. Sento com a janela aberta & ouço um zumbido, vejo uma janela amarelada abrir-se no hotel: voltei a pé da Leicester Square. Que estranhas memórias estarão misturadas a esta noite, eu perguntei. Alguma coisa de uma noite muito suave, um tanto mística, nada febril nem difícil; não; à beira-mar; azul, gentil. E dei uma passadinha na modista. Ela é desdentada. Estava dando pontos. Disse como uma amiga, Mrs. Woolf estamos de mudança. E imaginei se a senhora não se importaria se eu deixasse os pontos por fazer pois meus olhos estão doendo. Tudo que é dito esta noite é gentil & feliz, & parece nos lançar em uma espécie de maré suave. Não consigo exprimir isso direito, naturalmente. Nessa está em Charleston. Eles vão abrir as janelas; talvez até se sentem à beira do lago. Ela irá pensar, Isso é o que criei em anos de trabalho ignorado – meus filhos, minha filha. E se sentirá perfeitamente satisfeita (do modo como imagino), Quentin indo buscar bebidas; Clive num excelente humor. Pensarão em Londres com desgosto. E contudo é uma cidade muito empolgante; vou beber meu vinho no Raymond; & tentar extrair qualquer coisa de Lytton. Portanto preciso me trocar.

4 de abril   Estou tentando esboçar meu último capítulo – sem sucesso; de modo que vou usar 10 minutos para anotar minhas observações da casa de Raymond. Especialmente sobre o ambiente de sodomitas. O rosto de Lytton se iluminou de amor & enlevo quando troquei as mulheres encantadoras, com todas as suas qualidades, por Mr. Williamson, brilhante & belo, mas desconhecido, de Oxford. Raymond sentou-se no braço da poltrona de Lytton. Morgan chegou de Meleager: E fui ver Ronnie nos bastidores. Ele estava muito bonito de shorts.[32] Eddy chegou da última sessão de Cochran.[33] Teve de ficar de pé & estava (mas agora estou criando *As ondas*) irritado. (o que falta ao livro é humor). Enfim, disse ele, Ensor (esqueci o resto) estava lindo de terno branco –, os outros eram um horror. Diante disso os outros sodomitas eriçaram as orelhas & ficaram com ar bobo. Quero dizer, dando risinhos, recatados. Um ambiente completamente secreto, íntimo, que girava em torno de um único objeto; todos gostavam das mesmas coisas. Raymond uma ou duas vezes me recriminou irritado, de modo mal-educado (ele é malcriado, ao menos no tom de voz), por achar que eu estava observando, caçoando. Contou-me que Gerbault odiava as mulheres; em seguida disse que eu não devia acreditar em todas as histórias de D'Annunzio & Duse: existia outro lado; *ela* é que o tinha maltratado.[34] Um protesto áspero & inoportuno. Uma foto de Stephen Tennant (Siegfried Sassoon vai ao mesmo alfaiate) de túnica, de pose, passou de mão em mão; & outra de garotinhos num colégio interno. Morgan me parecia um estranho, discutindo as belezas do enteado de Hilton Young.[35] "Ele patina magnificamente" (depois, em voz baixa, criticou o comportamento de uma mulher qualquer). Tudo isso me deixou uma impressão de mexericos, em segredo, em risadinhas. Como se eu tivesse entrado num urinol.

Quarta, 9 de abril

O que acho agora (de *As ondas*) é que consigo em pouquíssimas pinceladas esboçar o essencial do caráter de uma pessoa. Isso tem de ser feito com ousadia, quase como uma caricatura. Ontem comecei o que pode ser a reta final. Como todas as demais partes do livro, está indo aos solavancos. Nunca arranco demais com ele; acabo sempre puxada para trás. Espero que isso resulte em solidez; & preciso ficar atenta às frases que escrevo. O abandono que senti em *Orlando* & *Ao farol* é muito prejudicado pela extrema dificuldade da forma – como aconteceu em *O quarto de Jacob*. Penso que essa é a maior evolução até agora; mas é claro que pode fracassar em algum ponto. Acho que me ative estoicamente à concepção original. Meu medo é que, ao reescrever, eu tenha de ser tão drástica que acabe deixando tudo um caos. Provavelmente será bastante imperfeito. Mas acho possível que eu tenha conseguido erguer minhas estátuas contra o céu.

Sexta, 11 de abril

Ontem passeamos pelas estufas de Waddesdon com Mr. Johnson.[36] Linhas vermelhas solitárias criavam raízes na areia. Ciclâmens às muitas centenas. Azaleias reunidas aos montes como bandas militares. Cravos em diferentes estágios. Vinhas colhidas por trabalhadores dedicados. Nada tinha mais que 40 anos, mas agora estava pronto, à perfeição. Uma figueira com mil galhos finos. As estátuas cobertas, como cavalos mortos, com lençóis. Tudo morto. Produzido, plantado, colocado no lugar no ano de 1880 ou próximo disso. Uma única flor teria me dado mais prazer do que aquelas dúzias & mais dúzias. E ainda tinha o calor, a ordem, a precisão & a organização.

Mr. Johnson como uma nectarina, firme, vermelho, maduro. Aprendeu tudo com Miss Alice, & aceitou como salário a admiração. Sir é como ele nos chamava.

Sábado,
13 de abril

Leio Shakespeare *tão logo* termino de escrever, quando minha cabeça ainda está embasbacada, vermelha & quente. Então é surpreendente. Nunca soube de fato como eram impressionantes seu alcance, seu ritmo & seu poder de cunhar palavras até senti-los suplantarem & ultrapassarem os meus completamente; parece que começamos em pé de igualdade & então eu o vejo abrir distância & fazer coisas que nem no mais insano tumulto & com a máxima pressão mentais eu seria capaz de imaginar. Até as peças piores & menos conhecidas foram escritas com uma velocidade mais veloz do que a mais veloz de qualquer outra pessoa; & as palavras caem tão rápido que é impossível apanhá-las. Olhe isso, *Upon a gather'd lily almost wither'd* (essa foi puro acidente: dei com ela por acaso).[37] É evidente que a maleabilidade de seu intelecto era tão completa que ele era capaz de lustrar qualquer linha de raciocínio; &, tranquilamente, derramar tais flores desapercebidas. Por que então alguém deveria tentar escrever? Isso não é, de maneira nenhuma, "escrever". De fato, eu diria que Shre ultrapassa toda a literatura, se eu soubesse o que quero dizer com isso. O que eu queria era fazer uma observação sobre as estufas de Waddesdon. Havia canteiros de hortênsias, a maioria de um tom profundo de azul. Sim, disse Mr. Johnson, lorde Kitchener veio até aqui & perguntou como as tingíamos de azul... Eu disse que se põem coisas na terra. Ele disse que também fazia isso. Mas às vezes, apesar de todo o cuidado, elas saem com um borrifo de cor-de-rosa. Miss Alice não tolerava isso. Se houvesse algum resquício cor-de-rosa, já não servia. E nos mostrou uma hortênsia com pétalas metalizadas. Não, não servia para Miss Alice. Pensei, quanta loucura, & como é fácil aferrar a cabeça de alguém à azulzice das hortênsias & fazer com que Mr. Johnson pense apenas na azulzice das hortênsias. Ele costumava procurá-la todas as noites, uma vez que ela mal recebia visitas, & os dois conversavam durante duas horas sobre plantas & política. Como é fácil enlouquecer com a azulzice das hortênsias & não pensar em mais nada.

Quarta,
23 de abril

Esta é uma manhã importantíssima na história d'*As ondas*, pois creio que dobrei a esquina & avistei a reta final à minha frente. Acho que Bernard está no trecho final. Daqui ele segue direto, & depois ficará à porta; & então virá a última imagem das ondas. Estamos em Rodmell, & eu diria que vou ficar mais um ou dois dias (se tiver coragem) para não quebrar o ritmo & terminar o livro. Ah meu Deus & depois descanso; depois um artigo; & depois de volta para o odioso trabalho de moldar & modelar. Apesar de que pode haver alegrias nisso também.

Sábado,
26 de abril

Por não receber cartas há 3 dias sinto meu balão murchar. Todo o globo semitransparente a q. minha fama me prende se furou; sou um mero bastão. Essa sensação é muito sadia; & cinzenta; & não de todo desagradável, embora monótona.

Domingo,
27 de abril

Uma aventura estranha, voltar & encontrar Lottie na casa (sua grande caixa sob a mesa da cozinha), depois de ter sido mandada embora por Karin por roubo. Ela foi enviada com um policial até a delegacia. Vai dormir aqui esta noite. E vou ver Karin.

Terça,
29 de abril

E eu acabo de terminar, com essa mesma ponta de caneta entupida de tinta, a última frase de *As ondas*. Creio que preciso registrar isso para a minha própria informação. Sim, foi o maior esforço mental que já experimentei; essas últimas páginas certamente – acho que não são um fracasso tão grande quanto o de costume. E acho que me mantive total & asceticamente ao plano. Isso é o que digo a mim mesma para me parabenizar. Porém jamais escrevi um livro tão cheio de buracos & remendos; vai exigir uma reconstrução, isso sim, não uma simples remodelação. Desconfio que a estrutura não funcione. Não importa. Podia ter produzido algo fácil & fluente; & esse é um avanço depois da visão que tive, no verão infeliz – ou naquelas três semanas – em Rodmell, após concluir *Ao farol*. (Falando nisso – preciso logo providenciar alguma outra coisa para meu espírito, senão ele novamente ficará todo perfurado & destruído – algo criativo, se possível, & leve; pois irei me cansar de Hazlitt & de críticas passado o primeiro & divino alívio –. & tenho a agradável consciência de várias elucubrações em algum lugar da minha mente; uma biografia de Duncan; não, alguma coisa sobre telas brilhando num ateliê: mas isso pode esperar.)

Preciso correr até lá em cima, enfiar a cara pela porta & contar a Leonard, & perguntar sobre Lottie, que está procurando onde ficar; & aliás prejudicou o trabalho de ontem, receio eu, com as vicissitudes dela.

À tarde.

E penso comigo mesma enquanto caminho por Southampton Row, "Eu lhe dei um novo livro".

Quinta,
1 de maio

E arruinei minha manhã completamente. Sim isso é literalmente verdade. O Times me enviou um livro, como se tivessem sido avisados pelos céus da minha liberdade, &, sentindo que minha liberdade corria solta dentro de mim, fui correndo ao telégrafo & disse a Van Doren que escreveria sobre Scott. Mas agora, tendo terminado de ler Scott, ou o editor animado & impertinente que Hugh indicou para dar um trato nos fragmentos saborosos, não posso & não vou:[38] fiquei aflita tentando lê-lo & escrevi a Richmond para avisar que não posso; & assim desperdicei esse brilhante primeiro de maio, que pinta a minha claraboia de azul & dourado; & tenho apenas uma pilha de lixo na cabeça; não consigo ler, nem escrever, nem pensar. A verdade, claro, é que desejo voltar para *As ondas*. Sim, a verdade é essa. Completamente ao contrário de todos os meus outros livros, diferente deles, tão logo começo a reescrevê-lo já o concebo de novo com ardor, logo depois de terminá-lo. Começo a enxergar o que eu tinha em mente; & desejo começar a cortar as massas de irrelevância, & desbastar, afiar, fazer as frases boas brilharem. Uma onda após a outra. Nada de espaço, &tc. Mas vamos para a Cornualha & Devon no domingo, o que significa uma semana de folga; & então talvez eu obrigue meu cérebro crítico a fazer o trabalho de um mês, para exercitá-lo. O que eu poderia lhe dar? Um conto? – não, outro conto não, agora. Talvez o conto sobre a meia-irmã de Miss Burney.[39]

Domingo, 18 de maio

O negócio agora é viver com energia & domínio, desesperadamente. Despachar cada dia com autoridade. Encurtar o trabalho diário muito mais do que de costume. De modo a não devanear & definhar, contemplando isso ou aquilo. Fazer o que aparecer pela frente com decisão; ir à entrega do prêmio Hawthornden com rapidez & leveza; comprar um casaco; ir a Long Barn; à escola de Angelica; liquidar o trabalho da manhã (Hazlitt agora) & depois me aventurar. E então, quando liquidar as providências, ir direto a uma loja & comprar uma escrivaninha, uma estante de livros. Chega de arrependimentos & indecisões. Esse é o jeito certo de lidar com a vida, agora que tenho 48: torná-la mais & mais importante & vívida à medida que chega a idade.

Tudo isso está ótimo; mas & se Nelly então cair doente dos rins & tiver de ser operada? Grave & seriamente, uma quinzena inteira foi arrancada de minha vida; pois tive de ir ver Elly, comprar comida, fazer arranjos com Tauplin, com o hospital, ir até lá de ambulância. Minha cabeça, para trabalhar, precisa estar bastante distendida & sem ondulações. Mas foi estilhaçada em pedacinhos. Graças a um grande esforço consegui escrever sobre a Women's Guild. E estou considerando começar a trabalhar em *As ondas*. Tive uma pausa de 6 semanas do livro. O problema é que mais uma vez esta manhã foi arruinada porque fiquei esperando por uma faxineira, que não apareceu. E Lyn & Sir R. virão aqui tomar o chá.[40]

15 de junho

Quantos furos! Nada foi dito de nossa viagem pelo Oeste; nada sobre a cirurgia de N.; nada de Tauplin, que perdeu minha chave quebrou copos & cozinha com a inspiração desanimada de quem um dia na vida já cozinhou bem; & nada sobre o alívio divino das minhas noites tranquilas, sem criadas; de como vamos jantar no Cock & dizemos um ao outro, isso não podia durar para sempre? & ainda de como telefonei para Mrs. Walter;[41] & que esse experimento, árduo, começa amanhã. Leonard não sabe lidar bem com uma crise. Quero dizer, a cautela faz com que ele puxe as rédeas. Ele prevê obstáculos. E tem um lado filantrópico também, de que desconfio. Precisa ser bom com quem depende dele. Estou apressada demais para ampliar essas observações. Seja como for, Mrs. W., uma americana com vontade de trabalhar, foi jornalista, é uma intelectual, & começa a trabalhar aqui amanhã; assim como já vieram Miss Ritchie, or Lyn Eirven. Eu tenho de lhe dar ordens; ela de preparar a gororoba. Será que vai dar certo? que vai durar? Enfim – todas as minhas frases começam com enfim – uma experiência interessante.

16 de junho Mrs. Walter está aqui agora. E pergunta, "O que a senhora deseja de uma faxineira?" Mas depois vassouras novas &tc. De certa maneira ela não é jovem; é um tanto velha & enrugada; não, mais nova que eu; mas com um rosto duro, acho; porém me contenho para não quebrar sua casca. O interesse será ter uma nova perspectiva em relação às tarefas domésticas. Minha experiência é agora meu ídolo. Conseguirei me satisfazer com menos? Quantos litros? Quantos gramas de manteiga? Ah livrar-se de criadas!; – pois todas as emoções que elas geram – confiança, suspeita, benevolência, gratidão, filantropia – são necessariamente ruins. E agora vieram depositar Nellie aqui para passar o dia conosco; ela recebeu alta do hospital praticamente sem aviso. É engraçado testemunhar o conflito entre L. & eu. Eu defendo (por dentro) Walter; ele (secretamente) Nelly. Se os livros estão muito altos, ele se regozija em segredo. Se a comida está boa, eu rebaixo em segredo a de Nelly. Estranho como as antigas cenas azedam o meu humor – como me sinto pouco disposta em tê-la de volta. Em parte porque o silêncio é uma bênção; & em parte por ficar livre da presença das classes baixas. É com um verdadeiro calafrio que penso na ideia dela assumindo o controle de novo. E no entanto ela está prestativa agradável afetuosa; & não consigo me obrigar a ter uma conversa séria com ela como deveria. A todo momento eu a vejo me pedindo "saia do meu quarto".

Mas basta – uma frase útil.

Não sei por quê, mas deixei de lado este livro. O verão está a todo vapor. Este ano seus elementos são Nessa & Duncan, Ethel Smyth, Vita & reescrever *As ondas*. Estamos muito prósperos. Ao fazer a contabilidade do semestre, descobrimos que cada um ganhou £425: & o ano que vem está garantido, graças às vendas colossais de *The Edwardians* – que batem na casa dos 20.000. E nem é um bom livro.[42] Ethel Smyth chega de visita; veio ontem por exemplo, quando eu dedicava tão metodicamente a manhã a terminar a composição em tipos da última página de *Sobre estar doente*; ouvi a campainha, subi, & vi uma faxineira velha com casaco de alpaca branco; pedi que sentasse, livrei-a de suas caixas de papelão, repletas de cravos brancos, & olhei para seu monumental rosto de coronel velho (enfeitado com um colar inadequado, pois ela estava indo almoçar com Beecham).[43] Em geral recebo duas cartas por dia. Eu diria que os antigos fogos do safismo estão ardendo pela última vez. Em seu apogeu ela deve ter sido formidável – implacável, tenaz, precisa, rápida como um raio, confiante; com algo da objetividade & [palavra ilegível] do gênio, embora digam que ela componha como um mestre pedante da música alemão. Seu estilo ao escrever memórias, entretanto, é admirável – ela passou pela vida a todo galope, acumulando uma quantidade surpreendente de observações com as quais preenche suas conversas, a ponto de quase deixar L. à beira de um ataque de nervos. Uma das falas dela durou 20 minutos ininterruptos, ele disse, na outra noite. Estávamos de saída para um piquenique com Nessa & Duncan em Ken Wood. A inaptidão sublime dos dois me fez rir & fez Ethel rir & Eddy fechar a cara. Ficamos lá na garagem, sem fôlego, tontos, fedendo.

Daí fomos a Gower Street. A noite se aproximava & o vento aumentou. Caiu um chuvisco. Nós nos arrastamos de volta até Hampstead. A casa estava cadavérica; os rododendros descorados. Onde jantaríamos? Melhor voltar a Fitzroy St. – foi o que fizemos, & jantamos sanduíches & morangos por volta das 10h com a maior das alegrias. Ela [Ethel] é uma velha ave topa-tudo – uma velhice completamente superior à de Margaret em termos de vitalidade.

E para falar a verdade,[44] nos 15 minutos que me restam antes de eu subir para comer o almoço frio & delicioso mas um tanto caro de Mrs. Walter – para falar a verdade estou um pouco chateada, tanto com Margaret quanto com Mr. Birrell. Foram dois gestos de bondade da minha parte: o artigo sobre a Women's Guild & o artigo sobre B.[45] Nenhum dos dois me agradeceu. M. mandou um cartão-postal. E eu que passei duas ou quem sabe até 3 semanas escrevendo aquela introdução; trabalhando sem parar. Jamais – a moral da história é essa – escreva um texto por bondade. Jamais se disponha a usar sua própria arte como um gesto de amizade. E portanto se recuse a escrever sobre Maurice Baring, caso ele peça.

Encontramos uma fila de pessoas junto à janela quando entramos na sala de estar de Ethel quinta-feira passada – a Duquesa de Sermoneta, M. Baring, & Joyce Wethered.[46] Posso contar a história?, falei para Maurice enquanto nos arrastávamos atrás de Joyce – & Ethel corria como uma louca atrás de seu grande cachorro peludo –; eu disse, "Esta festa parece a festa de um livro – como aquela em Box Hill de Jane Austen [em *Emma*]." Tinha um ambiente, uma formalidade & uma definição que a transformavam em um verdadeiro entretenimento – com trechos lentos, crises, lapsos, ápices. Todos tivemos de ir nos lavar. Todos tínhamos de fazer isso ou aquilo. A casa de Ethel é melhor do que eu esperava. Tem mais beleza & mais conforto do que eu poderia supor, a julgar pelo seu casaco de alpaca. Rosas vermelhas & brancas cobriam as paredes. Havia flores exuberantes nos canteiros. Tudo era cintilante, iluminado. As paredes são de chapisco, brancas; & não há um móvel que tenha custado mais do que uma ou duas libras – a maioria é mobília antiga de escola, que ela adora graças à sua intensa imaginação egoísta. "Era ali que eu sentava, quando Mary tocava piano... E eu dizia, Mary,[47] poderia tocar Sol sustenido em vez de Sol... Esta é a cama – Virginia você pode ficar neste quarto quando dormir aqui – onde Sargent costumava dormir, deitado atravessado (pois é uma velha cama de ferro). E estes são meu pai & minha mãe – a artista era *ela*..." Mas a impressão que eu tive foi de um espírito muito genuíno, arejado; uma personalidade livre, completamente energizada – sem impedimentos nem inibições –, a mais solta das conversas com Maurice. "Conheci um sobrinho seu, Ethel, com dois nomes." "Ora, capaz de ter conhecido mesmo – com dois nomes". Não, não consigo transmitir a amplidão, a abertura, a naturalidade, a boa educação & o caráter dela. Estranhamente, ela é muito mais desenvolta como anfitriã do que como convidada; não fala tanto; é arguta & rápida, & tem uma facilidade deliciosa de convidar & atrair as pessoas, como Lady Balfour & Mrs. Lyttelton, da vizinhança. Enquanto eles ficavam no sofá, eu, bebericando champanhe, conversava furiosamente com Maurice B., que estava da cor de uma lagosta & tremia, sobre livros. Existiam 5 pessoas que costumavam me ajudar: estão todas mortas agora. Ele teve sua cota de tristezas: não sei quais: amou mulheres, eu diria.

E fui mais uma vez a Woking[48] na terça-feira (escrevo isto esperando Vita, numa tarde bastante fria & úmida. Ela vai nos levar para olhar um guarda-roupas. Vou comprar um dourado, acho. Bem, está muito chuvoso, & estou um tanto desalinhada, depois de transformar 2 artigos em um &tc.[49] E não vou jantar (aqui)

23 de julho Edith Sitwell engordou muito, usa uma grossa camada de pó facial, pinta as unhas de prateado, usa turbante & mais parece um elefante de mármore, como o Imperador Heliogábalo.[50] Nunca vi tamanha mudança. Está madura, majestosa. Os dedos cobertos de coral branco. No geral parece serena. Muitas pessoas estavam presentes – & ela no controle. Mas apesar de tão serena, olha de soslaio, humorada. A velha Imperatriz relembra seus dias de vadiagem. Todos nos sentamos aos seus pés – calçados com sapatilhas finas pretas, únicos remanescentes dos dias em que era esguia & escorregadia. Com que se parecia? Com o papa de touca de dormir? Não; a majestade imperial precisa ser incluída. Mal conversamos; & eu teria a impressão de haver entrado ali por engano, se ela não tivesse me perguntado com grande carinho se podia vir me visitar sozinha. Sua sala estava lotada de uma miscelânea de estrangeiros: o Rei de Barcelona não coroado; o sócio de Gerald; Osbert; Lady Lavery &c.[51] Lady L. conversou sobre o acidente de avião. Disse que *le Bon Dieu* os levara todos na hora certa. A vida deles havia chegado ao fim. Houve uma época em que ela também se sentiria feliz por morrer... Referia-se às mortes de lorde Dufferin Lady Ednam &c.[52] Eu estava indo até Temple com Vita, & compramos um Standard na entrada. "Só vítimas com títulos", disse ela. Bem, não pode ser Harold, falei. Então li, Lady

Ednam, o Marquês Dusserre (pois haviam dito que ele também estava lá) & depois, na edição de última hora, lorde Dufferin – O quê, Lady Ednam? Dufferin? ela gritou. Harold estava na calçada diante da casa deles.[53] "Sim, ele disse, é Lady Ednam." "Mas o Freddy também", gritou Vita (não, ela falou com tranquilidade). Meu Deus, disse Harold, & leu a edição de última hora. Agora o que nós vamos fazer? Não posso apresentar meu programa, disse Vita. Preciso contar à minha mãe, disse Harold. Primeiro vou comprar o jornal. Bom Deus – Sim é Dufferin & Lady Ednam. "É Lady Carnock? Querida, más notícias para lhe dar. Já leu o jornal? Freddy esteve num acidente. Morreu, ao que parece. Poderia contar a Tia Lal?" O que sua mãe disse, Harold? Só "Oh". Agora não podemos jantar com Lady Cunard. Oh não meu querido, precisamos ir. Talvez seja melhor eu ir até lá para vê-los – Parecia, como se diz, a cena de uma peça. O jornal; os telefonemas. A extrema simplicidade & compostura da coisa toda: Boski datilografando; o homem limpando sapatos; Harold dando telefonemas, como um homem em uma peça. E assim eles saíram de carro naquela noite cinzenta & chuvosa para a casa de Lady Cunard: jantar às 9h30; mas eu não fui. (& me disseram que a festa inteira esperou por mim por meia hora)

26 de julho   Acabo de voltar de uma noite em Long Barn, onde soube desse fato sobre a festa de Emerald, de que esperaram meia hora, todos deprimidos pelo acidente com seus grandes amigos. E Lady E. & Mrs. S. [vw escreveu S. em vez de L.] cobriram Kent com £62.000 em joias. Joias nos chapéus, em volta dos pescoços: de certa maneira isso faz com que eu sinta menos pena deles; por mais antidemocrática que eu seja. Adoro imaginar pérolas pendendo de carvalhos.

Tenho 15 – não, 12 – minutos até o almoço; & estou toda trêmula por voltar para casa & ver L., duas salamandras no banheiro; Cartas (de Ethel, & flores) livros &c. Uma ótima recepção; & eu diria que uma amostra da minha vida, extraída do monte (como quando se volta para casa) me deixa um pouco impressionada com minha própria felicidade. Ouso dizer que poucas mulheres são mais felizes – não que eu seja qualquer coisa com constância, mas sinto que tive um belo gole da vida humana & que nele encontrei bastante champanhe. Não tem sido tedioso – meu casamento; nem um pouco. Gostei de perambular pelos novos campos de Vita & de conversar com Mrs. Page sobre a plantação de feno; & do champanhe no jantar – uma extravagância de Harold; de dormir na sala; do fogo na lareira; cachorros; aeroplanos à noite; novamente os cachorros; & café da manhã na cama – cogumelos & pêssegos; & banho quente de banheira, & então voltar para casa, como eu disse, para as salamandras & Leonard. Clive virá para o chá. Talvez iremos ao teatro. E talvez eu decida ter como criada outra mulher educada. Isso vem depois de um dia com Nelly Lottie & Mrs. Mansfield. Suas piadas sua presença sua familiaridade fazem emergir as reflexões de sempre.

 Ao passar pelo bar nesta tarde de domingo, o burburinho das vozes pela porta era exatamente igual ao de uma festa à noite. Meu primeiro pensamento foi de censura: gente que frequenta bares. Mas logo isso se corrigiu. Não vejo grande diferença entre Marchmont Arms & Argyle House [Argyll House, mansão de Lady Colefax], ou o número 3 da Albert Road [casa de Mary Hutchinson], se quer saber; a não ser que bebemos champanhe & vestimos cetim, & eu me sento entre lorde Gage & Bernstorf.

Segunda,
28 de julho

Uma conversa estranha mas possivelmente frutífera com Mrs. Walter esta manhã. Acho que ela gostaria de ficar, se oferecermos um aumento de salário. A verdade é que seu marido tem amantes; ou flertes. E que ela gostaria de se dedicar inteiramente a nós – fazer tudo, de modo que eu jamais tivesse de pedir café. Mas ela vai pensar no assunto em agosto na Itália, com Karl. Desconfio (em segredo) que vamos encerrar as coisas aqui com Nelly & contratá-la – um grande risco; bastante divertido: instantaneamente eu me sinto 10 anos mais jovem só de pensar em uma mudança. Enfim, meu constante alívio com a ausência de Nelly parece prova de que o sistema é tão errado quanto eu sempre disse que era. Os cômodos sem criados; sentar-se tranquilamente; não ter nenhum [palavra ilegível], nenhuma conversa condescendente. Outras desvantagens estão no ar – mas mesmo assim dou qualquer coisa por uma tentativa – qualquer coisa.

Quarta,
6 de agosto

Estou escrevendo isso em Rodmell; ah sim, & é o melhor, o mais livre, o mais relaxado verão que já tivemos. Imagine pés inchados por causa de botas, e tirá-las – assim me sinto sem a coitada da Nelly; com a animada Annie. Um chuvisco cai – olhe (como as pessoas de *As ondas* estão sempre dizendo) agora. Meu jantar está no fogo. Tenho tantos cômodos em que ficar, que mal sei qual escolher. E cadeiras novas. E conforto em toda parte, & alguns primórdios de beleza. Mas a liberdade dos criados é a base & a fundação de tanta expansão. Depois do almoço ficamos a sós até o café da manhã. Digo, enquanto caminho pelas colinas, nunca mais nunca mais. Custe o que custar, nunca mais colocarei minha cabeça naquele laço novamente.

Caminho; leio; escrevo, sem terrores & constrições. Faço pão. Cozinho cogumelos. Entro & saio da cozinha. Tenho algo em que me apoiar além da leitura. Por que sofremos por tanto tempo daquele incômodo, daquela presença sempre rabugenta, sempre pelo menos (pois é injusto) numa perspectiva diferente da nossa, precisando de gramo[54]

Quarta,
20 de agosto

Ontem à noite foi o aniversário de Quentin. "Mais um aniversário de Quentin que fica para trás", disse Maynard ao portão, depois da queima de fogos, talvez contando os anos remanescentes. Os foguetes subiam depressa, rugindo, espalhando sua poeira dourada. Esta é uma frase antiga; mas sempre penso em poeira quando os vejo. Nunca consigo pensar em outra. Os salgueiros se iluminavam de prateado sobre o lago. A fogueira bifurcou-se, como os galhos de uma árvore ao vento. Nessa, de vermelho, montou um tabique. Angelica, girando & rodopiando como uma velha bruxa histérica, dançou ao redor dele. "Infância – infância de verdade", disse Lydia. Por alguns minutos tudo que se dizia tinha a qualidade das falas de uma peça de Tchekhov.

Estou escrevendo enquanto as batatas fervem. Foi um dia quente pesado feio [*palavra ilegível*]; parado, sulfuroso; & os cachorros latiram por toda a cidadezinha, um atiçando o outro. E os homens martelaram a espira. E fui e voltei de carro. Dormi aqui, em cima de um texto de Vernon Lee, que Ethel me enviou em sua carta diária. As cartas de Ethel são diárias: pois temos tanto a compensar. O tempo é curto. "Gostaria de conhecer a Itália antes de morrer", diz ela na carta de hoje. Devo restringi-la & refrear as cartas? Acho que não. Se é para se aventurar, que seja completamente. E ela é tão corajosa, notável, perspicaz, que seria mera poltronice da minha parte reprimi-la por medo do ridículo (continuam martelando, às 6h45). Então deixo aquela velha fogueira arder, vermelha, & talvez a proteja com um tabique. É um verão muito feliz, livre, & para mim de fato às vezes sublime. Sim, acho que me decidi contra Nelly, mas não me permito cutucar essa ferida. Acho que estou em cima de *As ondas* agora. E depois, tem minhas caminhadas. Como foi agradável explorar ontem até o Hump! Estranho como em quase 20 anos nunca fui naquela direção – nunca caminhei ao longo da estrada que margeia o alagadiço mais além de Sutton House. Vi uma trilha que posso fazer até Lewes. Caí & torci o tornozelo. Vi uma variedade incrível de cones & ângulos de tons de cinza & dourado abaixo, uns contra os outros. Estava muito feliz, a felicidade calma, profunda, vagarosa é a de que mais gosto. Um dia caminhei até Firle, sob a chuva, & encontrei um canivete de 4 lâminas.

As ondas, acho, está se resolvendo (estou na página 100) em uma série de solilóquios dramáticos. O negócio é fazer com que se desenrolem homogeneamente indo & vindo, ao ritmo das ondas. Poderão ser lidos consecutivamente? Quanto a isso eu não sei. Creio que é a maior oportunidade que já pude dar a mim mesma: portanto suponho que será o mais completo fracasso. No entanto eu me respeito por ter escrito esse livro. Sim – apesar de ele expor todos os meus defeitos congênitos.

Janet Vaughan ficou noiva, & Gerald Brenan se casou.

Barbara [Bagenal] parecia envelhecida ontem à noite, fora de seu elemento, irritadiça, & muito vermelha & bicuda.

Julian quieto; Clive sem dúvida numa nova direção que não permite intimidade comigo.

Escrevo essas anotações aguardando em vão que venha o exato comentário q. estava na ponta da língua; & agora não quer vir à tona, embora eu tenha atirado a isca & espere. Escrevendo anotaçõezinhas, de repente se topa com algo profundo. Estou lendo Dante, & digo, sim, isso torna toda a escrita desnecessária. Isso ultrapassa "escrever", como eu disse a respeito de Shre. Leio *Inferno* por meia hora ao final da minha própria página: & esse é o lugar de honra; ou seja, colocar a página na fornalha – se eu tivesse fornalha. Agora, fazer o purê. & L. colocou meu carpete.

Ethel veio passar a noite na sexta, & para abafar o barulho de Percy com o cortador de grama escrevo aqui; pois a fricção da escrita é uma proteção, & hoje os cachorros & a espira foram difíceis. Mas foram difíceis porque estou reescrevendo Hazlitt; depois de parar *As ondas* no meu intervalo; & me sinto feliz; & é um dia muito quente; & fomos a Lewes, & fiz boa parte do caminho de volta a pé. É o único dia realmente quente que tivemos. Mas gostaria, se conseguir, de descrever Ethel. Ao menos deixe-me atirar umas poucas anotações sobre essa amizade curiosa & anormal. Digo anormal por ela ser tão velha, & tudo ser incongruente. Sua cabeça tem um tamanho enorme ao redor das têmporas. A música está aqui, ela disse, dando um tapinha nas têmporas. Ali está a insanidade. O que Walter disse; o que Wach (ou sei lá quem) disse – ela não consegue parar de repetir o que, imagino, são elogios bastante desgastados, frequentemente repetidos a si mesma na calada da noite.[55] Pois infelizmente ela não consegue superar não ser bem tratada. Ocorre um bloqueio; que só ganha mais destaque quando comparado com a generosidade, o bom senso, o equilíbrio & a perspicácia em tudo o mais. Salvo o assunto da sua música, & da conspiração contra ela – pois a Imprensa está determinada a sufocá-la, apesar de ela lotar todas as salas de concerto – esse é o tom –, ela é uma hóspede admirável. Ah sim, & tem mais. Contei algumas vicissitudes, à guisa de emoção. Recostada em minha poltrona à luz do fogo, ela parecia ter 18 anos; parecia uma mulher jovem vigorosa & bonita. De repente isso some: lá está o velho penhasco que foi desgastado pelas ondas: o rosto humano devastado que nos faz respeitar a natureza humana; ou sentir que é algo indomável & persistente. Ela é mundana, & me refiro com isso a algo de que eu gosto; desavergonhada, arejada, bronzeada, à vontade com este ou aquele estilo de vida; morou em diversas sociedades; abriu seu próprio caminho de camisa & gravata, sem impedimentos; & além disso tenho consciência, suponho, do elogio que ela me faz. Mas ela tem mais de 70 anos. E (ah esses cachorros! – ah esse Percy! – & eu que tinha planejado uma noite tão agradável – que vou fazer?) ela é impressionantemente rápida às vezes. Sua percepção é veloz como um relâmpago, semelhante à minha. Mas ela é mais robusta; mais enraizada nos fatos do que eu. Eu lhe contei sobre Morgan & minhas dificuldades com o jornal. Nenhuma mulher de 30 poderia ter enxergado as coisas tão depressa ou resumido a questão de modo mais sucinto. (seu defeito é a difusão.) Tivemos alguns momentos interessantes. Sobre o ciúme, por exemplo. "Sabe, Virginia, não gosto que outras mulheres gostem de você." "Então você deve estar apaixonada por mim, Ethel." "Nunca amei tanto uma pessoa" (existirá algo de senil nisso? Não sei). "Desde que a vi não pensei em mais nada &c. Não era minha intenção lhe dizer." Mas eu quero afeto. "Você poderia se aproveitar disso." Não. Bem, este, até onde consigo compreender, é o estado de Ethel.

Mas o que me agrada nela não é, creio, seu amor, pois como é difícil tornar isso inteligível – é compacto em tantas coisas – ela exagera – sou sensível aos exageros – o que me agrada é o velho penhasco indômito; & um certo sorriso, muito largo & benigno. Mas minha nossa, não estou apaixonada por Ethel. E ah é – sua experiência.

28 de agosto O dia mais quente do ano: & também o foi no ano passado, quase nesse mesmo & exato dia, & eu estava em Long Barn, & lá estava o tutor de Eton, um rapaz simpático de olhos azuis dentes brancos & nariz retilíneo – & agora ele jaz no fundo de um precipício na Suíça – nesta noite tão quente – jaz esmagado ao lado de sua Mary Irving: lá estão os dois corpos para sempre. Imagino alguns pingos de gelo, ou lufadas de neve: a luz é azul, verde; ou inteiramente negra; nada gira em torno deles. Congelados, próximos, juntos, em seus tweeds & botas de alpinismo, lá jazem os dois.[56] Enquanto eu estou aqui; escrevendo em minha edícula, de frente para os campos de colheita.

Imagino que tenham se sentido num turbilhão, como aros; espancados; insensíveis, depois do primeiro choque ao se verem sem controle.

Um verão extremamente violento.

Foi o que disse a Janie Bussy Julian & Quentin no terraço domingo passado.

A igreja foi concluída hoje & os andaimes retirados. Estou lendo R. Lehmann [*A Note in Music*, de Rosamunde Lehmann], com certo interesse & admiração – ela tem um raciocínio claro & firme, que hora ou outra resvala na poesia; mas como sempre fico chocada com a maquinaria da ficção: tanto esforço para tão pouco resultado. E esses livros não têm importância nenhuma – acendem uma luz intensa aqui & ali, mas suponho que nada mais. No entanto ela tem todos os talentos (imagino) que me faltam; entende de enredo & desenvolvimento & personagens &c.

Annie me ofereceu hoje um peso de papel de [palavra ilegível] da Escócia em agradecimento por eu ter pagado seu oculista.

2 de setembro Estava caminhando pela trilha com Lydia. Se isso não parar, eu disse, referindo-me ao gosto amargo em minha boca & à pressão como a de uma jaula de som sobre minha cabeça, é porque estou doente: sim, provavelmente estou acabada, doente, morta. Droga! Então caí – dizendo "Que estranho – flores". Em frangalhos eu me sentia, & sentia que era carregada até a sala de estar por Maynard, vi L. muito assustado; disse vou lá para cima; o martelar do meu coração, a dor, o esforço tornaram-se violentos diante da porta; dominaram-me; como gás; perdi a consciência; depois a parede & o quadro retornaram aos meus olhos; vi a vida mais uma vez. Estranho, falei, & ali fiquei deitada, gradualmente me recobrando até as 11, quando me arrastei até a cama. Hoje, terça-feira, estou na edícula & Ethel vem me ver – velha valente! Mas esse raspão com a morte foi instrutivo & estranho. Tivesse eu despertado diante da presença divina, seria com punhos cerrados & fúria nos lábios. "Não quero estar aqui de maneira nenhuma!" É o que eu exclamaria. Eu me pergunto se esse é o estado comum das pessoas que morrem violentamente. Se é, imagino como será o Paraíso depois de uma batalha.

Alguém poderia escrever uma fantasia chamada *Reflexões* ao ver uma aranha pernas-longas. Havia uma agora mesmo (eu me mudei da edícula, o que perturbou tanto L. quanto Annie) rastejando sobre o papel feito à mão onde tive de assinar meu nome 600 vezes.[57] Aquele trecho iluminado era o seu único prazer. Sim, & as pessoas não gostam das pernas-longas porque elas comem as plantas. Sente-se certa simpatia pelos pouquíssimos prazeres dessas aranhas. Qual a nossa relação com os insetos? De repente me vem à lembrança como eu costumava apanhar um papel longe da vista das enfermeiras, em outras doenças – que tremendo desejo de escrever eu tinha.

Vou usar essas últimas páginas para resumir nossa situação. Um mapa do mundo.

Deixando de lado o assunto Nelly, que me entedia, somos agora muito mais livres & ricos do que jamais fomos. Durante anos nunca tive uma libra extra; uma cama confortável, ou uma cadeira que não precisasse de estofamento. Esta manhã a Hammond [loja de móveis de Lewes] entregou 4 poltronas perfeitamente confortáveis – & demos tão pouca importância a isso.

Raramente vejo Lytton; isso é verdade. A razão, imagino, é porque nós não nos encaixamos nas festas dele & nem ele nas nossas; mas se conseguimos nos encontrar a sós, as coisas correm normalmente. Porém o que significam nossos amigos, quando só os vemos 8 vezes por ano? Morgan eu ainda vejo, à nossa maneira cronicamente espasmódica. Somos todos tão conscientes da vida que raramente fazemos alguma coisa que não queremos. Meus relacionamentos com a família Bell são jovens, férteis & íntimos. Julian & Quentin mudam tanto. Este ano Q. está desleixado tranquilo natural & talentoso; ano passado era janota, meticuloso & afetado. Julian vai publicar pela Chatto & Windus.[58] Quanto a Nessa & Duncan, estou convencida de que agora nada pode ser destrutivo para esse relacionamento fácil, pois ele se baseia no estilo de vida boêmio. Minha queda para essa direção aumenta – apesar da fama prodigiosa (que diminuiu desde 15 de julho: estou atravessando uma fase de obscuridade; não sou escritora: não sou nada: mas estou bastante satisfeita) eu me sinto atraída mais & mais pelo relaxamento, pela liberdade & por jantar numa mesa qualquer a comida que eu mesma preparei. Esse ritmo (digo que estou escrevendo *As ondas* com base no ritmo, não no enredo)[59] está em harmonia com o dos pintores. O relaxamento, o desalinho & a satisfação, portanto, estão todos garantidos. Adrian nunca vejo. Com Maynard estabeleci uma constância. Nunca vejo Saxon. A falta de generosidade dele me repele ligeiramente, mas gostaria de lhe escrever. Talvez faça isso. George Duckworth, sentindo estar com o pé na cova, quer almoçar com Nessa; quer sentir novamente as velhas emoções sentimentais. Afinal, Nessa & eu somos suas únicas parentes mulheres. É um estranho grasnar de gralhas que voltam a seu lugar de origem, esse. Eu diria que os deleites da arrogância de certa maneira diminuem na velhice – & nós duas fizemos – nós duas "nos saímos bem", esta é a expressão dele.

Falta plenitude ao meu mapa do mundo. Tem a Vita. Sim – ela esteve aqui outro dia, depois da viagem à Itália, com os 2 filhos; um carro empoeirado, sandálias & candelabros florentinos, romances &tc caindo pelos assentos. Uso meus amigos como os faróis de uma charrete: avisto outro campo: graças à sua luz. Mais além um morro. Amplio meus horizontes.

8 de setembro de 1930

Monk's House

Rodmell[60]

Segunda, 8 de setembro

Vou sinalizar meu retorno à vida – quer dizer, à escrita – iniciando um novo caderno, & por acaso hoje é aniversário de Thoby, reparo. Hoje ele faria, creio, 50 anos.

Depois de vir para cá tive a minha habitual – ah tão habitual – dor de cabeça; & fiquei de cama, como uma fibra de músculo cansada, na minha saleta, até ontem. Agora estou de pé & a todo vapor novamente; com uma nova imagem na cabeça; meu desafio à morte no jardim.

Mas a frase que iria abrir este livro era "Ninguém jamais deu tão duro quanto eu"– exclamada agorinha, enquanto eu enfiava um prendedor de papel nas 14 páginas de meu Hazlitt. Houve um tempo em que eu despachava todas essas coisas durante o próprio horário de trabalho. Agora, em parte porque preciso fazê-las para a América & organizar tudo com antecedência, gasto, eu diria, uma quantidade de tempo ridícula com elas, muito mais que o necessário. Comecei a ler Hazlitt em janeiro, acho. E não tenho certeza se lancetei aquela enguiazinha que existe no meio – aquela medula – que é o objetivo de quem escreve críticas. Um negócio dificílimo encontrá-la, sem dúvida, em todos esses ensaios; são tantos, tão curtos, & sobre tantos assuntos. Não importa; ele segue hoje; & isso, estranhamente, aguçou meu apetite para críticas. Tenho certo talento nessa área, não fosse o trabalho árduo, a tensão & a tortura –

Vita vem para cá amanhã; vamos a Sissinghurst na quarta; devo atacar *As ondas* na quinta. Ou seja, essa doença significou uma pausa de duas semanas – mas, como sempre penso, as temporadas de silêncio, de ruminação, de criar muito mais do que se poderá usar, fertilizam. Eu estava espremendo meu cérebro com força demais.

Enfim, este é o verão mais feliz desde que compramos Monk's House; o mais satisfatório. Esperamos, segundo o que disse Percy – P. estava arrumando o velho túmulo de Hawkesworth – que a fazenda Byng Stamper tenha sido comprada por um criador de cavalos, & que toda aquela terra seja grama – não casas. E Annie nos surpreende diariamente com sua suavidade, destreza & simpatia – o argumento mais convincente que eu conheço a favor de que os criados não morem em casa. Ontem enviei um anúncio para o *Time & Tide* – mas shhh! Segredo absoluto é essencial.

Faz um típico clima de setembro, claro, ensolarado, frio. Temos planos de transformar a saleta em meu quarto – por causa da vista. Desperdiçá-la, dia após dia, parece um crime: que olhos idosos não toleram. Não, eu gostaria de ter outra vida, & vivê-la ativamente. Foi o que pensei, olhando para o Caburn & imaginando o que sentiria um rapaz forte, subindo-o, com mulher & filhos, & uma carreira na City... Eu acho. Não, seria um político; & acho que também um funcionário público na Índia. Não seria escritor: Estas são as histórias que se inventam. E esta: "Aos 50 anos, Priestley dirá, 'Por que os intelectuais não me admiram? Não é verdade que eu só escrevo pelo dinheiro." Ele será absurdamente rico, mas haverá essa pedra em seu sapato – ou assim espero. Porém ainda não li, & arrisco que nunca vou ler, nenhum livro de Priestley.[61]

E (para me consolar) recebo a carta de um tal de Mr. Spender[62] dizendo que dá mais importância a meus elogios do que aos de qualquer crítico – & me envia seus poemas. E invento essa frase para Bennett & Priestley, "os comerciantes das letras"

Quarta, 24 de setembro[63] Peguei meu cajado novamente; gostaria de poder dizer que meu livro é meu cajado; mas ai ai, quantas pessoas tenho visto – atirando para longe das minhas mãos esse apoio! Deve ter sido na tarde em que escrevi isso – sim, porque L. & Percy estavam mudando a mobília para a saleta – que Mary & Barbara [Hutchinson] enfiaram pela janela suas cabecinhas de frasco de remédio. Como fechei a cara! Depois teve Alice Ritchie, depois os Wolves, depois Morgan, depois uma festa em Charleston, depois Londres, & depois aquelas mulheres esquisitas, Miss Ibbotson & Mrs. Starr.[64]

"Sou prima de Florence Nightingale", disse Mrs. Starr. Quando comentei que também sou parente, os olhos matreiros dela se tornaram ainda mais matreiros. "Não sei fazer omelete", disse Miss Ibbotson, dirigindo-se com ar lamentoso & ao mesmo tempo rabugento para Mrs. Starr. "Seria um verdadeiro desastre, claro, servir todos os pratos queimados", disse Mrs. Starr. "A senhora me despediria, suponho", disse Miss Ibbotson.

Miss Ibbotson estava falida; "Onde há fome não há pão duro", disse ela, "portanto estou voltando a fazer *isso*". Miss Ibbotson um dia foi dona de dois carros & os dirigia como chofer em Londres, mas a competição com os homens foi demais. Além disso, ela ficou doente. Era magricela, enrugada; vestia uma pequena jaqueta de veludo cotelê & uma saia branca um tanto encardida; usava um lenço de bolso vermelho; meias grossas remendadas & sapatos pesados. Mrs. Starr vestia uma saia de seda azul rodada & um chapéu de palha. Reprovou Miss I. por ser acanhada demais. "Se me dessem um período de experiência", repetia Miss I. "Mas você logo vai pegar o jeito de novo" disse Mrs. S. "Não sei preparar pratos chiques" disse Miss I. "E gostaria de cuidar de parte da faxina." "Deixe a faxina comigo" disse Mrs. S., "você fica com a cozinha." Esses comentários eram lançados uma para a outra, & basicamente eram sinal de grande discussão prévia sobre o assunto, muito embora por que Mrs. S., tão compacta, embora dissimulada, tinha entrado em contato com Miss I., tão descontrolada, com seus olhos azuis fixos & seu chapéu *wideawake*, eu não saberia dizer. Um aroma indefinível de sordidez, instabilidade, suspeita & matreirice impregnava as duas. Tinham certeza, pensei quase no mesmo instante, que as tínhamos desmascarado & que aquele lugar não era para elas. "Vivemos à base de saladas" disse Mrs. S., "apesar de eu não ser vegetariana". Dito & feito, o saco pardo que deixaram para trás continha várias alfaces embrulhadas em papel.

Miss Rivett-Carnac descende de uma grande família indiana que sustentava tanto ela quanto a mãe em Wimbledon com uma libra por semana. Já se envolveu em várias coisas: trabalho social; albergues; clubes de corrida. Tem cerca de 35 anos; & é uma dama perfeita, tanto que não dá importância a isso; só está ansiosa por um teto & um salário & um pouco de tempo para si mesma. Talvez ela sirva – poderá vir a ser uma Walter melhorada. E, Deus meu, sofreu demais. E, talvez, seja vingativa, ácida, desgastada, leal, faminta por felicidade.[65]

Existe alguma coisa que possamos fazer para nos tornar menos populares?, perguntamos. Por exemplo, se eu pintasse o cabelo de Leonard de várias cores – isso faria com que sua mãe, Bella, Tom [*Southorn*], Harold [*Woolf*], Dorothy Bussy, Ellie Rendell & Ka Cox deixassem de se convidar a vir para cá? Quando ofereci £50 a Miss Rivett-Carnac ontem, tive a sensação de que não era nada, pois pensei que poderia ganhar isso escrevendo 2.000 palavras. Porém 5 anos atrás £50 era uma quantia polpuda. Como o dinheiro encolheu meu espírito! Essa é uma das coisas mais curiosas da minha existência – o encolhimento do dinheiro.

Um dia perfeito de setembro, depois de vários dias imperfeitos de novembro; as andorinhas voam rente ao terraço; Percy pergunta se o tempo estará bom amanhã; se estiver, ele irá cortar a grama. Desconfiamos que as abelhas andaram ocupadas. Se foi o caso, esta noite teremos mel. L. & P. passaram a tarde – Trim & Tio Toby – consertando a cerca; eu, caminhando pelas colinas. Ainda tenho, apesar das construções, um trecho perfeito, & com um pouco de esforço da imaginação consigo converter as casas distantes em montes de feno.

Estou lendo Dante; & atualmente minha abordagem à leitura é demorar-se imensamente. Levo uma semana ou mais por canto. Sem pressa.

Nossos amigos nos demandam muitíssimo. Tom Eliot: quando vocês voltam? Mis Bartlett [*não identificada*], podemos ir para o chá? E – & meus dois meses de respiro aos pouquinhos vão sendo comidos por todos que nos escolhem. Acho que vou passar o mês de agosto do ano que vem em Northumberland.

Segunda, 29 de setembro

Então todos aqueles dias foram completamente arruinados pela assiduidade dos nossos amigos. Quando se tem de arrumar a mesa, apanhar flores frescas, reunir as cadeiras & estar pronta, às 4h, ou à uma, para receber, todas as outras partes circunjacentes do dia veem-se arruinadas. No geral é a família de L. que consegue fazer isso mais completamente. Tudo é de um tal esforço; tão irreal; o que eu digo é tão distante do que eu sinto; os padrões deles, tão diferentes do meu; que me desdobro continuamente, tentando providenciar os bolos certos, as piadas certas, o carinho & as perguntas certas. Naturalmente, com frequência tudo dá errado, como na sexta-feira. Harold, que para mim é o mais compreensivo deles todos, contou uma história sobre o mau humor dos Woolf; de como Philip certa vez destruiu o quarto inteiro dos criados num acesso de fúria porque eles tinham colocado uma garrafa, aberta, na cama de Bab, & se recusaram a fazer a cama. Mrs. W., que é a mais vaidosa das mulheres (pobre velha senhora – sim, o sentimento de que ela é uma pobre velha senhora se [palavra ilegível] & se confunde com o de seu egoísmo, de sua vaidade), interpretou isso como um insulto pessoal; & se pôs rabugenta & ranzinza a defender seus métodos educacionais, & a fazer os elogios de sempre a si mesma por ter criado tão maravilhosamente bem tantos filhos sem pai & sem dinheiro. E depois, claro, ela exige que esses elogios sejam corroborados, & não se satisfaz até que eu também fique impressionada & exalte seu desprendimento & sua coragem impressionantes & concorde que o mau humor dos Woolf é simplesmente uma prova da sua inteligência. Então claro eu começo a ver com toda a clareza o quão feios, quão enxeridos, quão irremediavelmente classe média são todos eles, & meu senso estético é o que protesta com mais obstinação – como eles avacalham a casa & o jardim – como trazem um clima de Earls Court & de hotéis, como parecem impossivelmente deslocados, conservadores, grosseiros, afetados & deselegantes no terraço, entre as macieiras, os legumes & as flores!

Mas fico presa ali, tão firme quanto Prometeu em seu rochedo, enquanto meu dia, sexta-feira, 26 de setembro de 1930, é feito em pedacinhos, avacalhado, enfeiado & trivializado; pois o que dói é que não existe nenhuma escapatória – nenhuma escapatória que não faça a velha Mrs. Woolf começar a enxugar os olhos com o lenço, sentindo que não está sendo bem recebida – ela que é tão "dolorosamente sensível" – que gosta tanto de bolos, que é tão incapaz de entreter a si mesma, tão desprovida de interesses pelos meus sentimentos & amigos; tão vampiresca & abrangente em sua exigência por toda a minha atenção & compreensão, enquanto ela fica sentada diante da lareira, com suas peles horrendas, seu chapéu feioso & suas botas grandes, suas bochechas pendulares, seu nariz vermelho & seus brincos baratos, conversando sobre Worthing & os encantos do Dr. Watson & a simpatia de todos ali, dizendo que irá a Worthing todos os anos & que espera tomar o chá conosco.

Deus meu! quantas filhas já foram assassinadas por mulheres assim! Que trama de falsidade elas espalham pela vida, que apodrece embaixo da doçura delas – torna-se marrom & macia, como uma pera estragada! Ao mesmo tempo não consigo me ver como uma pessoa maltratada. Não, porque tenho interesses além do meu próprio nariz. Mas preciso observar que a velhice só é tolerável quando se tem uma firme âncora além da fofoca, dos bolos & da simpatia alheia. Imagine impor uma única tarde que seja de tal fardo em cima de Quentin Julian & Angelica! Eu passarei o dia no Museu Britânico. (Essa é uma daquelas imagens visuais, sem sentido quando transposta para palavras, que transmite todo um estado mental para mim)

Rodmell anda repleta de acontecimentos, dramas & às vezes, penso, quando volto para casa de um passeio pelas planícies, de beleza & solenidade. Mr. Fears o epiléptico morreu na quinta-feira. Ficou trancado durante semanas em seu quarto; mas fugiu, foi até Southease & visitou os Thomas para apresentar suas queixas ao pároco.[66] Uma delas era que Mrs. Dedman havia roubado parte do seu jardim – & dizem – & eu acredito – que isso não era coisa da imaginação dele. Ela fica parada na rua, ameaçadora, sombria, predatória, cobiçosa, reclamando. Então um médico bate à janela: alguém passou mal na rua & foi levado para uma casa. Era a mãe de Miss Emery, a criadora de cachorros. Ela agora jaz moribunda, quem sabe, & seu marido precisa ser levado embora durante o enterro de Mr. Fears, para que não pense na morte. Este é o mais horrível dos dias, frio & garoento, com folhas caindo; maçãs caídas; flores encharcadas; névoa cobrindo o Caburn. No entanto escrevi bem, & não consigo pensar em mim mesma como alguém maltratada. O grande jogo diplomático com Nelly começou. Contei ao Dr. McGlashan que vamos pagar os salários dela, mas que só a receberemos de volta depois que ela se recuperar.[67]

Sábado, 11 de outubro

Os cinquenta caixões acabaram de passar por aqui, rodando em carretas, cobertos um tanto sumariamente com Union Jacks – uma mortalha inadequada – & cravejados aqui & ali de coroas de flores vermelhas & amarelas. A única visão grandiosa era a marcha lenta, rítmica, dos Guardas, inclinados para trás: no mais, o rosto humano era quase sempre ignóbil, com marcas de varíola; os pobres artilheiros parecem entediados & retorcem o nariz, a multidão fede; o sol empresta a tudo um clima de bolo de aniversário & estalinhos comemorativos; & os caixões escondem em demasia. Um osso, uma mão carbonizada, teriam feito o q. nenhuma cerimônia é capaz de fazer: & é incômodo o peso de uma cerimônia sobre nossa pequena brasa de sentimentos. Eu me refiro ao enterro dos 48 "heróis" do R101 esta manhã.[68] Mas que "heróis"? Lorde Thomson, um homem matreiro & desagradável, segundo o que todos diziam, sai para uma viagem a lazer com outros notáveis & tem o azar de morrer incinerado em Beauvais. Sendo assim, temos todo o motivo do mundo para dizer: Deus do céu que coisa dolorosa – que tremenda infelicidade –; agora, por que todas as lojas em Oxford St & Southampton Row precisam exibir somente vestidos negros & faixas pretas; por que se solicita que a Nação não pense em mais nada; por que as pessoas lotam as ruas & fazem procissão até Westminster Hall, por que todos os jornais precisam se encher de lamentações & nobreza & louvor, por que as linhas de telégrafo dos alemães ficam engarrafadas & os franceses declaram dia de luto & os jogadores de futebol fazem dois minutos de silêncio – é algo que me espanta, & a Leonard & Miss Strachan [funcionária da Hogarth Press].[69]

Quarta,
15 de outubro

Digo a mim mesma, "Mas não consigo escrever mais nenhuma palavra". Digo "Vou debandar – ver o Roger na França – sentar nas mesas das calçadas & tomar café – ver os morros do sul; vou sonhar; libertar meu espírito dessa jaula de ferro & deixar que ele nade – nesse belo mês de outubro". Digo isso tudo; com energia; mas devo mesmo fazê-lo? Não seria melhor esvaziar-me aqui, até que a fonte se encha novamente? Ai ai, ai ai – a lassidão do espírito! Raramente raramente tu vens agora, espírito do deleite. Escondes-te lá em cima, atrás das janelas do hotel & das nuvens cinzentas. (Estou escrevendo isso com uma caneta de aço que mergulho na tinta, prevendo o dia em que minhas canetas alemãs serão extintas.) É deprimente abordar o mês de outubro com tanta preguiça. Acho que no ano passado foi a mesma coisa. Preciso de solidão. Preciso de espaço. Preciso de ar. Preciso dos campos vazios ao meu redor; & das minhas pernas percorrendo estradas; & dormir; & da existência animal. Meu cérebro é energético demais; trabalha sem parar; prepara um artigo sobre Christina Rossetti & prende-se a isso ou aquilo.

Rivett está instalada. E cozinha como uma mulher generosa. Pratos leves, modestos, chegam à mesa. É apenas o segundo dia, & Annie está infinitamente feliz tagarela & ansiosa para ficar aqui – como vou conseguir suportar Rodmell agora, diz ela. Vou me sentir fechada por dentro de certa maneira – Annie vai embora hoje. Um estranho interludiozinho, esse. Ora, semana passada Nelly um dia não apareceu em casa – claro que com seu melhor comportamento – muito parecida com a velha criada de confiança &, eu acho, com uma pitada de desconfiança? Por que eu não a quis receber de volta & ajudá-la, visto que ela está conosco há 15 anos? – era isso que, imagino, passava pela sua cabeça. Mas não se tocou no assunto; & ela se foi para Colchester por 10 dias, & depois – ai ai, repito, ai ai. Nessa & Duncan estão em Cassis, o que traz a imagem deliciosa da França para perto demais de mim – Ah, como eu queria caminhar entre os vinhedos novamente, grito mais uma vez. E um monte de gente está elétrica: ontem à noite jantei com Raymond, um Raymond desleixado & diminuído, que me agrada mais que o elegante. Nada de muito vinho &c & tal. Desistiu de frequentar festas & leva Wyndham Lewis muito a sério. "Um homem de meia-idade supérfluo" disse Lewis naquele seu livreto, que mais parece a fofoca, o despeito & a implicância de uma criada suburbana que depois de ser despedida quer se vingar.[70]

18 de outubro Mas pasme!, creio que o espírito do deleite está pairando sobre mim; depois de 2 dias em Rodmell, apesar de Ethel Smyth, apesar de Emmie Fisher. Duas cartas provocativas & tormentosas delas foram, obviamente, encaminhadas para cá.[71] Mas andamos até Lewes pelos campos – sim, atingimos nosso objetivo, saímos por baixo daquele túnel; veja, há quase 20 anos planejo fazer essa trilha & nunca a tinha feito. Agora de volta à casa, encontro outra carta, trêmula & arrependida, de Ethel, & a nova edição de Johnson de Tom,[72] & mais flores que nunca.

22 de outubro Acabo de voltar da minha sessão de enganar a dor de cabeça – devia existir um nome para essas peregrinações – em Hampton Court. Minha tristeza ante as folhas secas & amarelas, & os navios chegando & eu não estou lá, eu não estou lá – levou-me a tirar um dia de folga; na verdade a planejar 2 dias de folga; porém não: agora está chovendo; & quero a lareira.

Minha tristeza é Leonard. Rivett não sabe cozinhar. Pobre coitada! Curvada pela sensação de ter fracassado na vida, rastejante, de asas quebradas, árida, suplicante, tímida, ela serve pratos insossos & miseráveis, arrisca combinações nervosas de tapioca com laranja. Não, não: ela precisa ir embora. E depois, penso eu, Annie – para sempre. Mas a tristeza que essas trivialidades trazem pode ser devastadora. Linguado, molho, & mais nada. E quando faço uma piada ela ri, como um dia riu para algum subalterno numa quadra de tênis, imagino, cheia de si. Ela é invertebrada, esmagada; & o que, eu me pergunto, será dela? E como vou desgrudar todo o cheiro de alga que ela impregnou na minha cozinha? Pois obviamente para ela, esta era uma chance de recomeçar; de fazer algo novo. E quando eu disser, Não, você não sabe cozinhar, ela verá suas esperanças fulminadas como um coelho numa galeria de tiros. E eu detesto pôr alguém no olho da rua. Nelly de novo ontem; apreensiva & desconfiada; apesar de não parecer abalada na ideia de que voltará para cá. Graças a Deus, está chovendo, & agora posso me controlar com facilidade. O inverno chegou; feche as cortinas; acenda a lareira & vá trabalhar.

Quinta,
23 de outubro

Pasme!, o teste familiar de sempre – nova caneta, nova tinta. "Temo, madame", disse o jovenzinho da Partridge & Cooper's, "que as Penkalas estão extintas." Uma voz ao telefone já havia declarado sua morte. Caminhei pelo mercado de Faringdon esta tarde procurando o homem do carrinho de mão. Vi as torres cinzentas de, suponho, Smithfield. Quase entrei na St. Paul para ver o Dr. Donne, que agora está de novo em exposição;[73] mas por estar, como digo a mim mesa, com o tempo curto, continuei caminho pela Strand.

Ethel veio ontem à noite; bastante abatida em um velho casaco de pele de toupeira; com o mesmo chapéu triangular que o proprietário do hotel em Bath modelou com alguns poucos alfinetes. Bem, começo a fazer anotações sobre ela porque, entre outras coisas – e quantas outras! –, ela perguntou se eu gostaria que ela me deixasse em testamento algumas de suas cartas – de Maggie Benson, Mrs. Benson, Lady Posonby?[74] Você gostaria que eu escrevesse sobre você?, perguntei. Ah, sim, seria muito divertido! Mas eu faria alguns experimentos. Ah, que divertido! Eu adoraria! Mas eu entenderia tudo errado. Sim, claro; ou se preferir simplesmente rasgue-as todas. Faça como quiser. As cartas de H.B. vou deixar para Maurice Baring; mas ele não fará nada com elas. Irá rasgá-las.

Então, em certo sentido, tornei-me executora literária de Ethel, cargo que vagamente eu sempre desejei; & agora faço algumas anotações enquanto ela fala, para escrever um perfil. Será necessário colocar a enorme ansiedade dela em destaque. Ela estava me contando que adora ler livros de viagem; & seus olhos – seus olhos azuis, um tanto proeminentes, chegaram a cintilar. E nem era um assunto sobre si mesma, ou sua música – era simplesmente sobre alpinistas – as aventuras deles. E as faces dela ficaram coradas da mesma maneira. Mas de vez em quando ela parece envelhecida: disse que era uma mulher muito corajosa. É uma qualidade que eu adoro. E que tenho. Uma das coisas mais corajosas que já fiz foi revelar minha idade às pessoas. Graças à minha vivacidade &c – Todos acham que sou 20 ou 30 anos mais nova. *Ora* – (uma palavra típica, que indica o que de fato se torna necessário – uma quebra – um novo parágrafo – um calço inserido no fluxo) Ora – quando eu quis que as pessoas se dessem conta de quanto tempo esperei pelo reconhecimento – & nunca o tive de fato – eu fiz isso – mesmo odiando: eu lhes contei minha idade, para que não saíssem por aí dizendo Ah mas no fim tudo deu certo para ela – foi reconhecida. Isso deve ser uma referência, acho, mas é difícil inserir nossos próprios calços, ao Concerto de Jubileu em Berlim, quando Lady Jones agiu daquele modo horroroso.[75] Ela estava a caminho – agora mesmo deve estar num trem ou navio, neste dia frio & cinzento – de Belfast, para reger suas *Sea Songs*[76] (uma das minhas melhores obras), & então, terminando isso, ela volta, atravessa o Canal da Irlanda & retorna a Woking para continuar escrevendo sobre H.B.: aquela figura imponderável, pairante: que tem uma existência estranhíssima; pois se pergunto sobre ele, Logan, Ottoline &c dizem Oh um *petit maitre*; um filósofo de sala de estar; ao que Logan acrescenta, o filho de um dentista, & Ottoline,

Isso ela copiou de Mrs. Pankhurst

ele fez amor comigo & eu o achei intolerável. Foi este o homem que dominou a vida de Ethel, esta aparição que assombra as vidas de Logan & Ethel. Que estranho então escrever, como um dia talvez eu faça, a biografia dessa mulher, cujo passado é tão nebuloso. E eu cheguei a tempo de apenas ouvir as histórias do passado. Tudo é passado. Ela não espera viver mais sete anos; leva-me a entender que, agora que seus últimos anos improdutivos foram fertilizados ao me conhecer, ela pode cantar seu *nunc dimittis*. Tendo em vista que todos os anos de desejo feroz já terminaram. No entanto eu duvido que tenham realmente terminado. No entanto é um belo espetáculo, & curioso também, ver essa mulher idosa relembrar suas experiências & compor um hino de amor para H.B., como a canção de um cisne (& as pessoas dizem que é uma canção horrível, pois segundo elas o gênio musical de Ethel é outra ilusão – sua vida inteira baseou-se em ilusões; isso, porém, quando converso com ela, percebo que é uma inverdade absoluta). Preciso agora escrever para a Ethel viva – já que a nossa perspectiva muda.

Segunda, 27 de outubro

Que desconfortável & incômodo é o meu quarto – uma mesa sufocada de papéis &c. Agora estou novamente quebrando a cabeça com *As ondas*, & tenho quem sabe uma hora & meia à disposição: um tempinho para Dante; um tempinho para os originais: um tempinho para isto aqui – com outra caneta. Ontem fui a Warlingham & sentei em uma mina de cascalho, como um Cézanne. Faço essa comparação para me consolar por não estar na França. E caminhamos por uma trilha de cavalos; & vi fazendas antigas, silenciosas, & coelhos, & colinas, tudo preservado como se pelos poderes de um anel mágico de Croydon. Nunca a diferença entre Londres & o interior foi tão gritante. Volto para casa, faço o jantar; & leio manuscritos: Mas, de um modo bastante casual & unânime, decidimos na semana passada parar com a Editora. Sim; ela precisa ser encerrada. Quer dizer, deverá continuar apenas com meus livros & os de L. & os de Dotty talvez; & mais o que nós mesmos conseguirmos editar. Em resumo, em outubro do ano que vem devemos voltar ao que éramos na época da Hogarth House – uma estranha reversão, tendo em vista o quanto somos financeiramente bem-sucedidos hoje. Mas que é o dinheiro quando se vende a liberdade?, indagamos. E qual o sentido de editar esses romances & livretos inócuos, que não são nem ruins nem bons? Portanto tomamos essa decisão, casualmente, enquanto caminhávamos pela Praça depois do almoço, & dessa maneira retiramos mais um grilhão de nossos ombros. É isso o que eu chamo de viver com um piloto no navio – em vez de simplesmente se deixar levar pela correnteza.

Domingo,
2 de novembro

E esta noite devemos enviar a última carta a Nelly; ali está ela em minha bolsa vermelha, mas sinto grande relutância em relê-la – pois eu que a escrevi. Embora ache que ela não vai se incomodar tanto. Primeiro porque já sabe, creio, de nossa predisposição a não tê-la mais aqui; & depois porque desde aquela cena famosa em novembro passado acho que ela já estava ciente de que houve uma mudança. Seja como for, esses últimos 5 meses provaram que sem ela somos muito mais livres & tranquilos, & que não temos menos conforto – na verdade temos mais conforto, apesar do bom humor, do bom senso & da gentileza dela; que agora, depois de escrever aquela carta, consigo enxergar melhor em suas verdadeiras proporções. Mas me sinto vaga, no ar, porque tenho minhas dúvidas de que Annie viria para cá – dúvidas de que isso seja o melhor – meu desejo na verdade é não ter mais criados morando na casa. Ah, não ter mais cenas com os criados! – a minha ambição é essa. Como costumávamos caminhar pela Praça pensando nos ultimatos de Nelly; quantas horas gastamos com isso, & gastaríamos ainda. Não: esse é um rompimento sadio, que tira 10 anos das minhas costas. Ah, mas ainda terei de vê-la –

Mais anotações sobre Nelly,[77] pois é um pedaço estranho da vida que se encerra; psicologia dos criados &c. À minha longa, explícita & carinhosa carta ela respondeu apenas: Caros Mr. & Mrs. Woolf. Obrigada pelo cheque. Meus cumprimentos.

Porém ontem à noite uma voz amargurada, assustada & raivosa, foi essa a descrição de Rivett, que pelo som identificou como sendo de Nelly, telefonou. Pediu para falar comigo; mas por sorte eu não estava em casa, ou estava aqui embaixo. Conjecturamos que, depois de dar vazão ao seu desprezo, ela foi consultar Lottie, quem sabe também ver Mrs. Hunt, & por algum motivo decidiram que era melhor vir falar comigo. Imagino que a essa altura ela já tenha voltado atrás. E a sensação de liberdade espalha-se mais & mais. A carta foi enviada; o choque passou. E quando volto, encontro a casa vazia & silenciosa.

Essa é uma ligeira imprecisão, pensando nos últimos dias. Ethel Lyn & Hugh Walpole vieram tomar o chá na segunda; Vita Clive & Hilda Matheson, jantar; Hugh novamente, mais tarde, com sua história lamentável, retorcida, esquiva, ridícula & dolorosa sobre o retrato que Willie Maugham fez dele.[78] Realmente aquela foi uma tortura inventiva; Hugh foi visivelmente exposto como o romancista popular, hipócrita, florescente, insensível às críticas, que dá palestras a jovens escritores para alavancar as vendas de seus próprios livros: alguém que é canhestro & insensível em todos os departamentos. Mas, disse Hugh, revirando-se sem parar em seu leito de espinhos, enfiando cada vez mais fundo a carne neles, Não é isso o que mais me magoa. O que me magoa são pequenas coisas – pequenas coisas que existiam entre Willie & eu – que só ele & eu sabemos – & que ele colocou no livro. É isso o que eu não consigo superar. Por exemplo, é impossível exprimir todos os significados que existem para mim quando ele disse que eu parecia um homem apaixonado por uma duquesa – (o significado escondido é que Hugh está apaixonado por um cantor de ópera).[79] Você não ficaria magoada, Virginia? (essa pergunta foi feita depois da meia-noite, quando só estávamos eu & Vita) E eu disse que sim. "E ele ainda me escreve dizendo que não podia acreditar que eu estivesse magoado. Disse que escreveu o livro sem um só pensamento a meu respeito em sua cabeça. Mas aquela carta consegue ser quase pior que o livro."

Clive voltou, cego de um olho & precisando muitíssimo de companhia. Eu o achei, sabe Deus por quê, todo admirável & tocante; decidido a não ser um peso para os amigos, mas ao mesmo tempo extremamente grato pela nossa bondade (& preciso convidá-lo a vir aqui esta noite). Parece de certa maneira muito instruído nas pequenas delicadezas & também na inevitável solidão, sem sua Mary – mas por outro lado acho que tem sua Joan. E como não consegue ler nem escrever, contratou um leitor. As noites é que serão o pior, ele disse. Nessa escreveu de Cassis dizendo, tipicamente, que acha que não é grande coisa & imagina que uns óculos, "que todos nós usamos", devem resolver a questão. E os poemas de Julian foram publicados, & me sinto aliviada – mas por quê?; vaidade das minhas próprias habilidades como crítica? inveja da sua fama? – quando Vita diz que, apesar de todo o seu admirável bom senso, poder de observação & amor pela vida no campo, ele não é nenhum poeta. As pessoas que usam as palavras como ele me afligem – digo isso para aliviar parte do peso da minha vaidade & inveja. Bom senso & Cambridge não são o bastante, não importa o que Bunny diga.

8 de novembro Apertei sua mão quando nos despedimos, com certa emoção: pensei, Então isso é apertar uma mão famosa: era Yeats, na casa de Ottoline noite passada. Ele nasceu em 1865, portanto agora é um homem de 65 anos – enquanto eu tenho 48: & logo ele tem direito de ser muito mais relevante, maleável, intenso & no geral experiente & generoso. Fiquei impressionadíssima em ver tudo isso em ação. Ele engordou bastante (A última vez que o vi – & devo comentar que ele nunca tinha ouvido falar de mim & que ficou ligeiramente constrangido com os esforços extremados de O. de apresentar-me a ele, foi em 1907, ou 8, suponho, num jantar no número 46 [da Gordon Square, então casa de Clive e Vanessa]. Está bastante largo; roliço; como um pedaço sólido de carvalho. Seu rosto é muito gordo; mas com uma testa em forma de machadinha quando de perfil, sob um amontoado de cabelo grisalho & castanho; os olhos são luminosos, diretos, embora obscurecidos pelos óculos; já observaram tudo de perto, porém; o mesmo olhar vigilante & a um só tempo intrigado dos seus retratos antigos. Quando cheguei, interrompi a longa história de um sonho que de la Mare contava: sobre ver Napoleão com olhos de rubi &c. Yeats disparou a falar, com veemência, inflamado & um tanto hesitante, sobre sonhos; os que têm cor são raros & significam – esqueci o que era. De la Mare contou outro sonho bastante enigmático sobre um livro com círculos; o mais externo era preto, o interno azul & por aí vai. Yeats imediatamente identificou que este sonho era o sonho da alma em algum estado específico – esqueci qual. [Rabindranath] Tagore lhe dissera, disse ele, que quando jovem tinha um sonho; & que se conseguisse encontrá-lo de novo, o sonho se tornaria permanente. Daí desataram a falar de estados do sonho & da alma; como outras pessoas conversam sobre Beaverbrook & o livre comércio – como se fossem assuntos de conhecimento geral. Tão familiarizado era ele com aquilo que percebi que desenvolvera uma teoria psicológica completa, que só consegui entender momentaneamente, dada a minha ignorância assustadora. De la M. tinha acabado de visitar a National Gallery & não sentira nenhum prazer com os quadros. Comentei que o ir & vir da consciência deixava qualquer espírito crítico instável. Ele disse que sempre devíamos procurar os grandes. Yeats falou que Rembrandt não lhe causava nada, El Greco não lhe causava nada. Então explicou o prazer que sentimos com quadros, ou outras obras de arte, com uma metáfora elaborada, baseada em sua teoria psicológica; as arestas duras das coisas entram em contato conosco, & então essa mesma ordem é trazida à nossa consciência: & consequentemente nosso contato mais íntimo com a obra de arte resulta de uma união repentina das arestas, que – esqueci completamente a metáfora agora. Depois, discutimos quais poemas relíamos sempre, insatisfeitos; eu disse "Lycidas", De la M. disse que não. Nada de Milton para ele: jamais conseguia reconhecer suas próprias emoções ali. A madressilva de Milton não era a sua madressilva, tampouco a Eva de M. a sua E. Yeats disse que não conseguia obter nenhuma satisfação com Milton; que era poesia latinizada (& como disse alguém, Milton havia, de certo modo irreparável, danificado a língua inglesa). Isso estava ligado evidentemente a alguma cosmologia, em que latinos & romanos cumprem algum papel. Daí passou-se para a poesia moderna, & a questão da pá. Yeats disse que "nós", de la M. & ele, escreviam "minipoemas" somente porque estamos no fim de uma era. Ali estava outra linha de pensamento, da qual só consegui compreender fragmentos. Segundo ele, a pá fora embalsamada por 30 séculos de associações; o cilindro a vapor nem tanto. A grande era da poesia, a era de Shakespeare, foi subjetiva; a nossa é objetiva, & as civilizações chegam ao fim quando se tornam objetificadas. Os poetas só conseguem escrever quando têm símbolos. E os cilindros a vapor não estão cobertos de simbolismo – talvez venham a ficar, depois de 30 gerações. Ele & de la M. só conseguem escrever poeminhas da vida doméstica. A maior parte das emoções encontra-se fora do escopo deles. Isso ficou para os romancistas, falei – mas como eram cruas & ligeiras minhas teorias ao lado das dele: tive uma tremenda noção da real complexidade da arte; & também de seus significados, sua seriedade, sua importância, que englobavam completamente aquele homem largo, de mente ativa & imensamente vital. Sempre que alguém o interrompia com alguma pergunta diminuta, fontes de ideias se derramavam, jorravam dele. E impressionei-me com sua franqueza, sua concisão. Não há banalidades, nem devaneios. As cartas, disse ele, devem ser respondidas. Ele parecia habitar no centro de um arbusto de roseira-brava extremamente intricado; do qual podia sair a qualquer momento, para depois recolher-se mais uma vez. E cada ramo era real para ele. Também falou sobre a necessidade da tragédia. É necessário tentar o impossível; mas isso deve ser possível. Toda criação é resultado de um conflito. James Stephens, de quem ele admira alguns poemas, & que eu nunca li, era tão pobre quando criança que costumava catar & comer o pão que atiravam aos patos. Deve existir tragédia para que se traga à tona o avesso da alma. (Isso pertence a outra teoria sobre a alma & seu antítipo, coisa de que me lembro vagamente de seus poemas.) Disse que Tom usava as mitologias de modo muito inteligente, por exemplo o Rei Pescador em *Terra devastada*; & que as mitologias são necessárias. Ezra Pound escreve lindamente quando as utiliza. Então de repente ele se vê obrigado a falar sobre – algum assunto trivial qualquer – & no mesmo instante seu ritmo se quebra. Eu disse que não conversamos o suficiente, não de modo despreocupado & uniforme. Ele nos contou de homens que havia conhecido nos trens. Gostei das transições que ele fazia para o dialeto & o humor. Com os homens talvez ele seja áspero. Disse que estava hospedado com Masefield, que, para comemorar os 30 anos de amizade dos dois, organizara um recital de poemas de Yeats, declamados por moças, em Boars Hill.[80] As vozes tinham se perdido no teatro tão grande, mas Yeats ficou muito comovido. Judith M. é simpática & bondosa, mas não bonita; portanto terá de se casar com um homem que já conheça, & não alguém à primeira vista. Sim, ele pareceu bastante cordial, bastante generoso; atiçado pelos seus 65 anos de vida & no domínio de todos os seus sistemas, filosofias, poéticas & humanidades; sua hesitação ficou para trás. Daí, sem dúvida, sua urbanidade & generosidade. Compare-o com Tom, por exemplo, que veio aqui tomar o chá no dia anterior, & talvez seja, até onde eu sei, um poeta tão bom quanto ele. O pobre Tom é todo desconfiança, hesitação & reserva. Seu rosto está mais pesado mais gordo & mais pálido. Tem um certo ar sinistro, plúmbeo. Mas, ah! – Vivienne! Existiu jamais uma tortura tão grande desde o início dos tempos? – suportá-la nas costas, vingativa, retorcida, delirante, doentia, empoada, insana, & ao mesmo tempo sã ao ponto da insanidade, lendo as cartas dele, atirando-se sobre nós, vindo aqui trêmula, vacilante – Seu cachorro faz isso para me assustar? Vocês têm visitas? Sim, nós nos mudamos de novo. Diga, Mrs. Woolf, por que nos mudamos tanto? Será por acaso? É o que eu queria saber (tudo isso dito de modo desconfiado, enigmático, com segundas intenções). Experimente um pouco de mel, é produzido por nossas abelhas, falei. Vocês têm abelhas? (& ao dizer isso, percebo que estou despertando suspeitas.) Abelhas não, vespas. Mas onde? Embaixo da cama. E assim por diante, até que, exaustos com meia hora daquela conversa, aliviados nos despedimos deles. Vivienne comentou que eu fiz um gesto para indicar que eles deveriam ir embora. É nessa maluquice que Tom está enfiado até o pescoço. Pensando melhor agora, Yeats & de la Mare falam demais sobre sonhos para ser plenamente satisfatório. É isso o que torna bambos os contos do de la Mare (que Ottoline me emprestou).

Bem, o que virá depois,[81] quando eu terminar *As ondas*? Creio que algum livro de crítica; (Mrs. Stiles veio apanhar o papel usado) Mas não estou satisfeita com minhas próprias conclusões inteligentes. Preciso inspecionar a questão do alto. É nesse estágio que estamos.

Pensei, como uma maneira de dar continuidade a este livro, em anotar as manchetes do jornal todos os dias. Mas não consigo me lembrar delas.

Mr. Scullin & o Partido Trabalhista. As comemorações do dia do armistício. O assassinato do Carro em Chamas. A próxima Expedição do Príncipe de Gales. – arrisco.[82]

William Plomer está de volta [de sua viagem à Europa]. Nessa voltou, como uma esposa pronta para ler ou ficar ao lado de Clive, na quinta. Roger também. E eu grito, O Solitude[83] – & olho na direção de Rodmell. E o tempo continua azul & ameno. E vou ao dentista, Leonard também. E Rivett é uma cozinheira nervosa, mas organizada. E Nelly apelou ao Dr. McGlashan. E aguardamos o desenrolar dos acontecimentos.

Outra noite, sentada no chão ao meu lado, Vita sofreu consideravelmente por ciúmes de Ethel. Ela a elogiou, estoica mas amargamente. Tem todo o abandono que eu, habitando essa era de sutileza & reservas, já não tenho mais. Ela reivindica o que quer; irrompe com força onde eu me obrigo a conter-me. Quando Hugh estava aqui, disse casualmente que encontrara Ethel tomando o chá. Uma tal agonia atravessou Vita que ela se viu incapaz de falar qualquer coisa. E eu não percebi nada; & com minha cegueira, fiz piada como sempre, coisa que V. levou a sério, & trouxe minha carta para que eu a lesse.

Ai de mim,[84] meu cérebro está dormente demais para continuar o solilóquio de Bernard esta manhã. Qualquer peso mínimo me deprime. E Clive foi esse peso mínimo, que se somou aos costumeiros – dentista, lojas, visitas &c., de modo que não consigo escrever nada. E ontem à noite passamos uma noite constrangedora & corajosa na Hope. Hope libertou-se de todas as repressões graças a [ilegível]; será? Pela primeira vez desde a morte de Jane eu a vi como uma garotinha, volúvel, animada. Mrs. Plunket Greene[85] estava lá (com 20 anos a mais desde que nos encontramos no jantar de Savage);[86] agora grisalha, as carnes pendentes; com a técnica avícola mais estranha que eu já vi de mexer a cabeça & os olhos – sempre torcendo o pescoço, a espiar, a avançar, exatamente igual a um passarinho animado. É católica apostólica romana – uma mulher não muito simpática ou inteligente, a menos que você se lembre de como era 20 anos atrás –, um tanto insinuante demais.

12 de novembro E tive a tal conversa com Nelly ontem à noite. Depois de subir para ficar quieta por uma hora & talvez ler o poema de Dotty, tive a impressão de ouvir a campainha tocar; olhei pelas escadas & vi Nelly. Conversamos por duas horas. Uma das suas preocupações era proclamar sua dura sina & sua inocência de todas as ofensas dos criados do grupinho.[87] Tínhamos maltratado-a, dispensando-a por causa de seus problemas de saúde. Ao ser confrontada, disse isso mais como uma desculpa, quase como uma piada. "Ainda não consigo entender por que os senhores não me querem de volta..." "Mas Nelly, você me pediu demissão 10 vezes nos últimos 6 anos – ou mais..." Mas sempre voltei atrás. Sim, mas esse tipo de coisa dá nos nervos. Senhora, jamais tive a intenção de cansar ninguém – não precisa continuar conversando se isso é cansativo – mas a senhora nunca queria me dar uma ajudante. Já a Grace tem toda a ajuda que ela quer – Bem, eu disse, é um longo tempo de serviço. O problema, Nelly, é que você se esqueceu disso quando estava conosco. Mas por 3 anos eu estive doente. E nunca vou gostar de nenhuma patroa como a da senhora... &c, &c, &c – todas as velhas histórias, algumas tão comoventes; outras tão patéticas, algumas tão (fico feliz em dizer) irracionais, histéricas, cheias daquela curiosa reiteração absurda de queixas que antes me punha doida. A verdade é que – mas eu jamais poderia lhe dizer isso – essa dependência & intimidade, com seu rigor, sua inveja & suas minúcias infinitas, cansa; é uma tensão psicológica. E depois tem a fofoca. Ah não vou dizer como fiquei sabendo, mas fiquei sabendo que –. A senhora diz –. & por fim, depois de toda uma variedade de sentimentos, fiquei com uma sensação apenas, Não eu não suportaria que você voltasse a dormir aqui. Quero me livrar de toda essa inspeção, dessa lenha na fogueira, a todo custo. Nada disso pode ser dito, & a situação, muito menos tempestuosa do que eu temia, tem lá suas arestas. A pobre Nelly, pensamos, procurando um emprego – fazendo as malas – indo às agências – depois de 15 anos.

E acabei deixando que ela voltasse, por 3 meses, a partir do dia 1 jan. Como vou me perdoar?[88]

Domingo, 23 de novembro

Ethel ontem, num estado de espanto ante sua própria genialidade. "Não sei como eu dei certo", disse, colocando o meu chapéu & me chamando para ver que casca de noz existe em cima de sua testa gigantesca.

Outra observação, baseada nas festas de Rhondda & no almoço com Harold:[89] com as roupas certas eu logo poderia jantar & almoçar fora todos os dias & acostumar-me tão facilmente que isso nem importaria mais. E consequentemente também não faria mais nenhum sentido.

Domingo, 30 de novembro

"Ah, como tive infelicidades nessa vida", disse Mary, soluçando. "Como ela foi perigosa, difícil! Como eu invejo você!"

Terça, 2 de dezembro

Não, não consegui escrever aquela passagem difícil de *As ondas* esta manhã (como a vida deles paira iluminada contra o Palácio), tudo por causa da festa de Arnold Bennett & Ethel [*Sands*]. Mal consigo escrever

> Pouco tempo depois disso, A.B. foi à França, bebeu um copo d'água & morreu de tifo. (30 de março, seu funeral foi hoje)

uma palavra após a outra. Passei 2 horas por lá, assim me pareceu, a sós com B. na salinha dos fundos de Ethel. E esse encontro, estou convencida, foi tramado por B. para "acertar os ponteiros com Mrs. Woolf" – quando bem sabem os céus que não dou a mínima se acerto os ponteiros com B. ou não. B., eu digo, pois ele não consegue dizer B. Ele para – fecha os olhos – apoia as costas no assento. Há uma espera. "Comece", ele pronuncia baixinho, sem se alterar. Mas o método se alonga intoleravelmente, num discurso pouquíssimo inspirado. É verdade; eu gosto dessa velha criatura: eu me esforço ao máximo, como escritora, para detectar sinais de genialidade em seus olhos castanhos enevoados: vejo certa sensualidade, certo poder, suponho: mas Ah, quando ele rouquejou "que tolo desajeitado eu sou – que criancinha – em comparação com Desmond MacCarthy – que desastrado – como pude atacar professores universitários?" Essa inocência é envolvente; mas seria ainda mais se eu o considerasse, como ele pressupõe ser, um "artista criativo". Ele disse que George Moore em *The Mummer's Wife* mostrou-lhe as Cinco Cidades;[90] ensinou-lhe o que enxergar ali: sente uma profunda admiração por G.M.: mas o despreza por gabar-se de suas conquistas sexuais. "Ele me contou que uma moça foi vê-lo. E ele lhe pediu, quando ela se sentou no sofá, que tirasse a roupa. E disse que ela tirou toda a roupa & deixou que ele a olhasse – Ora, nisso eu não acredito... Mas ele é um escritor prodigioso – vive para as palavras. Agora está doente. Está um chato terrível agora– conta as mesmas histórias, sem parar. E em breve as pessoas dirão sobre mim, 'Ele morreu'." Falei, apressadamente, "Falando de seus livros?" "Não, de mim mesmo", ele respondeu, prevendo, imagino, uma vida mais longa para seus livros do que eu.

"É a única vida que eu quero", disse ele (esse escrevinhar incessante, um romance atrás do outro, mil palavras por dia), não quero mais nada. Não penso em nada mais além de escrever. Algumas pessoas se entediam. "Você pode comprar todas as roupas que quiser, eu imagino", falei. "E banheiras – e camas. E um iate." "Ah, sim, minhas roupas não poderiam ter um corte melhor."

E finalmente eu trouxe lorde David [Cecil] para a conversa. E provocamos a velha criatura, fingindo que somos refinados. Ele disse que os portões de Hatfield estavam fechados, "fechados para a vida". "Mas abrem às quintas" disse lorde D. "Não quero ir às quintas" disse B. "E você não pronuncia os agás de propósito" falei, "porque acha que tem mais 'vida' do que nós." "Eu às vezes gosto de brincar", disse B. "Mas não acho que tenho mais vida que vocês. Agora tenho de voltar para casa, amanhã de manhã preciso escrever mil palavras." E com isso restou apenas a carcaça da noite: & fiquei num tal estado que mal consigo correr a caneta pela página.

Pergunta: Por que Desmond gosta de conversar com lorde Esher?[91]

Reflexão: Provavelmente é algo ruim procurar o próprio nome em artigos, resenhas &c. Mas sempre faço isso.

Resolução: Dizer a Ethel um dia – Como você pode dar tanta importância a tudo o que você faz, se chama a si mesma de cristã? (inspirada pela carta desta manhã & sua ênfase na partitura de *The Prison*)

4 de dezembro Uma palavra de ligeiro desdém no *Lit. Sup.* de hoje me fez resolver, em primeiro lugar, alterar *As ondas* inteiro; & em segundo, virar as costas para o público – uma palavra de ligeiro desdém.

Sexta,
12 de dezembro

Manchetes do jornal. Revolução espanhola. Escândalo na serraria russa. Vazamento de cano de água em Cambridge Circus.[92]

Estes são, eu acho, os últimos dias de respiro que me permito antes de enfrentar a reta final de *As ondas*. Tirei uma semana de folga – ou seja, escrevi três pequenos rascunhos & fiz corpo mole, passei uma manhã fazendo compras, & uma manhã, esta, arrumando minha nova mesa & fazendo isso & aquilo – mas acho que recuperei o fôlego novamente & agora devo embalar por mais 3 ou quem sabe 4 semanas. Então, eu acho, escreverei *As ondas* de forma seguida &c – os interlúdios – de modo a transformá-los em um só – & então – ai ai, parte dele terá de ser reescrita mais uma vez; depois, as correções; depois, enviar tudo a Mabel; depois corrigir a datilografia; & então entregar a Leonard. Leonard só deve recebê-lo lá para março. Depois deixar de lado; depois mandar para a gráfica, quem sabe em junho.

Enquanto isso jantamos com Mary no domingo para conhecer Mr. Hart Davis que talvez venha trabalhar na editora – mas em que cargo?[93] E dois dias atrás fomos ver o número 25 da T.[*avistock*] S.[*quare*], para onde talvez nos mudemos, se decidirmos sair daqui & conseguirmos alugá-lo. Mas existem obstáculos também; a construção de um hotel ao lado, menos cômodos & mais despesas.

16 de dezembro

Nunca mais irei jantar fora. Vou queimar meu vestido de noite. Já atravessei aquela porta. Nada existe depois dela. Saltei meu obstáculo: & agora nunca mais preciso me chicotear para ir jantar com Colefax, Ethel & Mary.

Martelei indelevelmente essas reflexões ontem à noite em Argyll House. A mesma festa de sempre: os mesmos vestidos; a mesma comida. Para conversar com Sir Arthur sobre as cartas da R.[ainha] V.[itória], a lei de corantes, & sei lá o que mais,[94] sacrifiquei uma noite a sós com Vita, uma noite sozinha comigo mesma – uma noite de prazer. E assim a coisa segue, eternamente. Lorde & Lady Esher, Arnold Bennett – o velho Birrell. Conversas forçadas, áridas, estéreis, infantis. E nem me sinto animada por comparecer. De modo que o obstáculo não só foi saltado, como derrubado de vez. Saltar para quê?

---

18 de dezembro Greves na Espanha. Doença de M. Poincaré. Suicídio de Peter Warlock. Lei dos Corantes.

Lorde David [*Cecil*], Lytton & Clive ontem à noite. Contei que tinha queimado no fogão meu vestido de noite – concordância generalizada de que festas são uma tolice. Clive foi especialmente solidário. Conversa sobre o enigma do universo (livro de Jean), se um dia ele será desvendado; não por nós; descobrimos subitamente: conversa sobre o ritmo na prosa; Lytton vai publicar um novo livro de ensaios; como se chamará; morar no exterior; Clive disse que nós (L. & eu) somos provincianos. Digo que no exterior não existe lama nem vaga-lumes nos cabelos; discutimos Blenheim; Lytton é contra; Clive a favor; digo que ali não há a menor noção do caráter humano; a tia de lorde David rasga eternamente sua biografia de Ld. Salisbury; sente pela causa dos lunáticos; nenhum Cecil gosta de cachorros; discute-se a R.V.; *Bitter Tea*; *A Lion Rages*; os olhos de Clive; Ld. D.

cochilou na mesa; minha bolsa chegou; neblina o dia inteiro.[95]

Levante na Espanha. Gripe do Príncipe de Gales. Carnera derrota M.[96]

"Violet me deixou tão feliz", disse Ethel, "dizendo exatamente o que eu queria que ela dissesse. Fiquei impressionadíssima com a força & a gentileza maravilhosas de V., & pelo seu nariz." Ora, não gosto disso: não gosto que Ethel saiba que gosto de elogios; não gosto de gostar deles; não gosto de Mrs. Woodhouse inventando-os ao telefone.[97]

J. W. H. T. Douglas morre afogado: seis ingleses mortos: novas regulações para automóveis. Lorde Willington nomeado vice-rei da Índia.[98]

E Kingsley Martin almoçou conosco (varrendo peru para dentro como uma faxineira varre penas) & disse que a *Nation* & o *N.S.* vão se juntar; & que ele será o editor (o que é altamente secreto, como todo absurdo), & L. teria interesse em ser o editor literário? Não; L. não teria.[99]

---

22 de dezembro   Morte horrível de Douglas: Conferência indiana. Neblina. Intermitente. Tempo vai esfriar ainda mais.[100]

Ocorreu-me ontem à noite, enquanto ouvia um quarteto de Beethoven, juntar todas as passagens isoladas na fala final de Bernard & terminar com as palavras *O solitude*: fazendo assim com que ele absorva todas essas cenas, sem que haja mais interrupções. Isso também serviria para mostrar que o tema esforço, o esforço, predomina: não as ondas: & caráter: & desafio: mas não tenho certeza de como esse efeito se daria do ponto de vista artístico; porque as proporções podem necessitar da intervenção das ondas no final, para criar uma conclusão.

23 de dezembro   Farei uma anotação apressada sobre ser roubada.

Coloquei a bolsa embaixo de meu casaco na Marshall & Snelgrove. Virei as costas & senti, antes mesmo de olhar: "Não está mais aqui". Dito & feito. Então começaram as perguntas & as mensagens fúteis. E chegou o detetive. Ele parou uma mulher idosa respeitável que aparentemente estava fazendo compras. Os dois trocaram comentários sobre "a de sempre – não, ela não veio hoje. É uma moça de casaco de pele marrom". Enquanto isso eu estava arrasada, óbvio, com meus próprios desejos fúteis – lembrando como eu tinha pensado, quando pousei a bolsa, isso é uma tolice. Fui admitida no submundo. Imaginei a moça de marrom espiando, lançando-se sobre a bolsa. E minhas 6 libras – meus dois broches – se foram – tudo por causa de um instante. Elas jogam as bolsas fora, disse o detetive. Essas mulheres terríveis vêm aqui – mas não tanto quanto a algumas lojas da Oxford St. Vergonha, arrependimento, humilhação, curiosidade, certa frustração, tolice, certo choque, tudo por conta desse submundo – uma noite com neblina – voltar para casa, sem um tostão – lembrando da minha bolsa verde – imaginando a mulher revirando-a – sua casa – seu marido – Agora, é ir para Rodmell na neblina.

Sábado,
27 de dezembro

Rodmell.

Mas de que adianta falar sobre a fala final de Bernard? Viemos para cá na terça, & no dia seguinte meu resfriado virou a gripe de sempre & estou de cama com a febre de sempre, & não consigo usar meu intelecto ou, como se vê, formar letras como se deve. Em 2 dias devo estar de volta ao normal; mas então a esponja que existe atrás da minha testa terá secado & empalidecido – & minha preciosa quinzena de exaltação & concentração me terá sido arrancada; vou voltar para a correria & para Nelly sem ter feito absolutamente nada. Eu me animo pensando que pelo menos talvez consiga pensar sobre algumas coisas. Enquanto isso, chove; o filho de Annie está doente; os cachorros do vizinho ganem & ganem; todas as cores estão um tanto desbotadas & o pulso da vida, enfraquecido. Devaneio letargicamente de livro em livro: o *Tour* de Defoe; a autobiografia de Rowan; as memórias de Benson; Jeans; à maneira de costume.[101] O pároco – Skinner – que se matou com um tiro, emerge como um sol sangrento entre a névoa, um livro que talvez valha a pena analisar de novo com o humor mais desanuviado. Ele se matou na floresta de faias localizada mais acima de sua casa; passou a vida cavando rochas & reduzindo todos os lugares a Camelodunum; brigando; discutindo; porém amava os filhos; porém os pôs para fora de casa – uma imagem clara & dura de certo tipo de vida humana – os exasperados, infelizes, conflituosos, intoleravelmente atormentados. Ah & li as cartas da R.[ainha] V.[itória]; & imagino o q. teria acontecido tivesse Ellen Terry nascido Rainha. Um completo desastre para o Império? A R.V., inteiramente antiestética; uma certa competência prussiana & crença

Diary of a
Somerset Rector

em si mesma, suas únicas proeminências; material; brutal com Gladstone; tal como uma amante com um lacaio desonesto. Conhecia a própria mente. Mas sua mente era radicalmente banal; somente sua força & sua noção acumulada de poder faziam dela notável.

Segunda, 29 de dezembro

Um dos meus treinos para exercitar as mãos. (Ainda de cama.) Skinner foi criado para ser um advogado, mas infelizmente tornou-se um clérigo. Infelizmente também sua mulher morreu, de tuberculose, deixando-o com 3 filhos. Desses a única satisfatória era Laura, que herdou o amor do pai por colecionar & tabular; mas também a tuberculose da mãe, de modo que antes que colecionasse, de modo bastante ordenado, diversos armários de conchas, morreu; & os outros filhos eram insatisfatórios.

Skinner era pároco de Camerton em Somerset, & lá ficou, ano após ano, sem qualquer aptidão para lidar com as almas dos viventes. Homem inteligente, honesto, consciencioso, cumpria seu dever perante o rebanho repreendendo-os eternamente. Parece estranho que eles fossem sempre maus, mas para ele era a verdade. Uma mina de carvão estava sendo criada na cidadezinha, & a moral dos carvoeiros talvez seja mais relaxada. Seja como for, nenhuma cidade na Inglaterra parece ter abrigado tantos cidadãos insolentes, perversos & ingratos. E Skinner estava sempre os comparando com os romanos. Seu único consolo era sonhar que estava de volta em Camelodunum & esquecer que estava em 1828. Mas, sendo ele um disciplinador, via-se atormentado pela necessidade de reprovar os viventes. Sua consciência recusava-se a deixar que ele fechasse os olhos para os sofrimentos da retardada Mrs. Goold, ou para as iniquidades praticadas com os mendigos imbecis do abrigo, & ele era constantemente obrigado a fazer rondas entre os doentes & moribundos, pois os acidentes entre os mineradores eram comuns. Ele estava sempre do lado dos aflitos; nunca do lado dos felizes. Considerava-se um dos mais maltratados dos homens, & imaginava malignidades & insolências de todos os lados. Mrs. Jarrett, a mulher do proprietário de terras, era uma arqui-hipócrita. Toda a sua bondade era uma enganação. E ele às vezes era convidado para algum baile – para algum jantar com pratos franceses. Preferia mil vezes a solidão à companhia cintilante da alta sociedade. Eternamente censório, achava defeito nos pratos franceses, nas roupas de gala, em todo o desfrute – a não ser o que vinha de escrever & escrever, longos relatos sobre lugares, catálogos de antiguidades &, especialmente, sua grande obra de Etimologia. Nisso também ele só encontrou ridicularização. Num jantar de párocos, pediram que explicasse, em seu sistema, o nome de Bumstead, coisa que ele fez – mas em seguida desconfiou que aquilo não passara de uma gozação. Sempre vinha desconfiança depois de um momento de prazer. Talvez o único prazer genuíno fossem suas visitas a Stourhead, lugar de [*em branco no original*], onde um grupo de antiquários se reunia por um ou dois dias e discutia questões sobre romanos & bretões, sítios arqueológicos & cidades enterradas. Ali, sentado sozinho na luxuosa biblioteca, ele desfrutava o requintado prazer de copiar trechos de – devemos dizer? – Ptolomeu, Teofrasto, & o bom Bispo de Bath & o de Wells também o deixavam feliz apesar de algumas suspeitas – convidando-o para passar o fim de semana em Wells. Esses, entretanto, eram seus únicos respiros. A vida familiar em Camerton tornou-se cada vez mais sórdida, humilhante, incômoda & de certa maneira violenta. Ridicularizado

& insultado pelos camponeses & fazendeiros brutos, que diziam na sua cara que ele era louco, ele não recebia melhor tratamento em sua própria casa paroquial, da carne de sua carne & do sangue de seu sangue. Cenas terríveis se desenrolavam com os filhos. Uma vez Joseph lhe disse que ele estava se exibindo ao ridículo com seus textos, & que era insano. As tentativas de impedir o pai de beber cidra terminavam – tão irritante era seu comportamento – em xingamentos violentos. Os filhos estavam sempre sendo mandados para ficar com a avó em Bath. Seu temperamento tinha culpa, dizia ele; mas os filhos eram culpados por irritarem seu temperamento. Os criados foram embora, pq. ele não os deixava dar uma volta depois do jantar. Os fazendeiros o xingavam porque ele suspeitava que lhe roubavam os dízimos; ele, nervosa, irritante & incompetentemente, tentava compensar aquilo com carneiros & montes de feno. Não entendia nada da vida em fazenda, nada da vida do campo. A única coisa que sabia era que Camerton fora Camelodunum, & sua obsessão nesse ponto fez com que até mesmo o tolerante Baronete reclamasse que ele estava levando a história de Camelodunum longe demais. De modo que no fim... a única coisa que ele podia fazer era escrever & escrever. As páginas em branco de seu diário jamais zombavam nem cuspiam em sua cara, nem o ridicularizavam pelas costas, nem tramavam sua derrocada, nem o chamavam de louco. Oitenta e quatro volumes de tralhas de antiquário, reclamações diárias & diários foram escritos & guardados nuns grandes baús de ferro que foram legados ao Museu Britânico. No fim seu confidente foi o futuro – 50 anos depois de sua morte, ele dizia, aqueles 84 volumes seriam oferecidos ao mundo – um mundo que compreenderia sua grande contribuição à etimologia & ficaria ao lado dele contra o representante da Igreja Anglicana, Mrs. Jarrett, Owen, a criada & todo o resto da sua tribo ingrata & eternamente martirizante. A fama & o consolo seriam dele, então. Sem dúvida essa confiança secreta o fazia seguir em frente, atravessando as misérias acumuladas da vida. Pois esse homem infeliz não era cego a seus defeitos. Sua principal tristeza devia surgir do conflito entre o amor & a irritação. Ele amava os filhos – mas os afastou. Eles caíram doentes, & ele se tornou todo bondade & consideração – mas como o infeliz do Owen poderia suportar ter o pai consigo? – seu pai egoísta, rígido, moroso, & ao mesmo tempo dedicado? Ele causava sofrimento até mesmo com seu afeto. E de repente o diário, escrito em garranchos ilegíveis, deixa de ser copiado. O irmão incumbido de fazer isso morre. Skinner continuou a escrever, apesar de ninguém conseguir ler sua letra. Talvez saber que até mesmo esse confidente falhara com ele finalmente o fez decidir. Seja como for, 7 anos depois, ele saiu numa manhã de dezembro até a floresta de faias & disparou um tiro. Encontraram seu cadáver & o enterraram – exacerbado, marcado, coberto de irritações infernais – na sepultura da sua mulher & de Laura.

Agora que essa pequena narrativa foi feita – & Deus meu, como é difícil escrever na cama – registro que a máquina não foi seriamente prejudicada; & se eu conseguir sair, movimentar-me um pouco, sem ficar com dor de cabeça, em uns 3 dias devo começar a tocar gentilmente *As ondas*. Não tenho aqui as tentações de Londres. Não estarei de volta ao normal, mas eu diria que estar normal é um fetiche. *Mrs. Dalloway* foi toda escrita com uma febre de 37 eu acho. Que difícil no entanto voltar ao estado de espírito certo: que estranho equilíbrio é necessário. Esse rascunhozinho sobre Skinner está na ordem errada; mas não me atrapalhei com as palavras. Consegui deixar a mente voar, & não estou, como provo agora, exausta por uma hora de exercício. Chove. Nessa volta de Seend hoje. Vita apresenta o programa de rádio. Aquela voz, cantando Bach, falando sobre o tempo, veio a calhar.

Terça, 30 de dezembro

Ele precisa, presume-se, de unidade; mas acho que está bastante bom (estou conversando sozinha junto à lareira sobre *As ondas*). E se eu conseguisse unir ainda mais as cenas? – usando o ritmo, basicamente. Para evitar os cortes; para fazer o sangue correr como uma correnteza do princípio ao fim – não quero o desperdício das quebras; quero evitar capítulos; esta foi, na verdade, a minha conquista, se existiu alguma: uma completude saturada, não picotada; as mudanças de cena, de humor, de pessoa, foram feitas sem deixar cair uma só gota. Ora, se puder ser retrabalhado com intensidade & fluxo, é tudo de que ele precisa. E meu sangue está subindo (febre de 37).

Mesmo assim fui a Lewes, & os Keynes vieram tomar o chá; & tendo montado em minha sela, o mundo inteiro toma forma; escrever é o que me dá minhas proporções

Notas

Apresentação

1. Há indícios de que Virginia Woolf realmente enxergava o marido como responsável pelo seu espólio. Antes de se suicidar, deixou duas notas para Leonard. Naquela que o editor das suas cartas, Nigel Nicolson, relata ter sido escrita por último, ela conclui: "Queira destruir todos os meus papéis". A outra nota (que se popularizou graças ao livro *As horas*, de Michael Cunningham, e termina com: "Não acho que duas pessoas possam ter sido mais felizes do que nós fomos.") é anterior e teria sido escrita em 18 de março de 1941. De modo que a evidência de que Woolf estava planejando dar fim à própria vida ao menos dez dias antes de levar o plano adiante é discutível. Se fosse verdade, teria tido tempo de destruir todos os seus escritos. O fato de não o ter feito e de pedir ao marido que o fizesse sugere ou uma mudança repentina de ideia, ou que talvez aquela intenção não fosse de fato sincera. [N. T.]
2. Boa parte do diário que Woolf manteve quando passava temporadas em sua primeira casa de campo, Asheham, entre 1917 e 1918, foi suprimida na edição. Além disso, existe o salto de uma passagem em agosto de 1940. [N. T.]
3. Os diários de juventude, escritos durante parte de sua adolescência e juventude, só foram publicados em 1990, organizados por Mitchell Leaska sob o título *A Passionate Apprentice*. [N. T.]

Nota sobre a tradução

4. Carta de Mary Hutchinson a Lytton Strachey, 11 de julho de 1918. No original: "I thought Virginia's great charm was that she spoke sentences that one usually only finds written. Perfect literary sentences spoken without hesitation or stumbling. One was compelled to listen even when she only called for more milk. It was strangely like being in a novel."

1924

1. VW inicia aqui um novo caderno. Na contracapa, faz um calendário para 1924, mas só até março. [N. T.]
2. Dadie Rylands começaria a trabalhar na Hogarth Press em junho daquele ano. Sobre ele, ver também nota 4. [N. T.]
3. "Little man, little man, the word *must* is not to be used to princes": ("Homenzinho, homenzinho, a palavra *tem* não deve ser usada com príncipes"). Lytton Strachey, *Elizabeth and Essex*. (A.O.B.) Ver *Orlando*, cap. V. [N. T.]
4. Os dois jovens em questão são Marjorie (Joad) Thomson e Dadie Rylands. Em 1922, os Woolf ouviram uma conversa de Joad no 1917 Club (clube fundado por LW e outros de seu círculo, no Soho londrino) de que ela desejava trabalhar em uma editora. Este clube, ao contrário de muitos do mesmo período – como o Atheneum –, era aberto a

mulheres (ver *Diário*, v. 2) Os Woolf lhe ofereceram o trabalho de administração e parceria na editora, no lugar de Ralph Partridge. A relação dos Woolf com Marjorie se conturbou quando eles decidiram investir em mais um parceiro para a Hogarth, George "Dadie" Rylands, um membro do grupo de Bloomsbury. Marjorie temia ficar sob a liderança dele e ser relagada apenas ao trabalho secretarial. [N. T.]

5   J. R. Thornton & Co., leiloeiros e corretores imobiliários de Lewes. (AOB)

6   A resenha de VW dos ensaios de Montaigne traduzidos por Charles Cotton foi publicada no *TLS* em 31 jan. 1924. Ela escreveria mais tarde um ensaio sobre o autor, que publicaria em 1925, no primeiro volume de *O leitor comum*. [N. T. a partir da nota de AOB]

7   Rebecca West (1892–1983), jornalista e escritora, que teve com Woolf uma amizade repleta de admiração e contradições. Tinham respeito mútuo, mas com frequência discordavam e criticavam tanto a escrita quanto a vida uma da outra. Sir Edmund Gosse (1849–1928), poeta e crítico. Traduziu Henrik Ibsen e ajudou a promover as carreiras de James Joyce e W. B. Yeats. W. H. Hudson (1841–1922) fora um escritor, naturalista e ornitólogo. [N. T.]

Nem a "homenagem" de Gosse nem o elogio de West puderam ser localizados. Hudson escrevera a Edward Garnett em 1915 jogando água fria no entusiasmo deste por *A viagem*. A carta só seria publicada na reunião das cartas dos dois publicada em 1925 (*Letters from W. H. Hudson to Edward Garnett*), porém provavelmente a ideia geral deve ter sido transmitida oralmente a VW. (AOB)

8   Mrs. Simon, mulher de Mr. Simon. Os dois eram os antigos arrendatários do 52 da Tavistock Square. [N. T.]

9   "London, thou art the flour of cities all. /Gemme of all joy, jasper of jocunditie, /Most myghty carbuncle of vertue and valour". *In Honour of the City of London*, de William Dunbar (1460?–1530?). (AOB)

10 VW se refere ao colapso mental que sofreu entre o final do verão e o inverno de 1913, durante o qual, na noite de 9 de setembro, ela tentou se matar. Os Woolf tinham alugado cômodos em Clifford's Inn, perto da Strand, logo após retornarem da lua de mel para Londres, em outubro de 1912. (AOB)

11 Saxon planejava mudar sua mãe viúva de Hove, onde seu pai administrara uma casa de repouso particular, e estava negociando alugar a Hogarth House com os Woolf para ali instalá-la. (AOB)

12 J. W. Coade Son & Budgen eram leiloeiros e corretores; a Dollman and Pritchard era uma firma de advocacia que ocupava o térreo e o primeiro andar do número 52 da Tavistock Square, alugando-os dos antigos arrendatários, o casal de idade Mr. e Mrs. Simon. (AOB)

13 Na página ao lado da entrada de 12 de janeiro, VW anotou: *Goossens. Qua. 16 de jan. 5h15.*

Aeolian Hall. Queens Hall. 8h30. Qua. 30 de jan. Monvel. (AOB)

14 Tavistock Square era propriedade dos duques de Bedford. (AOB)

15 James (Jim) Meadows Rendel (1854–1937) era marido de Elinor, sobrinha do major Bartle Grant (pai de Duncan Grant) e a mais velha dos dez filhos da irmã dele, Lady Strachey (mãe de Lytton, Oliver, James e outros). Rendel, que fora presidente da Ferrovia Assam Bengala, era na verdade dois anos mais velho que o seu velho tio. A visita dos Woolf ocorrera no domingo, dia 6 de janeiro. (AOB)

16 O filho mais velho dos MacCarthy nascera em 1907, ou seja, tinha 17 anos. (AOB)

17 Siegfried Sassoon (1886–1967). O autor (que era Middleton Murry) chamou os versos ("isso não é poesia") de gritos incoerentes de sofrimento que apelam mais para os sentidos do que para a imaginação. Os Morell, ardorosos admiradores de Sassoon, ficaram indignados e Philip escreveu uma carta ao jornal protestando contra aquela "calúnia". Os poemas foram escritos em sua maior parte quando Sassoon, condecorado com a Cruz de Guerra, esteve internado numa casa para neurastênicos na Escócia por ter publicado uma carta aberta dirigida ao seu comandante, em que se recusava a continuar no exército como um protesto contra a condução política da guerra.

18 Gerald Hugh Tyrwhitt-Wilson, 14º barão Berners (1883–1950), músico, artista e autor, herdou o baronato de Berners de seu tio em 1918. Siegfried Sassoon (1886–1967), poeta, educado em Marlborough e Cambridge, serviu como soldado na guerra, experiência que o levou a protestar publicamente contra a má administração política do conflito e o consente prolongamento do massacre. Havia publicado dois livros de poemas e se tornara editor de literatura do *Daily Herald*, periódico de cunho socialista. (AOB)

19 W. J. Turner (1884–1946), poeta e crítico australiano. Na época, era amigo próximo de Siegfried Sassoon – com quem ele e a esposa dividiram uma casa em Londres até 1925. [N. T.]

20 Ted ("Kid") Lewis (1893–1970), campeão mundial de meio-médio em 1915 e de 1917 a 1919. (AOB)

21 Sócio da Halsey, Lightly and Hemsley, advogados contratados pelos Woolf. (AOB)

22 *Progress*, de C. K. Munro, montagem da Stage Society no New Theatre com 4h30 de duração. A resenha publicada no *Nation & Athenaeum* em 26 de janeiro mencionava trechos de tédio prolongado e dizia que, apesar de o autor haver fracassado em dominar o imenso material do seu projeto – uma gigantesca tragicomédia "na qual os atores são raças, nações, movimentos, tendências, ideais" –, o experimento era interessante. (AOB)

23 Brincadeira de VW e LW com seu sobrenome. Woolf pronuncia-se como "wolf", lobo, cujo plural é "wolves". [N. T.]

24 A greve dos membros da Associated Society of Locomotive Engineers and Firemen (Associação de Engenheiros de Locomotivas e Bombeiros) durou do dia 21 ao dia 29 de janeiro. Como a National Union of Railwaymen (Sindicato Nacional de Ferroviários) não apoiou a greve, os serviços ferroviários foram apenas parcialmente interrompidos. (AOB)

25 "Jane Austen at Sixty" ("Jane Austen aos sessenta") saíra na *Nation & Athenaeum* no dia 15 de dezembro de 1923 e foi republicado no *New Republic* em 30 de janeiro de 1924. O ensaio "A vida dos obscuros", pelo qual VW tivera de aceitar £13 de Squire (ver entrada de 17 de março de 1923), foi publicado na *Dial* em maio de 1925. (AOB) Ambos seriam republicados no primeiro volume de *O leitor comum*, com algumas modificações. [N. T.]

26 Filha de Roger Fry. [N. T.]

27 Lytton Strachey escreveu ao seu irmão James no dia 4 de janeiro dizendo que acreditava ter comprado Ham Spray House, perto de Hungerford em Wiltshire, por £2.300; porém acrescentou: "ainda não é certo". A compra se concluiu no fim daquele mês. (AOB)

28 Esse caso, hoje um tanto obscuro, surgiu com a questão de se os Stephen poderiam legalmente sublocar a parte superior do número 50 da Gordon Square para os Bell; Clive não foi despejado. "Os americanos" provavelmente era uma brincadeira com Karin Stephen. (AOB)

29 Lady Diana (n. 1892), filha do 8º duque de Rutland e mulher de Alfred Duff Cooper, uma celebridade famosa pela beleza. (AOB)

30 E. M. Forster escreveu a LW: "Neste momento acabo de escrever as últimas palavras do meu romance, e a quem senão a Virginia e você eu contaria isso primeiro?" (MHP, Sussex – cópia). (AOB)

31 O número 52 de Tavistock Square tinha a face norte voltada para a igreja neoclássica de St. Pancras, localizada na esquina da Upper Woburn Place com a Euston Road; construída em 1818–1822 pelos Inwood, pai e filho; o campanário de três andares é uma adaptação da Torre dos Ventos de Atenas. (AOB)

32 É o primeiro registro de um encontro de VW com Arnold Bennett (1867–1931), na época tido como um dos grandes nomes das letras inglesas, um rico e bem-sucedido romancista, além de jornalista influente. Ele passara os primeiros vinte anos de sua vida na região das Staffordshire Potteries (cidades conhecidas pela olaria, hoje agrupadas sob o nome Stoke-on--Trent). (AOB, modificada)

33 A prima do príncipe Antoine Bibesco, a princesa Marthe Bibesco, *née* Lahovary (1888–1973), escritora e beldade nascida na Romênia, residente de longa data em Paris e membro do círculo de amigos íntimos de Marcel Proust, visitava Londres com frequência. Ver *II RF Letters*, n. 561 (Paris, maio de 1925): "Ah!

mas a princesa Bibesco – ai de mim, outra ilusão perdida... Só a vi duas vezes antes; uma na casa de Ethel Sands onde ela brilhou magnificentemente... mas hoje... nada além da velha e tola tagarelice aristocrática de sempre". (AOB)

34 Edith provavelmente era a única nora da velha Mrs. Turner; Dartmouth, o Royal Naval College. (AOB)

35 Trata-se do capítulo sobre os elisabetanos em *O leitor comum*, livro de ensaios que Virginia Woolf estava escrevendo ao mesmo tempo em que compunha *Mrs. Dalloway*. [N. T.]

36 Cf. *Nation & Athenaeum*, 9 de fevereiro de 1924, p. 678: "A 'Trans-Atlantic Review' – a miscelânea enviada de Paris pelo sr. F. M. Ford... estabelece-se com bênçãos versadas. Escreve T. S. Eliot: 'Pelo prospecto que me enviaram, não vejo nenhuma presciência de antagonismo'." (AOB)

37 Flora MacDonald Mayor (1872–1932), irmã de Robin Mayor. A Hogarth Press publicou sua obra *The Rector's Daughter* em maio de 1924. Theodora Bosanquet foi a secretária de Henry James de 1907 até a morte dele em 1916; seu *Henry James at Work* foi publicado na série Hogarth Essays em novembro de 1924. *Os pássaros*, sátira política escrita por Aristófanes. (AOB)

38 A Joseph May era uma grande empresa de mudanças. As pinturas que decoravam a casa dos Woolf feitas por Vanessa Bell e Duncan Grant na Tavistock Square foram destruídas em um bombardeio em 1940. Existem registros fotográficos delas, entretanto, em especial no ensaio fotográfico feito por Gisèle Freund no final da década de 1930. (AOB)

39 O "estúdio" (construído originalmente como salão de bilhar) não foi alugado, mas era usado por VW como escritório e pela Hogarth Press como loja. (AOB)

40 Bispo George Berkeley (1685–1753), filósofo. [N. T.]

41 "The Nature of Judgment", de G. E. Moore (1873–1958), foi publicado na *Mind*, vol. VIII, em 1899; seu *Principia Ethica*, em 1903. Alfred Richard Ainsworth (1879–1959), pesquisador do King's College e um Apóstolo, era amigo próximo de Moore; em 1894 os dois foram juntos a Edimburgo, onde Ainsworth deu aulas de grego de 1903 a 1907. Em 1908 ele se casou com a irmã caçula de Moore, Sarah (uma união infeliz, que terminou em divórcio), e juntou-se ao Departamento da Educação, onde ficaria até 1940. (AOB)

42 A Aristotelian Society, com membros tanto do meio acadêmico quanto de fora deste, foi fundada em 1880. O discurso presidencial de Richard Burdon Haldane, 1º visconde de Haldane (1856–1928), político e Lorde Chanceler durante algum tempo, criticado por Russell na *Mind*, vol. XVII, de 1908, fora sobre "The Methods of Modern Logic and the Conception of Infinity" ("Os métodos da lógica

moderna e a concepção do infinito"). Shadsworthy Hollway Hodgson (1832–1912) foi o primeiro presidente da Aristotelian Society, de 1880 a 1894, e um dos seus principais influenciadores. (AOB)

43 Os pais de Bertrand Russell, John Russell, visconde de Amberley, e Katherine Louisa, nascida Stanley, morreram antes que ele completasse quatro anos. Ele e seu irmão Frank (John Francis, 2º conde de Russell) foram levados para a casa de seu avô, lorde John Russell, 1º conde de Russell. Enquanto Frank foi enviado para Winchester, Bertie foi criado pela avó sob disciplina rigorosa, espartana e em isolamento. Ele passou o verão de 1877 em companhia dos avós na ilha de Thanet, na paróquia de St. Peter, na qual o rev. Alfred Whitehead era pároco e cujo filho, Alfred N. Whitehead, matemático e filósofo, acabou sendo coautor com Russell da obra *Principia Mathematica* (1910–13). Ver os volumes autobiográficos de Russell e *The Life of Bertrand Russell*, de Ronald W. Clark, 1975. (AOB)

44 O primeiro casamento de Bertrand Russell, de quase duas décadas, com a tia de Karin, Alys Pearsall Smith, terminou em divórcio em 1921, quando ele se casou com Dora Black. Porém, nesse meio tempo ele teve diversos casos públicos com mulheres casadas. Ver os volumes autobiográficos de Russell e *The Life of Bertrand Russell*, de Ronald W. Clark, 1975. (AOB, modificada)

45 O pagode octogonal de dez andares de Sir William Chambers, erigido em Kew Gardens em 1761, costumava ser visível das janelas dos fundos da Hogarth House. (AOB)

46 Edmund Charles Blunden (1896–1974), poeta, escritor e crítico. Serviu no exército na França e na Bélgica entre 1916 e 1919; recebeu o prêmio Hawthornden pela coletânea de poemas *The Shepherd* em 1922; foi nomeado professor de inglês na Universidade de Tóquio em 1924. O jantar de despedida no restaurante Florence em 11 de março foi presidido por Hubert Henderson, editor da *Nation & Athenaeum*, onde Blunden havia trabalhado. Os discursos ficaram a cargo de H. M. Tomlinson, H. W. Nevinson e A. G. Gardiner, entre outros. Harold Wright (1883–1934) era editor-assistente da *Nation* na época. (AOB)

47 No dia 16 de fevereiro de 1924, a página semanal de LW na *Nation & Athenaeum*, "The World of Books", intitulava-se "Mr. Moore and the Critics", na esteira da publicação recente de *Conversations in Ebury Street*, de Moore. LW sustentava que a "picardia" de Moore – sua desconsideração, por exemplo, pela obra de Hardy, para quem esta não passava de "melodramas malfeitos escritos com pulso fraco e gramática ruim" – era uma expressão lógica do seu gosto literário pessoal, nada surpreendente ou espantoso. O próprio Murry deu umas "palmadas" em Moore no número subsequente da sua *Adelphi*. (AOB)

48 Rhoda Broughton (1840–1920), romancista popular e prolífica, autora de *Not Wisely but Too Well* (1867). Sua reputação inicial de ser audaciosa arrefeceu quando ela abraçou a moda literária da época. (AOB)
49 Henry W. Nevinson (1856–1941), escritor, correspondente de guerra, jornalista e socialista, foi membro da equipe da *Nation* entre 1907 e 1923. Também escreveu para o *Daily Herald* e o *Manchester Guardian*. (AOB)
50 A sra. Moxon Turner de fato morreu na Hogarth House, provavelmente nos dois anos seguintes. Saxon exerceu seu direito de encerrar o aluguel da casa ao final de três anos, em vez de sete, e em 1927 a Hogarth House foi vendida para uma certa sra. Hazle. (AOB)
51 Os Woolf se mudaram para o número 52 da Tavistock Square, no bairro de Bloomsbury, nos dias 13 e 14 de março. Passaram a noite do dia 14 na casa de Clive Bell na Gordon Square e dormiram sua primeira noite na casa nova no dia seguinte, sábado, 15 de março. O casal passou a ocupar os dois andares superiores do casarão de quatro andares que compunha um grupo de casas no lado sul da praça. Os locatários já existentes, a firma de advocacia Dollman & Pritchard, seguiram alugando o primeiro e o segundo andares. A Hogarth Press ocupou o grande porão da casa; e um grande salão de bilhar construído no lugar de um quintal dos fundos tornou-se tanto o estúdio de VW quanto o estoque dos livros da Hogarth Press. (AOB)
52 Recital de Elena Gerhardt. (AOB)
53 *Mrs. Dalloway*. [N. T.]
54 O ensaio "Sobre não saber grego", para *O leitor comum*. [N. T.]
55 Salmo 100, verso 3. [AOB]
56 "Notas sobre uma peça elisabetana", de *O leitor comum*. [N. T.]
57 Os Woolf estiveram em Monk's House de 17–28 de abril, e depois novamente, de 23–26 de maio. Entre as duas idas, passaram a noite de 9 de maio em Tidmarsh com Lytton Strachey; e de 17–19 de maio estiveram em Cambridge, onde VW leu um texto para a Society of Heretics, "Character in Fiction" ("A personagem de ficção"), uma ampliação das ideias do ensaio "Sr. Bennett e Sra. Brown", publicado no inverno anterior. O artigo depois seria revisado e publicado na *Criterion* (como "Character in Fiction") e mais tarde na Hogarth Press, porém desta vez como "O sr. Bennett e a sra. Brown". (AOB)
58 Título de trabalho de *Mrs. Dalloway*. [N. T.]
59 De *O leitor comum*. [N. T.]
60 Dr. James Glover era psicanalista e iria tratar da publicação dos estudos da International Psycho-Analytical Library. Isso levaria a Hogarth a ser a editora inglesa das obras de Freud, numa edição supervisionada por James Strachey. Philip Ritchie, mencionado logo acima, era o mais novo amor de Lytton Strachey. (AOB, modificada)
61 Ott. é Lady Ottoline Morrell, aristocrata e dama da sociedade cujo apoio foi fundamental para

diversos artistas e escritores do período – entre eles D.H. Lawrence, Aldous Huxley, T. S. Eliot e Dora Carrington. Naquela época, em sua casa, Garsington, promovia encontros reunindo pessoas notórias dos círculos artísticos do período. vw a chama de "patinho" provavelmente por, na época, considerá-la ingênua. [N. T.]

62 Em 24 de abril de 1924, com a escritora Violet le Maistre. Murry fora marido de Katherine Mansfield, falecida em 1923. (AOB, modificada)

63 Nancy Cunard (1896–1965), filha de Lady Cunard, morava a maior parte do tempo em Paris. Seu longo poema em verso livre *Parallax* (*Paralaxe*) acabara de ser aceito pela Hogarth Press e seria publicado em abril de 1925. (AOB)

64 Os Woolf haviam ido à exposição sobre o Império Britânico em Wembley no dia 29 de maio; em 2 de julho houve uma festa com jornalistas canadenses ali; o editor do *Daily Express* de 1902 a 1932 foi Ralph D. Blumenfeld. (AOB)

65 Fundado por LW e alguns de seus amigos, o 1917 Club reunia socialistas que se encontravam no Soho, em Londres, na primeira metade do século XX. Era formado basicamente de membros do Partido Liberal e de alguns artistas, notadamente do grupo de Bloomsbury. Entre seus membros estavam Aldous Huxley e H. G. Wells. [N. T.]

66 Lionel Edward Sackville-West, 3º barão de Sackville (1867–1928) e pai de Vita, morava em Knole, uma das maiores e mais belas casas baroniais da Inglaterra. A mãe de Vita, Lady Sackville, de ascendência espanhola, abandonara Knole e o marido em 1919. (AOB, modificada)

67 Ex-amante de Vita Sackville--West, arquiteto e diplomata. Esta foi a primeira visita de vw a Long Barn, casa de campo dos Nicolson. (AOB, modificada)

68 "More brain, o Lord, more brain!", *Modern Love*, de George Meredith. (AOB)

69 No artigo "Romance", publicado na *Nation & Athenaeum* em 10 de março de 1923, Murry atacou a falta de enredo da parte das "mentes mais originais" da nova geração de autores de ficção, citando como exemplos D.H. Lawrence, Katherine Mansfield e Virginia Woolf e concluindo que, por conseguinte, o romance havia atingido "uma espécie de impasse". (AOB)

70 Squire era editor do *London Mercury*, jornal mensal de posição conservadora que se tornou famoso por publicar uma ampla variedade de literatura séria de sua época – incluindo poemas de Robert Frost, Robert Graves, Siegfried Sassoon e William Butler Yeats, e contos de Katherine Mansfield, Virginia Woolf, Margaret Irwin e J.B. Priestley. [N. T.]

71 *The Pilgrim's Progress*, de John Bunyan, e *Memoirs of the Life of Colonel Hutchinson... by his widow Lucy*, de Lucy Hutchinson. (AOB). Clarissa talvez seja uma referência a *Clarissa Harlowe*, de Samuel Richardson – embora a

alusão ao nome da heroína de *Mrs. Dalloway* (que naquele momento Woolf tanto se debatia para escrever) não possa passar despercebida. [N. T.]

72 O escritor polonês Joseph Conrad, grande expoente da literatura de língua inglesa, morreu em 3 de agosto aos 67 anos. O ensaio que vw escreveu em seu tributo foi publicado no *TLS* em 14 de agosto de 1924. O ensaio foi mais tarde publicado na primeira coletânea de *O leitor comum*, em 1925. [N. T.]

73 Em 30 jul. 1924, A.B. Walkley discutiu em sua coluna semanal no *Times* "A personagem de ficção" – a versão editada do ensaio "Mr. Bennett and Mrs. Brown" que Woolf publicara na *Criterion* de T.S. Eliot, em julho. "Mr. Bennett e Miss Woolf (…) afirmam que o romance, para ser bom, *deve* ser um romance de personagem; que o que conta é apenas a criação da personagem (…). Miss Woolf segue uma trilha difícil demais para os meus pés". A mera observação de Woolf de que "em dezembro de 1910 ou por volta disso, o caráter humano mudou" levou Walkley a perguntar se acaso "aquele prodigioso evento passara despercebido ao Velho Moore?". Ao contrário do que Woolf temia, não houve nova ferroada, pois Walkley não publicou nenhuma resenha em agosto daquele ano.

74 Dennis H. Robertson, economista, fora aluno de Maynard Keynes antes da guerra. Com ele o casal Keynes foi tomar o chá em Monk's House no dia 9 de agosto. (AOB)

75 Lydia Lopokova, bailarina e mulher de John Maynard Keynes. vw a usou como modelo para desenhar a personagem Rezia, mulher de Septimus Smith em *Mrs. Dalloway*. [N. T.]

76 Exemplo de passagem em que vw primeiro repudia a descrição realista ("descrever milharais") e em seguida manifesta o desejo de conter todas as impressões no momento, mas diz sentir dificuldade de encontrar a forma para fazer isso. É interessante a imagem das quinquilharias (coisas desnecessárias) aliada a um túnel, local escuro e desconhecido, na frase: "Sinto como se estivesse tateando um túnel cheio de quinquilharias", que pode servir de metáfora para a maneira como ela ia escrevendo agora *Mrs. Dalloway*. [N. T.]

77 Tilton era um sítio perto de Charleston, casa de campo de Vanessa Bell, que Maynard Keynes alugara. Uma aranha é uma espécie de carruagem pequena de duas rodas puxada por um único cavalo. [N. T.]

78 Raça de carneiro. [N. T.]

79 F. M. Mayor, *The Rector's Daughter*; Leslie Stephen (pai de Woolf), *Some Early Impressions*; Norman Leyes, *Kenya*; Nancy Cunard, *Parallax*. Mrs. Devonshire não identificada. O livro de Duncan é *Living Painters – Duncan Grant*, de Roger Fry. (AOB)

80 O obstetra Norman Maclean Leys servira como médico sanitarista no Quênia e em regiões da África Central e Oriental por dezesseis anos, de 1904 a 1920. Socialista cristão e defensor ferrenho da

igualdade racial, tornou-se um grande crítico do imperialismo britânico e do impacto das políticas coloniais sobre os povos africanos – assuntos de que trata largamente em seu livro *Kenya*, que a Hogarth Press publicaria em novembro de 1924. Ao longo da década de 1920, enquanto atuava como médico no interior da Inglaterra, continuou a escrever textos para denunciar aos cidadãos britânicos o que estava acontecendo na África – e se tornou um espinho no pé para o Ministério das Colônias. (AOB)

81 Ver 15 de outubro de 1923 (*Diário II*), em que VW quase se foi num impulso para Londres, mas LW a impediu já na plataforma do embarque. Esta cena foi representada no filme *As horas*, de Stephen Daldry. [N. T.]

82 Título da nobreza de Vita, por ser filha de lorde Sackville-West. [N. T.]

83 Agrada VW saltar de um assunto para o outro, coisa que ela vinha exercitando nas páginas de seu diário desde 1919. Para ela, isso confirmaria a noção de que somos fragmentados e não monolíticos, como antigamente se acreditava, algo que estava em seu horizonte por esta época. [N. T.]

84 VW frequentemente chamava sua escrita no diário de rabisco e duvidava da serventia de escrevê-lo, alternando essa chicotada com grandes elogios a esse mesmo diário (chamando-o por vezes de sua maior obra). [N. T.]

85 Karin Stephen, mulher de Adrian, irmão mais novo de VW, era deficiente auditiva. [N. T.]

86 Cf. "To a Young Lady", de Wordsworth: "But an old age serene and bright/ And lovely as a Lapland night/ Shall lead thee to thy grave". Karin foi embora e deixou Ann com a babá, Daisy, para passarem mais uma noite. (AOB)

87 Peças que estavam expostas em Lewes na época; a cota de malha teria sido usada por um principie indiano durante o cerco de Seringapatam em 1799. (AOB)

88 *After the Deluge*, que só seria publicado em 1931. LW tinha reduzido sua carga horária (e consequentemente seu salário) na *Nation & Athenaeum*. (AOB)

89 O termo usado por Murry na verdade foi "impasse"; ver a entrada do dia 2 ago. 1924, sobre o artigo que ele escreveu sobre os escritores modernistas. (AOB)

90 O Velho, a quem VW aqui se refere, é seu pai, Leslie Stephen. Ela já estava vislumbrando cenas de *Ao farol*.

91 No ensaio "Profissões para mulheres", ela iria discorrer sobre o embate que as mulheres precisam fazer dentro de si mesmas para escrever literatura. [N. T.]

92 Ver 16 jan. 1923, em *Diário II*. [N. T.]

93 Murry alugara cômodos na casa do artista Boris Anrep, famoso mosaicista ligado ao grupo de Bloomsbury. (AOB)

94 O contrato de Charleston estava chegando ao fim, e Vanessa recebera a oferta de renová-lo com taxas progressivamente crescentes de aluguel. Assim, ao ouvir falar de uma casa setecentista perto de King's Lynn

à venda por 1.250 libras, pensou que seria mais vantajoso possuir uma casa própria do que alugar uma casa de campo. Ela terminou optando por permanecer em Charleston. LW passara os últimos dois anos e meio de seu período de serviço no Ministério das Colônias do Império Britânico no sul do Ceilão como assistente do governador, responsável pela província de Hambantota – pela qual desde então nutria um grande apreço. (AOB)

95 Ver 22 agosto de 1922 (*Diário II*). Jacques é o pintor francês Jacques Raverat. Ele se casou em 1911 com a xilogravurista inglesa Gwen Darwin, neta de Charles Darwin. Antes de se mudarem para a França, ambos eram ativos no chamado movimento "neopagão", encabeçado pelo poeta Rupert Brooke. VW não via Gwen desde antes da guerra. Em 2004, o neto de Jaques e Gwen, William Pryor, editou a correspondência completa entre o casal e Virginia Woolf, publicada como *Virginia Woolf and the Raverats*. [N. T.]

96 Dorothy Todd, editora da *Vogue*. A resenha anônima de *Peggy: the Story of One Score Years and Tem*, de Peggy Webling, escrita por VW, foi publicada na *Nation & Athenaeum* em 8 de novembro de 1924. (AOB, modificada)

97 Referência ao ensaio "Mr. Bennett e Mrs. Brown", publicado pela Hogarth em 1924. A ideia supostamente era que VW escrevesse uma versão para a *Harper's Bazaar*, o que não ocorreu. [N. T.]

98 A segunda esposa de Hardy, Florence, fora operada de câncer na garganta dias antes. Charlotte May Mew, que Thomas Hardy considerava a melhor poeta da época, e Woolf provavelmente se conheceram à cabeceira da segunda esposa enferma de Hardy, Florence. (AOB modificada)

99 VW é explícita sobre o uso que faz do diário como espaço de prática. Na primeira fase de seu diário, VW com certa frequência se projeta para o futuro, imaginando-se como uma velha relendo os seus diários – a "velha V". [N. T.]

100 Mary Hutchinson havia se apaixonado por VW. O anseio de poder escrever sem reservas sobre a relação entre mulheres se refletiria no ensaio "Profissões para mulheres", em que VW descreve a dificuldade de falar abertamente sobre a vida sexual feminina. Também se refletiria em *Orlando*, em que ela trata do assunto enviesadamente, muito por conta da repercussão naquela época do processo contra o livro *The Well of Loneliness* por lesbianismo. [N. T.]

101 Guilhermina Suggia, famosa celista portuguesa. (AOB)

102 Casa onde Lytton Strachey agora morava com Dora Carrington e Ralph Partridge. Os Woolf fizeram sua primeira visita nos dias 25 e 26 de outubro. Roger Senhouse era o inseparável companheiro do mais recente amor de Lytton, Phillip Ritchie, e portanto era frequentemente incluído nos convites deste. (AOB, modificada)

103 O livro *Keats and Shakespeare*, de Murry, só seria publicado no ano seguinte. O desentendimento entre os líderes da *Adelphi* (que se tornara cada vez mais um veículo para propagar as ideias de Murry e os textos inéditos de Katherine Mansfield) chegara a tal nível que Kotelianski pediu demissão. D.H. Lawrence e sua esposa Frieda mudaram-se para o Novo México em março de 1924, com a pintora Dorothy Brett. A ideia de Lawrence era fundar uma espécie de "sociedade alternativa", mas a única pessoa que conseguiu arrastar para lá foi Brett. (AOB)

104 Theodora Bosanquet foi secretária de Henry James de 1907 até a morte deste, em 1916. A Hogarth Press publicou seu *Henry James at Work* em 1924, livro em que ela relembra a relação com o escritor e comenta sobre o meio dele, suas preferências e seu processo de criação e revisão. [N. T.]

105 Os volumes I e II dos *Collected Papers* de Sigmund Freud foram publicados em novembro de 1924 pela Hogarth Press, um ano decisivo para a influência de Freud em Bloomsbury. VW ajudou a revisar essa obra. [N. T.]

106 VW irá priorizando cada vez mais o ritmo em sua escrita, a sonoridade. Ao caminhar – era famosa por caminhar todos os dias por longos períodos –, ia falando consigo mesma, testando frases. Também gostava de escrever ouvindo música, caso de *As ondas*. [N. T.]

107 Em 1911, enquanto estudava na escola de arte Slade, Dora Carrington transformou os longos cabelos optando por um corte curto, masculino, no que foi imitada por Dorothy Brett e Barbara Hilles. Elas ficaram conhecidas como as "*cropheads de Slade*", e foram imitadas por outras alunas de arte. [N. T.]

108 Dadie Rylands tinha esperanças de conciliar o trabalho na Hogarth Press com a escrita de sua dissertação em Cambridge, mas não conseguiu. Indicou para seu cargo um amigo da universidade, Angus, que vinha escrevendo críticas de arte para a *Nation & Athenaeum*. (AOB)

109 O novo romance de Ray, segunda mulher de Oliver Strachey, irmão de Lytton, acabou não sendo publicado pela Hogarth. Julia, filha do primeiro casamento de Oliver, foi criada na casa de parentes e no internato Bedales. Agora dividia apartamento com uma amiga e tentava ganhar a vida. Acabaria tornando-se uma escritora notável, embora pouco prolífica. (AOB)

110 Das obras *Seducers in Ecuador*, de Vita Sackville-West, e *Kenya*, de Norman Leys, obra mencionada em 7 de setembro de 1924. [N. T.]

111 "O Herdeiro de Radcliffe" era um apelido brincalhão para Edward Sackville-West, derivado do romance de C.M. Yonge – pois Edward seria o herdeiro dos títulos e propriedades da família Sackville depois da morte do pai e do tio de Vita. (AOB)

112 De 1916 a 1924 os Woolf empregaram Nelly Boxall e Lottie Hope

como criadas. Em 1924 levaram Nelly consigo de Richmond quando se mudaram para Tavistock Square, em Bloomsbury, Londres – enquanto Lottie foi trabalhar para Adrian Stephen, irmão de VW, em sua casa na Gordon Square, ali perto. (AOB)

113 "Virginia Woolf", de Clive Bell, foi publicado em dezembro de 1924 no *The Dial* de Nova York. (AOB)

114 E.G. Aldington, poeta, romancista e crítico, era amigo de Ezra Pound e fora o editor-assistente de *The Egoist* antes de T.S. Eliot. Com Lady Ottoline e VW, foi um dos patrocinadores do Fundo Eliot, esquema criado para angariar verbas para que Eliot pudesse se dedicar somente à escrita e abandonasse seu trabalho no Lloyd's Bank. Embora Eliot tivesse se recusado a sacar do fundo, as doações continuavam a chegar, e provavelmente foi por isso que Aldington estava telefonando para a casa dos Woolf. (AOB)

115 De "The Princess", de Tennyson: "O there above the little grave/ We kiss'd again with tears". (AOB)

116 *O leitor comum* foi de fato dedicado a Lytton Strachey.

117 Mary Endicott, viúva de Joseph Chamberlain, casara-se com o reverendo W.H. Carnegie, da Abadia de Westminster, em 1916. VW havia conhecido os Chamberlain em sua juventude, em Kensington. (AOB)

118 O escultor Stephen Tomlin se tornara amigo de Bunny Garnett ao visitar a livraria deste, e daí foi apresentado aos seus amigos de Bloomsbury. Tomlin insistia em que VW posasse para que ele a esculpisse e ela mais tarde acabou de fato fazendo isso: o busto de VW feito por Tomlin pode ser visto hoje na Tavistock Square. (AOB)

1925

1 VW refere-se ao fato de não ter encerrado o livro onde escreveu o diário de 1924 e aberto um novo para 1925, e sim continuado a escrever ali, apesar do novo ano. Esse tipo de comentário indica o quanto ela se importava com a forma do diário. [N. T.]

2 Nelly e VW tinham uma relação conflituosa, para dizer o mínimo – que em parte refletia as grandes contradições das desigualdades sociais e trabalhistas entre as mulheres da primeira metade do século XX na Inglaterra. Para um estudo aprofundado a esse respeito, ver: Alison Light. *Mrs. Woolf and the Servants: An Intimate History of Domestic Life in Bloomsbury* (New York: Bloomsbury Press, 2008). [N. T.]

3 Desde o outono passado VW vinha visualizando seu pai, Leslie Stephen, como personagem de uma "cena" (ver entrada de 17 out. 1924). Ele acabaria se transformando no Mr. Ramsay de *Ao farol*, e o professor foi incorporado em *Mrs. Dalloway*. (AOB)

4 O ensaio "Notas sobre uma peça elisabetana" foi publicado no *TLS* em 5 mar. 1925. Ele viria a integrar *O leitor comum*, publicado naquele mesmo ano. (AOB, modificada)

5   Simkin, Marshall, Hamilton, Kent & Co. eram livreiros varejistas e distribuidores. (AOB)
6   O longo poema *Parallax*, de Nancy Cunard, sairia pela Hogarth Press em abril de 1925. (AOB)
7   A gráfica R. & R. Clark, de Edimburgo. Os Woolf compunham e revisavam as provas na Tavistock Square, mas a partir da década de 1920 os livros maiores quase sempre eram impressos fora. A Harcourt, Brace and Company era a editora de VW nos Estados Unidos. (AOB)
8   No manuscrito, sem aviso, começam escritos de duas páginas de *O leitor comum*, o que sugere como VW enxergava sua escrita como uma só. É mais ou menos frequente esse seu hábito de escrever sem querer em seu diário outros textos nos quais estava trabalhando, e depois transferi-los para o caderno ou livro certo. [N. T.]
9   A partir de 1917, VW costumava ela mesma encadernar os livros que usava para escrever seu diário, volumes elegantes com capa dura. Esse hábito seria perdido em meados da década de 1930, quando ela passa a escrever em folhas soltas, reunidas em uma espécie de fichário – um sinal de sua instabilidade emocional na época. [N. T.]
10 Aqui VW inicia um novo caderno para seu diário. [N. T.]
11 *Parallax*, de Nancy Cunard, e *Poems and Fables*, de R. C. Trvelyan, foram paginados à mão na própria Hogarth Press e publicados em abril de 1925. (AOB)
12 Provavelmente sete minutos e meio. No original, não está claro ao que ela se refere. [N. T.]
13 Este trecho fala com muita clareza sobre o passado se expandindo até o presente – aparentando laivos do filósofo Henri Bergson. [N. T.]
14 Tais "miríades de impressões" remetem ao ensaio "Ficção moderna", de *O leitor comum*. [N. T.]
15 Woolf estava escrevendo "Ficção americana", que foi publicado no *Saturday Review of Literature*, de Nova York, em 1 ago. 1925. (AOB)
16 Mais um comentário que denota a importância da escrita do diário para Woolf. [N. T.]
17 Sobre o acidente de Angelica, ver a passagem do dia 5 abr. 1924. [N. T.]
18 VW enviou as provas de *Mrs. Dalloway* para o matemático e pintor Jacques Raverat, que sofria de esclerose múltipla, cerca de um mês antes de sua morte. Ele respondeu: "Receber cartas e livros como estes é quase o suficiente para me fazer desejar viver um pouco mais... Sinto-me lisonjeado, & você sabe o quanto isso é importante sentimentalmente para uma pessoa, & orgulhoso..." (AOB)
19 Clive Bell, Dadie Rylands, Beatrice Howe, autora de *A Fairy Leapt Upon My Knee* (1927) e Julia Strachey, sobrinha de Lytton, que se tornaria uma grande escritora. (AOB)
20 Com esse "ela", VW devia estar se referindo à esposa de Jacques, a xilogravurista Gwendolen (Gwen) Mary Darwin, com quem ela tinha amizade. Ela lhe escreveu uma carta naquele mesmo dia.

Ver também 17 de outubro de 1924. (AOB, modificada)
21 Ver o ensaio "Montaigne", de *O leitor comum*: "Mas basta de morte; é a vida o que importa". [N. T.]
22 George G. Tomlin era o irmão mais velho do escultor Stephen Tomlin. (AOB)
23 De *Otelo*, ato II, cena I: "Se agora tivesse de morrer, seria felicidade suprema, pois eu receio, tão absoluto é o contentamento da minha alma, que não haja conforto igual a este no destino ignorado". Trad. R. Alberty e Sebastião Maldonado. (AOB)
24 Ringgold (Ring) Lardner, contista americano cuja obra Woolf discute em seu texto "Ficção americana", que estava escrevendo na época. (AOB)
25 Woolf escreveu diversos contos sobre o tema da festa nesse período. Sete deles foram reunidos no livro *Mrs. Dalloway's Party* (org. Stella McNichol, 1973). Dorothy Todd, editora da *Vogue* britânica, tencionava organizar uma espécie de "guia" sofisticado da moda e cultura da época. Para isso, encomendou colaborações de diversos artistas da vanguarda (dentre eles VW) na Inglaterra e na França. A dama da alta sociedade Lady Colefax (Sybil) era conhecida por estar constantemente em busca de "pessoas interessantes", que ela e o marido Arthur entretinham em sua casa, Argylle House, no Chelsea. (AOB)
26 Lytton Strachey estava apaixonado por Philip Ritchie desde o verão anterior. (AOB)
27 O "Coronel de Clive" provavelmente se refere ao irmão mais velho de Clive, o tenente-coronel William C. Bell, cujo ponto de vista sobre a homossexualidade devia ser até mais enfático do que o da própria Woolf. (AOB)
28 VW discorre sobre o lugar das coisas – aquele tipo de observação, para ela, seria melhor desfiar em um conto do que em seu diário. Isso revela que seu diário tinha mentalmente funções específicas para ela, ou assim ela o percebia. [N. T.]
29 Bernadette Murphy, que começou a trabalhar como secretária na Hogarth Press em fevereiro daquele ano. (AOB)
30 Marjorie Thomson, que trabalhara na Hogarth Press de 1923 a 1925, estava agora casada com C. Joad, mas logo se casaria com Thomas Marshall. (AOB)
31 *Fear and Politics. A Debate at the Zoo*. (AOB)
32 Maurice Beck e sua mulher Helen Macgregor eram os principais fotógrafos da *Vogue* e fizeram um ensaio com VW, do qual uma das fotos foi publicada quase um ano depois, na edição de maio de 1926. O estúdio dos dois fora construído pelo escultor Thomas Woolner em 1861, que por volta dessa época pediu a Julia Jackson, mãe de Woolf, a permissão de esculpir seu busto, além de sua mãe em casamento. Os dois pedidos foram negados. (AOB)
33 Robert Graves, poeta e romancista. A Hogarth Press já publicara dois de seus livros. (AOB)

34 T. S. Eliot tinha sido indicado para o corpo editorial da Faber & Gwyer (mais tarde Faber & Faber), que ocuparia de 1925 até sua morte. A revista quadrimestral *The Criterion*, criada e editada por ele desde 1922, vinha sendo custeada por Lady Rothermere, mas a partir de então passou a ser financiada pela Faber & Gwyer – e ganhou o nome de *The New Criterion*. (AOB)

35 Contos curtos de Vivienne Eliot sob os pseudônimos de Feiron Morris ou Fanny Marlow foram publicados em todas as edições trimestrais da *The Criterion* entre outubro de 1924 e julho de 1925. (AOB)

36 Goldsworthy ("Goldie") Dickinson, um Apóstolo. Os Woolf tinham ido a Cambridge para que LW pudesse comparecer a um encontro dos Apóstolos. John Hayward, que sofria de distrofia muscular, viria a se tornar um famoso editor e bibliófilo. (AOB)

37 John Randall se aposentaria em 1926, depois de trabalhar cinquenta anos como revisor de provas da *Athanaeum* (que fora fundida com a *Nation*). (AOB)

38 Enquanto LW jantava com os Apóstolos, VW foi até o Newnham College jantar com a reitora, Joan Pernel Strachey, irmã de Lytton, e passou defronte à casa de Darwin, que ficava à beira do rio (cf. *Um quarto só seu*, capítulo 1). Helen Palmer, tutora em Newnham, era irmã viúva de Walter Lamb, velho admirador de VW. (AOB)

39 Katherine Stephen, prima de VW, fora reitora em Newnham de 1911 a 1920. Em 19 fev. 1924, Woolf anotou em seu diário: "Ali, enfileirados numa prateleira, estavam seus diários desde 1 jan. 1877 (... E em seu derradeiro dia, ela dirá à criada que a atende, Traga os diários que você encontrar no armário; agora, taque fogo em tudo". (AOB)

40 Thoby era o irmão mais velho de VW, que morreu de febre tifoide em 1906. [N. T.]

41 O artigo "Mrs. Woolf as Critic" foi publicado no TLS em 7 mai. 1925. (AOB)

42 A escritora popular Berta Ruck, esposa do escritor Oliver Onions. (AOB)

43 Jacon é *jaconet*, um tecido de algodão leve, como musselina. (AOB)

44 Morgan é E.M. Forster. Brace é Donald Clifford Brace, cofundador da editora americana de VW, a Harcourt, Brace. (AOB)

45 *Mrs. Dalloway* foi publicado pela Hogarth Press naquele dia, 14 de maio de 1925. [N. T.]

46 Um costume da época. [N. T.]

47 Do último verso do poema "The Castaway", de William Cowper – "We perish'd, each alone". Woolf de fato o utilizou em *Ao farol*. (AOB)

48 *The Story of the League of Nations Told for Young People*, de Kathleen Innes, fora publicado pela Hogarth em abril de 1925. Dr. Norman Leys, autor de *Kenya*, já foi mencionado anteriormente (ver 7 set. 1924). Lorde Olivier é Sydney Olivier, um socialista fabiano; a Hogarth viria a publicar quatro livros seus. (AOB)

49 Vernon Lee, pseudônimo de Violet Page, autora que se dedicava notadamente à história

cultural italiana. Lillie (Emilie), viúva de Edward Langtry e na época Lady de Bathe, foi uma atriz famosa pela beleza. (AOB)

50 O autor Logan P. Smith morava com sua irmã Alys, ex-esposa de Bertrand Russell, no Chelsea. Bertrand Russell se casara de novo e fora viver com a nova esposa nas proximidades. Lady Ottoline Morrell, a quem Logan culpava pelo divórcio da irmã (uma vez que ela tivera um longo caso com Russell), estava considerando mudar-se de Garsington para o Chelsea. (AOB)

51 The Phoenix Society, uma companhia de teatro cujo espetáculo *The Orphan* os Woolf tinham ido assistir recentemente. Ray Litvin tinha interpretado Monimia, a órfã. (AOB)

52 VW apelidava os amigos com nomes de animais; Desmond é coruja, Lytton serpente barbuda, Vanessa golfinho, Leonard mangusto. Na família, ela mesma era Goat ou Little Goat (cabritinha) Ela também faz muitas associações (frequentemente bastante engraçadas e inusitadas) de pessoas com bichos diversos, como sapos, camelos, cachorros. [N. T.]

53 Os elegantes Connaught Rooms, tradicional salão de reuniões e eventos, situam-se na Great Queen Street. Esta também era a rua da sede da *New Statesman*, da qual Desmond MacCarthy era editor de literatura. (AOB)

54 AOB corrige a data: 17 de maio de 1925. VW aparentemente se confundiu. [N. T.]

55 O resenhista anônimo do *Observer* escreveu: "Poucos livros (...) demonstram desfrute mais profundo, maior amplitude ou inteligência crítica mais refinada do que este volume de Mrs. Woolf." (17 mai. 1925). (AOB)

56 E. M. Forster. [N. T.]

57 De fato, muitas das entradas dos diários de Woolf se iniciam com "just back from". Na tradução, optei pelas formas "recém-cheguei" ou "recém-chegada". [N. T.]

58 Lambeth Palace é sede do arcebispado da Cantuária desde os anos 1200, aproximadamente. Era costume que os homens retirassem o chapéu ao passarem pelo Cenotáfio em Whitehall em sinal de respeito aos mortos em combate. (AOB)

59 Exemplo de passagem racista do diário de VW. Bem mais comum entre 1915 e 1929, esse tipo de comentário praticamente desaparece ao longo da década de 1930. [N. T.]

60 Margaret foi secretária-geral da Women's Cooperative Guild de 1889 a 1921 e era uma amiga antiga dos Woolf. A WCG, organização de cunho socialista e feminista, advogava pelos direitos trabalhistas das mulheres. Em 1916, quando o pai de Margaret morreu aos 90 anos, ela mudou-se da casa que dividia com ele. Sua companheira, Lilian Harris, fora secretária-assistente da WCG e também se aposentou na mesma época que Margaret. Sob a direção dessas duas mulheres, a WCG viveu grande expansão. (AOB)

61 Popular autora de livros românticos da época. (AOB)
62 AOB corrigiu a data para 20 de maio. [N. T.]
63 Euphemia Case morava com sua irmã caçula Janet, antiga amiga e professora de estudos clássicos de VW. (AOB)
64 Charles H. Towne, romancista e editor. Em 1925 visitou a Inglaterra a convite de um agente literário para conhecer "os novos autores que estão despontando". Em seu livro *So Far So Good*, de 1945, Towne conta que Somerset Maugham o convidou para jantar e perguntou quem, de todos os escritores, ele mais gostaria de conhecer. "Implorei por Arnold Bennett e H.G. Wells, e os dois compareceram. E, como uma generosa atração extra, veio aquela escritora maravilhosa, Virginia Woolf". Segundo AOB, contudo, não existe indício de que Woolf tenha conhecido Maugham – e muitas vezes Towne não estava sóbrio o bastante para ter certeza do que dizia. [N. T.]
65 Da carta de Vita em 26 mai. 1925 para VW: "Há trechos de *O leitor comum* que eu gostaria de saber de cor; é soberbo, não há o que dizer. Não consigo pensar em nenhum outro livro de que eu goste mais ou que lerei com mais frequência. *Mrs. Dalloway* é diferente; é um romance; sua beleza está unicamente na genialidade; ela desnorteia, ilumina e revela; o *Leitor comum* cresce, torna-se um guia, filósofo e amigo, enquanto *Mrs. Dalloway* permanece sendo um fogo-fátuo, uma conhecida deslumbrante e adorável. Uma coisa ela fez por mim definitivamente: tornou desnecessário que um dia eu retorne a Londres, pois toda a Londres em junho se encontra no primeiro punhado de suas páginas". (AOB)
66 VW estava ajudando MacCarthy a transformar uma compilação de seus artigos em livro, mas isso só viria a se tornar realidade em 1932, quando ele por fim lançou *Criticism*. (AOB)
67 Bernhard Tauchnitz publicava brochuras em inglês de autores britânicos e americanos, dos quais adquiria os direitos na Europa. Ele publicaria tanto *Mrs. Dalloway* quanto *O leitor comum* em 1929. (AOB)
68 Philip e Julian eram, respectivamente, marido e filha de Lady Ottoline Morrell. Robert Gathorne-Hardy, seu amigo próximo, viria anos mais tarde a editar as memórias dela. (AOB)
69 Casa de Maynard Keynes, situada no número 46 da Gordon Square. (AOB)
70 A editora era a Faber & Gwyer. Ver entrada de 29 abr. 1925, quando Eliot sugere uma reviravolta em sua vida. Ver tb. a de 14 set. 1925, quando a Faber anuncia, no *TLS*, a publicação de *Collected Poems* de Eliot, contendo *Terra desolada*. Esta era uma obra originalmente publicada pela Hogarth, em 1923. (AOB)
71 No original, não há data: há uma quebra de página. AOB, porém, supõe que esta nova entrada seja de 5 jun. [N. T.]

72 O comentário entre parênteses foi acrescentado posteriormente. (AOB)
73 Os Woolf passaram o fim de semana na casa, em Essex, de Adrian Stephen, o irmão caçula de VW, e sua mulher Karin. Outros convidados foram Philip e Irene Noel-Baker – VW e seus irmãos se hospedaram na casa dela na Grécia em 1906. Aparentemente Desmond MacCarthy e Irene tiveram no passado uma espécie de caso amoroso (cf. 27 jan. 1918). (AOB)
74 Trata-se de uma metáfora de VW para jogos sexuais entre ela e Leonard. Em sua biografia de VW, Hermione Lee diz que "os apelidos carinhosos, as brincadeiras com animais, os 'bichinhos', as 'marmotas' que são arejadas ou saem para brincar, as carícias e beijos: há referências frequentes a essas 'palhaçadas' nas cartas e nos diários iniciais. (...) Não se trata de nenhum modo de um casamento assexuado (...)". LEE, H. *Virginia Woolf*. Vintage Press: 1997, p. 333. [N. T.]
75 W.J. Turner, crítico e poeta australiano. O romance de estreia de C.H.B. Kitchin, que depois se tornou mais conhecido por romances de mistério, fora publicado pela Hogarth em abril de 1925. Helen Anrep, a segunda mulher do mosaicista russo Boris Anrep, que decorara o hall de entrada da casa de Lady Ottoline, em breve o deixaria para ficar com Roger Fry. (AOB)
76 *O romance do Genji*, de Murasaki Shikibu, cuja resenha escrita por Woolf seria publicada pela *Vogue* no final de julho. (AOB) Escrito no século XI, é considerado o primeiro romance do mundo – Woolf surpreende-se com o seu estilo e impacto. [N. T.]
77 LW era o atual presidente da Sociedade dos Apóstolos. O seu discurso teve como tema a "relação entre realidade, felicidade e tristeza". (AOB)
78 Katherine (Kitty) Maxse, figura que foi bastante influente na juventude de VW em Kensignton, serviu de modelo para a criação de Clarissa Dalloway. Ela morreu de uma queda em casa, em 1922. "Mas o dia se estragou para mim – de um modo tão estranho – com a morte de Kitty Maxse; & agora penso nela em seu túmulo em Gunby, & Leo voltando para casa, & todo o resto. Soube pelo jornal. Não a via desde, sei lá, 1908 – a não ser no funeral do velho Davies, & em seguida eu a cortei, o que agora me perturba – sem motivo, suponho. Eu não teria conseguido acompanhá-la; ela nunca tentou me ver. Mas – essas velhas amigas morrendo sem nos dar aviso – isso começa a acontecer com frequência – sempre me entristece: me faz sentir culpada. Queria ter cruzado com ela na rua. Meus pensamentos voltaram a ela o dia todo; à maneira esquisita deles. Primeiro pensando em como ela morreu, subitamente, no número 33 da Cromwell Road; ela que sempre teve medo de cirurgias. Depois visualizando-a – seu cabelo branco – as bochechas rosadas – como ela se sentava toda empertigada – sua voz – com suas

tonalidades características – o chão azul-esverdeado de sua casa – que ela mesma pintou com as próprias mãos: seus brincos, seu garbo, & ao mesmo tempo sua melancolia; sua inteligência: suas lágrimas, que permaneciam no rosto. Não que eu jamais tenha me sentido à vontade com ela". (8 out. 1922). [N. T.]

79 John (Jack) Waller Hills, viúvo de Stella Duckworth, meia-irmã de vw, e membro do parlamento. Depois da morte prematura de Stella, ele e Vanessa se apaixonaram escandalosamente. Ele estimulou as crianças Stephen a levarem a sério a lepidopterologia. O primeiro artigo de vw para o *Atlantic Monthly* só sairia em 1927. (AOB)

80 Essa observação denota como vw estava buscando uma forma nova para seus romances. [N. T.]

81 Olga Lynn, cantora de *Lieder*, relata esta cena em seu livro de memórias *Oggie*. Lynn ficou irada porque a chegada de Margaret Asquith, Lady Oxford, causou tamanha confusão que ela foi obrigada a parar de cantar. (AOB)

82 Clive Bell tinha um caso amoroso com Mary Hutchinson. [N. T.]

83 James Ching era um jovem aspirante a pianista clássico que daria três concertos no Wigmore Hall no outono. O jovem Hew Anderson tinha morrido alguns dias antes de meningite. Ele fora um dos hóspedes no Hotel Cendrillon em Cassis, quando vw esteve lá em abril de 1925. (AOB)

84 J.F. Holms escreveu no *Calendar of Modern Letters* em julho de 1925 que *Mrs. Dalloway* era "sentimental em concepção e textura, e portanto esteticamente inútil". (AOB)

85 Formosa Fishery, à margem do Tâmisa, era o lar dos Young, velhos amigos dos Stephens. (AOB)

86 A acusação de "sentimental" foi o cerne da crítica a *Mrs. Dalloway* feita no *Calendar* (ver 19 jul. 1925). Ann Watkins era uma agente literária. (AOB)

87 Por volta de 1911 o pintor Henry Lamb, antigo protegido de Ottoline e notório paquerador, ganhou o coração de Katherine Cox – o que desencadeou um ardor passional em Rupert Brooke, até então mero amigo dela, e incitou nele um colapso nervoso. (AOB)

88 Woolf se preocupava com o modo como os indivíduos, especialmente as mulheres, eram excluídos dos discursos oficiais. Ela planejava reunir diversas vidas de pessoas obscuras, à margem, a exemplo do que fizera no ensaio homônimo publicado em *O leitor comum* – mas não chegou a realizar seu intento. Em 1939, no ensaio "A arte da biografia", ela assim diz: "A questão que agora se pergunta, inevitavelmente, é se apenas as vidas dos grandes homens deveriam ser registradas. Acaso não é digna de ser biografada qualquer pessoa que teve uma vida e deixou um registro desta – as falhas e os sucessos, os humildes e os ilustres?" (N. T., trad. nossa)

89 Robert Trevelyan, poeta e classicista, Apóstolo e antigo amigo. (AOB)

90 VW se refere a *As consequências econômicas do Sr. Churchill*, ver 19 jul. 1925. [N. T.]

91 Maynard Keynes e Lydia Lopokova se casaram no cartório de registros civis de St. Pancras em 4 de agosto de 1925. (AOB)

92 Provavelmente um manuscrito do escritor e acadêmico Bonamy Dobrée, que os Woolf iriam publicar na série Hogarth Essays; porém eles só publicaram um romance de Dobrée em 1932. (AOB)

93 Bruce Richmond, editor do *Times Literary Supplement*, e sua mulher Elena. (AOB)

94 Castello Avenue era a avenida onde moravam Edgar, irmão de LW, e sua mulher, Sylvia – num casarão em subúrbio de classe média em Putney. "As ruas cheias de casarões me deixam mais desolada que as favelas", descreveu VW em 31 jan. 1920. (AOB)

95 AOB corrigiu a data para 14 de setembro. [N. T.]

96 Clennel Wilkinson, jornalista e autor de biografias populares, cunhado de J.C. Squire, editor do *London Mercury*. (AOB)

97 "The Underworld" (O Submundo) é um termo pessoal criado por VW e LW para definir escritores mais "vulgares", que fazem da escrita "mais fácil" seu ganha-pão. O termo, que transmite a sugestão de inferioridade social, equivale mais ou menos ao termo *grub street*, também usado pelos dois com a mesma conotação. [N. T.]

98 VW tinha opiniões contraditórias sobre Eliot, muito à maneira dela, aliás. Ela o admirava e ao mesmo tempo desprezava a ambição que via nele de se destacar a todo custo e o hábito de fazer e desfazer alianças não por afinidade, mas por conveniência. Tinha consciência de que Eliot era diferente dela. Já na primeira visita dele, ela escreve: "Ele decididamente pertence à geração abaixo da nossa – ouso dizer superior – mais jovem, porém" (19 set 1920), e no dia seguinte: "Ele é um espécime consistente da sua espécie, que é o contrário da nossa. Infelizmente os autores vivos que ele admira são Wyndham Lewis & Pound. – Joyce também." Eliot desde o início se mostrou capaz de desestabilizar a confiança de VW em si mesma. Da mesma entrada: "(...) ele tratou com completo descaso a minha pretensão a ser escritora, & se eu fosse doutrinável, suponho que teria desabado – achado ele & suas visões dominantes & subversivos. (...) Há muito o que dizer sobre Eliot sob diversos aspectos – por exemplo, sua dificuldade de ter contato com gente inteligente. – & por aí vai – anemia, inibição; mas por outro lado sua mente ainda não perdeu o fio nem se tornou enevoada. Ele deseja escrever num inglês preciso; mas se pega dando deslizes; & se alguém lhe perguntasse se ele quis mesmo dizer o que disse, com grande frequência ele seria obrigado a dizer que não." [N. T.]

99 A.B.C – Aerated Bread Company, rede tradicional de casas de chá na Inglaterra. (AOB)

100 O Algraphone era o chamado "gramofone superior" da Alfred Graham. O casal Woolf o comprara recentemente; por volta dessa época LW começou a resenhar discos para a *Nation & Athenaeum*. VW estava bordando uma manta de cadeira com projeto de Vanessa, segundo AOB (carta 1576, L3). (AOB)

101 Historiador e primo de VW, membro do Parlamento pelo Partido Liberal, era um dos editores da série Home University Library. (AOB)

102 O casal Keynes havia recém-chegado da Rússia. Oficialmente Maynard fora representar a Universidade de Cambridge no bicentenário da Academia de Ciências de Leningrado, mas, extraoficialmente, tinha ido conhecer a família de Lydia. Escreveu três artigos para a *N&A* sobre o regime soviético, que foram reunidos em *A Short Vision of Russia*, publicado pela Hogarth em dezembro de 1925. (AOB)

103 Grigori Zinoviev, tido como autor da "Carta de Zinoviev", publicada pelo *British Mail* em 1924 e que levou à derrocada de Ramsay MacDonald. Na época da visita de Keynes à Rússia, era o presidente do Comitê Executivo da Internacional Comunista. VW faz alusão metafórica a Stálin e Kamenev, com quem Zinoviev se uniu para excluir Trotski, como dois "cães de guarda". [N. T.]

104 Expressão inventada que significa "the old", fazendo alusão ao inglês arcaico. É usada em nomes de estabelecimentos pelo menos desde o século 18 para transmitir a ideia de que são muito antigos. [N. T.]

105 David "Bunny" Garnett havia lançado recentemente seu terceiro livro, *The Sailor's Return*; o segundo, *A Man in the Zoo*, fora publicado em 1924. (AOB)

106 No original não há nenhuma quebra entre a entrada anterior e essa. É simplesmente um novo parágrafo. Na edição do diário AOB deu quebra e colocou entre colchetes aqui: "Quarta, 30 de setembro". [N. T.]

107 Os Woolf haviam publicado o primeiro livro do poeta e crítico de arte Herbert Read em 1923 (*Mutations of the Phoenix*) e iriam publicar o segundo em outubro (*In Retreat*). Mas, de fato, o livro seguinte de Read, *Reason & Romanticism. Essays in Literary Criticism*, sairia não pela Hogarth, mas pela Faber & Gwyer, em 1926. (AOB)

108 Karin Stephen havia se submetido a uma cirurgia para surdez. (AOB)

109 Woolf esquece-se de acrescentar o dia da semana; é uma sexta-feira. [N. T.]

110 Frances Elinor Rendel, sobrinha de Lytton, tornou-se médica de VW quando ela se mudou para Tavistock Square. (AOB)

111 Margaret (Madge) Vaughan, esposa do primo de VW, W.W. Vaughan. Segundo Quentin Bell, Madge um dia representara muito para Woolf, foi "a primeira mulher a cativar seu coração". (AOB)

112 Vita Sackville-West era esposa do diplomata Harold Nicolson, que agora seria enviado a Teerã. Mas

Vita, avessa às restrições e formalidades da vida diplomática, acabou decidindo ficar. (AOB)

113 Jean-Hippolyte Marchand, pintor francês e amigo dos Raverats. (AOB)

114 O artigo "The Novels of Virginia Woolf", de E.M. Forster, foi publicado no *The New Criterion* em abril de 1926. (AOB)

115 "I could lie down like a tired child/ And weep away the life of care/ Which I have borne and yet must bear/ Till death like sleep might steal on me." (Percy Bysshe Shelley, *Stanzas Written in Dejection Near Naples*).(AOB)

116 Aqui se encontra outro exemplo de como se buscou aqui manter a sonoridade do original, "drowsy dependent". [N. T.]

117 Residência de Vita. [N. T.]

118 Em 14 de novembro VW havia enviado a Eliot o ensaio "Sobre estar doente", em resposta à sua carta implorando para que ela escrevesse para a sua nova revista quadrimestral. O cartão supostamente desinteressado de Eliot não pôde ser localizado. O artigo foi publicado em janeiro de 1926 na *The New Criterion*. (AOB)

119 LW fora editor da *International Review* em 1919. Ralph Partridge, que se casara em 1921 com a companheira inseparável de Lytton, Dora Carrington, tinha trabalhado na Hogarth Press de outubro de 1920 a março de 1923, mas suas atitudes, e as manipulações de Lytton para favorecer os interesses dele, acabaram irritando os Woolf. VW escreve por exemplo em 4 fev. 1922, quando Ralph vai embora sem limpar as máquinas de tipografia: "Isso cristalizou todos os nossos queixumes antigos – o fato de ele ser preguiçoso, não confiável, ora esforçado, ora relapso, pouco audacioso, completamente corroído por Lytton, incapaz de elogiar, mas sem opinião própria – a velha história, que ouvimos tantas vezes das vítimas da velha serpente, mas uma depreciação um tanto grave dos méritos dele, como sócio de empresa. Será que devemos modificar a empresa? Será que devemos nos separar? Contratar uma mulher? Desconfio que esse trabalho não seja compatível com um homem jovem, de educação superior & vigoroso: mas estou sendo caridosa". (AOB)

120 LW tinha grande interesse pelo que chamava de "a estranha psicologia do bobo", tipo descrito por Tolstói em sua autobiografia e retratado por Dostoiévski em *O idiota*. De acordo com LW, os "bobos" são "absurdos (...) segundo os padrões dos homens práticos"; "terrivelmente simples e ao mesmo tempo tragicamente complicados". (*I LW*, p. 137; *III LW*, p. 174). (AOB)

121 Condessa de Cromer, segunda mulher de Evelyn Baring, 1º Conde de Cromer, cônsul do Egito – de quem desde 1917 era viúva. (AOB)

122 Ethel Sands (1873–1962), pintora americana que dividia seu ano entre Château d'Auppegard, perto de Dieppe, que ela

compartilhava com sua companheira, a também artista Nan Hudson, e sua casa no n. 15 da The Vale, no Chelsea. Rica e gregária, era patrona de artistas e gostava de receber em sua casa com frequência. (AOB)

123 Segundo Nigel Nicolson (III *VW Letters*, p. 223) este foi o começo do caso amoroso entre VW e Vita Sackville-West. LW foi para Long Barn em 19 dez. e no dia seguinte Vita os levou de carro de volta para Londres. (AOB)

124 VW escreveu para Vita em 9 dez. convidando-se para ir até Long Barn, em resposta a uma carta de Vita de 8 dez. dizendo que só iria a Londres na semana do dia 20. Esta passagem do diário sugere que LW deve ter estimulado VW a fazer tal convite. (AOB)

125 Este trecho está exatamente assim, colocado em uma página entre duas páginas do diário. VW o escreveu para Robert Bridges – trata-se da transcrição de um trecho de *A School Portrait*, livro de Bridges para o poeta Digby Dolben. Roger Fry, que estava colaborando com Bridges para produzir dois estudos com amostras de caligrafia de autores da língua inglesa, vinha recolhendo amostras entre seus amigos escritores. A de VW, contudo, não chegou a ser incluída no livro. [N. T.]

126 A Hogarth publicou *Fugitive Pieces*, de Mary Hutchinson, em junho de 1927. (AOB)

1926

1 Este trecho pertence ao volume anterior. VW começaria um novo livro a partir da entrada de 8 de fevereiro. [N. T.]

2 1. O ensaio "Sobre estar doente", de VW, fora publicado na edição de janeiro da *New Criterion*, de T.S. Eliot. 2. Mary Kieffer e Claude Dravaine publicaram suas traduções de dois trechos de *O quarto de Jacob* em *La Revue nouvelle*, Paris, em março de 1927 e na *Revue politique et littéraire: Revue bleue*, Paris, 6 de agosto de 1927. 3. Ethel Pye era uma artista e escultora conectada de certa maneira com o círculo dos "neopagãos". 4. "Sobre estar doente" foi reimpresso como *Illness: An Unexplored Mine* na *Forum*, de Nova York, em abril de 1926. 5. A senhora Leonard Woolf foi cooptada para participar do comitê geral da English Association (fundada em 1906 para promover o conhecimento e a apreciação da língua e da literatura inglesas) em 28 de janeiro de 1926, embora não haja registro de que ela tenha participado de nenhuma de suas reuniões. Seu nome, no entanto, ali constou até 1934. 6. O periódico *The Dial*, de Nova York, recomendou a série Hogarth Essays em geral e comentou com detalhes cada um dos seis primeiros volumes desta na sua edição de fevereiro. 7. O irmão de Clive Bell era o tenente-coronel Cory Bell (ver entrada do dia 19 de abril de 1925). (AOB)

3 John Murry, crítico literário e viúvo de Katherine Mansfield, editor da *Adelphi*. No artigo "The Classical Revival", de fevereiro de 1926, ele escreveu que "*O quarto de Jacob*, de Mrs. Woolf, e *Terra Desolada*, de Mr. Eliot, pertencem essencialmente à mesma ordem. Ambos são fracassos (...). Daqui a cinquenta, dez anos, ninguém mais se dará ao trabalho (nada pequeno) de ler qualquer uma dessas obras, a menos que aconteça alguma mudança extraordinária com seus autores – uma liberação de sua verdadeira espontaneidade – capaz de despertar o interesse em estudar (...) esses registros das suas dificuldades iniciais." (AOB)

4 VW esqueceu-se de incluir o dia da semana: era uma terça. [N. T.]

5 Sêmele foi consumida em chamas quando seu amante, Zeus, apareceu diante dela em toda a sua majestade. Porém os capturados em uma rede foram Ares e Afrodite, pelo deus Vulcão. (AOB)

6 Raymond Mortimer fora designado para ir a Teerã e se juntar aos Nicolson. Vita voltaria à Inglaterra em 10 de maio. (AOB)

7 "Fica, ó minha alma, como os frutos, até morre a árvore!" (*Cymbeline*, ato V, cena 5). (AOB)

8 O segundo livro de Ruth Manning-Sanders, *Martha Wish-You-Ill*, seria publicado pela Hogarth em julho daquele ano. (AOB)

9 Rose Macaulay era uma romancista da época. (AOB)

10 Iolo Williams era então correspondente bibliográfico do *London Mercury*, cujo editor e fundador era John Squire. (AOB)

11 Na verdade R. Macaulay se formara no Sommerville College, Oxford; porém seu pai, George Macaulay, era um homem de Cambridge que lecionou língua inglesa nessa universidade nos últimos dez anos de sua vida, quando ela ainda morava em sua casa. (AOB)

12 O pai e os quatro tios de Gwen Raverat eram filhos de Charles Darwin. (AOB)

13 Os animais do zoológico que os passantes do parque podiam ver através das grades, sem precisar pagar ingresso. (AOB)

14 Ela se refere ao livro *Apprenticeship*, de Beatrice Webb, que consistia em trechos de seu diário de 1868 até seu casamento em 1892 e acabara de ser publicado. Portanto, VW estava relendo *o seu próprio diário* de 1923. (AOB)

15 Donald Tovey, pianista e compositor, era uma das grandes personalidades musicais da época. (AOB)

16 Edward Marsh era secretário pessoal de Winston Churchill, então ministro da Fazenda. (AOB)

17 Herbert Woolf, irmão de Leonard, e sua mulher Alfreda. Vf. L3, carta 1622. (AOB)

18 A Hogarth Press publicaria o primeiro romance de F. L. Lucas, *The River Flows*, em outubro de 1926. (AOB)

19 T.S. Eliot deu uma série de oito aulas (as Clark Lectures) no Trinity College, entre janeiro e março de 1926, sobre a poesia metafísica do século XVIII. (AOB)

20 Arthur Leigh Ashton trabalhava no Victoria & Albert Museum e alguns anos mais tarde viria a ser seu diretor. O artigo do *TLS* ("English Prose", 4 mar. 1926) citado por VW era sobre *The Oxford Book of English Prose* (1925), editado por Arthur Quiller-Couch. Os trechos a que VW se refere foram de seu *Mrs. Dalloway*, do *Ulysses*, de Joyce, e de *Queen Victoria*, de Lytton Strachey – que, dos três autores, era o único presente na antologia de Quiller-Couch. (AOB)

21 Marjorie Lowndes, esposa de Philip Woolf. Ela e o marido moravam em Waddesdon Manor, em Buckinghamshire, uma mansão ao estilo dos *chateaux* franceses. Philip era administrador do lugar, cujo dono era James de Rothschild, um primo distante. (AOB)

22 LW acabou sendo dissuadido por Keynes ("o Chefe", um dos donos da *N&A*) e Henderson (o editor) de se demitir do cargo de editor de literatura da revista semanal. (AOB)

23 Robert Lynd, jornalista, colaborador do *New Statesman* e do *Daily News;* sua esposa, Sylvia, também escritora; Gerald Gould, jornalista literário; sua esposa Barbara, que trabalhara no *Daily Herald* e era candidata ao Parlamento pelo Partido Trabalhista; Jeremiah (Gerald) O'Donovan, escritor e ex-padre, que manteve um caso amoroso com Rose Macaulay do final da Primeira Guerra até morrer, em 1942. (AOB)

24 VW gostava de brincar de escrever o sobrenome dela e do marido assim, como "lobos", em vez da grafia correta (Woolf): o ícone da Hogarth, impresso no frontispício dos livros da editora do casal, era um lobo. [N. T.]

25 O pintor Walter Sickert recém-atravessara um período de depressão e misantropia após a morte da sua segunda mulher, em 1920. Contudo, em 1924 fora eleito membro da British Royal Academy of Arts, o que o agradara profundamente. (AOB)

26 Empresa contratada pelos Woolf para reformar Monk's House. (AOB)

27 As relíquias do almirante Nelson e da expedição malfadada de Sir John Franklin em 1845 para descobrir a Passagem do Noroeste estavam expostas no Naval Museum, na época abrigado no Royal Naval College (antigamente um hospital). A partir de 1934 foram transferidas para o National Maritime Museum, em Greenwich. (AOB) "Beije-me Hardy" é uma das frases mais famosas da história inglesa; Nelson a disse ao vice-almirante Thomas Hardy pouco antes de morrer. (AOB)

28 Saxon Sydney-Turner tivera a ideia de transformar o diário de seu bisavô Sharon Turner em um livro, a ser publicado pela Hogarth. A ideia não deu em nada. (AOB)

29 Walter Leaf, presidente do London & Westminster Bank e da Câmara Internacional de Comércio, sua esposa Charlotte May e os filhos Charles e Katherine. (AOB)

30 Provavelmente ela se refere a Bloomsbury. [N. T.]

31 VW estava lendo o recém-lançado *The Letters of Sir Walter Raleigh, 1879–1922*, a fim de escrever uma resenha para a *Vogue*. Esta resenha acabou sendo republicada em *A Captain's Deadbed*. (AOB)

32 Exemplo de passagem que demonstra como muitas vezes VW iniciava uma entrada apenas para testar uma caneta. [N. T.]

33 O posto de reitor do King's College estava vago desde a morte de Sir Walter Durnford em 7 de abril. No fim A. E. Brooke foi eleito para o cargo. (AOB)

34 Clive voltara de Paris, Nessa estava prestes a ir para Veneza com Duncan Grant e Angus Davidson. Esse "estabelecimento" era a casa na Gordon Square onde Ralph Partridge morava durante a semana com Frances Marshall – nos fins de semana ele seguia para Ham Spray, onde moravam a esposa, Carrington, e Lytton Strachey. Frances, cunhada de David Garnett, casou-se com Partridge em 1933, após a morte de Carrington. (AOB)

35 A Greve Geral dos trabalhadores foi proclamada no fim do dia 2 de maio em solidariedade aos mineiros, que haviam entrado em greve no dia 1 depois que o governo lhes impôs uma redução salarial para "recuperar a competitividade do carvão nacional no mercado exterior". Era o resultado da política desastrosa de Churchill como Ministro das Finanças no ano anterior, que causou a desvalorização da libra. (AOB, modificada)

36 Por determinação do TUC (Trades Union Congress, espécie de união geral de sindicatos) os trabalhadores da imprensa britânica aderiram com certo contragosto à Greve Geral de 1926, pois viam isso como uma espécie de silenciamento da imprensa. Diante da ausência de circulação dos jornais tradicionais, o governo lança o *British Gazette*, um jornal de brevíssima duração publicado apenas durante a greve, sob coordenação de Winston Churchill. O primeiro número saiu em 5 de maio. Não foi publicado nenhum artigo de LW no *Daily Herald* durante a greve. (AOB, modificada)

37 O número seguinte da *N&A* acabou saindo apenas em 15 de maio, embora um especial sobre a greve tivesse sido preparado. (AOB)

38 Peter Quennel era um jovem poeta que caíra nas graças dos Sitwells. Ele de fato conseguiu trabalho como revisor no *New Statesman* por intermédio de Desmond MacCarthy. (AOB)

39 William Pritchard, sócio do escritório de advocacia Dollman & Pritchard, que ocupava o térreo e o primeiro andar do número 52 da Tavistock Square. A "velha Miss Pritchard" era sua irmã, que trabalhava como escriturária-chefe, enquanto Rose Talbot e Mrs. Brown eram escreventes. (AOB)

40 Viola Tree, atriz e cantora. O esperado sucesso de seu livro de memórias, *Castles in the Air*, que fora publicado pela Hogarth Press em abril de 1926, viu-se

41   interrompido por causa da greve geral. (AOB)

41   O mimeógrafo era então conhecido pelo nome da marca, Roneo, e importantíssimo nessa era pré-xerox.

42   O abaixo-assinado pedia ao governo que "reiniciasse as negociações imediatamente seguindo a linha sugerida pelo arcebispo da Cantuária". LW buscou assinaturas de escritores e artistas. (AOB)

43   Asquith (lorde Oxford), que ainda era o líder do Partido Liberal, tinha uma casa perto de Oxford chamada The Wharf. O Visconde de Reading, Rufus Isaac, acabara de retornar da Índia, onde fora vice-rei de 1921–26. (AOB)

44   Não se sabe se Dalton, membro do Parlamento pelo Partido Trabalhista, recebeu tal "ajuda" a tempo, porém sua única manifestação naquele dia foi: "Uma declaração do líder máximo da Igreja", dirigida a Winston Churchill. Churchill não soube explicar por que o ponto de vista do arcebispo da Cantuária e de outros líderes da igreja anglicana sobre como solucionar a greve não haviam sido publicados na *British Gazette*, o jornal do governo. (AOB)

45   George Gooch, historiador renomado e editor do *Contemporary Review*. Molly MacCarthy estava pesquisando para sua obra *Fighting Fitzgerald and other Papers*. (AOB)

46   John Galsworthy, autor renomado de *The Forsyte Saga*, havia se recusado a assinar a petição de LW. (AOB)

47   Woolf estava escrevendo "Impassioned Prose", sobre de Quincey. (AOB)

48   Sir John Simon afirmou na Câmara dos Comuns que a resolução do TUC de convocar greve geral era ilegal. O especial da *N&A* sobre a greve que tinha sido preparado para aquela semana só foi publicado, e de forma bastante truncada, em 15 de maio. (AOB)

49   Margaret Bulley, escritora de livros de arte, amiga de Roger Fry. Sir Martin Conway, membro do Parlamento pelo Partido Conservador. (AOB, modificada)

50   Billing era o dono da gráfica e editora Billing & Sons Ltd; F. J. MacDermott da Prompt Press, de Richmond. MacDermott ajudou os Woolf no início da Hogarth Press e imprimiu *Segunda ou terça* em 1921 – tão mal que eles jamais contrataram seus serviços novamente. (AOB)

51   Janet Vaughan, filha do primo de Woolf W.W. Vaughan, havia ajudado a coletar assinaturas para a petição. Emma era prima de VW e tia de Janet. (AOB)

52   Modista de VW e suas irmãs quando eram moças. (AOB)

53   "The Land", poema que Vita vinha escrevendo desde 1923 e que acabara de concluir. Ela tinha retornado da Pérsia na semana anterior. Esse poema seria o inspirador do poema de *Orlando*, "O carvalho". (AOB)

54   Há indícios fortes de que Gerald e George Duckworth, meio-irmãos de Virginia e Vanessa

Stephen, abusaram das duas quando crianças. George desejava que as duas se dedicassem à vida social na adolescência. Ele foi noivo por um curto período de Flora, filha de Lady Arthur Russell, duquesa de Bedford, que morava logo atrás de Park Lane. Em *Moments of Being* (146), vw a descreve como uma "velha mal-educada, tirânica, com a compleição encarnada e as maneiras de um peru". [N. T.]

55 Dottie era Dorothy Wellesley, duquesa de Wellesley. Era poeta e foi amante de Vita, que lhe dedicou "The Land" (poema que vw chamaria, em *Orlando*, de "O carvalho" ("The Oak"). Yeats a considerava um dos maiores escritores de sua época. vw a encontrara uma única vez, em 1922, quando visitou Knole com Vita. (AOB, modificada)

56 Versão revisada da palestra dada por ela em Hayes Court em 30 jan. 1926, e que acabou sendo publicada pela *Yale Review* em outubro do mesmo ano. (AOB)

57 A festa fora oferecida para a escritora Gertrude Stein, que morava em Paris desde 1903 e tinha sido convidada para dar palestras em Cambridge e Oxford. Sua fala, intitulada *Composition as Explanation*, foi publicada pela Hogarth Press em novembro de 1926. (AOB, modificada)

58 Sim: há duas entradas de 9 de junho. [N. T.]

59 A mulher com quem Wells dividia uma casa na Provença era levantina, não brasileira; chamava-se Odette Keun. (AOB)

60 Frances Horner de fato escreveu suas memórias, *Time Remembered*, porém estas foram publicadas pela Heinemann. O livro de ensaios de LW, *Literature, History, Politics, etc*, saiu pela Hogarth em 1927. (AOB)

61 Após a gripe de vw ou uma "dor de cabeça por exaustão de nervos" (carta 1.646, vw Letters, v. 3), os Woolf foram a Rodmell em 11 de junho, um sábado. LW voltou a Londres no domingo à tarde e deixou ali Vita Sackville-West, que tinha ido almoçar.

62 Sem dia da semana no original. Era uma quarta-feira, segundo AOB. [N. T.]

63 Sem dia da semana no original: seria uma quinta, segundo AOB [N. T.]

64 Apesar de LW ter se encontrado frequentemente com H. G. Wells durante e após a guerra, por conta de assuntos relacionados à Liga das Nações e ao *Outline of History* de Wells, não se sabe ao certo se vw já tinha visto Wells e a mulher antes desse almoço na casa dos Keynes. Durante muitos anos Amy ("Jane") Wells vinha fazendo vista grossa às infidelidades do marido, para manter a posição social de esposa. (AOB)

65 A romancista Dorothy Richardson foi uma das primeiras a usar a técnica narrativa do fluxo de consciência, em sua longa série de cunho autobiográfico, *Pilgrimage*. Gerald Duckworth, editor e meio-irmão de vw, publicara desde 1915 todos os volumes da série, mas davam pouco retorno. Entretanto, ao contrário das

impressões da conversa aqui relatada por Woolf, ele acabou publicando outros dois volumes. Richardson, que tivera um breve caso com H. G. Wells décadas antes, casara-se em 1917 com um artista tuberculoso chamado Alan Odle, quinze anos mais novo que ela e considerado um precursor do surrealismo. (AOB)

66 Sobre caligrafia: ver entrada de 21 dez. 1925 – o poeta Robert Bridges, com Roger Fry, estava produzindo dois estudos com amostras de caligrafia de autores da língua inglesa. H. W. Garrod, professor de Poesia em Oxford, recém-lançara um livro sobre Keats. (AOB)

67 Bridges foi responsável pelo reconhecimento da obra de Gerald Hopkins, seu amigo próximo. Ele reunira seus poemas em uma edição de colecionador em 1918 (da qual os Woolf tinham um exemplar) e cuidava de seus manuscritos. (AOB)

68 Em 1932 Philip Nichols se casaria com Phyllis Spender-Clay, neta do milionário William Waldorf. (AOB)

69 Esta lista se refere a um dos projetos de VW, que ainda naquele ano tomaria forma como "Bar Bloomsbury". (AOB)

70 *The World of William Clissold*, de Wells, que seria publicado dali a alguns meses, versa sobre "um judeu americano profético, David Lubin", que fundou em 1905 o Instituto Internacional de Agricultura em Roma. Seu funeral nesta mesma cidade em 1919 "passou em branco pelas ruas decoradas e cheias de bandeiras para a visita do presidente Wilson". (AOB)

71 Em 1917 o casal Hardy se hospedou no apartamento de J. M. Barrie, autor de *Peter Pan*, em frente ao Tâmisa, e observou os holofotes vasculhando os céus. (AOB)

72 A história contada por H.G. Wells da desaprovação de Henry James do comportamento de seu irmão William foi recontada por Leon Edel em "Henry James. The Master, 1901–1916" (1972), p. 373–4. A figura do escritor G. K. Chesterton (1874–1936) perambulando pelas ruas de Rye de fato devia ser uma visão e tanto. (AOB, modificada)

73 Esse trecho ecoa sua teoria sobre os momentos de não ser em *Um esboço do passado*. [N. T.]

74 Violet Dickinson era uma das amigas mais antigas de VW. A amizade agora se mantinha mais por lealdade que por interesse. Clarissa é *Clarissa Harlowe*, de Samuel Richardson. "Suspiria de Profundis", de Thomas de Quincey. (AOB)

75 Sem dia da semana no original. Era domingo, segundo AOB. [N. T.]

76 Os Woolf foram a Dorchester em 23 de julho tomar o chá com os Hardy. Florence era a segunda esposa do escritor, que tinha o dobro da idade dela. Os dois volumes da biografia do marido, *Life* (escritos na verdade pelo próprio Hardy), foram publicados em 1928 e 1930, após sua morte. (AOB)

77 Nesse trecho ocorre um salto rápido das pessoas que narram; percebe-se o esforço de VW de reproduzir a voz de Hardy ao mesmo tempo em que entremeia a sua própria, mas sem para isso

fazer indicações de pontuação convencionais. [N. T.]

78 Como editor da *The Cornhill Magazine*, Leslie Stephen comissionou e publicou em formato de folhetim o quarto romance de Hardy, em 1874. (AOB)

79 O ator, dramaturgo e crítico Harley Granville Barker era amigo dos Hardys. Mrs. Hardy passara dez dias internada em uma clínica de Londres em 1924 devido a uma cirurgia de tumor, e na ocasião VW foi visitá-la (cf. entrada de 17 out. 1924). (AOB)

80 Interessante observar como VW muda de voz em um único parágrafo. A edição de AOB quebra o parágrafo em "Ele disse a um amigo", a fim de manter a clareza da passagem, mas apaga esse treino de vozes. [N. T.]

81 O "coronel Lawrence da Arábia" era um amigo chegado dos Hardys. Em 1925 permitiram que ele se reunisse à RAF como piloto, e ele foi enviado a Lincolnshire. Em março de 1926, apesar de ter fraturado o braço direito, foi de moto visitar os Hardys. (AOB)

82 Hubert von Herkomer ilustrara a versão serializada de *Tess of the d'Urbervilles* publicada na *Graphic* em 1891 e presenteara Hardy com dois dos desenhos originais. "Tess's Return from the Dance" não é uma gravura, e sim uma aquarela. (AOB)

83 O livro de Huxley mencionado é *Two or Three Graces*, de 1926, e o conto em questão, "Half-Holiday" – que porém, termina com um homem e não uma mulher saindo de uma sala.

84 Edmund Blunden, poeta e crítico, vencedor do prêmio Hawthorndern de poesia em 1922, era professor de inglês na Universidade de Tóquio desde 1924. (AOB)

85 Aqui VW inicia uma das seções mais experimentais de seus diários. As entradas a seguir não são datadas e todas têm título. A primeira remete a questões que ela discute sobre a possibilidade de apanhar os pensamentos tão logo eles surgem, sem serem modificados por elaborações posteriores. [N. T.]

86 Foi mantida, como no manuscrito, a pontuação estranha, que dá a impressão de que a intenção inicial de VW era terminar a frase, mas depois ela muda de ideia e continua a escrevê-la. [N. T.]

87 City of London é um bairro histórico e financeiro, onde se localiza a Bolsa de Valores e o Banco da Inglaterra. [N. T.]

88 A ideia do tabique que separa um ser humano e outro poderia encontrar um paralelo na metáfora que ela desenvolveria anos mais tarde, das pessoas como embarcações seladas, em MB. [N. T.]

89 Mrs. Rose Bartholomew cozinhava para os Woolf em Monk's House quando Nelly não estava. (AOB)

90 Não há nenhuma data no original. Na edição de AOB, ela insere uma data para esta passagem – segunda, 2 de agosto. [N. T.]

91 *Moments of Vision, and Miscellaneous Verses*, de T. Hardy, fora publicado em 1917. VW o havia resenhado. Esse conceito parece-se muito com seus

92 Sem dia da semana no original. Era uma sexta, segundo AOB. [N. T.]
93 Bramber possuía antigamente um grande castelo com capela, mas deste só restara ruínas, que davam de frente para uma estrada movimentada. (AOB)
94 Sem dia da semana no original. Seria um domingo, segundo AOB. [N. T.]
95 Clara Pater era a mais nova das irmãs de Walter Pater, e deu aulas de grego para VW. Sua pergunta acabou sendo o ponto de partida para o conto "Momentos de ser: pinos de telha não têm pontas", que foi publicado em 1928. (AOB)
96 Ver entrada de 7 dez. 1925. (AOB)
97 Segundo um novo acordo com LW, tudo o que VW ganhasse acima desse valor seria dividido entre os dois. [N. T.]
98 VW havia desejado ter filhos, mas em 1913, depois de ouvir varias opiniões médicas, LW chegou à conclusão de que a maternidade seria um risco para ela. (AOB)
99 Mary Hutchinson, que tinha um caso com Clive Bell desde 1914, havia recentemente se apaixonado por VW. Ao que tudo indica foi um amor unilateral. Em uma de suas cartas para VW, ela disse ansiar "for all that is you – in any mood you like or chance to be in – I must love – can you bear such hunger – for I believe it is really this that I feel and I pine for you sometimes." Cf. LEE, Hermione: 383. [N. T.]
100 Os Woolf tinham construído uma espécie de edícula (usada por VW como um estúdio) nos limites de sua propriedade em Monk's House. LW há algum tempo vinha planejando construir esse "terraço", e em 1928 conseguiu seu intento (ver 8 ago. 1928). (AOB)
101 Entre agosto e setembro de 1926, a N&A publicou um suplemento intitulado "Questionário sobre Crenças Religiosas". O resultado, publicado em 16 de outubro daquele ano, respondia à pergunta "Você acredita em um Deus pessoal?". (AOB)
102 Cumpre notar que nesse momento de sua carreira, considerado o auge de seu período mais estritamente modernista, ela enfatiza a experimentação de um método – "a maior distensão a que submeti o meu método" – e afirma com todas as letras que ele se dedica agora a explorar mais tanto os sentimentos como os personagens. [N. T.]
103 Ela já havia enfatizado isso em "Ficção moderna": "Nada – nenhum 'método', nenhuma experiência, nem mesmo a mais extravagante – é proibido, exceto a falsidade e o fingimento. 'A matéria apropriada à ficção' não existe; tudo serve de assunto à ficção, todos os sentimentos, todos os pensamentos; cada característica do cérebro e do espírito entra em causa; nenhuma percepção é descabida." (WOOLF, V. *O valor do riso*. Trad. Leonardo Fróes. São Paulo: Cosac Naify, 2011, p. 115-16.). [N. T.]
104 George Plank, ilustrador e xilogravador, que na época fazia

muitas capas para a *Vogue*.
A capa do livro *The Land*, de Vita, publicado naquele mês, foi gravada por ele. (AOB)

105 Cena que será entregue a Rhoda, de *As ondas*. [N. T.]

106 Nome artístico de Elizabeth Meinertzhagen, atriz não muito bem-sucedida que vw tentara ajudar quando apresentara comportamentos suicidas alguns anos antes. Ver L2, 1235. (AOB)

107 Costumava-se mandar cartas para as agências de empregados domésticos, com descrição do tipo de criado que se desejava. [N. T.]

108 Vita Sackville-West ministrou uma palestra na Royal Society of Literature em 27 out. sobre tendências da poesia inglesa moderna", terminando com o seguinte fragmento de um poema de T. S. Eliot: "Remember us – if at all – not as lost/Violent souls, but only/ As the hollow men". (AOB)

109 vw e Vita Sackville-West tinham ido assistir a *As três irmãs*, de Tcheckov. Dorothy Wellesley possuía um apartamento em Londres em frente ao Hyde Park. Alella é um vinho branco catalão. (AOB)

110 A mãe de Violet Dickinson era filha do Barão de Auckland, cujo palácio ficava em Wells, não em Auckland. (AOB)

111 vw já antevia *As ondas*. Note-se como sua abordagem sobre o tempo e a realidade ("o fato real praticamente inexiste – tampouco o tempo") aprofunda-se depois de *Ao farol*. [N. T.]

1927

1 Note-se o pedido de desculpas por ter continuado escrevendo no mesmo caderno de 1926. Como de costume, manteve-se a repetição (aqui de "devo registrar aqui", que denota a rapidez com que Woolf escrevia seu diário. [N. T.]

2 Os Woolf tinham ido passar o Natal na Cornualha com Ka e Will Arnold-Foster e retornado em 28 dez. (AOB)

3 Mervyn, irmão de Will Arnold--Foster, fora integrante da guarda de granadeiros do exército britânico e morreu em maio de 1927 em decorrência de pneumonia e das sequelas da guerra. (AOB)

4 Duncan Grant tinha ido para Cassis com a mãe e a tia no começo de janeiro. Ao chegar caiu de febre. Angus Davidson foi visitá-lo de férias e, encontrando-o muito doente, ligou para Vanessa para alertá-la. Ela, que já planejava passar alguns meses com Duncan pintando lá, partiu para a França em 22 de jan; ao chegar o encontrou mais restabelecido. (AOB)

5 Vita viajou para a Pérsia, acompanhada de Leigh Ashton e Dorothy Wellesley, em 28 de jan., depois de passar a maior parte da manhã com vw. (AOB)

6 O pai de Vita, Lionel Sackville--West, 3º Barão de Sackville, foi abandonado pela esposa, Lady Sackville, em 1918. Ele então instalou a cantora Olive Rubens, sua amante, e o marido dela, Walter, em Knole, mas como a ex recusou-se a separar-se dele, jamais ficou livre para casar-se com Mrs. Rubens. (AOB)

7   Texto termina aí. O caderno de 1926, também. [N. T.]
8   Observação sobre a forma material de seus diários. VW costumava ela mesma encadernar os volumes que usava para escrever, tanto diários quanto cadernos de anotações, cadernos para escrever seus livros etc. [N. T.]
9   Os Woolf tinham passado a noite de 29 jan. na casa de Beatrice e Sidney Webb em Surrey. (AOB)
10 Clive tinha anunciado a decisão de romper com Mary Hutchinson e ausentar-se da Inglaterra durante alguns meses para escrever um livro. Mudou de ideia, mas no início de fevereiro viajou para juntar-se a Vanessa e Duncan em Cassis. (AOB)
11 O artigo "The Novels of E. M. Forster", que foi publicado em novembro daquele ano na *Atlantic Monthly*. (AOB)
12 A seção intermediária de *Ao farol*, O Tempo Passa, foi publicada em Paris na edição de inverno de 1926 da *Commerce*, com tradução de Charles Mauron, amigo de Roger Fry. A opinião de Woolf parece não ser descabida; Fry assim escreveu à mulher: "Para falar a verdade, não creio que esse texto pertence à melhor safra dela" (carta n. 590). (AOB)
13 As edições americana e inglesa de *Ao farol* foram ambas publicadas em 5 de mai. 1927. Segundo AOB, ao que parece foram produzidas diversas cópias de revisão do livro e pelo menos três delas teriam sido enviadas aos EUA. Como existem discrepâncias entre o texto da edição inglesa e o da edição americana, notadamente na seção O Tempo Passa, parece provável que VW tenha feito emendas na prova que tinha em mãos, e que estas tenham sido incorporadas na edição inglesa, mas não enviadas aos EUA. [N. T.]
14 *Democracy Under Revision*, texto de uma palestra que H. G. Wells proferiu na Sorbonne em 15 mar. de 1927, foi publicado pela Hogarth Press naquele mesmo mês. (AOB)
15 VW já tinha publicado duas dessas "vidas" (que acabaram sendo reimpressas em *O leitor comum*). Seu desejo de ser um "salvador avançando… para o resgate de um espírito encalhado", segundo AOB, era recorrente. [N. T.]
16 O encerramento do fundo para T. S. Eliot (ver 6 mar. 1923), que VW, Lady O. Morrell e Richard Audington administravam, foi adiado até janeiro de 1928. Tinham colocado em curso outro plano, por iniciativa de Christabel McLaren e Lady Colefax: ajudar Desmond e Molly MacCarthy, que estavam sempre precisando de dinheiro, a passarem férias no exterior. VW ficou encarregada de remeter um cheque para Mollly. (AOB, modificada)
17 Provavelmente referência ao livro *The Jessamy Bride*, de Frank F. Moore. (AOB)
18 Eleanor Butler e Sarah Posonby, duas mulheres de estirpe nobre, escandalizaram as suas famílias no final do século VIII ao se recusarem a casar-se e unirem-se – ao que tudo indica em um relacionamento amoroso. Foram morar juntas em um casarão na

cidade de Llangollen, de onde vem a alcunha pela qual ficaram conhecidas. Mrs. Fladgate é uma referência desconhecida. (AOB)

19 VW foi para a Itália com Vanessa e Clive Bell em 1908 e 1909. (AOB)

20 *Rustic Elegies*, recém-publicado. (AOB)

21 No dia 30 de março os Woolf partiram para uma viagem de um mês, indo de Paris a Cassis, onde mais uma vez se hospedaram no Hotel Cendrillon, mas passaram a maior parte do tempo com os Bell e Duncan Grant na Villa Corsica. Em 6 de abril pegaram um trem de Touloun para Roma, indo no dia seguinte a Palermo, onde passaram cinco dias antes de seguirem para Siracusa. Na viagem de volta passaram três dias em Nápoles e uma semana em Roma, e retornaram para casa no fim do dia 28 de abril. As cartas de VW dão um relato animado e detalhado dessa viagem (ver *VW Letters*, v. 3, cartas 1741-7.) (AOB)

22 As cartas arrebatadas de VW para Vanessa da Itália foram lidas em voz alta para Clive e Duncan em Cassis, e Clive relatou-as a amigos que encontrou em Paris, ao voltar para lá. Ver L3, n. 1748, 1750. (AOB)

23 Não há dia da semana no original. Segundo AOB, seria uma quinta-feira. [N. T.]

24 O artigo "Poetry, Fiction, and the Future", que VW leria em Oxford na semana seguinte, seria publicado no *New York Herald Tribune*. (AOB)

25 VW recebera um convite para palestrar em Oxford para uma plateia de alunos universitários de ambos os sexos em 18 de maio, e convenceu Vita Sackville-West a acompanhá-la. O título da palestra foi "Poesia, Ficção e o Futuro", posteriormente transformado em ensaio. Ver 5 mai. 1927. (AOB, modificada)

26 Em outubro de 1926 os Woolf haviam publicado o livro de poemas *The Close Chaplet*, de Laura Riding Gottschalk, poeta americana que se associara a Robert Graves. *Voltaire: A Biographical Fantasy*, um longo poema de 1921, foi composto à mão na Hogarth e publicado em novembro de 1927. O sobrenome Gottschalk acabou sendo parcialmente obliterado por duas réguas negras de 6 pt. (AOB)

27 A carta de E. M. Forster diz: "É extremamente triste, muito bonito (...); põe em movimento muito mais questões de se & por quê do que qualquer outro livro que você já escreveu (...) Sinto-me inclinado a considerá-lo a sua melhor obra". (AOB)

28 Elspeth Chapcommunal, amiga de Roger Fry e pintora, fora editora da *Vogue* britânica de 1916 a 1922, quando foi sucedida por Dorothy Todd. Miss Brooke era uma modista que esta última recomendou a VW em 1926. (AOB)

29 VW recebeu T. S. Eliot para o chá em 23 de maio, e no dia seguinte Logan Pearsall Smith, Faith Henderson, Vita e Eddy Sackville-West, depois de almoçar com Clive Bell, Dadie Rylands e Lady Violet Bonham Carter. (AOB)

30 Provavelmente o fundo para T. S. Eliot. (AOB)

31 O último caso amoroso de Lytton Strachey fora com Roger Senhouse. Cynthia Noble era

uma socialite famosa que recebia em sua casa gente do mundo da diplomacia e das artes. O'B. é Oscar Browning. Uma biografia sua publicada recentemente forneceu a vw a história sobre ele e um tratador de cavalos em *Um quarto só seu* (p. 81). (AOB)

32 Uma estátua que vw tinha em Rodmell. (AOB)

33 Vanessa, em uma carta de 3 de maio de Cassis, descreve como um dia eles foram assolados por mariposas durante uma noite inteira. vw ficou fascinada e imaginou uma história sobre o tema, cuja gênese viria a se tornar *As ondas*. (AOB)

34 Em 16 de junho, Vita S.-West recebeu o Prêmio Hawthornden pelo seu longo poema *The Land*. Na comissão julgadora estavam John Drinkwater, J. C. Squire e Laurence Binyon. (AOB)

35 A resenha não assinada de vw de *Lay Sermons*, de Margot Asquith (Lady Oxford), foi publicada sob o título "The Governess of Downing Street" na *N&A* de 30 jul. 1927. (AOB)

36 Adrian Stephen concluíra a faculdade de medicina em 1926 e estava a caminho de tornar-se um psicanalista. Seu primo, Harry Stephen, tornou-se juiz do Tribunal Superior de Calcutá em 1901, aos 41 anos. (AOB)

37 Trens especiais partiram de Londres para New Yorkshire, que estava dentro do raio de visibilidade total do eclipse solar do dia 29 jun. 1927 – o primeiro visível na Inglaterra em duzentos anos. Em Londres o mau tempo obscureceu o fenômeno por completo. vw transformaria essa entrada do diário no ensaio "O sol e o peixe". (AOB modificada)

38 Sem dia da semana no original: era uma segunda, segundo AOB. [N. T.]

39 AOB corrige para 11 de julho e insere o dia da semana, segunda.

40 Os Woolf adquiriram seu Singer usado em 15 de julho. Frederick Pape, marido da babá de Angelica, Louise, era um chofer profissional que ensinou Vanessa a dirigir, e até certo ponto também vw, pois logo ela entregou os pontos. (AOB)

41 Referência ao passado de vw em Hyde Park Gate. [N. T.]

42 Na verdade, a noite depois dessa, isto é, 13 de julho. (AOB)

43 Eric MacLagan, autoridade em escultura italiana e diretor do Victoria & Albert Museum. (AOB)

44 *The Marionette*, de Edwin Muir, e *Fugitive Pieces*, de Mary Hutchinson. Ambos tinham sido publicados em meados de 1927. (AOB)

45 Mrs. W. Clifford, amiga dos pais de vw, que se sustentava com a escrita desde que enviuvara aos 24 anos de idade. (AOB)

46 AOB corrige a data: 10 de agosto. [N. T.]

47 Cf. ela vinha comentando nas entradas anteriores, foi passar alguns dias em Dieppe com Ethel Sands e Anna Hudson ("Nan"), pintora americana. As duas tinham um longo relacionamento que durou a vida inteira. Henry Lomas era seu mordomo. [N. T.]

48 AOB corrige para 10 de agosto. [N. T.]

49 Herança do seu sogro, pai de Clive. (AOB)

50 VW diz que não se importou com o artigo de Foster, mas em 21 dez. 1925 escreveu que ele "a alegrara muito". Kot é S. S. Koteliansky, antigo colaborador e tradutor nos primórdios da Hogarth Press. (AOB)

51 Sem dia da semana no original, um domingo segundo AOB. [N. T.]

52 Verso de Shelley. "Rarely rarely comest thou, spirit of delight." (AOB)

53 Ver entrada de 30 set. 1926. (AOB)

54 Ver ensaio "Three Pictures", de *The Death of the Moth* (escrito em 1929, dois anos após esta cena). (AOB)

55 Na tentativa de realizar o primeiro voo transatlântico, o avião de F. Minchin e Leslie Hamilton, tendo a bordo como passageira a princesa Löwenstein-Wertheim, desapareceu a 800 milhas da costa da Irlanda e nunca foi localizado. (AOB)

56 The Cranium era um clube exclusivo criado por David (Bunny) Garnett, Francis Birrell e Stephen Tomlin para dar a chance de os amigos manterem contato. (AOB)

57 VW começa a desenvolver cada vez mais a construção de identidades que se fundem em uma coletividade, como se verá em, por exemplo, *As ondas*. [N. T.]

58 AOB corrige para 20 de setembro.

59 P. Ritchie morreu de pneumonia séptica em decorrência de uma operação das amídalas, aos 28 anos de idade. Apesar do desdém de LW, VW costumava ler o jornal conservador *The Morning Post* nos meses em que passavam em Rodmell. (AOB)

60 Dorothy Wellesley tornou-se a patrocinadora, e, junto com LW, editora, da primeira série dos Hogarth Living Poets, da qual 24 títulos foram publicados entre 1928 e 1932. (AOB)

61 Maurice Couve de Murville, que viria a se tornar primeiro-ministro da França. (AOB)

62 E. M. Forster passou o fim de semana de 10–12 de setembro em Monk's House. VW estava escrevendo quatro artigos para o *New York Herald Tribune,* sendo eles sobre *Homens sem Mulheres* de Hemingway ("Na Essay on Criticism", 9 de out. 1927); *Aspectos do romance*, de E. M. Forster ("Is Fiction an Art?", 16 out. 1927); *Shelley: His Life and Work*, de Walter Edwin Peck ("Not One of Us", 23 out. 1927); e *Some People* de Harold Nicolson ("The New Biography", 30 out. 1927). (AOB)

63 Exemplo de como VW escrevia de modo quase indiscriminado seus textos, sem preocupar-se de pronto com o "gênero" ao qual pertenceriam. [N. T.]

64 O reverendo James Boen Hawksford foi o pároco de Rodmell de 1896 até sua morte, em janeiro de 1928. O australiano J. Murray Allison era um latifundiário proeminente da região (ver 5 set. 1926).

65 Pode ser uma brincadeira com o sobrenome do pároco, Hawkesford (*hawk* significa "falcão"). [N. T.]

66 O capitão Edwin Byng-Stamper era um dos principais proprietários de terra do distrito de Rodmell e estava de casamento marcado com Frances Lucas, bisneta do almirante George Byng. (AOB)

67 Os lampiões "Aladdin" e "Veritas" eram comuns na época. Em Monk's House havia lampiões Aladdin. [N. T.]

68 Os Hawkesfords tinham duas filhas, Olive e Boen (vw grafou o nome dela erradamente). Esta última administrava a Rottingdean Riding School. (AOB)

69 Ver "Old Mrs. Grey" em *The Death of the Moth*. (AOB)

70 O texto se interrompe. [N. T.]

71 Mr. Ashcroft, não identificado. Mary Findlater e sua irmã Jane escreveram, juntas e separadamente, um bom número de romances populares. (AOB)

72 Título de trabalho de *Um quarto só seu*. [N. T.]

73 Violet Trefusis, com quem Vita, frequentemente vestida como um homem, teve um caso apaixonado entre 1918 e 1922. O visconde de Lascelles cortejara Vita antes de ela comprometer-se em noivado com Harold Nicolson em 1913. Sasha, a princesa russa, e a arquiduquesa Harriet em *Orlando* foram baseadas nas histórias que Vita contou a vw sobre as duas. (AOB)

74 A Hogarth publicara em fevereiro daquele ano o livro *The State of Religious* Belief, de R. B. Braithwaite, baseado no questionário da N&A (ver 5 set. 1926). Stella Gibbons, autora do best-seller *Cold Comfort Farm*, era também poeta, mas não foi incluída na série *Hogarth Living Poets* de Dorothy Wellesley. (AOB)

75 Harold Nicolson recontou a história do ataque com bomba ao primeiro-ministro russo Stolypin em 1906 contada por seu pai, lorde Carnock, que na época servia como embaixador britânico em São Petersburgo. (Stolypin escapou ileso, mas dois de seus filhos foram feridos.) O pai o mandou até lá para verificar o acontecido. (AOB)

76 Em 1917, o rei exclamou (frase que quase com certeza veio à tona por causa de lorde Carnock, que servia de secretário-assistente do monarca): "Posso ser pouco inspirador, mas que eu vá para o inferno se for alheio". É uma referência ao livro *Mr. Britling Sees It Through*, de H.G. Wells, em que ele escreveu sobre o triste espetáculo da Inglaterra debatendo-se contra uma "corte alheia e pouco inspiradora". (AOB)

77 A esposa de H. G. Wells se chamava "Catherine", não "Caroline", mas era conhecida como Jane. (AOB)

78 Em outubro de 1895, após a morte de sua esposa, Leslie Stephen deu a palestra "Forgotten Benefactors" na Ethical Society. Sua intenção era "falar sobre Julia sem mencionar seu nome", e o texto conclui: "(...) o bem realizado por uma vida e um caráter nobres podem perdurar muito além de qualquer horizonte que venha a ser vislumbrado pela nossa imaginação". (AOB)

79 Vita fora jantar sozinha com vw em Tavistock Square em 10 nov. e lhe contou sobre as turbulências de seu caso com Mary Campbell, mulher do poeta sul-africano Roy Campbell. Os Campbells, depois de voltarem de Durban, foram morar na casinha do jardineiro em Long Barn.

Quando Roy descobriu o caso da mulher com Vita, reagiu violentamente. Violet Taylor era uma atriz famosa pela beleza. (AOB)

80 Sem dia da semana no original; segundo AOB, quarta-feira. [N. T.]

81 Atriz americana famosa que estava apresentando no Criterion Theatre uma temporada de monólogos. (AOB)

82 Na edição de AOB, está separada como uma nova entrada e datada: quinta-feira, 1 de dezembro. [N. T.]

83 LW estava dando uma série de seis palestras intitulada "Imperialism and the Problem of Civilization". A resenha de *The Characters of Lord Chesterfield*, que VW estava escrevendo, sairia no TLS em março de 1928. (AOB)

84 Birrell não se juntou à editora e não deu em nada a ideia da *Hogarth Miscellany*, ou *Annual*. (AOB)

85 "To All You Ladies" foi escrito em 1665 por Charles Sackville, ancestral de Vita e conde de Dorset. VW acabou não fazendo esta citação em *Orlando*. (AOB)

86 Ao ler os diários de março. [N. T.]

87 Sem dia da semana; segundo AOB, uma quinta-feira. [N. T.]

88 Francis Birrell e Dadie Rylands jantaram com os Woolf antes de irem todos para a festa dos Keynes. (AOB)

1928

1 VW abre um novo caderno. [N. T.]

2 Sem dia da semana no original; segundo AOB, uma terça-feira. [N. T.]

3 Max Beerbohm disse em sua carta que considerava *O leitor comum* "acima de qualquer livro moderno de crítica", mas que em seus romances VW costumava ser "muito dura conosco, os leitores comuns". VW concordara em dar uma palestra na Newnham Arts Society em maio, mas o evento foi adiado para outubro. Essa e outras palestras deram origem a *Um quarto só seu*. Newhamitas era uma brincadeira com as estudantes de Newnham, faculdade de Cambridge exclusiva para mulheres. (AOB, modificada)

4 Robert Lynd, jornalista; John Squire, fundador e diretor do *London Mercury*. [N. T.]

5 O artigo sobre Hardy, que VW vinha escrevendo desde 1921 (fora-lhe encomendado por Bruce Richmond em 1919), saiu no TLS em 19 jan. 1928. Lady Strachey, tia de Duncan e mãe de dez filhos, morreria em dezembro de 1928. (AOB)

6 O pai de Vita, o III Barão Sackville, morreu em Knole em 28 jan. aos 60 anos, e foi enterrado, como os Sackville o são desde o século XIV, na capela da família na igreja Withyam. Seu caixão foi transportado até lá puxado por cavalos. Por não ter tido filhos homens, suas posses e propriedades foram herdadas pelo seu irmão, Charles. (AOB)

7 Aqui há diversas manchas de tinta nas páginas. (AOB)

8 Vanessa Bell alugou seus cômodos no número 37 da Gordon Square para Ka e Will Arnold-Forster, durante o período de sua viagem na França. Os outros hospedes de Ka não foram identificados. (AOB)

9   Jane E. Harrison, renomada arqueóloga, classicista e antropóloga. Dela, a Hogarth Press publicara *Reminiscences of a Student's Life*, em 1925. VW fora visitá-la em sua casa, onde ela morava com Hope Mirrlees. (AOB)

10 Irita Van Doren era editora do suplemento literário do *New York Herald Tribune* e vinha encomendando desde 1925 uma série de artigos de VW, incluindo seis resenhas publicadas em 1927, pelas quais pagou £120. Ao que parece, ela ofereceu agora a mesma quantia por uma série semelhante de resenhas, mas VW recusou. (AOB)

11 O desalento de VW era prematuro: em 23 de março ela leu numa reportagem do *Times* que fora agraciada com o Prix Femina de 1927–28 por *Ao farol*. (AOB)

12 Paul Konody era o crítico de arte do *Observer* e do *Daily Mail* e autor de diversos livros sobre arte; D.S. McColl era um escritor influente que escrevia sobre o assunto. (AOB)

13 Lady Sackville era a filha ilegítima do 2º Barão de Sackville com uma dançarina espanhola, "Pepita" (mencionada em *Orlando*). Em 1919 ela abandonara o marido e Knole e agora vivia em Brighton. (AOB)

14 Hino cristão escrito em 1847 pelo anglicano Henry Francis Lyte, e faz referência a Lucas 24:29: "Fica conosco, pois é tarde, e o dia está chegando ao fim." (AOB)

15 "Ele" é Shakespeare. [N. T.]

16 O Femina-Vie Hereuse foi entregue a VW numa cerimônia presidida pelo romancista popular High Walpole, que ela havia conhecido na casa de Lady Colefax (v. 16 nov. 1923). (AOB)

17 Trocadilho com o sobrenome Robins. Robin, em inglês, é pintarroxo, e outro nome comum para ele é "redbreast", que VW usa aqui. Esses trocadilhos fazem parte do hábito incansável de VW de comparar pessoas a animais. Robins fora atriz e agora era romancista. [N. T.]

18 Herbert Croly, um dos editores do *New Republic*, jornal nova-iorquino que já publicara cerca de 20 artigos de VW. Crosby Gaige era um americano interessado em teatro e editoração; sua edição de *Orlando* seria publicada em Nova York em outubro, uma semana antes daquela da Hogarth Press. Alice MacGregor Ritchie estava empregada como uma espécie de divulgadora dos livros da Hogarth. (AOB)

19 As corridas ocorreram em Southease no domingo de Pentecostes. "Nosso campo" era um terreno que consistia em uma faixa adjacente e nivelada com o norte do jardim de Monk's House. A ameaça constante de que construíssem naquele lugar acabou quando LW finalmente comprou o terreno, naquele mesmo ano (ver 9 ago. 1928). (AOB)

20 VW conheceu André Maurois (e Arnold Bennett) em um chá na casa de Lady Colefax antes de Pentecostes. Maurois escreveria o prefácio da tradução para o francês de *Mrs. Dalloway*, em 1929. (AOB)

21 *Civilization: An Essay*. LW escreveu a respeito no *N&A*, em

junho, que "tanto o método de Bell quanto suas hipóteses estão errados e podem levar a falsas conclusões". (AOB)

22 Desmond MacCarthy escreveu uma homenagem a Edmund Gosse para o *Sunday Times*. (AOB)

23 Rose Macaulay jantou a sós com vw em 24 de maio. Ela havia recebido o Femina em 1922 pelo romance *Dangerous Ages*. (AOB)

24 vw já vinha flertando há algum tempo com a ideia de dar "outro nome", como dizia, para a forma que estava buscando, mais híbrida e menos colada à representação mais tradicional. [N. T.]

25 "Dr. Burney's Evening Party" seria publicado primeiro no *New York Herald Tribune* em julho de 1929 e depois no *Life and Letters* de Desmond MacCarthy em setembro do mesmo ano. (AOB)

26 Sylva Norman, cujo romance *Nature Has No Tune* os Woolf publicariam no ano seguinte, resenhava livros para a *N&A*. (AOB)

27 O texto se interrompe aí. [N. T.]

28 Ver 20 nov. 1927. (AOB)

29 vw estava escrevendo um artigo sobre Sterne, "A Sentimental Journey", que foi publicado em setembro de 1928 no *New York Herald Tribune*. (AOB)

30 AOB corrige para 8 de agosto. [N. T.]

31 Exemplo de um dos usos conscientes do diário – escapar de outros tipos de escrita, ou do "fardo das narrativas". [N. T.]

32 Sem dia da semana no original; segundo AOB, domingo. [N. T.]

33 Nota-se aí certa dimensão performática do diário, em que vw imagina sua "audiência" para continuar escrevendo. [N. T.]

34 vw vinha se debatendo com esse "livro sobre ficção" havia cerca de dois anos. Originalmente deveria integrar a série Lectures on Literature da Hogarth, mas acabou sendo publicado em três partes como um ensaio estendido, "Fases da ficção", no *The Bookman*, em Nova York, em abril, maio e junho de 1929. (AOB)

35 James K. Stephen, "Jem", foi o sobrinho preferido de Leslie Stephen e alguém marcante na infância de vw, segundo AOB. Belo, bem-sucedido e popular, depois de uma pancada na cabeça seu comportamento tornou-se cada vez mais irritável e errático, e ele morreu insano. "Janie" era Jane-Simone Bussy, filha única do pintor francês Simon Bussy e de Dorothy Strachey, também pintora. (AOB)

36 Eco de *Orlando*. Os ciganos não tinham palavra para beleza e usavam a expressão "good to eat" (bom de se comer) para se referir ao que era belo. [N. T.]

37 Radclyffe Hall escrevera um romance de temática lésbica intitulado *The Well of Loneliness*, publicado em julho de 1928. A editora, entretanto, retirou-o de circulação devido aos protestos ultrajados na imprensa popular e do ministro do Interior. E. M. Forster e LW uniram-se em oposição, por princípios, contra tal proibição, e organizaram protestos – que incluíram uma carta escrita por Forster e vw publicada na *N&A* em 8 set. 1928. (AOB)

38 O neurologista Henry Head, que LW e VW haviam consultado depois da crise de VW em 1913, quando ela tentara se matar. (AOB)

39 É interessante notar em passagens como essa o preconceito existente em larga medida dentro do próprio grupo de Bloomsbury, famoso pela bissexualidade e pelo anticonvencionalismo. [N. T.]

40 A Batalha de Dunbar e a de Worcester, de 1650 e 1651 respectivamente, começaram ambas no 3 de setembro – e Cromwell também morreu no mesmo dia, em 1658. (AOB)

41 Ver VW Letters v.3, carta n. 1919. (AOB)

42 Mary era a irmã mais velha de Julia Stephen e achou seu dever supervisionar o comportamento das sobrinhas depois da morte da irmã – tal como George Duckworth. (AOB)

43 Esse trecho final remete às ideias que VW expressaria em "Profissões para mulheres". "Matar" Mrs. Woolf seria algo como matar o Anjo da Casa, ao qual as mulheres estão submetidas – e a violência contra a mulher começa no ambiente doméstico, com o controle de seus corpos e de seu intelecto. [N. T.]

44 Richard P. Kennedy havia abandonado Marlborough College na Páscoa e começara a trabalhar como estagiário na Hogarth Press graças à influência de seu tio, o arquiteto George L. Kennedy, membro do Cranium Club como LW. (AOB)

45 No número de agosto de seu *Life and Letters*, Desmond MacCarthy, ao resenhar *Another Country*, de H. du Coudray, afirmou: "Se, como o repórter, você acredita que as romancistas só podem aspirar à excelência se tiverem a coragem de reconhecer as limitações de seu próprio sexo (Jane Austen e, em nossa época, Mrs. Virginia Woolf, demonstraram graciosamente como isso pode ser feito), o primeiro romance de Miss du Coudray pode provar-se um tanto desapontador, pois aqui temos uma escritora definitivamente decidida a equiparar-se aos padrões masculinos." (AOB)

46 Os Bagenal eram Nicholas e Barbara, que, antes de se casar, trabalhara como assistente na Hogarth Press em Richmond (cf. D1). Os Woolf passaram na casa de Dorothy Wellesley na volta de lá. Cf. *L3*, carta n. 1922. (AOB)

47 Quentin Bell tinha ido pintar a sala do gramofone. (AOB)

48 A carta de Desmond provavelmente se referia ao artigo "The Niece of an Earl", de VW, que seria publicado na edição de outubro de *Life & Letters*. (AOB)

49 Casamento de Mabel Mockford e Percy W. Jarrett, de Rodmell. (AOB)

50 Tipo de pensamento que se refletiria em *Três guinéus*, quando VW se diz estrangeira (*outsider*) dentro de seu próprio país (no caso desse texto, por ser mulher). [N. T.]

51 VW lamenta as consequências práticas de haver misturado gêneros em seu "não romance". [N. T.]

52 Henry Rainald, 6º Visconde de Gage, era um dos lordes assistentes do rei George V. Sidney

R. Cooke, corretor da bolsa e um dos consultores da seção de finanças da *N&A*. (AOB)

53 Helen MacAfee, não McKay, editora e crítica literária da *Yale Review*. (AOB)

54 "As mulheres são anjos, namoradas; o que for conquistado logo acaba; a alma só se alegra na conquista. A amada nada sabe se isto não souber: dão mais valor aos homens que não possuem." *Troilo e Cressida*, ato I, cena II. (AOB)

55 J. C. Squire escreveu no *Observer* em 21 out. que *Orlando* não passava de "uma trivialidade muito agradável" que seria capaz de "divertir as salas de estar por uma hora". Hugh Walpole elogiou *Orlando* no *Morning Post* em 25 out. sem mencionar o título nem o nome da autora, e Rebecca West o chamou no *New York Herald Tribune* em 21 out. de "obra-prima poética de primeira categoria". (AOB)

56 Elsie Phare, aluna do Newnham College, era a atual secretária da Newnham Arts Society; Margaret Thomas foi uma das responsáveis por convidar VW a palestrar em Girton, onde era aluna. (AOB) Essa palestra para as mulheres foi um dos germes de *Um quarto só seu*. [N. T.]

57 Os Woolf tinham jantado com Mary Hutchinson em 17 out. e depois ido à casa de T. S. Eliot, que lhes lera seu poema inédito "Ash Wednesday". (AOB)

58 *A Select Glossary of English Words Used Formerly in Senses Different from their Present* (1859), de Richard C. Trench. (AOB)

59 Maud Cunard, viúva de Sir Bache Cunard, era uma famosa patrona das artes cujos convites denotavam um reconhecimento de importância intelectual, artística ou social. Ela morava na Grosvenor Square. (AOB)

60 Edward Chichester, 6º Marquês de Donegall, que iniciava uma bem-sucedida carreira como jornalista social. (AOB)

61 A reunião do dia 1 de novembro, realizada na casa do arquiteto Clough Williams-Ellis, casado com a escritora Amabel Strachey, foi feita para discutir o apoio à defesa de *The Well of Loneliness*, cujo julgamento seria no dia 9 de novembro. (AOB)

62 Edward Garnett, escritor influente e pai de David (Bunny) Garnett. Sua amante era a pintora E.M. Heath. (AOB)

63 Hubert Henderson, economista e político do Partido Liberal, e sua esposa Faith. (AOB)

64 Doris E. Enfield. Assim Woolf comentou sobre o "atletismo" literário da escritora em 19 jul. 1922: "Enfim, não conversei com Hussey (que agora é Mrs. Enfield) sobre seu livro, embora ela tenha me abordado no Clube com esse propósito, por esse motivo. Ela não tem apreço pelo que escrevo. Imita Lytton. E não sabe nada da arte de ler. Jamais, pelo amor de Deus, leia tudo de Balzac & queira conversar a respeito. Se quer se dedicar a esse atletismo, então faça isso no banheiro. De alguma maneira as mulheres precisam fazer a relação entre a vida & a literatura: mas raramente o fazem direito." O livro

a que Woolf aí se refere é a biografia que Enfield escreveu de Louise Colet, amante de Gustave Flaubert. A Hogarth Press acabou publicando outro livro seu, a biografia de Letitia Elizabeth Landon, em março de 1928 – *LEL, a Mystery of the Thirties*. (AOB)

65 Sem dia da semana no original. Segundo AOB, uma quinta-feira. [N. T.]

66 VW estava resenhando *The Early Life of Thomas Hardy*, de Florence E. Hardy. Também estava revisando sua própria resenha de 1927 das cartas de George Gissing, para que servissem de introdução a uma seleção de textos dele que estava no prelo. (AOB)

67 Janet Vaughan e Angus Davidson foram jantar na casa dos Woolf antes da festa dos Stephen. Angus ainda não tinha conseguido outro emprego depois de sair da Hogarth, quase um ano antes. (AOB)

68 Em sua resenha de *Orlando*, Arnold Bennett afirmou que "o melhor romance" de VW, *Ao farol*, havia aumentado as expectativas, as quais *Orlando* agora reduzia a "fragmentos iridescentes" ("A Woman's High-Brow Lark", *Evening Standard*, 8 nov. 1928). Para Squire, ver entrada do dia 27 out. 1928. (AOB)

69 Jonathan Cape foi convocado ao tribunal para justificar por que *The Well of Loneliness*, de Radclyffe Hall, não era obsceno. Virginia Woolf foi uma das cerca de 40 testemunhas de defesa presentes, além de E.M. Forster. O juiz, Charles Biron, alegou que somente ele poderia determinar se o livro era obsceno ou não, sem necessidade de ouvir nenhum testemunho, graças ao Obscene Publications Act de 1857. Sua sentença foi dada na semana seguinte, em 16 de novembro, e determinava que o livro fosse apreendido e destruído. Houve uma apelação, julgada em 14 de dezembro, mas a corte defendeu a sentença original, concluindo que o livro era abjeto, obsceno e prejudicial à moral. (AOB)

70 Una Elena Troubridge, viúva do almirante Ernest Troubridge, que dela se divorciara em 1918 devido à sua decisão de ir morar com Radclyffe Hall – conhecida como "John". Era neta de Sir Henry Taylor, amigo de Julia Margaret Cameron, tia-avó de VW. (AOB)

71 *Elizabeth e Essex* seria publicado em dezembro. (AOB)

72 Texto termina abruptamente aqui. [N. T.]

73 Valery não identificada. (AOB)

74 Ver carta de Vanessa Bell a Roger Fry, 19 nov. de 1929: "Virginia e eu iniciamos uma extraordinaríssima série de entretenimentos na mesma linha das velhas noites de quinta-feira. Reunimos aqui em casa as mais diversas pessoas. Na semana passada ela trouxe Rose Macaulay (...) e Charlie Sanger, Clive trouxe Christabel, Raymond e Vita, eu trouxe Alan Clutton Brocks e um Davidson. Acabou sendo bastante divertido, todos se fartando e ouvindo enquanto Virginia ia ficando cada vez mais insana (...) amanhã à noite (...) ela trará Hugh Walpole! Este experimento poderá ser abandonado a qualquer mo-

mento (...)". A série de encontros pós-jantar continuou até o Natal daquele ano. Elizabeth Ponsonby (1900–40) foi uma das líderes da sofisticada geração de "jovens intelectuais" do pós-guerra. (AOB).

75 A referência aos "rapazes" deste trecho é um comentário irônico quanto à predileção de Strachey por belos jovens rapazes, muitas vezes cabeças de vento. [N. T.]

76 *As mariposas* era o título de trabalho do livro que viria a se chamar *As ondas* e seria publicado em 1931. (AOB)

77 Geraldine Jewsbury (1812–1880) foi uma romancista inglesa, de temática feminina, que colocava em questão o papel da mulher na sociedade vitoriana. VW estava lendo seus romances para escrever o artigo "Geraldine and Jane", que seria publicado no *TLS* em 28 fev. 1929. (AOB)

78 Shefield Court, em Hampshire, fora a casa de campo anterior de Dorothy Wellesley, onde ela recebia com liberal hospitalidade. (AOB)

79 Vera Bowden era uma amiga de Lydia Maynard do mundo do balé e da música; seu marido era um comerciante abastado. Florence Grenfell, esposa do banqueiro E. C. Grenfell. (AOB)

80 George V. estava sofrendo de septicemia e toxemia, e temia-se pela sua vida. Em 12 de dezembro sofreu uma cirurgia para drenar os fluidos de seu pulmão direito, e depois disso começou a se recuperar lentamente. (AOB)

1929

1 A terceira principal matéria do *Manchester Guardian* de 4 jan. 1929, intitulada "Os romances do ano", afirmava que "o romance é a forma de arte dominante desta época" e dizia: "(...) uma biografia que ao ser melhor examinada prova ser uma obra de ficção certamente encontra público, ao passo que um romance como *Orlando*, de Virginia Woolf, que debochadamente se disfarça de biografia, hoje é reconhecido como a obra-prima que é". Vanessa Bell e Duncan Grant eram um dos participantes da 26ª mostra do London Group, nas New Burlington Galleries; o grande quadro de Vanessa era *The Red Sofa*. (AOB)

2 Koteliansky morou de 1915 até sua morte, 1955, na casa que fora de Katherine Mansfield. Ela havia morado ali por um breve período feliz, até que a morte de seu irmão, em 1915, tornou continuar vivendo naquele lugar algo intolerável para ela. Kot passou então a alugar parte da casa, junto com os russos que alugaram a parte de Katherine, e, quando estes se mudaram, assumiu-a por completo. (AOB)

3 *O amante de Lady Chatterley* fora publicado em Florença no verão de 1928; *Contraponto*, de Aldous Huxley, em outubro do mesmo ano. (AOB)

4 O sabão Crown Blue, da Reckitt Benckiser, era (e ainda é) muito popular, usado para branquear roupas brancas. Seu tom azul-profundo é muito característico. [N. T.]

5. Antes do Natal, Vita Sackville--West fora se juntar ao marido, Harold Nicolson, numa viagem de dez semanas em Berlim, onde ele estava trabalhando para a Embaixada Britânica. Isso deu o impulso para os Woolf visitarem Berlim; em 16 de janeiro eles viajaram para lá e encontraram no dia 18 Vanessa Bell, Quentin e Duncan Grant, que estavam fazendo uma turnê por galerias da Alemanha e da Áustria. Todos passaram uma semana agitada com os Nicolson na cidade. Os Woolf retornaram no dia 21 de janeiro; VW chegou em casa num estado de colapso e por seis semanas esteve praticamente inválida. (AOB)
6. VW havia enviado a Nova York uma versão provisória de "Mulheres & ficção", baseada nas palestras que deu em Cambridge em outubro de 1928, que acabou sendo publicada na *Forum* em março de 1929. O que ela chama de "versão final" é o que se tornaria *Um quarto só seu*. (AOB)
7. Na área dos fundos do número 52 da Tavistock Square estava sendo construído um enorme hotel (o Royal, de 789 quartos). Vanessa comprara um grande apartamento-estúdio na Fitzroy Street, ao lado do de Duncan. (AOB)
8. Sem dia da semana no original. Segundo AOB, um sábado. [N. T.]
9. VW costumava passar as tardes, principalmente no início da Hogarth Press, ajudando a compor as páginas dos livros e endereçando correspondências e entregas da editora. [N. T.]
10. Eram eles, a serem publicados primeiro na *N&A* e no outono no *New York Herald Tribune*: "Cowper and Lady Austen", "Beau Brummel", "Mary Wollstonecraft" e "Dorothy Wordsworth". (AOB)
11. Miss Belcher começou a trabalhar na Hogarth Press cerca de dois meses antes de Richard Kennedy. (AOB)
12. Judith, sobrinha de VW, era a filha caçula de Adrian e Karin. (AOB)
13. Charles Mauron foi "descoberto" por Roger Fry por volta de 1920 e introduzido em Bloomsbury. Cientista de formação, por iniciativa de Fry voltou-se à literatura e crítica, bem como à tradução. (Ele traduziria *Orlando* e *Flush*, de VW.) (AOB)
14. Sidney Waterlow, velho amigo e antigo pretendente de VW. Serviu como embaixador em Bangcoc de 1926 a 1928, e na Inglaterra sua casa localizava-se em Oare, Wiltshire. (AOB)
15. William Plomer, poeta e romancista. Dele, a Hogarth publicou *Turbott Wolfe* e outros livros. Edmund Blunden, poeta e crítico, fora professor em Tóquio e, como seu amigo Siegried Sassoon, escreveu sobre suas experiências na Primeira Guerra. (AOB)
16. A coleção Uniform Edition of the Works of Virginia Woolf foi iniciada com quatro volumes – *A viagem*, *O quarto de Jacob*, *O leitor comum* e *Mrs. Dalloway* – em 26 set. 1929. O projeto gráfico da sobrecapa era de Vanessa Bell. (AOB)
17. Os conservadores, que estavam no poder desde outubro de 1924, convocaram eleições gerais para 30 de maio de 1929. O Derby Day seria em junho. (AOB)

18 "Listen! you hear the grating roar/ Of pebbles which the waves suck back, and fling,/ At their return, up the high strand,/ Begin, and cease, and then again begin,/ With tremulous cadence slow, and bring/ The eternal note of sadness in." (*Dover Beach*, 1867). (AOB)

19 Lorde Alfred Douglas ameaçara processar a *N&A* e LW por calúnia, a menos que a revista se retratasse publicamente pela resenha depreciativa escrita por LW em 6 abr. 1929 sobre sua *Autobiografia*. Um dos alvos de Lorde Alfred fora Robert Ross, o executor literário de Oscar Wilde, que, segundo seu entendimento, LW defendia. A *N&A* acabou publicando em 27 abr. 1929 uma carta de lorde Alfred, e nenhum processo aconteceu. George Moore vencera uma ação por calúnia em 1917 movida por Louis N. Seymour a respeito de seu romance *Lewis Seymour and Some Women*. (AOB)

20 Trata-se, em realidade, de um ensaio. Ou seja, George Moore percebe o trânsito livre de gêneros na escrita de Woolf, já naquela época. [N. T.]

21 George Moore passou por uma cirurgia em abril de 1928 e teria de passar por outra, maior; mas como o risco foi considerado grande demais, esta acabou não sendo feita. Ele viveu até 21 jan. de 1933, um mês antes de seu 81º aniversário. (AOB)

22 Isso ecoa *Sobre estar doente*. [N. T.]

23 A Harcourt Brace acabou publicando *Um quarto só seu* (*M.[ulheres] & F.[icção]*) no mesmo dia em que a Hogarth Press, 24 out. 1929. VW vinha se debatendo com "Fases da ficção" havia cerca de dois anos. Originalmente ele deveria integrar a série Lectures on Literature da Hogarth, mas acabou sendo publicado em três partes como um ensaio estendido no *The Bookman*, em Nova York, em abril, maio e junho de 1929. (AOB)

24 Em dez. 1928, G. L. Kennedy fora convidado a gerir a ampliação em Monk's House; a Durrants era a empresa que estava orçando a obra. Como o orçamento de Phicox foi mais em conta, foi a ele que decidiram confiar o trabalho, em abril. (AOB)

25 Código postal de uma área de Londres que compreende partes da City of Westminster, Camden, Islington e uma parte pequena da City of London. [N. T.]

26 Sem data da semana no original; segundo AOB, terça-feira. [N. T.]

27 Hubert Henderson era candidato liberal pela Universidade de Cambridge, mas não foi eleito. (AOB)

28 Segundo AOB, esses rascunhos não foram identificados. [N. T.]

29 Os Woolf não chegaram a concluir a compra. LW viu as desvantagens de ter três residências e o sonho caiu por terra em 1930. (AOB)

30 Judith era filha de Barbara e Nick Bagenal e nasceu pouco antes de Angelica, em 1918; e mais de uma vez foi a Cassis com ela. O artigo que VW estava escrevendo era um dos que ela escreveria para o *New York Herald Tribune* (ver 13 abr. 1929). Jean Campbell era esposa do coronel Teed, dono da casa que Vanessa e Duncan sublocavam em Cassis (ver 17 jan. 1928). (AOB)

31 R. E. Riley, encadernador, também situado na Tavistock Square. (AOB)
32 Aqui começa um novo livro. [N. T.]
33 Cf. Byron, "after long years", de *When We Two Parted*. (AOB)
34 Crompton Llewelyn Davies era um dos seis irmãos de Margaret Llewelyn Davies e um Apóstolo. O Kettner's era um restaurante tradicional no Soho, que fechou as portas em 2016. (AOB)
35 Esse jantar ocorreu enquanto os Woolf estavam na França. As edições de abril e maio da *Empire Review* haviam previsto a vitória dos Conservadores na Eleição Geral de 30 mai. 1929. (AOB)
36 No original VW usa uma palavra que não está dicionarizada, "diffusity". A existente é "diffusivity", de modo que optei por uma palavra próxima de uma existente (existe "dispersividade", mas não "dispersidade"). [N. T.]
37 Um exemplo estranho de uso de pronome impessoal para se referir a si mesma. [N. T.]
38 Annie, que viria a se tornar a cozinheira e faxineira de Monk's House, era filha de Mrs. Thomsett, que antigamente às vezes trabalhava para os Woolf. (AOB)
39 Anastasia (Baba) Anrep era a filha mais velha de Boris e Helen Anrep; estudava num internato onde a diretora era Miss Catherine Cox. Helen havia deixado o marido e a família, que moravam ao lado do Hampstead Hospital, para morar com Roger Fry. (AOB)
40 Desmond MacCarthy resenhara a nova edição de *The Hypochondriak*, de James Boswell, no *Sunday Times* em 30 de junho. Os documentos particulares de Boswell foram descobertos no castelo Malahide, perto de Dublin, entre 1925 e 26, e publicados em 18 volumes, numa edição cara e luxuosa, entre os anos de 1928 e 34. (AOB)
41 Era uma das piadas particulares dos Woolf. Virginia apelidou o quarto de Leonard de "Hedgehog Hall", ou "Salão do Porco-Espinho". Outra eram os apelidos de um para o outro – Leonard era o "Mangusto", Virginia o "Mandril". [N. T.]
42 Em 16 jul. Vita foi para o Vale de Isère com Hilda Matheson, da BBC, que havia se tornado um de seus casos. (AOB)
43 Faz referência a seu hábito diário de longas caminhadas, que ela usava para compor seus textos. [N. T.]
44 AOB corrigiu para 10 de agosto. [N. T.]
45 Os Woolf levaram Plomer para jantar em Charleston no domingo. A família pediu desculpas a ele por VW: ao declarar que aquele poeta modesto e tímido descendia tanto de Shakespeare quanto de William Blake, ela deixou todos constrangidos. Tanto Wyndham Lewis quanto Joyce nasceram no mesmo ano que VW. (AOB)
46 Plomer conheceu o poeta Roy Campbell na África do Sul. Eles colaboraram na produção da revista *Voorslag*, que deveria servir de "chicote" nos "flancos mentais" dos "cidadãos bovinos" sul-africanos (segundo sua autobiografia). (AOB)
47 Anthony Butts, um pintor de quem Plomer era muito amigo. (AOB)
48 O ano na verdade foi 1924. Ver 5 jul. 1924. (AOB)

49 Bernard Holland, formado em Direito em Cambridge, foi secretário do duque de Devonshire e do secretário colonial. Era casado com Florence Duckworth, prima da meia-irmã de VW, Stella. (AOB)

50 Geoffrey Scott era casado desde 1918 com a viúva Lady Sybil Cutting, dona da Villa Medici, em Fiesole. Seu caso amoroso com Vita começou no outono de 1923 e durou pouco menos de um ano. (AOB)

51 Quando morreu, aos 46 anos de idade, Geoffrey Scott estava editando os documentos recém-descobertos de Boswell. Quanto à observação lateral de Woolf, ver entrada de 1 mar. 1930. (AOB)

52 *Letters of Mary Sybilla*, 1898. (AOB)

53 Os Lyttelton eram uma família aristocrática com grande influência sobre a Igreja e o Estado. Charlotte Yonge era uma escritora popular cujos romances transmitiam uma concepção bastante religiosa da vida. (AOB)

54 Ex-membro do Parlamento, era escritor e se casara com uma cunhada de Lady Ritchie, a "Tia Annie" de VW. (AOB)

55 Sem dia da semana no original; segundo AOB, quinta-feira. [N. T.]

56 De Wordsworth, edição de 1850. (AOB)

57 Philip Burne-Jones era filho de Edward Burne-Jones, pintor pré-rafaelita. O "mulheres pálidas em escadarias" refere-se ao quadro de seu pai, *The Golden Stairs*, que está no acervo da Tate Gallery. Philip era um pintor diletante com talento para a caricatura e levava uma vida de bon vivant. As Trees eram as três filhas de Sir Herbert Beerbohm Tree; as Taylors, as netas de Sir Henry Taylor. (AOB)

58 James Russell Lowell, poeta, embaixador americano em Londres e padrinho de VW. (AOB)

59 Aqui existe um enorme espaço em branco; reproduzido nesta edição. [N. T.]

60 Lady Lloyd Irvine deve ter conhecido os Woolf por ter submetido poesias à *Nation & Athenaeum* e um romance à Hogarth Press. Apesar de LW não ter publicado o romance, ele a convidou para contribuir com resenhas para a *N&A*. (AOB)

61 *The Notebooks of Samuel Butler*, editados por Henry F. Jones, e *Alice Meynell, Memórias*, biografia escrita pela sua filha, Viola Meynell. Alice Meynell foi poeta e ensaísta, casada com Wilfrid, jornalista e editor. Os dois tiveram sete filhos e moraram em Greatham, Sussex. (AOB)

62 Poeta e crítico, mais conhecido pelo seu poema "O anjo do lar", do qual VW trata em "Profissões para mulheres". [N. T.]

63 VW descreveu o chá com Mrs. Ross em Poggio Gherardi durante sua visita a Florença em 1909, bem como suas impressões sobre Alice Meynell, em seu *Caderno da Grécia/Itália, 1906–09*. (AOB)

64 Boski – Audrey le Bosquet – era secretária de Vita há um ano. Fairlane, onde moravam os Cazalets, ficava em Tonbridge. Vincent O'Connor, aluno do Eton College, era o atual tutor dos dois garotos Nicolson durante aquelas férias de verão. (AOB)

65 George Thomsett era o mordomo dos Nicolson. Harold Nicolson escreveu a Vita para aconselhá-la a não publicar *King's Daughter*, coletânea de poemas que incluía alguns que tratavam de lesbianismo. O livro, que seria publicado na série Hogarth Living Poets, acabou de fato saindo no mês seguinte. (AOB)

66 Provavelmente estava se referindo à menopausa, que dali a algum tempo ela chamaria de "Time of Life" ou TL. [N. T.]

67 Ela chamava de "loucura" (*madness*) os surtos que tinha. [N. T.]

68 Até então, Angelica tivera aulas com Miss Rose Paul durante as temporadas que Vanessa passava em Londres. Agora estava indo estudar num pequeno internato particular para meninas, Langford Grove, perto de Chelmsford, onde a diretora era Miss Curtis. (AOB)

69 Peter Lucas ficara em 18 e 19 de setembro em Monk's House, antes de ir a Charleston. Anthony Blunt, que mais tarde viria a se tornar um importante crítico de arte, era um Apóstolo e amigo de Julian Bell. (AOB)

70 Bennett escrevia semanalmente no *Evening Standard*. O artigo de Laver, intitulado "Supreme Gift Denied to Women", dizia que embora as mulheres tivessem fracassado em geral em atingir o primeiro escalão nas artes, ninguém poderia negar que o romance era então domínio quase feminino. (AOB) VW deve ter pensado em Bennet por causa da querela que teve com Desmond MacCarthy em 1920 acerca do livro *Nossas mulheres*, em que Bennett sustentava que as mulheres eram intelectualmente inferiores aos homens. Isso rendeu o texto de Woolf "A posição intelectual das mulheres" (ver *Profissões para mulheres e outros artigos feministas*, trad. Denise Bottman, p. 33–51). [N. T.]

71 Sem dia da semana no original; segundo AOB, quarta-feira. [N. T.]

72 Antes o fogão em Monk's House era a lenha. (AOB)

73 A conferência anual do Partido Trabalhista começou na segunda, 30 de set., em Dome, Brighton. Na quarta, 2 out., Arthur Henderson, ministro das relações exteriores, falou sobre a política externa do governo. (AOB)

74 LW voltou para Londres em 3 out., enquanto VW ficou em Monk's House. Voltou dois dias depois, quando então Maynard & Lydia Keynes foram tomar o chá com eles. (AOB)

75 Arthur Studd, pintor, formado em Eton e no King's College, Cambridge, e obcecado por Whistler. VW retoma sua discussão do diário dos "rapazes brilhantes". (AOB)

76 O livro foi publicado em 24 out. tanto na Inglaterra quanto nos Estados Unidos, embora uma pequena tiragem tenha sido lançada três dias antes nos EUA. (AOB)

77 LW estava tentando convencer Sidney Webb, agora secretário de estado dos assuntos coloniais, a implementar as promessas do Partido Trabalhista para patrocinar a educação e a construção de estradas para a população nativa do Quênia. Hugh Macmillan, político do Trabalhista, participava

78 *Virginia Water* (1929), primeiro romance de Elizabeth Jenkins. *God: An Introduction to the Science of Metabiology* (1929), de John M. Murry. (AOB)

79 Vita Sackville-West falou sobre *Um quarto só seu* em 31 out. no seu programa bimestral sobre livros na BBC; a transmissão foi publicada em forma de artigo no *The Listener* em 6 nov. 1929. Jules Renard, autor de *Poil de carotte*; seu diário foi publicado em 17 volumes entre 1925 e 1927. (AOB)

80 Madame Kallas era a mulher do Dr. Oskar Kallas, embaixador estoniano em Londres. (AOB)

81 Aqui tem separação entre as entradas, mas não data. AOB inseriu a data: "terça, 5 de novembro". [N. T.]

82 As tentativas anteriores de LW de livrar-se do cargo de editor literário da *N&A* haviam sido reprimidas por Maynard Keynes. Agora, com a mudança iminente de editor-chefe (ver 11 out. 1929), ele determinou-se a pedir demissão em 31 dez. Henderson seria substituído por seu editor-assistente, Harold Wright, & LW por Edmund Blunder – porém como este só podia assumir o cargo em fevereiro, LW teve de continuar trabalhando até lá. (AOB)

83 *Ao farol* era o quinto volume da The Uniform Edition of the Works of Virginia Woolf (ver 13 mai. 1929), que seria publicado em fev. 1930. (AOB)

84 VW transmitiu pelo rádio um texto sobre Beau Brummell na BBC em 20 nov.; Hilda Matheson, a diretora, insistiu em fazer alterações no roteiro de VW – "obrigou-me a castrar Brummell" (ver carta n. 2100 para T.S. Eliot; e também a n. 2099). (AOB)

85 Brian Howard, educado em Eton e Oxford, era famoso como dândi e esteta. Ao que parece, foi levado por William Plomer depois do jantar para a reunião do grupo na casa dos Woolf. (AOB)

86 A dona da pensão onde Plomer morava, conhecida como Sybil Starr, foi brutalmente assassinada por seu suposto marido, James Achew ("Starr"), em nov. daquele ano, em Pembridge Villas, Bayswater. Achew, americano, era conhecido como violento, beberrão e neurótico, intimidando os pensionistas, e suspeitava que Plomer estivesse tendo um caso com sua mulher – motivo de tê-la matado. Plomer não estava na casa na noite do crime e escapou por pouco. Achew foi condenado à morte em janeiro de 1930, mas a pena foi amenizada por alegações de insanidade mental e ele foi internado em prisão perpétua no hospital psiquiátrico penitenciário de Broadmoor. O romance de Plomer *The Case is Altered* (1932), publicado pela Hogarth, baseou-se nessa história. (AOB)

87 De William Morris, do movimento Arts & Crafts. [N. T.]

88 Vanessa e Duncan estavam decorando azulejos para a sala de jantar de Dorothy Wellesley. O túnel para pedestres que se encontra ali perto não era o Rotherhithe, e sim o Millwall-Greenwich. (AOB)

89 A London Artists Association foi criada com o apoio de Maynard

Keynes em 1925 como uma cooperativa, a fim de permitir que um pequeno grupo de artistas trabalhasse com relativa liberdade das aflições financeiras. Eram sete membros originais, incluindo Vanessa, Duncan, Roger Fry, Keith Baynes e Frederick J. Porter. Naquele verão, Angus Davidson se tornara o secretário da LAA. (AOB)

90 O plano era empregar Mrs. Mansfield, que morava nos porões do n. 37 da Gordon Square, para aliviar parte do peso das tarefas da descontente Nelly em Tavistock Square. (AOB)

91 Ver "The Strange Elizabethans", em *O leitor comum*, parte 2, 1932. (AOB)

92 Não existe registro desses textos. (AOB)

93 A mãe de LW morava em hotéis e ia de Londres para Worthing nos meses de verão. Naquela época ela estava residindo em Earls Court. Harold era seu terceiro filho.

94 Desde a inauguração do Royal Hotel (ver 28 mar. 1929), os Woolf vinham sofrendo com o barulho de música de seus bailes. Como as reclamações de LW não surtiram efeito, ele processou o hotel, e no fim venceu o processo. Scadding & Bodkin eram advogados, cujo escritório ficava em Tavistock Square.

95 Knight Commander. [N. T.]

96 O caso de LW contra a Imperial Hotel Company foi ouvido pelo juiz Christopher Farwell; Herbert Preston foi advogado dos Woolf. Depois de várias audiências, foi decidido fora do tribunal a favor de LW em 31 jan. 1930. (AOB)

97 Ann, filha mais velha de Adrian Stephen. A duquesa de York, nora do rei George V e da rainha Mary, hoje é mais conhecida como Elizabeth, a Rainha Mãe. (AOB)

98 Para AOB, isso demonstra que VW não fez uma leitura atenta de *Elizabeth and Essex*, de Lytton Strachey. [N. T.]

99 Segundo Percy, o capitão e proprietário de terras Byng-Stamper estava para vender um terreno de 162.000 m² em Rodmell Hill para construção. LW tomou várias providências para evitar isso, inclusive escrever ao primeiro-ministro, mas não conseguiu impedir a construção de diversas casas nos anos seguintes. Mrs. Cole era a diretora da escola em Kensington onde LW frequentou o jardim de infância. Ela fora obcecada com a barbárie do massacre armênio. (AOB)

100 Existia no ar a proposta de editarem pela Hogarth Press uma coleção de cartas de Thoby Stephen, mas não foi adiante. (AOB)

101 Os Woolf passaram o fim de semana de 17–19 jun. de 1916 na casa dos Webb em Sussex; os Bernard Shaw estavam lá como convidados. Shaw repetiria seu elogio, associando VW a *Heartbreak House*, numa carta de 10 mai. 1940 para ela. Porém ele, na verdade, já vinha trabalhando na peça vários anos antes de conhecer VW. (AOB)

1930

1. Joan Adeney Easdale, uma garota de 16 anos de Kent, havia lhe enviado seus poemas, em que vw viu mérito. Sua *A Collection of Poems (written between the ages of 14 and 17)* foi publicada como o n. 19 da coleção Hogarth Living Poets em 1931, e outro volume, *Clemence and Clare*, como o n. 23 em 1932. (AOB)
2. Os Keynes tinham aparecido em Monk's House no dia 28 e convenceram os Woolf a almoçar com eles em 31 dez. (AOB)
3. Sem dia da semana no original; segundo AOB, quinta-feira. [N. T.]
4. Sem dia da semana no original; segundo AOB, domingo. [N. T.]
5. Sem dia da semana no original; segundo AOB, quinta-feira. [N. T.]
6. "Bogey" Harris fora largamente influenciado pelo acadêmico e colecionador Herbert Horne, que passou seus últimos anos em Florença, cidade à qual doou seu *palazzo* e sua coleção de arte. Lady Londonderry costumava promover encontros de políticos conservadores em sua residência e havia encantado o primeiro-ministro Ramsay MacDonald. (AOB)
7. A tigela de madeira Saffron Walden, uma relíquia de 1507, foi vendida na Christie's em 1929 e, por meio de Bogey Harris, comprada por J.P. Morgan. Na época a exportação de obras de arte não era alvo de restrições. (AOB)
8. O primeiro conde de Farquhar fora tesoureiro do partido Tory; depois da guerra recusou-se a entregar-lhes os fundos coletados na época em que o partido fez uma coalisão com os liberais. Quando de sua morte, fez generosas doações, especialmente à sobrinha do rei Edward, a duquesa de Fife, que era tanto a executora de seu testamento quanto sua principal beneficiária. (AOB)
9. Lady Gregory fundou em 1902 com o poeta W.B. Yeats o Irish National Theatre. (AOB)
10. Como os Woolf levaram Angelica para o espetáculo de pantomima (*Puss in Boots*) em 20 jan., a entrada acima não pode ter sido completamente escrita em 16 de janeiro. (AOB)
11. Stanley Buckmaster, 1º visconde de Buckmaster, juiz, fora membro do Parlamento pelo Partido Liberal. A pergunta criticada de Ethel foi mais tarde atribuída por vw a lorde Buckmaster (ver *Letters 4*, carta n. 2128, 2133). (AOB)
12. Quando os Woolf estavam voltando de Rodmell para Londres, de carro. [N. T.]
13. Ethel Smyth, compositora, autora e feminista célebre. Filha de um general, teve de lutar pelo direito de investir em uma carreira musical e tornou-se militante ferrenha pela causa das mulheres. Estudou música em Leipzig, escreveu diversas óperas, foi presa como sufragista e publicou diversos livros de memórias. vw a admirava e a citou em alguns textos antes de conhecê-la pessoalmente. Ethel escrevera elogiando *Um quarto só seu* e propôs um encontro, que foi adiado muitas vezes por causa da saúde de vw, e que acabou ocorrendo em 20 fev. (AOB)

14 *Byron*, de André Maurois. As citações que se seguem são de *Childe Harold's Pilgrimage*. (AOB)

15 AOB quebrou essa entrada em duas, quando é uma só. [N. T.]

16 E é o que ela fará nas entradas posteriores. Primeiro, de Snowden: Margaret Kemplay Snowden, filha de um vigário de Yorkshire, fora colega de Vanessa na Royal Academy Schools no início do século XX. Continuou sendo uma amiga leal e correspondente, pois vivia em Cheltenham, com a irmã e a mãe. Veio para o chá com VW no dia 18 de fevereiro. (AOB, modificado)

17 Margaret Gere estudou pintura em Birmingham e Slade, morava em Gloucestershire e era, tal como Snowden, membro do grupo de artistas Cheltenham Group. Era basicamente figurativista. (AOB)

18 Sir Hugh Allen, professor de música na Universidade de Oxford e diretor do Royal College of Music. (AOB)

19 Maurice Baring, um dos amigos mais próximos de Ethel Smyth, tinha uma casa em Rottingdean, perto de Brighton. (AOB)

20 Henry Brewster, um filósofo e escritor anglo-americano que Ethel conheceu em Florença aos 25 anos. Foi o único homem por quem se apaixonou; ele era casado, o que complicou o relacionamento já intenso. A última obra de grande escala dela, *The Prison*, era inspirada na obra *The Prison: A Dialogue*, de Brewster, que foi reeditada com um texto memorialista de Ethel Smyth em 1930. (AOB)

21 Elizabeth Williamson, sobrinha-neta de Ethel Smyth e astrônoma e matemática, era professora do University College em Londres. (AOB)

22 George Duckworth recebera o título de Sir em 1927. (AOB) VW faz uma piada com seu sobrenome, Duck sendo "pato" e Worth "equivalente". [N. T.]

23 Há indícios de que VW e Vanessa Bell foram abusadas pelos seus dois meio-irmãos. VW o relata em *Um esboço do passado*. [N. T.]

24 George Duckworth tinha três filhos; Auberon e Henry eram os dois meios velhos. (AOB)

25 Lytton estava envolvido numa longa campanha pela edição sem cortes das memórias de Charles Greville (em 1888 havia sido lançada uma edição incompleta). Vinha trabalhando havia seis meses no British Museum com os originais, auxiliado por Ralph Partridge e Frances Marshall. A edição completa acabou sendo publicada em oito volumes em 1938, concluída por Roger Fulford após a morte de Lytton. (AOB)

26 *Dodo* foi um romance famoso de E.F. Benson em que a heroína homônima é baseada em Margot Tennant (Mrs. Asquith) e sua amiga Edith Staines em Ethel Smyth. (AOB)

27 Essa mesma imagem dos trens aparece na entrada de 7 jan. 1920 e também em *As ondas*. (AOB)

28 Mary Agnes (Molly) Hamilton, escritora e jornalista, que VW encontrara frequentemente nos anos logo após a guerra. Fora eleita membro do Parlamento pelo Partido Liberal em 1929, e

seu último romance se chamava *Providence*. (AOB)

29 Autor não identificado. *Sea Air* era o título de um livro escrito pela escritora popular Isobel C. Clarke, publicado em 1932, mas segundo AOB seria improvável que este tivesse sido submetido à análise da Hogarth Press. (AOB)

30 Aqui a edição de AOB realizou uma quebra, criando uma nova entrada intitulada Terça, 11 de março. [N. T.]

31 Referência ao seu "princípio" na vida, ver 14 set. 1925.

32 Esta frase é de E. M. Forster, não de VW. Exemplo de como usa o mesmo recurso de saltar de sua frase para a dos outros que usa em seus livros de ficção. Ver também como em seguida ela alterna, entre parênteses, seus pensamentos sobre a criação de *As ondas*.

33 Mr. Williamson, não identificado. *Meleager* era uma tragédia escrita em versos por R.C. Trevelyan que estava sendo encenada pela Players Company. *Cochran's 1930* era a mais recente das montagens de C.B. Cochran. (AOB)

34 Alain Gerbault, navegador francês e ex-tenista profissional, havia circunavegado o mundo sozinho entre 1925–29. Gabriele D'Annunzio, poeta italiano, romancista e dramaturgo, cuja relação com a atriz italiana Eleonora Duse era completamente teatral. (AOB)

35 Edward Hilton Young, membro do Parlamento pelo Partido Conservador, que um dia VW considerara como um possível marido. Em 1922 se casara com a viúva do capitão Scott, e seu enteado era Peter Scott, artista e naturalista. (AOB)

36 Os Woolf foram visitar Philip, irmão de LW, em Upper Winchendon, e à tarde foram levados para ver as estufas de Waddesdon pelo jardineiro, Mr. Johnson. James de Rothschild, que herdara Waddesdon da sua mãe, Miss Alice, havia indicado Philip Woolf (seu parente via casamento) como administrador da propriedade. (AOB)

37 "When I did name her Brothers, then fresh tears/ Stood on her cheeks, as doth the honey-dew/ Upon a gather'd lily almost wither'd." (*Tito Andrônico*, III, i.) (AOB)

38 Irita van Doren estava ansiosa para publicar novos artigos de VW no *New York Herald Tribune*. O livro *The Private Letter-Books of Sir Walter Scott*, editado por Wilfred Partington, acabou não sendo resenhado por VW, e trazia uma introdução de Hugh Walpole. (AOB)

39 "Fanny Burney's Half-Sister" foi publicado pelo *TLS* em 28 ago. 1930, e depois em duas partes, com o título "Evelina's Stepsister", no *New York Herald Tribune* em 14 e 21 set. 1930. (AOB)

40 Esse parágrafo parece ter sido acrescentado no final de maio – uma vez que a caneta está diferente e Nelly Boxall foi hospitalizada em 28 mai. Mrs. Tauplin era uma faxineira idosa recomendada por Vanessa e Helen Anrep. Margaret Llewelyn Davis convencera VW a escrever uma introdução à coletânea de cartas de

mulheres da cooperativa que ela estava editando; *Life as We Have Known It* saiu pela HP em março de 1931. Sir Ronald H. Storrs, diplomata, era amigo de Ethel Smyth e, nessa época, governador de Chipre. Em 29 de maio a HP instalou uma nova tipografia; a antiga foi doada a Vita, e até hoje se encontra em Sissinghurst. (AOB, modificado)

41 Mrs. Walter trabalhou como faxineira e cozinheira para os Woolf por seis semanas, até que eles fossem a Rodmell passar o verão. (AOB)

42 As vendas de *The Edwardians*, de Vita Sackville-West, publicado em 29 de maio de 1930, superaram todas as expectativas. A tiragem inicial de 3.030 exemplares logo teve de ser reimpressa, e em 19 de junho o livro já havia vendido 18 mil cópias. (AOB)

43 Uma edição limitada especial de 250 exemplares assinados de *Sobre estar doente* seria publicada em novembro. Sir Thomas Beecham, maestro e empresário, idolatrava a música de Ethel Smyth e fez grandes esforços de divulgá-la. (AOB)

44 Não tem data, apenas um espaço, no original. AOB inseriu "Domingo, 6 de julho". [N. T.]

45 Devido à insistência de Miss MacAfee, VW ofereceu escrever um artigo sobre *Collected Essays*, de Augustine Birrell, que foi publicado na *Yale Review* em jun. 1930. (AOB)

46 Campeã do Aberto Britânico Feminino de Golfe em 1922, 1924, 1925 e 1929, estimulava a paixão de Ethel Smyth por esse esporte. O evento foi uma festa oferecida por Ethel em sua casa, em Woking. (AOB)

47 Mary, irmã de Ethel, casou-se com Charles Hunter e torrou sua fortuna em festas e em ser patrona de artistas, músicos, escritores. Foi muito amiga do pintor americano John Singer Sargent, que alcançou uma posição de destaque na alta sociedade inglesa graças a seus retratos dos abastados. (AOB)

48 Não há quebra, mas AOB deu e inseriu data: "Segunda, 21 de julho". [N. T.]

49 VW estava transformando as duas partes de "Evelina's Stepsister" em um único artigo para o *TLS*. (AOB)

50 VW foi a um dos chás oferecidos por Sitwell em sua mansão em 22 de julho. (AOB)

51 O "rei de Barcelona não coroado" provavelmente era Antonio de Ganderillas, um homem rico e amigo de artistas, ligado à embaixada chilena em Londres. O sócio de Gerald Duckworth na editora Duckworth & Co. era Thomas Balston. Hazel Lavery, segunda mulher do pintor John Lavery e figura proeminente na alta sociedade londrina. (AOB)

52 Em 21 jul. um monoplano particular que ia de Le Trouquet a Croydon caiu em Kent, matando a tripulação e os quatro passageiros – a marquesa de Dufferin, a viscondessa Ednam, Sir Edward Ward e Mrs. Hennik Loeffler. (AOB)

53 Depois que deixou o serviço diplomático no final de 1929 para trabalhar no *Evening Standard*, Harold Nicolson alugou uma

casa em Inner Temple. Lady Carnock era sua mãe. (AOB)

54 Texto se encerra aqui abruptamente. [N. T.]

55 O maestro Bruno Walter era um admirador da música de Ethel Smyth; o prussiano Adolf Wach, professor de jurisprudência na Universidade de Leipzig, e sua mulher Lili, filha de Mendelssohn, eram amigos próximos de Ethel desde a época em que ela era estudante de música na Alemanha. (AOB)

56 Vincent O'Connor, o estudante de classicismo de Eton College que tinha sido tutor dos filhos dos Nicolson no verão anterior, e sua noiva Mary Irving morreram num acidente de alpinismo nos Alpes Suíços em 21 de agosto. (AOB)

57 A Hogarth Press publicou uma edição especial de *Sobre estar doente* em novembro, com uma tiragem de 250 cópias numeradas e assinadas por VW. (AOB)

58 *Winter Movement* foi publicado em outubro de 1930. (AOB)

59 Cf. *L4*, carta n. 2224, de 28 ago. para Ethel Smyth. (AOB)

60 VW inicia um novo caderno e cria essa página de rosto. [N. T.]

61 J. B. Priestley era um autor de best-sellers. (AOB)

62 Stephen Spender era um recém-formado de Oxford que ambicionava ser poeta. (AOB)

63 Na página oposta, VW faz o seguinte cálculo:

```
   280
   120
  ————
   116      (tamanho de As ondas
   280      até o 1/3 concluído, acho)
  ————
 29.160
```

64 Miss Ibbotson, Mrs. Starr e Mrs. Rivett-Carnac foram as mulheres que responderam ao anúncio de VW no *Time and Tide* – VW e LW viajaram a Londres por um dia apenas para entrevistá-las. (AOB)

65 VW acabou contratando Miss Rivett-Carnac como substituta temporária de Nelly, que ainda convalescia. Ela começou a trabalhar em 13 de out. e ficou até o Natal. (AOB)

66 O reverendo Walter W. Thomas, pároco de Southease. (AOB)

67 Nelly estava ficando na casa de parentes em Peaslake, em Surrey, enquanto se recuperava de sua cirurgia. Seu médico ali era o Dr. Alan MacGlashan. (AOB)

68 O voo experimental do R101 da Grã-Bretanha à Índia terminou em desastre quando a aeronave caiu perto de Beauvais em 5 de outubro. Quarenta e oito dos 54 passageiros morreram, dentre eles o secretário de estado da Força Aérea, lorde Thomson de Cardington. No dia do enterro no cemitério de Cardington, multidões se enfileiraram ao longo do trajeto fúnebre que saiu de Westminster Hall, onde os caixões haviam sido dispostos, e seguiu até Euston. (AOB)

69 A página seguinte a esta, entre as entradas de 11 e 15 de outubro, foi usada para escrever parte do rascunho de "Eu sou Christina Rossetti", e mais tarde VW riscou-a, anotando na margem: "Escrevi aqui por engano". [N. T.]

70 A sátira *The Apes of God*, de Wyndham Lewis, fora lançada numa edição particular limitada em junho de 1930; Mortimer

a resenhou com o título "Mr. Gossip" ["Senhor Fofoca"] na *N&A* em 12 de julho. Como uma resenha favorável de Ray Campbell havia sido rejeitada pelo novo editor da *New Statesman*, em setembro Lewis publicou um livreto intitulado *Satire & Fiction*, incorporando a resenha e as cartas laudatórios de Campbell e confrontando comentários que ele mesmo havia escrito. (AOB)

71 Emmie era prima de VW, casada com o músico R.O. Morris. Como VW não guardou sua carta, do que essa provocação tratava não se sabe. (AOB)

72 T.S. Eliot escrevera uma introdução para a reedição de *London: A Poem /and/ The Vanity of Human Wishes/ by Samuel Johnson LL.D.*, produzida em edição limitada. (AOB)

73 A extensa reforma da Catedral de St. Paul fora recém-concluída. O monumento que representa Donne, feito por Nicholas Stone em 1631, estava à vista mais uma vez. (OAB)

74 Mary Benson, mulher do arcebispo de Canterbury, sua filha mais velha, Margaret, e Lady Posonby foram três mulheres profundamente envolvidas na vida emocional tempestuosa de Ethel Smyth. (AOB)

75 Ocasião não identificada por AOB. [N. T.]

76 VW deve estar se referindo a *Three Moods of the Sea*, de 1913. (AOB)

77 Essa passagem simplesmente continua. Não há alteração de caneta. No entanto, a edição de AOB a quebrou e colocou "Quarta, 5 de novembro" ainda que sem a certeza de que era essa mesmo a data. [N. T.]

78 O personagem Alroy Kear do romance *Cakes and Ale* (1930), de W. Somerset Maugham, foi intensamente baseado em seu velho amigo Hugh Walpole. Ele negou em uma carta ao amigo em 1931 que isso tenha sido verdade, embora tenha admitido, em 1950, que foi. Alguns críticos, como Myrick Land, afirmam que o livro foi uma pá de cal na reputação de Walpole como escritor (in: *The Fine Art of Literary Mayhem, a lively account of famous writers and their feuds*). (AOB)

79 Lauritz Melchoir, o *Heldentenor* dinamarquês, que há anos Walpole chamava de seu "amigo perfeito". (AOB)

80 John Masefield, poeta laureado, construíra um pequeno teatro ao lado de Hill Crest, sua casa em Boars Hill, e foi ali que se deu o recital, em 5 de novembro. (AOB)

81 Isso está sem data, e separado por um espaço menor que uma entrada. A edição de AOB quebrou a entrada e inseriu uma data provável: Terça, 11 de novembro. [N. T.]

82 James Scullin, primeiro-ministro da Austrália, estava visitando a Grã-Bretanha e a Europa; em sua ausência uma crise irrompera no Partido Trabalhista australiano sobre como lidar com a crise econômica. Alfred A. Rouse seria executado em 10 de março de 1931 pelo assassinato de um desconhecido cujos restos foram encontrados num carro queimado perto de Northampton

em 6 de novembro. O Príncipe de Gales partiria de navio numa viagem para a América do Sul em março de 1931. (AOB)

83 Provavelmente referência ao poema de Keats, "Sonnet VII" (*O Solitude! if I must with thee dwell*), mas também poderia ser à famosa música de Henry Purcell. (AOB)

84 A entrada continua, mas a edição de AOB a quebrou e colocou uma data: Quarta, 12 de novembro. [N. T.]

85 Mrs. Plunkett Greene era uma das duas filhas de Sir Hubert Parry, compositor e diretor do Royal College of Music de 1894 a 1918; a família era vizinha dos Stephen. (AOB)

86 George Savage, médico e especialista em doenças mentais, que fora tanto amigo quanto consultor dos Stephen, principalmente devido aos problemas de VW. (AOB)

87 Os criados de Bloomsbury se referiam a si mesmos como um grupinho. [N. T.]

88 Escrito com outra caneta, provavelmente mais tarde.

89 Margaret H. Thomas, viscondessa Rhondda, feminista, fundadora e editora de *Time and Tide*. Os Woolf também foram ao almoço de aniversário de Harold Nicolson no Garrick Club antes de passarem a noite em Long Barn. (AOB)

90 Região litorânea dos condados de Sussex e Kent. (AOB)

91 Oliver Brett, que dava apoio financeiro e editorial ao *Life and Letters* de Desmond, havia assumido o título de 3º visconde de Esher após a morte de seu pai, em janeiro de 1930. (AOB)

92 Provas das condições de trabalho das serrarias soviéticas que serviam como campos de presidiários foram publicadas nos jornais após a fuga de três prisioneiros russos. (AOB)

93 Rupert Hart Davis, formado em Eton e Oxford, mais tarde viria a fundar sua própria editora. Na época, trabalhava como contínuo na William Heinemann Ltd. (AOB)

94 *The Letters of Queen Victoria*, ed. G.E. Buckle. O Dyestuffs Act (Lei dos Corantes), de 1920, seria extinto em 1931, mas a maioria na Câmara dos Lordes votou pela prorrogação da lei por mais doze meses. Em "Am I a Snob? (*Moments of Being*), VW afirma que certa vez foi "a segunda maior autoridade na questão dos corantes na Inglaterra". (AOB)

95 *The Mysterious Universe*, de James Jean, fora publicado em novembro. *Portraits in Miniature and other Essays*, de Strachey, em março de 1931. *Blenheim* (1930), de G.M. Trevelyan. Lady Gwendolen Cecil publicou três volumes da biografia do seu pai, o marquês de Salisbury, mas nunca a terminou. *Bitter Tea*, de Grace Zaring Stone. "A Lion Rages", não identificado. (AOB)

96 O levante na Espanha tinha sido declarado um "fracasso republicano" pelos jornais. O peso-pesado Primo Carnera derrotou Reggie Meen, da Grã-Bretanha, em 18 dez. (AOB) Não há data. A edição de AOB colocou Sexta, 19 de dez. [N. T.]

97 Violet K. Gordon-Woodhouse, cravista e clavecinista amadora, mas brilhante, e pioneira do movimento renascentista da música antiga, que Ethel considerava a mais musical de seus amigos musicais. (AOB)

98 O jogador de críquete J. W. H. T. Douglas estava entre os 42 passageiros que morreram no naufrágio do navio a vapor *Oberon* em 19 dez. O ministro dos Transportes banira os automóveis de algumas ruas do centro de Londres a fim de aliviar os congestionamentos. (AOB)

99 Basil Kinglsey Martin assumiu o posto de editor da *New Statesman and Nation* em 1931 e o conservou até 1960. (AOB)

100 Na margem oposta, VW anotou os seguintes versos do *Inferno* de Dante: *Nè dolcezza di figlio, nè la piéta/ del vecchio padre, nè il debito amore/ Lo qual dovea Penelope far lieta/ Vincer poter dentro da me l'ardore/ Ch'i ebbi a divenir del mondo esperto,/ E degli vizii umani e del valore;/ Ma misi me per l'alto mare aperto/ Sol con un legno e con quella compagna/ Picciola, dalla qual non fui deserto.* [N. T.]

101 Aparentemente *Tour Through the Whole Island of Great Britain*, de Defoe; *The Autobiography of Archibald Hamilton Rowan*; *As We Were: A Victorian Peep-Show*, de E. F. Benson; o popular *The Mysterious Universe*, ou seu livro anterior, *The Universe Around*, de James Jeans, e o *Journal of a Somerset Rector*, ed. H. Coombs e A. Bax (no qual VW baseou-se para escrever "The Rev. John Skinner", em *The Common Reader – Second Series*, 1935). (AOB)

Dados Internacionais de Catalogação na Publicação (CIP)
de acordo com ISBD

W913d
Woolf, Virginia
    Os diários de Virginia Woolf: Diário III – 1924–1930
    Virginia Woolf
    Título original: *The diary of Virginia Woolf*
    Tradução: Ana Carolina Mesquita
    São Paulo: Editora Nós, 2023
    592 pp.

ISBN: 978-85-69020-69-1

1. Literatura inglesa. 2. Diários. 3. Virginia Woolf.
I. Mesquita, Ana Carolina. II. Título.

	CDD 823
2023-441	CDU 821.111

Elaborado por Vagner Rodolfo da Silva, CRB-8/9410

Índice para catálogo sistemático:
1. Literatura inglesa 823
2. Literatura inglesa 821.111

© Editora Nós, 2023

Direção editorial SIMONE PAULINO
Coordenação editorial RENATA DE SÁ
Assistente editorial GABRIEL PAULINO
Revisão ALEX SENS
Projeto Gráfico BLOCO GRÁFICO
Assistente de design STEPHANIE Y. SHU
Produção gráfica MARINA AMBRASAS
Assistente de marketing MARIANA AMÂNCIO DE SOUSA
Assistente comercial LIGIA CARLA DE OLIVEIRA

Imagem de capa: © National Portrait Gallery. Londres, 1926.

Texto atualizado segundo o novo
Acordo Ortográfico da Língua Portuguesa

Todos os direitos desta edição reservados à Editora Nós
Rua Purpurina, 198, cj 21
Vila Madalena, São Paulo, SP | CEP 05435-030
www.editoranos.com.br

Fontes NEXT, TIEMPOS
Papel PÓLEN BOLD 70 g/m²
Impressão SANTA MARTA